Rechtsfragen der Erbringung und Vergütung
rettungsdienstlicher Leistungen

Europäische Hochschulschriften
Publications Universitaires Européennes
European University Studies

**Reihe II
Rechtswissenschaft**

Série II Series II
Droit
Law

Bd./Vol. 4198

PETER LANG
Frankfurt am Main · Berlin · Bern · Bruxelles · New York · Oxford · Wien

Oliver Esch

Rechtsfragen der Erbringung und Vergütung rettungsdienstlicher Leistungen

PETER LANG
Europäischer Verlag der Wissenschaften

Bibliografische Information Der Deutschen Bibliothek
Die Deutsche Bibliothek verzeichnet diese Publikation in der
Deutschen Nationalbibliografie; detaillierte bibliografische
Daten sind im Internet über <http://dnb.ddb.de> abrufbar.

Zugl.: Köln, Univ., Diss., 2005

Gedruckt auf alterungsbeständigem,
säurefreiem Papier.

Ausgeschieden von
Landtagsbibliothek
Magdeburg

am ....

D 38
ISSN 0531-7312
ISBN 3-631-54065-5

© Peter Lang GmbH
Europäischer Verlag der Wissenschaften
Frankfurt am Main 2005
Alle Rechte vorbehalten.

Das Werk einschließlich aller seiner Teile ist urheberrechtlich
geschützt. Jede Verwertung außerhalb der engen Grenzen des
Urheberrechtsgesetzes ist ohne Zustimmung des Verlages
unzulässig und strafbar. Das gilt insbesondere für
Vervielfältigungen, Übersetzungen, Mikroverfilmungen und die
Einspeicherung und Verarbeitung in elektronischen Systemen.

Printed in Germany 1 2 3 4 5   7

www.peterlang.de

*Meinen Eltern
und
Schwiegereltern*

Vorwort

Im Gegensatz zu anderen Leistungsbereichen der Gesundheitsversorgung und anderen Zweigen des Besonderen Verwaltungsrechts standen rechtliche Fragen der Erbringung und Vergütung rettungsdienstlicher Leistungen in der Vergangenheit nicht unbedingt im Zentrum rechtswissenschaftlicher Auseinandersetzung.
Dabei stehen die Leistungserbringer und steht die Leistungserbringung als solche ganz aktuell vor tiefgreifenden Veränderungen der zum Teil über Jahrzehnte hinweg gewachsenen Strukturen und Rahmenbedingungen.
Das vielfach noch verkürzt allein als landesrechtliche Ordnungsmaterie wahrgenommene Rettungsdienstrecht kann geradezu exemplarisch als Schnittpunkt sich wandelnder, übergeordneter rechtlicher Rahmenbedingungen dienen. Ein in stetiger Veränderung begriffenes Sozialversicherungsrecht sowie insbesondere das gemeinschaftsrechtlich determinierte Vergaberecht greifen auf einen Rechtsbereich zu, dessen Rechtswirklichkeit bislang oftmals eher von Tradition und der Macht des Faktischen als von Sachlichkeit und rechtlicher Analyse geprägt war. Es kann hier durchaus die Prognose gewagt werden, dass nicht zuletzt infolge Europarechtlicher Vorgaben in Zukunft vieles nicht so bleiben wird, wie es war. Der künftige Weg weist in Richtung Liberalisierung und Wettbewerb.
Die vorliegende Untersuchung nimmt sich dabei gerade angesichts eines sich verändernden Rechtsrahmens einiger zentraler, bislang nicht bzw. wenig geklärter Fragen an, und bemüht sich um deren rechtliche Klärung.
Mein ausdrücklicher Dank gilt zunächst Herrn Prof. Dr. Peter J. Tettinger und Herrn Prof. Dr. Thomas von Danwitz. Für die Vermittlung des zur Beurteilung der Rechtsfragen vielfach notwendigen sachlich-organisatorischen und notfallmedizinischen Hintergrundwissens danke ich in erster Linie Herrn Hans-Peter Merkens, stellv. Vorsitzender des BKS Unternehmerverbandes NRW e.V., und Herrn Dr. med. Dr. rer. nat. Alexander Lechleuthner, u.a. Leiter des Instituts für Notfallmedizin der Berufsfeuerwehr Köln.

Köln, Januar 2005

Oliver Esch

Inhaltsverzeichnis

Abkürzungsverzeichnis 19
Einleitung 25
A. Problemstellung und Untersuchungsgegenstand 25
B. Gang der Untersuchung 30

1.Teil Begriffsbestimmungen und notwendige Abgrenzungen 33
  A. Leistungen im Bereich des Rettungsdienstes 34
    I. Rettungsdienst: Begriff und Bedeutung 34
      1.) Erscheinungsformen 34
      2.) Gesetzliche Begriffsprägung 34
      3.) Medizinisch-organisatorische Begriffsfassung 35
      4.) Institutioneller Rettungsdienstbegriff 36
    II. Notfallrettung 37
    III. Krankentransport 39
      1.) Abstufung anhand Eilbedürftigkeit und Grad
         medizinischer Betreuungsbedürftigkeit 40
      2.) Disponibler und indisponibler Krankentransport 41
      3.) Intensivverlegungen und dringliche Sekundärtransporte
         als Gegenstand der Notfallrettung 41
      4.) Abgestufte Anforderungen an die Personal- und
         Sachmittelausstattung 42
      5.) Ergebnis: Krankentransport als qualifizierte Beförderungsleistung . 43
  B. Notarztdienst und ärztlicher Notfalldienst 43
  C. Dienstleistungen außerhalb des Rettungsdienstes 44
    I. Krankenfahrten 44
    II. Sanitätsdienst 45

2.Teil Der rechtliche Rahmen rettungsdienstlicher Leistungserbringung 47
  A. Rettungsdienstrecht als eigenständige Rechtsmaterie 47
  B. Überblick über die Entwicklung des Rettungsdienstrechts 48
  C. Ausgestaltungsvarianten in den Landesrettungsdienstgesetzen 52
    I. Ordnungsprinzipien: Trennungs- und Eingliederungsmodell 53
      1.) Trennungsmodell 54
        a) Normierung gesonderter Abschnitte 54
        b) Einheitliche Normierung: Brandenburg 57
        c) Unklare Abschnittsbezeichnung: Sachsen-Anhalt 60
      2.) Differenzierung anhand der Leistungsart:
         Berlin und Niedersachsen 61

II. Ergebnis 62
D. Institutionelle Differenzierung 62
  I. Der öffentliche Rettungsdienst 63
     1.) Trägerschaft 63
     2.) Rettungsdienst als Gegenstand der Verwaltung 63
  II. Leistungserbringung außerhalb des öffentlichen Rettungsdienstes 64
  III. Umfassende Zulassungskompetenz der Trägerkörperschaften 65
E. Rechtsetzungskompetenzen im Rettungsdienstrecht 66
  I. Der Gegenstand rettungsdienstrechtlicher Gesetzgebung 67
  II. Verbindungslinien zu grundgesetzlichen Kompetenztiteln 67
  III. Grundsätze kompetenzrechtlicher Zuordnung 68
  IV. Verortung des Rettungsdienstrechts im grundgesetzlichen
      Kompetenztitel 69
     1.) Gesundheitswesen, Art. 74 Nr. 19, 19a GG 69
     2.) Allgemeine Gefahrenabwehr, Art. 70 GG 70
     3.) Gewerbe der Verkehrswirtschaft, Art. 74 Nr. 11 und 22 GG 71
        a) Gewerbebegriff 72
        b) Normzweckvergleich 73
        c) Systemkonformität 77
        d) Inhaltlich-struktureller Normvergleich 81
  V. Ergebnis 84

3.Teil Das Aufgabenspektrum rettungsdienstlicher Leistungen 85
  A. Aufgabenbezeichnung in den Rettungsdienstgesetzen der Länder,
     Rechtsprechung und Literatur 85
     I. Die Landesrettungsdienstgesetze 85
     II. Rechtsprechung und Literatur 86
  B. Begriffsklärungen 88
     I. Öffentliche Aufgaben 88
        1.) Die Rechtsprechung des Bundesverfassungsgerichts 88
        2.) Verbreitete Ansichten in der Literatur 90
        3.) Ergebnis 91
     II. Staatliche Aufgaben 92
  C. Bestimmung der Aufgabenqualitäten im Rettungswesen 95
     I. Das Maß öffentlicher Interessenberührung rettungsdienstlicher
        Leistungen 95
        1.) Ordnungsrechtlicher Gefahrenabwehrbegriff als Ausgangspunkt 95
        2.) Notfallrettung als Gefahrenabwehr im engeren Sinne 95
        3.) Das Gefahrenabwehrmoment beim qualifizierten Krankentransport 96
           a) Abstufung nach Eintrittswahrscheinlichkeit
              und drohendem Schadensausmaß 96

b) Intensivierung der Gefahrenlage während des Transports 98
   c) Ärztliche Verordnung als präventive Gefahreneinschätzung 99
   d) Zuordnung über das Institut der funktionalen Einheit und
       Bewertung 99
  II. Kontrolle anhand des positiven (Landes-) Rechts und Ergebnis 100

4.Teil Durchführungsübertragung im öffentlichen Rettungsdienst 103
  A. Aktuell-gemeinschaftsrechtlicher Hintergrund 104
  B. Rechtsnatur der Durchführungsübertragung 106
  C. Bisherige Rechtsprechung auf nationaler Ebene 110
    I. Rechtsprechung der Verwaltungsgerichte 111
      1.) OVG Lüneburg, Beschluss vom 14.9.1999 112
      2.) OVG Lüneburg, Urteil vom 21.1.1999 114
    II. Entscheidungen der Vergabekammern und -senate 115
      1.) OLG Naumburg, Beschluss vom 19.10.2000 115
      2.) Vergabekammer der Bezirksregierung Köln,
          Beschluss vom 9.7.2003 116
    III. Zwischenergebnis: Stand der Rechtsprechung 118
  D. Struktur des einschlägigen Vergaberechts und Vorrang
     richtlinienkonformer Auslegung 118
    I. Struktur und Systematik des Vergaberechts 118
      1.) Gemeinschaftsrechtliche (Richtlinien-) Vorgaben 118
      2.) Richtlinienumsetzung und geltendes nationales Vergaberecht ... 120
        a) Transformation der Koordinierungsrichtlinien
            als Kartellvergaberecht 120
        b) Dreistufiger Aufbau des nationalen
            Vergaberechts (Kaskadenprinzip) 120
    II. Das Gebot richtlinienkonformer Auslegung 122
  E. Privilegierungsregelungen in den Landesrettungsdienstgesetzen 123
    I. Landesrechtliche Vorgaben für die Auswahl der Leistungserbringer 124
      1.) Gleichbehandlung bei der Auswahlentscheidung 124
      2.) Varianten landesrechtlicher Privilegierung 124
    II. Rechtswidrigkeit der Privilegierungsregelungen 125
      1.) Verstoß der Privilegierungsregelungen gegen
          Verfassungs- und (allgemeines) Kartellrecht 125
        a) Verstoß gegen Art. 3 Abs. 1 GG 126
        b) Verstoß gegen § 20 Abs. 1 GWB 127
      2.) Zwischenergebnis 128

F. Übertragungsvereinbarungen als öffentliche
   (Dienstleistungs-) Aufträge 129
   I. Begriff des öffentlichen (Dienstleistungs-) Auftrages 129
   II. Problembehaftete Tatbestands- und Begriffsmerkmale 129
      1.) Anwendbarkeit des Vergaberechts auf
          öffentlich-rechtliche Verträge 129
      2.) Beschaffung von Marktleistungen –
          Ausübung öffentlicher Gewalt 133
          a) Verortung der Fragestellung in Art. 45 EGV 133
          b) Anwendung und Auslegung der Bereichsausnahme 134
      3.) Entgeltlichkeit der Übertragungsvereinbarungen 136
          a) Begriff der Dienstleistungskonzession 137
          b) Einbindungskonzepte: Konzessions- und Submissionsmodell ... 137
             (1) Konzessionsmodell 138
             (2) Submissionsmodell 139
   III. Derogation der Privilegierungsregeln durch Vergaberecht 140
   IV. Privilegierung als vergabefremde Bestimmung
       i.S.v. § 97 Abs. 4 2. HS GWB 142

G. Zwischenergebnis 143

H. Ausgestaltung des förmlichen Auswahlverfahrens und Eingreifen
   in laufende Verträge 144
   I. Ermittlung der maßgebenden Verfahrensbestimmungen 144
      1.) Zweistufige Anwendung des Vergaberechts 144
      2.) Zuordnung zu den vergaberechtlichen Dienstleistungskategorien . 145
          a) Gemeinschaftsrechtlicher Referenzmaßstab 146
          b) Eingruppierung rettungsdienstlicher Leistungen durch d. EuGH:
             Gesamtwertermittlung der einzelnen Referenzkategorien 147
          c) Bewertung und Zwischenergebnis 149
          d) Abgestuftes Verfahren der Wertermittlung
             als praxisnaher Lösungsansatz 150
   II. Wahl der Vergabeart: Offenes/Nichtoffenes Verfahren,
       Verhandlungsverfahren 153
   III. Lösung bestehender Verträge 155
      1.) Objektive Lösungsmöglichkeiten und -pflichten 156
          a) Bewertung durch den EuGH 156
          b) Eigene Bewertung und Behandlung nach Ablauf der
             Umsetzungsfrist geschlossener Verträge 158
      2.) Rechtsschutzmöglichkeiten nicht berücksichtigter Bewerber 161
          a) Vergaberechtliches Nachprüfungsverfahren 161
          b) Verwaltungsgerichtlicher Rechtsschutz 165

      (1) Überprüfung der Auswahlentscheidung 165
      (2) Nichtigkeit bestehender Übertragungsvereinbarungen 167
I. Zusammenfassende Betrachtung 169

5.Teil Anforderungen an die Leistungserbringung
außerhalb des öffentlichen Rettungsdienstes 171
A. Genehmigungsberechtigte und –verpflichtete 171
B. Rechtsnatur, Inhalt und Bestand der Krankentransport- /
   Notfallrettungsgenehmigung 173
C. Voraussetzungen der Genehmigungserteilung 177
   I. Subjektive Genehmigungsvoraussetzungen 177
   II. Objektive Genehmigungsvoraussetzungen 178
      1.) Erscheinungsformen, Inhalt und Zielsetzung der
         Funktionsschutzklausel 179
      2.) Vereinbarkeit der Funktionsschutzklauseln mit Art. 12 GG 181
        a) Verortung der Funktionsschutzklausel im Bereich der
           objektiven Berufszulassungsschranken 182
          (1) Eigenständiges Berufsbild – Abgrenzung
             zur Berufsausübungsregelung 184
          (2) Abgrenzung zur subjektiven Berufszulassungsregel 186
          (3) Erscheinungsformen objektiver Berufszulassungsregeln 187
        b) Rechtsprechung des Bundesverwaltungsgerichts 189
        c) Verfassungsrechtliche Eingriffsrechtfertigung 191
          (1) Zieldefinition und eingriffslegitimierende
             Gemeinwohlbelange 192
          (2) Legitimationsanforderungen des Übermaßverbotes 198
          (3) Eignung der Funktionsschutzklauseln 198
          (4) Erforderlichkeit einer objektiven Berufszulassungsregel 201
        d) Zwischenergebnis 209
      3.) Vereinbarkeit der Funktionsschutzklauseln mit Art. 81 ff. EGV 210
        a) Die Entscheidung des EuGH in Sachen Ambulanz Glöckner
          ./. Landkreis Südwestpfalz 210
        b) Bewertung – Rechtfertigung der Einbeziehung des
          qualifizierten Krankentransports gemäß Art. 86 Abs. 2 EGV 213
      4.) Anwendbarkeit der Funktionsschutzklausel 217
      5.) Anwendungsgrundsätze der Funktionsschutzklausel 218
        a) Begriff der Funktionsfähigkeit und Prüfkriterien
          der Landesgesetze 218
        b) Gerichtlicher Prüfungsumfang und Kontrollmaßstäbe 220
        c) Notwendigkeit u. Ausgestaltung eines abgestuften Prüfschemas 221
D. Ergebnis 223

6.Teil Finanzierung des öffentlichen Rettungsdienstes 225
A. Begriffsklärung: Kostenträger und Kosten(letzt-)verpflichtete 225
B. Finanzierung durch Landesfördermittel 226
C. Finanzierung durch Benutzungsentgelte 227
  I. Rettungsdienstrechtliche Grundlagen der Entgeltbemessung 228
  II. Sozialversicherungsrechtliche Grundlagen der Entgeltbemessung ... 230
    1.) § 133 SGB V als zentrale Vergütungsnorm und
        subsidiäre Abschlusskompetenz 230
    2.) Der Grundsatz der Beitragssatzstabilität
        als Verhandlungsgrundlage 232
    3.) Umfang der Bindung an die Beitragssatzstabilität 234
    4.) Selbstkostendeckungsprinzip und Festbetragsregelung 236
D. Schlussfolgerungen für die Aktivierung
   von Wirtschaftlichkeitsreserven 238

7.Teil Vergütung der staatsunabhängigen Leistungserbringung 241
A. Beschränkung auf vertraglich vereinbarte Benutzungsentgelte 241
B. Vergütungsvereinbarungen nach § 133 SGB V 241
  I. Rechtsnatur und Gegenstand der Vergütungsvereinbarungen 241
  II. Vertragspartner der Vergütungsvereinbarungen 242
  III. Anspruch auf Abschluss einer Vergütungsvereinbarung und
       Kostenübernahmeanspruch der Leistungserbringer 244
    1.) Kontrahierungszwang der Kostenträger 244
    2.) Vergütungsanspruch ohne Vergütungsvereinbarung 246
      a) Relevanz des Sachleistungsprinzips 246
      b) Vergütungsanspruch aus öffentlich-rechtlicher Geschäfts-
         führung ohne Auftrag und öffentlich-rechtlicher Bereicherung .. 247
  IV. Faktische Kostenübernahme im vertragslosen Zustand 248
  V. Vergütungsanspruch aus abgetretenem Recht der Versicherten 249
    1.) Umwandlung des Sachleistungsanspruchs der Versicherten in
        einen Kostenerstattungsanspruch als Voraussetzung 249
    2.) Höhe eines möglichen Erstattungsanspruchs 250
    3.) Bestehen eines abtretbaren Kostenerstattungsanspruchs 251
      a) Fortgeltungsklauseln und Notfallrettung als Sonderfall 251
      b) Sachleistungsgewährung durch faktische Kostenübernahme 252
        (1) Erfüllung des Sachleistungsprinzips 252
        (2) Das Recht auf freie Leistungserbringerauswahl 253
  VI. Zwischenergebnis 254

C. Zentraler Vertragsbestandteil Entgelthöhe und Bindung an
den Grundsatz der Beitragssatzstabilität 254
  I. Bindung an den Grundsatz der Beitragssatzstabilität 255
  II. Durchbrechung der Bindung an die Beitragssatzstabilität 257
    1.) Die Ausnahmetatbestände des § 71 SGB V 257
    2.) Fehlen einer wirksamen Ausgangsvereinbarung 258
D. Orientierung an üblicher Vergütungshöhe (Durchschnittspreis) 259
  I. Entsprechende Anwendung von § 632 Abs. 2 BGB 259
    1.) Zivilgerichtliche Rechtsprechung 259
    2.) Sozialgerichtliche Rechtsprechung 263
    3.) Bewertung 263
  II. Durchschnittspreisniveau nach öffentlich-rechtlichen Grundsätzen .. 264
  III. Ergebnis 266
E. Gleichbehandlungsgrundsatz 267
  I. Kartellrechtliches Diskriminierungsverbot 267
    1.) Rechtslage vor Inkrafttreten des GKV-
        Gesundheitsreformgesetzes 2000 267
      a) Doppelte Rechtsnatur des Handelns der gesetzlichen
         Krankenkassen 267
      b) Rechtswegzuständigkeit 268
      c) Anwendung des Diskriminierungsverbotes durch den BGH 269
        (1) Krankenkassen als Unternehmen und marktbeherrschende
            Stellung 269
        (2) Ungleichbehandlung 271
        (3) Gesamtwirtschaftliche Betrachtungsweise als Rechtfertigung 271
        (4) Zwischenergebnis: Verbot der Ungleichbehandlung im
            Abrechnungsverfahren 273
      d) Fortentwicklung der Rechtsprechung durch die Instanzgerichte 274
      e) Urteil des BGH vom 11. Dezember 2001:
         Gleichbehandlung im Bereich der Pflegevergütung 275
        (1) Fortdauernde Rechtswegzuständigkeit (perpetuatio fori) 275
        (2) Darlegungs- und Beweislast der Kostenträger bei der
            sachlichen Rechtfertigung 276
      f) Schlussfolgerungen für den Bereich des Rettungsdienstes 277
        (1) Bindung der Kostenträger an die öffentliche Satzungsgebühr. 277
        (2) Auskömmlichkeit der angebotenen Vergütung 278
      g) Zwischenergebnis 279
    2.) Rechtslage nach Inkrafttreten des GKV-
        Gesundheitsreformgesetzes 2000 279
      a) Rechtswegzuständigkeit 280
      b) Fortgeltung des GWB im öffentlichen Recht 280

(1) Drohende Marktvermachtung bei rein
    öffentlich-rechtlicher Betrachtung 281
(2) Privatrechtliche Betrachtungsweise 282
(3) § 69 SGB V als reine Rechtswegbestimmung 284
(4) Keine wirksame Bereichsausnahme kraft öffentlichen Rechts 286
(5) Einwand des funktionalen Unternehmensbegriffs 287
c) Zwischenergebnis 288
3.) Ergebnis 289
II. Der allgemeine Gleichheitssatz, Art. 3 Abs. 1 GG 289
1.) Grundrechtsbindung der Kostenträger und
    Anwendungsgrundsätze 289
2.) Entsprechende Geltung der zu § 20 Abs. 1 GWB entwickelten
    Grundsätze 291
3.) Ungleichbehandlung vergleichbarer Sachverhalte 291
    a) Öffentliche Trägerschaft als wesentlicher Unterschied 292
    b) Hoheitliche Gebührenfestsetzung - Vereinbarungsprinzip 293
    c) Zwischenergebnis 295
4.) Verfassungsrechtliche Rechtfertigung der Ungleichbehandlung.... 295
    a) Ausgabenbegrenzung als Differenzierungsziel 295
    b) Sachliche Rechtfertigung der Ungleichbehandlung i.e.S. 296
       (1) Gesamtwirtschaftliche Betrachtungsweise 296
       (2) Sicherstellungspflicht der öffentlichen Rettungsdienstträger .. 299
       (3) Notwendigkeit eines Kostenausgleichs zwischen
           Notfallrettung und Krankentransport 303
5.) Ergebnis 306
III. Sozialversicherungsrechtliches Gleichbehandlungsgebot 307

F. Das gemeinschaftsrechtliche Diskriminierungsverbot
   nach Art. 82 EGV 312
I. Bestimmung des Prüfungsmaßstabes 312
II. Anwendbarkeit der Art. 81 ff. EGV im System
   der sozialen Sicherheit 313
   1.) Genereller Anwendungsvorrang des Gemeinschaftsrechts 314
   2.) Bereichsausnahme für den Bereich der Sozialpolitik und
       der sozialen Sicherungssysteme 315
       a) Regelung des Sozialsektors im EG-Vertrag 315
       b) Die Rechtsprechung des EuGH 316
III. Krankenkassen als Unternehmen im Sinne der Art. 81 ff. EGV 321
   1.) Auswirkungen der Neufassung des § 69 SGB V 322
   2.) Funktionaler Unternehmensbegriff 323
   3.) Bestimmung der Unternehmenseigenschaft der gesetzlichen
       Krankenkassen 323

IV. Zurechnungszusammenhang zur wettbewerbswidrigen
    Verhaltensweise 331
V. Ungleichbehandlung der Leistungserbringer als Missbrauch einer
    marktbeherrschenden Stellung 334
    1.) Vorliegen einer marktbeherrschenden Stellung 334
        a) Marktbeherrschungsbegriff 334
        b) Einzel- und Kollektivmarktbeherrschung 335
        c) Sachlich und räumlich relevanter Markt 336
        d) Zwischenergebnis 339
    2.) Missbrauchsverhalten und Beeinträchtigung des
        zwischenstaatlichen Handels 340
VI. Anwendungsausschluss durch Art. 86 Abs. 2 EGV 342
VII. Ergebnis 344

G. Umfang (sozial-)gerichtlicher Entscheidungs-
   und Festsetzungsbefugnis 345

Literaturverzeichnis 349

Abkürzungsverzeichnis

A.A./a.A.	Andere Ansicht/andere Ansicht
a.a.O.	am angegebenen Ort
Abg.	Abgeordneter
ABl.	Amtsblatt der EG
Abs.	Absatz
a.F.	alte Fassung
allg.	allgemein
A.M./a.M.	Andere Meinung/andere Meinung
ÄndG	Änderungsgesetz
Anm.	Anmerkung
AO	Abgabenordnung
AOK	Allgemeine Ortskrankenkasse
AöR	Archiv des öffentlichen Rechts
arg.	Argument
Art.	Artikel
AT	Allgemeiner Teil
Aufl.	Auflage
Az.	Aktenzeichen
BAnz.	Bundesanzeiger
BAT	Bundesangestelltentarif
Bay	Bayerische
BayObLG	Bayerisches Oberstes Landesgericht
BayVBl.	Bayerische Verwaltungsblätter
BayVGH	Bayerischer Verwaltungsgerichtshof
BB	Betriebsberater
Bbg.	Brandenburg (brandenburgisch)
BFH	Bundesfinanzhof
BGB	Bürgerliches Gesetzbuch
BGBl.	Bundesgesetzblatt
BGH	Bundesgerichtshof
BGHZ	Entscheidungen des Bundesgerichtshofes in Zivilsachen
BHO	Bundeshaushaltsordnung
BKK	Betriebskrankenkasse
BKR	Richtlinie über die Koordinierung der Verfahren zur Vergabe öffentlicher Bauaufträge
Bln	Berlin
BR	Bundesrat
BR-Drs.	Bundesratsdrucksache

Brem	Bremisch
BSG	Bundessozialgericht
BT	Besonderer Teil
BT-Drs.	Bundestags-Drucksache
BVerfG	Bundesverfassungsgericht
BVerwG	Bundesverwaltungsgericht
BW	Baden-Württemberg
DB	Der Betrieb
DDR	Deutsche Demokratische Republik
ders.	derselbe
d.h.	das heißt
DIN	Deutsches Institut für Normung
Diss.	Dissertation
DKR	Dienstleistungskoordinierungsrichtlinie
DÖV	Die öffentliche Verwaltung
DRK	Deutsches Rotes Kreuz
Drs.	Drucksache
DVBl.	Deutsches Verwaltungsblatt
E	Amtliche Entscheidungssammlung des zuvor genannten Gerichts, zitiert nach Band und Seite (z. B. BVerfGE 17, 371 ff.); Entwurf
EG	Europäische Gemeinschaft
EGV	Vertrag zur Gründung der Europäischen Gemeinschaft
EN	Euro(päische) Normenreihe
EU	Europäische Union
EuG	Europäisches Gericht erster Instanz
EuGH	Europäischer Gerichtshof
EuR	Europarecht
EUV	Vertrag über die Europäische Union
EuZW	Europäische Zeitschrift für Wirtschaftsrecht
EWG	Europäische Wirtschaftsgemeinschaft
EWGV	Vertrag zur Gründung der Europäischen Wirtschaftsgemeinschaft
FP	Forschungsprojekt
FS	Festschrift
G	Gesetz
GBl.	Gesetzblatt
GemHVO	Gemeindehaushaltsverordnung

GewArch.	Gewerbearchiv
GewO	Gewerbeordnung
GG	Grundgesetz
ggf.	gegebenenfalls
GKV	Gesetzliche Krankenversicherung
GmbH	Gesellschaft mit beschränkter Haftung
GMBl.	Gemeinsames Ministerialblatt
GO	Gemeindeordnung
GVBl.	Gesetz- und Verordnungsblatt
GVG	Gerichtsverfassungsgesetz
GWB	Gesetz gegen Wettbewerbsbeschränkungen (Kartellgesetz)
HdB	Handbuch
Hess	Hessisch
Hrsg.	Herausgeber
HGB	Handelsgesetzbuch
Hmb	Hamburgisch
i.d.F.	in der Fassung
i.e.S.	im engeren Sinne
i.S.v.	im Sinne von
i.V.m.	in Verbindung mit
JUH	Johanniter-Unfall-Hilfe
JuS	Juristische Schulung
JZ	Juristenzeitung
KAG	Kommunalabgabengesetz
KBV	Kassenärztliche Bundesvereinigung
KHG	Krankenhausgesetz
KTW	Krankentransportwagen
LG	Landgericht
LKR	Richtlinie über die Koordinierung der Verfahren zur Vergabe öffentlicher Lieferaufträge
LKV	Landes- und Kommunalverwaltung
LS	Leitsatz
LSA	Sachsen-Anhalt
MedR	Medizinrecht
MV	Mecklenburg-Vorpommern
m.w.N.	mit weiteren Nachweisen

Nds	Niedersachsen, niedersächsisch
NEF	Notarzteinsatzfahrzeug
n.F.	neue Fassung
NJW	Neue Juristische Wochenschrift
NVwZ	Neue Zeitschrift für Verwaltungsrecht
NVwZ-RR	NVwZ-Rechtsprechungsreport
NW	Nordrhein-Westfalen, nordrhein-westfälisch
NWVBl.	Nordrhein-westfälische Verwaltungsblätter
NZBau	Neue Zeitschrift für Baurecht und Vergaberecht
NZS	Neue Zeitschrift für Sozialrecht
o.ä.	oder ähnliches
OVG	Oberverwaltungsgericht
PBefG	Personenbeförderungsgesetz
Pharm.Ind.	Pharmazeutische Industrie (Zeitschrift)
RD	Rettungsdienst (Zeitschrift)
RdErl.	Runderlass
RettAssG	Rettungsassistentengesetz
RL	Richtlinie
Rn.	Randnummer
RhPf	Rheinland-pfälzisch
RTW	Rettungstransportwagen
S./s.	Siehe/siehe
Saar	Saarländisch
saarl.	saarländisch
Sächs	Sächsisch(e)
SächsVBl.	Sächsische Verwaltungsblätter
SGB	Sozialgesetzbuch
SGb	Die Sozialgerichtsbarkeit (Zeitschrift)
SGG	Sozialgerichtsgesetz
Slg.	Sammlung
S.o./s.o.	Siehe oben/siehe oben
sog.	sogenannt
S.u./s.u.	Siehe unten/siehe unten
Thür.	Thüringen (thüringisch)
ThürVBl.	Thüringische Verwaltungsblätter

u.a.	unter anderem
u.ä.	und ähnliches
v.	vom
VO	Verordnung
VBlBW	Verwaltungsblätter Baden-Württemberg
Verf.	Verfassung
VerfGH	Verfassungsgerichtshof
VG	Verwaltungsgericht
VGH	Verwaltungsgerichtshof
Vgl./vgl.	Vergleiche/vergleiche
VgV	Vergabeverordnung
VN	Vergabe News (Zeitschrift)
VOL/A	Verdingungsordnung für Leistungen ausgenommen Bauleistungen Teil A
Vorbem.	Vorbemerkung
VR	Verwaltungsrundschau
VRS	Verkehrsrechtssammlung
VVDStRL	Veröffentlichungen der Vereinigung der Deutschen Staatsrechtslehrer
VwGO	Verwaltungsgerichtsordnung
VwVfG	Verwaltungsverfahrensgesetz
WRP	Wettbewerb in Recht und Praxis
WuW	Wirtschaft und Wettbewerb
z.B.	zum Beispiel
ZFSH	Zeitschrift für Sozialhilfe
ZHR	Zeitschrift für das gesamte Handels- und Wirtschaftsrecht

Einleitung

A. Problemstellung und Untersuchungsgegenstand

Im Amsterdamer Vertrag[1] haben die Mitgliedstaaten der Europäischen Union sich auf eine verstärkte Berücksichtigung des Gesundheitsschutzes der Bürger verständigt, gleichzeitig jedoch vereinbart, Organisation und Finanzierung in der Kompetenz der einzelnen Mitgliedstaaten zu belassen und hier weder eine Harmonisierung der Systeme noch der Politik vorzunehmen[2]. Dies gilt trotz teilweise erfolgter organisatorisch-technischer Vereinheitlichung[3] und des Bestehens spezieller gesetzlicher Regelungen in nahezu sämtlichen Mitgliedstaaten[4], auch für den Rettungsdienst. Dieser Bereich gesundheitlicher Versorgung der Bevölkerung wird von daher auch künftig als Gegenstand des besonderen Verwaltungsrechts in Gestalt der Rettungsdienstgesetze der Länder sowie des Sozialrechts wahrgenommen werden.

Der jährliche Gesamtkostenaufwand im Rettungsdienst lag bereits Mitte der neunziger Jahre allein in der Bundesrepublik bei seinerzeit etwa 1,43 Mrd. €[5]. Angesichts dieses erheblichen wirtschaftlichen Potentials und einer stetig ansteigenden Anzahl von Leistungserbringern unterschiedlicher Trägerschaft und Zielrichtung halten dabei gleichermaßen wettbewerbliche wie wettbewerbsrechtliche Fragestellungen zunehmend Einzug in die rechtliche Erfassung dieses für die Bevölkerung des modernen (Wohlfahrts-) Staates so selbstverständlichen wie verfassungsrechtlich gebotenen[6] Bereichs.

So sah sich im Nachgang zu Grundsatzentscheidungen des Bundesverwaltungsgerichts zu Notfallrettung und Krankentransport aus den Jahren 1994[7] und

---

[1] Vertrag vom 2.10.1997 (BGBl. 1998 II S. 465).
[2] Vgl. Art. 3 Abs. 1 lit. p), Art. 152 Abs. 1 u. Abs. 5 S. 1 sowie Art. 5 Abs. 2 EGV.
[3] Siehe die Entscheidung des Rates der Europäischen Gemeinschaften vom 29.7.1991 zur Einführung einer einheitlichen europäischen Notrufnummer, ABl. EG L 217/31 v. 6.8.1991 sowie die im Dezember 1999 in Kraft getretenen DIN EN 1789 und 1865 für Rettungsmittel, die von der Europäischen Normungsstelle CEN-TC 239 „Rescue Systems" unter Mitwirkung des deutschen Normenausschusses Rettungsdienst und Krankenhaus (NARK) erarbeitet wurden.
[4] Vgl. Pohl-Meuthen/Koch/Kuschinsky, Rettungsdienst in Staaten der EU, 1999, S. 142 sowie die Übersicht bei Dennerlein/Schneider, Wirtschaftlichkeitsreserven im Rettungsdienst der BRD, Augsburg 1995, S. 161.
[5] Dennerlein/Schneider, Wirtschaftlichkeitsreserven im Rettungsdienst der BRD, Augsburg 1995, S. 6.
[6] Gerade im Hinblick auf Art. 2 Abs. 2 GG hat das BVerfG bereits im Jahre 1975 anerkannt, dass der Staat auch die Pflicht hat, sich fördernd und schützend vor ein Grundrecht zu stellen, vgl. BVerfGE 39, 1, 42; vgl. auch Hermes, Das Grundrecht auf Schutz von Leben und Gesundheit, 1987, S. 129ff.
[7] BVerwG, Urteil v. 3.11.1994 – 3 C 17/92, in: NJW 1995, 3067ff.

1999[8] jüngst auch der Europäische Gerichtshof, der bereits im Jahre 1998 unter vergaberechtlichen Aspekten mit Notfallrettung und Krankentransport befasst war[9], veranlasst, über die Anwendung des gemeinschaftsrechtlichen Wettbewerbstitels auf den Bereich des Rettungsdienstes zu entscheiden[10]. Ausgangspunkt bildete dabei ein Vorlagebeschluss des rheinland-pfälzischen Oberverwaltungsgerichts vom 8.12.1999[11], wonach dem Gerichtshof die Frage zur Entscheidung vorgelegt wurde, ob die Einräumung eines Monopols für Krankentransportdienstleistungen zugunsten etablierter Hilfsorganisationen in einem abgegrenzten geographischen Bereich mit den Wettbewerbsregeln des EG-Vertrages vereinbar sei.

Die nun vorliegende Entscheidung des Gerichtshofs dürfte jedenfalls hinsichtlich der mit der Materie befassten Instanz den vorläufigen Höhepunkt einer Reihe von Versuchen gewerblicher Unternehmer bilden, die aus ihrer Sicht als unzureichend empfundene Mitwirkung an der Erfüllung rettungsdienstlicher Aufgaben (verwaltungs-) gerichtlich zu erzwingen[12]. Sie hat im Anschluss an die zitierten Entscheidungen des Bundesverwaltungsgerichts zumindest für den Bereich der behördlich genehmigten Leistungserbringung außerhalb der öffentlichen Rettungsdienste zu einer weitreichenden Klärung noch offener Fragen der Mitwirkungsrechte Dritter geführt.

Als weitgehend ungeklärt stellt sich indes die Frage nach einer gerechten und transparenten Auswahlentscheidung für die Teilnahme am öffentlichen Rettungsdienst dar. Der zitierten Entscheidung des Europäischen Gerichtshofs aus

---

[8] BVerwG, Urteil v. 17.6.1999 - 3 C 20/98, in: NVwZ-RR 2000, 213ff.
[9] EuGH, Urteil v. 24.9.1998, Rs. C-76/97, Walter Tögel / Niederösterreichische Gebietskrankenkasse, Slg. I 1998, S. 5357 ff. Gegenstand der Entscheidung war ausgehend von vertraglichen Beziehungen der österreichischen Sozialversicherungsträger zu Krankentransportunternehmen neben der vom Gerichtshof bejahten Frage der Anwendbarkeit der Dienstleistungskoordinierungsrichtlinie 92/50/EWG vor allem das Postulat einer grundsätzlichen Differenzierung zwischen einem Transport- und einem medizinischen Anteil der Dienstleistungen im Bereich des Rettungsdienstes.
[10] EuGH, Urteil v. 25.10.2001, Rs. C-475/99, Ambulanz Glöckner / Landkreis Südwestpfalz, Slg. I- 2001, S. 8089 ff.
[11] 7 A 11769/98; nachfolgend OVG Koblenz, Urteil v. 7.5.2002 - 7 A 11626/01, zwischenzeitlich rechtskräftig durch Beschluss des BVerwG vom 9.8.2002 - 3 B 122/02.
[12] Vgl. etwa BVerwG, Urteil v. 3.11.1994 - 3 C 17/92, in: NJW 1995, S. 3067ff.; Urteil v. 26.10.1995 - 3 C 10/94, in: NJW 1996, 1608ff.; Urteil v. 17.6.1999 - 3 C 20/98, in: NVwZ-RR 2000, 213ff.; OVG Lüneburg, Beschluss v. 14.9.1999 - 11 M 2747/99, in: Nds VBl. 1999, 285ff.; VGH Mannheim, Urteil v. 22.10.1996 - 10 S 8/96, in: NVwZ-RR 1998, 110f.; OVG Münster, Beschluss v. 5.7.2001 - 13 B 452/01, in: NWVBl. 2002, 66f.; OVG Frankfurt (Oder), Beschluss v. 21.8.1997 - 4 A 137/92; Beschluss v. 12.12.1996 - 4 B 28/96; Beschluss v. 21.10.1996 - 4 B 150/96; OVG Magdeburg, Beschluss v. 21.12.2000 - 1 M 316/00, in: LKV 2001, 282 (LS); VGH München, Urteil v. 8.11.1995 - 4 B 95.1221, in: BayVBl. 1996, 176ff.; OLG Naumburg, Beschluss v. 19.10.2000 - 1 Verg 9/00; VG Weimar, Beschluss v. 20.1.2000 - 6 E 4221/99.

dem Jahre 1998, die die Anwendung des EU-Vergaberechts auf Vertragsbeziehungen zwischen den österreichischen Sozialversicherungsträgern und dortigen Krankentransportunternehmen zum Gegenstand hatte, wird dabei bislang überwiegend eine Anwendbarkeit auf die deutsche Rechtsordnung versagt.

In der Praxis hat sich, von historisch geprägten landes- bzw. regionalspezifischen Ausnahmen abgesehen, auf Grundlage der durch das sechste Gesetz zur Änderung des Personenbeförderungsgesetzes vom 25.07.1989[13] erfolgten Herausnahme des Krankentransports aus dem Personenbeförderungsgesetz zum 01.01.1992 und der damit den Ländern anfallenden Gesetzgebungskompetenz[14] ein zunehmend flächendeckendes Nebeneinander eigener Kräfte öffentlicher Träger sowie regelmäßig in den öffentlichen Rettungsdienst eingebundener gemeinnütziger Hilfsorganisationen auf der einen und (in der Regel parallel hierzu behördlich genehmigter) gewerblicher Krankentransportunternehmer auf der anderen Seite entwickelt. Im Rahmen des insoweit lediglich ansatzweise entwickelten Wettbewerbs entfallen zumindest in einzelnen Ländern bzw. Regionalmärkten zum Teil bereits beachtliche Marktanteile auf die gewerblichen Unternehmer[15], denen bisweilen auch gutachterlich sowie von Kostenträgerseite positive Effekte im Hinblick auf die Wirtschaftlichkeit der Erbringung rettungsdienstlicher Leistungen bescheinigt werden[16].

Insbesondere die gewerblichen Unternehmer, die bislang durchweg weniger im Rahmen der (zeitkritischen) Notfallrettung als vielmehr ganz überwiegend im Bereich des mehr transportbezogenen Krankentransports aktiv sind[17], aber auch Sanitätsorganisationen streben dabei zunehmend eine Mitwirkung auch in den

---

[13] BGBl. I S. 1547.
[14] Mit Ausnahme der Bereiche Personalausbildung (Art. 74 Abs. 1 Nr. 19 GG; vgl. RettungsassistentenG v. 10.7.1989, BGBl. I S. 1384), der Kostentragung als Teil der Sozialversicherung (Art. 74 Abs. 1 Nr. 12 GG) und Personenbeförderung (Art. 74 Abs. 1 Nr. 11 und 22 GG), der die Krankenbeförderung nach dem bis zum 01.01.1992 geltenden PBefG v. 21.3.1961 (BGBl. I S. 241) noch unterfiel, fällt das Rettungswesen nunmehr vollständig in die Länderkompetenz. Siehe hierzu unten S. 63 f.
[15] Vgl. die Übersicht bei Dennerlein/Schneider, Wirtschaftlichkeitsreserven im Rettungsdienst, Augsburg 1995, S. 66. Ausgehend von aktuellerem statistischen Material aus dem Jahre 1999 beträgt der Marktanteil gewerblicher Unternehmer im Bereich des qualifizierten Krankentransports beispielsweise im Bereich der nordrhein-westfälischen kreisfreien Stadt Köln derzeit etwa 54,7 %, vgl. Stadt Köln, Rettungsdienstbedarfsplan 2000, IV. 4.2.2.1.
[16] Vgl. Dennerlein/Schneider, Wirtschaftlichkeitsreserven im Rettungsdienst, Augsburg 1995, S. 146 – 148; Stellungnahme des Vorsitzenden der AOK Baden-Württemberg, R. Sing, in: RD 1998, S. 69.
[17] Unfallverhütungsbericht Straßenverkehr 2000/2001 der Bundesregierung, BT-Drs. 14/9730, S. 33; Dennerlein/Schneider, Wirtschaftlichkeitsreserven im Rettungsdienst, Augsburg 1995, S. 65; Lechleuthner/Fehn/Neumann, Rettungsdienst und niedergelassene Ärzte, in: Medizin im Dialog 03/02, S. 4 f., 5.

in öffentlicher Trägerschaft stehenden Rettungsdiensten an. Die Frage nach den bei der Durchführungsübertragung zu beachtenden Rechtsnormen stellt sich damit aktuell sowohl von Seiten der öffentlichen Rettungsdienstträger als Entscheidungskörperschaften als auch von Seiten der an der Mitwirkung interessierten Anbieter.

Generell gilt es zudem, bestehendes Einsparpotential in Form von Wirtschaftlichkeitsreserven, im Rahmen des rechtlich Möglichen auch im Bereich des Rettungsdienstes zu aktivieren[18] und bestehende Vergütungsstrukturen vor allem im Hinblick auf die stetig ansteigenden Kosten im Gesundheitswesen einer kritischen Bewertung zu unterziehen. So wurde das Kostenniveau im Rettungswesen auch seitens der Bundesregierung als unplausibel und von ökonomisch nicht zu erklärenden Zusammenhängen bedingt bezeichnet[19]. Allein unter dem Parameter einer anzustrebenden Preisbildung nach marktwirtschaftlichen Grundsätzen werden Wirtschaftlichkeitsreserven im Bereich rettungsdienstlicher Leistungen in einer Größenordnung von mindestens 10% angegeben[20]. Immerhin konnte, dies trotz zum 1.1.2000 in Kraft getretener verschärfter Formulierung des Grundsatzes der Beitragssatzstabilität in § 71 SGB V[21], allein für erste Quartal 2003 im Vergleich zum Vorjahreszeitraum bezogen auf den Bereich der Fahrtkosten[22] ein bundesweiter Kostenanstieg von 8,3 % festgestellt werden. Diese Steigerungsrate übertrifft bezogen auf die einzelnen Leistungsbereiche der Gesetzlichen Krankenversicherung mittlerweile sogar die der Ausgaben für Heilmittel[23]. Korrespondierend zu den Ausgabensteigerungen der GKV

---

[18] So bereits der Sachverständigenrat für die Konzertierte Aktion im Gesundheitswesen, Gesundheitsversorgung und Krankenversicherung 2000, Sondergutachten 1995, S. 8 Rn. 10. Zur Konzertierten Aktion siehe § 141 SGB V.
[19] BT-Drs. 12/4997, S. 33 u. 34.
[20] Vgl. Dennerlein/Schneider, Wirtschaftlichkeitsreserven im Rettungsdienst, Augsburg 1995, S. 148f., die mit Stand 1991/1992 eine absolute Wirtschaftlichkeitsreserve einschließlich der Mengenkomponente (Leitstellenanzahl, Personal, Anzahl der Rettungsmittel) in einer Größenordnung von 500 Mio. bis 1 Mrd. DM (ca. 255 bis 511 Mio. €) angeben, was einem relativen Gesamteinsparpotential von 20-30 % entspricht.
[21] Vgl. Gesetz zur Reform der gesetzlichen Krankenversicherung (GKV-GesundheitsreformG 2000) v. 22.12.1999, BGBl. I 2626.
[22] Hierzu zählen nach § 60 SGB V neben Notfallrettung und Krankentransport auch Fahrtkosten auf Grund von Transporten mittels Taxen / Mietwagen. Die in diesem Bereich überstieg dabei in der Vergangenheit die in den Bereichen Notfallrettung und Krankentransport sowohl relativ als absolut erheblich, wobei die Kostensteigerung hier im Vergleich zu den nicht transportbezogenen Leistungsbereichen dennoch überdurchschnittlich war. Vgl. BMGS, GKV-Kennzahlen, Stand: Juli 2003, Tabelle KF03Bund, sowie Koch/Büch/Kuschinsky, Zur Wirtschaftlichkeit im Rettungsdienst, in: Leben retten 1997, S. 42ff.
[23] Vgl. BMGS, GKV-Kennzahlen, Stand: Juli 2003, Tabelle KF03Bund. Siehe auch die jeweils zum 15. September erfolgende Bekanntmachung der durchschnittlichen Veränderungs-

für Notfall- und Krankentransporte war über die Vergleichszeiträume 1990/1991 bis 2000/2001 hinweg ein stetiger Anstieg der Einsatzzahlen zu verzeichnen[24]. Nachdem die Einführung der Fallpauschalenregelung (sog. DRG, „diagnosis related group"-System)[25] durch das Fallpauschalengesetz (FPG) vom 23.4.2002[26] voraussichtlich ein erhöhtes Verlegungsaufkommen zwischen den Krankenhäusern zur Folge haben wird[27], dürften Kosteneinsparungen allein im Wege kritischer Überprüfung der bestehenden Organisations- und Kostenstrukturen zu erzielen sein, dies unter Einbeziehung in der Rechtsordnung zunehmend nicht mehr als statisch sondern wandelbar wahrgenommener ordnungspolitischer Rahmenbedingungen.

Forderungen etwa nach einer Aufgabe des Selbstkostendeckungsprinzips, der Etablierung gleicher (Markt-) Zugangschancen für sämtliche Leistungserbringer unter gleichzeitiger Abschaffung von Privilegien, der Einführung wettbewerblicher Anreize und Strukturen und nicht zuletzt einer Anpassung und Weiterentwicklung der bestehenden Rettungsdienstgesetze im Rahmen der Gesundheitsstrukturreform, wie sie der Sachverständigenrat für die Konzertierte Aktion im Gesundheitswesen bereits 1995 formulierte[28], bilden dabei nur Teilaspekte einer wachsenden Überzeugung, dass Markt und Wettbewerb leistungsfähiger sind als Monopolstrukturen und staatliche Daseinsvorsorge. Diese bereits das Gesetzgebungsverfahren zum Sechsten Gesetz zur Änderung des Personenbeförderungsgesetzes mitbestimmende Einschätzung[29] erlangt derzeit gesteigerte Aktualität.

Bislang fehlt es an geklärten Positionen vor allem noch bei Rechtsfragen der Leistungserbringerauswahl im Bereich der öffentlichen Rettungsdienste sowie der Vergütungsstrukturen im Rettungswesen. Entsprechendes gilt neben Fragen der Aufgabenqualität im Rettungswesen für den kompetenziellen Rahmen der Rechtsmaterie Rettungsdienstrecht. Das zum 1.1.2004 in Kraft getretene GKV-

---

raten der beitragspflichtigen Einnahmen der Mitglieder der Krankenkassen durch das BMGS gem. § 71 Abs. 3 SGB V.

[24] Vgl. Unfallverhütungsbericht Straßenverkehr 2000/2001 der Bundesregierung, BT-Drs. 14/9730, S. 33.

[25] Siehe hierzu etwa Thiele, Praxishandbuch Einführung der DRGs in Deutschland, 2001; Quaas, Aktuelle Fragen des Krankenhausrechts, in: MedR 2002, S. 273 ff., 274.

[26] BGBl. I S. 1412.

[27] Schlechtriemen/Reeb/Altemeyer, Rettungsdienst in Deutschland – Bestandsaufnahme und Perspektiven, Bericht über das DGAI-Symposium vom 2.-4.10.2002, S. 4.

[28] Sachverständigenrat für die Konzertierte Aktion im Gesundheitswesen, Gesundheitsversorgung und Krankenversicherung 2000, Sondergutachten 1995, S. 40, Rn. 58.

[29] Vgl. die Stellungnahme der Bundesregierung zum Gesetzentwurf des Bundesrates, BT-Drs. 11/2170, S. 9 sowie die Stellungnahme des federführenden Bundestagsausschusses, BT-Drs. 11/4224, S. 6.

Modernisierungsgesetz[30] und die sich hieran anschließende Neufassung der sog. Krankentransportrichtlinien haben lediglich Änderungen bezüglich der Erstattungsfähigkeit der Leistungen im System der gesetzlichen Krankenversicherung bewirkt und zu keiner weiteren Klärung der noch offenen Rechtsfragen geführt.

Ziel der vorliegenden Arbeit ist es, Erkenntnisse darüber zu gewinnen, inwieweit das geltende Recht mehr als in der bisherigen Praxis, die von eher verwaltungsmäßiger Leistungserbringung und vielfach der Bevorzugung einzelner Anbieter gekennzeichnet ist, die Erbringung und Vergütung rettungsdienstlicher Leistungen in mehr wettbewerblicher Struktur erlaubt bzw. gebietet. Dabei sollen insbesondere die noch offenen Rechtsfragen hinsichtlich der Anforderungen an den Marktzugang geklärt und die rechtlichen Vorgaben auf Möglichkeiten und Pflichten aller Beteiligten, insbesondere der öffentlichen Rettungsdienstträger sowie der gesetzlichen Kostenträger, ihren gesetzlichen Aufgaben in einem wettbewerblichen Umfeld möglichst kostendämpfend zu genügen, hin untersucht werden.

B. Gang der Untersuchung

Im Folgenden wird nach Vornahme der notwendigen Begriffsbestimmungen und Abgrenzungen im hierauf folgenden 2. Teil zunächst der rechtliche Rahmen rettungsdienstlicher Leistungserbringung näher erörtert. Gegenstand ist dabei neben einer Kurzdarstellung der Rechtsentwicklung im Rettungswesen sowie damit zusammenhängender Gestaltungsvarianten der Landesrettungsdienstgesetze und der Gegenüberstellung von öffentlichem Rettungsdienst und staatsunabhängiger Leistungserbringung die Verortung der Materie im grundgesetzlichen Kompetenztitel. Anschließend soll im 3. Teil das Aufgabenspektrum rettungsdienstlicher Leistungen erörtert werden, wobei nach dem Versuch der Herstellung möglichst weitgehender Begriffsklarheit unter Berücksichtigung der sachlichen Besonderheiten der Materie die notwendigen Zuordnungen erfolgen. Der 4. Teil befasst sich mit den bislang ebenso aktuellen wie weitgehend ungeklärten Rechtsfragen im Zusammenhang mit der Durchführungsbeauftragung außerhalb der Verwaltung stehender Dritter im Bereich der öffentlichen Rettungsdienste, wobei insbesondere die Frage des Bestehens einer Ausschreibungspflicht einschließlich der hierbei zu berücksichtigenden Verfahrensbestimmungen sowie das rechtliche Schicksal laufender Verträge erörtert werden. In dem sich anschließenden 5. Teil wird der Zugang zur staatsunabhängigen Leistungserbringung auf behördlich genehmigter Grundlage unter besonderer Berücksichtigung der sog. Funktionsschutzklauseln der Landesrettungs-

---

[30] Gesetz zur Modernisierung der gesetzlichen Krankenversicherung (GKV-Modernisierungsgesetz – GMG) vom 14.11.2003, BGBl. I 2003, S. 2190 ff.

dienstgesetze untersucht und im Rahmen dessen nicht zuletzt der Grad der Justiziabilität bestimmt. Die folgenden Teile haben die maßgeblich durch die rettungsdienstrechtlichen Vorgaben mitbestimmten rechtlichen Grundlagen der Finanzierung und Vergütungsstruktur zum Gegenstand und zeigen die hier bestehenden Gemeinsamkeiten und Unterschiede auf. Der institutionellen Differenzierung der Landesrettungsdienstgesetze folgend behandelt der 6. Teil die Finanzierung des öffentlichen Rettungsdienstes, während der nachfolgende 7. Teil den bisher weitgehend ungeklärten Bereich der Vergütung der staatsunabhängigen Leistungserbringung sowohl anhand nationalen (verfassungs-) Rechts als auch des Gemeinschaftsrechts untersucht.

1. Teil Begriffsbestimmungen und notwendige Abgrenzungen

Die interdisziplinär geprägte Begriffslage im Bereich des Rettungsdienstes erfordert im Hinblick auf eine sich anschließende Erörterung von Normen unterschiedlicher Art und Rangstufe eine einheitliche und hinreichend differenzierte Terminologie nebst sachlicher Abgrenzung. Immerhin lässt, abgesehen von bisweilen selbst in medizinischen Fachkreisen anzutreffender Begriffsverwirrung[31], auch die Rechtsprechung zum Teil die notwendige Differenzierung vermissen[32]. Zu mangelnder Begriffsklarheit trägt zudem wesentlich der Umstand bei, dass die Materie Rettungsdienst in insgesamt sechzehn terminologisch wie organisatorisch teilweise voneinander abweichenden Landesgesetzen kodifiziert ist. Begriffliche Unterschiede lassen sich schließlich, ungeachtet einer bestehenden DIN 13050 „Begriffe im Rettungdienst", für das (Bundes-) Recht der gesetzlichen Krankenversicherung feststellen.

Im Spektrum transportbezogener Dienstleistungen mit im weiteren Sinne medizinischem Betreuungsgehalt ist nach vorangestellter Klärung des Begriffs Rettungsdienst zunächst eine Grobunterteilung zwischen denjenigen, die sowohl sachlich als auch begrifflich dem Rettungsdienst unterfallen, und sonstigen Dienstleistungen vorzunehmen. Letztere sind im Weiteren vom Untersuchungsgegenstand ausgenommen. Die Abgrenzung erfolgt hier anhand des Grades an medizinischer Betreuungsbedürftigkeit sowie des Anteils an Transportbezogenheit. Begrifflich wird auf dieser Ebene auch der Notarztdienst, der sich teilweise der Mittel des Rettungsdienstes bedient, gesondert erfasst.

---

[31] Lechleuthner/Fehn/Neumann, Rettungsdienst und niedergelassene Ärzte, in: Medizin im Dialog 03/2002, S. 4; Sefrin, Schnittstelle Hausarzt und Rettungsdienst, in: Leben retten 1998, S. 61. Siehe auch die vom Gemeinsamen Bundesausschuss neu gefassten Richtlinien über die Verordnung von Krankenfahrten und Krankentransportleistungen (Krankentransport-Richtlinien) i.d. Fassung vom 22.1.2004, veröffentlicht in: Bundesanzeiger Nr. 18 v. 28.1.2004.

[32] BSG, Urteil v. 29.11.1995 – 3 RK 32/94, in: SozR 3-2500, § 133 Nr. 1, S. 4 u. 7; LG Mannheim, Urteil v. 3.4.1992 – 7 O 140/91, S. 8 u. 10; Schulte, Rettungsdienst durch Private, 1999, S. 19 unter Hinweis auf OVG Rheinland-Pfalz, Urteil v. 21.2.1995 (unveröffentlicht), S. 15. Die genannten Entscheidungen nennen jeweils Rettungsdienst und Krankentransport als Gegensatzpaar.

A. Leistungen im Bereich des Rettungsdienstes

I. Rettungsdienst: Begriff und Bedeutung

1.) Erscheinungsformen

Der den Gegenstand der weiteren Untersuchung bildende Rettungsdienst fungiert als Oberbegriff unterschiedlicher Dienstleistungen, Gegenstand gesetzlicher Aufgabenzuweisung und Bezeichnung der institutionellen Organisation rettungsdienstlicher Einrichtungen mit entsprechender Funktion innerhalb der Rettungskette. Eine weitere bedeutende Funktion erfüllt er als Schutzgegenstand der sog. Funktionsschutzklauseln der Landesrettungsdienstgesetze. Er ist darüber hinaus hinsichtlich der von ihm erfassten Leistungen Gegenstand von Verträgen zwischen Leistungserbringern und Krankenkassen nach § 133 SGB V sowie gemäß § 60 Abs. 2 S. 3 SGB V Anknüpfungspunkt privilegierter Abrechnungsmodalitäten[33].

2.) Gesetzliche Begriffsprägung

Insbesondere als Oberbegriff der Leistungen Notfallrettung und Krankentransport hat der Begriff Rettungsdienst seine entscheidende Prägung durch die Rettungsdienstgesetze der Länder erfahren.
Danach wird Rettungsdienst überwiegend im Rahmen der Aufgabenzuweisungsnorm als Sicherstellung einer bedarfsgerechten und flächendeckenden Versorgung der Bevölkerung mit Leistungen der Notfallrettung und des Krankentransports definiert[34].
Es ergeben sich daher die folgenden Elemente: Verweis auf die immanenten Dienstleistungen Notfallrettung und Krankentransport und die bedarfsgerechte und flächendeckende Versorgung mit diesen sowie die besondere Betonung des Sicherstellungsaspekts.
Definitionsbestandteile wie Bedarfsgerechtigkeit und flächendeckende Versorgung implizieren im wesentlichen Qualitätsmerkmale vornehmlich im Bereich der (zeitkritischen) Notfallrettung. Zu verwirklichende Zielvorstellungen sind hier Bediensicherheit, d.h. ein System, welches gewährleistet, dass alle Leistun-

---

[33] Vgl. hierzu BSG, Urteil v. 16.4.1998 – B 3 KR 14/96 R, in: SozR 3-2500, § 60 Nr. 2; SG Düsseldorf, Beschluss v. 9.12.2002 – S 4 KR 269/01 ER.
[34] § 1 Abs. 1 RDG BW; Art. 18 Abs. 1 BayRDG; § 2 Abs. 1 RDG Bln; § 6 Abs. 2 HmbRDG; § 2 Abs. 1 Nds RettDG; § 2 Abs. 1 RettDG RhPf; § 2 Abs. 1 SaarRettG; § 2 Abs. 1 SächsRettDG; § 2 Abs. 1 RettG LSA; § 6 Abs. 1 RDG SH.

gen zu jeder Zeit an jedem Ort erbracht werden können, und Zeitminimierung im Bedarfsfall[35]. Während einige Landesgesetze noch weitergehende Leistungen in Gestalt des Transports von Medikamenten, Blutkonserven und Organen oder der Abwicklung von Großschadensereignissen der Aufgabe bzw. dem Begriff Rettungsdienst zuordnen[36], stellen namentlich Brandenburg, Bremen, Hessen, Mecklenburg-Vorpommern und Thüringen trotz Übereinstimmung im Übrigen nicht ausdrücklich auf eine Sicherstellung der Versorgung der Bevölkerung mit rettungsdienstlichen Leistungen ab, sondern allein auf die Versorgung bzw. Durchführung der Leistungen[37]. Zumindest terminologisch orientiert sich die Gesetzgebung dieser Länder damit stärker an dem vom Bund-Länder-Ausschuss Rettungswesen in § 1 des Musters für ein Ländergesetz über den Rettungsdienst[38] beschriebenen Aufgabengehalt. Angesichts der betroffenen Rechtsgüter Leben und Gesundheit der Bevölkerung und der damit verbundenen grundgesetzlichen Schutzpflichten des Staates hält jedoch auch hier der Sicherstellungsauftrag wenngleich nicht ausdrücklich benannt Eingang in Aufgabenzuweisung und Begrifflichkeit.

3.) Medizinisch-organisatorische Begriffsfassung

Aus medizinisch-organisatorischer Sicht lässt sich der Begriff Rettungsdienst ausgehend von seiner Funktion innerhalb der Rettungskette[39] bestimmen. Dabei wird dem Rettungsdienst als zentralem Glied der Rettungskette ein ineinandergreifender Maßnahmenkatalog vorgeschrieben, der von den ersten Maßnahmen am Unfallort bis zur Übergabe des Patienten in ein geeignetes Krankenhaus reicht[40]. Aufgrund des durch die fortschreitende notfallmedizinische Entwick-

---

[35] Prütting, Rettungsgesetz NRW, 3. Aufl. 2001, § 6 Rn. 11f.
[36] Vgl. § 6 Abs. 2 HmbRDG; § 2 Abs. 1 ThürRettG (Transport von Medikamenten, Blutkonserven und Organen); § 2 Abs. 1 RettDG LSA; § 6 Abs. 1 RDG SH (Großschadensereignisse)
[37] Vgl. § 1 Abs. 2 Bbg RettG; § 3 Abs.1 BremRettDG; § 3 Abs. 1 Hess RDG; § 6 Abs. 1 u. § 2 Abs. 1 RDG M-V; § 2 Abs. 1 Thür RettG.
[38] Anlage 1 zu BT-Drs. 7/489. Aus dem rein koordinativen Gremium des Bund-Länder-Ausschusses Rettungswesen, dessen Existenz auf der damaligen gemischten Kompetenzverteilung im Rettungswesen beruhte, wurde nach dem Rückzug des Bundes durch das sechste Gesetz zur Änderung des Personenbeförderungsgesetzes der Ausschuss Rettungswesen. Vgl. im Übrigen das vom Hauptverband der gewerblichen Berufsgenossenschaften erarbeitete Muster eines Gesetzes zur Ordnung des Rettungswesens vom November 1970, in: Biese u.a. (Hrsg.), Handbuch des Rettungswesens, Band 1, Stand: 04/2003, A. 1.3.1.
[39] Vgl. zum Begriff der Rettungskette Sefrin, Geschichte der Notfallmedizin in Deutschland, in: Biese u.a. (Hrsg.), Handbuch des Rettungswesens, Band 1, Stand: 04/2003, A 1.6; Ahnefeld, Weiterentwicklung der Rettungsdienste und der notfallmedizinischen Versorgung in der BRD, in: Notfallmedizin 1998, S. 358f.
[40] Biese/Jocks/Runde, Rettungsdienst in NRW, 1978, § 1 Anm. 1.

lung zunehmenden Schwergewichts medizinischer Maßnahmen innerhalb dieses Teils der Handlungskette wandelte sich die Zielsetzung des Rettungsdienstes vom möglichst schnellen Transport hin zur Wiederherstellung und Erhaltung der Vitalfunktionen sowie der Herstellung der Transportfähigkeit und Behandlung während der Fahrt[41].

Unter dieser Prämisse wird Rettungsdienst auch als planmäßig organisierte Einrichtung der Daseinsvorsorge mit der Aufgabe verstanden, unter Einsatz der organisatorisch bereitgestellten personellen und sachlichen Mittel, Notfallpatienten am Notfallort nach notfallmedizinischen Grundsätzen zu versorgen, sie transportfähig zu machen und unter sachgerechter Betreuung während des Transports in ein für die weitere Versorgung geeignetes Krankenhaus zu befördern[42]. Es fällt auf, dass bei dieser Begriffsfassung diejenigen Teilaufgaben klar im Vordergrund stehen, die ihrerseits originärer Bestandteil der noch zu definierenden Teilleistung Notfallrettung sind. Demgemäss beschränkte sich auch der Musterentwurf des Bund-Länder-Ausschusses „Rettungswesen" in § 1 darauf, zunächst eingehend die notfallmedizinischen Anforderungen der Aufgabe Rettungsdienst zu überantworten, um sodann als Annex den Krankentransport, verstanden als die Beförderung von Nicht-Notfallpatienten, unter Verwendung des Wortes „auch" im zweiten Absatz anzufügen[43].

Zu den begriffskonturierenden Merkmalen der Sicherstellung einer bedarfsgerechten und flächendeckenden Versorgung der Bevölkerung mit Leistungen der Notfallrettung und des Krankentransports tritt somit ein Schwerpunkt in den Bereichen medizinischer Betreuung bzw. notfallmedizinischer Versorgung hinzu.

4.) Institutioneller Rettungsdienstbegriff

Können die dargestellten Merkmale fortan als Begriffsgrundlage der Aufgabe „Rettungsdienst" und des Gliedes „Rettungsdienst" im Rahmen der Rettungskette dienen, liefern sie jedoch keine Erkenntnisse im Hinblick auf die Verwendung des Begriffs „Rettungsdienst" als sinnvolle und zulässige Bezeichnung für eine Organisationseinheit.

---

[41] Schulte, Rettungsdienst durch Private, 1999, S. 30; Biese/Jocks/Runde, Rettungsdienst in NRW, 1978, § 1 Anm. 1 sowie Döhler, in: alert-supplement 3/1995, S. 56ff., 57.
[42] Lippert/Weissauer, Das Rettungswesen, 1984, S. 7; Lippert/Breitling, Der Private im Rettungsdienst und Krankentransport, in: NJW 1988, S. 749f., 749; Nellessen, Notfalldienst, Bereitschaftsdienst, Rettungsdienst, in: NJW 1979, S. 1919.
[43] Vgl. Muster eines Gesetzes zur Ordnung des Rettungswesens vom November 1970, in: Biese u.a. (Hrsg.), Handbuch des Rettungswesens, Band 1, Stand: 04/2003, A. 1.3.1. Siehe auch Gesetz über den Rettungsdienst NRW v. 26.11.1974, GV NW S. 1481, § 1.

So stehen sich in den einzelnen Bundesländern in unterschiedlicher Ausprägung[44] ein bodengebundener Rettungsdienst in öffentlicher Trägerschaft[45] und die hiervon organisatorisch zu unterscheidende, gesetzlich vorgesehene Möglichkeit einer Erbringung rettungsdienstlicher Leistungen durch gemeinnützige Hilfsorganisationen und gewerbliche Unternehmer[46] gegenüber. Der Begriff Rettungsdienst genießt für sich genommen keinen kennzeichenrechtlichen Schutz. Gleichwohl ist er deshalb sinnvollerweise dem öffentlichen Rettungsdienst vorzubehalten, weil bei gewerblichen Unternehmern nicht zwingend sichergestellt ist, dass diese auch das gesamte Spektrum rettungsdienstlicher Leistungen anbieten, was mit Blick auf hilfesuchende Patienten u.U. zu einer Gefahr für die öffentliche Sicherheit führen kann[47]. Dementsprechend bleibt auch hier die Bezeichnung *Rettungsdienst* in organisatorischer Hinsicht dem öffentlichen Rettungsdienst vorbehalten, während sie funktional Notfallrettung und Krankentransport zusammenfasst.

II. Notfallrettung

Die Notfallrettung hat die Aufgabe, bei Notfallpatienten gesundheits- bzw. lebenserhaltende Maßnahmen am Notfallort durchzuführen, deren Transportfähigkeit herzustellen und sie unter fachgerechter Betreuung in eine für die weitere Versorgung geeignete Einrichtung zu befördern[48]. Sie entspricht im bundesrechtlichen Sprachgebrauch der gegenüber dem Krankentransport auch hinsichtlich der Kostenübernahme gesondert aufgeführten Rettungsfahrt i.S.v. § 60 Abs. 2 Nr. 2 SGB V sowie dem sog. Primäreinsatz bzw. Primärtransport[49]. Not-

---

[44] Vgl. unten S. 44 f.
[45] Vgl. § 2 RDG BW; Art. 18 Abs. 1 BayRDG; § 5 Abs. 1 RDG Bln; § 3 Abs. 1 BbgRettG; § 5 Abs. 1 BremRettG; § 7 Abs. 1 HmbRDG; § 4 Abs. 1 HessRDG; § 6 Abs. 2 RDG M-V; § 3 Abs. 1 Nds. RettDG; § 6 Abs. 1 RettG NW; § 3 Abs. 1 RettG RhPf; § 5 Abs. 1 SaarRettG; § 3 Abs. 1 SächsRettDG; § 3 Abs. 1 RDG LSA; § 6 Abs. 2 RDG SH; § 3 Abs. 1 ThürRettG.
[46] Vgl. §§ 15ff. RDG BW; Art. 4ff. BayRDG; §§ 5 Abs. 2, 10ff. RDG Bln; § 5 Abs. 3 u. 4 BbgRettG; §§ 15ff. BremRettG; §§ 11ff. HmbRDG; §§ 9ff. HessRDG; §§ 14ff. RDG M-V; §§ 19ff. NdsRettDG; §§ 18ff. RettG NW; §§ 14ff. RettDG RhPf; §§ 12ff. SaarRettG; §§ 40ff. SächsRettDG; §§ 14ff. RDG LSA; §§ 10ff. RDG SH; § 15 ThürRDG.
[47] So VG Düsseldorf, Beschluss v. 8.4.1992 – 6 L 4729/91 (nicht veröffentlicht); vgl. auch VG Koblenz, Urteil v. 14.3.1994 – 3 K 3576/93 (nicht veröffentlicht).
[48] Vgl. § 1 Abs. 2 S. 1 RDG BW; Art. 2 Abs. 1 BayRDG; § 2 Abs. 2 S. 1 RDG Bln; § 2 Abs. 2 S. 1 BbgRettG; § 2 Abs. 2 Nr. 1 BremRettG; § 3 Abs. 1 S. 1 HmbRDG; § 2 Abs. 1 HessRDG; § 2 Abs. 2 S. 1 RDG M-V; § 2 Abs. 2 Nr. 1 NdsRettDG; § 2 Abs. 1 S. 1 RettG NW; § 2 Abs. 2 RettDG RhPf; § 2 Abs. 2 SaarRettG; § 2 Abs. 2 S. 1 SächsRettDG; § 2 Abs. 2 S. 1 RDG LSA; § 1 Abs. 1 S. 1 RDG SH; § 2 Abs. 1 Nr. 1 ThürRettG.
[49] Hierzu Lippert/Weissauer, Das Rettungswesen, 1984, S. 49; Schulte, Rettungsdienst durch Private, 1999, S. 21; Prütting, Rettungsgesetz NRW, 3. Aufl., 2001, § 2 Rn. 14. Der Primäreinsatz ist dadurch gekennzeichnet, dass der Aufnahmeort am Unfall- bzw. Notfallort liegt.

fallpatienten sind Personen, die sich infolge von Verletzung, Krankheit oder sonstiger Umstände entweder in Lebensgefahr befinden oder bei denen schwere gesundheitliche Schäden zu befürchten sind, wenn sie nicht unverzüglich medizinische Hilfe erhalten[50]. Die Beförderung von Notfallpatienten im Sinne der Definition haben auch sog. dringliche Sekundäreinsätze und Intensivverlegungen zum Gegenstand, die ebenfalls zur Notfallrettung zu zählen sind[51].
Die notfallmedizinische Versorgung stellt gegenüber dem Beförderungsaspekt das bestimmende Merkmal der Notfallrettung dar, wobei sich die Leistung Notfallrettung in notfallmedizinischer Hinsicht als außerklinischer Beginn einer Intensivtherapie unter anderen Voraussetzungen und mit anderen Mitteln definieren lässt[52]. Empirisch verdeutlicht ein Anstieg der Notfallrettungseinsätze mit Notarztbeteiligung den Aufgabenwandel innerhalb der präklinischen Notfallversorgung: dieser stieg im Verhältnis zur Gesamtzahl an Notfällen von 39 % in 1990/1991 auf 47 % in 2000/2001 an[53]. Die zuvor festgestellte spezifische Funktion des Rettungsdienstes innerhalb der Rettungskette[54] reflektiert damit im Wesentlichen die der Notfallrettung.
Bereits aus der Definition des Begriffs des Notfallpatienten folgt, dass die Notfallrettung in besonderem Maße zeitkritisch ist. Hiervon ausgehend sind für die Notfallrettung Eintreffzeiten (sog. Hilfsfristen) festgelegt worden, die in den Ländern sachlich und hinsichtlich der Art der Festlegung variieren[55].
Sie betragen etwa für NRW, wo von einer gesetzlichen Festlegung abgesehen wurde, 5-8 Minuten in städtischen und 12 Minuten in ländlichen Gebieten[56].

---

[50] Vgl. § 1 Abs. 2 S. 2 RDG BW; Art. 2 Abs. 3 BayRDG; § 2 Abs. 2 S. 2 RDG Bln; § 2 Abs. 2 S. 1 BbgRettG; § 2 Abs. 2 Nr. 1 BremRettG; § 2 Nr. 1 HmbRDG; § 2 Abs. 3 HessRDG; § 2 Abs. 2 S. 1 RDG M-V; § 2 Abs. 2 Nr. 1 NdsRettDG; § 2 Abs. 1 S. 2 RettG NW; § 2 Abs. 2 RettDG RhPf; § 2 Abs. 2 SaarRettG; § 2 Abs. 2 S. 1 SächsRettDG; § 2 Abs. 2 S. 1 RDG LSA; § 1 Abs. 1 S. 1 RDG SH; § 2 Abs. 1 Nr. 1 ThürRettG.
[51] Siehe genauer unten S. 43.
[52] Sefrin, Geschichte der Notfallmedizin in Deutschland, in: Biese u.a. (Hrsg.), Handbuch des Rettungswesens, Band 1, Stand: 04/2003, A 1.6.
[53] Unfallverhütungsbericht Straßenverkehr 2000/2001 der Bundesregierung, BT-Drs. 14/9730, S. 33, Tab. 3.
[54] Siehe zu Begriff und Funktionsfähigkeit der „Rettungskette" Kühner, Planung, Durchführung und Finanzierung einer öffentlichen Aufgabe am Beispiel des Rettungsdienstes, in: Forschungsberichte der Bundesanstalt für Straßenwesen, Band 25.
[55] Vgl. hierzu die Übersicht bei Albrecht, Auswirkung der Hilfsfrist auf die Kosten, in: Forum Rettungsdienst 2001, S. 187ff. Siehe zur Bedeutung der Hilfsfristen auch Generalanwalt Jacobs, Schlussanträge v. 17.5.2001, Rs. C-475/99 – Ambulanz Glöckner, Slg. I 2001, S. 8089ff., Rn. 151; OVG Münster, Beschluss v. 5.7.2001 – 13 B 452/01, in: NWVBl. 2002, S. 66f. Eine zusammenfassende Darstellung der geltenden Hilfsfristen in den EU-Mitgliedstaaten findet sich bei Pohl-Meuthen/Koch/Kuschinsky, Rettungsdienst in Staaten der EU, in: DRK Schriftenreihe zum Rettungswesen, Bd. 21, 1999, S. 146ff.
[56] OVG Münster, Beschluss v. 5.7.2001 – 13 B 452/01, in: NWVBl. 2002, S. 66f.; Prütting, Rettungsgesetz NRW, 3. Aufl., 2001, § 2 Rn. 10.

Dem besonderen Maß an zeitnaher medizinischer Betreuungsbedürftigkeit bei der Notfallrettung entsprechen besondere Anforderungen hinsichtlich der sachlichen und personellen Ausstattung. Gemäß landesrechtlicher Vorgabe ist im Rahmen der Notfallrettung zunächst zwingend ein Rettungsassistent - als im Verhältnis zum Rettungssanitäter höher qualifizierte Kraft - zur Patientenbetreuung und -versorgung einzusetzen[57], wobei das in § 3 RettAssG[58] definierte Ausbildungsziel den Teilaufgaben der Notfallrettung entspricht.

Einsatzmittel der Notfallrettung ist der Rettungswagen (RTW) gemäß DIN EN 1789 Typ C[59], der zum Herstellen und Aufrechterhalten der Transportfähigkeit von Notfallpatienten vor und während des Transports bestimmt ist.

Dass gesetzlich nur zum Teil der Rettungswagen (RTW) als einzusetzendes Rettungsmittel gesetzlich vorgeschrieben ist[60] und zudem eine einheitliche gesetzliche Umsetzung technischer Normen fehlt, kann dahinstehen. Schließlich bedarf die ordnungsgemäße Durchführung von Aufgaben der Notfallrettung bereits per definitionem des Einsatzes desjenigen Rettungsmittels, das hinsichtlich Ausstattung, Ausrüstung und Wartung den allgemein anerkannten Regeln der Technik und dem Stand der Notfallmedizin entspricht.

III. Krankentransport

Gegenstand des Krankentransportes ist es, Kranken, Verletzten oder sonst hilfebedürftigen Personen, die keine Notfallpatienten sind, die nötige Hilfe zu leisten und sie unter fachgerechter Betreuung zu befördern[61]. Der Krankentransport, der in Abgrenzung zur sog. einfachen Krankenfahrt auch als „qualifizierter Krankentransport" bezeichnet wird[62], bleibt notfallmedizinisch betrachtet quali-

---

[57] Siehe etwa § 9 Abs. 2 RDG BW; § 4 Abs. 3 RettG NW. Der Rettungsassistent ist nach § 3 Abs. 1 RettAssG Helfer des (Not-) Arztes.

[58] BGBl. I S. 1384

[59] Die EN-Norm wurde im Dezember 1999 als Deutsche Norm veröffentlicht und löste damit die DIN 75080 (Blatt 1-3), welche bislang den deutschen Mindeststandard für Krankenkraftwagen definierte, ab. Für das auch als Notarztwagen bezeichnete Notarzt-Einsatzfahrzeug (NEF) existieren keine besondere EN oder DIN-Norm. Hierunter sind vielmehr RTW zu verstehen, die regelmäßig mit notärztlichem Personal besetzt sind. Die EN 1789 unterscheidet unter dem Oberbegriff „Krankenkraftwagen" drei Typen von Fahrzeugen (A, B, C), wobei die Typen C (RTW) und A 2 (KTW) den bislang nach DIN 75080 eingesetzten Rettungsmitteln entsprechen, vgl. auch § 4 Abs. 6 PBefG.

[60] Siehe etwa § 8 Abs. 1 RDG BW; § 2 Abs. 1 S. 1 RettG NW.

[61] § 1 Abs. 3 S. 1 RDG BW; Art. 2 Abs. 2 BayRDG; § 2 Abs. 2 RDG Bln; § 2 Abs. 3 Bbg RettG; § 2 Abs. 2 Nr. 2 BremRettG; § 3 Abs. 2 HmbRDG; § 2 Abs. 2 HessRDG; § 2 Abs. 3 RDG M-V; § 2 Abs. 2 Nr. 2 NdsRettDG; § 2 Abs. 2 RettG NW; § 2 Abs. 3 RettDG RhPf; § 2 Abs. 3 SaarRettG; § 2 Abs. 3 S. 1 SächsRettDG; § 2 Abs. 3 S. 1 RDG LSA; § 1 Abs. 2 RDG SH; § 2 Abs. 1 Nr. 2 ThürRDG.

[62] § 3 Abs. 2 S. 2 BremRettG; § 2 Abs. 2 Nr. 2 NdsRettDG; § 2 Abs. 3 S. 1 RDG LSA.

tativ hinter der Notfallrettung zurück. Er weist jedoch entsprechend der Abstufung in § 60 Abs. 2 SGB V gegenüber der „Krankenfahrt"[63] ein höheres Maß an medizinischer Betreuungsbedürftigkeit auf. Mit Blick auf die weitere Untersuchung gilt es vornehmlich die notwendige Trennschärfe zwischen den beiden nicht nur begrifflich unter der Bezeichnung Rettungsdienst zusammengefassten Leistungen Notfallrettung und Krankentransport zu erzielen.

1.) Abstufung anhand Eilbedürftigkeit und Grad medizinischer Betreuungsbedürftigkeit

Geht man zunächst von der Wortbildung aus, so fehlt dem Krankentransport das zeitlich geprägte Element der „Rettung", während zugleich die Transportbezogenheit einen wesentlichen Begriffsbestandteil bildet. Von daher bietet sich eine Abgrenzung anhand der Parameter Zeitfaktor sowie Grad an medizinischer Betreuungsbedürftigkeit an.
Bezüge zu beiden Parametern weist die Art der Hilfs- bzw. Transportbedürftigen auf: Notfallpatienten bedürfen zum einen rascher Hilfe, da andernfalls eine wesentliche Verschlechterung ihres Gesundheitszustandes bis hin zum Tode zu befürchten ist. Sie benötigen überdies einen Grad an notfallmedizinischer Versorgung, der geeignet ist, einer möglichen Beeinträchtigung von Vitalfunktionen zu begegnen und der damit gegebenenfalls bereits intensivtherapeutische Züge hat[64]. Der Begriff der hilfebedürftigen Transportperson i.S.d. Krankentransports ist gegenüber dem Notfallpatienten im erweiterten Sinne medizinisch zu verstehen. Beispielhaft genannt seien hier Schwangere, Blinde, Gebrechliche, Gehunfähige sowie postoperative Patienten mit stabilen Vitalfunktionen. Das enge Zeitmoment der Notfallrettung ist hier nicht gegeben, wenngleich angesichts der Möglichkeit plötzlicher Eilbedürftigkeit bzw. Verschlechterung des gesundheitlichen Zustandes auch hier gewisse Planungsrichtwerte bestehen, deren Bedeutung jedoch hinter den Hilfsfristen der Notfallrettung weit zurückbleibt[65]. Der Krankentransport ist damit mangels Unaufschiebbarkeit grundsätzlich nicht zeitkritisch[66].

---

[63] Vgl. hierzu sogleich unten S. 46.
[64] Vgl. zur Bedeutung der Vitalfunktionen im Rahmen der notfallmedizinischen Versorgung: Gorgaß/Ahnefeld/Lippert, Der Rettungsdienst in der Bundesrepublik, in: Notfallmedizin 1978, S. 40ff.
[65] Für NRW wird hier etwa eine anzustrebende Eintreffzeit von 30 Minuten angegeben, vgl. Prütting, Rettungsgesetz NRW, 3. Aufl. 2001, § 12 Rn. 14.
[66] Generalanwalt Jacobs, Schlussanträge v. 17.5.2001, Rs. C-475/99 – Ambulanz Glöckner / Landkreis Südwestpfalz, Slg. I 2001, S. 8089 ff., Rn. 110; OVG Koblenz, Urteil v. 7.5.2002 – 7 A 11626/01, S. 16 der Urteilsausfertigung; BVerwG, Urteil v. 17.6.1999 – 3 C 20/98, in: NVwZ-RR 2000, S. 213ff., 215; BVerwG, Urteil v. 3.11.1994 – 3 C 17/92, in: NJW 1995, S. 3067 ff., 3068; OVG Münster Urteil v. 26.10.1990 – 9 A 368/89, in: NWVBl. 1991, S. 202ff.,

2.) Disponibler und indisponibler Krankentransport

Dennoch wird beim Krankentransport zum Teil terminologisch weiter zwischen zeitkritischem (indisponiblem) und zeitunkritischem (disponiblem) Krankentransport differenziert, wobei ersterer der Notfallrettung zuzuordnen sein soll.[67] Diese Begriffsverwendung erscheint jedoch aus zwei Gründen wenig hilfreich und nachvollziehbar: einerseits bildet der Notfallpatient und damit inzident der Notfallbegriff an sich nach allen Landesgesetzen einen integralen Bestandteil der Notfallrettung, der den Zeitfaktor entscheidend mitbestimmt. Die begriffliche Anerkennung eines zeitkritischen Krankentransports würde damit, vom Sonderfall einer Notfallsituation während eines Krankentransports abgesehen, nahezu zwangsläufig zu Verwirrung führen. Immerhin untersagen die einschlägigen Bestimmungen ausdrücklich die Beförderung von Notfallpatienten mit Mitteln und Personal des Krankentransportes. Infolgedessen stellt sich weiter die Frage, woraus bei einem Krankentransportpatienten die mangelnde Disponibilität resultieren soll, wenn nicht daraus, dass dieser auf Grund mindestens der Gefahr schwerwiegender gesundheitlicher Schäden unverzüglicher medizinischer Hilfe bedarf. Diese Umstände machen ihn jedoch zum Notfallpatienten per definitionem, dessen Versorgung einschlägige medizinische Gerätschaften und Vorrichtungen erfordert.

3.) Intensivverlegungen und dringliche Sekundärtransporte als Gegenstand der Notfallrettung

Dessen ungeachtet hat im Bereich rettungsdienstlicher Leistungen die Unterscheidung zwischen disponibler und indisponibler Leistung gleichwohl ihre begriffliche wie sachliche Berechtigung. So ist dem sog. Primäreinsatz, dessen Aufnahmeort am Notfallort liegt, hinsichtlich der Einsatzform der sog. Sekundäreinsatz gegenüberzustellen. Als Sekundäreinsatz wird der Transport eines Notfallpatienten aus einem Krankenhaus zur Weiterversorgung in ein anderes

---

204.; Winkler, Funktionsfähigkeit des Rettungsdienstes contra Berufsfreiheit der Rettungsdienstunternehmer, in: DÖV 1995, S. 899ff., 903; Stellungnahme der Bundesvereinigung der Arbeitsgemeinschaft Notärzte Deutschlands (BAND) zum gesetzlichen Erfordernis einer Neustrukturierung des Rettungsdienstes, in: Biese u.a. (Hrsg.), Handbuch des Rettungswesens, Band 1, Stand: 04/2003, A. 7.0.

[67] Vgl. etwa Unfallverhütungsbericht Straßenverkehr 2000/2001 der Bundesregierung, BT-Drs. 14/9730, S. 33; Büch/Koch, Wirtschaftlichkeit im Rettungsdienst, 1998, S. 7 sowie grundlegend Koch/Kuschinsky, Strukturmodell der medizinischen und organisatorischen Rahmenbedingungen für den Rettungsdienst, in: Ständige Konferenz für den Rettungsdienst (Hrsg.): Der Rettungsdienst auf dem Prüfstand, 1995.

Krankenhaus bezeichnet[68]. Sekundäreinsätze werden nach dringlichen (indisponiblen) und nicht dringlichen (disponiblen) Einsätzen unterschieden, wobei bei dringlichen Sekundäreinsätzen, die mit Mitteln der Notfallrettung durchzuführen sind, weiterhin akute Gesundheits- bzw. Lebensgefahr besteht[69]. Entsprechendes gilt für den sog. Intensivtransport, d.h. die Verlegung von Notfallpatienten unter intensivmedizinischen Bedingungen, die entsprechender Ausstattung und entsprechenden Personals bedarf.
Der Intensivtransport lässt sich, sofern er nicht als Sonderfall des dringlichen Sekundäreinsatzes ausdrücklich der Notfallrettung gesetzlich zugeordnet ist[70], unter die Definition der Notfallrettung subsumieren, da diese auf die weitere Versorgung in einer geeigneten Einrichtung abstellt[71]. Kostenmäßig sind diese Einsätze nicht vom Pflegesatz des abgebenden Krankenhauses erfasst[72]. Jedenfalls bleibt es dabei, dass dem Krankentransport regelmäßig keine zeitkritischen Einsätze überantwortet werden.

4.) Abgestufte Anforderungen an die Personal- und Sachmittelausstattung

Schon der Vergleich zwischen Notfallpatient im medizinischen Sinne, dessen entscheidendes Merkmal die wie auch immer geartete Beeinträchtigung von Vitalfunktionen ist[73], und der hilfebedürftigen Transportperson beim Krankentransport, zeigt, dass medizinische Vorrichtungen und Versorgung beim Krankentransport regelmäßig in weit geringerem Umfang erforderlich sind. So existieren bislang auch kaum Erhebungen darüber, was neben der unstreitig hohen Betreuungskomponente beim derzeitigen Stand rettungsdienstlicher Leistungen im Krankentransport für medizinische Versorgungsleistungen am Patienten erbracht werden müssen[74]. Den reduzierten Anforderungen an die medizinische Versorgung während des Transports entsprechen vergleichbar geringere Anfor-

---

[68] Vgl. Runderlass des Ministeriums für Arbeit, Gesundheit und Soziales NRW v. 18.3.1993 – VC 6 – 0713.18, S. 3 m.w.N.
[69] Siehe hierzu DIN 13050 über Begriffe im Rettungswesen sowie Lippert/Weissauer, Das Rettungswesen, 1984, S. 49.
[70] Vgl. § 2 Abs. 1 S. 2 RettG NW.
[71] Runderlass des Ministeriums für Arbeit, Gesundheit und Soziales NRW v. 18.3.1993 – VC 6 – 0713.18, S. 3 m.w.N.
[72] OVG Lüneburg, Urteil v. 26.6.2001 – 11 LB 1374/01, in: MedR 2002, S. 474 ff., 477.
[73] Vgl. hierzu Lippert/Weissauer, Das Rettungswesen, 1984, S. 34 m.w.N.
[74] Döhler, Standpunkt des DRK zum Ärztlichen Leiter Rettungsdienst, in: alert-supplement 3/95, S. 56 ff., 58 stellt deren Existenz gänzlich in Abrede. Vgl. jedoch den Abschlussbericht einer Untersuchung der Bundesanstalt für Straßenwesen (BASt) aus dem Jahre 1990, veröffentlicht in: Puhan, Durchführung von Krankentransporten im Rettungsdienst, Anschlussbericht zu FP 7.8751 der BASt, Karlsruhe 1990.

derungen an Qualifikation und Ausstattung von Personal und Sachmitteln. Einsatzmittel des Krankentransports ist der Krankentransportwagen (KTW) nach DIN EN 1789 Typ A2[75], dessen medizinische Ausstattung gegenüber der DIN 75080 nochmals reduziert wurde, und der zur Patientenbetreuung nur mit einem Rettungssanitäter anstatt einem Rettungsassistenten zu besetzen ist[76].

5.) Ergebnis: Krankentransport als qualifizierte Beförderungsleistung

Der Krankentransport kann daher als nicht zeitkritische, qualifizierte Beförderungsleistung bezeichnet werden, bei der im Gegensatz zur Notfallrettung die betreute Beförderung im Vordergrund steht und eine ärztliche Betreuung nicht erforderlich ist[77].

B. Notarztdienst und ärztlicher Notfalldienst

Im Bereich der ärztlichen Notfallversorgung ist zwischen der notärztlichen Versorgung im Rahmen des Rettungsdienstes und dem ärztlichen Notfall- bzw. Bereitschaftsdienst zu differenzieren. Zur planmäßigen notfallmedizinischen Versorgung besteht mithin ein duales System:
Der ärztliche Notfalldienst gewährleistet die ambulante ärztliche Versorgung in Notfällen während der sprechstundenfreien Zeit. Er ist Bestandteil des Sicherstellungsauftrages der Kassenärztlichen Vereinigungen gem. § 75 Abs. 1 SGB V[78] und war bereits vor Inkrafttreten des 2. GKV-NOG[79] am 1.7.1997 durch § 368 RVO den niedergelassenen Ärzten zugewiesen.
Demgegenüber ist der Notarztdienst als notfallmedizinische Versorgung im Rettungsdienst Teil desselben. War die Zuordnung der notarztdienstlichen Tätig-

---

[75] Vgl. zum Begriff des Krankenkraftwagens ergänzend § 4 Abs. 6 PBefG.
[76] Siehe nur §§ 9 Abs. 2 RDG BW; 4 Abs. 3 RettG NW.
[77] So bereits OVG Koblenz, Urteil v. 7.5.2002 – 7 A 11626/01, Seite 16 der Urteilsausfertigung; Stellungnahme der Bundesvereinigung der Arbeitsgemeinschaft Notärzte Deutschlands (BAND) zum gesetzlichen Erfordernis einer Neustrukturierung des Rettungsdienstes, in: Biese u.a. (Hrsg.), Handbuch des Rettungswesens, Band 1, Stand: 04/2003, A. 7.0.; Prütting, Rettungsgesetz NRW, 3. Aufl. 2001, § 2 Rn. 45; Kirchner/Ehricke, Kartellrechtliche und EG-rechtliche Schranken einer Reregulierung durch Landesgesetze, in: WuW 1993, S. 573ff., 576.
[78] Organisatorische Grundlage des ärztlichen Notfalldienstes bildet die jeweilige Notfalldienstordnung, die die Kassenärztliche Vereinigung entweder allein oder gemeinsam mit der örtlich zuständigen Ärztekammer/Landesärztekammer beschließt. Leistungen des ärztlichen Notfalldienstes werden über die Kassenärztlichen Vereinigungen abgerechnet, § 85 SGB V.
[79] Zweites Gesetz zur Neuordnung von Selbstverwaltung und Eigenverantwortung vom 23.6.1997, BGBl. I. S. 1520.

keit lange Zeit umstritten[80], so hat der Bundesgesetzgeber durch das 2. GKV-NOG in § 75 SGB V nunmehr klargestellt, dass der Notarztdienst sowohl hinsichtlich der Leistungserbringung als auch der Abrechnung dem Rettungsdienst zuzuordnen ist. Der Notarztdienst lässt sich definieren als organisierte Einrichtung zur Versorgung von Notfallpatienten am Notfallort und/oder auf dem Transport durch notfallmedizinisch ausgebildete Ärzte im planmäßigen Zusammenwirken mit dem Rettungsdienst[81]. Der ärztliche Teil rettungsdienstlicher Versorgung bezieht sich daher bereits durch die Anknüpfung an den Begriff des Notfallpatienten allein auf die Notfallrettung und unterstreicht deren notfallmedizinisches Gepräge im Verhältnis zum Krankentransport. Dies kommt in einigen Landesrettungsdienstgesetzen dadurch zum Ausdruck, dass die Bereitstellung von Notärzten explizit (allein) zu Zwecken der Notfallrettung vorgeschrieben wird[82]. Die Landesrettungsdienstgesetze regeln den Notarztdienst trotz ihrer Zuständigkeit organisatorisch wenn überhaupt nur rudimentär, etwa indem sie den Abschluss sog. Notarztgestellungsverträge mit geeigneten Krankenhäusern vorschreiben[83].

C. Dienstleistungen außerhalb des Rettungsdienstes

I. Krankenfahrten

Die beiden Momente der Erste-Hilfe-Versorgung und der medizinisch-sachkundigen Betreuung während der Fahrt unterscheiden den (qualifizierten) Krankentransport von der sog. (einfachen) Krankenfahrt. Dagegen kommt es für die Abgrenzung weder auf die Fahrzeugart noch die Patientenlagerung, d.h. das

---

[80] Vgl. hierzu BVerwG, Urteil v. 23.06.1995, in: RD 1995, 794; BSG, Urteil v. 5.5.1988 – 6 RKa 30/87, in: VdKMitt. 1988, S. 43; BGH, Urteil v. 12.11.1992 – III ZR 179/91, in: VersR 1993, S. 316 ff., 317; OVG Münster, Urteil v. 26.10.1990 – 9 A 26/90, die zwar einerseits den Notarztdienst als Aufgabe der Rettungsdienstträger ansehen, sich aber andererseits für eine Vergütung nach kassenärztlichen Grundsätzen aussprechen. Siehe zudem Lippert/Weissauer, Das Rettungswesen, 1984, S. 16 mwN; a.A. Nellessen, Notfalldienst, Bereitschaftsdienst, Rettungsdienst, in: NJW 1979, S. 1919.
[81] Lippert/Weissauer, Das Rettungswesen, 1984, S. 8; Lippert, Rechtsprobleme bei der Durchführung von Notarzt und Rettungsdienst, in: NJW 1982, S. 2989ff., 2090. Der Notarzt, der mit Fahrzeugen des Rettungsdienstes zum Notfallort oder sich mit ihnen dort im sog. Rendezvoussystem trifft, verfügt über spezifische notfallmedizinische Kenntnisse und Erfahrungen. Siehe zur Abgrenzung der Verantwortlichkeiten im Verhältnis Krankenhaus – Rettungsdienst OVG Lüneburg, Urteil v. 26.6.2001 – 11 LB 1374/01, in: MedR 2002, S. 474 ff.
[82] Vgl. § 11 Abs. 2 Ziff. 2 RettG NW.
[83] Vgl. etwa § 10 Abs. 1 u. 3 RDG BW.

Vorliegen eines Liegend- oder Sitzendtransports, an[84]. Die Krankenfahrt ist Regelungsgegenstand des Personenbeförderungsgesetzes. Die Landesrettungsdienstgesetze nehmen sie im Rahmen der Bestimmung des Geltungs- oder aber des Aufgabenbereichs von ihrem Anwendungsbereich aus[85], während § 1 Abs. 2 Nr. 2 PBefG umgekehrt Krankentransport und Notfallrettung ausklammert. Transportmittel der in gleicher Weise wie Notfallrettung und Krankentransport als Fahrtkosten erstattungsfähigen Krankenfahrt sind Taxen und Mietwagen[86]. Danach kann die Krankenfahrt definiert werden als die Beförderung kranker Personen in Taxen und Mietwagen, die während der Beförderung keiner medizinisch-fachlichen Hilfe bzw. Betreuung bzw. besonderer Vorrichtungen bedürfen.

II. Sanitätsdienst

Der Sanitätsdienst schließlich hat die Aufgabe, bei Großschadensereignissen und Veranstaltungen Verletzten Erste Hilfe zu leisten, ärztliche Sofortmaßnahmen zur Abwendung lebensbedrohlicher Zustände durchzuführen, die Transportfähigkeit herzustellen und Verletzte zu transportieren[87]. Sachlich entspricht das Aufgabenspektrum des Sanitätsdienstes damit weitgehend den Leistungen des Rettungsdienstes, obschon an den Sanitätsdienst nicht dieselben Anforderungen gestellt werden können, die für den Rettungsdienst Mindeststandard sind, da andernfalls für den Sanitätsdienst als primärem Auffangsystem für eher seltene Großschadensereignisse die gleichen kostenintensiven Vorhaltungen bereitgehalten werden müssten, wie in der täglichen Gefahrenabwehr[88].

---

[84] Schulte, Rettungsdienst durch Private, 1999, S. 23; Denninger, Rettungsdienst und Grundgesetz, in: DÖV 1987, S. 981ff., 983; a.A. wohl Fromm, Das Sechste Gesetz zur Änderung des Personenbeförderungsgesetzes, in: NJW 1989, S. 2378 unter Hinweis auf BT-Drs. 11/2170 S. 7 und 11/4224, S. 6, denen sich dies indes so nicht entnehmen lässt.
[85] § 1 Abs. 3 S. 2 RDG BW; Art. 2 Abs. 2 BayRDG; § 1 Abs. 2 Nr. 4 BDG Bln; § 1 Abs. 3 Nr. 3 BbgRettG; § 1 Abs. 2 Nr. 3 BremRettG; § 1 Abs. 2 Nr. 6 HmbRDG; § 2 Abs. 3 S. 1 HessRDG; § 2 Abs. 4 S. 1 RDG M-V; § 1 Abs. 1 Nr. 4 NdsRettDG; § 1 Abs. 2 Nr. 4 RettG NW; § 1 Abs. 3 Nr. 3 RettDG RhPf; § 2 Abs. 3 SaarRettG; § 2 Abs. 3 S. 2 SächsRettDG; § 1 Abs. 2 Nr. 3 RDG LSA; § 1 Abs. 4 RDG SH; § 1 Abs. 3 Nr. 1 ThürRDG. Die Herausnahme der Krankenfahrt aus dem Regelungsbereich der Landesgesetze hat angesichts deren Normierung im PBefG an sich lediglich deklaratorischer Charakter, Art. 74 Abs. 1 Nr. 21, 72 Abs. 1 GG.
[86] Vgl. §§ 60 Abs. 3 Ziff. 3 SGB V; 2, 46, 47, 49 PBefG.
[87] Vgl. § 8 Abs. 2 KatSG NW (Katastrophenschutzgesetz NRW vom 20.12.1977, GV NW S. 492, das mit Erlass des FSHG NW vom 10.2.1998 (GV NW S. 122) zum 1.3.1998 aufgehoben wurde; Prütting, Rettungsgesetz NRW, 3. Aufl. 2001, § 1 Rn. 10. Neben dem vorwiegend von den Hilfsorganisationen durchgeführten Sanitätsdienst existieren noch die Sanitätsdienste der Bundeswehr, des Bundesgrenzschutzes und der Polizei.
[88] Prütting, Rettungsgesetz NRW, 3. Aufl. 2001, § 1 Rn. 10.

Einzuschränken ist der zulässige Wirkungskreis des Sanitätsdienstes im Bereich des Transports der Hilfebedürftigen. Landesgesetzlich sind die zum rettungsdienstlichen Aufgabenbereich gehörigen Transportleistungen Notfallrettung und Krankentransport ausnahmslos entweder dem öffentlichen Rettungsdienst und/oder der Leistungserbringung durch behördlich genehmigte Unternehmer überantwortet, wobei der Sanitätsdienst regelmäßig nicht von der Geltung des Rettungsdienstgesetzes ausgenommen wird[89]. Konsequenz dessen ist, dass der traditionell von den gemeinnützigen Hilfsorganisationen durchgeführte Sanitätsdienst - ohne Einbindung der konkreten Einsatzmittel in den öffentlichen Rettungsdienst oder Genehmigung des Rettungsdienstträgers, mithin also ohne die Befugnis zulässiger Leistungserbringung nach dem jeweiligen Landesrettungsdienstgesetz – zwar Betreuungs- und Erste-Hilfe-Maßnahmen, z.B. mittels Erste-Hilfe-Stationen bei Veranstaltungen etc., erbringen darf, jedoch außerhalb der allgemeinen Hilfeleistungspflicht grundsätzlich nicht zum Patiententransport befugt ist. Das Beförderungsmoment bleibt also außen vor. Andernfalls hätte es hier einer umfassenden Ausnahmeregelung für den Sanitätsdienst von der Geltung der Rettungsdienstgesetze bedürft[90].

---

[89] Vgl. etwa § 1 Abs. 2 RettG NW.
[90] So bereits v. Fürstenwerth, Im Überblick: Das RettG NW, in: RD 1993, S. 118f. Lediglich ausnahmsweise kann der Transport bei mangelnder Einbindung bzw. Genehmigung und im Einzelfall fehlender Bedarfsdeckung dann zulässig erfolgen, wenn der Sanitätsdienst ansonsten seiner allgemeinen Hilfeleistungspflicht nicht nachkäme.

2. Teil Der rechtliche Rahmen rettungsdienstlicher Leistungserbringung

Im Anschluss an die notwendigen Abgrenzungen erscheint zunächst die Darstellung und Eingrenzung der Materie Rettungsdienstrecht erforderlich. Die Ermittlung des Kodifikationsstandes steht dabei bedingt durch die eingangs geschilderte tatsächliche Entwicklung des „Marktes Rettungswesen" vor dem Problem, dass für Anwendung und Auslegung einer Kernmaterie „Rettungsdienstrecht" zunehmend Rechtsbereiche Bedeutung erlangen, die im Übrigen hiervon unabhängig bestehen. Dienstleistungen des Rettungsdienstes werden abgesehen von den Rettungsdienstgesetzen der Länder als Gegenstand des besonderen Verwaltungsrechts mittlerweile vor allem von sozialrechtlichen[91], wettbewerbs-[92] und kartellrechtlichen[93] sowie vergaberechtlichen[94] Normen und Judikaten nationalen wie gemeinschaftsrechtlichen Ursprungs erfasst. Sollen die genannten rechtlichen Sonderbereiche, die den Bereich des reinen Rettungsdienstrechts zunehmend überlagern, jeweils erst nachfolgend auf ihren konkreten Beitrag zu einer von mehr Wettbewerb und Kostentransparenz geprägten Dienstleistungsordnung hin untersucht werden, gilt es hier zunächst den primären Rechtsrahmen eines Rettungsdienstrechts im engeren Sinne einschließlich der Rechtsetzungskompetenzen näher zu bestimmen.

A. Rettungsdienstrecht als eigenständige Rechtsmaterie

Unter der Bezeichnung Rettungsdienstrecht im engeren Sinne lässt sich die Summe derjenigen Normen verstehen, die ausgehend von der Intention des Gesetzgebers das gesamte Spektrum der Erbringung rettungsdienstlicher Leistungen einschließlich der Organisation der Institution öffentlicher Rettungsdienst und der Regelung der Rechtsverhältnisse der an der Wahrnehmung rettungsdienstlicher Aufgaben Beteiligten zum Gegenstand haben. Hierunter fallen beim derzeitigen Stand der Gesetzgebung allein die Rettungsdienstgesetze der Länder[95]. Diejenigen Normen, die nur partiell einen ausdrücklichen Bezug zur Insti-

---

[91] Vgl. insbesondere §§ 60, 133 sowie 75 SGB V.
[92] Die wohl erste veröffentliche wettbewerbsrechtliche Entscheidung stammt hier aus dem Jahre 1983, vgl. LG Ulm, Beschluss v. 17.5.1983 – 3 O 198/83, in: MedR 1983, S. 229.
[93] Vgl. BGHZ 101, S. 73 ff.; BGHZ 107, 40 ff.; BGHZ 114, S. 218 ff.
[94] Vgl. EuGH, Urteil v. 24.9.1998, Rs. C-76/97, Walter Tögel / Niederösterreichische Gebietskrankenkasse, Slg. I-1998, S. 5357 ff.; BVerwG, Urteil v. 3.11.1994 – 3 C 17/92, in: NJW 1995, S. 3067 ff., 3069; OVG Magdeburg, Beschluss v. 21.12.2000 – 1 M 316/00, in: LKV 2001, S. 282 (LS).
[95] Vgl. RDG BW vom 19.11.1991 (GBl. S. 713), geänd. durch Gesetz v. 18.12.1995 (GBl. S. 879), zuletzt geänd. durch Gesetz v. 15.7.1998 (GBl. S. 413); Bay RDG vom 10.8.1990 (GVBl. S. 282), i.d. Fassung der Bekanntmachung vom 8.1.1998; RDG Bln vom 8.7.1993 (GVBl. S. 313); BbgRettG vom 8.5.1992 (GVBl. I S. 170), geänd. durch Art. 4 d. 1. Haus-

tution und Aufgabe Rettungsdienst haben, namentlich Vorschriften des Rechts der gesetzlichen Krankenversicherung als Bestandteil des Sozialrechts[96] sowie der Personalqualifikation im Rettungswesen[97], lassen sich demgegenüber einer Bezeichnung Rettungsdienstrecht im weiteren Sinne zuordnen. Dabei wird das einschlägige (Bundes-) Sozialrecht im Bereich rettungsdienstlicher Leistungserbringung in wohl einzigartiger Weise durch die Vorgaben der Landesrettungsdienstgesetze beeinflusst[98].

B. Überblick über die Entwicklung des Rettungsdienstrechts

Grundlage der Entwicklung des Rettungswesens in rechtlicher wie tatsächlicher[99] Hinsicht ist die Erkenntnis, dass sich ein zunehmend hochentwickeltes und anspruchsvolles Gesundheitssystem mit einer spontanen, im Ergebnis mehr oder minder zufälligen Hilfeleistungspflicht, wie sie § 323c StGB statuiert, nicht begnügen kann. Den Anstoß für einen planmäßigen Auf- und Ausbau des öffentlichen Rettungswesens gab die schnell anwachsende Zahl von Verkehrs-

---

haltsstrukturgesetzes 1997 vom 17.12.1996 (GVBl. I S. 358); BremRettG vom 22.9.1992 (Brem. GBl. S. 589); HmbRDG vom 9.6.1992 (GVBl. S. 117); HessRDG vom 24.11.1998 (GVBl. I S. 499); RDG M-V vom 1.7.1993 (GVOBl. S. 623, ber. S. 736), zuletzt geänd. durch Gesetz v. 17.12.2003 (GVOBl. M-V 2004 S. 2); NdsRettG vom 29.1.1992 (Nds. GVBl. S. 21); RettG NW vom 24.11.1992 (GV NW S. 458), zuletzt geänd. durch Gesetz vom 15.6.1999 (GV NW S. 386); RettDG RhPf vom 22.4.1991 (GVBl. S. 217); SaarRettG vom 9.2.1994 (ABl. S. 610), geänd. durch Gesetz Nr. 1381 vom 27.11.1996 (ABl. S. 1313); SächsRettDG vom 7.1.1993 (GVBl. s. 9), geänd. durch Art. 11 des SächsAufbauG vom 4.7.1994 (GVBl. S. 1261); RettDG-LSA vom 11.11.1993 (GVBl. S. 699); RDG SH vom 29.11.1991 (GVOBl. S. 579), ber. durch Gesetz vom 16.1.1992 (GVOBl. S. 32), zuletzt geänd. durch Gesetz v. 16.9.2003 (GVOBl. S. 503); ThürRettG vom 22.12.1992 (GVBl. S. 609).
[96] Vgl. insbesondere §§ 60, 133 SGB V. Sozialrecht lässt sich ausgehend von § 1 Abs. 1 Satz 1 SGB I definieren als das der sozialen Gerechtigkeit und sozialen Sicherheit dienende Recht, das diese Ziele durch die Gewährung von Sozialleistungen einschließlich entsprechender Hilfen zu verwirklichen sucht. Es ist in erster Linie im Sozialgesetzbuch (SGB) kodifiziert. Siehe hierzu sowie zur Verortung des Rechts der gesetzlichen Krankenversicherung (SGB V) einschließlich des Leistungserbringerrechts im Sozialrecht Schulin/Igl, Sozialrecht, 7. Aufl., Rn. 1, 64, 161 u. 329.
[97] Rettungsassistentengesetz vom 10.7.1989, BGBl. I S. 1384; Ausbildungs- und Prüfungsordnung für Rettungsassistentinnen und Rettungsassistenten vom 7.11.1989, BGBl. I S. 1966; Ausbildungs- und Prüfungsverordnung für Rettungssanitäter NRW vom 25.1.2000, GV NW S. 74.
[98] Vgl. hierzu unten S. 213 f.
[99] Siehe hierzu Sefrin, Geschichte der Notfallmedizin in Deutschland, in Biese u.a. (Hrsg.), Handbuch des Rettungswesens, Band 1, Stand: 04/2003, A. 1.2.; Lechleuthner/Maurer, Die „Rettungsdienst-Evolution": ein historischer Exkurs, in: RD 1997, S. 16ff.; Lippert/Weissauer, Das Rettungswesen, 1984, S. 3ff. sowie BT-Drs. 11/2170. Vgl. zur Entwicklung in der ehemaligen DDR Schulte, Rettungsdienst durch Private, 1999, S. 37f.

unfallopfern im Gefolge der Massenmotorisierung in den sechziger Jahren des vorigen Jahrhunderts. Zunehmend wurde dabei die staatliche Verantwortung für die Regelung der Materie anerkannt[100], die bis dahin von einem weitgehenden Mangel an gesetzlichen Grundlagen gekennzeichnet war.

Auf dem ersten Rettungsdienstkongress des DRK erhoben erstmals Fachleute des Rettungsdienstes die Forderung nach einer umfassenden Reorganisation des Rettungsdienstes auf gesetzlicher Grundlage. Im Jahre 1972 legte der Bund-Länder-Ausschuss „Rettungswesen" anschließend das Muster eines Rettungsdienstgesetzes vor, welches der Gesetzgebung der Länder als Vorbild dienen sollte und im Wesentlichen als ein Organisationsgesetz zur Bestimmung von Struktur und Finanzierung des öffentlichen Rettungsdienstes konzipiert war[101]. Darauf folgte zwischen 1974 und 1975 zunächst der Erlass der ersten Rettungsdienstgesetze Bayerns, Nordrhein-Westfalens, des Landes Rheinland-Pfalz, des Saarlandes, Schleswig Holsteins und Baden-Württembergs[102], während die Stadtstaaten Bremen, Hamburg und Berlin, in denen die Durchführung des Rettungsdienstes traditionell den Feuerwehren übertragen war, ihre Feuerwehrgesetze ergänzten[103]. Abgesehen davon, dass Niedersachsen und Hessen seinerzeit noch keine Rettungsdienstgesetze erließen[104], war die vom Bund-Länder-Ausschuss u.a. gewünschte länderübergreifende Vereinheitlichung des Rettungsdienstes indes nur zum Teil gelungen. So wichen auch die Länder, die Rettungsdienstgesetze erlassen haben, in mehr oder weniger großem Umfang nicht nur terminologisch sondern auch inhaltlich vom Mustergesetzentwurf ab, was zur Folge hatte, dass die gesetzlichen Regelungen bis heute zum Teil voneinander abweichende Organisationsmodelle wiedergeben. Dieses Recht war den Ländern, entsprechende Gesetzgebungskompetenzen unterstellt, vor dem Hintergrund unbenommen, dass der Musterentwurf als Erscheinungsform des informellen kooperativen Föderalismus keine Verpflichtung der Länder zum Er-

---

[100] Denninger, Rettungsdienst und Grundgesetz, in: DÖV 1987, S. 981ff., 986.
[101] Anlage 1 zu BT-Drs. 7/489; vgl. auch OVG Lüneburg, Urteil v. 11.11.1980 – 9 OVG A 16/80, in: DÖV 1981, S. 227 ff., 228.
[102] Bayerisches Rettungsdienstgesetz vom 11.1.1974 (GVBl. S. 1); Gesetz über den Rettungsdienst NRW vom 16.11.1974 (GV. NW S. 1481); Landesgesetz über den Rettungsdienst Rheinland-Pfalz vom 17.12.1974 (GVBl. S. 625); Gesetz Nr. 1029 über den Rettungsdienst des Saarlandes vom 24.3.1975 (AmtsBl. S. 545); Rettungsdienstgesetz des Landes Schleswig-Holstein vom 24.3.1975 (GVOBl. S. 41); Gesetz über den Rettungsdienst des Landes Baden-Württemberg vom 10.6.1975 (GBl. 573).
[103] Berliner Gesetz über den Brandschutz und die Hilfeleistung in Notfällen vom 26.9.1975 (GVBl. S. 2523); Gesetz über den Feuerschutz im Lande Bremen vom 18.7.1950 (GBl. S. 81); Hamburgisches Feuerwehrgesetz vom 15.5.1972 i.d.F. vom 9.12.1974 (GBl. S. 381).
[104] Niedersachsen erließ damals lediglich die ministeriellen Richtlinien für den Rettungsdienst in Niedersachsen (Nds. MBl. Nr. 43 vom 31.10.1974, Anhang 1.8), die sich im Grundsatz auf den Musterentwurf stützen.

lass entsprechender Gesetze begründen konnte. Die als reine Organisationsgesetze konzipierten Landesrettungsdienstgesetze der siebziger Jahre beschränkten sich darauf, Aufgaben, Organisation und Finanzierung des öffentlichen Rettungsdienstes zu regeln[105].

Parallel zu den Landesrettungsdienstgesetzen bzw. den entsprechend ergänzend Feuerwehrgesetzen der Länder waren sowohl die Dienstleistungen des Rettungsdienstes, d.h. Notfallrettung und Krankentransport, als auch die minder qualifizierte Krankenfahrt Gegenstand des Personenbeförderungsgesetzes vom 21. März 1961[106]. Gemäß den §§ 1, 13, 46 Abs. 1 Ziff. 3, 49 Abs. 4 PBefG 1961 hatte jeder Unternehmer, der die gesetzlichen subjektiven Voraussetzungen hinsichtlich Zuverlässigkeit und Sachkunde erfüllte, einen Rechtsanspruch auf Erteilung einer Genehmigung für den Verkehr mit Mietwagen; dies auch zum Zwecke der Notfallrettung und des Krankentransports[107].

Dieses rechtliche Nebeneinander von Bundesrecht, verkörpert im Personenbeförderungsgesetz, und Landesrecht in Form der auf Grundlage des Musterentwurfs ergangenen landesrechtlichen Vorschriften, hatte abgesehen von der einfachen Krankenfahrt, bei der unstreitig personenbeförderungsrechtliche Aspekte im Vordergrund standen und nicht die präklinische notfallmedizinische Versorgung[108], eine unterschiedliche rechtliche Behandlung der Dienstleistungen Notfallrettung und Krankentransport bezogen auf die leistungserbringende Institution zur Folge. So erfassten einerseits die Rettungsdienstgesetze der Länder lediglich den öffentlichen Rettungsdienst als Ausübung hoheitlicher Tätigkeit, dem die Pflicht zur flächendeckenden, jederzeitigen Einsatzbereitschaft auferlegt wurde[109], während andererseits die sachlich erleichterten Anforderungen des Personenbeförderungsrechts schon Kraft gesetzlicher Ausnahmebestimmung in § 58 Abs. 1 Ziff. 1 PBefG 1961 i.V.m. § 1 Nr. 2 FreistellungsVO vom 30. August 1962[110] für den öffentlichen Rettungsdienst nicht galten. Außerhalb des öffentlichen Rettungsdienstes tätigen Unternehmern und gemeinnützigen Hilfsorganisationen hingegen konnte lediglich die Beachtung des üblichen per-

---

[105] Vgl. Nordrhein-Westfalen LT-Drs. 7/3154; Baden-Württemberg LT-Drs. 10/5817, S. 26; Bayern LT-Drs. 11/16437, S. 9; Rheinland-Pfalz LT-Drs. 11/4287, S. 1.
[106] BGBl. I S. 241.
[107] OVG Lüneburg, Urteil v. 28.11.1984 – 9 OVG A 140/83, bestätigt durch BVerwG, Beschluss v. 19.6.1985 – 7 B 10/85, in: NJW 1985, S. 2778; OVG Lüneburg, Urteil v. 16.4.1986 – 7 OVG A 125/85; VG Stade, Beschluss v. 2.8.1986 – 3 VG D 29/86.
[108] Bidinger, Personenbeförderungsrecht, 2. Aufl., Vorbem. vor § 1 PBefG.
[109] Vgl. § 5 Abs. 2 S. 2 Musterentwurf für ein Ländergesetz über den Rettungsdienst (Anlage 1 zu BT-Drs. 7/489).
[110] BGBl. I S. 601, geänd. durch ÄndVO v. 16.6.1967 (BGBl. I S. 602) sowie insbes. Art. 1 der Zweiten ÄndVO v. 30.6.1989 (BGBl. I S. 1273).

sonenbeförderungsrechtlichen Standards abverlangt werden[111]. Da ihnen insbesondere keine Verpflichtung zur flächendeckenden Sicherstellung auferlegt werden konnte, beschränkten sich insbesondere gewerbliche Unternehmer vielfach auf die Durchführung von Krankentransporten in größeren Städten zur aufkommensstarken Zeit am Vor- und Nachmittag, was sie in die Lage versetzte, ihre Leistungen erheblich preisgünstiger als die Durchführenden des öffentlichen Rettungsdienstes zu erbringen[112]. Dies trug ihnen von Seiten der Unterstützer des öffentlichen Rettungsdienstes den Vorwurf der „Rosinenpickerei" ein; ihr Verhalten gefährde Existenz und Funktionsfähigkeit des öffentlichen Rettungsdienstes[113].
Die Länder waren auf Grund der Verordnungsermächtigung in § 58 Abs. 1 Nr. 2 PBefG 1961, wonach der Bundesminister für Verkehr den Gelegenheitsverkehr zum Zwecke des Krankentransports hätte durch Rechtsverordnung näher regeln dürfen, im Bereich der konkurrierenden Gesetzgebungskompetenz an einer weitergehenden Gesetzgebung gehindert. Dies galt im Übrigen obwohl der Bund von der Ermächtigung keinen Gebrauch gemacht hatte, es mithin an einer materiellen Regelung fehlte, allein infolge der Existenz der im PBefG 1961 enthaltenen Verordnungsermächtigung[114].

Ein erster Vorschlag, der den Genehmigungsbehörden der Länder im Rahmen des PBefG umfangreichere Regelungsbefugnisse etwa in Form einer Beförderungspflicht durch Auflage einräumte[115], wurde nicht umgesetzt. Stattdessen begab sich der Bund im Jahre 1989 auf Initiative der Länder[116] hin durch das Sechste Gesetz zur Änderung des Personenbeförderungsgesetzes[117] seiner Gesetzgebungsbefugnisse im Bereich des Rettungsdienstes. Den Ländern viel hierdurch fortan eine umfassende Normgebungskompetenz zu, die von den Bundesländern durch die bis heute in geänderter Fassung geltenden Rettungs-

---

[111] Vgl. hierzu BT-Drs. 11/2170, S. 6; BVerwG NJW 1985 – 7 B 10/85, S. 2778.
[112] Dennerlein/Schneider, Wirtschaftlichkeitsreserven im Rettungsdienst der BRD, Augsburg 1995, S. 105, Tab. 16; Iwers, Die Ausschreibung rettungsdienstlicher Leistungen, in: LKV 2002, S. 164ff., 168.
[113] Oehler, Wer rettet den Rettungsdienst, in: RD 1997, S. 556 ff., 563; Abgeordneter Börnsen, BT-Drs. 11/4224, S. 6; Abgeordneter Kreuz, NRW-Landtagsprotokoll 11/77 S. 9646.
[114] BVerwG, Urteil v. 19.5.1987 – 9 C 272/86, in: NJW 1988, S. 1161; OVG Lüneburg, Urteil v. 11.11.1980 – 9 OVG A 16/80, in: DÖV 1981, S. 227 f.; Tettinger, Anmerkung zu BayVerfGH, Entscheidung v. 27.3.1990, in: BayVBl. 1990, S. 401; Ossenbühl, Zur Kompetenz der Länder für ergänzende abfallrechtliche Regelungen, in: DVBl. 1996, S. 19ff., 20; a.A. Jarass, Regelungsspielräume des Landesgesetzgebers, in: NVwZ 1996, S. 1041ff., 1046.
[115] Vgl. BT-Drs. 10/3425, S. 5. Zuvor war ein spezielles Krankentransportgesetz des Bundes diskutiert worden, vgl. Bidinger, Personenbeförderungsrecht, 2. Aufl., B § 1 Rn. 51.
[116] BT-Drs. 11/2170; BR-Drs.- 544/87.
[117] Gesetz vom 25.7.1989, BGBl. I S. 1547.

dienstgesetze der neunziger Jahre ausgefüllt wurde[118]. Hätten die Länder ihre Rettungsdienstgesetze seinerzeit nicht entsprechend ergänzt, so wären Unternehmer fortan allein auf Möglichkeiten der Mitwirkung im öffentlichen Rettungsdienst beschränkt gewesen, d.h. innerhalb des Rechtsrahmens der dann in unveränderter Form fortbestehenden Organisationsgesetze aus den siebziger Jahren. Ein neuerlicher Musterentwurf des Bund-Länder-Ausschusses Rettungswesens[119] führte jedoch auch hier letztlich zu keiner vollständigen Vereinheitlichung der rechtlichen und tatsächlichen Strukturen, obwohl die meisten Landesrettungsdienstgesetze neben dem öffentlichen Rettungsdienst einen gesonderten Abschnitt über die behördlich genehmigte Leistungserbringung durch Unternehmer beinhalten.

Durch das Sechste Gesetz zur Änderung des Personenbeförderungsgesetzes war die Rechtsentwicklung im Rettungswesen in jüngerer Zeit maßgeblich durch einen bis dato einmaligen Vorgang gekennzeichnet: Den Umstand, dass sich der Bund im Bereich der konkurrierenden Gesetzgebung einer bis dahin von ihm wahrgenommenen Kompetenz - der Personenbeförderung mittels Krankenkraftwagen - vollständig entledigt hat.

C. Ausgestaltungsvarianten in den Landesrettungsdienstgesetzen

Die Darstellung der Entwicklung des Rettungsdienstrechts hat bereits angedeutet, dass den Landesrettungsdienstgesetzen teilweise voneinander abweichende Organisationsstrukturen zugrunde liegen. Dabei setzt sich die bereits bei Schaffung der Rettungsdienstgesetze der siebziger Jahre bestehende Intention, in den Ländern bereits bestehende, vielfach bewährte Strukturen zu erhalten sowie in das Regelwerk zu integrieren auch in den neuen Landesrettungsdienstgesetzen

---

[118] Vgl. RDG BW vom 19.11.1991 (GBl. S. 713), geänd. durch Gesetz v. 18.12.1995 (GBl. S. 879); Bay RDG vom 10.8.1990 (GVBl. S. 282), i.d. Fassung der Bekanntmachung vom 8.1.1998; RDG Bln vom 8.7.1993 (GVBl. S. 313); BbgRettG vom 8.5.1992 (GVBl. I S. 170), geänd. durch Art. 4 d. 1. Haushaltsstrukturgesetzes 1997 vom 17.12.1996 (GVBl. I S. 358); BremRettG vom 22.9.1992 (Brem. GBl. S. 589); HmbRDG vom 9.6.1992 (GVBl. S. 117); HessRDG vom 5.4.1993 (GVBl. I S. 268); RDG M-V vom 1.7.1993 (GVOBl. S. 623, ber. S. 736); NdsRettG vom 29.1.1992 (Nds. GVBl. S. 21); RettG NW vom 24.11.1992 (GV NW S. 458), zuletzt geänd. durch Gesetz vom 15.6.1999 (GV NW S. 386); RettDG RhPf vom 22.4.1991 (GVBl. S. 217); SaarRettG vom 9.2.1994 (ABl. S. 610), geänd. durch Gesetz Nr. 1381 vom 27.11.1996 (ABl. S. 1313); SächsRettDG vom 7.1.1993 (GVBl. s. 9), geänd. durch Art. 11 des SächsAufbauG vom 4.7.1994 (GVBl. S. 1261); RettDG-LSA vom 11.11.1993 (GVBl. S. 699); RDG SH vom 29.11.1991 (GVOBl. S. 579), ber. durch Gesetz vom 16.1.1992 (GVOBl. S. 32); ThürRettG vom 22.12.1992 (GVBl. S. 609).
[119] Vgl. Musterentwurf eines Landesgesetzes über den Rettungsdienst, die Notfallrettung und den Krankentransport des Bund-Länder-Ausschusses Rettungswesen vom Dezember 1989, abgedruckt in: Biese u.a. (Hrsg.), Handbuch des Rettungswesens, Band 2, Stand: 04/2003, B. III.0.2 sowie Hausner, Mitwirkung Privater am Rettungsdienst, 1993, S. 71.

fort. Dies hat zur Folge, dass die Rettungsdienstgesetze der Länder sowohl die Beteiligung Dritter an dem in öffentlicher Trägerschaft stehenden öffentlichen Rettungsdienst als auch die Erbringung rettungsdienstlicher Leistungen als parallel hierzu bestehende staatsunabhängige Tätigkeit[120] in unterschiedlicher Ausgestaltung und zum Teil Reichweite vorsehen[121].

I. Ordnungsprinzipien: Trennungs- und Eingliederungsmodell

Als grobe Ordnungsprinzipien, die sowohl den Rettungsdienst in öffentlicher Trägerschaft als auch eine staatsunabhängige Leistungserbringung auf genehmigter Grundlage erfassen, lassen sich das sog. Trennungs- und das Eingliederungsmodell begreifen[122]:

Beim *Trennungsmodell* besteht ein geschlossenes System des öffentlichen Rettungsdienstes mit Rettungswachen und eigener Leitstelle. Getrennt davon können, ungeachtet der Möglichkeit einer Einbindung in den öffentlichen Rettungsdienst, Notfallrettung und Krankentransport außerhalb des öffentlichen Rettungsdienstes mit eigenen Standorten und eigener Leitung von gewerblichen und gemeinnützigen Einrichtungen auf Grundlage einer entsprechenden Genehmigung staatsunabhängig betrieben werden.

Demgegenüber sieht das *Eingliederungsmodell* keine Betätigungsmöglichkeiten für Dritte, d.h. gemeinnützige Hilfsorganisationen und gewerbliche Unternehmer, außerhalb der staatlichen Sphäre vor. Wer im Rettungswesen tätig sein und entsprechende Leistungen erbringen will, muss in die Aufgabendurchführung des öffentlichen Rettungsdienstträgers eingegliedert sein.

Eine konsequente Realisierung des Trennungsmodells entspricht dabei strukturell der Rechtslage vor Inkrafttreten des Sechsten Änderungsgesetzes zum Personenbeförderungsgesetz, also einem Nebeneinander von öffentlichem Rettungsdienst als Institution auf der einen und der staatsunabhängigen Erbringung rettungsdienstlicher Leistungen auf genehmigter Grundlage auf der anderen Seite.

---

[120] Der Begriff der staatsunabhängigen Betätigung wird im Folgenden stellvertretend für die Leistungserbringung außerhalb des öffentlichen Rettungsdienstes verwandt.
[121] Eine Darstellung der einzelnen Landesrettungsdienstgesetze mit Stand Anfang der neunziger Jahre findet sich bei Hausner, Mitwirkung Privater am Rettungsdienst, 1993, S. 71 f.
[122] Vgl. hierzu Schulte, Rettungsdienst durch Private, 1999, S. 42 f. sowie Ufer, Auswahl und Beauftragung von Leistungserbringern im Rettungsdienst, in: Biese u.a. (Hrsg.) Handbuch des Rettungswesens, Band 2, Stand: 04/2003, B. III. 0.6, S. 4 und Dennerlein/Schneider, Wirtschaftlichkeitsreserven im Rettungsdienst der BRD, Augsburg 1995, S. 13.

1.) Trennungsmodell

In der überwiegenden Zahl der Bundesländer wird hinsichtlich beider Leistungsarten das Trennungsmodell realisiert, was in den Landesrettungsdienstgesetzen jedoch inhaltlich bzw. gesetzessystematisch zum Teil verschieden zum Ausdruck kommt:

a) Normierung gesonderter Abschnitte

Eine klare Trennung zwischen dem öffentlichen Rettungsdienst auf der einen und der parallel hierzu zulässigen, außerhalb der Staatssphäre stehenden Erbringung der Dienstleistungen Notfallrettung und Krankentransport auf Grundlage einer bestehenden Genehmigung nehmen zunächst die Rettungsdienstgesetze Bremens[123], Mecklenburg-Vorpommerns[124], Nordrhein-Westfalens[125], Sachsens[126] und Schleswig Holsteins[127] vor, die für beide Formen der Leistungserbringung jeweils gesonderte Abschnitte normieren und diese ausdrücklich entsprechend bezeichnen.

Bremen, Schleswig-Holstein und Nordrhein-Westfalen nehmen darüber hinaus die am öffentlichen Rettungsdienst Teilnehmenden nochmals explizit vom Genehmigungserfordernis aus[128].

Eine uneingeschränkte Verwirklichung des Trennungsmodells sehen auch die Rettungsdienstgesetze Bayerns[129], Hamburgs[130], des Saarlandes[131] und Thüringens[132] vor. Soweit die entsprechenden Landesgesetze hier den Abschnitt über

---

[123] §§ 5 ff. BremRettG (öffentlicher Rettungsdienst), 15 ff. BremRettG (staatsunabhängige Tätigkeit durch Unternehmer). Vgl. auch die klare Differenzierung in § 1 Abs. 1 BremRettG.
[124] §§ 6 ff. RDG M-V (öffentlicher Rettungsdienst), 14 ff. RDG M-V (staatsunabhängige Tätigkeit außerhalb des öffentlichen Rettungsdienstes).
[125] §§ 6 ff. RettG NW (öffentlicher Rettungsdienst), 18 ff. RettG NW (staatsunabhängige Tätigkeit durch Unternehmen).
[126] §§ 3 ff. SächsRettDG (öffentlicher Rettungsdienst), 14 ff. SächsRettDG (staatsunabhängige Tätigkeit durch Unternehmen). Vgl. auch die klare Differenzierung in § 1 Abs. 1 SächsRettDG.
[127] §§ 6 ff. RDG SH (öffentlicher Rettungsdienst), 10 ff. RDG SH (staatsunabhängige Tätigkeit außerhalb des öffentlichen Rettungsdienstes).
[128] Vgl. §§ 4 Abs. 2 Nr. 1 BremRettG; 10 Abs. 1 Satz 1 RDG SH; 18 Abs. 1 Satz 1 RettG NW.
[129] Art. 4 ff. BayRDG (staatsunabhängige Tätigkeit), Art. 18 ff. (öffentlicher Rettungsdienst).
[130] §§ 6 ff. HbgRDG (öffentlicher Rettungsdienst), 11 ff. HbgRDG (staatsunabhängige Tätigkeit).
[131] §§ 5 ff. SaarRettG (öffentlicher Rettungsdienst), 12 ff. SaarRettG (staatsunabhängige Tätigkeit).
[132] §§ 3 ff. ThürRettG (öffentlicher Rettungsdienst), 15 ff. ThürRettG (staatsunabhängige Tätigkeit).

die Genehmigungspflicht und -Voraussetzungen nicht bereits in der Überschrift ausdrücklich der staatsunabhängigen, privaten Leistungserbringung außerhalb des öffentlichen Rettungsdienstes zuordnen, bestimmen sie jedoch ebenfalls ausdrücklich eine Ausnahme vom Genehmigungserfordernis für den Fall einer Teilnahme am öffentlichen Rettungsdienst[133].

In Rheinland-Pfalz ist eine private, staatsunabhängige Erbringung rettungsdienstlicher Leistungen parallel zum öffentlichen Rettungsdienst ebenfalls zulässig, wobei auch hier die verschiedenen Abschnitte des Gesetzes keine eindeutige Bezeichnung bzw. Zuordnung vornehmen[134]. Jedoch bestimmt hier zum einen § 14 Abs. 1 Satz 1 RDG RhPf eine Genehmigungspflicht unbeschadet der hiervon unabhängigen Möglichkeit einer Mitwirkung im öffentlichen Rettungsdienst, § 5 Abs. 1 Satz 2 RDG RhPf verweist hinsichtlich der Voraussetzungen für eine Einbindung in den öffentlichen Rettungsdienst überdies auf eine gesonderte Rechtsverordnung der zuständigen Ministerien, regelt diese mithin grundsätzlich abweichend.

In Hessen schließlich besteht auf Grund historischer Vorbedingungen[135] die Besonderheit, dass die rettungsdienstliche Versorgung der Bevölkerung in erster Linie durch ein abgestuftes Modell öffentlich-rechtlicher Verträge gewährleistet wird. Dabei schloss zunächst noch auf Grundlage des Rettungsdienstgesetzes 1993[136] das zuständige Ministerium mit den Spitzenverbänden der gemeinnützigen Hilfsorganisationen sowie weiteren Leistungserbringern eine landesweite Rahmenvereinbarung über die bedarfsgerechte Versorgung der Bevölkerung, die wiederum durch Verträge zwischen den öffentlichen Rettungsdienstträgern und geeigneten Leistungserbringern auf der örtlichen Ebene konkretisiert wurde[137]. Auch hier beinhaltete das Landesrettungsdienstgesetz einen Abschnitt über Trägerschaft und Durchführung des öffentlichen Rettungsdienstes sowie einen weiteren Abschnitt, der das Genehmigungsverfahren regelte[138]. Allerdings ließ sich auf den ersten Blick nicht erfassen, ob der hessischen Regelung dabei

---

[133] Vgl. § 21 Abs. 1 Nr. 1 RDG BW; Art. 3 Abs. 2 Nr. 1 BayRDG; § 4 Abs. 4 HbgRDG, § 1 Abs. 1 HbgRDG hebt zudem die Trennung nochmals ausdrücklich hervor; § 12 Abs. 2 Nr. 1 SaarRettG; § 15 Abs. 9 Nr. 1 ThürRettG. Der insoweit zwecks Beschreibung des Ausnahmetatbestandes durchgehend verwandte Begriff der Ausübung hoheitlicher Tätigkeit ist vom Begriff der Ausübung öffentlicher Gewalt im Sinne von Art. 45 EGV zu unterscheiden, siehe unten S. 124.
[134] Vgl. § 5 RDG RhPf (öffentlicher Rettungsdienst); 14 ff. RDG RhPf (staatsunabhängige Tätigkeit).
[135] Siehe hierzu Stadtmüller, Rettungsdienst in Hessen auf neuen Füßen, in: Leben retten 1992, S. 150 f.
[136] HessRDG vom 5.4.1993 (GVBl. I S. 268), neugefasst durch HessRDG vom 24.11.1998 (GVBl. I S. 499).
[137] Vgl. § 8 Abs. 2 und 3 HessRDG 1993.
[138] Vgl. §§ 8 ff. sowie 13 ff. HessRDG 1993.

das Trennungs- oder das Eingliederungsmodell zugrunde gelegen hat[139], was abgesehen von einer fehlenden ausdrücklichen Bezeichnung der jeweiligen Abschnitte auch darin begründet war, dass ausdrücklich keine Ausnahmen vom Genehmigungserfordernis für den Fall der Teilnahme am öffentlichen Rettungsdienst vorgesehen waren, die hierfür notwendigen Anforderungen im übrigen kraft Verweisung denen des Abschnitts über das Genehmigungsverfahren entsprachen[140].

Für eine Verwirklichung des Trennungsmodells bereits auf dieser Rechtsgrundlage sprach zunächst das Bestehen eines Genehmigungserfordernisses an sich. Zwar lässt sich allein hieraus die Zulässigkeit von Notfallrettung und Krankentransport auch außerhalb des öffentlichen Rettungsdienstes noch nicht ableiten[141], da die Genehmigungsvorschriften gerade nicht klar erkennen ließen, ob das Genehmigungserfordernis entweder nur für eine unter Umständen parallel zulässige private Leistungserbringung gilt, oder stattdessen die Voraussetzungen der Teilnahme am öffentlichen Rettungsdienst exklusiv bzw. neben insoweit identischen Anforderungen an eine private Leistungserbringung festlegt. Das hessische Landesrecht sah jedoch als Rechtsgrundlage einer Beteiligung an der Durchführung des öffentlichen Rettungsdienstes ausdrücklich eine Vereinbarung vor, die auf Grundlage der landesweiten Rahmenvereinbarung getroffen wurde[142]. Der ausdrücklichen Normierung einer Einbindung in den öffentlichen Rettungsdienst im Vereinbarungswege hätte es jedoch nicht bedurft, wenn die Einbindung rechtstechnisch durch eine Genehmigung erfolgen würde, zumal § 8 Abs. 3 Satz 3 HessRDG 1993 lediglich hinsichtlich der Anforderungen und nicht bezüglich des Erfordernisses einer Genehmigung an sich ausdrücklich auf den Dritten Abschnitt des Gesetzes verwiesen hat. Umgekehrt schrieben dessen §§ 13 ff. gerade nicht zwingend den Abschluss einer Vereinbarung (zur Durchführungsübertragung) für die Erbringung[143] von Leistungen der Notfallrettung und des qualifizierten Krankentransports vor, so dass die Möglichkeit der Leistungserbringung auch ohne entsprechenden Vertrag, mithin außerhalb der Durchführung des öffentlichen Rettungsdienstes, zu bejahen ist. Dieses Ergebnis wird nicht dadurch in Richtung des Eingliederungsmodells relativiert, dass dem genehmigten Leistungserbringer nach § 13 Abs. 9 HessRDG 1993 ein Anspruch auf Einbindung in die Durchführungsvereinbarung des öffentlichen Ret-

---

[139] So bereits Schulte, Rettungsdienst durch Private, 1999, S. 49.
[140] Vgl. § 8 Abs. 3 Satz 3 HessRDG 1993.
[141] So aber Hausner, Mitwirkung Privater am Rettungsdienst, 1993, S. 107.
[142] Vgl. § 8 Abs. 3 Satz 2 HessRDG 1993.
[143] Das Gesetz spricht in § 13 Abs. 1 Satz 1 HessRDG im Gegensatz zu § 8 Abs. 3 HessRDG gerade nicht von einer Durchführung des (öffentlichen) Rettungsdienstes.

tungsdienstes eingeräumt wurde[144]. So ist ein gewerblicher Unternehmer bzw. eine Hilfsorganisation nach Genehmigungserteilung nicht verpflichtet, sich im Rahmen der Durchführungsvereinbarung in den öffentlichen Rettungsdienst einbinden zu lassen. Rechtlich gesehen wurde also auch in Hessen bereits mit dem ursprünglichen Rettungsdienstgesetz 1993 das Trennungsmodell verwirklicht. Das Gesetz zur Neuordnung des Rettungsdienstes in Hessen vom 24.11.1998[145] differenziert nunmehr, vergleichbar der Rechtslage in Niedersachsen, anhand der Leistungsart[146].

b) Einheitliche Normierung: Brandenburg

Das brandenburgische Rettungsdienstgesetz nimmt, was äußerlich zunächst gegen eine Umsetzung des Trennungsmodells spricht, keine Trennung zwischen öffentlichem Rettungsdienst und privater, staatsunabhängiger Leistungserbringung in einem jeweils gesonderten Abschnitt vor. Die Organisation des Rettungsdienstes in Brandenburg sollte sich nicht an den Erfahrungen der alten Bundesländer orientieren, sondern der eigenen Vergangenheit und den Ergebnissen der Schnellen Medizinischen Hilfe (SMH) als Teilbereich des Rettungswesens der ehemaligen DDR Rechnung tragen[147]. So wird denn auch unter Hinweis auf die Gesetzgebungsgeschichte und die Historie des Rettungswesens in Brandenburg die Auffassung vertreten, das brandenburgische Rettungsdienstgesetz folge dem Eingliederungsmodell, gestatte mithin keine Erbringung der Dienstleistungen Notfallrettung und Krankentransport außerhalb des öffentlichen Rettungsdienstes[148]. Demgegenüber gehen andere unter Hinweis auf Gesetzesfassung und -systematik von einer Umsetzung des Trennungsmodells und damit der Zulässigkeit einer Leistungserbringung parallel zum öffentlichen Rettungsdienst aus[149].

Der Gesetzesbegründung zum brandenburgischen Rettungsdienstgesetz lässt sich bezüglich der Verwirklichung des Eingliederungs- oder des Trennungsmo-

---

[144] So aber Schulte, Rettungsdienst durch Private, 1999, S. 49, der aber gleichzeitig einräumt, dass es dem Genehmigungsinhaber freisteht, von einer Einbindung in den öffentlichen Rettungsdienst Abstand zu nehmen.
[145] HessRDG vom 24.11.1998 (GVBl. I S. 499).
[146] Siehe unten S. 53.
[147] Vgl. hierzu Schulte, Rettungsdienst durch Private, 1999, S. 37 f. u. 45.
[148] Ufer, Leitlinien in den neuen Rettungsdienstgesetzen, in: RD 1993, S. 878 ff.; Müller, Das Rettungsdienstgesetz des Landes Brandenburg, in: Kontokollias/Rupprecht (Hrsg.), Qualität sichern – Strukturen optimieren, Referateband des 13. Bundeskongresses Rettungsdienst, Edewecht 1993, S. 67 ff., 71.
[149] Hausner, Mitwirkung Privater am Rettungsdienst, 1993, S. 97; Schulte, Rettungsdienst durch Private, 1999, S. 48.

dells indes nichts weiter entnehmen[150], so dass die Frage der Zulässigkeit einer staatsunabhängigen Leistungserbringung auf Grundlage einer rettungsdienstrechtlichen Genehmigung ausgehend von der Gesetzesfassung auslegungsweise zu ermitteln ist. Hinzu kommt, dass auf Basis des DDR Rettungsdienstgesetzes allein ein öffentlicher Rettungsdienst vorhanden war, eine private staatsunabhängige Erbringung rettungsdienstlicher Leistungen daneben nicht existierte[151]. Der eingangs genannten, zur Funktionsschutzklausel des brandenburgischen Rettungsdienstgesetzes ergangenen Grundsatzentscheidung des Bundesverwaltungsgerichts aus dem Jahre 1995, lässt sich zu der hier untersuchten Fragestellung ebenfalls nichts Konkretes entnehmen. Das Gericht äußerte lediglich verfassungsrechtliche Bedenken im Hinblick auf Art. 12 Abs. 1 GG für den Fall, dass einem bei der Übertragung der Durchführung des (öffentlichen) Rettungsdienstes nicht berücksichtigten Leistungsanbieter nicht einmal die Möglichkeit zum qualifizierten Krankentransport verbleibt, ohne jedoch näher darauf einzugehen, in welcher Organisationsstruktur diese Möglichkeit eröffnet sein müsse bzw. auf Grundlage des brandenburgischen Rechts eröffnet sei[152].
Für eine Verwirklichung des Trennungsmodells auch in Brandenburg wird neben dem Vorhandensein von Genehmigungsbestimmungen an sich[153] und einer begrifflichen Differenzierung zwischen der Durchführungsübertragung des Rettungsdienstes einerseits und der begrifflich nicht auf die Institution (öffentlicher) Rettungsdienst bezogenen Teilnahme an Notfallrettung und Krankentransport andererseits die sog. Funktionsschutzklausel nach § 5 Abs. 5 Satz 1 BbgRettG angeführt, deren Schutzgegenstand sinnvollerweise nur der öffentliche Rettungsdienst sein könne[154]. Darüber hinaus soll die Regelung des § 133 SGB V für eine Zulässigkeit der Leistungserbringung außerhalb des öffentlichen Rettungsdienstes auch in Brandenburg sprechen, da der Bundesgesetzgeber hier begrifflich ausdrücklich zwischen Vergütungsverträgen für den (öffentlichen) Rettungsdienst auf der einen und der Vergütung für andere Krankentransporte unterscheide, somit also von einem generellen Nebeneinander beider Formen der Leistungserbringung ausgehe[155]. Lässt sich, da die Genehmigungsvorschriften für sich genommen prinzipiell auch nur die Voraussetzungen einer Teilnahme am öffentlichen Rettungsdienst normieren können, zumindest dem begrifflichen Argument und der Schutzrichtung der Funktionsschutzklausel ein Hinweis auf eine zulässige Leistungserbringung neben dem Rettungsdienst in öffentlicher Trägerschaft beimessen, so lässt sich dies jedoch mit § 133 SGB V nicht begründen. Die Einzelheiten der rettungsdienstlichen Versorgung bestim-

---

[150] Vgl. LT-Drs. Brandenburg 1/629.
[151] Vgl. Gesetz vom 13.9.1990, GBl. DDR I 1990, S. 1547.
[152] BVerwG, Urteil v. 26.10.1995 – 3 C 10/94, in: NJW 1996, S. 1608 f., 1609.
[153] Hausner, Mitwirkung Privater am Rettungsdienst, 1993, S. 96.
[154] Schulte, Rettungsdienst durch Private, 1999, S. 47.
[155] Schulte, Rettungsdienst durch Private, 1999, S. 48.

men sich nach Herausnahme der Materie aus dem Personenbeförderungsrecht abschließend nach den Landesrettungsdienstgesetzen, während die Reichweite des § 133 SGB V als zentraler Vergütungsnorm im Rettungswesen nicht über Vergütungsregelungen im engeren Sinne hinausgeht[156]. Selbst wenn der für die Organisation des Rettungswesens auf der Sachebene nicht mehr zuständige Bundesgesetzgeber auf der Vergütungsebene für sämtliche Bundesländer von einem Nebeneinander von öffentlichem Rettungsdienst und privater Leistungserbringung ausginge, wäre dies für die Auslegung insbesondere der differierenden Organisationsstrukturen kraft Landesrechts gerade vor dem Hintergrund der dargestellten Entwicklung des Rettungsdienstrechts ohne Bedeutung[157]. Hinzu kommt, dass die in § 133 Abs. 1 Satz 1 SGB V vorgenommene Differenzierung zwischen Leistungen des Rettungsdienstes und anderen Krankentransporten nicht bei der leistungserbringenden Institution ansetzt, sondern bei der Beförderungsart. Als *andere Krankentransporte* sind dabei alle Beförderungen anzusehen, die nicht mit den im Rettungsdienst, d.h. bei den rettungsdienstlichen Leistungen Notfallrettung und Krankentransport, eingesetzten Beförderungsmitteln durchgeführt werden, d.h. Beförderungen etwa mit Mietwagen oder Taxen[158].

Der entscheidende Umstand, der es rechtfertigt, den verobjektivierten Willen des Landesgesetzgebers dahingehend auszulegen, dass neben dem öffentlichen Rettungsdienst auch die staatsunabhängige Erbringung rettungsdienstlicher Leistungen zulässig ist, liegt vielmehr in der Qualität der Rechtsposition, die dem an der Erbringung derartiger Leistungen Interessierten eingeräumt wird. § 5 Abs. 1 BbgRettG stellt als Kann-Bestimmung die Übertragung der Durchführung von Aufgaben des öffentlichen Rettungsdienstes in das pflichtgemäße Ermessen der Trägerkörperschaft, woraus sich allenfalls ein Anspruch auf fehlerfreie Ermessensausübung ergeben kann. Demgegenüber handelt es sich bei der rettungsdienstrechtlichen Genehmigung wie sie auch § 5 Abs. 3 BbgRettG vorsieht, um eine gebundene Erlaubnis, d.h. dass bei Erfüllen der gesetzlichen Voraussetzungen ein Anspruch auf ihre antragsgemäße Erteilung besteht[159]. Die Einräumung einer derartigen Rechtsposition wäre jedoch sinnlos, wenn bei Vorliegen sämtlicher Genehmigungsvoraussetzungen die Entscheidung über die

---

[156] Vgl. hierzu BSG, Urteil v. 29.11.1995 - 3 RK 32/94, in: RD 1997, S. 166 ff., 168.
[157] Zu klären wäre insoweit ohnehin noch, ob hier nicht auf sozialversicherungsrechtlicher Ebene lediglich vorsorglich für jedwede Form landesrechtlicher Ausgestaltung eine Abrechnungsmöglichkeit mit den gesetzlichen Krankenkassen eröffnet werden sollte.
[158] Hencke, in Peters (Hrsg.), SGB V, 19. Aufl., Stand: 04/2002, § 133 Rn. 2 f.; Dalichau/Grüner, SGB V, Band 2, Stand: 12/2003, § 133 Anm. I. 1.
[159] Vgl. etwa BVerfGE 8, 76; 9, 78; 11, 176 sowie bezüglich der rettungsdienstrechtlichen Genehmigung explizit BVerwG, Urteil v. 17.6.1999 – 3 C 20/98, in: NVwZ-RR 2000, S. 213. Einen Anspruch auf Genehmigungserteilung bejahen zudem ausdrücklich LT-Drs. Baden-Württemberg 10/5817, S. 34 und LT-Drs. Sachsen 1/2339, S. 6.

Genehmigungserteilung gleichwohl vom Ermessen des Trägers abhinge. Umgekehrt stünde die für die Durchführungsübertragung und damit Teilnahme am Rettungsdienst vorgesehene Ermessensvorschrift mit einem für dieselbe Tätigkeitsform bestehenden gebundenen Anspruch in systematischem Widerspruch.

c) Unklare Abschnittsbezeichnung: Sachsen-Anhalt

Im Bundesland Sachsen-Anhalt, dem die Literatur ohne nähere Ausführungen das Trennungsmodell zuspricht[160], lässt das Rettungsdienstgesetz zwar unterschiedliche Abschnitte erkennen, in denen einerseits die Organisation des öffentlichen Rettungsdienstes und andererseits Vorschriften über eine Genehmigungserteilung normiert sind[161]. Die Bestimmung des hier zugrunde liegenden Modells wird jedoch dadurch erschwert, dass § 3 Abs. 2 RDG LSA ohne nähere Beschreibung der Übertragungsmodalitäten statuiert, dass sich die Träger geeigneter Leistungserbringer bedienen sollen, sowie vor allem dadurch, dass die Überschrift des das Genehmigungsverfahren regelnden Dritten Abschnitts ausdrücklich auf *Beteilung Dritter am Rettungsdienst* lautet[162]. Hieraus ließe sich zunächst folgern, dass die Genehmigung allein als Voraussetzung für die Teilnahme am öffentlichen Rettungsdienst vorgesehen und eine parallele staatsunabhängige Leistungserbringung unzulässig ist, zumal die Genehmigung ausdrücklich für sämtliche Dritte, einschließlich der gemeinnützigen Hilfsorganisationen vorgesehen ist. Auch hier spricht jedoch wiederum zunächst die begriffliche Unterscheidung zwischen der Durchführung des Rettungsdienstes einerseits und der Teilnahme an Notfallrettung und Krankentransport andererseits[163] ebenso für eine Verwirklichung des Trennungsmodells wie das Vorhandensein einer Funktionsschutzklausel mit dem öffentlichen Interesse an einem funktionsfähigen öffentlichen Rettungsdienst als Schutzgegenstand in § 14 Abs. 4 RDG LSA. Entscheidendes Argument ist hier aber letztlich ebenfalls der Widerspruch, der sich bei Annahme des Eingliederungsmodells darin zeigt, dass die für die Durchführungsübertragung vorgesehene Soll-Vorschrift in § 3 Abs. 2 RDG LSA dem Träger ein (zwar beengtes[164]) Ermessen und dem Dritten einen Anspruch auf eine ermessensfehlerfreie Entscheidung einräumt[165], während die Genehmigungsvorschriften einen gebundenen Anspruch vorsehen.

---

[160] So Schulte, Rettungsdienst durch Private, 1999, S. 43; Hausner, Mitwirkung Privater am Rettungsdienst, 1993, S. 135.
[161] §§ 3 ff. RDG LSA (Organisation des Rettungsdienstes), §§ 14 ff. RDG LSA (Beteiligung Dritter am Rettungsdienst).
[162] Vgl. auch § 14 Abs. 3 Nr. 4 RDG LSA.
[163] Vgl. §§ 3 Abs. 2 und 14 Abs. 1 RDG LSA.
[164] Vgl. hierzu BVerwGE 49, 16 ff., 23; 90, 88 ff., 93.
[165] Mahn, Der Anspruch auf Beteiligung am öffentlichen Rettungsdienst in NRW, in: RD 1996, S. 826

2.) Differenzierung anhand der Leistungsart: Berlin, Hessen Niedersachsen und Baden-Württemberg

Berlin verwirklicht bezüglich der Notfallrettung das Eingliederungsmodell, indem die Notfallrettung ausdrücklich zur Ordnungsaufgabe erklärt und der Berliner (Berufs-) Feuerwehr vorbehalten wird[166]. Die Durchführung der Notfallrettung kann daneben auch Hilfsorganisationen, wie dem Arbeiter-Samariter-Bund, der Deutschen Lebens-Rettungs-Gesellschaft, dem Deutschen-Roten-Kreuz, der Johanniter-Unfall-Hilfe und dem Malteser-Hilfsdienst sowie (lediglich) in besonderen Fällen bei entsprechendem Bedarf auch sonstigen Dritten im Rahmen des öffentlichen Rettungsdienstes zur Durchführung übertragen werden, § 5 Abs. 1 Satz 2 u. 3. RDG Bln. Hieraus ergibt sich im Umkehrschluss sowie angesichts der Regelung in § 5 Abs. 2 RDG Bln, wonach der Krankentransport von den Hilfsorganisationen und privaten Krankentransportunternehmen in privatrechtlicher Form, durchgeführt wird, dass eine staatsunabhängige Erbringung der Dienstleistung Notfallrettung auf genehmigter Grundlage nicht zulässig ist. Im Gegensatz dazu wird der Krankentransport grundsätzlich staatsunabhängig auf privater, genehmigter Grundlage durchgeführt, verbunden mit einer subsidiären Sicherstellungspflicht der Berliner Berufsfeuerwehr gem. § 5 Abs. 2 Satz 3 RDG Bln.

Niedersachsen wählt eine etwas abweichende Normierungstechnik, indem es in § 5 Abs. 2 Satz 1 NdsRettDG die geschäftsmäßige Durchführung von Leistungen des Rettungsdienstes, also Notfallrettung und Krankentransport, generell den öffentlichen Trägern und deren Durchführungsbeauftragten vorbehält. Für den Krankentransport wird dann in Satz 2 auf die §§ 19 bis 29 NdsRettDG, d.h. auf die Möglichkeit einer staatsunabhängigen Leistungserbringung außerhalb des öffentlichen Rettungsdienstes auf behördlich genehmigter Grundlage, verwiesen. § 19 NdsRettDG nimmt dabei wiederum diejenigen Leistungserbringer, die als Durchführungsbeauftragte in den öffentlichen Rettungsdienst eingebunden sind, ausdrücklich von der Genehmigungspflicht aus. Dem entspricht weitgehend die gegenwärtige Rechtslage in Baden-Württemberg und Hessen[167]. Auch Baden-Württemberg Niedersachsen und Hessen folgen somit für den Bereich der Notfallrettung dem Eingliederungsmodell, während im Bereich des Krankentransports ein Nebeneinander von öffentlichem Rettungsdienst und genehmigten Privaten im Sinne des Trennungsmodells besteht. Die zugrunde liegende Systematik wird in § 1 Abs. 1 NdsRettDG nochmals besonders deutlich.

---

[166] Vgl. § 5 Abs. 1 Satz 1 RDGBln. Diese Aufgabenmonopolisierung ist mit Art. 12 GG vereinbar, vgl. BVerwG, Urteil v. 3.11.1994 – 3 C 17/92, in: NJW 1995, S. 3067 ff., 3068; VGH Berlin, Beschluss v. 12.8.1996 – VerfGH 63/94, in: RD 1997, S. 260.
[167] Vgl. §§ 2, 15 RDG BW; 4, 9 HessRDG.

II. Ergebnis

Als Ergebnis lässt sich festhalten, dass die Ländermehrheit hinsichtlich beider Leistungsarten, d.h. Notfallrettung und Krankentransport, das Trennungsmodell realisiert, somit eine staatsunabhängige Leistungserbringung auf genehmigter Basis parallel zur Möglichkeit einer Teilnahme am öffentlichen Rettungsdienst zulässig ist. Berlin, Baden-Württemberg, Hessen und Niedersachsen beschränken diese Möglichkeit auf den Bereich des qualifizierten Krankentransports, setzen also für die Notfallrettung das Eingliederungsmodell um. Einer umfassenden Geltung des Eingliederungsmodells folgt kein einziges Bundesland. Tradierte Strukturen der Leistungserbringung in den einzelnen Bundesländern bestehen allerdings ungeachtet der formell weitreichenden rechtlichen Möglichkeiten der Durchführung von Notfallrettung und Krankentransport weitgehend fort. Dies gilt vor allem für die überwiegend immer noch festzustellende Dominanz der gemeinnützigen Hilfsorganisationen bei der Mitwirkung am öffentlichen Rettungsdienst. Inwieweit das geltende Recht hier künftig ein Aufbrechen dieser Strukturen ermöglicht bzw. sogar gebietet, wird die weitere Untersuchung zeigen.

D. Institutionelle Differenzierung

Im Folgenden sollen die beiden Erscheinungsformen der Erbringung rettungsdienstlicher Leistungen hinsichtlich ihrer Trägerschaft und Rechtsstellung näher dargestellt und einander gegenübergestellt werden: die Einrichtung des öffentlichen Rettungsdienstes und die Leistungserbringung durch Dritte auf behördlich genehmigter Grundlage außerhalb des öffentlichen Rettungsdienstes. Diese sind, wie schon die Beschreibung des Trennungsmodells, zeigt, zunächst institutionell zu unterscheiden, sie werden überdies in den Landesgesetzen, die eine staatsunabhängige Betätigung auf genehmigter Grundlage ermöglichen, wie gesehen vielfach in gesonderten Abschnitten normiert. Die Doppelfunktion der zuständigen Behörde, die auf Grundlage des Trennungsmodells zugleich Trägerkörperschaft des öffentlichen Rettungsdienstes und Genehmigungsbehörden für die außerhalb des Staates tätigen Leistungserbringer ist, hat dabei zur Folge, dass sich die Tätigkeit der Verwaltung im Rettungswesen in unterschiedliche Verwaltungskategorien einordnen lässt.

I. Der öffentliche Rettungsdienst

1.) Trägerschaft

Der öffentliche Rettungsdienst, der in allen Bundesländern unabhängig von der Entscheidung für das eine oder andere Organisationsmodell als Institution besteht, steht seiner Bezeichnung entsprechend in öffentlicher Trägerschaft. Anknüpfend an historisch-organisatorische Vorgaben bestehen jedoch auch hier Unterschiede hinsichtlich der jeweils als Träger verpflichteten Körperschaft. Während in der weit überwiegenden Zahl der Bundesländer die (Land-) Kreise und kreisfreien Städte und Gemeinden, teilweise als Zweckverbände, Träger der Gesamtaufgabe des bodengebundenen Rettungsdienstes sind[168], besteht deren Trägerschaft in Baden-Württemberg[169] nur subsidiär nach dem Sozialministerium und in Berlin über die Berufsfeuerwehr lediglich für die Notfallrettung[170].

2.) Rettungsdienst als Gegenstand der Verwaltung

Ausgehend von dieser Trägerschaft ist der öffentliche Rettungsdienst Bestandteil der öffentlichen Verwaltung. Er ist als Ganzes ebenso wie seine Durchführung im Einzelfall der hoheitlichen Tätigkeit zuzurechnen[171] und ist auch im abgabenrechtlichen Sinne als öffentliche Einrichtung zu qualifizieren[172]. Der öffentliche Rettungsdienst als, wie sich im Folgen ergeben wird, mittlerweile nahezu ausschließlich gebührenfinanzierte Einrichtung gilt nicht als wirtschaftliche Betätigung im gemeindewirtschaftsrechtlichen Sinne[173]. Bestimmungen der Gemeindeordnungen, wonach der Jahresgewinn außer den für die technische und wirtschaftliche Unternehmensentwicklung notwendigen Rücklagen zumindest eine marktüblich Verzinsung des Eigenkapitals erwirtschaften soll,

---

[168] Vgl. Art. 18 Abs. 1 BayRDG; § 3 Abs. 1 BbgRDG; § 4 Abs. 1 HessRDG; § 6 Abs. 2 RDG M-V; § 3 Abs. 2 Ziff. 2 NdsRettDG; § 6 Abs. 1 RettG NW; § 3 Abs. 1 RettDG RhPf; § 5 Abs. 1 SaarRettG; § 3 Abs. 1 SächsRettDG; § 3 Abs. 1 RettDG LSA; § 6 Abs. 2 RDG SH; § 3 Abs. 1 ThürRettG.
[169] Vgl. § 2 Abs. 1 u. 2 RDG BW.
[170] Vgl. § 5 Abs. 1 RDG Bln.
[171] Vgl. BGH, Urteil v. 21.3.1991 – III ZR 77/90, in: NJW 1991, S. 2954. Am öffentlichen Rettungsdienst beteiligte Privatrechtssubjekte haben je nach landesrechtlich übertragener Kompetenz die Rechtsstellung als Beliehene, Verwaltungshelfer oder anderweitig Indienstgenommene, siehe hierzu Schulte, Rettungsdienst durch Private 1999, S. 84 f. sowie OVG Frankfurt (Oder), Urteil v. 21.8.1997 – 4 A 164/95, in: NJW 1998, S. 1807.
[172] Vgl. OVG Münster, Urteil v. 26.10.1990 – 9 A 26/90 u. 9 A 368/89, in: NWVBl. 1991, S. 200 ff.
[173] Vgl. nur §§ 107 Abs. 2 S. 1 Nr. 1 GO NW i.V.m. § 6 RettG NW.

finden folglich keine Anwendung, so dass sich von dieser Seite her kein Gebot der Wirtschaftlichkeit erhebt. Regelmäßig bereits nach den Landesrettungsdienstgesetzen haben die Trägerkörperschaften die bedarfsgerechte und flächendeckende Versorgung der Bevölkerung mit Leistungen der Notfallrettung einschließlich der notärztlichen Versorgung im Rettungsdienst und des Krankentransports sicherzustellen, sog. Sicherstellungsverpflichtung der öffentlichen Rettungsdienstträger. Soweit einige Bundesländer in ihren Rettungsdienstgesetzen nicht ausdrücklich auf eine Sicherstellung der Versorgung mit rettungsdienstlichen Leistungen abstellen,[174] sind die Träger hierzu gleichwohl auf Grund grundgesetzlicher Schutzpflichten des Staates verpflichtet[175].
Der öffentliche Rettungsdienst lässt sich somit als Teil der leistenden bzw. gewährleistenden Verwaltung begreifen. Die leistende Verwaltung sorgt für die Lebensmöglichkeit und Lebensverbesserung der Mitglieder des Gemeinwesens, indem sie deren Interessen durch Gewährungen unmittelbar fördert und verteilt. Sie erweitert damit die Rechtsposition des Individuums auch durch die Bereitstellung von Einrichtungen und Dienstleistungen[176].

II. Leistungserbringung außerhalb des öffentlichen Rettungsdienstes

Die vom öffentlichen Rettungsdienst getrennte, staatsunabhängige Betätigung im Bereich rettungsdienstlicher Leistungen vollzieht sich in allen Bundesländern auf Grundlage einer nach dem jeweiligen Landesrettungsdienstgesetz erteilten Genehmigung[177].
Genehmigungsbehörden für Anträge auf Erteilung von Genehmigungen zur Wahrnehmung von Aufgaben der Notfallrettung oder des Krankentransports außerhalb des öffentlichen Rettungsdienstes sind jeweils zugleich die jeweiligen Trägerkörperschaften des öffentlichen Rettungsdienstes. In dieser Eigen-

---

[174] Vgl. § 1 Abs. 2 Bbg RettG; § 3 Abs.1 BremRettDG; § 3 Abs. 1 Hess RDG; § 6 Abs. 1 u. § 2 Abs. 1 RDG M-V; § 2 Abs. 1 Thür RettG.
[175] Siehe zur Verortung von Gewährleistungsverantwortung und Sicherstellungspflichten im Bereich grundrechtlicher Schutzpflichten Schmidt-Preuß, Verwaltung und Verwaltungsrecht zwischen gesellschaftlicher Selbstregulierung und staatlicher Steuerung, in: VVDStRL 56 (1997), S. 160 ff., 172 f.
[176] Wolf/Bachof/Stober, Verwaltungsrecht, Bd. 1, 11. Aufl. 1999, § 3 II. 2. m.w.N.
[177] § 15 Abs. 1 S. 1 RDG BW; Art. 3 Abs. 1 S. 1 BayRDG; § 3 Abs. 1 S. 1 RDG Bln; § 5 Abs. 3 S. 1 BbgRettG; § 4 Abs. 1 BremRettG; § 5 Abs. 1 HmbRDG; § 9 Abs. 1 S. 1 HessRDG; § 14 Abs. 1 RDG M-V; § 19 S. 1 NdsRDG; § 18 RettG NW; § 14 Abs. 1 S. 1 RettDG RhPf; § 12 Abs. 1 S. 1 SaarRettG; § 14 Abs. 1 S. 1 SächsRDG; § 14 Abs. 1 RDG LSA; § 10 Abs. 1 RDG SH; § 15 Abs. 1 ThürRettDG. Vgl. zum Erfordernis der behördlichen Genehmigung als notwendige Voraussetzung der Berufsausübung im Bereich des Rettungswesens BVerwG, Urteil v. 26.10.1995 – 3 C 10/94, in: NJW 1996, S. 1608ff., 1609.

schaft stehen ihnen Mittel der Wirtschaftsüberwachung[178] zwecks Kontrolle der Genehmigungsinhaber zur Verfügung, wie sie etwa die §§ 22 bis 27 RettG NW vom Inhalt der Genehmigungsurkunde und einer über § 46 VwVfG NW hinausgehenden Befugnis zu Nebenbestimmungen, über Sonderregelungen zu Rücknahme und Widerruf der Genehmigung bis hin zu umfangreichen Prüfungsbefugnissen normieren.

Das Verwaltungshandeln unterfällt hier der ordnenden Verwaltung im weiteren Sinne, die für die gute Ordnung des Gemeinwesens sorgt, indem sie die Interessensverfolgung der Gewaltunterworfenen reglementierend einschränkt. Sie ist insbesondere Eingriffsverwaltung, die mit Erlaubnisvorbehalten sowie Befehl und Zwang in das freie Belieben der Menschen, hier der Antragsteller und Genehmigungsinhaber, eingreift[179]. Gegenstand und Kernanliegen der von der Genehmigungsbehörde gegenüber Antragstellern und Genehmigungsinhabern ausgeübten Verwaltungstätigkeit ist die Abwehr der speziell von der wirtschaftlichen Betätigung ausgehenden Gefahren, weshalb sich die Verwaltung hier nicht der Unterkategorie der allgemeinen Sicherheits- und Ordnungsverwaltung, die heute nur noch die nicht fachspezifische Gefahrenabwehr erfasst[180], zuordnen lässt. Sie ist vielmehr als Ausprägung der Überwachungsverwaltung in Form der Wirtschaftsüberwachung zu begreifen und bildet insoweit eine Staatsaufgabe. Die sich entsprechend den beispielhaft genannten Vorschriften in ähnlicher Form auch in den übrigen Landesgesetzen findenden (Verwaltungs-) Mittel der Wirtschaftsüberwachung reichen dabei jeweils von der Aufnahmeüberwachung in Form eines Verbotes mit Genehmigungsvorbehalt über die Ausübungsüberwachung bis hin zu entsprechender Sanktionierung von Verstößen. Das Vorhandensein der § 13 Abs. 4 PBefG nachgebildeten sog. Funktionsschutzklauseln in den Landesgesetzen[181] als lenkungsrechtliches Element macht die Ordnungsverwaltung im Rettungswesen überdies zu einem Gegenstand der Lenkungsverwaltung mit verwaltungs- und ordnungspolitischer Dimension.

III. Umfassende Zulassungskompetenz der Trägerkörperschaften

Im Rettungswesen besteht folglich die Besonderheit, dass die jeweilige Trägerkörperschaft abgesehen von der Leistungserbringung durch eigene Behörden oder ansonsten von ihr abhängige Körperschaften des öffentlichen Rechts

---

[178] Siehe zu diesem Begriff Stober, Allgemeines Wirtschaftsverwaltungsrecht, 13. Aufl. 2002, § 29.
[179] Vgl. zum Begriff der Eingriffsverwaltung Bachof, Die Dogmatik des Verwaltungsrechts vor den Gegenwartsaufgaben der Verwaltung, in: VVDStRL 30 (1972), S. 193 ff., 227.
[180] Vgl. Götz, Allgemeines Polizei- und Ordnungsrecht, 12. Aufl. 1995, S. 219 f. Siehe zur organisatorischen Trennung zwischen Polizei und Ordnungsverwaltung sowie zur Stellung der Sonderordnungsbehörden Tettinger, Besonderes Verwaltungsrecht, 7. Aufl. 2004, Rn. 628 f.
[181] Siehe hierzu i.e. unten S. 168 f.

zugleich umfassende Entscheidungsinstanz im Hinblick auf Art und Umfang der Beteiligung grundsätzlich außerhalb der Verwaltung stehender Leistungserbringer ist. Dies gilt für die Länder, die das Trennungsmodell verwirklicht haben, zunächst ebenso wie für die Länder, die dem Eingliederungsmodell folgen, namentlich Berlin und Niedersachsen im Bereich der Notfallrettung. Entscheidet die Trägerkörperschaft nämlich im Rahmen des öffentlichen Rettungsdienstes über die Einbindung gemeinnütziger Hilfsorganisationen oder gewerblicher Unternehmer in eben diesen, so ist sie bei der im Trennungsmodell vorgesehenen Betätigung außerhalb des öffentlichen Rettungsdienstes regelmäßig zugleich Genehmigungs- und Überwachungsbehörde. Sofern landesgesetzlich sowohl eine Einbindungsmöglichkeit in den öffentlichen Rettungsdienst als auch eine Betätigung auf genehmigter Grundlage gestattet ist, unterliegt die Beteiligung Dritter mithin auf beiden Ebenen der Entscheidungsbefugnis des Rettungsdienstträgers und damit einer Körperschaft, die zumindest vielfach selbst identische Dienstleistungen erbringt bzw. in ihrem unmittelbaren Verantwortungsbereich erbringen lässt.

E. Rechtsetzungskompetenzen im Rettungsdienstrecht

Bereits die parallele Existenz eines Gesetzentwurfs zu einer bundesrechtlichen Regelung aus der 10. Legislaturperiode auf der einen und die schließlich umgesetzte vollständige Überantwortung der Materie auf die Länder auf der anderen Seite deuten darauf hin, dass es sich bei der geltenden Rechtslage kompetenziell nicht um den einzigen gangbaren Weg handelt. So waren die verfassungsrechtlichen Bedenken der Bundesregierung gegen eine Erweiterung des Personenbeförderungsrechts auch nicht kompetenz- sondern grundrechtlichen Ursprungs[182]. Der Überblick über die Rechtsentwicklung zeigt zudem schon ansatzweise, dass das Rettungsdienstrecht im engeren Sinne neben gefahrenabwehrrechtlichen Zügen auch Berührungspunkte zu (beförderungs- bzw. transport-) gewerblichen Fragestellungen aufweist.

Fragen der Gesetzgebungskompetenz sind auch nach Inkrafttreten des Sechsten Gesetzes zur Änderung des Personenbeförderungsgesetzes Gegenstand rechtlicher Diskussion, sei es zu der Frage, ob die Teilleistung Krankentransport wieder dem PBefG zugeordnet werden kann oder einer wettbewerbsrechtlichen Regelungssperre für den Landesgesetzgeber[183]. Zumindest im Hinblick auf eine personenbeförderungsrechtlich determinierte Bundeskompetenz bleibt jedoch

---

[182] BT-Drs. 10/3425, S. 17.
[183] Vgl. Oehler, Die Rettungsdienstgesetze der Länder auf dem Prüfstand, in: Biese u.a. (Hrsg.) Handbuch des Rettungswesens, Band 2, Stand: 04/2003, B. III. 0.3; Kirchner/Ehricke, Kartellrechtliche und EG-rechtliche Schranken einer Reregulierung durch Landesgesetze, in: WuW 1993, S. 573 ff., 582 f.

vorab festzustellen, dass insoweit durch die Statuierung erschöpfender Ausnahmen für Notfallrettung und Krankentransport vom Anwendungsbereich des Personenbeförderungsgesetzes und der Gewerbeordnung[184] hinsichtlich der bundesstaatlichen Kompetenzverteilung die notwendige Zuordnungsklarheit herrscht. Die Kompetenz begrenzt den rechtlichen Rahmen einer staatlichen Organisationseinheit gegenüber einer anderen. Sie darf nicht mit der Aufgabenqualität, die Aussagen über das Maß staatlicher Involvierung trifft, und deren Grad es nachfolgend noch zu bestimmen gilt, identifiziert werden[185].

I. Der Gegenstand rettungsdienstrechtlicher Gesetzgebung

Gegenstand und zugleich Ziel der kompetenziellen Zuordnung eines Gesetzes ist dessen inhaltliche Subsumtion unter die Kompetenznorm, die unter Berücksichtigung der historischen Entwicklung der Materie sowie des Gesetzeszwecks zu erfolgen hat[186]. Gegenstand der Rechtsmaterie Rettungsdienst ist - entsprechend der Definition des Rettungsdienstrechts im engeren Sinne - in erster Linie die Regelung der Erbringung der Leistungen Notfallrettung und Krankentransport durch die hierzu legitimierten Leistungserbringer.

II. Verbindungslinien zu grundgesetzlichen Kompetenztiteln

Rettungsdienst hat es nach dem zugrunde gelegten Begriffsinhalt in jedem Fall unter anderem mit der Beförderung von kranken oder verletzten Personen mittels Kraftfahrzeugen zu tun, die flächendeckend und unter Einhaltung möglichst weitgehend vereinheitlichter Qualitätsstandards zu erfolgen hat. Hieraus ergeben sich im Wesentlichen die folgenden, für die Ermittlung der Gesetzgebungszuständigkeit relevanten Gesichtspunkte: der gesundheitsfürsorgliche Aspekt der Patientenversorgung, die Gewährleistung flächendeckend qualitativ weitgehend einheitlicher Leistungserbringung und das Beförderungsmoment. Das Rettungsdienstrecht[187] lässt folglich sachliche Bezüge zu unterschiedlichen verfassungsrechtlichen Kompetenztiteln erkennen. Unter rein gesundheitsfürsorglicher Prämisse erscheint zunächst die Grundsatznorm des Art. 70 GG, die die Materie der allgemeinen Gefahrenabwehr der Länderkompetenz zuordnet, einschlägig zu sein, vorausgesetzt, dass keine spezielle Bundeskompetenz im Be-

---

[184] Vgl. Art. 3 S. 2 des Sechsten Gesetzes zur Änderung des PBefG (BGBl. I S. 1547) sowie § 6 S. 3 GewO.
[185] Isensee, Gemeinwohl und Staatsaufgaben im Verfassungsstaat, in: Isensee/Kirchhof (Hrsg.), HdB d. StaatsR III, 1989, § 57, Rn. 141 m.w.N.
[186] Vgl. BVerfGE 36, 193, 206; BVerfGE 67, 299, 315; Rengeling, Gesetzgebungszuständigkeit, in: Isensee/Kirchhof (Hrsg.), Handbuch des Staatsrechts, Bd. IV, § 100 Rn. 40 m.w.N.
[187] Diese Bezeichnung wird fortan als Synonym für das Rettungsdienstrecht im engeren Sinne verwendet.

reich der Gesundheitspolitik zum Tragen kommt. Die Beförderung von Personen mittels Kraftfahrzeugen spricht demgegenüber dafür, den Rettungsdienst dem sachlichen Geltungsbereich des Personenbeförderungsrechts, d.h. der konkurrierenden Gesetzgebungszuständigkeit gemäß Art. 74 Abs. 1 Nr. 11 und 22 GG zuzuordnen, soweit sich die Leistungserbringung als Gewerbe der Verkehrswirtschaft begreifen lässt. Die sachbereichsspezifische Gefahrenabwehr ließe sich dabei bezogen auf kraftfahrzeugbezogene und gewerberechtliche Gefahrenabwehrzielsetzungen gleichfalls hierunter subsumieren.

III. Grundsätze kompetenzrechtlicher Zuordnung

Vor dem Hintergrund der jüngeren Rechtsentwicklung und angesichts der dargestellten Bezugspunkte der Materie Rettungsdienstrecht zu unterschiedlichen Kompetenzthemen des Grundgesetzes ist zwischen der Zuordnung zu Bund/Ländern als Adressaten auf der einen und der Zuordnung zu Sachbereichen zu unterscheiden. Lediglich erstere hat grundsätzlich in dem Sinne eindeutig zu erfolgen, dass Doppelzuständigkeiten ausgeschlossen sind[188], eine Vorgabe, der die geltende Rechtslage wie gesagt entspricht.
Was die Zuordnung einer Materie zu den Sachbereichen der Kompetenznormen angeht, so ist dagegen bei entsprechenden materiellen Berührungspunkten eine sachliche Zuordnung zu unterschiedlichen Kompetenztiteln möglich[189]; dies indes in unterschiedlicher Art und Weise: Zunächst können einzelne Bestimmungen innerhalb eines Gesetzes jeweils unter verschiedene Kompetenztitel fallen, so dass die Zuständigkeit des insgesamt zuständigen Gesetzgebers aus unterschiedlichen Bestimmungen resultiert. Andererseits kann ein und derselbe Gegenstand eines Gesetzes unterschiedliche Kompetenzbereiche thematisch berühren, was ein Abstellen auf den unmittelbaren Gegenstand der Regelung erfordert, darauf also, auf welche Kompetenzmaterie unmittelbar und spezifisch zugegriffen wird[190]. Schließlich können wegen des Verbots der Doppelzuständigkeit zwar nicht einzelne Teile eines Gesetzes unterschiedlichen Gesetzgebern zugewiesen sein, jedoch hinreichend abgrenzbare Teile einer Sachmaterie, wie die bis zum Inkrafttreten des Sechsten Gesetzes zur Änderung des Personenbeförderungsgesetzes geltende Rechtslage zeigt.

---

[188] BVerfGE 36, S. 193 ff., 203; Degenhart, Staatsrecht I, § 2 II. 2., Rn. 132.
[189] Rozek, in: v. Mangoldt/Klein, GG, Bd. 2, 4. Aufl., Art. 70 Rn. 53.
[190] Vgl. Degenhart, in: Sachs (Hrsg.), GG, 3. Aufl. 2003, Art. 70 Rn. 51 mwN.

IV. Verortung des Rettungsdienstrechts im grundgesetzlichen Kompetenztitel

Rechtsprechung und Literatur betrachten den Rettungsdienst überwiegend als Aufgabe der Gesundheitsfürsorge und Gefahrenabwehr und ordnen ihn damit der Gesetzgebungs- und Verwaltungskompetenz der Länder gemäß Art. 30, 70 GG zu[191]. Gleichzeitig wird jedoch die von der vorgefundenen Rechtsentwicklung und Gesetzeslage bestimmte historische Zuordnung des Rettungsdienstes zum Regelungsbereich des Personenbeförderungsrechts rezipiert[192]. In diesem Sinne hat auch die Begründung zum Sechsten Änderungsgesetz zum Personenbeförderungsgesetz die - im übrigen als verfassungsrechtlich schwierig bezeichnete - Frage nach einer abschließenden kompetenzrechtlichen Zuordnung der Materie Rettungsdienst im Spannungsfeld zwischen ausschließlicher Länderkompetenz und konkurrierender (Bundes-) Gesetzgebungszuständigkeit der Sache nach ausdrücklich offengelassen[193].
Teile der Literatur sind unter Hinweis auf die im Rahmen der Begriffsfassung dargestellte tatsächliche Entwicklung des Rettungswesens indes ausdrücklich der Auffassung, das Rettungsdienstrecht sei den Ländern als Gegenstand der allgemeinen Gefahrenabwehr in ausschließlicher Kompetenz übertragen[194].

1.) Gesundheitswesen, Art. 74 Nr. 19, 19a GG

Die Materie Rettungswesen lässt sich zunächst nicht den nach Art. 74 Nr. 19 und 19a GG lediglich ausschnittsweise der konkurrierenden Gesetzgebungszuständigkeit überantworteten Bereichen der Gesundheitsfür- bzw. Vorsorge zuordnen. Art. 74 Nr. 19 GG gibt dem Bund, konkurrierend mit den Ländern, hier lediglich die Möglichkeit, die Zulassung als Rettungsassistent bzw. -sanitäter

---

[191] Siehe etwa BVerfG, Nichtannahmebeschluss v. 18.11.1985 – 1 BvR 1462/83; BayVGH, Urteil v. 26.7.1978 – 315 XI 77, in: DVBl. 1978, S. 965 ff., 966; Lippert / Weissauer, Das Rettungswesen, 1984, S. 7 Rn. 22; Schulte, Rettungsdienst durch Private, 1999, S. 31; Prütting, Rettungsgesetz NRW, 3. Aufl. 2001, S. 2 Anm. 2.; Denninger, Rettungsdienst und Grundgesetz, in: DÖV 1987, S. 981ff., 986; Winkler, Funktionsfähigkeit des Rettungsdienstes contra Berufsfreiheit der Rettungsdienstunternehmer, in: DÖV 1995, S. 899ff., 899; Oehler, Grundsatzfragen des Rettungsdienstes, in: Leben retten 1995, S. 55 ff., 59.
[192] Fromm, Das Sechste Gesetz zur Änderung des Personenbeförderungsgesetzes, in: NJW 1989, S. 2378; Schulte, Rettungsdienst durch Private, 1999, S. 31; Prütting, Rettungsgesetz NRW, 3. Aufl. 2001, S. 6 Anm. 4; Winkler, Funktionsfähigkeit des Rettungsdienstes contra Berufsfreiheit der Rettungsdienstunternehmer, in: DÖV 1995, S. 899ff., 900.
[193] BT-Drs. 11/2170, S. 7.
[194] Denninger, Rettungsdienst und Berufsfreiheit, in: DÖV 1987, S. 981 ff., 987; Oehler, Grundsatzfragen des Rettungsdienstes, in: Leben retten 1995, S. 55 ff.; ders., Die Rettungsdienstgesetze der Länder auf dem Prüfstand, in: in: Biese u.a. (Hrsg.) Handbuch des Rettungswesens, Band 2, Stand: 04/2003, B. III. 0.3; so auch BR-Drs. 544/87, S. 6 u. 7.

als „anderem Heilberuf" im Sinne der Vorschrift nebst fachlicher Ausbildung zu regeln[195], während Art. 74 Nr. 19a GG sachlich eng umrissene Zuständigkeiten im Krankenhauswesen gewährt.

2.) **Allgemeine Gefahrenabwehr, Art. 70 GG**

Art. 70 GG bildet als Grundregel der bundesstaatlichen Verfassung[196] die Ausgangsnorm der Zuständigkeitsverteilung im Bundesstaat; die Vorschrift ist insoweit lex specialis zu Art. 30 GG[197]. Ein Sachgebiet wesentlicher Gesetzgebungskompetenz der Länder bildet das Recht der Gefahrenabwehr. Dieses verbleibt den Ländern als Residualkompetenz insoweit zu ausschließlicher Wahrnehmung, als es nicht in Art. 71ff. GG sachbereichsspezifisch einer Bundeskompetenz als Annex zugewiesen ist[198]. In die Zuständigkeit der Länder fallen dabei diejenigen Regelungen, bei denen die Aufrechterhaltung der öffentlichen Sicherheit und Ordnung der alleinige und unmittelbare Gesetzeszweck ist[199].

Die Landesrettungsdienstgesetze der siebziger Jahre ließen sich zunächst vor diesem Hintergrund der Sachmaterie allgemeine Gefahrenabwehr und Gesundheitsvorsorge deshalb zuordnen, weil sie als Organisationsgesetze allein den öffentlichen Rettungsdienst regelten, während die Leistungserbringung im übrigen dem Personenbeförderungsrecht unterfiel. Als hinreichendes Abgrenzungskriterium innerhalb der Materie Rettungsdienst konnte insoweit die Leistungserbringung innerhalb des Verantwortungsbereichs des öffentlichen Rettungsdienstträgers dienen. Die Aspekte allgemeiner Gefahrenabwehr erschöpften sich seinerzeit auch in den Landesrettungsdienstgesetzen, da allein dem öffentlichen Rettungsdienst die Pflicht zur flächendeckenden Versorgung der Bevölkerung mit rettungsdienstlichen Leistungen auferlegt war.

Nachdem die reformierten Landesrettungsdienstgesetze nunmehr auch die zuvor im Personenbeförderungsgesetz normierten Tatbestände der Leistungserbringung durch Unternehmer auf behördlich genehmigter Grundlage beinhalten, lässt sich die Sachmaterie Rettungsdienst innerhalb des landesrechtlichen Normgefüges grundsätzlich differenzierter erfassen. Was die Regelung des öffentlichen Rettungsdienstes angeht, dessen Träger im Rahmen einer Sicherstellungsverpflichtung auch nach den reformierten Landesrettungsdienstgesetzen die flächendeckende und bedarfsgerechte Versorgung der Bevölkerung mit

---

[195] Vgl. Rettungsassistentengesetz vom 10.7.1989 (BGBl. I. S. 1384).
[196] BVerfGE 16, 64, 79.
[197] Pieroth, in: Jarass/Pieroth, GG, 6.Aufl., Art. 30 Rn. 2.
[198] Maunz, in: Maunz/Dürig (Hrsg.), GG, Stand: 02/2003, Art. 74 Rn. 151 unter Hinweis auf BVerfGE 8, 150.
[199] Vgl. BVerfGE 8, 143 ff., 150.

Leistungen der Notfallrettung und des Krankentransports überantwortet ist[200], so bleibt es bei der Zuordnung zur Gefahrenabwehrkompetenz der Länder nach Art. 70 GG. Dies gilt angesichts der von den Landesrettungsdienstgesetzen vorgegebenen funktionalen Einheit beider Aufgabenbereiche[201] für Notfallrettung und Krankentransport gleichermaßen.

3.) Gewerbe der Verkehrswirtschaft, Art. 74 Nr. 11 und 22 GG

Die Erbringung rettungsdienstlicher Leistungen auf behördlich genehmigter Grundlage außerhalb des öffentlichen Rettungsdienstes kann dagegen nicht ohne weiteres der allgemeinen Gefahrenabwehr und damit ausschließlicher Landeskompetenz zugeordnet werden. Ihre Verortung im Bereich des Personenbeförderungsrechts erfolgte vor dem Hintergrund, dass es sowohl Notfallrettung als auch Krankentransport jedenfalls auch mit der Beförderung von Personen mittels Kraftfahrzeugen zu tun haben. Sachlicher Anwendungsbereich und Adressatenkreis der gesetzlichen Regelungen waren auf die entgeltliche bzw. geschäftsmäßige Dienstleistungserbringung durch Unternehmer beschränkt[202].

Die Regelungsmaterie der Personenbeförderung findet sich weder im Katalog der ausschließlichen noch der konkurrierenden oder Rahmenzuständigkeit des Bundes ausdrücklich wieder. Rechtssystematisch und kompetenzrechtlich wird für das Personenbeförderungsrecht allgemein eine konkurrierende Gesetzgebungszuständigkeit angenommen, die zum Teil, entweder da das im Zentrum der Materie stehende Personenbeförderungsgesetz gewerberechtliches Nebengesetz sei[203] bzw. besonderen wirtschaftslenkenden Charakter besitze[204], aus dem Recht der Wirtschaft i.S.v. Art. 74 Abs. 1 Nr. 11 GG, aber auch aus einer Gesamtschau von Art. 74 Abs. 1 Nr. 11 mit Nr. 22 - der Materie des Kraftfahrwesens - abgeleitet wird[205].

---

[200] Vgl. § 2 Abs. 1 RDG BW; Art. 19 Abs. 1 Satz 2 BayRDG; § 5 Abs. 2 Satz 2 RDG Bln; § 5 Abs. 1 BbgRettG; § 8 HbgRDG; § 9 Abs. 1 HessRDG; § 6 Abs. 4 RDG M-V; § 5 Abs. 1 NdsRettDG; § 13 Abs. 1 RettG NW; § 5 Abs. 1 RDG RhPf; § 6 Abs. 1 SächsRettDG; § 3 Abs. 2 RDG LSA; § 6 Abs. 3 RDG SH; § 4 Abs. 1 ThürRettG.
[201] Vgl. §§ 1 Abs. 1 RDG BW; Art. 18 Abs. 1 S. 1 Bay RDG; § 2 Abs. 1 S. 1 RDG Bln; § 1 Abs. 1 BbgRettG; § 3 Abs. 1 S. 3 BremRettG; § 6 Abs. 2 S. 1 HbgRDG; § 3 Abs. 3 HessRDG; § 2 Abs. 1 RDG M-V; § 2 Abs. 1 S. 1 NdsRettDG; § 6 Abs. 1 S. 2 RettG NW; § 2 Abs. 1 S. 2 RettDG RhPf; § 2 Abs. 1 SaarRettG; § 2 Abs. 1 S. 1 RDG LSA; § 2 Abs. 1 SächsRettDG; § 6 Abs. 1 S. 1 RDG SH; § 2 Abs. 2 ThürRDG.
[202] Vgl. §§ 1 Abs. 1 Satz 1, 3 PBefG.
[203] Badura in: Schmidt-Aßmann (Hrsg.), Besonderes Verwaltungsrecht, 11. Aufl., Rn. 144.
[204] Stober, Besonderes Wirtschaftsverwaltungsrecht, 12. Aufl., § 49 II. 1.
[205] Denninger, Rettungsdienst und Grundgesetz, in: DÖV 1987, S. 981 ff., 984; BT-Drs. 11/2170, S. 7. Vgl. allgemein zum Verhältnis des Rechts der Wirtschaft zu sonstigen Sachge-

Diesen Kompetenztiteln lassen sich Notfallrettung und Krankentransport sachlich zuordnen, sofern und soweit die Leistungserbringung allein oder vornehmlich nach verkehrswirtschaftlichen Grundsätzen erfolgen kann. Zum Recht der Wirtschaft gehören nach der Rechtsprechung des Bundesverfassungsgerichts alle Normen, die das wirtschaftliche Leben und die wirtschaftliche Betätigung als solche regeln[206]. Wirtschaft wiederum lässt sich definieren als die Summe der Einrichtungen und Maßnahmen zur planvollen Deckung des menschlichen Bedarfs durch Erzeugung, Herstellung und Verteilung knapper Güter, wobei der Güterbegriff im Interesse der Erfassung aller realer Erscheinungsformen weit zu verstehen ist und neben Sachgütern auch Dienstleistungen erfasst[207]. Ob die Aufzählung von Sachbereichen in Art. 74 Nr. 11 GG durch den Verfassungsgeber erschöpfend oder lediglich beispielhaft erfolgt ist[208], kann dahinstehen, soweit sich die Erbringung rettungsdienstlicher Leistungen einem der genannten Sachbereiche zuordnen lässt, mithin die Durchführung von Notfallrettung und/oder Krankentransport außerhalb des öffentlichen Rettungsdienstes nicht nur als (verkehrs-) wirtschaftliche, sondern als verkehrsgewerbliche Leistungserbringung qualifiziert werden kann.

a) Gewerbebegriff

Der Begriff „Gewerbe" als Teilgebiet der Wirtschaft ist umfassend zu verstehen[209]. Als Grundlage soll hier der Gewerbebegriff der GewO dienen, der im Gegensatz etwa zum abgabenrechtlichen Gewerbebegriff nach dem GewerbesteuerG oder der handelsrechtlichen Begriffsfassung durch seine besondere ordnungsrechtliche Aufgabenstellung gekennzeichnet ist[210]. Sowohl die Landesrettungsdienstgesetze als auch das PBefG weisen zudem als Bestandteil des besonderen Verwaltungsrechts systematisch nähere Bezüge zu seiner verwaltungsrechtlichen Entsprechung auf. Gewerbe wird in diesem Sinne verstanden als jede erlaubte, auf Gewinnerzielung gerichtete, selbständige Tätigkeit, die fortgesetzt und nicht nur gelegentlich ausgeübt wird mit Ausnahme der Urproduktion, der Verwaltung eigenen Vermögens, wissenschaftlicher, künstlerischer

---

bieten der konkurrierenden Gesetzgebung Maunz, in: Maunz/Dürig (Hrsg.), GG, Bd. IV, Stand: 02/2003, Art. 74 Rn. 135.
[206] Vgl. BVerfGE 8, 143 ff., 149; 26, 246 ff., 254; 29, 402 ff., 409.
[207] Siebert, Einführung in die Volkswirtschaftslehre, 12. Aufl., S. 18; Döring/Wöhe, Einführung in die Allgemeine Betriebswirtschaftslehre, 21. Aufl., S. 2.
[208] Für lediglich beispielhafte Aufzählung etwa Pieroth, in: Jarass/Pieroth, GG, 6.Aufl., Art. 74 Rn. 22; Leibholz/Rinck/Hesselberger, GG, 7. Aufl., Art. 74 Rn. 312; Degenhart, in: Sachs (Hrsg.), GG, 3. Aufl. 2003, Art. 74 Rn. 37; a.A. Maunz, in: Maunz/Dürig (Hrsg.), GG, Bd. IV, Stand: 02/2003, Art. 74 Rn. 135.
[209] BVerfGE 5, 25 ff., 29; 28, 119 ff., 146; 41, 344 ff., 352.
[210] Vgl. Tettinger, in: Tettinger/Wank, GewO, 6. Aufl., § 1 Rn. 4 u. 5.

und schriftstellerischer Berufe sowie persönlicher Dienstleistungen höherer Art[211]. Bei beiden rettungsdienstlichen Leistungen bestehen zunächst keine Bedenken hinsichtlich des sachlich weit gefassten Spektrums gewerblicher Tätigkeiten.

Von einer gewerblichen Tätigkeit lässt sich indes nach der Definition nur sprechen, wenn die Tätigkeit der Erzielung von Einkünften dient. Entscheidend ist dabei die Absicht, wie sie sich in Organisation und Betrieb objektiv niederschlägt[212]. Einer Subsumtion von Notfallrettung und Krankentransport unter den kompetenzrechtlichen Gewerbebegriff steht dabei der Umstand, dass die rettungsdienstlichen Leistungen vielfach auch außerhalb der öffentlichen Rettungsdienste von gemeinnützigen Hilfsorganisationen[213] erbracht werden, gleichwohl nicht entgegen. Dies gilt bezogen auf die Dienstleistungen als solche unabhängig davon, dass sich Gemeinnützigkeit an sich als Gegenteil der Gewinnerzielungsabsicht präsentiert und im Übrigen zwischen Gewinnerzielungs- und Gewinnverwendungsabsicht zu trennen ist[214]. So kann die kompetenzielle Zuordnung einer Sachmaterie nicht von der Frage abhängen, welche Rechtssubjekte sich in der Rechtswirklichkeit im Einzelfall unter Erfüllung sämtlicher Tatbestandsvoraussetzungen mit dieser befassen, sofern deren Erfüllung nicht schlechthin ausgeschlossen ist. Rettungsdienstliche Leistungen werden jedoch durchweg auch von gewerblichen Unternehmern mit der Absicht der Gewinnerzielung erbracht. Die mögliche Leistungserbringung ohne Gewinnerzielungsabsicht betrifft vielmehr die am Einzelfall zu beantwortende Frage, ob die Gewerbeordnung oder aber ein sonstiges gewerberechtliches Nebengesetz, das auf die Gewerblichkeit als Tatbestandsmerkmal abstellt, konkret anwendbar ist[215].

b) Normzweckvergleich

Zur Feststellung, ob Notfallrettung und Krankentransport als Verkehrs- bzw. Dienstleistungsgewerbe betrieben werden können, müssen jedoch über die Merkmale der Gewerbsmäßigkeit hinaus weitere Parameter kompetenzrechtlicher Zuordnung Eingang in die Betrachtung finden.
Dabei kann zwecks Subsumtion einer Regelung unter einen Kompetenztitel ermittelt werden, inwieweit deren Normzweck dem Gegenstand der Kompetenz-

---

[211] BVerwG, Urteil v. 24.6.1976 – I C 56/74, in: NJW 1977, S. 772; Tettinger, in: Tettinger/Wank, GewO, 6. Aufl., § 1 Rn. 2.
[212] Jarass, Wirtschaftsverwaltungsrecht, 3. Aufl. 1997, § 15 II. 2. a).
[213] Siehe zum Begriff der Gemeinnützigkeit § 52 AO.
[214] Vgl. Stober, Besonderes Wirtschaftsverwaltungsrecht, 12. Aufl., § 45 III 2. b.
[215] Frotscher, Wirtschaftsverwaltungsrecht, 3. Aufl. 1999, Rn. 158.

norm entspricht[216]. Konkret gilt es damit zu untersuchen, ob die eine staatsunabhängige Leistungserbringung regelnden Normen der Landesrettungsdienstgesetze speziell das Kompetenzthema Gewerberecht regeln oder eher der allgemeinen Gefahrenabwehr dienen sollen. Das Gewerberecht verfolgt in erster Linie das ordnungsrechtliche Ziel, die Allgemeinheit und bestimmte Personengruppen vor von dem Gewerbebetrieb selbst ausgehenden Gefahren sowie vor unzuverlässigen Gewerbetreibenden zu schützen[217]. Es handelt sich damit zumindest auch um sachspezifisches Gefahrenabwehrrecht[218]. Innerhalb dessen wiederum nimmt der Bereich des Verkehrsgewerbes als Erscheinungsform des Gewerbenebenrechts eine Sonderstellung ein, die letztlich zwangsläufig zu einem Minus an Gewerbefreiheit in diesem Bereich führt: Einerseits liegt von der Nachfrageseite her die Versorgung der Bevölkerung mit zuverlässigen und preisgünstigen Personen- und Gütertransportmöglichkeiten im Interesse des Allgemeinwohls[219]. Auf der anderen Seite ist der Beförderungsmarkt dadurch besonderes gekennzeichnet, dass Beförderungsleistungen nicht auf Vorrat produzierbar sind und die Fixkosten wegen der unterschiedlichen Inanspruchnahme und der Notwendigkeit der Bedienung unrentabler Strecken überdurchschnittlich hoch sind[220]. Beide Gesichtspunkte bestimmen ergänzend die verkehrsgewerberechtlicher Gesetzgebung regelmäßig zugrunde liegende Intention. Hinzu kommt gerade wegen der besonderen Kapitalintensität nachfrageunabhängiger Vorhaltung die Zielsetzung des Konkurrenzschutzes namentlich zugunsten derjenigen - oftmals öffentlichen - Dienstleister, die im Allgemeininteresse die Lasten unrentabler Verkehrsleistungen tragen[221].

Die Ermittlung, inwieweit sich die genannten Zielsetzungen und Merkmale im Normzweck des Rettungsdienstrechts widerspiegeln, soll primär ausgehend von der Begründung zum Sechsten Gesetz zur Änderung des Personenbeförderungsgesetzes erfolgen, welches auf Initiative der Länder eine weitgehende kompetenzielle Neubewertung der Materie Rettungsdienst bewirkt hat.
Was zunächst allgemein gewerberechtliche Ziele in Form des Schutzes der Allgemeinheit und bestimmter Personengruppen vor gewerbespezifischen Gefahren angeht, so stellt die Gesetzesbegründung ausdrücklich auf die Problematik

---

[216] Vgl. Rengeling, Gesetzgebungszuständigkeit, in: Isensee/Kirchhof, Hdb. des Staatsrechts, Bd. IV, § 100 Rn. 40 m.w.N.
[217] Stober, Besonderes Wirtschaftsverwaltungsrecht, 12. Aufl., § 45 III 1.
[218] Vgl. BVerfGE 41, 344 ff., 351 ff.
[219] Jarass, Wirtschaftsverwaltungsrecht, 3. Aufl. 1997, § 18 Rn. 2.
[220] Oppermann, Staatliches Ordnungssystem im Güterkraftverkehr contra Liberalisierung, 1990, S. 19 ff.; Jarass, Wirtschaftsverwaltungsrecht, 3. Aufl. 1997, § 18 Rn. 2.
[221] Rinck/Schwank, Wirtschaftsrecht, 6. Aufl. 1986, Rn. 971. Vgl. allgemein zur Marktregulierung im Transportbereich Knieps, in: v. Hagen/Welfens/Börsch-Supan, Handbuch der Volkswirtschaftslehre, Bd. 2, S. 39 ff., 49 f.

des bis dato Fehlens besonderer gesetzlicher Anforderungen an die Besetzung der Fahrzeuge, die Qualifikation des Personals und die Sachausstattung außerhalb der öffentlichen Rettungsdienste ab[222]. Die Intention dieser Voraussetzungen ist dabei zumindest insoweit spezifisch gewerberechtlicher Natur, als hiervon die Sicherheit der Gewerbeausübung, also die Betriebssicherheit der Fahrzeuge[223] und die Zuverlässigkeit des Personals im Sinne einer ordnungsgemäßen Beförderung erfasst ist. Die sachspezifische Gefahrenabwehr sprengt nur dann den Kompetenzrahmen des Gewerberechts, wenn sich der Schwerpunkt gesetzgeberischer Zielsetzung bereits im Bereich der allgemeinen Gefahrenabwehr befindet[224]. Zumindest bezüglich einer Regelung der Betätigung außerhalb des öffentlichen Rettungsdienstes, die nur die leistungserbringenden Unternehmer als Normadressaten erfasst und für diese Genehmigungs- und Antragserfordernisse bestimmt sowie neben Voraussetzungen eines Widerrufs- bzw. einer Rücknahme von Genehmigungen (Betriebs-) Prüfungsbefugnisse der Genehmigungsbehörde normiert, lässt sich der Anteil allgemein-gefahrenabwehrrechtlicher Gesichtspunkte aber nicht soweit begründen, dass eine Regelung im Rahmen der Kompetenzmaterie Gewerberecht deren Ordnungsrahmen übersteigen würde.

Demgemäss bezogen sich die von Seiten der Bundesregierung gegen eine Neuregelung der Materie innerhalb des Personenbeförderungsgesetzes vorgebrachten verfassungsrechtlichen Bedenken nicht etwa auf eine fehlende konkurrierende Regelungskompetenz des Bundesgesetzgebers, sondern waren ausdrücklich grundrechtlichen Ursprungs im Hinblick auf die im Gesetzentwurf der 10. Legislaturperiode vorgesehene objektive Zulassungsregelung als Teil eines neuen § 49a Abs. 3 PBefG. Bezüglich umfassenderer Regelungsbefugnisse der Genehmigungsbehörden dagegen, die neben Vorgaben zu Personalbesetzung und Fahrzeugausstattung Unternehmer im Wege der Auflage einer Betriebs- und Beförderungspflicht sowie einem Anschlusszwang an eine Rettungsleitstelle unterwerfen können sollten, wurden seinerzeit weder von Länderseite noch von Seiten der Bundesregierung kompetenzrechtliche Einwände artikuliert[225]. Im Gegenteil hat die Bundesregierung in ihrer Stellungnahme zum letztlich umgesetzten Gesetzentwurf des Bundesrates ausdrücklich auf eine bestehende (konkurrierende) Bundeskompetenz sowie darauf hingewiesen, dass es sich bei der landesrechtlichen Lösung lediglich um einen „gangbaren Weg" handelt[226].

---

[222] BT-Drs. 11/2170, S. 6; vgl. auch BT-Drs. 10/3425, S. 17.
[223] Hier ist ergänzend auf die von Art. 74 Nr. 22 GG erfasste Materie „Kraftfahrwesen" abzustellen.
[224] Vgl. allgemein zum Verhältnis zwischen sachbereichsbezogener Gefahrenabwehr i.S.v. Art. 74 Nr. 11 GG und allgemein-ordnungsrechtlicher Gefahrenabwehr Maunz, in: Maunz/Dürig (Hrsg.), GG, Bd. IV, Stand: 02/2003, Art. 74 Rn. 151 m.w.N.
[225] Vgl. BT-Drs. 10/3425, S. 17.
[226] BT-Drs. 11/2170, S. 9, vgl. auch S. 7 der Gesetzesbegründung (aaO).

Auch sie hat dabei ebenso wie der Bundesrat in seiner Gesetzesvorlage nicht zwischen Notfallrettung und Krankentransport differenziert. Zwar ließe sich ggf. argumentieren, dass der überwiegende Sachzusammenhang der Notfallrettung mit gesundheitsfürsorglichen Aspekten sie letztlich einer vornehmlich verkehrswirtschaftlichen Betrachtung entzieht, während der Tatbestand des Krankentransports als innerhalb dieser Kompetenzmaterie ohne weiteres realisierbar erscheint. Dem steht jedoch entgegen, dass die Sicherstellung der bedarfsgerechten und flächendeckenden Versorgung der Bevölkerung mit Leistungen der Notfallrettung (und des Krankentransports) einschließlich deren Modalitäten im Einzelnen, also das eigentliche allgemein-gefahrenabwehrrechtliche Moment, jeweils von den den öffentlichen Rettungsdienst regelnden Normen erfasst ist. Diejenigen Vorschriften, die die Leistungserbringung außerhalb des öffentlichen Rettungsdienstes auf genehmigter Grundlage regeln, stellen dagegen sicher, dass auch die hochqualifizierte Leistung Notfallrettung durch den jeweiligen Genehmigungsinhaber und dessen Betrieb den beförderten Patienten als klar definierter Personengruppe gegenüber gefahrlos erbracht wird. Hinzu kommt, dass die Beantragung einer rettungsdienstrechtlichen Genehmigung zur Leistungserbringung außerhalb des öffentlichen Rettungsdienstes in jeder Hinsicht freiwillig erfolgt und daher kaum geeignet ist, generellen Gefahren für die öffentliche Sicherheit und Ordnung unmittelbar wirksam zu begegnen.

Über die festgestellten Übereinstimmungen mit allgemein-gewerberechtlichen Zielsetzungen hinaus zeigen die Gesetzesmaterialien darüber hinaus Entsprechungen mit den oben als spezifisch verkehrsgewerberechtlich herausgestellten Zielsetzungen und Merkmalen. Die Gesetzesbegründung nimmt hier insbesondere Bezug darauf, dass der öffentliche Rettungsdienst flächendeckend und am Gesamtbedarf ausgerichtet rettungsdienstliche Leistungen zur Verfügung zu stellen habe, während die gleichen Leistungen von Unternehmern ohne Bindung an vergleichbare Anforderungen erbracht würden. Dies führe unter wirtschaftlichen Gesichtspunkten zu einem ungleichen Wettbewerb zu lasten des öffentlichen Rettungsdienstes[227]. Mithin wird hier also, verkehrs- und marktordnungsrechtlichen Strukturen und Zielen entsprechend, parallel zum Aspekt ungleicher wirtschaftlicher Lastenverteilung der Gesichtspunkt des Konkurrenzschutzes als Regelungsziel herausgestellt, wenngleich diese Intention im Hinblick auf das Grundrecht der Berufsfreiheit für sich genommen nicht zur Rechtfertigung eines Eingriffs taugt[228].

---

[227] BT-Drs. 11/2170, S. 1, 2 u. 6.
[228] Hierzu bedarf es vielmehr eines hinreichenden Grades an Entsprechung mit einem anerkannten Gemeinschaftsgut der notwendigen Art und Rangstufe. Vgl. hierzu unten S. 172 f.

c) Systemkonformität

Einen weiteren Interpretationsansatz bildet die Systemkonformität im Verhältnis zu einer bereits ausgeformten Normierung der Kompetenzmaterie, hier des Gewerberechts als Teil des Rechts der Wirtschaft[229]. Gerade wenn eine Kompetenzmaterie wie das Gewerbe nicht (nur) faktisch-deskriptiv, also durch Benennung des zu regelnden Sachbereichs, sondern (auch) normativ-rezeptiv durch Rezeption des vom Verfassungsgeber vorgefundenen Normbereichs Gewerberecht in die Kompetenznorm bezeichnet wird[230], sind die vorgefundenen normativen Grundstrukturen der Materie für die Subsumtion einer Regelung unter die Kompetenznorm bestimmend[231]. Die Möglichkeiten zur Feststellung, inwieweit sich eine Bestimmung in vorgefundene, bereits ausgeformte Regelungsstrukturen einer Materie einfügt, beschränken sich dabei nicht auf die Gesichtspunkte der inhaltlichen Identität mit einer vorgefundenen Regelung der Kompetenzmaterie und des aus dem primären Zweck der Bestimmung ermittelten Zugriffs auf die Kompetenzmaterie. Innerhalb der Grenzen des Verbotes einer Verfassung nach Gesetz lassen sich entsprechende Erkenntnisse auch anhand der Frage gewinnen, ob sich eine Regelung systematisch in die vorgefundenen Grundstrukturen der Materie einfügt.

Gesetzlich ausgeformte Regelungsbereiche der Kompetenzmaterie bilden neben der Gewerbeordnung die gewerberechtlichen Neben- bzw. Sondergesetze[232]. Dass die Materie Rettungsdienst historisch betrachtet bezogen auf die Leistungserbringung durch Unternehmer gewerberechtlich geregelt war, bedarf dabei angesichts der Normierung im PBefG 1961 keiner näheren Erörterung. Dies gilt für Notfallrettung und Krankentransport in gleicher Weise. Es fragt sich jedoch, inwieweit sich die landesgesetzlichen Regelungen, die die Leistungs-

---

[229] Vgl. Degenhart, in: Sachs (Hrsg.), GG, 3. Aufl. 2003, Art. 70 Rn. 52.
[230] Siehe zur Art der Bezeichnung einer Materie innerhalb der Kompetenznorm Stern, Staatsrecht II, S. 607 ff.; Degenhart, in: Sachs (Hrsg.), GG, 3. Aufl. 2003, Art. 70 Rn. 52. Der Begriff des Gewerbes, für den neben der rechtlichen auch eine spezifisch betriebs- und volkswirtschaftliche Begriffsbestimmung existiert (vgl. Gabler, Wirtschaftslexikon, Band 3, 14. Aufl., S. 2132 m.w.N.), wurde bereits früh in die Rechtsordnung eingeführt. So über die Gewerbefreiheit im Zuge der Stein-Hardenbergschen Reformen in Teilen Preußens bereits um 1810/1811 (vgl. E. R. Huber, Deutsche Verfassungsgeschichte, Bd. I, 2. Aufl. 1967, S. 203 ff.) und insbesondere durch die seit 1871 als Reichsgesetz fortgeltende Gewerbeordnung für den Norddeutschen Bund von 1869 (vgl. hierzu etwa Stober, Besonderes Wirtschaftsverwaltungsrecht, 12. Aufl., § 45 I. 1.). Der Verfassungsgeber hat hier mithin bereits einen Normenkomplex des Gewerberechts vorgefunden, vgl. Art. 125 Nr. 1 GG. Als Beispiel für ein mögliches Abstellen auf beide Ansätze wird etwa das „Postwesen" in Art. 73 Nr. 7 GG angeführt, vgl. Degenhart, in: Sachs (Hrsg.), GG, 3. Aufl. 2003, Art. 70 Rn. 45.
[231] Vgl. Degenhart, in: Sachs (Hrsg.), GG, 3. Aufl. 2003, Art. 70 Rn. 46 m.w.N.
[232] Vgl. neben dem Personenbeförderungsgesetz etwa das Gaststättengesetz, die Handwerksordnung, das Güterkraftverkehrsgesetz sowie das Ladenschlussgesetz.

erbringung auf der Grundlage von Genehmigungen zum Gegenstand haben, in die vorgefundenen tradiert-normativen Strukturen der Kompetenzmaterie einfügen bzw. einfügen können.

Die von der Gewerbefreiheit[233] geschützten Wirtschaftstätigkeiten sind vom Bund durch die Gewerbeordnung und die damit in kodifikatorischem Zusammenhang stehenden Nebengesetze geregelt, innerhalb derer die entsprechenden Regelungen der Landesrettungsdienstgesetze zunächst als Fremdkörper erscheinen. Eine normative Gemengelage dieser Art ist allerdings einer bundesstaatlichen (Kompetenz-) Ordnung, die in den nahezu wichtigsten Regelungsbereichen den Bund mit den Gliedstaaten kompetenziell miteinander „konkurrieren" lässt, gerade vor dem Hintergrund der Erforderlichkeitsklausel in Art. 72 Abs. 2 GG zumindest verfassungstheoretisch immanent.

Wenngleich die grundgesetzliche Kompetenzordnung des Gesetzgebungstitels der Anwendung der Kollisionsregel des Art. 31 GG in der Weise vorgeht, dass die fraglichen Normen insbesondere auch kompetenzgerecht erlassen worden sein müssen, postuliert der in § 1 Abs. 1 GewO festgelegte Grundsatz der Gewerbefreiheit aber zugleich ein prinzipielles Verbot landes- (gewerbe-) rechtlicher Zulassungsbeschränkungen[234], mit entsprechender Bedeutung für die normative Struktur. Erlaubt § 1 Abs. 1 GewO Einschränkungen der Gewerbefreiheit hinsichtlich Gewerbeaufnahme und -Fortführung nur, sofern sie in der Gewerbeordnung oder ihren Nebengesetzen[235] vorgeschrieben oder zugelassen sind, so ist folgerichtig zunächst eine beschränkende Regelung der Aufnahme und Fortsetzung eines wie auch immer gearteten Gewerbebetriebs insbesondere durch allgemeines Polizei- und Ordnungsrecht nicht zulässig[236]. Dies hat zumindest in dem Umfang auch für die Erbringung rettungsdienstlicher Leistungen zu gelten, in dem diese nach den bisherigen Erkenntnissen einer gewerberechtlichen Regelung nicht bereits auf Grund drohender Überdehnung sachspezifischer Gefahrenabwehrkompetenz entzogen sind. Spiegelbildlich zu eben

---

[233] Siehe hierzu allgemein Schmidt, Öffentliches Wirtschaftsrecht AT, 1990, § 1 III. 3.; Stober, Besonderes Wirtschaftsverwaltungsrecht, 12. Aufl. *§ 45 V;* Jarass, Wirtschaftsverwaltungsrecht, 3. Aufl., 1997, § 15 III. 1.

[234] Gröschner, Das Überwachungsrechtsverhältnis, 1992, S. 21; Kahl, in: Landmann/Rohmer, GewO, Stand: Mai 2003, § 1 Rn. 14 u. 16.

[235] Zum erweiterten Verständnis des Begriffs „durch dieses Gesetz" in § 1 Abs. 1 GewO bzw. zum Anwendungsvorrang anderer Bundesgesetze nach dem Vorrang der spezielleren Norm vgl. Badura, in: Schmidt-Aßmann (Hrsg.), Besonderes Verwaltungsrecht, 12. Aufl., Rn. 121; Frotscher, Wirtschaftsverwaltungsrecht, 3. Aufl. 1999, Rn. 152; BVerwGE 36, 45, 47 f.

[236] Jarass, Wirtschaftsverwaltungsrecht, 3. Aufl., 1997, § 15 III. 1.; Gröschner, Das Überwachungsrechtsverhältnis, 1992, S. 21 m.w.N. Landespolizei- bzw. ordnungsrechtliche Ermächtigungen können jedoch als Grundlage gefahrenabwehrbezogener Verfügungen herangezogen werden, sofern sie - vorbehaltlich bestehender abschließender gewerberechtlicher Sonderregelungen - lediglich die Art und Weise der in § 1 GewO nicht enthaltenen Gewerbeausübung betreffen.

dieser Frage nach der Reichweite gewerberechtlicher Rechtsetzungskompetenz im Grenzbereich zur allgemeinen Gefahrenabwehr gilt es also danach zu fragen, welchen Regelungsgehalt das allgemeine Gefahrenabwehrrecht der Länder haben darf. Zunächst darf dieses nach Vorgesagtem gerade keine Beschränkungen der Gewerbefreiheit auch und vor allem durch besondere Genehmigungserfordernisse, wie sie sich aber als Kernelement in allen Landesrettungsdienstgesetzen finden[237], zum Gegenstand haben. Allein die Herausnahme der rettungsdienstlichen Leistungen aus dem Personenbeförderungsgesetz durch dessen Sechstes Änderungsgesetz[238] konnte hieran nichts ändern, weil sich hieran nach dem Grundsatz des Anwendungsvorrangs der spezielleren Norm i.V.m. Art. 31 GG unmittelbar die Geltung der Gewerbeordnung angeschlossen hätte[239]. § 6 Satz 3 GewO stellt daher nun ausdrücklich fest, dass die Gewerbeordnung mit Ausnahme der Vorschriften über das Gewerbezentralregister auf Notfallrettung und Krankentransport keine Anwendung mehr findet, wobei die Bestimmung zumindest andeutet, dass eine sachliche Zuordnung der staatsunabhängigen Leistungserbringung zur Materie Gewerberecht prinzipiell möglich ist. Zweck der Ausschlussnorm des § 6 GewO ist nach der Entstehungsgeschichte nämlich nicht die Abgrenzung des Gewerbes vom Nichtgewerbe im Sinne einer negativen Begriffsfassung. Die Bestimmung will vielmehr bestimmte Zweige neben Spezialgesetzen des Bundes der Regelung durch den Landesgesetzgeber vorbehalten[240]. Hieraus könnte man nun folgern, landesrechtliche Beschränkungen der Tätigkeitsaufnahme seien fortan innerhalb des allgemeinen Gefahrenabwehrrechts zulässig, sowie weiter den Schluss ziehen, eine landesrechtliche Regelung auch des behördlich genehmigten Krankentransports durch Unternehmer innerhalb der allgemeinen Gefahrenabwehrkompetenz des Art. 70 GG sei auch in kompetenzieller Hinsicht systemkonform. Eine derartige Interpretation sieht sich jedoch nicht zuletzt vor dem Hintergrund der zuvor erörterten Zuordnungskriterien der Gefahr einer Verfassung nach Gesetz[241] ausgesetzt. So darf der einfache Gesetzgeber nicht mittels Umgestaltung oder Neuregelung etwas unter

---

[237] Vgl. §§ 15 ff. RDG BW; Art. 4 ff. BayRDG; §§ 3 u. 10 f. RDG Bln; § 5 Abs. 3 BbgRettG; §§ 15 ff. BremRettG; §§ 11 ff. HmbRDG; §§ 10 ff. HessRDG; §§ 14 ff. RDG M-V; §§ 19 ff. Nds. RettDG; §§ 18 ff. RettG NW; §§ 14 ff. RettG RhPf; §§ 12 ff. SaarRettG; §§ 14 ff. SächsRettDG; §§ 14 ff. RDG LSA; §§ 10 ff. RDG SH; §§ 15 f. ThürRettG.
[238] Vgl. § 1 Abs. 2 Nr. 2 PBefG n.F.
[239] Ob im Vorfeld dessen bereits aus kompetenziellen Gründen, d.h. wegen Gebrauchmachens von der konkurrierenden Gesetzgebungskompetenz durch den Bund mittels der GewO landesrechtliche Regelungen nicht zur Anwendung gelangt wären, erscheint angesichts der Begründung zum Sechsten Änderungsgesetz zum Personenbeförderungsgesetz zumindest fraglich, nachdem diese ausdrücklich eine Öffnung für den Landesgesetzgeber vorsieht, vgl. BT-Drs. 11/2170, S. 7.
[240] Tettinger/Wank, GewO, 6. Aufl., § 6 Rn. 1 f.
[241] Vgl. hierzu Leisner, Von der Verfassungsmäßigkeit der Gesetze zur Gesetzmäßigkeit der Verfassung, 1964 sowie ders., Die Gesetzmäßigkeit der Verfassung, in: JZ 1964, S. 201 f.

einem Kompetenztitel einführen, was mit der Kompetenzordnung, wie sie der Verfassungsgeber verstanden hat, nicht mehr in Übereinstimmung zu bringen ist[242]. Reicht es aber zum einen für die Annahme einer sachspezifischen-gefahrenabwehrrechtlich determinierten konkurrierenden Kompetenz im Rahmen von Art. 74 Abs. 1 Nr. 11 GG nicht aus, wenn eine Regelung im Bereich der Gefahrenabwehr nur mittelbar oder unmittelbar Auswirkungen auf eine wirtschaftliche Tätigkeit hat[243], so sind überdies Vorschriften sicherheits- oder ordnungsrechtlicher Natur, die sich an jedermann wenden oder Adressaten außerhalb der Wirtschaft haben, nicht von der sachspezifischen Gefahrenabwehrkompetenz des Gewerberechts gedeckt[244].

Der Grenzbereich zwischen der konkurrierenden Gesetzgebungskompetenz für das Gewerberecht und der ausschließlichen Landeskompetenz für das Recht der öffentlichen Sicherheit und Ordnung nach Art. 70 Abs. 1 GG lässt sich exemplarisch an einem Rechtsbereich ergänzend erläutern, dessen normativer Befund eine starke Zersplitterung zwischen bundes- und landesrechtlicher Regelung ergibt: dem Glücksspielrecht[245]. Glücksspiele sind von der konkurrierenden Gesetzgebungskompetenz nach Art. 74 Abs. 1 Nr. 11 GG erfasst, soweit diese gewerbsmäßigen Charakter aufweisen, so bei Spielautomaten oder Ausspielungen auf Jahrmärkten. Dem steht die im Rahmen des Gefahrenabwehrrechts zu regelnde Materie des (sonstigen) Glücksspiel- und insbesondere Lotteriewesens mit einer ausschließlichen Gesetzgebungszuständigkeit der Länder gegenüber[246]. Hintergrund ist die Vorstellung des Gesetzgebers, dass mit der Erlaubnis zur Veranstaltung von Lotterien nicht die Gelegenheit zu wirtschaftlicher Tätigkeit eröffnet, sondern die öffentliche Aufgabe verfolgt wird, das legale Glücksspiel einzudämmen und dem nicht zu unterdrückenden Spieltrieb des Menschen staatlich überwachte Betätigungsmöglichkeiten zu verschaffen[247]. Diese Intention zielt auf jedermann ab, wobei der Bundesgesetzgeber diese (all-

---

[242] Vgl. BVerfGE 61, 149 ff., 175.
[243] Vgl. BVerfGE 41, 344 ff., 351 f. zur Überwachung von Aufzugsanlagen in wirtschaftlichen Unternehmen.
[244] Maunz, in: Maunz/Dürig (Hrsg.), GG, Bd. IV, Stand: 02/2003, Art. 74 Rn. 151.
[245] Siehe zu den einzelnen Glücksspielbereichen und ihrem bundes- bzw. landesrechtlichen Regelungsrahmen Tettinger, Lotterien im Schnittfeld von Wirtschaftsrecht und Ordnungsrecht, in: DVBl. 2000, S. 868 ff. sowie Tettinger/Ennuschat, Grundstrukturen des deutschen Lotterierechts, 1999, S. 3 ff.
[246] Vgl. §§ 33 c bis 33 h GewO sowie Tettinger/Wank, GewO, 6. Aufl., § 33 h Rn. Rn. 1. Eine Darstellung des landesrechtlichen Lotterierechts findet sich bei Tettinger/Ennuschat, Grundstrukturen des deutschen Lotterierechts, 1999, S. 14 ff. u. 63 ff.
[247] Vgl. Tettinger, Lotterien im Schnittfeld von Wirtschaftsrecht und Ordnungsrecht, in: DVBl. 2000, S. 868 ff., 869; Tettinger/Ennuschat, Grundstrukturen des deutschen Lotterierechts, 1999, S. 5; Ennuschat, Zur verfassungs- und europarechtlichen Zulässigkeit landesrechtlicher Restriktionen für private Glücksspielveranstalter, in: NVwZ 2001, S. 771, jew. m.w.N.

gemeinen) Gefahren als so erheblich einordnet, dass er sich veranlasst gesehen hat, diesen Bereich des Glücksspiels aus der allgemeinen Gewerbefreiheit herauszunehmen und die Wahrnehmung dieser Gefahrenabwehraufgabe im Rahmen der Gefahrenabwehrkompetenz zuvörderst den Bundesländern zuzuordnen[248]. Die unterschiedlichen Gesetzgebungskompetenzen mit ihrer differierenden Regelungskonzeption beruhen im Glücksspielrecht also auf der prinzipiell gegenläufigen Zielsetzung von gewerblichen Glücksspielveranstaltungen und von im öffentlichen Interesse ausgerichteten Lotterien[249].
Dem strukturell vergleichbar erfassen die eine Erbringung rettungsdienstlicher Leistungen außerhalb der öffentlichen Rettungsdienste regelnden Bestimmungen bzw. Abschnitte der Landesrettungsdienstgesetze sowohl bezogen auf ihre Intention als auch ihren Regelungsgegenstand zum einen zielgerichtet die wirtschaftliche Leistungserbringung durch Unternehmer außerhalb des öffentlichen Rettungsdienstes, richten sich zum anderen ausdrücklich und ausschließlich an eben diese[250], während die Bestimmungen über die Einrichtung des öffentlichen Rettungsdienstes unter dem Aspekt flächendeckender rettungsdienstlicher Versorgung der Bevölkerung der allgemeinen Gefahrenabwehr dienen.
Der Regelungsgegenstand der Durchführung von Notfallrettung und Krankentransport durch Unternehmer auf genehmigter Grundlage außerhalb des öffentlichen Rettungsdienstes fügt sich damit auch ausgehend von deren bestehenden Grundstrukturen in die Kompetenzmaterie gewerblicher Regelungen als Teil des Rechts der Wirtschaft ein.

d) Inhaltlich-struktureller Normvergleich

Die Frage, inwieweit sich die Länder nunmehr bei der Regelung dieses Gegenstandes innerhalb des durch Art. 74 Abs. 1 Nr. 11 GG gesteckten verkehrsgewerblichen Kompetenzrahmens bewegen, ist abschließend anhand eines inhaltlich-strukturellen Vergleich zwischen dem herkömmlichen (verkehrs-) gewerblichen Normenkomplex und den entsprechenden Vorschriften der Landesrettungsdienstgesetze zu untersuchen.

Rechtstechnisch wird sowohl das allgemeine Gewerberecht als auch das Verkehrsgewerberecht im wesentlichen durch zwei Elemente charakterisiert, in denen sich die eingangs skizzierten Ziele des Gewerberechts ausdrücken: Das

---

[248] Tettinger, Lotterien im Schnittfeld von Wirtschaftsrecht und Ordnungsrecht, in: DVBl. 2000, S. 868 ff., 870.
[249] Tettinger/Ennuschat, Grundstrukturen des deutschen Lotterierechts, 1999, S. 5 m.w.N.
[250] Vgl. §§ 15 ff. RDG BW; Art. 4 ff. BayRDG; §§ 3 u. 10 f. RDG Bln; § 5 Abs. 3 BbgRettG; §§ 15 ff. BremRettG; §§ 11 ff. HmbRDG; § 9 Abs. 1 u. 2 HessRDG; §§ 14 ff. RDG M-V; §§ 19 ff. Nds. RettDG; §§ 18 ff. RettG NW; §§ 14 ff. RettG RhPf; §§ 12 ff. SaarRettG; §§ 14 ff. SächsRettDG; §§ 14 ff. RDG LSA; §§ 10 ff. RDG SH; §§ 15 f. ThürRettG.

Vorhandensein eines abgestuften rechtstechnischen Instrumentariums zur Durchführung und Gewährleistung der notwendigen gewerberechtlichen Kontrolle in formeller, und materielle Maßstäbe als Grundlage der Ausfüllung dieses Instrumentariums in materieller Hinsicht. Wesentliche formale Techniken gewerberechtlicher Regelung sind die Anzeigepflicht, die Untersagungsermächtigung und das Verbot mit Erlaubnisvorbehalt. Die materiellen Maßstäbe sind sowohl subjektiver wie objektiver Art und stellen Bedingungen vornehmlich hinsichtlich Sachkunde, Zuverlässigkeit und (Betriebs-) Sachmitteleignung für die Gewerbeausübung. Hauptinstrument des Personenbeförderungsrechts ist die Genehmigungspflicht in Gestalt eines präventiven Verbotes mit Erlaubnisvorbehalt, wodurch, wie bei bestimmten Gewerbearten im Geltungsbereich der GewO auch[251], eine vorbeugende Kontrolle der vom Gesetzgeber als besonders gefahrenträchtig eingestuften Tätigkeiten gewährleistet, mithin die Übereinstimmung der Wirtschaftstätigkeit mit den Gesetzen sichergestellt werden soll[252]. Die Genehmigung wird in Abhängigkeit von der Verkehrsart grundsätzlich befristet erteilt[253], wobei für die Wiedererteilung nach Ablauf der Gültigkeitsdauer in gewissem Umfang Bestandsschutz gewährt wird[254]. Aus dem Grundsatz der Gewerbefreiheit folgt, dass die gewerberechtlichen Erlaubnisse gebundene Erlaubnisse sind, die zuständige Behörde also bei Vorliegen der Voraussetzungen, die das Gesetz für die Genehmigungserteilung aufstellt, zu deren Erteilung verpflichtet ist[255]. Zu den subjektiven Voraussetzungen zählen gemäß § 13 Abs. 1 PBefG neben der technischen Sicherheit und wirtschaftlichen Leistungsfähigkeit des Betriebes insbesondere die Zuverlässigkeit und die erforderliche Sachkunde, d.h. fachliche Eignung zur Betriebsführung. Eine wesentliche Besonderheit normiert im Hinblick auf das bereits im Rahmen der Zielsetzungen erörterte öffentliche Interesse an der Aufrechterhaltung einer geordneten Beförderung § 13 Abs. 2 u. 4 PBefG. Danach ist zunächst u.a. beim Linienverkehr mit Kraftfahrzeugen die Genehmigungserteilung davon abhängig, dass die öffentlichen Verkehrsinteressen nicht beeinträchtigt werden. Beim Verkehr mit Taxen ist die Genehmigung zu versagen, wenn die öffentlichen Verkehrsinteressen dadurch beeinträchtigt werden, dass durch die Neuzulassung das öffentliche Taxengewerbe in seiner Funktionsfähigkeit bedroht wird[256]. Bei der abwägenden Beurteilung der öffentlichen Ver-

---

[251] Siehe etwa §§ 30, 33a, 33c, 33d, 33i, 34, 34a u. c GewO.
[252] Badura in: Schmidt-Aßmann (Hrsg.), Besonderes Verwaltungsrecht, 11. Aufl., Rn. 124; Jarass, Wirtschaftsverwaltungsrecht, 3. Aufl. 1997, § 9 Rn. 20. Vgl. §§ 9, 13 PBefG.
[253] § 16 PBefG.
[254] Bidinger, Personenbeförderungsrecht, 2. Aufl., Stand: 12/2003, B § 13 Rn. 81 f. m.w.N.
[255] Jarass, Wirtschaftsverwaltungsrecht, 3. Aufl. 1997, § 18 Rn. 31.
[256] Der in § 49 Abs. 4 PBefG legaldefinierte Verkehr mit Mietwagen, dem die Beförderung mittels Krankenkraftwagen bis zum 1.1.1992 unterfiel, fällt nicht unter die Regelung des § 13 Abs. 4 PBefG; vgl. hierzu ergänzend BT-Drs. 10/3425, S. 5 u. 17.

kehrsinteressen hat die Behörde dabei einen gerichtlich nur beschränkt überprüfbaren Beurteilungsspielraum[257], wobei die nähere Beurteilung mittels gesetzlich vorgeschriebener Festlegung eines Beobachtungszeitraums von bis zu einem Jahr zu erfolgen hat, § 13 Abs. 4 S. 3 u. 4 PBefG. Vor der Entscheidung über Genehmigungsanträge ist zudem ein Anhörungsverfahren durchzuführen, § 14 PBefG.

Der Vergleich mit den Rettungsdienstgesetzen der Länder ergibt, dass sich in diesen sowohl die für das Gewerberecht im allgemeinen und das Personenbeförderungsrecht im besonderen charakteristischen Kontrollinstrumente und Verfahrensregeln als auch die materiellen Prüfungsmaßstäbe nahezu in vollem Umfang und oftmals wortlautidentisch bzw. -angelehnt wiederfinden. Entsprechendes gilt für die lenkungsrechtlichen Besonderheiten des Personenbeförderungsrechts.

Die Landesrettungsdienstgesetze postulieren zunächst sämtlich ein Genehmigungserfordernis für die Erbringung rettungsdienstlicher Leistungen außerhalb des öffentlichen Rettungsdienstes in Form eines präventiven Verbotes mit Erlaubnisvorbehalt[258]. Die jeweiligen subjektiven Genehmigungsvoraussetzungen stimmen mit den im Personenbeförderungsgesetz normierten Voraussetzungen materieller Art hinsichtlich Betriebssicherheit und -leistungsfähigkeit sowie Zuverlässigkeit und fachlicher Eignung des Unternehmers überwiegend wortgleich überein[259]. Darüber hinaus ist grundsätzlich eine befristete Genehmigungserteilung vorgeschrieben[260], wobei die Genehmigung nach den Landesrettungsdienstgesetzen ebenso wie die allgemein personenbeförderungsrechtliche

---

[257] BVerwGE 79, 208 ff., 209 (LS 2).
[258] Vgl. § 15 RDG BW; Art. 4 BayRDG; § 3 RDG Bln; § 5 BbgRettG; § 15 BremRettG; § 11 HmbRDG; § 9 HessRDG; § 14 RDG M-V; § 19 Nds. RettDG; § 18 RettG NW; § 14 RettG RhPf; § 12 SaarRettG; § 14 SächsRettDG; § 14 RDG LSA; § 10 RDG SH; § 15 ThürRettG.
[259] Vgl. § 16 Abs. 1 RDG BW; Art. 7 Abs. 1 BayRDG; § 13 Abs. 1 RDG Bln; § 5 Abs. 3 BbgRettG; § 15 Abs. 1 u. 2 BremRettG; § 12 Abs. 1 HmbRDG; § 10 Abs. 1 HessRDG; § 15 Abs. 1 RDG M-V; § 22 Abs. 1 Nds. RettDG; § 19 Abs. 1 RettG NW; § 18 Abs. 1 RettG RhPf; § 16 Abs. 1 SaarRettG; § 17 Abs. 1 SächsRettDG; § 14 Abs. 3 RDG LSA; § 11 Abs. 1 RDG SH; § 15 Abs. 2 ThürRettG. Die Ländergesetze enthalten zudem sämtlich besondere Regelungen hinsichtlich Nebenbestimmungen sowie des Widerrufs bzw. der Rücknahme erteilter Genehmigungen u.a. wegen mangelnder Zuverlässigkeit, die gleichfalls inhaltlich wie strukturell gewerberechtlichen Grundsätzen entsprechen.
[260] Vgl. § 20 Abs. 3 RDG BW; Art. 9 Abs. 3 BayRDG; § 14 Abs. 2 RDG Bln; § 17 Abs. 5 BremRettG; § 13 Abs. 3 HmbRDG; § 16 Abs. 1 Ziff. 4 HessRDG; § 16 Abs. 4 RDG M-V; § 23 Abs. 1 Nds. RettDG; § 22 Abs. 5 RettG NW; § 19 Abs. 2 RettG RhPf; § 17 Abs. 2 SaarRettG; § 19 Abs. 2 SächsRettDG; § 17 Abs. 1 S. 1 RDG LSA; § 13 Abs. 2 RDG SH; § 15 Abs. 4 S. 1 ThürRettG.

Genehmigung eine gebundene Erlaubnis darstellt[261]. Insbesondere aber sehen sämtliche Rettungsdienstgesetze als zentrales Element eine Funktionsschutzklausel nebst i.d.R. der Möglichkeit zur Festlegung eines Beobachtungszeitraums zugunsten des öffentlichen Interesses an der Funktionsfähigkeit des öffentlichen Rettungsdienstes vor, wodurch sie, angelehnt an die Schutzklausel zugunsten des örtlichen Taxengewerbes, den im Rahmen der Zielsetzungen des Personenbeförderungsrechts erörterten Besonderheiten sowie damit verbundenen Erfordernissen wirtschaftslenkenden Charakters Rechnung tragen[262]. Unmittelbare Bezüge zum Personenbeförderungsrecht ergeben sich weiterhin aus dem Umstand, dass einige Landesrettungsdienstgesetze hinsichtlich des Verfahrens ausdrücklich auf Verfahrensvorschriften des Personenbeförderungsgesetzes verweisen, was strukturell der im Gewerberecht vielfach vorzufindenden Verweisungstechnik auf die Gewerbeordnung entspricht[263].

Der inhaltlich-strukturelle Vergleich führt damit im Einklang mit den bisherigen Erkenntnissen zu dem Ergebnis, dass die landesgesetzlichen Vorschriften, die Notfallrettung und Krankentransport auf Grundlage rettungsdienstrechtlicher Genehmigungen außerhalb des öffentlichen Rettungsdienstes zum Gegenstand haben, als verkehrs- und dienstleistungsgewerbliche Regelungen zu qualifizieren sind und sich kompetenziell auf Art. 74 Nr. 11 GG stützen.

V. Ergebnis

Insgesamt kann festgehalten werden, dass die nach Inkrafttreten des Sechsten Änderungsgesetzes zum Personenbeförderungsgesetz neu gefassten Rettungsdienstgesetze der Länder den grundgesetzlichen Kompetenztiteln differenziert zuzuordnen sind: die den öffentlichen Rettungsdienst und damit die Sicherstellung der rettungsdienstlichen Versorgung der Bevölkerung regelnden Bestimmungen der ausschließlichen Landeskompetenz nach Art. 70 GG und diejenigen Regelungen, die die Erbringung rettungsdienstlicher Leistungen außerhalb der öffentlichen Rettungsdienste zum Gegenstand haben der konkurrierenden Gesetzgebungszuständigkeit nach Art. 74 Nr. 11 GG. Letztere lassen sich letztlich als gewerberechtliche Sonderbestimmungen qualifizieren.

---

[261] Vgl. BVerfGE 8, 76; 11, 176; OVG Koblenz, Urteil v. 7.5.2002 – 7 A 11626/01, S. 10 der Urteilsausfertigung.
[262] Vgl. § 16 Abs. 2 u. 3 RDG BW; Art. 7 Abs. 3 u. 4 S. 4 BayRDG; § 13 Abs. 2 RDG Bln; § 5 Abs. 5 BbgRettG; § 15 Abs. 3 BremRettG; § 12 Abs. 3 HmbRDG; § 10 Abs. 2 HessRDG; § 15 Abs. 2 S. 1 u. 3 RDG M-V; § 22 Abs. 2 S. 2 Nds. RettDG; § 19 Abs. 4 u. 5 RettG NW; § 18 Abs. 2 u. 3 RettG RhPf; § 16 Abs. 2 SaarRettG; § 17 Abs. 2 u. 3 SächsRettDG; § 14 Abs. 4 RDG LSA; § 11 Abs. 3 RDG SH; § 15 Abs. 3 ThürRettG.
[263] Vgl. z.B. §§ 31 GastG; 19 LadenschlussG.

3. Teil Das Aufgabenspektrum rettungsdienstlicher Leistungen

Die zum Teil divergierenden Gestaltungsformen der Landesgesetze weisen auf ein breites Spektrum zwischen staatlicher und privater Aufgabenerfüllung hin. Um die gesetzgeberischen Lösungen hinsichtlich des Grades der jeweils als notwendig bzw. erlaubt normierten Aufgabenwahrnehmung durch die jeweiligen Leistungserbringer sachgerecht erfassen und zuordnen zu können, bedarf es der Bestimmung der rechtlichen Aufgabenqualitäten im Rettungsdienst. Der Aufgabenbestimmung kommt dabei auch materiell-verfassungsrechtliche Relevanz zu, nachdem zumindest ausschließliche Staatsaufgaben a priori nicht Gegenstand grundrechtlicher Freiheit, insbesondere der Berufsfreiheit sind, die zulässige Qualifizierung einer Aufgabe als staatliche im übrigen die Berufung auf die Grundrechte zumindest erschwert[264]. Die Gleichartigkeit der Tätigkeiten nach allen Landesgesetzen legt es nahe, die hinter aller landesrechtlich abweichender Begrifflichkeit liegende materielle Aufgabenqualität ans Licht zu holen und erforderlichenfalls abweichendes positives Recht entsprechend auszulegen[265].

A. Aufgabenbezeichnung in den Rettungsdienstgesetzen der Länder, Rechtsprechung und Literatur

I. Die Landesrettungsdienstgesetze

Obwohl die rettungsdienstlichen Tätigkeiten in allen Bundesländern nahezu vollständig übereinstimmen, ordnen die Aufgaben- und Zuständigkeitsnormen der Rettungsdienstgesetze ihnen bisweilen unterschiedliche Aufgabenqualitäten zu. So bezeichnen Mecklenburg-Vorpommern, Niedersachsen und Sachsen die Aufgaben des Rettungsdienstes schlicht als „öffentliche Aufgaben"[266], Brandenburg, Bremen und Rheinland-Pfalz sprechen von einer „öffentlichen Aufgabe der Gesundheitsvorsorge und Gefahrenabwehr"[267], Hamburg, Hessen, Nordrhein-Westfalen und Thüringen definieren ohne die Bezeichnung als öffentliche

---

[264] BVerfGE 73, 201 ff., 315; Isensee, Gemeinwohlaufgaben im Verfassungsstaat, in: Isensee/Kirchhof (Hrsg.), Hdb. d. StaatsR, Bd. III, § 57 Rn. 151. Dies gilt natürlich losgelöst von den bestehenden Grundrechtsbindungen des Staates bei der Durchführung der Aufgabe selbst, vgl. hierzu BGHZ 29, 76 ff., 80.
[265] Ehlers/Achelpöhler, Die Finanzierung der Wirtschaftsaufsicht des Bundes durch Wirtschaftsunternehmen, in: NVwZ 1993, S. 1025 ff., 1027, die feststellen, dass es auf die wahre Rechtsnatur und nicht auf die Bezeichnung durch den Gesetzgeber ankommt.
[266] § 6 Abs. 1 RDG M-V; § 1 Abs. 1 NdsRettDG; § 1 Abs. 1 SächsRettDG.
[267] § 2 Abs. 1 BbgRettG; § 3 Abs. 1 BremRettDG; § 2 Abs. 1 RettDG RhPf.

Aufgabe eine „Aufgabe der Gesundheitsvorsorge und Gefahrenabwehr"[268]. Demgegenüber spezifiziert das Saarland[269] gar eine „staatliche Aufgabe", während sich namentlich die Rettungsdienstgesetze Baden-Württembergs, Bayerns, Berlins und Schleswig-Holsteins[270] insoweit vollends ausschweigen.

II. Rechtsprechung und Literatur

Rechtsprechung und Literatur bilden ebenso wenig ein einheitliches, zudem teilweise wenig nachvollziehbares Bild: Der Bayerische VGH etwa hat bereits in der Begründung seines Urteils vom 26.7.1978[271] den Rettungsdienst unmittelbar aufeinander folgend als eine öffentliche Aufgabe der Daseinsvorsorge und sodann als staatliche Aufgabe bezeichnet sowie weiter festgestellt, der Gesetzgeber habe sich gleichwohl aus verständlichen Gründen gegen eine Verstaatlichung des Rettungsdienstes entschieden.

Denninger sieht den Rettungsdienst als eine staatliche Aufgabe der Gefahrenabwehr an, deren konkrete Erfüllung jedoch grundsätzlich der mehr oder weniger freien Entscheidung des Gesetzgebers obliegt. Zulässig sei neben der Aufgabendurchführung durch eigene Organwalter eine Vollzugsübertragung sowohl auf andere Hoheitsträger als auch auf Private, letzteres unter Umständen sogar in ausschließlicher Form[272]. Er leitet seine Aufgabenqualifikation dabei im Ergebnis auf zwei Wegen her. In erster Linie stellt er auf das Gefahrenabwehrmoment des als funktionale Einheit der beiden Grundtatbestände Notfallrettung und Krankentransport verstandenen Rettungsdienstes ab, wobei er graduelle Unterschiede hinsichtlich der drohenden Gefahren zumindest andeutet[273]. In Fortführung dessen lassen sich, ein zumindest als recht weit zu bezeichnendes Verständnis des Begriffs der staatlichen Aufgabe vorerst außen vor gelassen, folgende Ansätze gewinnen: Der Rettungsdienst ist zunächst für sich genommen einer Aufgabenbestimmung ausgehend von der Sachmaterie selbst her zugänglich, deren Kristallisationspunkt letztlich das Gefahrenabwehrmoment bildet. Dabei sind graduelle Unterschiede zwischen den unterschiedlichen Modalitäten der Patientenbeförderung im Hinblick auf eine sachgerechte Aufgabenqualifikation grundsätzlich zu berücksichtigen.

---

[268] § 6 Abs. 2 S. 1 HmbRDG; § 3 Abs. 1 S. 1 HessRDG; § 6 Abs. 1 S. 2 RettG NW; § 2 Abs. 2 ThürRettG.
[269] § 5 Abs. 1 SaarRettG.
[270] LT-Drs. Schleswig-Holstein 12/1466, S.24 bezeichnet den Rettungsdienst als „staatliche Aufgabe im weiteren Sinne".
[271] BayVGH, Urteil v. 26.7.1978 – 315 XI 77, in: DVBl. 1978, S. 965 ff., 966.
[272] Denninger, Rettungsdienst und Grundgesetz, in: DÖV 1987, S. 981 ff., 988.
[273] Denninger, Rettungsdienst und Grundgesetz, in: DÖV 1987, S. 981 ff., 985.

Darüber hinaus bezieht Denninger zumindest ergänzend in den Landesgesetzen und der Rechtsprechung vorgefundene Aufgabeneinordnungen in seine Aufgabenbestimmung mit ein. Er verweist hier zum einen auf die vorgenannte Entscheidung des Bayerischen VGH, zudem auf einen Nichtannahmebeschluss des BVerfG vom 18.11.1985[274], demzufolge die Normierung der Notfallrettung als (ausschließlich) staatliche Aufgabe durch den Landesgesetzgeber verfassungsrechtlich nicht zu beanstanden sein soll[275]. Das Abstellen auf das Maß an staatlicher Verantwortungsübernahme gemäß den landesgesetzlichen Vorgaben bedarf stets der materiell-rechtlichen Überprüfung anhand des genannten Sachkriteriums, wie *Denningers* ergänzende Bezugnahme auf entsprechende (Verfassungs-) Rechtsprechung zeigt.

Während die Literatur im übrigen den Rettungsdienst auch unter Hinweis auf die genannte Rechtsprechung weitgehend undifferenziert als öffentliche bzw. staatliche Aufgabe qualifiziert[276], wird, insoweit differenzierter, zum Teil unter Hinweis auf nicht näher spezifizierte verfassungsrechtliche Anforderungen der Rettungsdienst als öffentliche Aufgabe eingeordnet, die jedoch ohne weiteres als staatliche Aufgabe ausgestaltet werden könne; dies sogar durch Begründung eines Verwaltungsmonopols[277]. Von anderer Seite[278] wird auf die Notwendigkeit einer Differenzierung anhand sowohl der Organisationsform der Leistungserbringung als auch der unterschiedlichen Tätigkeiten Notfallrettung und Krankentransport hingewiesen, letztere jedoch ohne näheres Eingehen auf das Maß an öffentlichem Interesse allein anhand der Vorgaben der Landesrettungsdienstgesetze vorgenommen. Demnach folgerichtig wird der Rettungsdienst sodann grundsätzlich als öffentliche Aufgabe qualifiziert, für die Länder, die die Notfallrettung als Verwaltungsmonopol ausgestaltet haben, als staatliche Aufgabe. Schließlich werden vereinzelt unter Hinweis auf das geringere Gefahrenmoment Zweifel an der Überantwortung des Krankentransports in den öffentlichen Aufgabenbereich geäußert[279].

---

[274] BVerfG, Beschluss vom 18.11.1985 – 1 BvR 1462/83, in: RD 1988, S. 107 LS.
[275] Denninger, Rettungsdienst und Grundgesetz, in: DÖV 1987, S. 981 ff., 986.
[276] Vgl. Prütting, Rettungsgesetz NRW, 3. Aufl. 2001, § 6 Rn. 5; Oehler, Die Befugnisse des Gesetzgebers im Rahmen der Gefahrenabwehr, in: RD 1996, S. 619; ders., Wer rettet den Rettungsdienst ? Grundsätzliches zur Strukturreform des Rettungsdienstes, in: RD 1997, S. 556 ff., 559; ders., Die Rettungsdienstgesetze der Länder auf dem Prüfstand, in: Biese u.a. (Hrsg.), Handbuch des Rettungswesens, Band 2, Stand: 04/2003, B III. 0.3; Winkler, Funktionsfähigkeit des Rettungsdienstes contra Befrufsfreiheit der Rettungsdienstunternehmer, in:; DÖV 1995, S. 899 ff., 899; DRK, Gesamtkonzeption zur Strukturreform im Rettungsdienst, Beschluss des DRK-Präsidiums vom 16.10.1995, in: Biese u.a. (Hrsg.), Handbuch des Rettungswesens, Band 1, Stand: 04/2003, A. 6.0.
[277] Hausner, Mitwirkung Privater am Rettungsdienst, 1993, S. 52.
[278] Schulte, Rettungsdienst durch Private, 1999, S. 71.
[279] Meinhardt, Beteiligung Privater am Rettungswesen, in: LKV 1999, S. 255 ff., 258.

B. Begriffsklärungen

Da sich die Terminologie der nach der Staatsaufgabenlehre ebenso wie nach den landesrechtlichen Vorgaben für die Aufgabenqualifikation grundlegenden Begriffe der öffentlichen und staatlichen Aufgabe vielfach als Fehlerquelle erweist[280], bedarf es zunächst deren näherer Bestimmung. Der angestrebten Ermittlung der materiellen Aufgabenqualität wird also zunächst ein formales Begriffsverständnis vorangestellt, wobei es zwischen öffentlichen und staatlichen Aufgaben zu unterscheiden gilt[281].

I. Öffentliche Aufgaben

1.) Die Rechtsprechung des Bundesverfassungsgerichts

Die Begriffslage soll zunächst anhand der verfassungsgerichtlichen Rechtsprechung untersucht werden. Als Ausgangspunkt soll das sog. *Erste Fernseh-Urteil* vom 28.2.1961[282] dienen, die Entscheidung also, an der sich erstmals maßgeblich die Kritik der Literatur in Richtung mangelnder Trennschärfe beim Gebrauch der Begriffe öffentliche und staatliche Aufgabe entzündete[283].

Das Bundesverfassungsgericht hat hier die Veranstaltung von Rundfunksendungen auf Grund der deutschen Rechtsentwicklung als öffentliche Aufgabe bezeichnet und erklärt, dass wo immer sich der Staat einer öffentlichen Aufgabe in welcher Rechtsform auch immer annehme, er damit eine staatliche Aufgabe im Sinne von Art. 30 GG erfülle[284]. Es hat sodann ergänzend festgestellt, dass der Rundfunk in Deutschland zu einer öffentlichen Einrichtung geworden sei und dieser in öffentlicher Verantwortung stehe. Sofern sich der Staat mit dem Rundfunk in irgendeiner Weise befasse, nehme er damit eine Aufgabe der öffentlichen Verwaltung war[285]. Obgleich hierdurch letztlich mit der Verwaltungsaufgabe ein weiterer Begriff bezeichnet wurde, der nach dem Begriffsverständnis des Bundesverfassungsgerichts dem der staatlichen Aufgabe entsprach,

---

[280] Vgl. für die Staatsaufgabenlehre Klein, Zum Begriff der öffentlichen Aufgabe, in: DÖV 1965, S. 755.
[281] Grundlegend für diese Differenzierung Peters, Öffentliche und staatliche Aufgaben, in: FS Nipperdey, Bd. II, 1965, S. 877 ff.; vgl. auch Burgi, Funktionale Privatisierung und Verwaltungshilfe, 1999, S. 41 ff. u. 62 ff.
[282] BVerfGE 12, 205 ff. Einen Überblick auch über die vorangegangene Begriffsverwendung durch das BVerfG gibt Klein, Zum Begriff der öffentlichen Aufgabe, in: DÖV 1965, S. 755 ff., 756 f.
[283] Grundlegend hierzu Peters, Öffentliche und staatliche Aufgaben, in: FS Nipperdey, Bd. II, 1965, S. 890 ff.
[284] BVerfGE 12, 205 ff., 243.
[285] BVerfGE 12, 205 ff., 246.

wurde hier erstmals die öffentliche Aufgabe von der staatlichen Unterschieden. Während somit das Erste Fernseh-Urteil die staatliche als die vom Staat akquirierte öffentliche Aufgabe definierte, blieben dennoch die Kriterien der letzteren unausgesprochen und damit auch die Definition der staatlichen Aufgabe unvollständig. Als wesentlich ist in dieser Entscheidung allerdings der Hinweis auf die deutsche Rechtsentwicklung anzusehen, die gewisse Vorgänge in den Rang einer öffentlichen und damit potentiell staatlichen Aufgabe zu erheben vermag. Den Wendungen öffentliche Einrichtung und öffentliche Verantwortung kann dabei trotz ihrer sonstigen Unbestimmtheit entnommen werden, dass das Bundesverfassungsgericht die Wichtigkeit für das Wohl der Allgemeinheit als ein Merkmal der öffentlichen und damit auch der staatlichen Aufgabe betrachtet[286]. Dies tritt als Substrat zur Verengung des Begriffs der staatlichen Aufgabe durch das Merkmal staatlicher Befassung hinzu.

Abgesehen davon, dass die Begriffe öffentliche und staatliche Aufgabe in der verfassungsrechtlichen Judikatur vielfach ohne Bezug zu diesem Zwischenstand synonym verwandt werden[287], finden sich noch Begriffsschöpfungen wie öffentlich-rechtliche Aufgabe und Aufgabe der öffentlichen Verwaltung[288], die sich zumindest hinsichtlich der Aufgabenqualifizierung teilweise als aliud darstellen.

Schulte[289] weist noch auf eine neuere Entscheidung[290] des Bundesverfassungsgerichts zum nordrhein-westfälischen Krankenhausrecht hin, die sowohl wegen der thematischen Nähe zum Untersuchungsgegenstand als auch wegen der strukturellen Ähnlichkeit des verfassungsrechtlichen Prüfobjekts von Interesse ist, nachdem die Landesrettungsdienstgesetze ebenso wie das nordrhein-westfälische Krankenhausgesetz überwiegend ausdrücklich auf die Sicherstellungsverpflichtung abstellen[291]. In dieser Entscheidung stellt das Gericht ausdrücklich öffentliche und staatliche Aufgaben gegenüber, in dem es feststellt, dass der Gesetzgeber offenbar keinen Anlass gesehen hat, die Wohlfahrtspflege auf dem Gebiet des Krankenhauswesens ganz dem Staat zu übertragen und als staatliche Aufgabe auszuweisen, wobei es den Begriff der staatlichen Aufgabe insoweit eingrenzt, dass eine solche nur noch dann vorliegen soll, wenn ein bestimmtes Sachgebiet einfachgesetzlich ganz auf den Staat übertragen wird[292].

---

[286] Klein, Zum Begriff der öffentlichen Aufgabe, in: DÖV 1965, S. 755 ff., 757.
[287] Vgl. BVerfGE 15, 235 ff.; 20, 56 ff., 113.
[288] Vgl. BVerfGE 31, 314 ff., 329.
[289] Schulte, Rettungsdienst durch Private, 1999, S. 65.
[290] BVerfGE 53, 366 ff.
[291] Vgl. § 1 Abs. 1 S. 1 KHG NW sowie § 1 Abs. 1 RDG BW; § 2 Abs. 1 Bln RDG; § 6 Abs. 2 Hbg RDG; § 2 Abs. 1 Nds RettDG; § 6 Abs. 1 RettG NW; § 2 Abs. 1 RettDG RhPf; § 2 Abs. 1 SaarRettG; § 2 Abs. 1 SächsRettDG; § 2 Abs. 1 S. 1 RettDG LSA; § 6 Abs. 1 RDG SH; § 3 Abs. 1 ThürRettG.
[292] BVerfGE 53, 366, 401.

Für das Aufgabenverständnis des Bundesverfassungsgerichts kann damit trotz fortbestehender Unklarheiten[293] zunächst folgendes festgehalten werden: Der Begriff der öffentlichen Aufgabe kennzeichnet einen Aufgabentyp, der im Verhältnis zur Privataufgabe eine besondere Bedeutung für Belange des Allgemeinwohls aufweist. Unter Belangen des Gemeinwohls in diesem Sinne sind dabei die sog. öffentlichen Interessen zu verstehen, die letztlich die allein legitimen Ziele und Gründe staatlichen Handelns markieren. Öffentliche Aufgaben können folglich als diejenigen Tätigkeitsbereiche definiert werden, die den öffentlichen Interessen entsprechen[294]. Hiermit liegen indes noch keine Erkenntnisse zu der Frage vor, in welchem Umfang öffentliche Aufgaben im einzelnen staatlichen oder gesellschaftlich-privaten Subjekten zur Wahrnehmung anheim gegeben sind, was entsprechend für unter Umständen gebotene Abstufungen anhand des Maßes öffentlicher Interessen gilt. Als Zwischenergebnis kann jedoch festgehalten werden, dass der Rettungsdienst nach der Rechtsprechung des Bundesverfassungsgerichts einer Einordnung als öffentliche Aufgabe grundsätzlich zugänglich ist.

2.) Verbreitete Ansichten in der Literatur

Der Umstand, dass der Begriff der öffentlichen Aufgabe auch in der Literatur mit uneinheitlichem Bedeutungsgehalt verwendet wird, liegt in erster Linie darin begründet, dass innerhalb der Staatsaufgabenlehre unterschiedliche Konzeptionen zum Verhältnis öffentlicher und staatlicher Aufgaben vertreten werden. Neben der bewussten Gleichsetzung[295] und der strikten Trennung[296] wird die öffentliche Aufgabe, im Gegensatz zur staatlichen Aufgabe, auf deren grundgesetzliche Verankerung verwiesen wird, teilweise auf einen rein soziologischen Terminus reduziert, dem jedweder Normativgehalt abgesprochen wird[297].
Gegen eine Gleichsetzung von staatlichen und öffentlichen Aufgaben spricht jedoch zunächst das Grundgesetz als Bezugsrahmen. So leben mit der Rubrizierung als Staatsaufgabe spezifisch staatsgerichtete Verfassungsgebote wie das Erfordernis demokratischer Legitimation, die Kompetenzverteilungsregeln, das

---

[293] Siehe hierzu Kirmer, Der Begriff der öffentlichen Aufgabe in der Rechtsprechung des Bundesverfassungsgerichts, 1995 sowie Krautzberger, Die Erfüllung öffentlicher Aufgaben durch Private, 1971, S. 97 f.
[294] So Isensee, Gemeinwohl und Staatsaufgaben im Verfassungsstaat, in: Isensee/Kirchhof (Hrsg.) HdB d. StaatsR III, § 57 Rn. 136 u.a. unter Hinweis auf BVerfGE 53, 366, 401.
[295] Seidel, Privater Sachverstand und staatliche Garantenstellung im Verwaltungsrecht, 2000, S. 26 f.; Huber, Wirtschaftsverwaltungsrecht, Bd. I, 1953, S. 523 f.
[296] Peters, Öffentliche und staatliche Aufgaben, in FS Nipperdey, Bd. II, 1965, S. 877 ff., 878 u. 890 f.
[297] So Klein, Zum Begriff der öffentlichen Aufgabe, in: DÖV 1965, S. 755 ff., 759.

Rechtschutzsystem und Grundrechtsbindungen, auf[298]. Auch steht das geltende Recht vielfach einer mangelnden Differenzierung entgegen. Art. 30 GG, wonach die Erfüllung staatlicher Aufgaben grundsätzlich Ländersache ist, erhält seine Bedeutung insbesondere durch seine systematische Stellung im Titel über das Bund-Länder-Verhältnis, die die bundesstaatliche Kompetenzverteilung möglichst zweifelsfrei zu regeln versucht. Ein Erstrecken dieses Begriffs auf nahezu sämtliche Aufgaben mit spezifischem Gemeinwohlbezug würde diesen im Bundesstaat unabdingbaren Ansatz letztlich konterkarieren. Vorschriften wie §§ 3 PresseG NW sowie 1 Abs. 2 i.V.m. 3 KHG NW zeigen darüber hinaus, dass der Gesetzgeber vielfach die Wahrnehmung öffentlicher Aufgaben durch außerhalb der Staatssphäre angesiedelte, private Rechtssubjekte für unverzichtbar gehalten hat. Es fragt sich von daher, wie sich in derartigen Fällen die begriffsnotwendig zu fordernde Staatszuordnung für eine Qualifizierung als staatliche Aufgabe begründen lässt, wenn nicht über das Maß staatlicher Befassung mit der Materie. Dieses Kriterium ermöglicht die verfassungsrechtlich gebotene Differenzierung.

Allerdings kann der Einschätzung, die Bestimmung der Aufgabenqualität allgemein und die Einordnung als öffentliche Aufgabe im Besonderen lasse sich in Ermangelung eines Sachkriteriums ausschließlich über das Kriterium der Intensität an staatlicher Verantwortungsübernahme vornehmen[299], nicht gefolgt werden. Deren Resultat wäre letztlich eine reine Aufgabenqualifikation nach Gesetz, ohne verfassungsrechtliche Absicherung. Dies trotz der genannten Grundrechtsrelevanz der Qualifikation als staatliche bzw. öffentliche Aufgabe, die zumindest faktisch auch vom Bundesverfassungsgericht oftmals als Legitimationsgrundlage für grundrechtsbeschränkende Gesetze herangezogen wird[300]. Erscheint aber umgekehrt eine Beschränkung des gesetzgeberischen Gestaltungsermessens nur aus Gründen des Grundrechtsschutzes zulässig, so bestimmt sich deren zulässiges Maß wiederum anhand der materiellen Zuordnung zum öffentlichen Aufgabenbereich.

3.) Ergebnis

Als Grundkonsens soll somit die folgende Definition dienen: Der Begriff der öffentlichen Aufgabe bezeichnet alle im öffentlichen Interesse liegenden Angelegenheiten und Tätigkeitsbereiche eines Gemeinwesens, unbeschadet der Fra-

---

[298] Isensee, Gemeinwohl und Staatsaufgaben im Verfassungsstaat, in: Isensee/Kirchhof (Hrsg.) HdB d. StaatsR III, § 57 Rn. 137.
[299] So Hausner, Mitwirkung Privater am Rettungsdienst, 1993, S. 24 f.
[300] Vgl. BVerfGE 11, 30 ff., 39; 32, 54 ff., 65.

ge, ob sie vom Staat oder der Gesellschaft wahrgenommen werden[301]. Charakteristisch für eine öffentliche Aufgabe ist somit das Bestehen eines maßgeblichen Interesses der Öffentlichkeit an deren Erfüllung[302]. Dieses Sachkriterium entspricht der der Rechtsprechung des Bundesverfassungsgerichts zu entnehmenden besonderen Bedeutung für Belange des Allgemeinwohls. Die Erfüllung durch die vom Staat streng zu unterscheidende Gesellschaft grenzt die öffentliche von der begrifflich noch näher zu bestimmenden staatlichen Aufgabe ab. Soweit an der Definition vereinzelt bemängelt wird, dass durch die Etikettierung als „öffentlich" nichts gewonnen werde[303], sei darauf verwiesen, dass diese, wie oben dargestellt, gerade den Allgemeinwohlbezug im Verhältnis zum Privatinteresse einzelner markiert.

II. Staatliche Aufgaben

Ausgangspunkt der Klärung des Begriffs der staatlichen Aufgabe bildet Art. 30 GG, wonach die staatlichen Aufgaben in das föderalistische Kompetenzverteilungssystem eingestellt sind. Staatliche Aufgaben in diesem Sinne sind nur solche Agenden des Staates, deren Ausübung sich auf die Gewichtsverteilung zwischen Bund und Gliedstaaten auszuwirken vermag, so dass in erster Linie alle obrigkeitlichen Maßnahmen im Sinne einer Ausübung von Hoheitsrechten gemäß Art. 33 Abs. 4 GG hiervon umfasst sind[304]. Angesichts der bereits durch eine entsprechende Begriffsverwendung außerhalb des grundgesetzlichen Kompetenztitels, so auch im Rettungswesen, zum Ausdruck kommenden Weite des Begriffs der staatlichen Aufgabe kann das Begriffsverständnis jedoch nicht allein ausgehend von den Mitteln staatlicher Aufgabenerledigung auf den Einsatz von Befehl und Zwang reduziert werden. Schließlich sind etwa auch privatrechtliche Handlungs- und Organisationsformen des Staates geeignet, die Kompetenzverteilung der Verfassung zu unterlaufen[305].

Auch beim Begriff der Staatsaufgabe lässt sich dabei eine gemeinsame (Grund-) Linie von Verfassungsrechtsprechung und Literatur feststellen. Das Bundesver-

---

[301] Peters, Öffentliche und staatliche Aufgaben, in FS Nipperdey, Bd. II, 1965, S. 877 ff., 878; Weiß, Beteiligung Privater an der Wahrnehmung öffentlicher Aufgaben, in: DVBl. 2002, S. 1167 ff., 1169; Isensee, Gemeinwohl und Staatsaufgaben im Verfassungsstaat, in: Isensee/Kirchhof (Hrsg.) HdB d. StaatsR III, § 57 Rn. 136; Klein, Zum Begriff der öffentlichen Aufgabe, in: DÖV 1965, S. 755 ff., 759, der sich jedoch kritisch zum juristischen Beitrag der Kategorie öffentliche Aufgabe äußert.
[302] Peters, Öffentliche und staatliche Aufgaben, in FS Nipperdey, Bd. II, 1965, S. 877 ff., 878.
[303] Krautzberger, Die Erfüllung öffentlicher Aufgaben durch Private, 1971, S. 106.
[304] Klein, Zum Begriff der öffentlichen Aufgabe, in: DÖV 1965, S. 755 ff., 758 m.w.N. Siehe zum Begriff der hoheitsrechtlichen Befugnisse i.S.v. Art. 33 Abs. 4 GG Battis, in: Sachs (Hrsg.), GG, 3. Aufl. 2003, Art. 33 Rn. 55 f.
[305] Klein, Zum Begriff der öffentlichen Aufgabe, in: DÖV 1965, S. 755 ff., 758.

fassungsgericht definiert zunächst bereits im *Ersten Fernseh-Urteil* die staatliche Aufgabe als eine öffentliche Aufgabe, mit der sich der Staat in irgendeiner Weise in welcher Rechtsform auch immer befasst[306]. Indem auf die Wahrnehmung durch den Staat abgestellt wird, ist der formale Staatsaufgabenbegriff trägerorientiert. Die Einschätzung, dass sich die staatliche als Unterfall der öffentlichen Aufgabe darstellt, wird dabei auch von der überwiegenden Literatur geteilt[307].

Der Begriff der staatlichen Aufgabe ist allerdings weiter einzugrenzen, da sich die insbesondere verfassungsrechtlich gebotene Trennschärfe ansonsten nicht einstellt. So betrachtet das Bundesverfassungsgericht eine (öffentliche) Aufgabe nur noch dann als Staatliche, wenn das betreffende Sachgebiet gesetzlich vollständig dem Staat übertragen ist[308]. Dementsprechend wird das Vorliegen einer staatlichen Aufgabe unter Hinweis auf das Kriterium der Intensität staatlicher Verantwortungsübernahme teilweise auf solche Aufgaben reduziert, an denen der Staat ein Verwaltungsmonopol, d.h. ein Monopol, das unmittelbar der Erfüllung öffentlicher aufgaben dient, begründet hat[309].

Die vollständige Übertragung der Aufgabe auf den Staat in diesem Sinne schließt jedoch eine Tätigkeit Privater zum Zwecke der Aufgabenerfüllung nicht per se aus. Institute einer solchen Beteiligung Privater im Rahmen der Erfüllung einer Staatsaufgabe sind Beleihung und Verwaltungshilfe. Ebenso wenig ausgeschlossen ist eine parallele private Aufgabenerfüllung, die von der staatlichen Aufgabenwahrnehmung sowohl rechtlich als auch organisatorisch-institutionell unabhängig besteht. Es gibt also öffentliche Aufgaben, die teils privat, teils als staatliche zur Durchführung gelangen, sog. partiell-staatliche Aufgaben[310]. Hinter dieser Verantwortungsteilung steht das unterschiedliche Ausmaß staatlicher Verpflichtung für eine öffentliche Aufgabe, das aus der Verfassung und gesetzlichen Aufgaben- und Befugnisnormen abzuleiten ist. Das Rettungsdienstrecht kann hier unter Umständen geradezu als Paradebeispiel dienen. Je nach Maß an öffentlichem Interesse an der jeweiligen Aufgabenerfüllung ist der Staat dabei angesichts der ihm obliegenden grundrechtlichen

---

[306] BVerfGE 12, 205 ff.
[307] Vgl. Weiß, Beteiligung Privater an der Wahrnehmung öffentlicher Aufgaben, in: DVBl. 2002, S. 1167 ff., 1169; Peters, Öffentliche und staatliche Aufgaben, in FS Nipperdey, Bd. II, 1965, S. 877 ff., 879; Burgi, Funktionale Privatisierung und Verwaltungshilfe, 1999, § III 1. a); Isensee, Gemeinwohl und Staatsaufgaben im Verfassungsstaat, in: Isensee/Kirchhof (Hrsg.) HdB d. StaatsR III, § 57 Rn. 137.
[308] BVerfGE 53, 366 ff., 401.
[309] Hausner, Mitwirkung Privater am Rettungsdienst, 1993, S. 29.
[310] Peters, Öffentliche und staatliche Aufgaben, in FS Nipperdey, Bd. II, 1965, S. 877 ff., 880; Isensee, Gemeinwohl und Staatsaufgaben im Verfassungsstaat, in: Isensee/Kirchhof (Hrsg.) HdB d. StaatsR III, § 57 Rn. 138.

Schutzpflichten gezwungen, die betreffende Aufgabe partiell als Staatsaufgabe zu begreifen, insbesondere wenn die private Erledigung aus welchen Gründen auch immer unvollkommen bleibt.

Welche Haltung der Staat im Einzelfall zu einer öffentlichen Aufgabe einnimmt, d.h. ob er sie zugleich als staatliche Aufgabe qualifiziert, hängt formal vom positiven Recht ab. Dem Staat steht grundsätzlich die Kompetenz zu, festzulegen, welche Aufgaben er als staatliche einrichtet und wie bzw. durch wen sie erfüllt werden sollen (sog. Kompetenz-Kompetenz)[311]. Zu legitimieren vermag diese Kompetenz jedoch lediglich die staatliche Tätigkeit als solche, mit der ein Ausschluss Privater von einer bestimmten Betätigung, wie soeben gezeigt, nicht zwingend verbunden ist.

Voraussetzung für die Anerkennung einer staatlichen Aufgabe ist weiter, dass sich der Staat mit einer Aufgabe in den Grenzen des Rechts befasst, d.h. diese zunächst auch in diesen Grenzen als staatliche Aufgabe kreiert. Das bloße Faktum, zudem formale Kriterium der Wahrnehmung genügt nicht; es bedarf auch der - letztlich bezogen auf die insoweit jeweils relevanten Vorschriften des positiven Rechts an den Grundrechten zu messenden - Legitimität[312]. Deren wesentlicher Parameter liegt, sofern man als Unterfall der öffentlichen Aufgabe auf das öffentliche Interesse rekurriert, in dem für den Rettungsdienst sachlich zu bestimmenden Maß an öffentlichem Interesse, das zudem eine Wechselwirkung zwischen Aufgabenqualifikation und dem Ausmaß zulässiger Grundrechtsbeeinträchtigung erzeugt[313]. Gerade die Einrichtung eines Verwaltungsmonopols ist als sog. objektive Berufswahlregelung nur zulässig, wenn ein überragend wichtiges Gemeingut dieses zwingend erfordert[314].

Schließlich ist der Staat grundsätzlich gehalten, den Einsatz seiner Mittel um der grundrechtlichen Freiheit wie um der Ökonomie willen zu dosieren[315].

---

[311] Rittstieg, in: AK zum Grundgesetz, 2. Aufl. 1989, Art. 12 Rn. 108; Isensee, Gemeinwohl und Staatsaufgaben im Verfassungsstaat, in: Isensee/Kirchhof (Hrsg.) HdB d. StaatsR III, § 57 Rn. 156.
[312] Vgl. Isensee, Gemeinwohl und Staatsaufgaben im Verfassungsstaat, in: Isensee/Kirchhof (Hrsg.) HdB d. StaatsR III, § 57 Rn. 137, der nehmen der Wahrnehmung in der Form des Rechts ausdrücklich auf die Notwendigkeit der Einhaltung der verfassungsrechtlichen Grenzen verweist.
[313] Vgl. BVerGE 7, 377 ff., 404.
[314] BVerfGE 7, 377 ff., 408; 21, 261 ff., 267.
[315] Isensee, Gemeinwohl und Staatsaufgaben im Verfassungsstaat, in: Isensee/Kirchhof (Hrsg.), HdB d. StaatsR, Bd. III, § 57 Rn. 138.

C. Bestimmung der Aufgabenqualitäten im Rettungswesen

Die Aufgabenqualifikation im Bereich des Rettungsdienstes soll daher im Sinne einer vertikalen Abstufung staatlicher Aufgabenverantwortung unter Beachtung des Maßes an öffentlichem Interesse als materieller Grundlage und Sachlegitimation sowie einer anschließenden Kontrolle der landesrechtlichen Bestimmungen erfolgen.

I. Das Maß öffentlicher Interessenberührung rettungsdienstlicher Leistungen

Die Intensität an öffentlicher Interessenberührung kann, insbesondere bezogen auf den Aspekt der Gefahrenabwehr, der die Interessen markiert, bei Notfallrettung und Krankentransport unterschiedlich sein, worauf schon die eingangs erarbeiteten Definitionen der Leistungen hindeuten.

1.) Ordnungsrechtlicher Gefahrenabwehrbegriff als Ausgangspunkt

Grundlage bildet hier der Gefahrenbegriff des allgemeinen Polizei- und Ordnungsrechts. Dabei soll der Versuch unternommen werden, die beiden Leistungen regelmäßig zugrunde liegenden Sachverhalte hierunter zu subsumieren. Unter einer Gefahr im ordnungsrechtlichen Sinne ist eine Lage zu verstehen, in der bei ungehindertem Geschehensablauf ein Zustand oder ein Verhalten mit hinreichender Wahrscheinlichkeit in absehbarer Zeit zu einem Schaden an den einschlägigen Schutzgütern führt[316]. Die Wahrscheinlichkeit eines Schadenseintritts lässt sich nun theoretisch auf einer breiten Skala zwischen Gewissheit einerseits und bloßer entfernter Möglichkeit auf der anderen Seite erfassen, wobei der für die Annahme einer Gefahr jeweils maßgebende Wahrscheinlichkeitsgrad unter anderem von der Wertigkeit und Schutzbedürftigkeit der bedrohten Schutzgüter abhängt. An die Wahrscheinlichkeit eines Schadenseintritts sind danach umso geringere Anforderungen zu stellen, je größer und folgenschwerer der möglicherweise eintretende Schaden ist[317].

2.) Notfallrettung als Gefahrenabwehr im engeren Sinne

Sind Größe und Dringlichkeit einer Gefahr im ordnungsrechtlichen Sinne damit als ein Produkt aus zeitlicher Nähe und Wahrscheinlichkeit des Schadenseintritts unter Berücksichtigung des Ranges der bedrohten Rechtsgüter und dem

---

[316] Drews/Wacke/Vogel/Martens, Gefahrenabwehr, 9. Aufl. 1986, § 13 Anm. 1. m.w.N.
[317] Tettinger, Besonderes Verwaltungsrecht, 7. Aufl. 2004, Rn. 465 m.w.N.

Umfang des drohenden Schadens zu bestimmen[318], so liegt für die Notfallrettung die Zuordnung zur Gefahrenabwehr auf der Hand. Bei Notfallpatienten besteht nach der zugrundegelegten Begriffsbestimmung wenn nicht sogar Lebensgefahr so doch zumindest die Gefahr schwerer gesundheitlicher Schäden, sofern ihnen nicht unverzüglich medizinische Hilfe zuteil wird. Die bedrohten Rechtsgüter Leben und Gesundheit gehören unbestreitbar zu den Höchstrangigen unserer Rechts- und Werteordnung überhaupt, wobei, wie bereits die zentrale Bedeutung der Hilfsfristen im Rahmen der Notfallrettung verdeutlicht, oftmals minutenschnelles Handeln geboten ist. Sie sind überragend wichtige Gemeinschaftsgüter. Unter Hinweis auf die im Bereich der Notfallrettung bedrohten, höchstwertigen Rechtsgüter Leben und Gesundheit erachtete das Bundesverwaltungsgericht dabei sogar eine Erklärung der Notfallrettung zur reinen Staatsaufgabe im Sinne eines Verwaltungsmonopols für gemessen an Art. 12 Abs. 1 GG zulässig[319].

3.) Das Gefahrenabwehrmoment beim qualifizierten Krankentransport

Diese Qualifizierung der Notfallrettung als Gefahrenabwehr in Reinform lässt sich indes nicht unbesehen auf den Krankentransport, der gerade keine Notfallpatienten betreut bzw. befördert, übertragen, und wird von daher kontrovers diskutiert[320].

a) Abstufung nach Eintrittswahrscheinlichkeit und drohendem Schadensausmaß

Fest steht nach dem eingangs bestimmten Begriffsinhalt zunächst, dass der Kreis der beförderten Personen auch beim Krankentransport im erweiterten medizinischen Sinne fachgerechter Betreuung bedarf, mithin auch hier die Gesundheit als Rechtsgut mit Verfassungsrang tangiert ist. Stellt man zunächst diejenigen Fälle zurück, in denen ein Krankentransport während des Transportes in einen Notfall umschlägt, ist gegenüber der Notfallrettung eine Abstufung anhand der Parameter der Eintrittswahrscheinlichkeit und Art des bedrohten Rechtsgutes und Schadensumfang vorzunehmen.

---

[318] Drews/Wacke/Vogel/Martens, Gefahrenabwehr, 9. Aufl. 1986, § 13 Anm. 2. b).
[319] Vgl. BVerwG, Urteil v. 3.11.1994 – 3 C 17/92, in: NJW 1995, S. 3067 ff., 3068. A.A. Papier, Verfassungsrechtliche Zulässigkeit und Grenzen der Strukturreform im Bayerischen Rettungsdienstwesen, Rechtsgutachten im Auftrag des Bundesverbandes eigenständiger Rettungsdienste (BKS) e.V., München 1998, S. 17 f. u. 35.
[320] Vgl. Klingshirn, Staatliche Verantwortung für die präklinische Versorgung der Bevölkerung, in: Leben retten 1994, S. 146 ff., 149; a.A. Oehler, Die Rettungsdienstgesetze der Länder auf dem Prüfstand, in: Biese u.a. (Hrsg.), Handbuch des Rettungswesens, Stand: 04/2003, B III. 0.3.

Die Abstufung kann zunächst nicht dazu führen kann, den Krankentransport situativ über die Rechtsfigur der sog. latenten oder potentiellen Gefahr auf eine Nichtgefahr zu reduzieren. Bezeichnet diese eine Lage, in der nicht aus sich heraus, sondern erst durch Hinzutreten neuer, externer Umstände der Eintritt eines Schadens ernsthaft zu besorgen, dieser mithin wesentlich unwahrscheinlicher ist[321], so ist die Schadensgeneigtheit beim Krankentransport bereits in der physischen Konstitution des Patienten selbst angelegt.

Es gilt der Grundsatz, dass je größer das bedrohte Schutzgut und der mögliche Schaden an diesem ist, zur Annahme hinreichender Wahrscheinlichkeit ausnahmsweise auch die entferntere Möglichkeit eines Schadenseintritts genügt[322]. Beim regulären Krankentransport im Sinne des oben erarbeiteten Begriffsinhalts geht der (drohende) Schaden in der ganz überwiegenden Zahl der Fälle nicht über diejenige Beeinträchtigung hinaus, die Anlass der betreuten Beförderung war[323]. Vom ordnungsrechtlichen Gefahrenbegriff sind indes grundsätzlich auch bereits eingetretene Störungen erfasst sind, soweit hiervon noch weitere Gefahren ausgehen[324]. Mit Blick auf den Wahrscheinlichkeitsmaßstab bleibt dabei festzustellen, dass, abgesehen von plötzlichen notfallmedizinischen Komplikationen, die als hinreichend wahrscheinlich erscheinende weitere bzw. sich intensivierende Gesundheitsbeschädigung qualitativ weit hinter der Notfallrettung zurückbleibt, zumal das für den Krankentransport regelmäßig zum Einsatz kommende Rettungsmittel Krankentransportwagen es bereits von seiner Ausstattung her nicht gestattet, einen wesentlichen Teil der körperlichen Vitalfunktionen auch nur zu überwachen[325]. Die Betreuungsleistungen beschränken sich beim Krankentransport überwiegend in rein helfenden Maßnahmen wie dem Ankleiden von Patienten sowie dem Transport des Patienten zum Fahrzeug mittels Trage. Demgegenüber werden (notfall-) medizinische Maßnahmen soweit es sich nicht um Patientenlagerung, das Anlegen von Verbänden oder ggf. die

---

[321] Vgl. zum Begriff der latenten Gefahr Drews/Wacke/Vogel/Martens, Gefahrenabwehr, 9. Aufl. 1986, § 13 Anm. 2. b) sowie Tettinger, Besonderes Verwaltungsrecht, 7. Aufl. 2004, Rn. 472 f.
[322] OVG Münster, Urteil v. 3.6.1997 – 5 A 4/96, in: NWVBl. 1998, S. 64f., 65 unter Hinweis u.a. auf BVerwG, Urteil v. 26.6.1970 – IV C 99/67, in: NJW 1970, S. 1890 ff., 1892. Beide Entscheidungen hatten dabei Sachverhalte zum Gegenstand, in denen jeweils eine erhebliche Gefahr für Leib und Leben einer unbestimmten Vielzahl von Personen drohte. Siehe auch Tettinger, Besonderes Verwaltungsrecht, 7. Aufl. 2004, Rn. 465 m.w.N.
[323] Kühner/Puhan, Der Krankentransport als Aufgabe des Rettungsdienstes aus notfallmedizinischer Sicht, in: Biese u.a. (Hrsg.), Handbuch des Rettungswesens, Stand: 04/2003, A 1.7.0 m.w.N.
[324] Tettinger, Besonderes Verwaltungsrecht, 7. Aufl. 2004, Rn. 463.
[325] Siehe DIN EN 1789.

Abgabe von Sauerstoff handelt, bereits statistisch im Bereich der Grenzfälle des Übergangs zum Notfalltransport erfasst[326].

b) Intensivierung der Gefahrenlage während des Transports

Das beim Krankentransport drohende Maß an weiterer, d.h. sich intensivierender Rechtsgutgefährdung besteht darüber hinaus im wesentlichen darin, dass der reine Transport eines betreuungsbedürftigen Patienten während der Fahrt in einen Notfall umschlägt, sich also der Zustand des Patienten entsprechend verschlechtert. Infolgedessen ist die Gefahrenstufe dergestalt geringer zu qualifizieren, dass nicht etwa eine unmittelbare Lebensgefahr oder die Gefahr schwerwiegender gesundheitlicher Schäden besteht, sondern lediglich die diesen zeitlich und sachlich vorgelagerte Gefahr im Sinne der Möglichkeit des Eintritts eines Zustandes, in denen Leib und Leben dann erst in dieser Weise ernstlich bedroht sind. Es handelt sich hierbei um die zunächst ausgeklammerten Fälle, in denen der Krankentransport in einen Notfall übergeht. Soweit deren Anzahl bisweilen ohne Hinweis auf entsprechende Erhebungen in einer Größenordnung zwischen 7 und 10 % der Krankentransporte angegeben wird[327], muss diese Aussage vor dem Hintergrund ausgewerteten Datenmaterials wesentlich abgeschwächt werden: Waren bei jedem zwölften Einsatz (8,5 %) während der Beförderung Komplikationen beim Patienten festzustellen, so waren diese jedoch ganz überwiegend nicht derart dramatisch, dass das Vorliegen eines Notfalls auch nur zu vermuten war. Lediglich bei jedem fünfzigsten Krankentransport gestaltete sich die Verschlechterung des Gesundheitszustandes derart, dass ein Transport mit Sondersignalnutzung erforderlich war, während eine Nachalarmierung eines Notarztes in noch weit weniger Fällen erfolgte[328].

---

[326] Abschlussbericht einer Untersuchung der Bundesanstalt für Straßenwesen (BASt) aus dem Jahre 1990, veröffentlicht in: Puhan, Durchführung von Krankentransporten im Rettungsdienst, Anschlussbericht zu FP 7.8751 der BASt, Karlsruhe 1990; Kühner/Puhan, Der Krankentransport als Aufgabe des Rettungsdienstes aus notfallmedizinischer Sicht, in: Biese u.a. (Hrsg.), Handbuch des Rettungswesens, Stand: 04/2003, A 1.7.0.
[327] Vgl. Oehler, Wer rettet den Rettungsdienst ?, in: RD 1997, S. 556 ff., 563;
[328] Kühner/Puhan, Der Krankentransport als Aufgabe des Rettungsdienstes aus notfallmedizinischer Sicht, in: Biese u.a. (Hrsg.), Handbuch des Rettungswesens, Stand: 04/2003, A 1.7.0; Abschlussbericht einer Untersuchung der Bundesanstalt für Straßenwesen (BASt) aus dem Jahre 1990, veröffentlicht in: Puhan, Durchführung von Krankentransporten im Rettungsdienst, Anschlussbericht zu FP 7.8751 der BASt, Karlsruhe 1990

c) Ärztliche Verordnung als präventive Gefahreneinschätzung

Obwohl nicht konstitutives Begriffsmerkmal des Krankentransports, sondern bloße Voraussetzung der (Kosten-) Erstattung ist die (vertrags-) ärztliche Verordnung[329] in aller Regel Grundlage der Beförderungsmittelauswahl. Diese muss lege artis von einer entsprechenden medizinischen Indikation getragen sein. Dass die Gefahrenlage beim Krankentransport hinsichtlich Unmittelbarkeit eines drohenden Schadens und der Intensität eines solchen nicht diejenige der Notfallrettung erreicht, wurde damit in aller Regel bereits vor Fahrtantritt von sachkundiger Seite festgestellt. Die Rechtsprechung zieht im Rahmen der Abgrenzung zwischen Notfallrettung und Krankentransport neben der Erforderlichkeit ärztlicher Behandlung oder medizinischer Versorgung maßgeblich das Kriterium einer gesteigerten, aktuellen Gesundheitsgefahrenlage mit der Besorgnis von Lebensgefahr oder der Gefahr schwerer gesundheitlicher Schäden heran, wie es die eingangs genannte Definition der Notfallrettung zeigt. Von einer in diesem Sinne gesteigerten Gefahrenlage könne jedoch grundsätzlich etwa dann nicht ausgegangen werden, wenn eine vorläufige ärztliche Versorgung des Patienten schon stattgefunden hat und der Arzt den Transport des Patienten ohne notärztliche Begleitung selbst in ein weit entferntes Krankenhaus für vertretbar hält[330].

d)   Zuordnung über das Institut der funktionalen Einheit und Bewertung

Denninger[331], der dem Krankentransport generell eine weniger dramatische Gefahrensituation attestiert, betrachtet unter Hinweis auf den Grenzbereich zwischen Notfallrettung und Krankentransport den Krankentransport zunächst als Maßnahme der Gefahrenvorbeugung, die es jedoch organisatorisch wie medizinisch-gesundheitsfürsorgerisch im Wege der funktionalen Einheit der Gefahrenabwehr zuzuordnen gelte. Er verweist dabei im Wesentlichen darauf, dass eine wirksame Gefahrenabwehr auf eine organisatorisch-einheitliche Einsatzkoordination angewiesen sei, die ein entsprechendes Leistungssystem erfordere, wobei er beispielhaft das sog. Rendez-vous-System anführt[332]. Es ist jedoch fraglich, ob der Umstand, dass im Einzelfall der Übergang vom Krankentransport zur Notfallrettung fließend sein kann, eine Subsumtion des Krankentransports zur allgemeinen Gefahrenabwehr als Annex zur Notfallrettung erfordert,

---

[329] Siehe hierzu die Richtlinien des Gemeinsamen Bundesausschusses über die Verordnung von Krankenfahrten, Krankentransportleistungen und Rettungsfahrten (Krankentransport-Richtlinien) in der Fassung vom 22.1.2004, BAnz Nr. 18 v. 28.1.2004.
[330] OVG Münster, Urteil v. 26.10.1990 – 9 A 368/89, in: NWVBl. 1991, S. 202 f., 203.
[331] Denninger, Rettungsdienst und Grundgesetz, in: DÖV 1987, S. 981 ff., 985.
[332] Denninger, Rettungsdienst und Grundgesetz, in: DÖV 1987, S. 981 ff., 986.

es sich nicht vielmehr um eine Frage rein praktischer Vorkehrungen hinsichtlich Personal, Fahrzeugen und Organisation handelt[333].

Gleichwohl beinhaltet der qualifizierte Krankentransport aber auch für sich genommen ein nicht unerhebliches Gefahrenabwehrmoment und dient insoweit öffentlichen Interessen. Immerhin werden durchweg Kranke, Verletzte oder andere medizinisch-fachlich hilfsbedürftige Personen befördert, weshalb die Gesundheit als Rechtsgut mit Verfassungsrang berührt ist. Der qualifizierte Krankentransport ist daher ebenfalls dem Bereich der öffentlichen Aufgaben zuzuordnen. Da aber das Ausmaß des öffentlichen Interesses im Verhältnis zur Notfallrettung weitaus geringer ist, wäre eine gesetzliche Regelung, die den qualifizierten Krankentransport zur reinen Staatsaufgabe im Sinne eines Verwaltungsmonopols erklärt, im Hinblick auf die Einschränkung der Berufsfreiheit unter dem Verhältnismäßigkeitsgrundsatz verfassungsrechtlich nicht zu rechtfertigen[334]. Der Bereich des Krankentransports kann insoweit allenfalls als partiell-staatliche Aufgabe ausgestaltet werden, die eine Beteiligung Privater im Rahmen der Aufgabenerfüllung und/oder eine parallele private Aufgabenerfüllung, die von der staatlichen Aufgabenwahrnehmung unabhängig besteht, gestattet.

II. Kontrolle anhand des positiven (Landes-) Rechts und Ergebnis

Sämtliche Aufgaben im Bereich des Rettungswesens sind angesichts der öffentlichen Interessenberührung zunächst öffentliche Aufgaben.
Da die Aufgabenqualifikation im Grenzbereich zwischen öffentlicher und staatlicher Aufgabe unter Berücksichtigung staatlicher Allzuständigkeit formal vom positiven Recht abhängt, soll diese noch ausgehend von den landesrechtlichen Vorgaben im Wege eines deskriptiven Ansatzes nachvollzogen werden.
Insoweit bleibt zunächst festzustellen, dass Überwachung und Einhaltung der Sicherstellungsgarantie, die nach allen Landesrettungsdienstgesetzen ausschließlich den öffentlichen Trägerkörperschaften obliegt, reine Staatsaufgaben sind[335], die letztlich auf grundrechtliche Schutzpflichten rückführbar sind.
Was die von dieser Garantenstellung zu unterscheidende Aufgabendurchführung angeht, so ist zunächst die Notfallrettung in Berlin und Niedersachsen, die insoweit keine Leistungserbringung außerhalb des öffentlichen Rettungsdienstes ermöglicht, ebenfalls staatliche Aufgabe im engeren Sinne. Da sowohl die Notfallrettung als auch der qualifizierte Krankentransport in allen übrigen

---

[333] So Klingshirn, Staatliche Verantwortung für die präklinische Versorgung der Bevölkerung, in: Leben retten 1994, S. 146 ff., 149.
[334] So auch BVerwG, Urteil v. 26.10.1995 – 3 C 10/94, in: NJW 1996, S. 1608 ff., 1610.
[335] So bereits Schulte, Rettungsdienst durch Private, 1999, S. 67 m.w.N.

Bundesländern auch einer Durchführung neben den öffentlichen Rettungsdiensten und damit der Grundrechtsinitiative Privater zugänglich sind, sind sie als öffentliche Aufgaben zudem den partiell-staatlichen Aufgaben zuzuordnen, da sie teils privat, teils als staatliche durchgeführt werden.

4. Teil Durchführungsübertragung im öffentlichen Rettungsdienst

Die Durchführung der rettungsdienstlichen Aufgaben mittels eigener Sach- und Personalmittel der Trägerkörperschaft innerhalb des öffentlichen Rettungsdienstes wirft derzeit kaum ungeklärte Rechtsfragen auf[336]. Anders stellt sich die Situation hinsichtlich der Frage der Mitwirkung außerhalb der Verwaltung stehender Dritter, namentlich der gemeinnützigen Hilfsorganisationen sowie gewerblicher Rettungsdienstunternehmer, im öffentlichen Rettungsdienst dar. In sämtlichen Bundesländern, die eine Beauftragung Dritter mit der Durchführung rettungsdienstlicher Leistungen vorsehen, erscheint dabei aktuell die Frage klärungsbedürftig, wie weit die Entscheidungsbefugnis des Rettungsdienstträgers bei der Auswahl geeigneter Dritter reicht, d.h. konkret, ob dem Träger ein autonomes Auswahlrecht nach pflichtgemäßem Ermessen zuzugestehen ist, oder er sich eines mehr oder weniger transparenten Auswahlverfahrens zu bedienen hat, welches unter Umständen sogar vergaberechtlichen Grundsätzen der Transparenz, des Wettbewerbs und der Gleichbehandlung zu genügen hat. Voraussetzung dafür ist stets, dass eine generelle (Vor-) Entscheidung zugunsten einer Drittübertragung bereits gefallen ist, da es zunächst einmal in der vergaberechtlich nicht zu überprüfenden Entscheidungskompetenz eines öffentlichen Auftraggebers liegt, ob er seine Bedürfnisse selbst mit eigenen Sach- und Personalmitteln erfüllt oder nicht. Das Vergaberecht ist grundsätzlich erst dann anwendbar, wenn die Entscheidung gefallen ist, dass die Leistung von einem Dritten erbracht werden soll und sich demgemäß die Frage stellt, wer den Auftrag erhalten soll[337].

Bislang sehen allein die Landesrettungsdienstgesetze des Saarlandes sowie Hessens ausdrücklich eine öffentliche Ausschreibungspflicht des Rettungsdienstträgers für den Fall der Neu- oder Wiederbesetzung eines Rettungswachbereichs[338] oder bei einem Bedürfnis zusätzlicher Kapazitäten[339] vor, bestimmen allerdings das zu wählende Verfahren nicht näher. Besondere Bedeutung kommt bei der Auswahlentscheidung den sog. Privilegierungsbestimmungen einiger Landesrettungsdienstgesetze zu, die historisch bedingt eine bevorzugte Berücksichtigung zum Teil namentlich benannter gemeinnütziger Hilfsorganisationen bei der Auswahlentscheidung des Trägers postulieren, und deren Wirksamkeit und Nutzen angesichts zunehmenden Strebens nach wettbewerblichen Strukturen und damit einhergehender Ausschöpfung von Wirtschaftlichkeitsreserven zweifelhaft erscheinen. Gerade unter Kostenaspekten wird nämlich durch eine

---

[336] Siehe zur Zulässigkeit eines öffentlichen Rettungsdienstes überhaupt Schulte, Rettungsdienst durch Private, 1999, S. 72 f.
[337] OLG Jena, Beschluss v. 22.11.2000 – 6 Verg 8/00, in: VN 5/2001, S. 38.
[338] Vgl. § 8 Abs. 3 SaarRettG.
[339] Vgl. noch § 13 Abs. 5 HessRDG 1993.

umfassende Anwendung der Wettbewerbsregeln, und die Frage nach einer sachgerechten Auswahlentscheidung bezüglich der Durchführungsübertragung rettungsdienstlicher Aufgaben ist letztlich als ein Problem des Wettbewerbs zu betrachten, sowie ein damit verbundenes marktbegründendes Bieterverfahren der für den jeweiligen Dienst wirtschaftlichste Anbieter ermittelt. Hinzu kommt, dass die Anforderungen an die Qualität der Leistungen ohnehin durch die Landesrettungsdienstgesetze im Einzelnen vorgegeben sind. Bislang fehlt es hier, wie die weitere Untersuchung zeigen wird, an geklärten Positionen. Dies hängt in erster Linie damit zusammen, dass, wie die Entwicklung des Rettungsdienstrechts gezeigt hat, die rettungsdienstlichen Strukturen sowohl auf der tatsächlichen wie auch, hieran anknüpfend, auf der (landes-) rechtlichen Ebene im wesentlichen historisch gewachsenen Ursprungs und vom Geist verwaltungsmäßiger Leistungserbringung beseelt sind, während das gegebenenfalls entgegenstehende bzw. modifizierend wirkende Vergaberechtsregime maßgeblich durch ein im Bereich öffentlicher Aufträge zuvörderst wettbewerblich determiniertes europäischen Gemeinschaftsrecht geprägt ist.

A. Aktuell-gemeinschaftsrechtlicher Hintergrund

Die Frage, ob und wenn ja nach Maßgabe welcher Vorschriften die Verträge der öffentlichen Rettungsdienstträger mit Dritten zwecks Durchführungsübertragung der Aufgaben des öffentlichen Rettungsdienstes öffentlich auszuschreiben sind, erlangt auf gemeinschaftsrechtlicher Ebene jüngst wieder aktuelle Bedeutung. So hat die Europäische Kommission erst im Oktober 2003 beschlossen, gegen Irland ein Vertragsverletzungsverfahren nach Art. 226 EGV auf Grund unterlassener Ausschreibung rettungsdienstlicher Leistungen vor dem Hintergrund einzuleiten, dass Irland einer mit Gründen versehenen Stellungnahme als zweiter Stufe des Vertragsverletzungsverfahrens nicht nachgekommen ist[340]. Diese wurde dem Mitgliedstaat zugestellt, weil der Vertrag mit dem Dublin City Council über die Erbringung von Rettungs- und Sanitätsdiensten für die Eastern Regional Health Authority, die der Rechtslage in den Bundesländern weitgehend vergleichbar als behördlicher Rettungsdienstträger mit Sicherstellungspflicht fungiert[341], ohne vorherige Ausschreibung verlängert wurde[342]. Es steht daher im Nachgang zu der eingangs genannten Entscheidung des Europäischen Gerichtshofs vom 24.9.1998[343] in absehbarer Zeit eine weitere Entscheidung zur

---

[340] Vgl. Mitteilung der Kommission vom 20.10.2003, IP/03/1415.
[341] Vgl. Pohl-Meuthen/Koch/Kuschinsky, Rettungsdienst in Staaten der EU, in: DRK Schriftenreihe zum Rettungswesen, Bd. 21, S. 86 f.
[342] Vgl. hierzu bereits die Mitteilung der Kommission vom 20.3.2003, IP/03/266.
[343] EuGH, Urteil v. 24.9.1998, Rs. C-76/97 – Walter Tögel/Niederösterreichische Gebietskrankenkasse, Slg. I-1998, S. 535 ff.

Anwendbarkeit des gemeinschaftsrechtlichen Vergaberegimes auf rettungsdienstliche Leistungen zu erwarten.

In der zitierten Entscheidung aus dem Jahre 1998, die es im Folgenden hinsichtlich ihrer Auswirkungen auf die Durchführungsübertragung der öffentlichen Rettungsdienste in Deutschland noch genauer zu untersuchen gilt, hatte der Gerichtshof bereits ausdrücklich festgestellt, dass Rettungs-[344] und Krankentransporte unter Begleitung eines Sanitäters grundsätzlich von der Dienstleistungskoordinierungsrichtlinie der EU[345] gegenständlich erfasst und daher gemeinschaftsweit auszuschreiben sind[346]. Die Entscheidung war bislang wiederholt Gegenstand von Stellungnahmen aus der Literatur, die zumindest im Ergebnis übereinstimmend feststellten, dass das Urteil des Gerichtshofs, soweit es die Dienstleistungskoordinierungsrichtlinie für uneingeschränkt anwendbar erklärt, entweder gar nicht erst auf die Rechtssituation in Deutschland übertragbar sei[347], zumindest aber auf Grund tatsächlicher Gegebenheiten in Form einer Art Einschätzungsprärogative der öffentlichen Hand bei der Wahl des Vergabeverfahrens letztlich kaum eine Änderung der bestehenden Gegebenheiten zur Folge habe[348]. Einen zentralen Ansatzpunkt der Literatur, der einer Anwendbarkeit vergaberechtlicher Normen entgegenstehen soll, bildet dabei die öffentlichrechtliche Ausgestaltung der Rechtsbeziehungen zwischen den Rettungsdienstträgern und den mit der Aufgabendurchführung beauftragten Dritten, wobei insbesondere öffentlich-rechtliche Verträge nicht dem im Vergaberecht zentralen Tatbestandsmerkmal des öffentlichen (Dienstleistungs-) Auftrages unterfallen sollen[349].

Ob der Europäische Gerichtshof, der prinzipiell einer eher extensiven Anwendung des Gemeinschaftsrechts zuneigt, sich bei entsprechender Befassung derartigen Interpretationen bezogen auf die Rechtslage in Deutschland anschließen würde, erscheint eher zweifelhaft, nachdem dies letztlich im Unterschied zur Behandlung entsprechender Dienstleistungen in anderen Mitgliedstaaten einen gemeinschaftsrechtlichen Freiraum zur Folge hätte. Bereits hier sei bemerkt,

---

[344] Gemeint war hier die Notfallrettung.
[345] Richtlinie 92/50/EWG des Rates vom 18.6.1992, ABl. L 209/1 vom 24.7.1992.
[346] EuGH, Urteil v. 24.9.1998, Rs. C-76/97 – Walter Tögel/Niederösterreichische Gebietskrankenkasse, Slg. I-1998, S. 5357 ff., Rn. 40.
[347] Vgl. Hermann, Rechtsprechung des Europäischen Gerichtshofs zum Rettungsdienst, in: Biese u.a. (Hrsg.) Handbuch des Rettungswesens, Stand: 04/2003, A. 3.0.5, S. 8; Iwers, Die Ausschreibung rettungsdienstlicher Leistungen, LKV 2002, S. 164 ff., 166; Prütting, Rettungsgesetz NW, 3. Aufl. 2001, § 13 Rn. 17.
[348] Vgl. Lichte/Lüssem, Europäischer Einfluss auf das deutsche Vergaberecht, in: Johanniter-Forum Berlin (Hrsg.), Schriftenreihe 11, 2000, S. 44 ff., 46; Schulte, Der öffentliche Rettungsdienst auf dem Prüfstand des Vergaberechts, RD 2000, S. 799 ff., 801.
[349] Vgl. Iwers, Die Ausschreibung rettungsdienstlicher Leistungen, in: LKV 2002, S. 164 ff., 166.

dass nicht auszuschließen ist, dass ein und dieselbe Dienstleistung nach nationalem Recht in einem Mitgliedstaat öffentlich-rechtlich, in einem anderen dagegen privatrechtlich ausgestaltet ist. Insbesondere seitens der Europäischen Kommission, die jüngst erneut beklagt hat, dass bezogen auf das Jahr 2001 lediglich 16 % der öffentlichen Beschaffungsaufträge EU-weit ausgeschrieben wurden[350], wird dem gemeinschaftsrechtlichen Vergaberegime und seinen primärrechtlichen Grundsätzen besondere Bedeutung auch für den Bereich gemeinwohlorientierter Leistungen zuerkannt, zu denen Notfallrettung und Krankentransport sicherlich zählen. Die Kommission hebt in ihrem Grünbuch über Dienstleistungen von allgemeinem Interesse vom 21.5.2003[351] hervor, dass der Wettbewerb und das Funktionieren des Binnenmarktes durch finanzielle Förderung defizitärer gemeinwohlorientierter Leistungen, worunter sich das geltende Selbstkostendeckungsprinzip zumindest bezüglich seiner Auswirkungen subsumieren lässt, möglichst wenig beeinträchtigt, stattdessen vielmehr der Marktzutritt grundsätzlich erleichtert werden soll. Einbezogen werden sollen dabei insbesondere Gesichtspunkte der Transparenz, Verantwortlichkeit und Effizienz sowie Umverteilungseffekte. Berücksichtigt man, dass die hiermit erstrebten Ergebnisse mit den Zielsetzungen des gemeinschaftsrechtlichen Vergaberechts nahezu deckungsgleich sind[352], so läuft dies zwangsläufig auf eine Ausweitung des vergaberechtlichen Regimes der Gemeinschaft im Bereich speziell gemeinwohlorientierter Leistungen hinaus. Nimmt man hier bestehende Umsatzvolumina in den Blick, so kommt dem Bereich des öffentlichen Rettungsdienstes angesichts eines Mitte der neunziger Jahre allein für die Bundesrepublik Deutschland geschätzten Auftragsvolumens von etwa 1,43 Mrd. €[353] innerhalb des Gesamtvolumens des öffentlichen Auftragswesens der Union[354] als Teilbereich zumindest nicht gänzlich untergeordnete Bedeutung zu.

B. Rechtsnatur der Durchführungsübertragung

Wie bereits angedeutet ist die Rechtsnatur der Durchführungsübertragung rettungsdienstlicher Aufgaben von nicht unerheblicher Bedeutung für ein Eingreifen des Vergaberechts. Regelmäßig deckt die öffentliche Hand ihren Bedarf an

---

[350] Vgl. Mitteilung der Kommission vom 7.5.2003, KOM (2003) 238 endg.
[351] KOM (2003) 270 endg.
[352] Knauff, Die Europäisierung des deutschen Vergaberechts, in: VR 2000, S. 397 ff., 398 f.; ders., Das Grünbuch der Kommission über Dienstleistungen von allgemeinem Interesse, in: EuZW 2003, S. 453 ff., 454.
[353] Vgl. Dennerlein/Schneider, Wirtschaftlichkeitsreserven im Rettungsdienst der BRD, Augsburg 1995, S. 6.
[354] Dieses beläuft sich für das Jahr 2001 auf 1.429 Mrd. € und macht damit 16 % des BIP der EU aus, vgl. Bericht der Kommission über das Funktionieren der gemeinschaftlichen Güter- und Kapitalmärkte 2002 vom 23.12.2002, KOM (2002) 743 endg.

Gütern und Dienstleistungen, die sie zur Erfüllung ihrer öffentlichen Aufgaben benötigt, durch privatrechtliche Verträge[355]. Bezüglich der Vergabe von Durchführungsaufträgen im öffentlichen Rettungsdienst an Dritte finden sich in den Landesrettungsdienstgesetzen dem Wortlaut nach unterschiedliche Vorgaben zur Ausgestaltung der entsprechenden Rechtsverhältnisse. So sprechen die Rettungsdienstgesetze Berlins (nur der Krankentransport ist hier übertragbar), Brandenburgs, Hamburgs, Niedersachsens und Sachsen-Anhalts lediglich von der Möglichkeit einer (Durchführungs-) Übertragung ohne dies näher zu spezifizieren[356], während Baden-Württemberg und Nordrhein-Westfalen ausdrücklich von einer *Vereinbarung* zwischen Rettungsdienstträger und Beauftragtem sprechen[357]. Die Gesetze Bayerns, Bremens, Mecklenburg-Vorpommerns, des Landes Rheinland-Pfalz, des Saarlandes, Sachsens, Schleswig-Holsteins und Thüringens, also genau die Hälfte der Bundesländer, sehen darüber hinaus ausdrücklich den Abschluss öffentlichrechtlicher Verträge zwischen Rettungsdienstträger und mit der Aufgabendurchführung beauftragter Dritter vor[358].

Soweit zunächst einige Landesrettungsdienstgesetze ohne nähere Spezifizierung eine Übertragungsmöglichkeit auf Dritte, d.h. die gemeinnützigen Hilfsorganisationen oder gewerbliche Anbieter, vorsehen, erfolgt die Beauftragung auch hier zunächst auf vertraglicher Grundlage. Eine Durchführungsübertragung mittels Verwaltungsakt als einseitig verpflichtender hoheitlicher Maßnahme scheidet deshalb aus, weil Voraussetzung stets das Einverständnis des Leistungsanbieters mit der Aufgabenwahrnehmung ist und die jeweiligen Landesrettungsdienstgesetze den Rettungsdienstträger weder ausdrücklich zu einer einseitigen Verpflichtung Dritter ermächtigen noch etwa Antragserfordernisse bzw. -voraussetzungen im Sinne eines mitwirkungsbedürftigen, begünstigenden Verwaltungsaktes normieren. Demgemäß geht auch das Verwaltungsgericht Göttingen und ihm folgend das Oberverwaltungsgericht Lüneburg für Niedersachsen, dessen Rettungsdienstgesetz nicht ausdrücklich von einer (öffentlich-

---

[355] Hertwig, Praxis der öffentlichen Auftragsvergabe, 2. Aufl. 2001, Rn. 216; Dreher, in: Immenga/Mestmäcker (Hrsg.), GWB, 3. Aufl. 2001, Vorbem §§ 97 ff., Rn. 57; Schoch/Schmidt-Aßmann/Pietzner, VwGO, § 40 Rn. 277, 281. Der privatrechtliche Charakter der Auftragsvergabe wird in der Literatur lediglich vereinzelt generell zugunsten einer Anwendung des Verwaltungsrechts bestritten, vgl. Willenbruch, Vorbeugender und vorläufiger Rechtsschutz nach dem Vergaberechtsänderungsgesetz, in: NVwZ 1999, S. 1062.
[356] §§ 5 Abs. 2 BlnRDG; 5 Abs. 1 BbgRDG; § 8 HbgRDG; § 5 Abs. 1 NdsRDG; § 3 Abs. 2 RDG-LSA.
[357] § 2 Abs. 1 RDG BW; § 13 Abs. 1 RettG NW.
[358] Art. 19 Abs. 3 BayRDG; § 6 Abs. 2 BremRettG; § 6 Abs. 4 RDG-MV; § 5 Abs. 2 RDG RhPf; § 8 Abs. 1 SaarRettG; § 6 Abs. 1 SächsRDG; § 6 Abs. 3 RDG SH; § 4 Abs. 1 ThürRettG.

rechtlichen) Vereinbarung spricht[359], davon aus, dass lediglich die Auswahlentscheidung im Wege eines zweistufigen Verfahrens durch Verwaltungsakt erfolgt, während sich der eigentliche Beauftragungsvorgang hieran im Vereinbarungswege anschließt[360].

Schulte qualifiziert die Übertragungsverträge in Nordrhein-Westfalen unter Hinweis darauf, dass für den Fall, dass der Gesetzgeber keine ausdrücklich anderweitige Entscheidung getroffen hat, unter anderem dann von der Geltung des Privatrechtsregimes auszugehen ist, wenn die Verwaltung auf dem Güter- oder Dienstleistungsmarkt zur Bedarfsdeckung tätig wird[361], als privatrechtlichen Beschaffungsvertrag[362]. Würde man dieser Einschätzung folgen, so wäre diese Qualifizierung zumindest auf all diejenigen Bundesländer zu erstrecken, die keine ausdrückliche öffentlich-rechtliche Qualifizierung der Rechtsverhältnisse vornehmen.

Der öffentlich-rechtliche Vertrag unterscheidet sich vom Abschluss eines privatrechtlichen Vertrages durch den Vertragsgegenstand[363] und damit den Maßstab, nach dem die Rechtsfolge zu bemessen ist[364]. Ein öffentlich-rechtlicher Vertrag liegt vor, wenn mit seiner Hilfe ein Rechtsverhältnis auf dem Gebiet des öffentlichen Rechts begründet, geändert oder aufgehoben wird[365]. Da die fraglichen Verträge in allen Bundesländern die Übertragung der Durchführung rettungsdienstlicher Leistungen, deren Sicherstellung als Aufgabe unmittelbar den Trägerkörperschaften obliegt, zum Gegenstand haben, dienen sie unmittelbar der Erfüllung einer diesen obliegenden öffentlichen Aufgabe und sind folglich in sämtlichen Bundesländern unabhängig von einer entsprechenden ausdrücklichen Bezeichnung im jeweiligen Landesrettungsdienstgesetz öffentlich-rechtlicher Natur. Sie dienen nicht etwa lediglich im Sinne einer fiskalischen Beschaffungstätigkeit der Verwaltung nur mittelbar der eigenen Aufgabenwahrnehmung durch die Rettungsdienstträger, sondern sind gerade dazu bestimmt, diese über eine reine Bedarfsdeckung hinaus auf außerhalb der Verwaltung stehende Dritte zu übertragen[366] und begründen hierdurch ein spezifisches öffentlich-rechtliches Rechtsverhältnis. Soweit im Gegensatz dazu beispielsweise Verträge von Gemeinden mit juristischen Personen des Privatrechts über Errichtung und Betrieb von Krankenhäusern nicht als öffentlich-rechtliche Ver-

---

[359] Vgl. § 5 Abs. 1 NdsRDG.
[360] Vgl. VG Göttingen, Beschluss v. 9.6.1999 – 4 B 4105/99, S. 10 der Beschlussausfertigung; OVG Lüneburg, Beschluss v. 14.9.1999 – 11 M 2747/99, in: NdsVBl. 1999, S. 285.
[361] Ehlers, Verwaltung in Privatrechtsform, 1984, S. 201, 442.
[362] Schulte, Rettungsdienst durch Private, 1999, S. 124. Siehe auch Vergabekammer Düsseldorf, Beschluss v. 7.11.2002 – VK 32/2002 L, S. 17.
[363] BVerwGE 22, 138, 140; 74, 368, 370; BGHZ 97, 312, 313 f.
[364] Wolff/Bachof/Stober, Verwaltungsrecht, Bd. 2, 6. Aufl. 2000, § 54 Rn. 17.
[365] § 54 Satz 1 VwVfG.
[366] Siehe hierzu Kopp/Ramsauer, VwVfG, 8. Aufl., 2003, § 54 Rn. 38.

träge qualifiziert werden[367], ist zu berücksichtigen, dass die Krankenhausgesetze der Länder hier trotz öffentlichem Sicherstellungsauftrag ausdrücklich eine private Trägerschaft vorsehen und - im Gegensatz zum Rettungsdienst - nicht von einer Durchführungsübertragung einer der Gemeinde als Trägerkörperschaft obliegenden Aufgabe, sondern lediglich einer Zusammenarbeit der sicherstellungsverpflichteten Körperschaft mit den im übrigen autonomen privaten Krankenhausträgern sprechen[368]. Bezogen auf das Rettungswesen ist die Situation insoweit eher mit der Aufnahme staatsunabhängig, d.h. außerhalb des öffentlichen Rettungsdienstes tätiger Leistungserbringer, die bereits im Besitz einer rettungsdienstrechtlichen Genehmigung sind, in die öffentliche Bedarfsplanung vergleichbar.

Obwohl das zugrunde liegende Landesrettungsdienstgesetz hier ohne nähere Konkretisierung von einer bloßen Übertragung der Aufgabendurchführung spricht, bezeichnet das brandenburgische Ministerium für Arbeit, Soziales, Gesundheit und Frauen in einem an die Trägerkörperschaften gerichteten Informationsschreiben zur Aufgabendurchführungsübertragung im öffentlichen Rettungsdienst aus dem Jahre 2001[369] das Verfahren, mit dem die Durchführung des Rettungsdienstes auf Dritte übertragen wird, ausdrücklich als ein öffentlich-rechtliches Verwaltungsverfahren im Sinne von § 9 VwVfG, das in der Regel auf den Abschluss eines öffentlich-rechtlichen Vertrages nach § 54 VwVfG gerichtet ist. Der Rettungsdienstträger beschaffe sich bei der Durchführungsübertragung selbst keine rettungsdienstlichen Leistungen. Gilt es dem nach dem Vorgesagten uneingeschränkt zu folgen, so sind die weiteren Feststellungen des Ministeriums, wonach insbesondere kein wettbewerbsrechtliches Vergabeverfahren mit europaweiter Bekanntmachung nach Maßgabe unter anderem der §§ 97 ff. GWB durchzuführen ist[370], noch im Einzelnen zu überprüfen. Das Ministerium schlägt hier im weiteren einer Entscheidung des OVG Magdeburg[371] folgend die Durchführung einer Art nicht-förmlichen Ausschreibungsverfahrens unter Beachtung verwaltungsverfahrensrechtlicher Grundsätze vor, nachdem es zutreffend feststellt, dass ein haushaltsrechtliches Vergabeverfahren[372] nicht

---

[367] Kopp/Ramsauer, VwVfG, 8. Aufl., 2003, § 54 Rn. 38.
[368] Vgl. etwa § 2 Abs. 2 u. 3 KHG NW.
[369] Rundschreiben des Ministeriums für Arbeit, Soziales, Gesundheit und Frauen des Landes Brandenburg im Einvernehmen mit dem Ministerium des Innern vom 7.6.2001, Gz.: 44-5731.3.3.1, Ziff. 3 u. 4.
[370] Rundschreiben des Ministeriums für Arbeit, Soziales, Gesundheit und Frauen des Landes Brandenburg im Einvernehmen mit dem Ministerium des Innern vom 7.6.2001, Gz.: 44-5731.3.3.1, Ziff. 4 u. 6.
[371] OVG Magdeburg, Beschluss v. 21.12.2000 – 1 M 316/00, in: LKV 2001, S. 282 (LS), S. 6 der Beschlussausfertigung.
[372] Vgl. etwa § 31 GemHVO NW.

durchführbar ist[373]. Letzteres ist deshalb zutreffend, weil kein Bedarfsdeckungs- oder Beschaffungsgeschäft im Rahmen kommunalwirtschaftlicher Betätigung bzw. eines Geschäfts der Verwaltung oder Verwertung von Gemeindevermögen vorliegt. Allein dies ist jedoch unter dem gemeindehaushaltsrechtlichen Begriff kommunaler Auftragsvergabe zu verstehen[374]. Ob jedoch trägerseits vor dem Hintergrund der geltenden Normenhierarchie einschließlich des gemeinschaftsrechtlich determinierten Vergaberechtsregimes rechtlich beanstandungsfrei im Wege eines rein rettungsdienst- sowie verwaltungsverfahrensrechtlich ausgestalteten nicht-förmlichen Ausschreibungsverfahrens ohne europaweite Bekanntmachung vorgegangen werden kann, wird die weitere Untersuchung gerade aufzeigen. Festgestellt werden kann jedoch bereits hier, dass die Durchführungsübertragung auf Grundlage öffentlich-rechtlicher Verträge im Subordinationsverhältnis erfolgt.

C. Bisherige Rechtsprechung auf nationaler Ebene

Auf nationaler Ebene findet sich zur Ausschreibungspflicht rettungsdienstlicher Leistungen Judikatur sowohl der Verwaltungsgerichte als auch der gemäß §§ 107 ff. und 116 ff. GWB im vergaberechtlichen Nachprüfungsverfahren zuständigen Vergabekammern und -senate. Dieses Nebeneinander erklärt sich gerade angesichts auch in der Rechtsprechung vorherrschender unterschiedlicher Auffassungen zum Eingreifen des Vergaberechts und damit der Ausschreibungspflichtigkeit rettungsdienstlicher Leistungen, wobei sich das Bild bis heute als uneinheitlich darstellt. Nicht zuletzt die Frage des einschlägigen Rechtsweges hängt dabei entscheidend von der Frage ab, ob der Begriff des öffentlichen Auftrages im Sinne von § 99 Abs. 1 GWB bzw. der dahinter stehende, diesen maßgeblich mitbestimmende Begriff des öffentlichen Dienstleistungsauftrages gemäß Art. 1 lit. a) der Dienstleistungskoordinierungsrichtlinie die öffentlich-rechtlichen Übertragungsverträge im Rettungswesen erfasst. So ist auf Grund der Konzentrationswirkung des informellen[375] und förmlichen[376] vergaberecht-

---

[373] Rundschreiben des Ministeriums für Arbeit, Soziales, Gesundheit und Frauen des Landes Brandenburg im Einvernehmen mit dem Ministerium des Innern vom 7.6.2001, Gz.: 44-5731.3.3.1, Ziff. 4.
[374] Vgl. Gern, Deutsches Kommunalrecht, 2. Aufl. 1997, Rn. 772.
[375] Das vorgeschaltete, informelle Nachprüfungsverfahren findet vor den sog. Vergabeprüfstellen statt, deren Einrichtung dem Bund und den Ländern freigestellt ist, vgl. § 103 Abs. 1 GWB.
[376] Das, sich bei Vorhandensein einer Vergabeprüfstelle ggf. an das informelle anschließende, förmliche Nachprüfungsverfahren findet vor den Vergabekammern des Bundes oder der Länder, deren Einrichtung obligatorisch ist, mit der Möglichkeit einer sofortigen Beschwerde zu dem für den Sitz der Vergabekammer zuständigen Oberlandesgericht statt, vgl. §§ 104 Abs. 1, 116 GWB. Dieses, streng vom Vergabevorgang an sich zu unterscheidende, Nachprüfungsver-

lichen Nachprüfungsverfahrens der Verwaltungsrechtsweg bei Eingreifen des Vergaberechts im Bereich des Primärrechtsschutzes nicht eröffnet[377]. § 103 Abs. 3 Satz 1 GWB bestimmt ausdrücklich, dass gegen die Entscheidung der Vergabeprüfstelle nur die Vergabekammer angerufen werden kann. Darüber hinaus legt § 104 Abs. 2 GWB fest, dass Ansprüche gegen öffentliche Auftraggeber, die auf die Vornahme oder die Unterlassung einer Handlung in einem Vergabeverfahren gerichtet sind, außer vor den Vergabeprüfstellen nur vor den Vergabekammern und dem Beschwerdegericht geltend gemacht werden können. Unberührt bleiben lediglich die Zuständigkeit der ordentlichen Gerichte für die Geltendmachung von Schadensersatzansprüchen und die Befugnisse der Kartellbehörden, § 104 Abs. 2 Satz 2 GWB. Ist mithin der sachliche Anwendungsbereich des EU-Vergaberechts und des entsprechenden nationalen Transformationsrechts erfüllt, so sind allein die spezifisch vergaberechtlichen Spruchkörper i.S.d. §§ 102 ff. GWB zur Nachprüfung berufen. Die weitere Voraussetzung des sachlichen Anwendungsbereichs, das Erreichen des Schwellenwertes, der für sog. sonstige Liefer- und Dienstleistungsaufträge, worunter rettungsdienstliche Leistungen insoweit zu fassen sind, 200.000,- € beträgt[378], dürfte bei den im Rettungswesen zu vergebenden Leistungen bereits angesichts deren Personalintensivität, verbunden mit entsprechend langen Vertragslaufzeiten stets erfüllt sein. Keines näheren Eingehens bedarf auch der persönliche Anwendungsbereich des Vergaberechts, nachdem die Trägerkörperschaften im Rettungsdienst als Gebietskörperschaften bzw. Zusammenschlüsse derselben bereits Art. 1 lit. b) Dienstleistungskoordinierungsrichtlinie bzw. § 98 Nr. 1 und 3 GWB unterfallen.

Die nachfolgenden Entscheidungen befassen sich demgemäß auch allein mit den klärungsbedürftigen Begriffsmerkmalen des öffentlichen (Dienstleistungs-) Auftragsbegriffs und weisen damit der weiteren Untersuchung den Weg.

I. Rechtsprechung der Verwaltungsgerichte

Was bisherige verwaltungsgerichtliche Entscheidungen angeht, so soll neben einer obergerichtlichen Entscheidung, die die Vergabe rettungsdienstlicher Leistungen zum Gegenstand hat, ergänzend eine weitere Entscheidung beleuchtet werden, die eine Durchführungsübertragung von ebenfalls im Allgemeininteresse liegenden Aufgaben im Bereich der Abfallentsorgung zum Gegenstand hatte und die deshalb, nicht zuletzt angesichts in diesem Bereich zwischenzeit-

---

fahren orientiert sich im wesentlichen an verwaltungsgerichtlichen Grundsätzen, wobei das Verwaltungsverfahrensrecht subsidiär Anwendung findet, vgl. OLG Brandenburg, Beschluss v. 3.8.1999 – 6 Verg 1/99, in: NVwZ 1999, S. 1142 ff., 1146.

[377] Hertwig, Praxis der öffentlichen Auftragsvergabe, 2. Aufl. 2001, Rn. 217.

[378] Vgl. Art. 7 Abs. 1 RL 92/50/EWG, §§ 100 Abs. 1 GWB, 2 Ziff. 3 VgV.

lich vorliegender Judikatur des Europäischen Gerichtshofs, zumindest im weiteren Sinne vergleichbar ist.

1.) OVG Lüneburg, Beschluss vom 14.9.1999[379]

Von Interesse ist zunächst der eine Entscheidung des Verwaltungsgerichts Göttingen[380] bestätigende Beschluss des Oberverwaltungsgerichts Lüneburg vom 14.9.1999. Die Vorinstanz betrachtete hier, abstellend auf den subordinationsrechtlichen Charakter der Durchführungsübertragung, die Beauftragung eines Dritten nach dem niedersächsischen Rettungsdienstgesetz als ein zweistufiges Verfahren, welches eine Auswahlentscheidung und den auf dieser basierenden, eigentlichen Beauftragungsvorgang umfasse. Dabei sei die Auswahlentscheidung entsprechend dem öffentlich-rechtlichen Charakter des Rettungsdienstes vorbehaltlich einer satzungsrechtlichen Regelung ein Verwaltungsakt, weshalb der zu Unrecht übergangene Bieter insoweit Rechtsschutz vor der Verwaltungsgerichtsbarkeit begehren könne[381]. Im Beschwerdeverfahren bejahte das OVG ebenfalls die Eröffnung des Verwaltungsrechtsweges und damit sowohl seine fachgerichtliche Prüfungsbefugnis als auch die Nichtanwendbarkeit gleichermaßen der Dienstleistungskoordinierungsrichtlinie wie des Kartellvergaberechts unter Hinweis darauf, dass die nach Landesrecht für die Beauftragung mit der Aufgabendurchführung maßgebliche Norm, § 5 Abs. 1 NdsRettDG, die Beauftragung des Dritten nicht als fiskalische Tätigkeit des Rettungsdienstträgers normiere. Der mit der Durchführung Beauftragte werde vielmehr zur Erfüllung der dem Träger obliegenden öffentlich-rechtlichen Verwaltungsaufgabe Rettungsdienst herangezogen und handele daher gleichfalls hoheitlich[382]. Ergänzend stellte der Senat darauf ab, dass die Heranziehung des Beauftragten im öffentlichen Recht und dabei insbesondere im Bereich der Daseinsvorsorge und Gefahrenabwehr wurzele [383], wodurch er letztlich maßgeblich auf den öffentlich-rechtlichen Charakter der insoweit zu schließenden Vereinbarung abgestellt hat. Dabei nahm er die Dienstleistungskoordinierungsrichtlinie 92/50/EWG ebenso ausdrücklich zur Kenntnis, wie die hierzu ergangene Entscheidung des Europäischen Gerichtshofes vom 24.9.1998[384] und die zwischenzeitlich in Kraft

---

[379] OVG Lüneburg, Beschluss v. 14.9.1999 – 11 M 2747/99, in: Nds.VBl. 1999, S. 285 ff. u. NVwZ-RR 2000, S. 215 (LS).
[380] VG Göttingen, Beschluss v. 9.6.1999 – 4 B 4105/99.
[381] VG Göttingen, Beschluss v. 9.6.1999 – 4 B 4105/99, S. 10 der Beschlussausfertigung.
[382] OVG Lüneburg, Beschluss v. 14.9.1999 – 11 M 2747/99, in: Nds.VBl. 1999, S. 285 ff., 286.
[383] OVG Lüneburg, Beschluss v. 14.9.1999 – 11 M 2747/99, in: Nds.VBl. 1999, S. 285 ff., 286.
[384] EuGH, Urteil v. 24.9.1998, Rs. C-76/97 – Walter Tögel/Niederösterreichische Gebietskrankenkasse, Slg. I-1998, S. 5357 ff.

getretenen, neu gefassten §§ 97 ff. GWB. Deren Anwendbarkeit trat der Senat unter Hinweis darauf entgegen, dass der der Entscheidung des Gerichtshofes zugrunde liegende Fall mit dem hier zu entscheidenden deshalb nicht vergleichbar sei, weil der Gerichtshof nicht über die Durchführung einer (national-)gesetzlich als öffentlich-rechtliche Aufgabe ausgestalteten Tätigkeit durch einen hierzu beauftragten Dritten zu befinden hatte. Bezogen auf die Dienstleistungsrichtlinie machte der Senat den von ihm befürworteten Anwendungsausschluss daran fest, dass deren Präambel eine Leistungserbringung auf gesetzlicher Basis ausdrücklich vom Geltungsbereich der Richtlinie ausnehme[385].

Bereits diese Entscheidung markiert zwei wesentliche, miteinander verbundene und für die Anwendbarkeit des Vergaberechts bedeutsame Fragestellungen, die anhand der Tatbestandsmerkmale des öffentlichen (Dienstleistungs-)Auftrages bis heute streitig sind: Die Geltung des Vergaberechts im Bereich öffentlich-rechtlicher Verträge sowie die Anwendbarkeit des Wettbewerbsrechts auf hoheitliches Handeln.
Soweit die fehlende Anwendbarkeit der Dienstleistungsrichtlinie und damit des Vergaberechts insgesamt darüber hinaus der Präambel der Richtlinie selbst unter Verweis auf eine gesetzlich angeordnete Durchführungsübertragung entlehnt wird, kann bereits hier festgestellt werden, dass die Begründung des Gerichts insoweit zu kurz greift. So benennt § 5 NdsRettDG weder den mit der Durchführung zu beauftragenden Dritten noch werden, wie im Übrigen in allen Landesrettungsdienstgesetzen, die Einzelheiten des Tätigwerdens im Einzelnen bestimmt. Hierzu bedarf es folglich gerade des in der Präambel der Richtlinie angesprochenen Auftrages.

Da das Oberverwaltungsgericht eine Ausschreibungspflichtigkeit anhand des Vergaberechts bereits aus den genannten Gründen verneint hatte, hat es die Frage, ob überhaupt eine entgeltliche Vereinbarung im Sinne von § 99 Abs. 1 GWB bzw. Art. 1 lit. a) RL 92/50/EWG vorliegt, gar nicht erst behandelt[386]. Bedeutsam ist dieser Umstand deshalb, weil das Rettungsdienstgesetz Niedersachsens ebenso wie u.a. das des Landes Rheinland-Pfalz das sog. Konzessionsmodell[387] umsetzt, und der Vergabeüberwachungsausschuss Rheinland-Pfalz bereits mit Beschluss vom 24.11.1998 bezogen auf die Dienstleistungskoordinierungsrichtlinie entschieden hatte, dass die Vergabe rettungsdienstlicher Leis-

---

[385] OVG Lüneburg, Beschluss v. 14.9.1999 – 11 M 2747/99, in: Nds.VBl. 1999, S. 285 ff., 286.
[386] Das VG Göttingen hatte diese Frage in der Vorinstanz noch ausdrücklich dahinstehen lassen. Vgl. VG Göttingen, Beschluss v. 9.6.1999 – 4 B 4105/99, S. 10 der Beschlussausfertigung.
[387] Vgl. hierzu unten S. 130.

tungen auf Basis des Konzessionsmodells mangels Vorliegens eines entgeltlichen Vertrages in diesem Sinne nicht der Richtlinie unterfalle[388].

2.) OVG Lüneburg, Urteil vom 21.1.1999[389]

Über die Übertragung der Durchführung von Aufgaben der öffentlichen Hand im Bereich der Abfallentsorgung hatte das OVG Lüneburg bereits zuvor entschieden. Dieser Fall einer Aufgabendurchführungsübertragung ist angesichts der hoheitlichen Ausgestaltung des Verhältnisses zwischen Auftraggeber und Durchführendem weitgehend mit der Situation der Durchführungsübertragung im öffentlichen Rettungsdienst vergleichbar. Das Gericht bejahte hier zwar ausdrücklich das Erfordernis einer öffentlichen Ausschreibung nach haushaltsrechtlichen Maßstäben, verneinte indes gleichzeitig ausdrücklich eine Anwendbarkeit wettbewerbsrechtlicher Maßstäbe. Ein mögliches Eingreifen der Dienstleistungsrichtlinie 92/50/EWG problematisierte das Gericht seinerzeit nicht. Es stellte vielmehr darauf ab, dass die Abfallentsorgung sich als Aufgabe der Daseinsvorsorge darstelle, was der hoheitlichen Ausgestaltung des Verhältnisses zwischen Abfallbesitzer und Entsorgungspflichtigem entspreche. Dieses Verhältnis lasse sich in den Kategorien des Marktes und Wettbewerbs nicht begreifen, zumal die entsorgungspflichtige Körperschaft auch keine Nachfrage auf einem wie auch immer gearteten Markt ausübe[390]. Die Argumentation weist hier nicht unerhebliche Parallelen zu der im Beschluss vom 14.9.1999 auf.

Zwischenzeitlich hat der Europäische Gerichtshof jedoch mit Urteil vom 10.4.2003[391] ausdrücklich festgestellt, dass u.a. die Vergabe von Aufträgen im Bereich der Abfallbehandlung seitens der entsorgungspflichtigen Körperschaften der Richtlinie 92/50/EWG unterfällt, so dass eine Ausschreibung anhand der in Umsetzung der Richtlinie erlassenen Rechtsvorschriften zu erfolgen hat. Der Gerichtshof hat hier somit erst kürzlich in einem Bereich, der nach nationalem Recht als hoheitliche Aufgabe ausgestaltet ist, und der auf nationaler Ebene deshalb als (kartell-) vergaberechtsfrei angesehen wurde, ein Eingreifen des gemeinschaftsrechtlichen Vergaberechtsregimes ausdrücklich bejaht. Eine entsprechende Beurteilung im Bereich der Durchführungsbeauftragung mit rettungsdienstlichen Leistungen nach deutschem Landesrecht durch den Gerichts-

---

[388] Vgl. Vergabeüberwachungsausschuss Rheinland-Pfalz, Beschluss vom 24.11.1998 – VÜ 5/96.
[389] OVG Lüneburg, Urteil v. 22.1.1999 – 9 L 1803/97, in: NVwZ 1999, S. 1128 ff.
[390] OVG Lüneburg, Urteil v. 22.1.1999 – 9 L 1803/97, in: NVwZ 1999, S. 1128 ff., 1129.
[391] EuGH, Urteil vom 10.4.2003, verb. Rs. C-20/01 und C-28/01 – Kommission/Bundesrepublik Deutschland, in: NVwZ 2003, S.1231 ff., 1233, Rn. 56 f., 68.

hof erscheint von daher nicht unwahrscheinlich. Die eingangs genannte Entschließung der Kommission zur Einleitung eines Vertragsverletzungsverfahrens gegenüber Irland jedenfalls deutet zunächst für dieses Gemeinschaftsorgan in diese Richtung.

II. Entscheidungen der Vergabekammern und –senate

1.) OLG Naumburg, Beschluss vom 19.10.2000

Wiederum die Vergabe rettungsdienstlicher Leistungen zum Gegenstand hat ein Beschluss des Oberlandesgerichts Naumburg vom 19.10.2000[392]. In der Entscheidung, die sich mit dem Eingreifen des Vergaberechts sowohl im Hinblick auf §§ 97 ff. GWB als auch die zugrunde liegende Richtlinie 92/50/EWG auseinandersetzt, stellt der Senat entscheidend auf sowohl den in § 99 Abs. 1 GWB legaldefinierten Begriff des öffentlichen Auftrages als auch den Begriff des öffentlichen Dienstleistungsauftrages gemäß Art. 1 lit. a) der Richtlinie ab. Er erörtert dabei zunächst unter anderem unter Bezugnahme auf die Begründung des Regierungsentwurfs zu § 99 GWB[393] sowie einen vorangegangenen Beschluss des OLG Celle[394] die Frage, ob auch öffentlich-rechtliche Verträge unter den Begriff des öffentlichen Auftrages nach § 99 Abs. 1 GWB zu subsumieren sind. Insoweit legt er sich jedoch unter Hinweis auf mögliche Abgrenzungsprobleme im Bereich öffentlich-rechtlicher und privatrechtlicher Verträge letztlich nicht fest, sondern stellt entscheidend darauf ab, ob die Funktion des Übertragungsvertrages die Beschaffung von Marktleistungen oder aber die Ausübung öffentlicher Gewalt zum Gegenstand hat[395]. Mithin geht der Senat hier ebenfalls von einem Ausschlussverhältnis der beiden Zuordnungsalternativen aus. Unter Bezugnahme auf die in dem zugrunde liegenden Fall maßgebliche Aufgabenzuweisungsnorm, § 2 Abs. 1 RettDG-LSA, wonach der Rettungsdienst als öffentliche Aufgabe wahrzunehmen ist, geht er sodann im Ergebnis davon aus, dass die mit der Durchführung der Leistungen Beauftragten unmittelbar hoheitlich tätig würden, und es angesichts dieser spezifischen öffentlich-rechtlichen Natur der Rechtsbeziehungen zwischen Rettungsdienstträger und Leistungserbringer an der für die Anwendbarkeit des Vergaberechts notwendigen Beschaffung von Marktleistungen fehle[396]. Die vom Beschwerdeführer angeführte Entscheidung

---

[392] 1 Verg 9/00 – Rettungsdienst, in: WuW/E Verg 429 ff.
[393] BT-Drs. 13/9340, S. 15
[394] OLG Celle, Beschluss vom 24.11.1999 – 13 Verg. 7/99, in: NZBau 2000, S. 299 ff., 300.
[395] OLG Naumburg, Beschluss vom 19.10.2000 - 1 Verg 9/00 – Rettungsdienst, in: WuW/E Verg 429 ff., 431.
[396] OLG Naumburg, Beschluss vom 19.10.2000 - 1 Verg 9/00 – Rettungsdienst, in: WuW/E Verg 429 ff., 431.

des Europäischen Gerichtshofes in der Rechtssache *Walter Tögel ./. Niederösterreichische Gebietskrankenkasse*[397] erachtete der Senat wie zuvor bereits das OVG Lüneburg in seinem Beschluss vom 14.9.1999 für auf der Sachverhaltsebene nicht vergleichbar und verneinte im Ergebnis eine Ausschreibungspflicht nach Maßgabe der in Umsetzung der Dienstleistungskoordinierungsrichtlinie ergangenen Rechtsvorschriften.

2.) Vergabekammer der Bezirksregierung Köln, Beschluss vom 9.7.2003[398]

Genau entgegengesetzt entschied die Vergabekammer der Bezirksregierung Köln in ihrem jüngsten Beschluss vom 9.7.2003. Gegenstand des Nachprüfungsverfahrens war hier eine von einem nordrhein-westfälischen Landkreis als Rettungsdienstträger durchgeführte Ausschreibung der Durchführung rettungsdienstlicher Aufgaben, wobei bei trägerseitiger Gestellung bestimmter Sachmittel im wesentlichen Personalkräfte und deren Dienstleistungskapazitäten eingekauft werden sollten[399]. Die Ausschreibung wurde hier nach den Bestimmungen des zweiten Abschnitts der VOL/A im Rahmen eines nicht offenen Verfahrens mit vorgeschaltetem Teilnahmewettbewerb[400] durchgeführt. Im Nachprüfungsverfahren trug die Vergabestelle vor, die öffentliche Ausschreibung mit gemeinschaftsweiter Bekanntmachung im Supplement zum Amtsblatt der Europäischen Union[401] lediglich freiwillig aus Gründen der Transparenz vorgenommen zu haben, weil es sich bei der ausgeschriebenen Übertragung nicht um einen öffentlichen Auftrag im Sinne von § 99 GWB handele. Aus diesem Grunde sei auch der bieterseits gestellte Nachprüfungsantrag unzulässig.

Die Kammer bejahte demgegenüber in ihrem Beschluss das Vorliegen eines den sachlichen Anwendungsbereich des Vergaberechts eröffnenden öffentlichen Auftrages im Sinne von § 99 Abs. 1 GWB.

Dem Einwand der Vergabestelle, bereits die öffentlich-rechtliche Rechtsnatur der Durchführungsverträge führe dazu, dass diese nicht dem (Dienstleistungs-)Auftragsbegriff des § 99 Abs. 1 GWB bzw. der Dienstleistungsrichtlinie unterfallen, trat die Kammer dabei im wesentlichen mit dem Hinweis entgegen, dass allein die Besonderheit des deutschen Rechts, den Vertrag angesichts seines Gegenstandes als öffentlich-rechtlich einzustufen, diesen von der Geltung des

---

[397] EuGH, Urteil v. 24.9.1998, Rs. C-76/97 – Walter Tögel/Niederösterreichische Gebietskrankenkasse, Slg. I-1998, S. 5357 ff.
[398] VK VOL 16/2003. Siehe zuvor bereits Vergabekammer Düsseldorf, Beschluss v. 7.11.2002 – VK 32/2002 L, S. 16 f. der Beschlussausfertigung, die allerdings die Übertragungsvereinbarung noch unzutreffend als privatrechtliche Vereinbarung ansieht.
[399] Vgl. §§ 9, 13 RettG NW
[400] Vgl. zu den einzelnen Vergabearten unten S. 144.
[401] ABl.- S.

Vergaberechtsregimes nicht freistellen könne, nachdem die Einordnung eines Vertrages als zivil- oder öffentlich-rechtlich in den verschiedenen Mitgliedsstaaten der Gemeinschaft unterschiedlich ausgestaltet sein kann, nationale Zuordnungen für den Anwendungsbereich der hinter dem (Kartell-)Vergaberecht stehenden Vergaberechtlinien der Gemeinschaft, hier der Richtlinie 92/50/EWG, indes keine Rolle spielten[402]. Hinter diesen Feststellungen der Vergabekammer verbirgt sich nichts anderes als der in ständiger Rechtsprechung des Europäischen Gerichtshofes und des Bundesverfassungsgerichts allgemein anerkannte Grundsatz vom (Anwendungs-)Vorrang des Gemeinschaftsrechts.

Darüber hinaus sei nach Auffassung der Vergabekammer auch eine den Anwendungsbereich des Vergaberechts ausschließende einseitige hoheitliche Beschaffung nicht gegeben. Die Ausführungen in der von der Vergabestelle zitierten Kommentierung zum nordrhein-westfälischen Landesrettungsdienstgesetz[403], die sich am Beschluss des OVG Lüneburg vom 14.9.1999 orientieren, bezeichnete die Kammer ausdrücklich als den Grundprinzipien und Zielsetzungen des neu gefassten Wettbewerbsrecht nicht mehr entsprechend und zwischenzeitlich überholt[404]. Im Nachgang zum Beschluss des Vergabeüberwachungsausschusses Rheinland-Pfalz vom 24.11.1998 stellte die Kammer im übrigen ergänzend auf den Gesichtspunkt der Entgeltlichkeit des Vertrages und damit den anerkannten Grundsatz, dass Dienstleistungskonzessionen mangels Entgeltlichkeit im Verhältnis zwischen Auftraggeber und Auftragnehmer nicht dem Auftragsbegriff unterfallen[405], ab. Im Rahmen dessen berücksichtigte die Kammer auch die beiden in den Landesrettungsdienstgesetzen vorherrschenden unterschiedlichen Konzepte bei der Einbindung Dritter in den öffentlichen Rettungsdienst: Das Konzessions- und das Submissionsmodell[406]. Unter Hinweis auf das in Nordrhein-Westfalen geltende Submissionsmodell und das damit im Innenverhältnis zwischen dem Rettungsdienstträger und dem Beauftragten bestehende entgeltliche Dienstleistungsverhältnis, wurde dann schließlich auch die Entgeltlichkeit des Vertrages und damit eine umfassende Pflicht zur Ausschreibung gemäß den unter anderem in Umsetzung der Dienstleistungskoordi-

---

[402] Vergabekammer bei der Bezirksregierung Köln, Beschluss vom 9.7.2003 – VK VOL 16/2003, S. 13 der Beschlussausfertigung.
[403] Vgl. Prütting, Rettungsgesetz NW, 3. Aufl. 2001, § 13 Rn. 17 unter Hinweis auf den Beschluss des OVG Lüneburg vom 14.9.1999 – 1 M 2747/99.
[404] Vergabekammer bei der Bezirksregierung Köln, Beschluss vom 9.7.2003 – VK VOL 16/2003, S. 13 der Beschlussausfertigung.
[405] Vgl. hierzu i.e. Enzian, Zur Frage, ob das Vergaberecht auf Dienstleistungskonzessionen anwendbar ist, in: DVBl. 2002, S. 235 ff. sowie unten S. 130 f.
[406] Siehe hierzu unten S. 130 f.

nierungsrichtlinie geschaffenen nationalen Vergaberegeln sowie der Richtlinie selbst im Übrigen bejaht[407].

III. Zwischenergebnis: Stand der Rechtsprechung

Die dargestellte Entscheidungspraxis zeigt, dass die Frage der Ausschreibungspflicht rettungsdienstlicher Leistungen bislang als weitgehend ungeklärt zu betrachten ist. Ein hinreichendes Maß an Rechtssicherheit sowohl für ausschreibungswillige bzw. zur Ausschreibung verpflichtete Rettungsdienstträger als auch für potentielle Bieter gilt es daher letztlich im Hinblick auf den Begriff des öffentlichen (Dienstleistungs-) Auftrages unter Berücksichtigung der Rechtsprechung des Europäischen Gerichtshofs auslegungsweise zu erarbeiten.

D. Struktur des einschlägigen Vergaberechts und Vorrang richtlinienkonformer Auslegung

Bevor im Folgenden die Übertragungsermächtigungen der Landesrettungsdienstgesetze und dabei insbesondere die sog. Privilegierungsregelungen, die teilweise die Übertragung und Auswahl der zu Beauftragenden in das pflichtgemäße Ermessen des Trägers stellen, teilweise aber auch sowohl die Übertragung als auch die Auswahl der Dritten a priori vorschreiben, auf ihre Wirksamkeit hin untersucht werden, ist die Struktur des nationalen (Kartell-)Vergaberechts als im wesentlichen Umsetzungsrecht der Gemeinschaftsrichtlinien und darauf aufbauend die Reichweite des Auslegungspostulats der Vergaberichtlinien zu erfassen. Die Übertragungs- und Privilegierungsvorschriften der Landesgesetze können letztlich allein aufgrund dem Vergaberecht widersprechenden Inhaltes unwirksam sein, vorausgesetzt es lässt sich ein vollumfängliches Eingreifen des Vergaberechts feststellen.

I. Struktur und Systematik des Vergaberechts

1.) Gemeinschaftsrechtliche (Richtlinien-) Vorgaben

Das geltende deutsche Vergaberecht wird vornehmlich durch europarechtliche Vorgaben geprägt[408]. Nachdem die Aufsplitterung in einzelne staatliche Vergabemärkte auf gemeinschaftlicher Ebene als technische Schranke einer effizien-

---

[407] Vergabekammer bei der Bezirksregierung Köln, Beschluss vom 9.7.2003 – VK VOL 16/2003, S. 14 der Beschlussausfertigung.
[408] Siehe zu aktuellen Änderungsbestrebungen die Gemeinsamen Standpunkte des Rates von März 2003, ABl. EU 2003 Nr. C 147 E, S. 1 und ABl. EU 2003 Nr. C 147 E, S. 137.

ten Ressourcenallokation empfunden wurde[409], wurden in der Folge insgesamt vier materielle Vergaberichtlinien erlassen. Deren wesentliches Ziel ist es, die Wirkung des primären Gemeinschaftsrechts, insbesondere der Art. 28, 39, 43 und 49 EGV zu unterstützen und einen möglichst weitgehenden Wettbewerb mittels Koordinierung der nationalen Vergabevorschriften zu gewährleisten bzw. erreichen[410]. Wesentliche Instrumente sind dabei die Herstellung europaweiter Publizität und die Gewährleistung einer diskriminierungsfreien Beschreibung der zu vergebenden Aufträge. Neben der Baukoordinierungsrichtlinie (BKR)[411] und der Lieferkoordinierungsrichtlinie (LKR)[412] sowie der sog. Sektorenrichtlinie (SKR)[413] wurde insbesondere die für den Untersuchungsgegenstand maßgebende Dienstleistungskoordinierungsrichtlinie 92/50/EWG (DKR)[414] erlassen, die den gesamten restlichen, d.h. nicht von den übrigen Richtlinien erfassten Bereich des öffentlichen Auftragswesens regelt. Der Anwendungsbereich der Dienstleistungsrichtlinie ist umfassend und als Auffangtatbestand zu verstehen. Dienstleistungsverträge sind danach, vorbehaltlich der noch vorzunehmenden Begriffsbestimmung des öffentlichen Dienstleistungsauftrages im Sinne von Art. 1 lit. a) der Richtlinie nach der Präambel ausdrücklich sämtliche Verträge, die nicht durch entweder die Bau- oder die Lieferkoordinierungsrichtlinie gegenständlich erfasst sind. Lassen sich daher Aufträge nach den gemeinschaftsrechtlichen Vorschriften ausschließlich als entweder Liefer-, Bau- oder Dienstleistungsaufträge qualifizieren, so lassen sich die Aufträge zur Durchführung rettungsdienstlicher Leistungen allein unter die Dienstleistungsrichtlinie subsumieren.

Die Koordinierungsrichtlinien werden flankiert von einer weiteren Gruppe von Richtlinien, den sog. Rechtsmittelrichtlinien, von denen die Rechtsmittelrichtlinie 89/665/EWG vom 21.12.1989[415] die klassischen Auftraggeber im Anwendungsbereich der Bau-, Liefer- und Dienstleistungsrichtlinie erfasst, während die Rechtsmittelsektorenrichtlinie 92/13/EWG vom 25.2.1992[416] lediglich die Auftraggeber in den Sektoren Wasser, Energie, Verkehr und Telekommunikation im Sinne der Sektorenrichtlinie erfasst. Die Rechtsmittelrichtlinien schreiben ein Verfahren zur Überprüfung der Einhaltung der materiellen Vorgaben der

---

[409] Vgl. Hertwig, Praxis der öffentlichen Auftragsvergabe, 2. Aufl. 2001, Rn. 13 m.w.N.
[410] Thiemel, in: Langen/Bunte (Hrsg.), Kommentar zum deutschen und europäischen Kartellrecht, Bd. 1, 9. Aufl. 2001, Vorbem. §§ 97 ff. GWB, Rn. 33.
[411] Richtlinie 93/37/EWG des Rates vom 14.6.1993, ABl. L 199/54 vom 9.8.1993.
[412] Richtlinie 93/36/EWG des Rates vom 14.6.1993, ABl. L 199/1 vom 9.8.1993.
[413] Richtlinie 93/37/EWG des Rates vom 14.6.1993, ABl. L 199/84 vom 9.8.1993.
[414] Richtlinie über die Koordinierung der Verfahren zur Vergabe öffentlicher Dienstleistungsaufträge vom 18.6.1992, ABl. L 209/1 vom 24.7.1992.
[415] ABl. Nr. L 395/33 vom 30.12.1989, S. 33.
[416] ABl. Nr. L 76/14 vom 23.3.1992, S. 14

Koordinierungsrichtlinien vor und verhelfen diesen über die Transformation zu ihrer Wirksamkeit und Durchsetzbarkeit.

2.) Richtlinienumsetzung und geltendes nationales Vergaberecht

a) Transformation der Koordinierungsrichtlinien als Kartellvergaberecht

Nach zunächst erfolgter Umsetzung der gemeinschaftsrechtlichen Vorgaben durch die sog. haushaltsrechtliche Lösung mittels Neufassung der §§ 57 a bis c des Haushaltsgrundsätzegesetzes (HGrG)[417], die sich gravierenden gemeinschafts- und verfassungsrechtlichen Bedenken nicht zuletzt der seitens der Europäischen Kommission ausgesetzt sah[418], erfolgte durch das Vergaberechtsänderungsgesetz vom 26.8.1998[419] zum 1.1.1999 die Umsetzung im Rahmen der §§ 97 ff. GWB als Kartellvergaberecht. Die Verankerung im GWB sollte dem gewandelten Verständnis der Vergaberegeln entsprechen und die wettbewerbliche Bedeutung des heutigen Vergaberechts betonen. Das neue Vergaberecht fügte sich nicht mehr in das Haushaltsrecht ein, da dieses schwerpunktmäßig den fiskalischen Geboten Wirtschaftlichkeit und Sparsamkeit auf Seiten der Auftraggeber zu dienen bestimmt ist, während die Koordinierungsrichtlinien der Gemeinschaft ausdrücklich den Wettbewerbsaspekt in den Mittelpunkt stellen.

b) Dreistufiger Aufbau des nationalen Vergaberechts (Kaskadenprinzip)

Das deutsche Vergaberecht weist einen dreistufigen Aufbau auf und folgt damit dem sog. Kaskadenprinzip, womit die Umsetzung des EU-Rechts mittels des Vergaberechtsänderungsgesetzes, d.h. der §§ 97 ff. GWB, der Vergabeverordnung als Bindeglied und deren Verweisung auf die einzelnen Verdingungsordnungen gemeint ist.

Das Kartellvergaberecht als erste Stufe wird materiell vornehmlich durch die sog. Vergabegrundsätze des § 97 GWB: Wettbewerb, Transparenz, Gleichbe-

---

[417] BGBl. I 1993, S. 1928 ff.
[418] Vgl. Thiemel, in: Langen/Bunte (Hrsg.), Kommentar zum deutschen und europäischen Kartellrecht Bd. 1, 9. Auf. 2001, Vorbem. §§ 97 ff. GWB, Rn. 49 m.w.N. u.a. des Mahnschreibens der Europäischen Kommission vom 31.10.1995 zur mangelnden Umsetzung der Rechtsmittelrichtlinie 89/665/EWG, Az.: SG (95) D-13625.95/2044. Vgl. zur verspäteten Umsetzung der Dienstleistungskoordinierungsrichtlinie EuGH, Urteil v. 2.5.1996, Rs. C-253/95 – Kommission/Bundesrepublik Deutschland, Slg. I-1996, S. 2423 ff., Rn. 10 f.
[419] BGBl. I S. 2512, vgl. auch die Neubekanntmachung des GWB vom 2.9.1998 (BGBl. I S. 2546).

handlung und Zuschlag auf das wirtschaftlichste Angebot, geprägt[420], die - den Richtlinienvorgaben entsprechend - entscheidende und bindende Auslegungsmaßstäbe insbesondere für die Verdingungsordnungen liefern. Diese sind folglich grundsätzlich wettbewerbsfreundlich, d.h. unter Beachtung des öffentlichen Interesses an einem ungehinderten und diskriminierungsfreien Zugang zum Wettbewerb um öffentliche Aufträge, auszulegen[421].
Die auf den Verordnungsermächtigungen der §§ 97 Abs. 6, 127 GWB beruhende Vergabeverordnung (VgV)[422] erfüllt die Funktion eines Bindegliedes zwischen dem Kartellvergaberecht und der dritten Ebene, den einzelnen Verdingungsordnungen, hier der für die Ausschreibung rettungsdienstlicher Leistungen einschlägigen VOL/A[423]. Über diese (statische) Verweisungsfunktion hinaus bildet die Vergabeverordnung gewissermaßen das Sammelbecken für alle im Hinblick auf die Umsetzung der gemeinschaftsrechtlichen Vorgaben erforderlich gewordenen Nachbesserungen. § 4 Abs. 1 VgV ordnet für öffentliche Auftraggeber im Sinne von § 98 Nr. 1 bis 3 GWB, zu denen die Rettungsdienstträger als Gebietskörperschaften bzw. deren (Zweck-)Verbände wie gesagt zählen, bei der Vergabe von Dienstleistungsaufträgen verbindlich die Anwendung des zweiten Abschnittes der VOL/A an.

Dieser enthält über die sog. Basisparagraphen des ersten Abschnitts hinaus wesentliche Bestimmungen, die der Umsetzung der Liefer- und Dienstleistungskoordinierungsrichtlinie dienen und insbesondere die gemeinschaftsrechtlichen Vergabeprinzipien, d.h. Wettbewerb, Transparenz und Diskriminierungsfreiheit, verwirklichen.
Ein bedeutsamer Regelungsinhalt der Verordnung ist zudem die Festsetzung des sog. Schwellenwertes, ab dem (Dienstleistungs-)Aufträge unter Beachtung sowohl der Richtlinie 92/50/EWG als auch des nationalen Transformationsrechts im formalisierten Verfahren gemeinschaftsweit auszuschreiben sind[424]. § 2 Ziff. 3 VgV bestimmt dabei für die sog. sonstigen Dienstleistungsaufträge in Umset-

---

[420] Vgl. hierzu Koenig/Haratsch, Grundzüge des deutschen und europäischen Vergaberechts, NJW 2003, S. 2637 ff., 2638; Thiemel, in: Langen/Bunte (Hrsg.), Kommentar zum deutschen und europäischen Kartellrecht, 9. Aufl. 2001, § 97 Rn. 2 ff., jeweils m.w.N.
[421] Thiemel, in: Langen/Bunte (Hrsg.), Kommentar zum deutschen und europäischen Kartellrecht, 9. Aufl. 2001, § 97 Rn. 3 m.w.N.
[422] Verordnung über die Vergabe öffentlicher Aufträge vom 9.1.2001 (BGBl. I S. 110) i.d.F. der Bekanntmachung v. 11.2.2003 (BGBl. I S. 169); vgl. zur Entwicklung der Vergabeverordnung Dreher, in: Immenga/Mestmäcker, GWB, 3. Aufl. 2001, Vorbem. §§ 97 ff., Rn. 29 m.w.N.
[423] Verdingungsordnung für Leistungen i.d.F. der Bekanntmachung vom 17.8.2000 (BAnz. Nr. 200a vom 24.10.2000).
[424] Vgl. § 100 Abs. 1 GWB.

zung von Art. 7 Abs. 1 der Dienstleistungskoordinierungsrichtlinie einen Schwellenwert i.H.v. brutto 200.000,- €. Soweit Aufträge zur Durchführung rettungsdienstlicher Leistungen diesen (Gesamt-) Auftragswert, was bereits angesichts der regelmäßig mehrjährigen Laufzeit wie oben festgestellt kaum zu erwarten steht, nicht erreichen sollten, sind sowohl die EU-Vergaberichtlinien als auch das Kartellvergaberecht und die Vergabeverordnung nebst dem darin in Bezug genommenen zweiten Abschnitt der VOL/A unanwendbar. Für den Bereich unterhalb des Schwellenwertes legen lediglich die Haushaltsordnungen des Bundes, der Länder und der Gemeinden fest, dass eine öffentliche Ausschreibung vor Abschluss eines Vertrages über Lieferungen und Leistungen stattgefunden haben muss. Diese sind jedoch angesichts ihres Regelungszwecks wie gesehen auf die Durchführungsübertragung rettungsdienstlicher Aufgaben nicht anwendbar. Unterhalb der Schwellenwerte ist außerdem das durch die Rechtsmittelrichtlinien sowie in deren Umsetzung die §§ 97 Abs. 7 i.V.m. 107 ff. GWB, VOL/A 2. Abschnitt oberhalb des Schwellenwertes vorgeschriebene Nachprüfungsverfahren nicht eröffnet[425].

Die Verdingungsordnungen, hier die für die Leistungsart allein in Betracht kommende VOL/A, bilden die dritte und unterste Stufe der Rechtskaskade im Vergaberecht. Sie sind ihrer Rechtsnatur nach private Regelwerke, erlangen allerdings nach herrschender Meinung Rechtsnormqualität, d.h. Allgemeinverbindlichkeit und Außenwirkung insoweit, als dass der Verordnungsgeber in der Vergabeverordnung auf sie verweist[426].

II. Das Gebot richtlinienkonformer Auslegung

Aufgrund des Charakters des Kartellvergaberechts als Umsetzungsrecht hat die Auslegung seiner Bestimmungen primär im Sinne einer richtlinienkonformen Auslegung entsprechend den Vorgaben der EU-Vergaberichtlinien, d.h. insbesondere anhand des Ziels der Schaffung eines tatsächlichen Vergabebinnenmarktes und damit verbundenen Vergabewettbewerbes als Institution, zu erfolgen. Auch für das transformierte nationale Vergaberecht gilt der allgemeine für die Auslegung von Umsetzungsrecht maßgebende Grundsatz, wonach jeder Träger öffentlicher Gewalt die Auslegung des nationalen Rechts soweit wie möglich an Wortlaut und Zweck der Richtlinie auszurichten hat, um das mit der betreffenden Richtlinie verfolgte Ziel zu erreichen und auf diese Weise der Umsetzungspflicht nach Art. 249 Abs. 3 EGV nachzukommen[427]. Auch im Vergaberecht ist dagegen eine unmittelbare Anwendbarkeit einer Richtlinienbestim-

---

[425] Vgl. Art. 1 Abs. 1 RL 89/665/EWG.
[426] Dreher, in: Immenga/Mestmäcker, GWB, 3. Aufl. 2001, Vorbem. §§ 97 ff. Rn. 30 m.w.N.
[427] EuGH, Urteil vom 24.9.1998, Rs. C-76/97 – Walter Tögel / Niederösterreichische Gebietskrankenkasse, Slg. I -1998, S. 5357 ff., Rn. 25 m.w.N.

mung nur dann eröffnet, wenn eine richtlinienkonforme Auslegung des nationalen (Vergabe-)Rechts in diesem Sinne nicht möglich ist[428]. Was die Ermittlung im Einzelfall, so auch bei Auslegungsfragen hinsichtlich der Inhalte des Begriffes des öffentlichen Auftrages im Sinne von § 99 Abs. 1 GWB bzw. des öffentlichen Dienstleistungsauftrages nach Art. 1 lit. a) der Richtlinie 92/50/EWG angeht, so ist über die für die Auslegung des Gemeinschaftsrecht maßgebende Rechtsprechung der Gemeinschaftsgerichte hinaus auch die Auslegungspraxis der Europäischen Kommission zu berücksichtigen[429].

E. Privilegierungsregelungen in den Landesrettungsdienstgesetzen

Im Rahmen der Übertragungsermächtigungen sehen die Landesrettungsdienstgesetze vielfach privilegierende Regelungen zugunsten der gemeinnützigen Hilfs- bzw. Sanitätsorganisationen[430] vor. Zu den Hilfsorganisationen zählen von regionalen Besonderheiten abgesehen nur das Deutsche Rote Kreuz, der Arbeiter-Samariter-Bund, der Malteser-Hilfsdienst, die Johanniter-Unfallhilfe und die Deutsche Lebensrettungsgesellschaft. Das Vorhandensein, die Ausgestaltung und vor allem die Frage der Wirksamkeit der Privilegierungsregelungen sind von nicht unerheblicher Bedeutung für die Ausschreibungspflichtigkeit der Durchführungsübertragung im öffentlichen Rettungsdienst. Dabei kollidieren Regelungen, die einzelne Anbieter im Rahmen der vom Träger zu treffenden Auswahlentscheidung kraft gesetzlicher Anordnung bevorzugen, unabhängig von ihrer Ausgestaltung im einzelnen zumindest potentiell sowohl mit den genannten Zielsetzungen der EU-Vergaberichtlinien als auch mit den in § 97 Abs. 1 und 2 GWB niedergelegten materiellen Vergaberechtsgrundsätzen, namentlich den Prinzipien des Wettbewerbs, der Transparenz und der Gleichbehandlung, die sich ergänzend auch in den Verdingungsordnungen wiederfinden[431]. Sie führen zu einer weitgehenden Reduzierung des Bewerberfeldes und damit einer Ausschaltung des Wettbewerbs sowie damit nahezu zwangsläufig verbundener Diskriminierung sonstiger Dritter, etwa gewerblicher Leistungsanbieter.

---

[428] EuGH, Urteil vom 24.9.1998, Rs. C-76/97 – Walter Tögel / Niederösterreichische Gebietskrankenkasse, Slg. I -1998, S. 5357 ff., Rn. 25 m.w.N.
[429] Vgl. Mitteilung der Kommission vom 7.5.2003, KOM (2003) Nr. 238 endg.
[430] Hierunter versteht man solche Organisationen, die mitgliedschaftlich organisiert, gemeinnützig und satzungsmäßig zur Hilfeleistung im Rettungsdienst verpflichtet sind, vgl. Prütting, Rettungsgesetz NW, 3. Aufl. 2001, § 18 Rn. 21 m.w.N.
[431] Vgl. § 2 VOL/A.

I. Landesrechtliche Vorgaben für die Auswahl der Leistungserbringer

1.) Gleichbehandlung bei der Auswahlentscheidung

Nicht in allen Bundesländern ist, zumal für sämtliche Leistungsarten, eine Bevorzugung gemeinnütziger Hilfsorganisationen bei der Auswahlentscheidung landesrechtlich vorgesehen. So sehen namentlich die Rettungsdienstgesetze Niedersachsens, des Saarlandes, Sachsens, Sachsen-Anhalts, Schleswig-Holsteins und Thüringens keine bevorzugte Berücksichtigung der Hilfsorganisationen bei der Anbieterauswahl vor[432]. In Berlin sollen gemäß § 5 Abs. 2 Bln RettDG zumindest im Bereich des Krankentransports gemeinnützige Hilfsorganisationen wie sonstige Dritte nach dem Gesetzeswortlaut gleichrangig nebeneinander zu berücksichtigen sein.

2.) Varianten landesrechtlicher Privilegierung

Soweit die Landesrettungsdienstgesetze dagegen eine bevorzugte Berücksichtigung von gemeinnützigen Hilfsorganisationen vorsehen, bestehen zum Teil erhebliche graduelle Unterschiede hinsichtlich des Maßes der vorgesehenen Privilegierung. Die wohl stärkste Form einer Bevorzugung sieht das bremische Rettungsdienstgesetz vor, welches eine klare Bevorzugung der gemeinnützigen Hilfsorganisationen für den Fall der Drittbeauftragung vorschreibt und keine Möglichkeit zur Durchführungsübertragung auf sonstige Dritte eröffnet[433]. Dem kommt angesichts der wiederholt angesprochenen, in jeder Hinsicht homogenen Leistungsdefinition in allen Landesgesetzen die Regelung des nordrhein-westfälischen Rettungsgesetzes nahe, wonach die gemeinnützigen Hilfsorganisationen bei gleichem Leistungsangebot (zwingend) gegenüber sonstigen Anbietern vorrangig zu berücksichtigen sind[434]. Die Vorgaben Baden-Württembergs, Bayerns, Berlins - soweit in Berlin eine Durchführungsübertragung im Bereich der Notfallrettung ermöglicht wird -, sowie des Landes Rheinland-Pfalz lassen sich ebenfalls dieser Stufe zuordnen. Dort soll eine Beauftragung Dritter unter lediglich geringfügigen terminologischen Abweichungen grundsätzlich nur dann zulässig sein, wenn die bevorzugt zu berücksichtigen Hilfsorganisationen hierzu entweder nicht Willens oder in der Lage sind[435]. Geringerer Intensität sind schließlich Bestimmungen, wonach, sei es durch ein

---

[432] Vgl. §§ 5 NdsRettDG; 8 Abs. 1 SaarRettG; 6 Abs. 1 SächsRettDG; 3 Abs. 2 RDG LSA; 6 Abs. 3 RDG SH; 4 Abs. 1 ThürRettG.
[433] Vgl. § 6 Abs. 2 BremRettG.
[434] § 13 Abs. 1 Satz 2 RettG NW.
[435] Vgl. § 2 Abs. 1 RDG BW; Art. 19 Abs. 1 Satz 2 BayRDG; § 5 Abs. 1 RDG Bln; § 5 Abs. 1 u. 3 Satz 2 RDG RhPf.

vorheriges Genehmigungsverfahren oder gegenüber den gemeinnützigen Hilfsorganisationen erweiterte Überwachungsmöglichkeiten und -befugnisse, andere Anbieter als Hilfsorganisationen einen besonderen Leistungsfähigkeitsnachweis zu erbringen haben[436]. Letztgenannten Regelungen kann ein gewisses Maß an sachlicher Rechtfertigung bereits an dieser Stelle zuerkannt werden, da den öffentlichen Trägern eine umfassende Sicherstellungsverpflichtung hinsichtlich einer bedarfsgerechten und flächendeckenden Versorgung der Bevölkerung mit rettungsdienstlichen auferlegt ist, die es ihnen für den Fall der Durchführungsübertragung ermöglichen muss, sich von der Zuverlässigkeit und Leistungsfähigkeit der in Frage kommenden Anbieter hinreichend zu überzeugen. Hinzu kommt, dass die genannten Bestimmungen sonstige Dritte bei entsprechendem Leistungsfähigkeitsnachweis mit den gemeinnützigen Hilfsorganisationen auf die gleiche Stufe stellen.

Zu den Ländern, die landesrechtlich bei der gesetzlichen Ausgestaltung des öffentlichen Rettungswesens das sog. Submissionsmodell umgesetzt haben[437], zählen mit Bremen und Nordrhein-Westfalen zwei derjenigen Länder, die eine besonders weitreichende Bevorzugung gemeinnütziger Hilfsorganisationen vorsehen[438], während alle übrigen Landesgesetze, die diesem Modell folgen entweder keine Privilegierungsbestimmungen enthalten[439] oder aber diese der vorgenannten, abgeschwächten Variante zuzurechnen sind[440].

II. Rechtswidrigkeit der Privilegierungsregelungen

1.) Verstoß der Privilegierungsregelungen gegen Verfassungs- und (allgemeines) Kartellrecht

Einen möglichen Verstoß der landesgesetzlichen Bevorzugung der gemeinnützigen Hilfsorganisationen bei der Durchführungsübertragung gegen Art. 3 Abs. 1 GG und das kartellrechtliche Diskriminierungsverbot nach § 26 Abs. 2 GWB a.F.[441] hat bereits *Schulte*[442] untersucht und im Ergebnis bejaht.

---

[436] Vgl. §§ 5 Abs. 3 BbgRettG; 7, 8 HbgRDG; 6 Abs. 4 RDG M-V.
[437] Lediglich bei diesen Ländern kommt letztlich tatbestandlich eine Ausschreibungspflicht nach der Richtlinie 92/50/EWG i.V.m. dem nationalen Transformationsrecht in Betracht. Vgl. hierzu unten S. 131.
[438] Vgl. §§ 6 Abs. 2 BremRettG; 13 Abs. 1 Satz 2 RettG NW.
[439] §§ 6 Abs. 1 SächsRettDG; 3 Abs. 2 RDG LSA; 6 Abs. 3 RDG SH.
[440] §§ 5 Abs. 3 BbgRettG; 7, 8 HbgRDG; 6 Abs. 4 RDG M-V.
[441] § 20 Abs. 1 GWB n.F.
[442] Schulte, Rettungsdienst durch Private, 1999, S. 104 f.

a) Verstoß gegen Art. 3 Abs. 1 GG

Art. 3 Abs. 1 GG bindet gemäß Art. 1 Abs. 3 i.V.m. Art. 20 Abs. 3 GG auch den Gesetzgeber[443]. *Schulte* bejaht zunächst eine die übrigen (gewerblichen) Anbieter beeinträchtigende Ungleichbehandlung wesentlich gleicher Sachverhalte hinsichtlich der privilegierten Hilfsorganisationen und der gewerblichen Anbieter. Die maßgebliche Gemeinsamkeit beider Personengruppen erblickt er darin, dass beide die subjektiven Kriterien der Eignung, Leistungsfähigkeit und Mitwirkungsbereitschaft im Hinblick auf die Durchführungsübertragung rettungsdienstlicher Leistungen aufweisen, so dass sich beide unter den gemeinsamen Oberbegriff derjenigen Personen, die rettungsdienstliche Leistungen anbieten, subsumieren lassen[444]. Dem schließt sich der Verfasser hier bereits angesichts der landesgesetzlich übereinstimmend vorgegebenen, in jeder Hinsicht homogenen Leistungsdefinition nebst zwingenden Voraussetzungen zum notwendigen Sach- und Personalmitteleinsatz an. Entsprechendes gilt für die Feststellungen zu einer möglichen verfassungsrechtlichen Rechtfertigung der gesetzlichen Ungleichbehandlung unter dem Gesichtspunkt, die gemeinnützigen Hilfsorganisationen seien in Struktur und Dauerhaftigkeit bekannt und hätten sich in der Vergangenheit bewährt ebenso wie unter dem Gesichtspunkt der Mitarbeit der Hilfsorganisationen im Bereich des Zivil- und Katastrophenschutzes. Dabei reduziert *Schulte* den Aspekt der regelmäßig aus Sicht der Trägerkörperschaft bestehenden Bekanntheit und Bewährung in der Vergangenheit auf das Interesse der Verwaltung, einen höheren Verwaltungsaufwand bei Auswahl und Beobachtung der Auftragnehmer zu vermeiden und stellt fest, dass dieser Aspekt bereits unter dem Gesichtspunkt der Erforderlichkeit nicht geeignet ist, eine Ungleichbehandlung gewerblicher Anbieter zu rechtfertigen. Unter Hinweis u.a. auf Rechtsprechung des Berliner Verfassungsgerichtshofs[445] stellt er fest, dass es der (Genehmigungs-) Behörde – und damit letztlich auch der Trägerkörperschaft im Rahmen einer Auswahlentscheidung – angesichts der Bedeutung für die Grundrechtsverwirklichung ohne weiteres zuzumuten ist, die Eignung und Zuverlässigkeit unterschiedlicher Anbieter zu überprüfen. Spätestens bei der Güterabwägung in der Angemessenheit unterliege die Verwaltungpraktikabilität dabei ohnehin der höheren Wertigkeit des Gleichbehandlungserfordernisses[446]. Unter dem Gesichtspunkt der Erforderlichkeit wie der Verhältnismäßigkeit im engeren Sinne sind hier differenzierter lediglich diejenigen Privilegierungsbestimmungen, die das Erfordernis eines gesonderten Leistungsfähigkeits- und Zuverlässigkeitsnachweises postulieren und die sonstigen Leistungserbringer

---

[443] Vgl. BVerfGE 1, 14 ff., 52; Osterloh, in Sachs (Hrsg.), GG, 3. Aufl. 2003, Art. 3 Rn. 75.
[444] Schulte, Rettungsdienst durch Private, 1999, S. 107.
[445] VerfGH Berlin, Beschluss vom 13.8.1996 – VerfGH 63/94, in: RD 1997, S. 260 f., 261.
[446] Schulte, Rettungsdienst durch Private, 1999, S. 110, 111 m.w.N.

im Nachgang hierzu auf die gleiche Eignungsstufe setzen, nicht zu beanstanden. Insoweit gilt es zu berücksichtigen, dass die Parameter der Fachkunde, Leistungsfähigkeit und Zuverlässigkeit nicht nur vergaberechtsimmanent sind, sondern es sich hierbei grundsätzlich um die einzig zulässigen Kriterien der Eignungsprüfung handelt[447].

Bereits auf der Ebene der Geeignetheit tritt *Schulte* überdies einer möglichen Rechtfertigung der Ungleichbehandlung mit der Begründung, dass die klassischen Hilfsorganisationen im Zivil- und Katastrophenschutz in besonderer Weise mitwirkten[448], entgegen.

Er weist hierzu auf der sachlichen Ebene unter anderem bezugnehmend auf die technischen Anforderungen an die Sachmittelausstattung darauf hin, dass zwar möglicherweise ein Einsatz rettungsdienstlich ausgebildeter Kräfte im Katastrophenschutz denkbar ist, nicht hingegen der umgekehrte Weg, d.h. ein Einsatz der Ausrüstungsgegenstände des Katastrophenschutzes im Rettungsdienst, nachdem diese nicht den gesetzlich sowie im Wege technischer Normung gestellten Anforderungen entsprechen[449].
Es lässt sich daher feststellen, dass die Ländernormen, die die klassischen, gemeinnützigen Hilfsorganisationen den übrigen Leistungsanbietern vorziehen, gegen das Gleichbehandlungsgebot des Art. 3 Abs. 1 GG verstoßen, sofern sie nicht lediglich einen gleichwertigen, also auftragsbezogenen Eignungsnachweis fordern.

b) Verstoß gegen § 20 Abs. 1 GWB

Schulte[450] hat darüber hinaus einen Verstoß der privilegierten Landesgesetze gegen das kartellrechtliche Diskriminierungsverbot des § 26 Abs. 2 GWB a.F.[451] bejaht. Nach Feststellung der tatbestandlichen Erfüllung gelangt er zu dem Zwischenergebnis, dass die Privilegierungsvorschriften der Landesrettungsdienstgesetze eine kartellrechtswidrige Bevorzugung der gemeinnützigen Hilfsorganisationen statuieren und erörtert sodann im einzelnen die Frage, inwieweit die Länder befugt sind, im Rahmen ihrer Gesetzgebungskompetenz für die Durchführungsbeauftragung als Teilbereich des Rettungswesens einen besonderen Ausnahmetatbestand vom GWB zu schaffen. Ihm Rahmen dessen wirft er die kompetenzrechtliche Frage des Verhältnisses der Länderkompetenz

---

[447] Vgl. § 97 Abs. 4 GWB, Art. 32 Abs. 1 RL 92/50/EWG.
[448] Vgl. hierzu etwa BVerwG, Urteil vom 3.11.1994 – 3 C 17/92, in: NJW 1995, S. 3067 ff., 3068; VerfGH Berlin, Beschluss vom 13.8.1996 – VerfGH 63/94, in: RD 1997, S. 260 f., 261.
[449] Schulte, Rettungsdienst durch Private, 1999, S. 114.
[450] Schulte, Rettungsdienst durch Private, 1999, S. 115 ff., 139.
[451] Entspricht § 20 Abs. GWB n.F.

nach Art. 30, 70 GG zur Bundeskompetenz für das GWB nach Art. 74 Abs. 1 Nr. 16 GG auf. Er bejaht dabei eine Gegenstandsgleichheit und dabei Kollision zwischen dem kartellrechtlichen Diskriminierungsverbot und den landesrechtlichen Privilegierungsvorschriften[452]. Eine derartige Kollision ist grundsätzlich dann anzunehmen, wenn die Anwendung beider Normen, hier des Diskriminierungsverbotes auf der einen und der jeweiligen Privilegierungsvorschrift auf der anderen Seite im konkreten Fall zu unterschiedlichen Rechtsfolgen führen würde[453]. In der hier gegebenen Konstellation würde das kartellrechtliche Diskriminierungsverbot einen Zugang zur Auftragsvergabe für sämtliche Leistungsanbieter unter Berücksichtigung des Gleichbehandlungsgrundsatzes gebieten, während die jeweils konkrete Privilegierungsregelung kraft Landesrecht eine Berücksichtigung der Anbietervielfalt nicht zuließe. *Schulte* gelangt daher unter Anwendung von Art. 31 GG im Ergebnis zutreffend zu der Auffassung, dass die privilegierenden Landesgesetze wegen Verstoßes gegen das Diskriminierungsverbot nichtig sind.

2.) Zwischenergebnis

Festzuhalten bleibt an dieser Stelle, dass die Rettungsdienstgesetze der Länder, soweit sie eine bevorzugte Berücksichtigung der gemeinnützigen Hilfsorganisationen im Rahmen der Durchführungsübertragung vorsehen, sowohl gegen den allgemeinen Gleichheitssatz des Art. 3 Abs. 1 GG als auch den speziellen Gleichheitssatz in § 20 Abs. 1 GWB verstoßen.

Über diese Maßstäbe der Verfassung und des einfachen Bundesrechts hinaus sind die Privilegierungsvorschriften ergänzend am Vergaberechtsregime selbst und damit bezogen auf die Dienstleistungskoordinierungsrichtlinie dem Grundsatz vom Anwendungsvorrang des Gemeinschaftsrechts sowie hinsichtlich des nationalen Umsetzungsrechts wiederum an der Kollisionsnorm des Art. 31 GG zu messen. Entsprechende Kollisionen kommen dann zum Tragen, wenn sich vergaberechtlich eine Ausschreibungspflicht feststellen lässt, d.h. konkret für den Fall, dass die Durchführungsübertragung rettungsdienstlicher Leistungen dem Begriff des öffentlichen (Dienstleistungs-) Auftrages im Sinne der Dienstleistungskoordinierungsrichtlinie sowie § 99 Abs. 1 GWB unterfällt. Ergänzend wird sich, sofern das Vergaberecht tatbestandlich eingreift, im Rahmen der Ausgestaltung eines Ausschreibungsverfahrens die Frage nach der Zulässigkeit einer geltungserhaltenden Reduktion der Bevorzugungsregelungen im Sinne eines ausnahmsweise zuzulassenden vergabefremden Kriteriums kraft Landesrechts gemäß § 97 Abs. 4 2. HS GWB, stellen.

---

[452] Vgl. Schulte, Rettungsdienst durch Private, 1999, S. 137.
[453] BVerfGE 36, 342 ff., 163.

F. Übertragungsvereinbarungen als öffentliche (Dienstleistungs-) Aufträge

I. Begriff des öffentlichen (Dienstleistungs-) Auftrages

Der Begriff des öffentlichen Auftrages ist in § 99 Abs. 1 GWB als entgeltlicher Vertrag zwischen einem öffentlichen Auftraggeber und einem Unternehmen, der Liefer-, Bau- oder Dienstleistungen zum Gegenstand hat, legaldefiniert. Nach Art. 1 lit. a) der Richtlinie 92/50/EWG gelten als öffentliche Dienstleistungsaufträge die zwischen einem Dienstleistungserbringer und einem öffentlichen Auftraggeber geschlossenen entgeltlichen Verträge. Zahlreiche Ausnahmen, in denen der Auftragsbegriff nicht als erfüllt gilt und daher das Kartellvergaberecht nicht anwendbar ist, finden sich abschließend und gemäß den Richtlinienvorgaben enumerativ[454] in § 100 Abs. 2 GWB[455], die hier untersuchten Übertragungsverträge sind hiervon indes nicht erfasst. Aus dem Vertragscharakter des öffentlichen Auftrags folgt zudem, dass Leistungen, die auf Grund von Gesetzen, Verordnungen, Gründungsstatuten etc. erbracht werden, dem Vergaberecht nicht unterfallen. Die Präambel der Dienstleistungskoordinierungsrichtlinie bestimmt hierzu in ihrer fünften Begründungserwägung ausdrücklich, dass die Erbringung von Dienstleistungen nur insoweit unter die Richtlinie fällt, wie sie auf Grund von Aufträgen erfolgt. Andere Grundlagen für die Dienstleistung, wie Gesetz oder Verordnungen oder Arbeitsverträge werden nicht erfasst[456]. Diesbezüglich wurde im Rahmen der Erörterung des Beschlusses des OVG Lüneburg vom 14.9.1999 festgestellt, dass die Durchführungsbeauftragung stets eine die Übertragungsermächtigung konkretisierende Durchführungsvereinbarung erfordert[457].

II. Problembehaftete Tatbestands- und Begriffsmerkmale

1.) Anwendbarkeit des Vergaberechts auf öffentlich-rechtliche Verträge

Ob auch öffentlich-rechtliche Verträge als öffentliche (Dienstleistungs-) Aufträge im vergaberechtlichen Sinne in Betracht kommen ist, was bereits die dargestellten Entscheidungen zeigen, umstritten. § 99 Abs. 1 GWB und Art. 1 lit. a) der Dienstleistungskoordinierungsrichtlinie schweigen hierzu gleichermaßen,

---

[454] Vgl. BT-Drs. 13/9340 sowie EuGH, Urteil v. 17.11.1993, Rs. C-71/92, Kommission / Spanien, Slg. I-1993, S. 5923 ff., Rn. 22 f..
[455] Vgl. auch Art. 1 lit. a) i) ff. der Richtlinie 92/50/EWG.
[456] Vgl. Präambel der Richtlinie 92/50/EWG vom 18.6.1992, ABl. L 209/1 vom 24.7.1992.
[457] Vgl. oben S. 104 f.

eine Differenzierung zwischen privatrechtlichen und öffentlich-rechtlichen Verträgen lässt sich dem Regelungswortlaut nicht entnehmen. Teile von Literatur und Rechtsprechung gehen davon aus, dass öffentlichrechtliche Verträge nicht dem vergaberechtlichen Auftragsbegriff und damit dem Vergaberechtsregime unterfallen[458]. Demnach müssten die rettungsdienstrechtlichen Durchführungsvereinbarungen, bei denen es sich durchweg um öffentlich-rechtliche Verträge handelt[459], (zumindest) nicht im Wege eines förmlichen Vergabeverfahrens nach Maßgabe des Kartellvergaberechts und der Dienstleistungskoordinierungsrichtlinie gemeinschaftsweit ausgeschrieben werden. Demgegenüber gehen Andere[460], einschließlich jüngst des Europäischen Gerichtshofs[461], dessen Rechtsprechung nicht zuletzt unter dem Gesichtspunkt richtlinienkonformer Auslegung des Vergaberechts als Umsetzungsrecht besondere Bedeutung beizumessen ist, davon aus, dass auch öffentlich-rechtliche Verträge vom Begriff des öffentlichen Auftrages umfasst sind, die Vergaberegeln mithin Anwendung finden. Entschieden sei allein, ob sich ein öffentlicher Auftraggeber gegen Entgelt Leistungen am Markt beschaffen will[462].
Soweit die erstgenannte Ansicht eine Geltung des Vergaberechts für öffentlichrechtliche Verträge ablehnt, wird zur Begründung in erster Linie die Regierungsbegründung zum Vergaberechtsänderungsgesetz[463] herangezogen, die da-

---

[458] So OLG Celle, Beschluss v. 24.11.1999 – 13 Verg 7/99, in: NZBau 2000, S. 299 ff., 300; Daub/Eberstein, VOL/A, 5. Aufl. 2000, § 1 a, Rn. 63; Bechthold, GWB, 2. Aufl., § 99 Rn. 1; Dreher, Der Anwendungsbereich des Kartellvergaberechts, in: DB 1998, S. 2579 ff., 2587; Ingenstau/Korbion, VOB, Teil A, § 1 Rn. 63; Hennes, Rettungsdienst und Europäisches Wettbewerbsrecht, in: Biese u.a. (Hrsg.) Handbuch des Rettungswesens, Band 1, Stand: 04/2003, A 3.0.6, Anm. B. V.
[459] Siehe oben S. 98.
[460] Vgl. Vergabekammer bei der Bezirksregierung Köln, Beschluss v. 9.7.2003 – VK VOL 16/2003, S. 14 der Beschlussausfertigung; OLG Düsseldorf, Beschluss v. 11.3.2002 – Verg 43/01; Boesen, Vergaberecht, Kommentar zum 4. Teil des GWB, 1. Aufl. 2000, § 99 Rn. 29 f.; Dreher, in: Immenga/Mestmäcker, GWB. 3. Aufl. 2001, § 99 Rn. 7 unter ausdrücklicher Aufgabe der noch abweichenden Ansicht in: DB 1998, S. 2579 ff., 2587; Pieper, Keine Flucht ins öffentliche Recht, in: DVBl. 2000, S. 160 ff.; Koenig/Haratsch, Grundzüge des deutschen und europäischen Vergaberechts, in: NJW 2003, S. 2637 ff., 2639; Byok, Die Entwicklung des Vergaberechts seit 1999, in: NJW 2001, S. 2295 ff., 2298; Eschenbruch, in: Niebuhr/Kulartz/Kus/Portz, Kommentar zum Vergaberecht, § 99 Rn. 20 f.; Prieß, Handbuch des Europäischen Vergabrechts, 2. Aufl., S. 65; Stickler, in: Reidt/Stickler/Glahs, Vergaberecht, 2. Aufl., Vorbem. §§ 97 – 101, Rn. 7.
[461] EuGH, Urteil v. 12.7.2001, Rs. C-399/98, Ordine degli Architetti delle province di Milano e Lodi u.a. / Comune di Milano, Slg. I-2001, S. 5409 ff., Rn. 73.
[462] So ausdrücklich Vergabekammer bei der Bezirksregierung Köln, Beschluss v. 9.7.2003 – VK VOL 16/2003, S. 14 der Beschlussausfertigung; Pieper, Keine Flucht ins öffentliche Recht, in: DVBl. 2000, S. 160 ff., 165.
[463] BT-Drs. 13/9340, S. 15.

von ausgeht, dass es sich um privatrechtliche Verträge handelt⁴⁶⁴. Insoweit gilt es zunächst zu berücksichtigen, dass Vergabeverträge in Deutschland herkömmlich, d.h. traditionell, als privatrechtliche Regelungen qualifiziert werden⁴⁶⁵. Dass der Gesetzgeber diese Tradition vor Augen hatte, rechtfertigt indes nicht ohne weiteres den Schluss, er habe damit öffentlich-rechtliche Verträge generell vom Anwendungsbereich des Vergaberechts ausschließen wollen geschweige denn dürfen, zumal Entsprechendes im Gesetzeswortlaut keinen Anklang findet. Der nationale (Transformations-) Gesetzgeber ist nach Art. 249 Abs. 3 EGV auf Grund primären Gemeinschaftsrechts verpflichtet, alle erforderlichen Maßnahmen zu treffen, um das in der Richtlinie festgelegte Ziel zu verwirklichen. Lediglich die Wahl der Form und Mittel der Umsetzung ist ihm in bestimmtem Umfang überlassen, wobei die Richtlinie jedoch den von den Mitgliedstaaten herzustellenden Rechtszustand definiert und infolgedessen auch Einfluss auf die Wahl der Mittel hat. Die Zielverbindlichkeit kann dabei ausgehend von der Regelungsintensität im Einzelfall ausgesprochen weitreichend sein, auch wenn dem Mitgliedstaat dann unter Umständen kaum noch eigener Beurteilungsspielraum verbleibt⁴⁶⁶. Die Entscheidungsfreiheit des Mitgliedstaates erstreckt sich regelmäßig auf die Entscheidung darüber, welches Organ die Vorschriften erlässt, welches Verfahren anzuwenden ist und welche Rechtsqualität den Bestimmungen zukommen soll⁴⁶⁷, Gesichtspunkte mithin, die, ohne in der Regel die Verbindlichkeit der mit der Richtlinie verfolgten Ziele insbesondere inhaltlich zu tangieren, dem Grundsatz der Freiheit der Mittelwahl gerecht werden.

Als wesentliches Ziel der Vergaberichtlinien ließ sich eingangs die Unterstützung der Wirkung des primären Gemeinschaftsrechts, insbesondere der Art. 28, 39, 43 und 49 EGV, und die Schaffung eines möglichst weitgehenden Wettbewerbs mittels Koordinierung der nationalen Vergabevorschriften, begreifen. Die staatliche Nachfragemacht soll möglichst der Wettbewerbswirtschaft angenähert, staatliche Interventionen sollen gemäß dem Grundanliegen des Gemeinschaftsrechts ausgeschlossen werden. Ausnahmetatbestände sind demgemäß eng begrenzt und in den Richtlinien wie im Umsetzungsrecht abschließend normiert⁴⁶⁸. Eine an den kraft nationalen Rechts vorgegebenen öffentlich-rechtlichen Charakter einer Vereinbarung zwischen öffentlichem Auftraggeber

---

⁴⁶⁴ Vgl. etwa OLG Celle, Beschluss v. 24.11.1999 – 13 Verg 7/99, in: NZBau 2000, S. 299 ff., 300; OLG Naumburg, Beschluss v. 19.10.2000 – 1 Verg 9/00, in: WuW/E Verg 429 ff., 431; Bechthold, GWB, 2. Aufl., § 99 Rn. 1.
⁴⁶⁵ Vgl. Pieper, Keine Flucht ins öffentliche Recht, in: DVBl. 2000, S. 160 ff., 161 m.w.N.
⁴⁶⁶ Nettesheim, in: Grabitz/Hilf (Hrsg.), Das Recht der Europäischen Union, Bd. II, Stand: August 2003, Art. 249 Rn. 133 m.w.N.
⁴⁶⁷ Nettesheim, in: Grabitz/Hilf (Hrsg.), Das Recht der Europäischen Union, Bd. II, Stand: August 2003, Art. 249 Rn. 152.
⁴⁶⁸ Vgl. Art. 1 lit. a) i) ff. der Richtlinie 92/50/EWG, § 100 Abs. 2 GWB.

und einem Auftragnehmer anknüpfende Bereichsausnahme für öffentlichrechtliche Verträge lässt sich den Ausnahmeregelungen auch im Wege einer Gesamtschau nicht entnehmen. Entsprechendes gilt für die Ausnahmetatbestände der einschlägigen primärrechtlichen Freizügigkeitsregelungen[469], zu deren effektiver Durchsetzung die Koordinierungsrichtlinien zuvörderst bestimmt sind. Diese eröffnen eine Möglichkeit zur Abweichung von den Regelungen des Vergaberechts vielmehr nur dann, wenn bestimmte öffentliche Allgemeininteressen vorliegen[470], was wiederum verdeutlicht, dass die gemeinschaftsrechtlichen Vorgaben eine formelle Einordnung als öffentlich-rechtlichen Vertrag weder kennen noch zugrundelegen. Die Qualifikation eines Vergabevertrages als öffentlich-rechtlich zeigt nur an, dass auch öffentlich-rechtliche Rechtsbeziehungen (mit-) geregelt werden. Diese wiederum müssten, soweit sie nicht durch eine der sekundärrechtlichen Ausnahmebestimmungen erfasst sind, angesichts der primärrechtlichen Ausnahmetatbestände eine solche Bedeutung haben, dass sie das Vergaberecht ausschließen[471], was es für die hier untersuchten Übertragungsverträge sogleich noch anhand Art. 45 EGV zu untersuchen gilt. Eine bloß formelle Einordnung als öffentlich-rechtlicher Vertrag reicht hierzu nicht aus, zumal die Abgrenzung von privatrechtlichen und öffentlich-rechtlichen Verträgen vielfach nicht immer zweifelsfrei zu treffen ist[472].

Ebenfalls unter dem Aspekt gemeinschaftsrechtskonformer Auslegung des Auftragsbegriffs kommt der Umstand hinzu, dass die Einordnung eines Vertrages, der mitunter eine sachlich identische Dienstleistung zum Gegenstand hat, als privat- oder öffentlich-rechtlich in den einzelnen Mitgliedstaaten unterschiedlich ausgestaltet sein kann[473]. Die Richtlinienvorgaben postulieren aus sich heraus ein weitreichendes Umgehungsverbot, das es den Mitgliedstaaten untersagt, ein Eingreifen des Vergaberechtsregimes durch, unter Umständen gar willkürlichen, Ausschluss tatbestandlicher Anwendungsvoraussetzungen zu unterlaufen[474]. Diese Besorgnis möglicher Manipulierbarkeit besteht neben zusätzlichen Bedenken im Hinblick auf das Beihilfenverbot des Art. 87 EGV. Bereits das öffentliche Auftragswesen insgesamt ist in den verschiedenen Mitgliedstaaten

---

[469] Vgl. Art. 30, 45, 46 u. 55 EGV.
[470] Mader, Entwicklungslinien in der neueren EuGH-Rechtsprechung zum materiellen Recht im öffentlichen Auftragswesen, in: EuZW 1999, S. 331 ff., 332 f.m.w.N.
[471] Vgl. Pieper, Keine Flucht ins öffentliche Recht, in: DVBl. 2000, S. 160 ff., 164.
[472] Vgl. zur Abgrenzung etwa Kopp/Ramsauer, VwVfG, 8. Aufl. 2003, § 54 Rn. 33 f.
[473] So jüngst auch die Vergabekammer bei der Bezirksregierung Köln, Beschluss v. 9.7.2003 – VK VOL 16/2003, S. 14 der Beschlussausfertigung.
[474] In diesem Sinne bereits Schulte, Der öffentliche Rettungsdienst auf dem Prüfstand des Vergaberechts, in: RD 2000, S. 894 ff., 896. Vgl. allgemein zum Umgehungsverbot Dreher, in: Immenga/Mestmäcker, 3. Aufl. 2001, Vorbem. §§ 97 ff., Rn. 81 f.

teilweise privatrechtlich, teilweise öffentlich-rechtlich organisiert[475]. Noch weitaus vielfältiger dürften die rechtlichen Gestaltungsvarianten hinsichtlich der Einordnung einzelner Vertragsgegenstände sein. Die - bei einer Gesamtschau der einzelnen nationalen Regelungen mehrerer Mitgliedstaaten mitunter zufällige - formale Einordnung eines Vertrages als privat- oder öffentlich-rechtlicher Natur kann daher für die Bestimmung des Anwendungsbereichs der Vergaberichtlinien keine Rolle spielen. Dieses Ergebnis trifft sich mit den Feststellungen zur Umsetzungspflicht und Zielverbindlichkeit der Richtlinienvorgaben.

2.) Beschaffung von Marktleistungen – Ausübung öffentlicher Gewalt

a) Verortung der Fragestellung in Art. 45 EGV

Unter Berücksichtigung der auf wettbewerbliche und transparente (Dienstleistungs-) Beschaffung gerichteten Intention des Vergaberechts konzentriert sich die für die Anwendbarkeit des Vergaberechts entscheidende Frage somit darauf, ob der jeweilige Vertrag, hier die Vereinbarung zur Durchführungsübertragung rettungsdienstlicher Leistungen, eher auf den Erwerb von Marktleistungen oder die Ausübung öffentlicher Gewalt gerichtet ist. Die bisherige Rechtsprechung spricht zwar bisweilen die Abgrenzungsfrage zwischen fiskalischer (Beschaffungs-) und hoheitlicher Tätigkeit an, lässt aber was die Durchführung rettungsdienstlicher Aufgaben keine einheitliche Linie erkennen[476].

Bei der gebotenen gemeinschaftsrechtlichen Auslegung des öffentlichen Auftragsbegriffs ergibt sich, dass der sachliche Anwendungsbereich des Kartellvergaberechts keine Verträge erfasst, mit denen der Vertragspartner zur Ausübung öffentlicher Gewalt im Sinne des Art. 45 EGV berechtigt und verpflichtet wird. Die Dienstleistungskoordinierungsrichtlinie lässt gemäß dem 15. Punkt ihrer Begründungserwägungen mittels Verweisung auf die Richtlinie 71/305/EWG[477]

---

[475] Siehe Seidel, in: Dauses (Hrsg.) Handbuch des EU-Wirtschaftsrechts, Bd. 2, Stand: April 2003, H IV, Rn. 22 f.
[476] Vgl. OVG Lüneburg, Beschluss v. 14.9.1999 – 11 M 2747/99, veröffentlicht in: Nds.VBl. 1999, S. 285 ff.; OLG Naumburg, Beschluss v. 19.10.2000 – 1 Verg 9/00, in: WuW/E 2001, Verg 429 f.; Vergabekammer bei der Bezirksregierung Köln, Beschluss v. 9.7.2003 – VK VOL 16/2003. Siehe auch Hermann, Rechtsprechung des Europäischen Gerichtshofs zum Rettungsdienst, in: Biese u.a. (Hrsg.) Handbuch des Rettungswesens, Stand: 04/2003, A. 3.0.5, S. 7; Iwers, Die Ausschreibung rettungsdienstlicher Leistungen, in: LKV 2002, S. 164 ff., 166.
[477] Richtlinie 71/305/EWG des Rates v. 26.7.1971 über die Koordinierung der Verfahren zur Vergabe öffentlicher Bauaufträge, ABl. Nr. L 185 vom 16.8.1971.

die Anwendung des Art. 45 EGV ausdrücklich unberührt. Der Tatbestand ist also geeignet, die Anwendung sowohl der Vergaberichtlinien als auch der §§ 97 ff. GWB als Umsetzungsrecht zu sperren. Er bildet eine der Ausnahmebestimmungen im Bereich der primärrechtlichen Freiheiten, denen die Koordinierungsrichtlinien in besonderem Maße dienen. Darüber hinaus verkörpert er eines der gemäß den Begründungserwägungen der Dienstleistungsrichtlinie enumerativ genannten Allgemeininteressen des gemeinschaftlichen Primärrechts, das kraft Verweisung über die vergaberechtsimmanenten Ausnahmen hinaus eine Möglichkeit zur Abweichung von den Regelungen des Vergaberechts eröffnet.

Soweit Rechtsprechung und Literatur also ein wie auch immer geartetes hoheitliches Handeln als möglichen Hebel zum Ausschluss des Vergaberechtsregimes diskutieren, ist dieser Gesichtspunkt allein in Art. 45 EGV und damit beim Begriff der Ausübung öffentlicher Gewalt zu verorten.

b) **Anwendung und Auslegung der Bereichsausnahme**

Art. 45 Abs. 1 EGV bestimmt, dass die Niederlassungsfreiheit, und über die Verweisung in Art. 55 EGV auch die Dienstleistungsfreiheit, nicht anwendbar sind, wenn es um Tätigkeiten geht, die mit der Ausübung öffentlicher Gewalt verbunden sind. Die Bestimmung, die vergaberechtsbezogen nicht auf den Übertragungsakt sondern die Leistungserbringung abstellt, bildet keine Schranke für die Kompetenzausübung. Dementsprechend können einzelne Tätigkeiten von Mitgliedstaat zu Mitgliedstaat verschieden mal mit der Ausübung öffentlicher Gewalt verbunden sein und mal nicht[478]. Hiergegen bestehen, anders als bei der unter Umständen rein formalen Differenzierung zwischen privatrechtlichem und öffentlich-rechtlichem Vertrag, indes keine Bedenken im Hinblick auf das Umgehungsverbot. Denn die Frage, ob öffentliche Gewalt ausgeübt wird kann nicht unter Hinweis auf den öffentlich-rechtlichen Charakter der in Rede stehenden Tätigkeit in dem betreffenden Mitgliedstaat beantwortet werden[479]. Ein pauschaler Hinweis auf ein wie auch immer geartetes hoheitliches Handeln ist daher für sich genommen bedeutungslos[480]. Darüber hinaus macht bereits die potentielle Weite der Bereichsausnahme deutlich, dass der zentrale Begriff der öffentlichen Gewalt nicht allein von den Mitgliedstaaten bestimmt werden kann und die Vorschrift wie jede Ausnahmeregel eng auszulegen ist[481].

---

[478] Randelzhofer/Forsthoff, in: Grabitz/Hilf (Hrsg.), Das Recht der Europäischen Union, Bd. I, Stand: August 2003, Art. 45 Rn. 14.
[479] Bröhmer, in: Calliess/Ruffert, Kommentar zum EUV/EGV, 2. Aufl. 2002, Art. 45 Rn. 4.
[480] Der Hinweis der Vergabekammer beim Regierungspräsidium Magdeburg in ihrem Beschluss vom 6.6.2002 – VK 05/02 MD, Seite 16 der Beschlussausfertigung, geht daher fehl.
[481] Bröhmer, in: Calliess/Ruffert, Kommentar zum EUV/EGV, 2. Aufl. 2002, Art. 45 Rn. 1 m.w.N.

Der Ausnahmebereich reicht nur soweit, wie es der Zweck erfordert, um dessentwillen die Ausnahme besteht, so dass die konkrete Tätigkeit tatsächlich in den für die Mitgliedstaaten sensiblen Bereich der Ausübung von Staatsgewalt fallen muss[482]. Seitens des Europäischen Gerichtshofs wird für die Annahme der Ausübung öffentlicher Gewalt im Sinne des Ausnahmetatbestandes eine Tätigkeit verlangt, die eine unmittelbare und spezifische Teilnahme an der Ausübung öffentlicher Gewalt beinhaltet[483]. Die einzelfallbezogene Prüfung, ob eine Tätigkeit unter die Ausnahmebestimmung fällt, erfordert eine genaue Untersuchung der verliehenen Befugnisse und deren Einordnung im nationalen Rechtssystem. So scheidet Art. 45 Abs. 1 EGV etwa für solche übertragenen Aufgaben und Befugnisse aus, die bloße Hilfstätigkeiten gegenüber den eigentlich zur Vornahme öffentlicher Gewalt befugten Staatsorganen darstellen[484]. Geht man davon aus, dass keine Übertragung der durchweg pflichtigen Aufgabe an sich sondern lediglich ihrer (teilweisen[485]) Durchführung zulässigerweise erfolgen kann und unabhängig vom Rechtsstatus der am öffentlichen Rettungsdienst beteiligten Dritten[486] zumindest hinsichtlich der Tätigkeit an sich, d.h. im Hinblick auf das Einsatzgeschehen, umfassende Weisungsrechte des Trägers bestehen, erscheint ein Eingreifen der Ausnahmeregel bereits unter diesem Gesichtspunkt zweifelhaft. Entsprechend der von Seiten des Europäischen Gerichtshofs durchweg vorgenommenen engen Auslegung der Bereichsausnahme, ist die Ausübung öffentlicher Gewalt lediglich dann zu bejahen, wenn Private mit Zwangsbefugnissen, Sonderrechten oder sonstigen Hoheitsprivilegien ausgestattet sind sowie insbesondere durch Verwaltungsakt handeln dürfen[487]. Zwangs- bzw. Sonderbefugnisse in diesem Sinne werden den beauftragten Dritten indes nicht übertragen[488]. Vor allem aber wird ihnen im Rahmen der Durchführungsübertragung keine Befugnis zum Erlass von Verwaltungsakten eingeräumt; sie werden ausschließlich schlicht-hoheitlich tätig. Dies gilt unabhängig davon, ob das jeweilige Landesrecht das Konzessions- oder das Submissions-

---

[482] EuGH, Urteil v. 21.6.1974, Rs. 2/74 – Reyners, Slg. 1974, S. 631 ff., Rn. 44, 45; Urteil v. 15.3.1988, Rs. 147/86 – Kommission/Griechenland, Slg. 1988, S. 1637 ff., Rn. 7.
[483] EuGH, Urteil v. 5.12.1989, Rs. C-3/88, Kommission / Italien – Datenverarbeitung, Slg. 1989, S. 4035 ff., Rn. 13.
[484] Randelzhofer/Forsthoff, in: Grabitz/Hilf (Hrsg.), Das Recht der Europäischen Union, Bd. I, Stand: August 2003, Art. 45 Rn. 9 m.w.N.
[485] Wesentliche Bestandteile wie z.B. die Bedarfsplanung, Durchführungsüberwachung etc. verbleiben in unmittelbarer Trägerverantwortung.
[486] Siehe hierzu i.e. Schulte, Rettungsdienst durch Private, 1999, S. 84 f.
[487] Generalanwalt Mayras, Schlussanträge v. 21.6.1974, Rs. 2/74 – Reyners, Slg. 1974, S. 631 ff., Rn. 44, 45.
[488] Zwangsbefugnisse etwa im Bereich der sog. Zwangseinweisungen zwecks Unterbringung psychisch Kranker sind demgemäß auch bei Inanspruchnahme des Rettungsdienstes landesrechtlich den zuständigen (Ordnungs-) Behörden vorbehalten, vgl. etwa §§ 9, 14 PsychKG NW.

modell[489] umsetzt auch hinsichtlich der Kostentragung, da landesrechtlich keines der Modelle eine Gebührenerhebung bei den Bürgern durch die beauftragten Dritten vorsieht.

Soweit ein Eingreifen der Vorbehaltsnorm bei schlicht-hoheitlichem Handeln nicht ohnehin von der h.M. abgelehnt wird[490], trifft der Gerichtshof die notwendige Unterscheidung danach, ob die Tätigkeit lediglich vorbereitende Handlung für den späteren Erlass eines Verwaltungsakts ist oder diese bereits den Vorgang abschließt. Die übertragenen Tätigkeiten selbst unterfallen hier, selbst in den Fällen, in denen der Rettungsdienstträger im Submissionsmodell für die Leistungen der Beauftragten Benutzungsgebühren bei den Beförderten erhebt, nicht dem Vorbehaltsbereich[491]. Ergänzend lassen sich die übertragenen rettungsdienstlichen Tätigkeiten vor dem Hintergrund der eingangs dargestellten Entwicklung des Rettungsdienstrechts auch positiv als Marktleistungen einordnen. So entsprach es, was nicht zuletzt die duale Struktur im Rettungswesen, d.h. das Nebeneinander von öffentlichem Rettungsdienst und staatsunabhängiger Tätigkeit auf genehmigter Grundlage zeigt, unter anderem der Intention des Gesetzgebers, ein bestimmtes Maß an Wettbewerb zwischen den verschiedenen Leistungsanbietern aufrechtzuerhalten bzw. zu ermöglichen, um eine Monopolisierung auszuschließen[492].

3.) Entgeltlichkeit der Übertragungsvereinbarungen

Das Vorliegen eines öffentlichen (Dienstleistungs-) Auftrages erfordert sowohl nach § 99 Abs. 1 GWB als auch Art. 1 lit. a) der Dienstleistungskoordinierungsrichtlinie ausdrücklich die Entgeltlichkeit des zugrunde liegenden Vertrages. Die Funktion der Entgeltlichkeit besteht darin, die wirtschaftliche Ausrichtung der erfassten Verträge für den Auftraggeber zum Ausdruck zu bringen[493]. Es entspricht allgemeiner Ansicht[494] und auch der Rechtsprechung des Europäi-

---

[489] Vgl. hierzu sogleich.
[490] Siehe zum Streitstand Randelzhofer/Forsthoff, in: Grabitz/Hilf (Hrsg.), Das Recht der Europäischen Union, Bd. I, Stand: August 2003, Art. 45 Rn. 8 m.w.N.
[491] Vgl. zur Abgrenzung EuGH, Urteil v. 13.7.1993, Rs. C-42/92 – Thijssen, Slg. I-1993, S. 4047 ff., Rn. 21 f.
[492] Vgl. BT-Drs. 11/2170, S. 9; 11/4224, S. 6.
[493] Dreher, in: Immenga/Mestmäcker, GWB, 3. Aufl. 2001, § 99 Rn. 8.
[494] Vgl. etwa BayObLG, Beschluss v. 11.12.2001 – Verg 15/01, in: WuW/E 2002, Verg 594 ff. (LS 1); Daub/Eberstein, Kommentar zur VOL/A, 5. Aufl. 2000, § 1 a Rn. 66 u. 106; Hertwig, Praxis der öffentlichen Auftragsvergabe, 2. Aufl. 2001, Rn. 34; Koenig/Haratsch, Grundzüge des deutschen und europäischen Vergaberechts, NJW 2003, S. 2637 ff., 2639.

schen Gerichtshofs[495], dass es sich bei der Übertragung von Dienstleistungskonzessionen mangels Entgeltlichkeit nicht um öffentliche Aufträge handelt, die §§ 97 ff. GWB daher ebenso wenig Anwendung finden, wie die Dienstleistungsrichtlinie selbst.

a) Begriff der Dienstleistungskonzession

Bei der Konzession handelt es sich um eine Vertragskonstellation, bei der die Gegenleistung für die Erbringung des Auftrags nicht durch eine bestimmte Vergütung in Form eines festgelegten Preises erfolgt sondern in dem Recht besteht, die eigene Leistung zu nutzen oder entgeltlich zu verwerten[496]. Ihr charakteristisches Merkmal besteht darin, dass der Pflichtenübernehmende (Konzessionär) das wirtschaftliche Risiko trägt[497]. Die Ausübung des Nutzungsrechts ermöglicht also dem Konzessionär (lediglich) eine Refinanzierung seines Angebotes über den Markt, während dem Bieter bei der Vergabe von Dienstleistungsaufträgen die Amortisierung seines Einsatzes durch den Zuschlagspreis sicher ist. Konzessionen haben vielfach Tätigkeiten zum Inhalt, die nach ihrer Natur, ihrem Gegenstand und den Vorschriften, denen sie unterliegen, in den Verantwortungsbereich des öffentlichen Auftraggebers fallen und die Gegenstand von ausschließlichen und besonderen Rechten sein können[498].

b) Einbindungskonzepte: Konzessions- und Submissionsmodell

Die Landesrettungsdienstgesetze setzen im Rahmen der Einbindung Dritter in die Aufgabenwahrnehmung des öffentlichen Rettungsdienstes zwei verschiedene Grundkonzepte um: Das Konzessions- und das Submissionsmodell[499]. Ausgangspunkt der Unterscheidung ist dem Vorgesagten entsprechend die Art und

---

[495] Vgl. EuGH, Urteil v. 7.12.2000, Rs. C-324/98, Teleaustria Verlags GmbH u.a. / Telekom Austria AG, Slg. I-2000, S. 10745 ff., Rn. 57 f.; Urteil v. 30.5.2002, Rs. C-358/00, Buchhändler Vereinigung / Deutsche Bibliothek, Slg. I-2002, S. 4685 ff., Rn. 28.
[496] Prieß, Das öffentliche Auftragswesen in der Europäischen Union, 1994, S. 100 u. 101.
[497] So die Mitteilung der Kommission vom 12.4.2000 zu Auslegungsfragen im Bereich von Konzessionen im Gemeinschaftsrecht, ABl. EG Nr. C 121 v. 29.4.2000, S. 2. Vgl. auch BayObLG, Beschluss v. 9.7.2003 – Verg 7/03, in: BayVBl. 2004, S. 220 f., wonach es auf das Kriterium der Risikoverlagerung nicht ankommt. Soweit im Bereich rettungsdienstlicher Übertragungsvereinbarungen durch Einsatzschwankungen etc. ein wirtschaftliches Risiko in zumindest gewissem Umfang besteht, geht dieses im Konzessionsmodell letztlich zu Lasten des Auftragnehmers, d.h. des Durchführenden, so dass das Kriterium des wirtschaftlichen Risikos an der Qualifikation als Dienstleistungskonzession nichts ändern würde.
[498] Mitteilung der Kommission vom 12.4.2000 zu Auslegungsfragen im Bereich von Konzessionen im Gemeinschaftsrecht, ABl. EG Nr. C 121 v. 29.4.2000, S. 2.
[499] Siehe hierzu Schulte, Rettungsdienst durch Private, 1999, S. 54 f. unter Hinweis auf das Neunte Hauptgutachten der Monopolkommission, BT-Drs. 12/3031, Rn. 44.

Weise, wie die Kosten, die durch den öffentlichen Rettungsdienst entstehen, gedeckt werden.

(1) Konzessionsmodell

Im sog. Konzessionsmodell, das namentlich Baden-Württemberg, Bayern, Bremen, Hamburg, Hessen, Niedersachsen, Rheinland-Pfalz, das Saarland und Thüringen verfolgen, verpflichtet sich der Beauftragte gegenüber dem Rettungsdienstträger, den öffentlichen Rettungsdienst nach dessen Vorgaben durchzuführen. Hierfür erhält er vom Träger keine direkte Gegenleistung. Vielmehr erbringt der mit der Durchführung Beauftragte seine Leistung gegenüber den Bürgern auf privatrechtlicher Ebene gegen ein von diesen zu tragendes Entgelt[500]. Die jeweiligen Landesrettungsdienstgesetze sehen demgemäß auch ausdrücklich die Erhebung von Entgelten durch die Beauftragten vor[501].
Entsprechend der dargestellten Charakteristika der Dienstleistungskonzession liegt hier trägerseits eine vertragliche Zulassung des Dritten zum Rettungsdienst vor, wobei der Rettungsdienstträger ihm nur die Möglichkeit verschafft, in seinem Rettungsdienstbereich Leistungen als öffentlicher Rettungsdienst anzubieten, während die Vertragspartner der Durchführungsvereinbarung zueinander in keiner Vergütungsbeziehung stehen. Eine Qualifizierung der Vereinbarung als öffentlicher (Dienstleistungs-) Auftrag im Sinne von § 99 Abs. 1 GWB, Art. 1 lit. a) der Richtlinie 92/50/EWG scheitert demzufolge an der mangelnden Entgeltlichkeit der zugrunde liegenden Durchführungs- bzw. Übertragungsvereinbarung, so dass eine Ausschreibungspflicht nach Maßgabe der §§ 97 ff. GWB nicht besteht[502].
Gefordert ist jedoch kraft Gemeinschaftsrechts auch hier die Einhaltung derjenigen primärrechtlichen Bestimmungen des EG-Vertrages, insbesondere der Grundfreiheiten, deren effektiver Verwirklichung die Vergaberechtlinien wie dargestellt zu dienen bestimmt sind[503]. Diese wiederum postulieren aus sich heraus unter anderem die Grundsätze der Nichtdiskriminierung, Gleichbehandlung und Transparenz[504], Prinzipien also, die auf Grund der Vergaberichtlinien in § 97 Abs. 1 und 2 GWB als materielle Vergabegrundsätze Eingang in das

---

[500] Schulte, Der öffentliche Rettungsdienst auf dem Prüfstand des Vergaberechts, RD 2000, S. 894 ff., 897.
[501] § 28 Abs. 1 Satz 1 RDG BW; Art. 24 Abs. 1 Satz 1 Bay RDG; § 8 Abs. 3 HessRDG; § 15 Abs. 1 NdsRettDG; § 12 RettDG RhPf; § 12 ThürRDG.
[502] So bereits Lichte/Lüssem, Europäischer Einfluss auf das deutsche Vergaberecht, in: Johanniter-Forum Berlin (Hrsg.), Schriftenreihe 11, 2000, S. 44 ff., 46; Schulte, Der öffentliche Rettungsdienst auf dem Prüfstand des Vergaberechts, RD 2000, S. 894 ff., 896.
[503] Daub/Eberstein, VOL/A, 5. Aufl. 2000, § 1 a, Rn. 107.
[504] Vgl. Mitteilung der Kommission vom 12.4.2000 zu Auslegungsfragen im Bereich von Konzessionen im Gemeinschaftsrecht, ABl. EG Nr. C 121 v. 29.4.2000, S. 6.

förmliche (Kartell-) Vergaberecht gefunden haben. Trägerseitige Gesichtspunkte der Wirtschaftlichkeit und Kostenbegrenzung sind daher nahezu irrelevant, soweit sie sich nicht auf die Finanzierbarkeit des Rettungsdienstes auswirken. Um diesen Anforderungen zu genügen, ist letztlich auch in den Ländern, die rettungsdienstrechtlich das Konzessionsmodell umsetzen eine Art nichtförmliches Ausschreibungsverfahren durchzuführen, das in einem transparenten und diskriminierungsfreien Vergleich die Leistungen und Angebote an der Beauftragung interessierter Leistungserbringer bewertet[505]. Die Frage nach dem im Saarland gemäß der dortigen ausdrücklichen Ermächtigung zur Durchführung eines Auswahlverfahrens[506] durchzuführenden Verfahren wäre damit beantwortet. Das Fehlen einer ausdrücklichen gesetzlichen Ermächtigung zur Durchführung eines Auswahlverfahrens in den übrigen Bundesländern steht der Zulässigkeit eines solchen Verfahrens nicht entgegen[507]. Zwecks ordnungsgemäßer Umsetzung empfiehlt sich jedoch auch bezüglich eines solchen Verfahrens über die Vorgaben des jeweiligen VwVfG hinaus eine Orientierung an den Bestimmungen der VOL/A, da diese die Anforderungen der Vergabeprinzipien weitestgehend rezipiert. Die derzeit insbesondere bei öffentlichen Infrastrukturprojekten bisweilen geäußerte Besorgnis einer Flucht in die Dienstleistungskonzession[508], die im Rettungswesen allein durch einen Systemwechsel der das Submissionsmodell verwirklichenden Länder kraft Landesrechts vollzogen werden könnte, erscheint von daher weniger begründet. Allerdings könnten sich die Rettungsdienstträger hierdurch neben der gemeinschaftsweiten Bekanntmachungspflicht vor allem des im Vergleich zur verwaltungsgerichtlichen Überprüfung weitaus effektiver ausgestalteten vergaberechtlichen Primärrechtsschutzsystems der §§ 97 Abs. 7 i.V.m. 102 ff. GWB entledigen, was es unter dem Gesichtspunkt des vergaberechtlichen Umgehungsverbotes zumindest zu prüfen gälte.

(2) Submissionsmodell

Beim sog. Submissionsmodell erheben die Rettungsdienstträger bei den Bürgern Gebühren für die rettungsdienstlichen Leistungen der Beauftragten, die wiederum vom Träger für die Aufgabendurchführung eine Vergütung erhalten.

---

[505] Vgl. zu dessen Erfordernis und Ausgestaltung Rundschreiben des Ministeriums für Arbeit, Soziales, Gesundheit und Frauen des Landes Brandenburg im Einvernehmen mit dem Ministerium des Innern vom 7.6.2001, Gz.: 44-5731.3.3.1, Ziff. 6 f.; OVG Magdeburg, Beschluss v. 21.12.2000 – 1 M 316/00, in: LKV 2001, S. 282 (LS), S. 6 der Urteilsausfertigung.
[506] §§ 8 Abs. 3 SaarRettG.
[507] Vgl. VG Darmstadt, Beschluss v. 12.11.2002 – 3 G 2244/02, in: NVwZ-RR 2003, S. 838 ff., 839.
[508] Koenig/Haratsch, Grundzüge des deutschen und europäischen Vergaberechts, NJW 2003, S. 2637 ff., 2639.

Dem Patienten tritt daher nur der öffentliche Rettungsdienstträger gegenüber, während die Deckung der Kosten, die den Durchführungsbeauftragten entstehen, zwischen diesen und dem Träger zu vereinbaren ist. Es besteht somit im Innenverhältnis eine finanzielle Leistungsbeziehung zwischen Träger und Drittem und damit ein entgeltlicher Dienstleistungsauftrag, auf den das Vergaberechtsregime anzuwenden ist. Dies gilt für die Rettungsdienstgesetze der Länder Brandenburg, Mecklenburg-Vorpommern, Nordrhein-Westfalen, Sachsen, Sachsen-Anhalt und Schleswig-Holstein, die sämtlich dem Submissionsmodell folgen.

III. Derogation der Privilegierungsregeln durch Vergaberecht

Steht damit für die submittierenden Länder das Eingreifen der Dienstleistungsrichtlinie und des (Kartell-) Vergaberechts fest, so gilt es die Privilegierungsregelungen der entsprechenden Landesrettungsdienstgesetze ergänzend am Grundsatz des Anwendungsvorrangs des Gemeinschaftsrechts[509] und der Kollisionsnorm des Art. 31 GG zu messen. Beide führen im Kollisionsfall zu einer Derogation der entgegenstehenden niederrangigen Norm[510]. Eine Kollision im Sinne von Art. 31 GG liegt vor, wenn die Anwendung zweier Normen auf den konkreten Fall, auf dasselbe Rechtsverhältnis, zu unterschiedlichen Rechtsfolgen führen würde[511]. Entsprechendes gilt für den Vorrang des Gemeinschaftsrechts einschließlich des Sekundärrechts. Da die Durchführungsübertragung rettungsdienstlicher Leistungen dem Begriff des öffentlichen (Dienstleistungs-) Auftrages im Sinne der Dienstleistungskoordinierungsrichtlinie sowie § 99 Abs. 1 GWB unterfällt, besteht vergaberechtlich eine Ausschreibungspflicht, während die Privilegierungsbestimmungen landesrechtlich eine Art freihändige Vergabe vorsehen. Die Ergebnisse divergieren hier somit unabhängig von der Ausgestaltung der Privilegierungsnorm im Einzelfall erheblich, weshalb die Privilegierungsregeln, vorbehaltlich einer ggf. zulässigen geltungserhaltenden Reduktion als Auswahlkriterium innerhalb eines förmlichen Ausschreibungsverfahrens, zunächst bei der Entscheidung für oder gegen eine Ausschreibung unanwendbar sind.

Die Privilegierungsregeln der Landesrettungsdienstgesetze sind hinsichtlich der Frage, unter welchen Voraussetzungen die Vergabe einer Leistung den vergaberechtlichen Bestimmungen unterfällt, im Verhältnis zum Vierten Teil des GWB

---

[509] Vgl. nur EuGH, Urteil v. 15.7.1964, Rs. 6/64 – Costa/ENEL, Slg. 1964, S. 1251 ff., 1269 f.; BVerfGE 31, 145 ff., 174; 73, 339 ff., 375.
[510] Huber, in: Sachs (Hrsg.), GG, 3. Aufl. 2001, Art. 31 Rn. 13 f. m.w.N.; EuGH, Urteil v. 9.3.1978, Rs. 106/77 – Staatliche Finanzverwaltung / Simmenthal, Slg. 1978, S. 629 ff., Rn. 17/18 u. 21/23.
[511] Huber, in: Sachs (Hrsg.), GG, 3. Aufl. 2001, Art. 31 Rn. 10.

nicht als speziellere Vorschriften anzusehen. Zunächst galten sie zeitlich bereits vor dem am 1.1.1999 in Kraft getretenen Kartellvergaberecht. Insbesondere aber beinhalten die §§ 97 ff. GWB zu den Anwendungsvoraussetzungen der Vergabevorschriften weit mehr Begriffsmerkmale als die Landesrettungsdienstgesetze und stellen sich daher ihrerseits als die spezielleren Vorschriften dar. Hinzu kommt, dass der Gesetzgeber vor dem Hintergrund seines gemeinschaftsrechtlichen Regelungsauftrages mit diesen Bestimmungen für den Bereich öffentlicher Vergaben eine umfassende Regelung getroffen hat[512].

Letztlich kommt eine Kollision und damit ein Anwendungsverbot der Privilegierungsbestimmung nur in Nordrhein-Westfalen in Betracht, da die übrigen, dem Submissionsmodell folgenden Landesrettungsdienstgesetze entweder keine[513], zumindest aber keine echte Privilegierung derart vorsehen, dass eventuelle Nachweise gleicher Leistungsfähigkeit und Zuverlässigkeit nicht im Einklang mit der Privilegierungsnorm im Rahmen der vergaberechtlichen Eignungsprüfung und damit ohne Ergebnisabweichung erbracht werden könnten[514]. In Bremen und Hamburg besteht eine Sondersituation deshalb, weil dort eine Submission bei gleichzeitiger Gebührenerhebung durch die Trägerkörperschaft nur insoweit erfolgt, als die Berufsfeuerwehr, d.h. trägereigene Kräfte, die Durchführung übernehmen[515]. Nach dem nordrhein-westfälischen Rettungsgesetz sind die gemeinnützigen Hilfsorganisationen bei gleichem Leistungsangebot gegenüber sonstigen Anbietern vorrangig zu berücksichtigen[516]. Die Bestimmung lässt sich von der Intensität der Bevorzugung her graduell auf der obersten Stufe verorten[517]. Sie wird über den allgemeinen Gleichheitssatz und das allgemeine Kartellrecht hinaus auch wegen Verstoßes gegen das Vergaberechtsregime derogiert.

Fraglich erscheint jedoch, ob diese Derogation zwingend die Nichtigkeit der Privilegierungsbestimmung intendiert[518]. Dies wäre dann der Fall, wenn eine vergaberechtskonforme Auslegung ausscheidet, eine Kollision mithin unumgänglich erscheint. Die Vorgängernorm im nordrhein-westfälischen Landesrecht, § 11 Abs. 1 Satz 1 RettG NW a.F., war noch als Soll-Vorschrift ausgestal-

---

[512] Abweichend zur Ausschreibungspflicht im Bereich des öffentlichen Schienenpersonennahverkehrs jüngst OLG Brandenburg, Beschluss v. 2.9.2003 – Verg W 3/03 u. 5/03, in: WuW/E Verg 844 f.
[513] Vgl. §§ 6 Abs. 1 SächsRettDG; 3 Abs. 2 RDG LSA; 6 Abs. 3 RDG SH.
[514] Vgl. §§ 5 Abs. 3 BbgRettG; 6 Abs. 4 RDG M-V.
[515] §§ 13 Abs. 1 BremRettG i.V.m. 30 Abs. 3 BremBrandSchG i.V.m. der FeuerwehrkostenO; §§ 3 Abs. 1 lit. c) HbgFeuerwehrG i.V.m. 2 Abs. 1 HbgGebG i.V.m. 1 Abs. 1 GebO der Feuerwehr.
[516] § 13 Abs. 1 Satz 2 RettG NW.
[517] Vgl. oben S. 118.
[518] Vgl. zu den Rechtsfolgen eines Verstoßes gegen Art. 31 GG Huber, in: Sachs (Hrsg.), GG, 3. Aufl. 2001, Art. 31 Rn. 13 f. m.w.N.; EuGH, Urteil v. 9.3.1978, Rs. 106/77 – Staatliche Finanzverwaltung / Simmenthal, Slg. 1978, S. 629 ff., Rn. 17/18 u. 21/23.

tet und bestimmte, dass bei bestehendem Bedarf eine Übertragung auf freiwillige Hilfsorganisationen erfolgen sollte, sofern deren Leistungsfähigkeit gewährleistet war. Regelungen, wonach sich eine Behörde in einer bestimmten Weise verhalten soll, bedeuten in der Regel eine strikte Bindung für den Regelfall, wobei Abweichungen nur in atypischen Fällen, in denen besondere, nicht von der Behörde selbst zu vertretende, überwiegende Gründe eingreifen für ein Abgehen von der Norm sprechen[519].

Gesteht man dem nunmehr eingreifenden Vergaberechtsregime die Qualität einer atypischen Konstellation rechtlicher Natur zu, so hätte die entsprechende Norm letztlich als Kann-Vorschrift verstanden und, wenn auch im Ergebnis zwingend wirkungslos, dem Vergaberecht entsprechend diskriminierungsfrei (mit-) angewandt werden können. Dieser Weg ist angesichts der Neufassung des nordrhein-westfälischen Rettungsdienstgesetzes durch das Erste Gesetz zur Modernisierung von Regierung und Verwaltung in NRW vom 15.6.1999[520] versperrt, wodurch die Privilegierungsbestimmung mit § 13 Abs. 1 Satz 2 RettG NW ihren zwingenden Charakter erhielt[521]. Die Regelung ist daher nichtig und kann im Ausgangspunkt der Vergabeentscheidung keine Beachtung finden.

IV. Privilegierung als vergabefremde Bestimmung i.S.v. § 97 Abs. 4 2. HS GWB

Schon der Wortlaut der Bestimmung im nordrhein-westfälischen Recht, die auf ein (zuvor trägerseits zu ermittelndes) gleiches Leistungsangebot abstellt, wirft jedoch die Frage auf, ob nicht eine bevorzugte Berücksichtigung gemeinnütziger Hilfsorganisationen auf nachgelagerter Ebene, d.h. im Rahmen eines vergaberechtskonform eingeleiteten, förmlichen Ausschreibungsverfahrens, statthaft ist. § 97 Abs. 4 GWB bestimmt im ersten Halbsatz zu den Eignungskriterien, dass Aufträge an fachkundige, leistungsfähige und zuverlässige Unternehmen[522] vergeben werden. Gemäß dem zweiten Halbsatz dürfen andere oder weitergehende Anforderungen, sog. vergabefremde Kriterien, an den Auftragnehmer nur gestellt werden, wenn dies durch Bundes- oder Landesgesetz vorgesehen ist. Ungeachtet umfangreicher Bedenken hinsichtlich der Gemeinschaftsrechtskonformität dieser Öffnungsklausel in Bezug auf eine Erweiterung der Eignungskri-

---

[519] Kopp/Ramsauer, VwVfG, 8. Aufl. 2003, § 40 Rn. 44 m.w.N.
[520] GV NRW S. 386.
[521] Im Ergebnis ist der Privilegierungscharakter der Norm zumindest auf nachgelagerter Ebene, d.h. sofern mehrere geeignete Leistungserbringer zur Verfügung stehen, wesentlich verschärft worden. A.A. Prütting, Rettungsgesetz NW, 3. Aufl. 2001, § 13 Rn. 7.
[522] Vgl. zur Unternehmenseigenschaft der gemeinnützigen Hilfsorganisationen insbes. i.S.d. Gemeinschaftsrechts Kaufmann, Urteilsbesprechung zu EuGH, 25.10.2001, Rs. C-475/99 (Ambulanz Glöckner), in: ZFSH/SGB 2002, S. 137 ff., 138 f. m.w.N.

terien[523], behandelt die Vorschrift tatsächlich auch nur solche. Die Möglichkeit, Abweichungen von den im ersten Halbsatz angeführten Eignungskriterien durch Bundes- oder Landesrecht zu schaffen, bezieht sich daher nur auf den Bereich der Eignungsprüfung. Als Zuschlagskriterium - nach festgestellter Eignung für die Auftragsdurchführung - sieht hingegen § 97 Abs. 5 GWB im Einklang mit Art. 36 RL 92/50/EWG allein das wirtschaftlichste Angebot vor. Eine Ausnahmemöglichkeit besteht hier de lege nicht, so dass sich vergabefremde Regelungen auch landesrechtlichen Ursprungs von vorneherein nicht auf die Zuschlagserteilung beziehen dürfen[524]. Steht aber, was § 13 Abs. 1 Satz 2 RettG NW in aller Deutlichkeit einräumt, die gleiche Eignung aller Beteiligten fest, so normiert die Vorschrift nichts anderes als ein weiteres, vergaberechtlich unzulässiges Zuschlagskriterium und kann demzufolge auch auf nachgelagerter Ebene innerhalb der Verfahrensausgestaltung keine Geltung beanspruchen.

G. Zwischenergebnis

Die Frage nach der Ausschreibungspflicht rettungsdienstlicher Leistungen lässt sich unter gemeinschaftsrechtskonformer Auslegung dahingehend beantworten, dass in den Ländern, deren Rettungsdienstgesetze das Submissionsmodell umsetzen, nunmehr eine umfassende Pflicht zur Durchführung eines transparenten Vergabeverfahrens mit gemeinschaftsweiter Publizität nach Maßgabe der Dienstleistungskoordinierungsrichtlinie i.V.m. §§ 97 ff. GWB und der VOL/A besteht. Etwaige landesrechtliche Privilegierungsregelungen sind über einen Verstoß gegen Art. 3 Abs. 1 GG und § 20 Abs. 1 GWB hinaus auch auf Grund ihrer Vergaberechtswidrigkeit unanwendbar. Dies gilt sowohl für die Entscheidung über die Einleitung eines Ausschreibungsverfahrens an sich als auch eine nachgelagerte Berücksichtigung als (Zuschlags-) Kriterium bei der Auswahlentscheidung innerhalb eines ordnungsgemäß eingeleiteten Verfahrens. Soweit das Vergaberecht in den das Konzessionsmodell verfolgenden Ländern keine direkte Anwendung findet, ist auf Grund der primärrechtlichen Vorgaben des Gemeinschaftsrechts sowie ergänzend angesichts des allgemeinen Gleichheitssatzes und des kartellrechtlichen Diskriminierungsverbotes ein sog. nichtförmliches Ausschreibungsverfahren durchzuführen. Das Verfahren hat hier insbesondere die sich unmittelbar aus dem EG-Vertrag ergebenden Grundsätze der Transparenz, Gleichbehandlung und Diskriminierungsfreiheit zu berücksichtigen, weshalb sich angesichts deren weitgehender Übereinstimmung mit

---

[523] Die Regelung steht hinsichtlich der Eignungskriterien in Widerspruch zu den Vergaberichtlinien, die die Eignungskriterien abschließend vorgeben. Siehe hierzu Dreher, in: Immenga/Mestmäcker (Hrsg.), GWB, 3. Aufl. 2001, § 97 Rn. 123 f.
[524] Dreher, in: Immenga/Mestmäcker (Hrsg.), GWB, 3. Aufl. 2001, § 97 Rn. 120 m.w.N.

den materiellen Vergabegrundsätzen[525] eine Orientierung an den Vorgaben der VOL/A empfiehlt.

H. Ausgestaltung des förmlichen Auswahlverfahrens und Eingreifen in laufende Verträge

Angesichts der besonderen Eigenarten der rettungsdienstlichen Leistungen selbst, die wie eingangs festgestellt, neben einer Transportkomponente auch maßgeblich durch eine medizinisch-gesundheitsfürsorgliche Komponente bestimmt sind und den damit einhergehenden, besonderen Sorgfaltspflichten der gesetzlich sicherstellungsverpflichteten Träger bei der Auswahl geeigneter Dritter, ergeben sich Besonderheiten hinsichtlich der Durchführung bzw. Vorbereitung des Verfahrens. Die regelmäßig lange Laufzeit bestehender Verträge wirft darüber hinaus die Frage nach eventuellen Kündigungspflichten auf.

I. Ermittlung der maßgebenden Verfahrensbestimmungen

1.) Zweistufige Anwendung des Vergaberechts

Die im Falle der Umsetzung des Submissionsmodells maßgebende Dienstleistungsrichtlinie und ihr folgend die Verdingungsordnungen differenzieren zwischen vorrangigen und nachrangigen Dienstleistungen, die jeweils in Anhang I A bzw. I B des zweiten Abschnitts der VOL/A aufgeführt sind[526]. Nicht jede Dienstleistung unterfällt der vollen Anwendung der Dienstleistungsrichtlinie. Anhang I A enthält die sog. vorrangigen Dienstleistungen, die sich nach Auffassung der Europäischen Union in besonderem Maße für eine grenzüberschreitende Beschaffung und damit die Intensivierung grenzüberschreitenden Wirtschaftsverkehrs eignen, während Anhang I B Dienstleistungen erfasst, die nach Einschätzung des Rates weniger Potential für grenzüberschreitende Geschäfte beinhalten, die sog. nachrangigen Dienstleistungen[527]. Aufträge, deren Gegenstand Dienstleistungen nach Anhang I A des zweiten Abschnitts der VOL/A bzw. der Dienstleistungsrichtlinie sind, sind in vollem Umfang nach den Bestimmungen dieses Abschnitts bzw. der Abschnitte III bis VI der Dienstleistungsrichtlinie zu vergeben, d.h. anhand sämtlicher Vorgaben, die eine wettbewerbliche, transparente und diskriminierungsfreie Vergabe garantieren sollen,

---

[525] Siehe hierzu Thiemel, in: Langen/Bunte (Hrsg.), Kommentar zum deutschen und europäischen Kartellrecht Bd. 1, 9. Auf. 2001, § 97 GWB, Rn. 2 ff.
[526] Vgl. § 1 a Nr. 2 Abs. 1 und 2 VOL/A.
[527] Vgl. die Präambel der Dienstleistungskoordinierungsrichtlinie 92/50/EWG, dort 15. Begründungserwägung, ABl. L 209, S. 2.

insbesondere den sog. a-Paragraphen der Verdingungsordnung[528]. Aufträge, deren Gegenstände Dienstleistungen nach Anhang I B des zweiten Abschnitts der VOL/A bzw. der Dienstleistungsrichtlinie sind, werden gemäß § 1 a Nr. 2 Abs. 2 VOL/A nach den Basisparagraphen des zweiten Abschnitts sowie gemäß der §§ 8 a und 28 a VOL/A vergeben[529]. Daraus leitet sich, abgesehen von der Beachtung technischer Spezifikationen lediglich die Verpflichtung ab, nach erfolgter Auftragserteilung aus statistischen Gründen eine Meldung an das Amt für amtliche Veröffentlichungen der Gemeinschaft über den vergebenen Auftrag zu senden. Die Dienstleistungsrichtlinie intendiert jedoch nach einer Übergangszeit auch bezüglich der nachrangigen Dienstleistungen grundsätzlich die volle Anwendung der Richtlinienbestimmungen[530].

Art. 10 der Richtlinie 92/50/EWG regelt, dass Aufträge insgesamt nach einem einheitlichen Verfahren zu vergeben sind. Hiernach werden Aufträge, deren Gegenstand sowohl Dienstleistungen des Anhangs IA als auch des Anhangs IB sind, insgesamt nach den Vorgaben der Abschnitte III bis VI vergeben, wenn der Wert der Dienstleistungen des Anhangs IA höher ist als derjenige der Dienstleistungen des Anhangs IB. Ist dies nicht der Fall, so werden sie anhand der Art. 14 und 16 der Richtlinie, also nach den Basisparagraphen des zweiten Abschnitts sowie gemäß der §§ 8 a und 28 a VOL/A, vergeben. Maßgebend ist somit der relative Wert der Dienstleistungen innerhalb eines im Ergebnis einheitlich zu behandelnden Auftrages.

2.) Zuordnung zu den vergaberechtlichen Dienstleistungskategorien

Welche Dienstleistungen im Einzelnen zu den in Anhang IA bzw. IB aufgeführten Dienstleistungen zu zählen sind, richtet sich nach den sog. CPC-Referenznummern[531], die die einzelnen Dienstleistungskategorien näher erläutern. Die CPA-[532] und CPV-[533]Nomenklaturen können hier lediglich als Inter-

---

[528] Vgl. § 1 a Nr. 2 Abs. 1 VOL/A, Art. 8 der Dienstleistungskoordinierungsrichtlinie 92/50/EWG.
[529] Vgl. Art. 9 i.V.m. Art. 14 und 16 der Dienstleistungskoordinierungsrichtlinie 92/50/EWG.
[530] Vgl. die Präambel der Dienstleistungskoordinierungsrichtlinie 92/50/EWG, dort 15. Begründungserwägung, ABl. L 209, S. 2.
[531] Procurement of Services – Utilisation of the Central Product Classification (CPC), hrsgg. im Dezember 1998 von der Kommission der Europäischen Gemeinschaften, CCO/98/87 – Beratender Ausschuss für die Öffnung des öffentlichen Auftragswesens, CC/89/60 – Beratender Ausschuss für öffentliches Auftragswesen.
[532] EG-Verordnung Nr. 1232/98 der Kommission vom 17.6.1998 zur Änderung der Verordnung (EWG) des Rates Nr. 3696/93 des Rates vom 29.10.1993, betr. die statistische Güterklassifikation i.V.m. den Wirtschaftszweigen der Gemeinschaft (CPA-Nomenklatur), ABl. Nr. L 177 vom 26.6.1998, S. 1.

pretationshilfe herangezogen werden, allein maßgeblicher Auslegungsmaßstab ist die CPC-Nomenklatur[534]. Diese fungiert ihrerseits jedoch allein als Referenzmaßstab des vorrangigen Art. 10 der Richtlinie[535]. Den Feststellungen im Bereich der Kompetenzordnung entsprechend weisen die bodengebundenen rettungsdienstlichen Leistungen Notfallrettung und Krankentransport jeweils Bezüge sowohl zur Personenbeförderung als auch zu (notfall-) medizinisch determinierten Leistungsanteilen auf. Von daher kommt zunächst eine Zuordnung der Dienstleistungen zur Kategorie 2 des Anhangs IA (Landverkehr) und/oder aber zur Kategorie 25 des Anhangs IB (Gesundheits-, Veterinär- und Sozialwesen) in Betracht. Das dem Krankentransport und der Notfallrettung vom Umfang immanente Element der Personenbeförderung im Gelegenheitsverkehr wäre für sich genommen Anhang IA der Dienstleistungsrichtlinie zuzuordnen, während das variable Element, die medizinische Betreuung als medizinische Dienstleistung unter den gleichen Umständen Anhang IB unterfallen würde.

a) **Gemeinschaftsrechtlicher Referenzmaßstab**

Den in Art. 10 der Richtlinie verwandten gemeinschaftsrechtlichen Dienstleistungsbegriff als solchen gilt es anhand gemeinschaftsrechtlicher Kriterien auszufüllen und die verschiedenen Dienstleistungen, die Gegenstand eines einzigen öffentlichen Dienstleistungsauftrages sind, dementsprechend zu bestimmen. Maßgebend sind die Kriterien, mit denen die Listen in den Anhängen unter Bezugnahme auf die CPC-Nomenklatur in unterschiedliche Kategorien unterteilt werden[536]. Die Nomenklatur zunächst trifft eine klare Unterscheidung zwischen den einzelnen Referenzdienstleistungen. Als Referenzen, also gewissermaßen hinter den Kategorien der Richtlinienanhänge stehende Zuordnungshilfen, kommen hier in erster Linie die hinter Kategorie 25 des Anhangs IB stehende CPC-Referenz-Nummer 93192 („ambulance services") auf der einen und die Referenz-Nummer 71229 („non-scheduled passenger transportation"), die Kategorie 2 des Anhangs IA entspricht, in Betracht. Diese nehmen aber jeweils eine eng umrissene Dienstleistungsbeschreibung vor, was sich aus einer Gesamt-

---

[533] Empfehlung der EG-Kommission vom 30.6.1996 betr. die Verwendung des gemeinsamen Vokabulars für öffentliche Aufträge (CPV) zur Beschreibung des Auftragsgegenstandes, ABl. Nr. L 220, S. 10 vom 3.9.1996, aktualisiert zum 1.1.1999, vgl. BAnz. Nr. 183a vom 29.9.1999, S. 1.
[534] EuGH, Urteil v. 24.9.1998, Rs. C-76/97, Walter Tögel/Niederösterreichische Gebietskrankenkasse, Slg. I-1998, S. 5357 ff., Rn. 35 f..
[535] Generalanwalt Fennelly, Schlussanträge vom 2.5.1998, Rs. C-76/97, Walter Tögel/Niederösterreichische Gebietskrankenkasse, Slg. I 1998, 5357 ff., Rn. 40.
[536] Generalanwalt Fennelly, Schlussanträge vom 2.5.1998, Rs. C-76/97, Walter Tögel/Niederösterreichische Gebietskrankenkasse, Slg. I 1998, 5357 ff., Rn. 44.

schau der näheren Beschreibungen („explanatory notes") der Referenzkapitel und der Titel der in einem Referenzkapitel zusammengefassten Dienstleistungen ergibt. So konzentrieren sich die hinter der Kategorie 25 des Anhangs IB unter der CPC-Referenz-Nummer 93 f. zusammengefassten Dienstleistungen allein auf die medizinischen Aspekte des Gesundheitswesens und schließen andere als medizinische Aspekte - so auch das Transportelement - aus. Entsprechendes gilt umgekehrt für die CPC-Referenz-Nummer 71229, die rein das Beförderungselement erfasst[537].

b) **Eingruppierung rettungsdienstlicher Leistungen durch den EuGH: Gesamtwertermittlung der einzelnen Referenzkategorien**

Der Europäische Gerichtshof hatte in der Rechtssache *Walter Tögel ./. Niederösterreichische Gebietskrankenkasse* mit Blick auf die Anwendung von Art. 10 der Dienstleistungsrichtlinie über die Zuordnung rettungsdienstlicher Leistungen zu den Anhängen IA und IB der Richtlinie zu entscheiden. Im Ergebnis gelangte der Gerichtshof dabei unter Berücksichtigung der CPC-Nomenklatur zu der Feststellung, dass (Notfall-) Rettungs- und Krankentransporte unter Begleitung eines Sanitäters sowohl unter Anhang IA, Kategorie 2, als auch unter Anhang IB , Kategorie 25, der Richtlinie 92/50/EWG fallen, so dass ein Auftrag, der solche Dienstleistungen zum Gegenstand hat, von Art. 10 der Richtlinie erfasst wird[538]. Der Gerichtshof nahm die Zuordnung nicht getrennt anhand der Dienstleistungen Notfallrettung und Krankentransport vor, sondern bemühte als Zuordnungsobjekt die Dienstleistung Krankentransport im weiteren Sinne, die als weiter gefasste Gattung Notfallrettung und Krankentransport gleichermaßen umfasst. Er spaltete jeweils die Einzelleistungen Notfallrettung und Krankentransport als Bestandteile der übergeordneten Gattung auf in zunächst einen reinen Transportanteil, der unter Anhang IA und damit die volle Anwendung der Richtlinie fällt und einen medizinischen Dienstleistungsanteil, der unter Anhang IB fällt und zu einer lediglich eingeschränkten Anwendung der Richtlinie führt[539]. Allein diejenigen Leistungsanteile während des Transports, die tatsächlich medizinischer Art sind, fallen somit nach Auffassung des Gerichtshofs unter Anhang IB, wohingegen die reine Transportleistung Anhang IA zuzuordnen ist. Nach diesem Modell, das letztlich von Beginn an auf einer einheitlichen

---

[537] Generalanwalt Fennelly, Schlussanträge vom 2.5.1998, Rs. C-76/97, Walter Tögel/Niederösterreichische Gebietskrankenkasse, Slg. I 1998, 5357 ff., Rn. 36 u. 37.
[538] EuGH, Urteil v. 24.9.1998, Rs. C-76/97 – Walter Tögel/Niederösterreichische Gebietskrankenkasse, Slg. I-1998, S. 5357 ff., Rn. 40.
[539] Vgl. EuGH, Urteil v. 24.9.1998, Rs. C-76/97 – Walter Tögel/Niederösterreichische Gebietskrankenkasse, Slg. I-1998, S. 5357 ff., Rn. 38 unter Hinweis auf die Schlussanträge des Generalanwaltes Fennelly vom 2.5.1998, Rs. C-76/97, Walter Tögel/Niederösterreichische Gebietskrankenkasse, Slg. I 1998, 5357 ff., dort Rn. 45.

Zuordnungsstufe eine Gesamtbetrachtung verlangt, ist also jeweils innerhalb der Dienstleistungen Notfallrettung und Krankentransport eine (wertmäßige) Differenzierung und Zuordnung der Leistungsanteile zu den Dienstleistungskategorien vorzunehmen, ohne dass jedoch im Vorfeld der nach Art. 10 notwendigen Gesamtsaldierung eine Zuordnung der - nach der eingangs vorgenommenen Begriffsbestimmung in ihren Leistungsanteilen grundverschiedenen - Einzelleistungen Notfallrettung und Krankentransport von vorneherein feststünde. Diese Vorgehensweise, die die Entscheidung selbst im Einzelnen nicht beschreibt, ergibt sich, wenn man die Schlussanträge des Generalanwalts, auf die der Gerichtshof ausdrücklich verweist, ergänzend heranzieht. Der Generalanwalt führt aus, Art. 10 der Richtlinie verlange, dass der Wert jeder einzelnen Dienstleistung, die Gegenstand des Auftrages ist, kategorisiert nach dem in der Dienstleistungsrichtlinie festgelegten Schema gesondert berechnet und dann verglichen wird. Unter Dienstleistung verstand er dabei ausgehend von den Kategorien der Richtlinienanhänge jeweils eine einer dort genannten Dienstleistungskategorie entsprechende Tätigkeit, d.h. entweder die Beförderungsleistung oder aber die medizinisch geprägte Dienstleistung. Bezogen auf rettungsdienstliche Leistungen sei daher (bei einheitlicher Vergabe der Leistungen Notfallrettung und Krankentransport) der Gesamtwert des Personenbeförderungselementes aller vertraglichen Dienstleistungsarten insgesamt zu ermitteln und mit dem Wert des Elements der medizinischen Dienstleistungen zu vergleichen, der bei den einzelnen Dienstleistungen teilweise erhebliche Unterschiede aufweist[540]. Mit dem Begriff der vertraglichen Dienstleistungen sind hier die vom Auftraggeber als zu vergebende Leistungen angegebenen Dienstleistungen, d.h. die rettungsdienstlichen Leistungen Notfallrettung und Krankentransport, gemeint. Praktisch erfordert diese Verfahrensweise, dass zunächst für den Fall, dass eine Durchführungsübertragung von Notfallrettung und Krankentransport in einem einheitlichen (Vergabe-) Verfahren erfolgt, jeweils innerhalb der (vertraglichen) Dienstleistungen Notfallrettung und Krankentransport zunächst isoliert der ihnen jeweils innewohnende Leistungsanteil beförderungsmäßiger und medizinischer Art wertmäßig anhand Art. 10 ermittelt wird. Sodann ist der Wert des Beförderungsanteils beider Leistungen wertmäßig zu addieren und dem, ebenfalls durch Summenbildung ermittelten, Gesamtwert des medizinischen Leistungsanteils in einer Gesamtsaldierung gegenüberzustellen. Auch die getrennte Durchführungsvergabe von Krankentransport und Notfallrettung hätte sich nach der bezogenen Entscheidung an Art. 10 der Richtlinie zu orientieren, d.h. auch hier wäre jeweils zu ermitteln, ob der Transport- oder aber der medizinische Leistungsanteil wertmäßig überwiegt.

---

[540] Generalanwalt Fennelly, Schlussanträge vom 2.5.1998, Rs. C-76/97, Walter Tögel/Niederösterreichische Gebietskrankenkasse, Slg. I 1998, 5357 ff., Rn. 45.

Bereits in dem vom Gerichtshof entschiedenen Verfahren waren von Seiten einzelner Mitgliedstaaten gegenüber einer derartigen Wertbestimmung umfangreiche Bedenken hinsichtlich der praktischen Handhabung vorgetragen worden, Einwände, denen der Generalanwalt und ihm folgend der Gerichtshof eine gewisse Berechtigung zwar ausdrücklich nicht absprechen wollten, deren Durchgreifen sie jedoch unter Hinweis auf die Vorgaben des Art. 10 der Richtlinie sowie die Bejahung eines gewissen Ermessensspielraums des öffentlichen Auftraggebers im Rahmen der ex ante vorzunehmenden Schätzung der Werte, letztlich verneinten[541].

c) Bewertung und Zwischenergebnis

Die durch die Richtlinienanhänge und die Referenzkapitel vorgegebene Unterscheidung zwischen medizinischen Dienstleistungen und Verkehrsdienstleistungen lässt ein Eingreifen von Art. 10 der Dienstleistungsrichtlinie für die Wahl des (Vergabe-) Verfahrens zunächst dann unumgänglich erscheinen, wenn die Durchführungsübertragung von Notfallrettung und Krankentransport, also der Aufgaben einer oder mehrerer Rettungswachen, einheitlich innerhalb eines Auftrages erfolgt. Dies ist regelmäßig der Fall. Würde man einen solchen Gesamtauftrag entweder Art. 8 oder 9 der Dienstleistungskoordinierungsrichtlinie zuordnen, so wäre die Missachtung der von den Kategorien vorgegebenen Differenzierung zwingend. Bei Anwendung von Art. 8 der Richtlinie wäre die Notfallrettung mit ihrem spezifisch notfallmedizinischen Gepräge der Kategorie 2 des Anhangs IA (Landverkehr) zugeordnet, während bei einer Anwendung von Art. 9 der Krankentransport als qualifizierte Transportleistung der Kategorie 25 des Anhangs IB (Gesundheits-, Veterinär- und Sozialwesen) unterfiele und damit wesentlichen Teilen des Vergaberechtsregimes, den Abschnitten III bis VI der Richtlinie, entzogen wäre. Um der Kategorisierung der Nomenklatur zu entsprechen findet Art. 10 aber auch Anwendung auf eine jeweils isolierte Durchführungsübertragung von Notfallrettung und Krankentransport. Denn gerade die Intention des Gemeinschaftsgesetzgebers, diejenigen Leistungen, die sich eher für eine Intensivierung des grenzüberschreitenden Wirtschaftsverkehrs eignen, möglichst umfassend dem Vergaberechtsregime zu unterwerfen, verlangt eine differenzierte Zuordnung im Einzelfall. Diese muss sich gerade im Interesse vorgenannter Zielsetzung soweit wie möglich an gemeinschaftsweit gültigen Maßstäben orientieren, Maßstäben, die wiederum durch die staatsübergreifend geltende CPC-Nomenklatur bestimmt sind. Für eine Berücksichtigung national, ggf. sogar auftraggeberseits definierter Dienstleistungskategorien ist hier im Sinne der durch die Richtlinienvorgaben erstrebten gemeinschaftsweiten Ver-

---

[541] Generalanwalt Fennelly, Schlussanträge vom 2.5.1998, Rs. C-76/97, Walter Tögel/Niederösterreichische Gebietskrankenkasse, Slg. I 1998, 5357 ff., Rn. 46 f.

fahrenstransparenz kein Raum, da die in der CPC-Nomenklatur weitgehend einheitlich beschriebenen Dienstleistungskategorien staatsübergreifend bisweilen inhomogen sind[542].

d) Abgestuftes Verfahren der Wertermittlung als praxisnaher Lösungsansatz

Mit der Geltung von Art. 10 der Richtlinie für die Wahl der Verfahrensbestimmungen ist indes noch nicht hinreichend beantwortet, wie innerhalb dieser Bestimmung die Gewichtung mit dem Ziel einer letztlich einwandfreien und zugleich praktikablen Verfahrenswahl vorgenommen werden kann. Über die namentlich von Seiten Frankreichs und Österreichs noch im Rahmen des Vorabentscheidungsverfahrens generell geäußerten praktischen Bedenken hinsichtlich der vom Europäischen Gerichtshof befürworteten (Gesamt-) Wertermittlung anhand der CPC-Dienstleistungskategorien hinaus, wird die Frage aufgeworfen, wie die Gewichtung der einzelnen Anteile auf Basis der gemeinschaftsrechtlichen Kategorien zu erfolgen hat. Diese könnte beispielsweise im Wege eines reinen Zeitvergleichs stattfinden, d.h. es werden die Minuten des Transports mit denen der tatsächlichen medizinischen Handlung verglichen, wobei ergänzend ein graduell variierender Multiplikator zur sachgerechten Erfassung des höheren Schwierigkeitsgrades des medizinischen Leistungsanteils berücksichtigt werden könnte. Denkbar wäre auch eine Ermittlung und Gegenüberstellung derjenigen Kostenstellen, die dem reinen Transportanteil zuzuordnen sind, etwa des Fahrergehaltes zzgl. Treibstoffkosten und sonstiger Kosten eines leeren Fahrzeuges auf der einen und der Kosten der medizinischen Leistung, zu denen beispielsweise die medizinische Fahrzeugausstattung sowie das (Mehr-) Gehalt für medizinisch ausgebildetes Personal zählen, auf der anderen Seite[543]. Bereits die genannten Ansätze zeigen die Problematik einer sachgerechten und

---

[542] Insbesondere Frankreich hatte in der Rechtssache Walter Tögel/Niederösterreichische Gebietskrankenkasse vorgetragen, eine Dienstleistung könne nicht gleichzeitig unter Anhang IA und IB der Dienstleistungsrichtlinie fallen und vorgeschlagen, die Differenzierung ohne Wertermittlung des Beförderungs- und medizinischen Anteils anhand des Kriteriums der Anwesenheit eines Arztes oder Sanitäters vorzunehmen. Demnach sollten Transporte ohne medizinische Betreuung in gewöhnlichen Fahrzeugen Anhang IA zuzuordnen sein, während Transporte in Begleitung eines Arztes oder Sanitäters in hierfür speziell ausgerüsteten Fahrzeugen unter Anhang IB fallen sollten. Vgl. Generalanwalt Fennelly, Schlussanträge vom 2.5.1998, Rs. C-76/97, Walter Tögel/Niederösterreichische Gebietskrankenkasse, Slg. I 1998, 5357 ff., Rn. 41. Siehe zur unterschiedlichen Organisation der Rettungsdienste in den Mitgliedstaaten der Europäischen Union: Pohl-Meuthen/Koch/Kuschinsky, Rettungsdienst in Staaten der EU, in: DRK Schriftenreihe zum Rettungswesen, Bd. 21, Nottuln 1999.
[543] Vgl. Hermann, Rechtsprechung des Europäischen Gerichtshofs zum Rettungsdienst, in: Biese u.a. (Hrsg.), Handbuch des Rettungswesens, Stand: 04/2003, A. 3.0.5, B. III.

zugleich richtlinienkonformen Wertbestimmung, die sich dadurch verschärft, dass der Auftraggeber den relativen Wert der Dienstleistungskategorien im Rahmen von Art. 10 der Richtlinie im Vorhinein durch Schätzung zu ermitteln hat.

Die Richtlinienvorgabe verlangt für ein vollständiges Eingreifen der Regeln des umfassenden förmlichen Vergabeverfahrens, dass der Wert der Dienstleistungen des Anhangs IA größer ist als derjenige der Dienstleistungen des Anhangs IB. Im Kern geht es hier nach dem Vorstehenden auch um die Frage, wie weit die Verbindlichkeit der Trennung in den Kategorien sowohl der Richtlinienanhänge als auch der CPC-Referenzen reicht. Ausdrücklich zu betonen bleibt, dass der durch die CPC-Nomenklatur eröffnete Referenzmaßstab kein Selbstzweck ist, sondern seinerseits der Konkretisierung der in jeder Hinsicht vorrangigen Richtlinienbestimmung, hier des Art. 10, zu dienen bestimmt ist. Es gilt unter dem gemeinschaftsrechtlich vorgegebenen Vergaberechtsregime im Interesse der gebotenen Intensivierung grenzüberschreitenden Wettbewerbs diejenigen Dienstleistungen zu ermitteln, die bei gemeinschaftsweiter, transparenter Vergabe hierzu einen Beitrag zu leisten vermögen, gleichzeitig aber die tatsächlichen Eigenarten des Rettungswesens hinreichend zu berücksichtigen.

Erneut soll daher der genaue Wortlaut des Art. 10 der Richtlinie 92/50/EWG in den Blick genommen werden, stets unter vorgenannter Prämisse, dass diese Richtlinienbestimmung den Vorrang vor den Auslegungsregeln der CPC-Nomenklatur genießt und nicht umgekehrt. Art. 10 bestimmt ausdrücklich *den Wert der Dienstleistungen* des Anhangs IA bzw. IB zum Zuordnungskriterium für die Verfahrensbestimmungen. Die Bestimmung ermöglicht also vom Wortlaut her grundsätzlich auch eine vorgeschaltete Zuordnung der einzelnen Dienstleistungen Notfallrettung und Krankentransport zu den beiden Kategorien für den Fall, dass sich im Ergebnis die geforderte wertmäßige Gegenüberstellung nachvollziehen lässt, dies jedoch innerhalb von Art. 10 und nicht mittels einer Zuordnung zu den Art. 8 bzw. 9 der Dienstleistungsrichtlinie ohne jedweden wertmäßigen Vergleich. Dies offenbar voraussetzend wird in der Literatur pauschal und insbesondere ohne Rückgriff auf wertmäßige Ansätze die Auffassung vertreten, ein Überwiegen des medizinischen Anteils sei sowohl bei der Notfallrettung als auch beim qualifizierten Krankentransport auch im Hinblick auf die von den Landesrettungsdienstgesetzen vorgegebene funktionale Einheit beider Leistungen kaum zu widerlegen[544] bzw. der insoweit angesichts der bestehenden Einschätzungsprärogative des öffentlichen Auftraggebers bieterseits zu führende Gegenbeweis[545] hier angesichts fehlender valider statistischer Da-

---

[544] Hennes, Rettungsdienst und Europäisches Wettbewerbsrecht, in: Biese u.a. (Hrsg.), Handbuch des Rettungswesens, Band 1, Stand: 04/2003, A 3.0.6, Anm. B. V.
[545] Dieser hätte bieterseits stets eine Anwendung der Abschnitte III bis VI der Dienstleistungsrichtlinie zum Ziel. Vgl. zur Beweislastverteilung Generalanwalt Fennelly, Schlussanträge

ten und betriebswirtschaftlich verwertbarer Kostenaufschlüsselungen kaum zu führen[546]. Dem steht, abgesehen davon, dass sich eine Berücksichtigung der funktionalen Einheit als nationalrechtliche Besonderheit vom Differenzierungsgebot der gemeinschaftsrechtlichen Dienstleistungskategorien zu weit entfernt und das Fehlen valider Daten eher die vergaberechtlich nicht zu beanstandende Wahl des umfassenden förmlichen Vergabeverfahrens intendieren sollte, die eingangs vorgenommene sachliche Qualifizierung der Dienstleistungen Notfallrettung und Krankentransport entgegen. So ließ sich die Notfallrettung in notfallmedizinischer Hinsicht als außerklinischer Beginn einer Intensivtherapie begreifen, bei der die notfallmedizinische Versorgung gegenüber dem Beförderungsaspekt das bestimmende Merkmal darstellt. Dagegen wurde der Krankentransport als zeitunkritische, qualifizierte Transportleistung herausgearbeitet, bei der im Gegensatz zur Notfallrettung die nicht notwendig medizinisch im engeren Sinne geprägte betreute Beförderung im Vordergrund steht und bei der eine ärztliche Betreuung schlechthin nicht erforderlich ist. Folglich kann der Krankentransport als qualifizierte Transportleistung der Kategorie 2 des Anhangs IA und die Notfallrettung als wesentlich (notfall-) medizinisch geprägter Dienstleistung der Kategorie 25 des Anhangs IB zugeordnet werden. Gestützt wird diese Zuordnung durch die bei Krankentransport und Notfallrettung durchweg erheblich divergierenden Entgelthöhen[547] als entscheidendem wertmäßigem Kriterium. Dieses rechtfertigt bei der Notfallrettung bei gleich bleibendem Beförderungsanteil eine wesentliche Erhöhung des Entgeltes allein durch die hier überwiegende medizinische Komponente einschließlich der hierfür notwendigen Vorhaltung und qualifizierteren Personal- und Sachmittelausstattung.

Diesem Ergebnis geht zwingend die kraft Gemeinschaftsrechts vorgegebene wertmäßige Ermittlung des jeweils überwiegenden Anteils entweder der Beförderungs- oder aber medizinischen Dienstleistungskomponente voraus, die jedoch angesichts der derzeitigen Leistungsinhalte für Krankentransport und Notfallrettung bei fortbestehender Möglichkeit eines Gegenbeweises von Bieterseite zunächst feststeht. Auf der zweiten Ebene schließt sich die Ermittlung des wertmäßig innerhalb des einheitlichen Auftrages überwiegenden Anteils der Dienstleistungen nach Anhang IA (Krankentransport) bzw. des Anhangs IB (Notfallrettung) an, die bei weitaus größerer Prognosesicherheit ausgehend von der Bedarfsplanung und Gebühren- bzw. Entgeltbedarfsberechnung ermittelt

---

vom 2.5.1998, Rs. C-76/97, Walter Tögel/Niederösterreichische Gebietskrankenkasse, Slg. I 1998, 5357 ff., Rn. 48.
[546] Schulte, Der öffentliche Rettungsdienst auf dem Prüfstand des Vergaberechts, in: RD 2000, S. 799 ff., 801.
[547] Vgl. die Nachweise bei Dennerlein/Schneider, Wirtschaftlichkeitsreserven im Rettungsdienst der BRD, Augsburg 1995, S. 103 f.

werden kann[548]. Sowohl das zu erwartende Leistungs-, d.h. Fahrtenaufkommen als auch die damit verbundenen Entgelte lassen sich auf dieser Grundlage unter Berücksichtigung der jeweils gültigen Satzungsgebühren bzw. Vertragsentgelte recht sicher prognostizieren. In der Praxis bedeutet dies, dass bei einem wertmäßigen Überwiegen der Durchführungsübertragung im Bereich der Notfallrettung gegenüber den Leistungen des Krankentransports abgesehen von der Beachtung technischer Spezifikationen beim derzeitigen Kodifizierungsstand lediglich die nachträgliche Meldepflicht an das Amt für amtliche Veröffentlichungen der Gemeinschaft besteht. Überwiegt dagegen der Krankentransport als Auftragsbestandteil, so ist der Auftrag insgesamt nach den Bestimmungen dieses Abschnitts bzw. der Abschnitte III bis VI der Dienstleistungsrichtlinie zu vergeben.

II. Wahl der Vergabeart: Offenes/Nichtoffenes Verfahren, Verhandlungsverfahren

In Übereinstimmung mit der Dienstleistungskoordinierungsrichtlinie kennt das nationale Vergaberecht oberhalb der Schwellenwerte drei Vergabearten: das Offene Verfahren, das Nichtoffene Verfahren und das Verhandlungsverfahren, die in strenger Hierarchie zueinander stehen[549]. Die den EU-Vergaberichtlinien entstammenden Verfahrenbezeichnungen sind stets zu verwenden, nicht zuletzt, um Missverständnissen bei ausländischen Bietern und EU-Dienststellen vorzubeugen[550]. Unabhängig davon, welche Vergabeart im einzelnen zu wählen ist, hat die Vergabestelle während des gesamten Vergabeverfahrens die tragenden Grundsätze des Vergaberechts, nämlich das Wettbewerbs- und Transparenzgebot und das Diskriminierungsverbot, zu beachten, § 97 Abs. 1 und 2 GWB. Da eine falsche Wahl der Vergabeart zur Folge hat, dass die Vergabe fehlerhaft und damit rechtswidrig ist, kommt der ordnungsgemäßen Wahl der Vergabeart besondere Bedeutung zu.

Gemäß § 101 Abs. 5 GWB, § 3a Nr. 1 Abs. 1 VOL/A ist das Offene Verfahren vorrangig anzuwenden. Beim streng formalisierten offenen Verfahren, das ein Höchstmaß an freiem, gleichmäßigem Zugang zu öffentlichen Aufträgen bei

---

[548] Eine differenzierte Ermittlung der Kostenstellen bezogen auf Transport- und medizinische Anteile der einzelnen Dienstleistungen findet bislang im Rettungsdienst nicht statt, vgl. zur Kostenzurechnung Büch/Koch, Wirtschaftlichkeit im Rettungsdienst, DRK-Schriftenreihe zum Rettungswesen, Bd. 18, 1998, S. 17 f.
[549] Vgl. §§ 101 GWB; 3a Nr. 1 Abs. 1 VOL/A; Art. 1 lit. d) – f), 11 Richtlinie 92/50/EWG. Begrifflich entspricht das Offene Verfahren der unterhalb der Schwellenwerte abweichend bezeichneten Öffentlichen Ausschreibung, das Nichtoffene Verfahren der Beschränkten Ausschreibung und das Verhandlungsverfahren der Freihändigen Vergabe, vgl. § 3a Nr. 1 Abs. 1 VOL/A.
[550] Daub/Eberstein, Kommentar zur VOL/A, 5. Aufl. 2000, § 3a Rn. 7.

gleichzeitig hoher Wettbewerbsintensität gewährleistet, wird eine unbeschränkte Anzahl von Unternehmen zur Angebotsabgabe aufgefordert[551].
In der Hierarchie unterhalb des Offenen Verfahrens steht das Nichtoffene Verfahren, bei dem der Kreis der Bewerber auf diejenigen limitiert ist, die der Auftraggeber zur Abgabe eines Angebotes auffordert. Ausschließlich diese Bewerber sind berechtigt, wirksam ein Angebot abzugeben[552]. Um einen geeigneten Bewerberkreis zu ermitteln, hat der Aufforderung zur Angebotsabgabe oberhalb der Schwellenwerte stets ein öffentlicher Teilnahmewettbewerb voranzugehen, mit dem die interessierten Unternehmen aufgefordert werden, Teilnahmeanträge einzureichen[553]. Das Nichtoffene Verfahren ist daher als zweistufiges förmliches Verfahren ausgestaltet, bei dem die Eignungsprüfung, die im Rahmen des Offenen Verfahrens auf der zweiten Wertungsstufe stattfindet, vorgezogen wird[554]. Es führt im Verhältnis zum Offenen Verfahren zu einer Einschränkung des Wettbewerbs insoweit, als dass es letztlich die Entscheidung des Auftraggebers ist, welchen Bewerber er zur Angebotsabgabe auffordert und aus dem Antrag auf Teilnahme am Wettbewerb selbst bei Erfüllung der Eignungsvoraussetzungen nicht zwingend ein Anspruch auf Aufforderung zur Angebotsabgabe folgt[555].
Das Nichtoffene Verfahren darf vom Auftraggeber nur in begründeten Fällen gewählt werden, § 3a Nr. 1 Abs. 1 VOL/A. Die begründeten Fälle ergeben sich kraft Verweisung aus § 3 Nr. 3 Abs. 3 VOL/A. Gemäß lit. a) der Bestimmung kann eine Ausschreibung unter anderem dann im Wege des Nichtoffenen Verfahrens erfolgen, wenn die Leistung auf Grund ihrer Eigenart objektiv ein besonderes Maß an Zuverlässigkeit und Leistungsfähigkeit erfordert und deshalb lediglich von einer beschränkten Anzahl von Unternehmen in geeigneter Weise durchgeführt werden kann. Es handelt sich dabei um Fälle, in denen außergewöhnliche Zuverlässigkeit und/oder Leistungsfähigkeit, wie beispielsweise spezielle Erfahrungen in der betreffenden Leistungsart, besondere technische Einrichtungen oder herausragend bzw. in bestimmter Weise fachkundiges Personal, erforderlich sind. Angesichts des besonderen Anforderungsprofils im Ret-

---

[551] Vgl. § 101 Abs. 2 GWB; Art. 1 lit. d) Richtlinie 92/50/EWG. Bezüglich der gemeinnützigen Hilfsorganisationen bedarf es im Einzelfall ggf. zunächst der (Vor-) Prüfung anhand § 7 Nr. 6 VOL/A.
[552] Vgl. § 101 Abs. 3 GWB; Art. 1 lit. e) Richtlinie 92/50/EWG.
[553] Angesichts des klaren Wortlautes des § 101 Abs. 3 GWB hat beim Nichtoffenen Verfahren oberhalb der Schwellenwerte trotz des Verweises in § 3a Nr. 1 Abs. 1 VOL/A auf § 3 Nr. 1 Abs. 4 VOL/A in jedem Fall zunächst der öffentliche Teilnahmewettbewerb zu erfolgen.
[554] Siehe zu den einzelnen Wertungsstufen ausführlich Ingenstau/Korbion, VOB, 14. Aufl., § 25 VOB/A Rn. 2 ff.
[555] Dies gilt insbesondere angesichts des in den Vergaberichtlinien festgelegten Rechts der Vergabestelle zur Festlegung von Höchstmargen, innerhalb derer die Zahl der zur Angebotsabgabe aufgeforderten Leistungserbringer liegt, vgl. Art. 27 Abs. 2 Richtlinie 92/50/EWG. Vgl. hierzu Hertwig, Praxis der öffentlichen Auftragsvergabe, 2. Aufl. 2001, Rn. 69.

tungswesen, das sich insbesondere in den landesrechtlich normierten Mindestanforderungen an die personelle Besetzung und Personalqualifikation sowie den Vorgaben zur Sachausstattung dokumentiert, dürfte die Entscheidung des öffentlichen Rettungsdienstträgers für die Durchführung eines Nichtoffenen Verfahrens mit vorgeschaltetem öffentlichem Teilnahmewettbewerb vergaberechtlich nicht zu beanstanden sein. Der Rettungsdienstträger ist auf Grund der ihm als staatliche Aufgabe obliegenden Sicherstellungspflicht für den öffentlichen Rettungsdienst bereits durch die Übertragungsermächtigungen zur besonders sorgfältigen Ermittlung in jeder Hinsicht zuverlässiger und leistungsfähiger Bieter landesrechtlich verpflichtet[556]. Soweit das maßgebende Landesrecht nicht wie die Landesrettungsdienstgesetze Hessens, Schleswig-Holsteins und Thüringens ausdrücklich eine Erfüllung der hinsichtlich Zuverlässigkeit und Leistungsfähigkeit weitreichenden Genehmigungsanforderungen für die staatsunabhängige Leistungserbringung vorschreibt[557], hat sich die Vergabestelle daher gleichwohl an diesen, über die allgemeinen Eignungsanforderungen des Vergaberechts hinausgehenden Anforderungen zu orientieren[558].
Der Anwendungsbereich des Verhandlungsverfahrens schließlich, bei dem sich der öffentliche Auftraggeber an einen bestimmten Kreis von Unternehmen wendet und mit einem oder mehreren von ihnen die Auftragsbedingungen in den Grenzen des Wettbewerbsgebotes und Diskriminierungsverbotes weitgehend frei aushandelt, ist auf wenige Tatbestände beschränkt, etwa für den Fall, dass in einem Offenen oder Nichtoffenen Verfahren keine annehmbaren Angebote abgegeben worden sind[559].

III. Lösung bestehender Verträge

Die zur Durchführungsübertragung von den Rettungsdienstträgern mit Dritten geschlossenen öffentlich-rechtlichen Verträge haben durchweg eine Laufzeit, die sich über mehrere Jahre erstreckt. Regelmäßig orientiert sich diese an den für rettungsdienstrechtliche Genehmigungen vorgesehenen Höchstbefristungen, d.h. einen Zeitraum von vier bzw. fünf Jahren, vielfach reicht sie jedoch weit

---

[556] Vgl. § 2 Abs. 1 RDG BW; Art. 19 Abs. 1 Satz 2 BayRDG; § 5 Abs. 2 Satz 2 RDG Bln; § 5 Abs. 1 BbgRettG; § 8 HbgRDG; § 4 Abs. 2 HessRDG; § 6 Abs. 4 RDG M-V; § 5 Abs. 1 NdsRettDG; § 13 Abs. 1 RettG NW; § 5 Abs. 1 RDG RhPf; § 6 Abs. 1 SächsRettDG; § 3 Abs. 2 RDG LSA; § 6 Abs. 3 RDG SH; § 4 Abs. 1 ThürRettG.
[557] Vgl. §§ 4 Abs. 2 HessRDG; 6 Abs. 3 RDG SH; 4 Abs. 1 ThürRettG.
[558] Ufer, Auswahl und Beauftragung von Leistungserbringern im Rettungsdienst, in: Biese u.a. (Hrsg.) Handbuch des Rettungswesens, Band 2, Stand: 04/2003, B. III. 0.6, S. 6.
[559] Vgl. § 3a Nr. 1 Abs. 4 lit. a) VOL/A; Art. 11 Abs. 2 lit. a) Richtlinie 92/50/EWG. Bezüglich gemeinnütziger Hilfsorganisationen kommt im Wechselspiel mit § 7 Nr. 6 VOL/A u.U. eine freihändige Vergabe nach § 3 Nr. 4 lit. o) VOL/A in Betracht.

darüber hinaus[560]. Soweit eine Ausschreibungspflicht im Wege eines förmlichen Vergabeverfahrens besteht, stellt sich daher die Frage, inwieweit bestehende Verträge, die ohne Beachtung des Vergaberechts geschlossen wurden, zum Zwecke der Neuausschreibung nach wettbewerblichen und vergaberechtlichen Grundsätzen zu beenden sind, mithin ein Eingriff in laufende Verträge rechtlich möglich und geboten ist. Neben Verträgen, die noch aus der Zeit vor Ablauf der Umsetzungsfrist der Dienstleistungsrichtlinie am 1. Juli 1993 stammen und deren Zahl aktuell eher gering sein dürfte, geht es hier insbesondere um diejenigen Verträge, die auf Grundlage der bislang herrschenden Auffassung, wonach aus den unterschiedlichen dargestellten Gründen keine Ausschreibungspflicht bestehen soll, auch nach Ablauf der Umsetzungsfrist und Transformation ohne transparentes Vergabeverfahren abgeschlossen bzw. verlängert wurden. Die Fragestellung erfasst dabei generell gleichermaßen eine mangelnde Durchführung eines förmlichen Ausschreibungsverfahrens in den das Submissionsmodell verfolgenden Ländern wie eines nicht-förmlichen Auswahlverfahrens auf verwaltungsverfahrensrechtlicher Grundlage bei Umsetzung des Konzessionsmodells.

1.) Objektive Lösungsmöglichkeiten und –pflichten

a) Bewertung durch den EuGH

In der Rechtssache *Walter Tögel ./. Niederösterreichische Gebietskrankenkasse* wurde dem Europäischen Gerichtshof auch die Frage zur Vorabentscheidung vorgelegt, ob sich aus Art. 5 EGV oder der Richtlinie 92/50/EWG die Verpflichtung eines Mitgliedstaats ergibt, in bestehende, auf unbestimmte Zeit oder für mehrere Jahre und nicht entsprechend der Richtlinie abgeschlossene Rechtsverhältnisse einzugreifen. Der Gerichtshof begrenzte die Vorlagefrage angesichts der gegebenen Sachverhaltslage - die im Streit stehenden Verträge stammten noch aus dem Jahre 1984, mithin zeitlich vor Erlass der Dienstleistungsrichtlinie – zunächst auf die Frage einer Eingriffsverpflichtung im Hinblick auf Verträge, die vor Ablauf der Umsetzungsfrist geschlossen worden waren. Diesbezüglich gelangte er und ihm folgend das Schrifttum[561] zu dem Er-

---

[560] Die Dienstleistungsrichtlinie selbst geht im Übrigen ausdrücklich von der Möglichkeit eines Abschlusses von - den Richtlinienvorgaben entsprechenden – Dienstleistungsverträgen mit unbestimmter Laufzeit aus, vgl. Art. 7 Abs. 5. Im Interesse der ordnungsgemäßen Kontrolle und Erfüllung der Sicherstellungsverpflichtung durch den Träger empfiehlt die Literatur jedoch auch bei fehlender gesetzlicher Bestimmung zu Recht die Aufnahme einer Befristungsregelung, vgl. Ufer, Auswahl und Beauftragung von Leistungserbringern im Rettungsdienst, in: Biese u.a. (Hrsg.) Handbuch des Rettungswesens, Band 2, Stand: 04/2003, B. III. 0.6, S. 7.
[561] Iwers, Die Ausschreibung rettungsdienstlicher Leistungen, in: LKV 2002, S. 164 ff., 167 Fn. 35; Lichte/Lüssem, Europäischer Einfluss auf das deutsche Vergaberecht, in: Johanniter-

gebnis, dass das Gemeinschaftsrecht einen öffentlichen Auftraggeber eines Mitgliedstaates nicht verpflichtet, auf Antrag eines einzelnen in bestehende, auf unbestimmte Zeit oder für mehrere Jahre abgeschlossene Rechtsverhältnisse einzugreifen[562]. Mangels näherer Begründung in der Entscheidung selbst sind hier abermals ergänzend die Schlussanträge des Generalanwalts zu bemühen. Dieser verneint zunächst eine Verpflichtung respektive Befugnis des öffentlichen Auftraggebers zum Eingriff in bestehende Verträge unter dem Gesichtspunkt einer möglichen Rückwirkung der Dienstleistungsrichtlinie. Hierzu stellt er bezugnehmend auf die im Gemeinschaftsrecht bestehende Vermutung, dass Rechtsvorschriften keine Rückwirkung beizumessen ist, soweit nicht eindeutig etwas anderes bestimmt ist[563], fest, dass weder der Wortlaut noch die allgemeine Struktur und Zielsetzung der Dienstleistungsrichtlinie ausdrücklich ergäben, dass ihr Rückwirkung zukomme[564]. Anschließend geht der Generalanwalt auf den Regelungsgegenstand der Vergaberichtlinien ein. Hier gelangt er zu der Erkenntnis, dass die Richtlinien in der Weise keine erschöpfenden gemeinsamen Regelungen über die Vergabe öffentlicher Aufträge einführen, als dass sie lediglich das transparente und diskriminierungsfreie Vergabeverfahren an sich regeln, die materiell-rechtlichen nationalen Vorschriften über Abschluss, Gültigkeit, Bedingungen und Dauer von Verträgen, zu denen dieses Verfahren führt indes unberührt lassen. Letztere seien geradezu Voraussetzung für ein ordnungsgemäßes Funktionieren der Richtlinienvorgaben. Dass die Vergaberichtlinien grundsätzlich davon ausgehen, dass sich die Behandlung abgeschlossener Verträge ab dem Zeitpunkt der Zuschlagserteilung nach nationalem Recht richten, ergebe sich daraus, dass für die Rechtsbehelfe ab diesem Zeitpunkt nationales Recht maßgebend ist, wobei dem nationalen Gesetzgeber in Art. 2 Absatz 6 der Rechtsmittelrichtlinie[565] die Befugnis eingeräumt sei, entsprechende Rechtsbehelfe auf Schadensersatzansprüche zu beschränken[566].

Forum Berlin (Hrsg.), Schriftenreihe 11, 2000, S. 44 ff., 46; Schulte, Der öffentliche Rettungsdienst auf dem Prüfstand des Vergaberechts, in: RD 2000, S. 894 ff., 897.
[562] EuGH, Urteil v. 24.9.1998, Rs. C-76/97, Walter Tögel/Niederösterreichische Gebietskrankenkasse, Slg. I-1998, S. 5357 ff., Rn. 54.
[563] Vgl. EuGH, Urteil v. 8.10.1987, Rs. 80/86 – Kolpinghuis Nijmegen BV, Slg. 1987, S. 3969 ff., Rn. 13 m.w.N.
[564] Generalanwalt Fennelly, Schlussanträge vom 2.5.1998, Rs. C-76/97, Walter Tögel/Niederösterreichische Gebietskrankenkasse, Slg. I 1998, 5357 ff., Rn. 61.
[565] ABl. Nr. L 395/33 vom 30.12.1989, S. 33.
[566] Generalanwalt Fennelly, Schlussanträge vom 2.5.1998, Rs. C-76/97, Walter Tögel/Niederösterreichische Gebietskrankenkasse, Slg. I 1998, 5357 ff., Rn. 62.

b) Eigene Bewertung und Behandlung nach Ablauf der Umsetzungsfrist geschlossener Verträge

Tatsächlich spricht der Umstand, dass ab dem Zeitpunkt der Zuschlagserteilung kein auf Vertragsaufhebung gerichteter Primärrechtsschutz mehr eingreift[567] und nicht berücksichtigte Leistungserbringer auf Schadensersatzansprüche gegen den öffentlichen Auftraggeber verwiesen sind, grundsätzlich dafür, dass die Dienstleistungsrichtlinie unmittelbar keine Lösung bestehender Verträge gebietet, hierfür vielmehr die nationale Rechtsordnung maßgebend ist.

Allerdings gilt es hier näher zu differenzieren. Wie eingangs festgestellt, liegt die Zielsetzung der Dienstleistungsrichtlinie darin, bestimmte Dienstleistungsmärkte der grenzüberschreitenden wettbewerblichen Leistungserbringung zu überantworten. Das dafür vorgesehene Instrumentarium besteht in einem umfassend auf den Grundsätzen der Transparenz, Diskriminierungsfreiheit sowie des Wettbewerbs fußenden Vergabe- und Vergabenachprüfungsverfahren, dessen Ausgestaltung der Gemeinschaftsgesetzgeber außerordentlich detailliert vorgegeben hat, weshalb das nationale gesetzgeberische Ermessen, anders als bezüglich des sich anschließenden Sekundärrechtsschutzes, hier auf ein Minimum, d.h. letztlich die Wahl der Rechtsnormqualität und die Verortung der Materie in der nationalen Rechtsordnung reduziert war. Hieraus folgt, dass ein Eingreifen in bestehende Verträge auf Grund der Vorgaben der Dienstleistungsrichtlinie dann nicht geboten ist, wenn sich das Vorgehen des öffentlichen Auftraggebers allein am Maßstab der Richtlinienvorgaben gemessen als rechtmäßig darstellt. Dies ist, was der Generalanwalt und ihm im Ergebnis folgend der Gerichtshof so auch ausdrücklich feststellt haben, mangels Rückwirkung der Richtlinie dann der Fall, wenn die betreffenden Verträge vor Ablauf der Umsetzungsfrist abgeschlossen wurden[568]. Entsprechendes gilt bei einem Vertragsschluss nach Ablauf der Umsetzungsfrist, wenn diesem ein den Richtlinienvorgaben entsprechendes Vergabeverfahren vorausgegangen ist und zwar auch dann, wenn der Vertrag langfristig oder sogar auf unbestimmte Zeit geschlossen wurde[569].

Diese Fallgruppen erfassen indes nicht die in der Praxis vielfach, wenn nicht angesichts der bislang h.M., wonach keine Ausschreibungspflicht gemäß den Vorgaben der Dienstleistungsrichtlinie bestand, regelmäßig anzutreffende Konstellation, dass nach dem 1. Juli 1993 rettungsdienstliche Übertragungsverträge ohne gemeinschaftsweite Ausschreibung insoweit rechtswidrig verlängert bzw. vergeben wurden. Entsprechendes gilt insbesondere vor dem Hintergrund,

---

[567] Vgl. § 114 Abs. 2 GWB.
[568] Generalanwalt Fennelly, Schlussanträge vom 2.5.1998, Rs. C-76/97, Walter Tögel/Niederösterreichische Gebietskrankenkasse, Slg. I 1998, 5357 ff., Rn. 67.
[569] Arg e Art. 7 Abs. 5 Richtlinie 92/50/EWG.

dass die landesrechtlichen Privilegierungsbestimmungen rechtswidrig sind, bei nicht erfolgter Vergabe im Wege des nichtförmlichen Ausschreibungsverfahrens[570]. Art. 2 Abs. 6 der Rechtsmittelrichtlinie bestimmt, dass die Wirkungen vergaberechtswidrig vergebener Verträge nach dem Vertragsschluss nach nationalem Recht aufrechterhalten werden können, wobei der öffentliche Auftraggeber den durch den Rechtsverstoß geschädigten Personen gegenüber zum Schadensersatz verpflichtet ist. Bezogen auf die vor Ablauf der Umsetzungsfrist mangels Rückwirkung zunächst rechtmäßig geschlossenen Verträge, die allein Gegenstand des Vorabentscheidungsverfahrens waren, bemerkt Generalanwalt Fenelly zutreffend, dass dies einen öffentlichen Auftraggeber in die missliche Lage bringen könnte, einen Vertrag nach nationalem Recht als rechtsgültig fortbestehend zu behandeln, gleichzeitig aber gemeinschaftsrechtlich verpflichtet zu sein, Personen, die dadurch geschädigt worden sind, dass kein neues Vergabeverfahren eingeleitet wurde, Schadensersatz leisten zu müssen. Dies sei gemäß den Bestimmungen und der Systematik der Dienstleistungsrichtlinie deshalb nicht zu rechtfertigen, weil der öffentliche Auftraggeber bei Zuschlagserteilung bzw. Vertragsschluss rechtmäßig gehandelt habe[571]. Anderes muss aber dann gelten, wenn der nach Art. 20 Abs. 3 GG an Recht und Gesetz gebundene öffentliche Auftraggeber, wie in dem hier zugrunde gelegten Fall eines Vertragsschlusses nach Ablauf der Umsetzungsfrist, bei Vertragsschluss rechtswidrig gehandelt hat. In dieser Konstellation ist die Zuerkennung entsprechender Schadensersatzansprüche ungeachtet praktischer Schwierigkeiten bei deren Durchsetzung im vergaberechtlichen Sekundärrechtsschutz[572] angesichts des gegebenen Rechtsverstoßes des öffentlichen Auftraggebers gemeinschaftsrechtlich geboten. (Vergabe-)rechtswidriges Handeln des öffentlichen Auftraggebers liegt dabei auch in der vertraglich vereinbarten Verlängerung eines Dienstleistungsvertrages, sofern – was bei rettungsdienstlichen Durchführungsübertragungsvereinbarungen durchweg der Fall ist – eine mehrjährige Prolongation stattfindet. Denn eine solche Verlängerung kommt in ihren rechtlichen und wirtschaftlichen Auswirkungen dem Neuabschluss eines entsprechenden Dienstleistungsvertrages gleich[573].

---

[570] Vgl. hierzu OVG Frankfurt (Oder), Beschluss v. 21.8.1997 – 4 A 164/95, S. 21 der Beschlussausfertigung, in: NJW 1998, 1807 (LS).
[571] Vgl. Generalanwalt Fennelly, Schlussanträge vom 2.5.1998, Rs. C-76/97, Walter Tögel/Niederösterreichische Gebietskrankenkasse, Slg. I 1998, 5357 ff., Rn. 65.
[572] Vgl. Hertwig, Praxis der öffentlichen Auftragsvergabe, 2. Aufl. 2001, Rn. 282.
[573] OLG Düsseldorf, Beschluss v. 14.2.2001 – Verg 13/00, in: WuW/E Verg 456 f., 458. Vgl. auch Erste Vergabekammer des Bundes, Beschluss v. 13.7.2001 – VK 1 – 19/01, S. 8 der Beschlussausfertigung.

Dieser Verpflichtung vermag der öffentliche Auftraggeber für die Zukunft allein durch eine Lösung von den zuvor rechtswidrig geschlossenen Verträgen zu entgehen. Soweit die rettungsdienstlichen Übertragungs- bzw. Einbindungsverträge für den Rettungsdienstträger eine Möglichkeit zur ordentlichen Vertragskündigung vorsehen, kann eine solche ohne Verletzung der vertraglichen Vereinbarungen ausgeübt werden[574]. Darüber hinaus ist den Trägern bezüglich der öffentlichrechtlichen Verträge unabhängig von vertraglichen Vereinbarungen eine grundsätzlich entschädigungslose Kündigungsmöglichkeit gemäß den § 60 Abs. 1 Satz 1 VwVfG entsprechenden Bestimmungen der Verwaltungsverfahrensgesetze der Länder in direkter, zumindest aber in analoger Anwendung[575] eröffnet. Die nach beiden Alternativen bestehenden Befugnisse zur Vertragsbeendigung wandeln sich angesichts des Rechtsverstoßes des Rettungsdienstträgers in entsprechende Verpflichtungen um. § 60 Abs. 1 VwVfG ist Ausdruck des auch im öffentlichen Recht geltenden Grundsatzes, wonach die strikte Vertragsbindung auch ohne entsprechende Vereinbarung dann durchbrochen werden kann bzw. muss, wenn ein Festhalten an der Vereinbarung infolge einer Änderung der Geschäftsgrundlage für einen oder mehrere Vertragspartner zu unzumutbaren Ergebnissen führen würde[576], und ermöglicht eine Vertragskündigung für den Fall, dass sich die für die Festsetzung des Vertragsinhalts maßgebenden Verhältnisse seit Vertragsschluss wesentlich geändert haben. Eine wesentliche Änderung der Verhältnisse in diesem Sinne ist entsprechend den Grundsätzen zur Geschäftsgrundlage dann anzunehmen, wenn Änderungen eingetreten sind, mit denen die Vertragspartner bei Abschluss des Vertrages nicht gerechnet haben und die bei objektiver Betrachtung so erheblich sind, dass davon auszugehen ist, dass der Vertrag bei Kenntnis dieser Umstände nicht mit demselben Inhalt geschlossen worden wäre[577]. Die sich ändernden Verhältnisse können sowohl tatsächlicher als auch rechtlicher Natur sein. Bei Rechtsänderungen kommt eine Änderung von Rechtsvorschriften ebenso in Betracht wie eine Änderung der Rechtsprechung[578]. Die Erkenntnis der bestehenden gemeinschaftsweiten Ausschreibungspflicht nach den Vorgaben der Dienstleistungsrichtlinie berechtigt daher

---

[574] Zulässigerweise vereinbart kann u.U. auch ein Widerrufsvorbehalt zugunsten des Trägers sein, vgl. OVG Lüneburg, Beschluss v. 26.2.1996 – 7 M 462/96.
[575] Sofern man hinsichtlich des Zeitpunktes der Änderung der Rechtsverhältnisse davon ausgeht, dass unmittelbar mit Ablauf der Umsetzungsfrist eine Ausschreibungspflicht bestanden hat, ist die entsprechende Anpassungs- bzw. Kündigungsregelung entsprechend, bei Annahme einer Rechtsprechungsänderung direkt anwendbar, vgl. Kopp/Ramsauer, VwVfG, 8. Aufl. 2003, § 60 Rn.11 m.w.N.
[576] Kopp/Ramsauer, VwVfG, 8. Aufl. 2003, § 60 Rn. 2.
[577] BVerwGE 87, 77 ff., 81; OVG Münster, Urteil v. 21.1.1973 – III A 632/70, in: DVBl. 1975, S. 47.
[578] Kopp/Ramsauer, VwVfG, 8. Aufl. 2003, § 60 Rn. 9a.

die Trägerkörperschaft zur Kündigung bestehender, ohne Beachtung des Vergaberechtsregimes geschlossener öffentlich-rechtlicher Übertragungsverträge, nachdem eine Vertragsanpassung nicht geeignet wäre, einen rechtmäßigen Vertragszustand herzustellen. Dem Rettungsdienstträger ist unter Berücksichtigung aller Umstände des Einzelfalls, einschließlich der teilweise diffusen Vorgaben der Landesrettungsdienstgesetze, die neben den Privilegierungsregeln eine Art freihändige Abschlusskompetenz normieren, und widersprüchlicher Aussagen der Aufsichtsbehörden regelmäßig ein Festhalten an den Verträgen objektiv nicht zuzumuten, zumal etwaige Ersatzverpflichtungen gegenüber Dritten kaum abzuschätzen sind. Die bestehende Sicherstellungsverpflichtung der Rettungsdienstträger, die es im Kündigungsfalle gebietet, den öffentlichen Rettungsdienst unmittelbar entweder durch eigene Kräfte sicherzustellen oder einen reibungslosen Übergang auf Drittanbieter nach ordnungsgemäßer Ausschreibung zu gewährleisten, und die Dauer eines Ausschreibungsverfahrens insbesondere mit gemeinschaftsweiter Publizität einschließlich eventueller Nachprüfungsverfahren erfordern und rechtfertigen in der Regel eine hinreichend lange Auslauffrist.

2.) Rechtsschutzmöglichkeiten nicht berücksichtigter Bewerber

Über die Ermittlung bestehender Möglichkeiten einer Vertragsbeendigung hinaus stellt sich die Frage, inwieweit bei der Vergabe nicht berücksichtigte Bieter eine solche Vertragsbeendigung rechtswirksam durchsetzen können.

a) Vergaberechtliches Nachprüfungsverfahren

Gemäß den §§ 97 Abs. 7, 107 Abs. 2 GWB steht bei der Vergabe nicht berücksichtigten Bewerbern das vergaberechtliche Nachprüfungsverfahren als Primärrechtsschutzmöglichkeit dann offen, wenn sie eine Verletzung in eigenen Rechten der in § 97 Abs. 7 GWB bestimmten Art darlegen können. Grundvoraussetzung ist die für die das Submissionsmodell umsetzenden Länder uneingeschränkt zu bejahende Anwendbarkeit des (Kartell-) Vergaberechts. Nach § 97 Abs. 7 GWB haben die Unternehmen Anspruch darauf, dass der öffentliche Auftraggeber die Bestimmungen über das Vergabeverfahren einhält. Das Unterlassen eines Vergabeverfahrens mit gemeinschaftsweiter Publizität, obwohl die Durchführung eines solchen wegen Überschreiten der Schwellenwerte geboten wäre, verletzt immer die Rechte der beteiligten Bieter, kann also grundsätzlich im Wege vergaberechtlichen Primärrechtsschutzes vor den Vergabekammern erfolgreich geltend gemacht werden[579].

---

[579] Vgl. zur Geltendmachung der unterlassenen Durchführung eines Vergabeverfahrens nach § 107 Abs. 1 GWB Vergabekammer Stuttgart, Beschluss v. 24.1.2001 – 1 VK 34/00, in: NZBau

Allerdings ist der Zeitrahmen innerhalb dessen ein mitunter auf Verfahrensaufhebung insgesamt oder sogar Zuschlagserteilung an den Antragsteller gerichtetes Nachprüfungsverfahren zulässigerweise eingeleitet werden kann, grundsätzlich außerordentlich eng bemessen. Voraussetzung für ein Nachprüfungsverfahren ist nämlich stets ein konkreter, noch nicht abgeschlossener Beschaffungsvorgang, auf den sich das Verfahren beziehen können muss[580]. Ein Unternehmen, das primärrechtlich die Aussetzung bzw. Aufhebung einer Vergabeentscheidung erreichen will, muss das Nachprüfungsverfahren zwingend vor Zuschlagserteilung einleiten, da ein nach Zuschlagserteilung eingeleiteter Nachprüfungsantrag unzulässig ist[581]. Auch reicht das bloße Angebot eines Bieters, das keine Reaktion auf eine Bedarfsmeldung der Vergabestelle ist, für die Bejahung eines Vergabeverfahrens ebenso wenig aus, wie Verhandlungen über Vertragsanpassungen, die sich im Rahmen abgeschlossener Verträge bewegen[582]. Demnach erscheinen, sofern ein öffentlicher Auftraggeber, was im Bereich des öffentlichen Rettungsdienstes bislang in der Regel der Fall ist, seine Aufträge ohne hinreichende (gemeinschaftsweite) öffentliche Bekanntmachung vergibt, obwohl er zur Beachtung des Vergaberechts verpflichtet ist, die Chancen eines interessierten Leistungserbringers, ein zulässiges Nachprüfungsverfahren anhängig zu machen, zunächst gering. Diese Rechtsschutzmöglichkeit wäre ihm lediglich in der kurzen Zeitspanne zwischen der Entscheidung des öffentlichen Auftraggebers, einen Auftrag zu vergeben, und dem Vertragsschluss mit dem hierfür ausgewählten Unternehmen eröffnet, wobei der interessierte Bieter von der rein verwaltungsinternen Entscheidung oftmals keine Kenntnis erlangt.

Erweiterte Rechtsschutzmöglichkeiten nicht berücksichtigter Leistungserbringer können sich indes aus § 13 VgV ergeben. Nach dieser Vorschrift ist die Vergabe eines öffentlichen Auftrages nichtig, wenn Bieter, deren Angebote nicht berücksichtigt werden sollen, über den erfolgreichen Bewerber und die

---

2001, S. 340 ff., 341 u. 344 sowie OLG Düsseldorf, Beschluss v. 20.6.2001 - Verg 3/01, in: NZBau 2001, S. 696 ff., 698 f..

[580] Zweite Vergabekammer des Bundes, Beschluss v. 1.2.2001 – VK 2 – 44/00, in: WuW/E Verg 433 ff., 435.

[581] *BGH*, Beschluss v. 19.12.2000 – X ZB 14/00, in: NJW 2001, S. 1492; OLG Düsseldorf, Beschluss v. 13.4.1999 – Verg 1/99, in: NJW 2000, S. 145 ff., 147 f. Vgl. auch § 114 Abs. 2 GWB sowie zur Zuständigkeitskonzentration der Vergabekammern und -senate § 104 Abs. 2 GWB. Siehe zur Kritik an der mangelnden Anfechtbarkeit der Zuschlagsentscheidung Koenig/Haratsch, Grundzüge des deutschen und europäischen Vergaberechts, in: NJW 2003, S. 2637 ff., 2641 unter Hinweis auf EuGH, Urteil v. 28.10.1999, Rs. C-81/98, Alcatel Austria u.a. / Bundesministerium für Wissenschaft und Verkehr, Slg. I-1999, S. 7671 Rn. 43. Der sog. Korrekturmechanismus der Kommission greift ebenfalls nur bis zum Zeitpunkt des Vertragsschlusses, vgl. § 21 VgV.

[582] Zweite Vergabekammer des Bundes, Beschluss v. 1.2.2001 – VK 2 – 44/00, WuW/E Verg 433 ff., 436.

Gründe der Nichtberücksichtigung ihres Angebotes nicht innerhalb einer Frist von 14 Kalendertagen vor Zuschlagserteilung schriftlich informiert wurden. Soweit auch diese Bestimmung grundsätzlich das Vorliegen eines (justiziablen) Vergabeverfahrens zur Voraussetzung hat, hält die jüngere Rechtsprechung teilweise ein vom Auftraggeber durchgeführtes förmliches Vergabeverfahren für nicht erforderlich[583]. Ausreichend sei vielmehr ein Vergabeverfahren im „materiellen Sinne"[584]. Hiernach ist es ausreichend, dass der öffentliche Auftraggeber sich zur Deckung eines bestimmten Bedarfs entschlossen und mit dem Ziel eines Vertragsschlusses mit organisatorischen und/oder planerischen Schritten zur Durchführung des Beschaffungsvorhabens begonnen hat[585]. Dieses Verständnis eines Vergabeverfahrens im „materiellen Sinne", das von der Rechtsprechung ansonsten bei der Frage angewandt wird, ob in den Fällen, in denen der öffentliche Auftraggeber eine öffentliche Ausschreibung nicht vorgenommen hat, ein Nachprüfungsverfahren überhaupt eröffnet ist, soll auf § 13 VgV zu übertragen sein[586].

Zu berücksichtigen ist jedoch, dass der Wortlaut des § 13 VgV ausdrücklich auf das Vorliegen eines Angebotes des nicht berücksichtigten Bieters abstellt, über dessen Nichtberücksichtigung er begründet zu informieren ist. Das vorausgesetzte Vergabeverfahren wird also näher präzisiert. Die Bestimmung wurde dabei nicht in Umsetzung der gemeinschaftsrechtlichen Vorgaben geschaffen, sondern als Ausfluss der aus der Rechtsprechung der Vergabekammern entwickelten Informationspflicht. Da es das Gemeinschaftsrecht jedoch wiederum gestattet, dass subjektive Rechtsbehelfe für den Zeitraum nach Zuschlagserteilung auf Schadensersatzansprüche beschränkt werden[587], ließe sich die Auffassung vertreten, dass die Vorschrift allein in dem genannten Wortlaut maßgebend und eine richtlinienkonforme Auslegung daher weder möglich noch geboten ist. Der Wortlaut stünde dann einem Eingreifen der Vorschrift entgegen. Dem Wortlautargument tritt die Rechtsprechung indes zum Teil zutreffend mit

---

[583] Vgl. noch OLG Düsseldorf, Beschluss v. 20.6.2001 – Verg 3/01, in: NZBau 2001, S. 696 ff., 698 f.; VK Bund, Beschluss v. 20.5.2003 – VK 1 – 35/03, in: WuW/E, Verg 833 ff., 835 sowie die Nachweise bei Raabe, Verbindlichkeit „faktisch" vergebener öffentlicher Aufträge, in: NJW 2004, S. 1284 ff. A.A. aber jüngst OLG Düsseldorf, Beschluss v. 3.12.2003 – VII Verg 37/03, in: NJW 2004, S. 1331.
[584] VK Bund, Beschluss v. 20.5.2003 – VK 1 – 35/03, in: WuW/E, Verg 833 ff., 835.
[585] OLG Düsseldorf, Beschluss v. 20.6.2001 – Verg 3/01, in: NZBau 2001, S. 696 ff., 698 f.; OLG Naumburg, Vorlagebeschluss an den EuGH v. 8.1.2003 – 1 Verg 7/02, in: NZBau 2003 S. 224.
[586] VK Bund, Beschluss v. 20.5.2003 – VK 1 – 35/03, WuW/E, Verg 833 ff., 835. Vgl. hierzu auch Hertwig, Ist der Zuschlag ohne Vergabeverfahren nichtig ?, in: NZBau 2001, S. 241 f. sowie Jaeger, Die Rechtsprechung der OLG-Vergabesenate im Jahre 2000, in: NZBau 2001, 289 ff., 299, Fn. 121.
[587] Vgl. Art. 2 Abs. 6 Satz 2 RL 89/665/EWG, § 114 Abs. 2 GWB.

dem Hinweis entgegen, dass der Auftraggeber durch die Ausgestaltung seines Verfahrens nicht darüber bestimmen könne, ob und in welchem Umfang die Vorschriften des (nationalen) Kartellvergaberechts Anwendung finden. Denn bei Beteiligung des nicht berücksichtigten Anbieters wäre es aller Voraussicht nach zu einem Angebot des nicht berücksichtigten Anbieters gekommen[588]. Die Rechtsschutzmöglichkeiten werden hier mithin über die gemeinschaftsrechtlichen Vorgaben hinaus erstreckt.

Da es bei Nichtdurchführung eines Vergabeverfahrens in aller Regel auch an einer ordnungsgemäßen Information nicht berücksichtigter Anbieter fehlt, könnten diese die Nichtigkeit der geschlossenen Übertragungsvereinbarungen zumindest grundsätzlich auch noch nach Zuschlagserteilung, d.h. nach Abschluss der Durchführungsvereinbarung, im Wege eines zulässigen Nachprüfungsverfahrens geltend machen. Allerdings weist das OLG Düsseldorf, das gemäß seinem jüngst ergangenen Beschluss vom 3.12.2003 einer entsprechenden Anwendung von § 13 VgV auf de-facto-Vergaben ohne förmliches Vergabeverfahren unter Distanzierung von seiner bisherigen Auffassung zumindest grundsätzlich ablehnend gegenüber steht, zu Recht darauf hin, dass die Situation hier von der Sachlage her regelmäßig nicht mit der bei förmlichen Vergabeverfahren vergleichbar ist. So sei der zu informierende Bieterkreis bei förmlichen Vergabeverfahren beschränkt, während eine Informationspflicht hinsichtlich sämtlicher potenziell interessierter Bieter kaum praktikabel sei[589]. Diesem Einwand kann ein gewisses Maß an Plausibilität nicht abgesprochen werden. Es gilt ihn jedoch wiederum gegenüber dem gleichfalls gerechtfertigten Argument abzuwägen, dass der Auftraggeber nicht durch die Ausgestaltung seines Verfahrens über den Umfang der Anwendbarkeit des Kartellvergaberechts bestimmen darf. Die Grenze wird hier dort zu ziehen sein, wo sich der öffentliche Auftraggeber trotz offensichtlich bestehender Pflicht zur Durchführung eines förmlichen Vergabeverfahrens, d.h. etwa bei zweifelsfreier Erfüllung der Voraussetzungen des öffentlichen Auftragsbegriffs und seiner öffentlichen Auftraggebereigenschaft sowie eindeutiger Überschreitung des Schwellenwertes, über die vergaberechtlichen Bestimmungen hinwegsetzt[590]. Hinzukommen muss im Interesse der Rechtssicherheit jedenfalls generell eine zeitliche Beschränkung der Möglichkeit der Berufung Dritter auf die Nichtigkeit des Zuschlages bei de-facto-Vergaben ohne förmliche Ausschreibung. Hier wäre an eine entsprechende Heranziehung der für Drittwidersprüche im Verwaltungsrecht geltenden Grundsätze zu denken.

---

[588] VK Bund, Beschluss v. 20.5.2003 – VK 1 – 35/03, WuW/E, Verg 833 ff., 836.
[589] OLG Düsseldorf, Beschluss v. 3.12.2003 – VII Verg 37/03, in: NJW 2004, S. 1331.
[590] Das OLG Düsseldorf spricht hier von der *bewussten Missachtung* des Kartellvergaberechts, vgl. OLG Düsseldorf, Beschluss v. 3.12.2003 – VII Verg 37/03, in: NJW 2004, S. 1331.

Abgesehen davon verbleibt die Möglichkeit einer Information der Aufsichtsbehörde sowie einer formlosen Beschwerde zur Europäischen Kommission, die ihrerseits ein Vertragsverletzungsverfahren anstrengen kann[591].

b) Verwaltungsgerichtlicher Rechtsschutz

Bei der rettungsdienstrechtlichen Durchführungsübertragung besteht wie gesagt die Besonderheit, dass die Leistungsbeschaffung hier nicht wie ansonsten üblich durch privatrechtliche Beschaffungsverträge der öffentlichen Hand sondern mittels öffentlich-rechtlicher Verträge erfolgt, so dass im Hinblick auf bestehende Verträge grundsätzlich verwaltungsgerichtlicher Rechtsschutz für nicht berücksichtigte Bewerber zumindest dann in Betracht kommt, wenn § 104 Abs. 2 GWB keine Sperrwirkung entfaltet. Die Konzentrationswirkung des vergaberechtlichen Nachprüfungsverfahrens beschränkt sich kumulativ auf die Fälle des Eingreifens des (Kartell-) Vergaberechts sowie nach dem Vorstehenden auf (Vergabe-) Rechtsschutz innerhalb eines laufenden Verfahrens. Eine verwaltungsgerichtliche Rechtsschutzmöglichkeit besteht daher zunächst unter Umständen in den Ländern, die dem Konzessionsmodell folgen.

(1) Überprüfung der Auswahlentscheidung

Der nicht berücksichtigte Bewerber könnte verwaltungsgerichtlich je nach trägerseitigem Entscheidungsspielraum entweder die Verpflichtung zur Zuschlagserteilung an sich beantragen, einen Ermessensfehlgebrauch mit dem Ziel rügen, den Träger zu einer erneuten Auswahlentscheidung unter Beachtung der Rechtsauffassung des Gerichts zu verpflichten oder aber die Auswahlentscheidung des Trägers anfechten. Voraussetzung wäre stets die Möglichkeit des Bestehens eines subjektiv-öffentlichen Rechts im Sinne von § 42 Abs. 2 VwGO[592]. Für die Anerkennung eines subjektiv-öffentlichen Rechts genügt weder die Beeinträchtigung nur wirtschaftlicher Interessen noch die Verletzung solcher Rechtssätze, durch die der Einzelne nur aus Gründen des Interesses der Allgemeinheit begünstigt wird, die also reine Reflexwirkung haben. Der betreffende Rechtssatz darf somit nicht nur im öffentlichen Interesse erlassen sein, sondern muss zumindest auch dem Schutz der Interessen einzelner Bürger zu dienen bestimmt sein[593]. Entscheidend ist die Ermittlung des zugrunde liegenden Schutz-

---

[591] Vgl. hierzu Prieß, Handbuch des europäischen Vergaberechts, 2. Aufl. 2001, S. 123 f.
[592] Vgl. zur Möglichkeitstheorie Kopp/Schenke, VwGO, 13. Aufl. 2003, § 42 Rn. 66 m.w.N.
[593] BVerwGE 72, 226 ff., 229 f.; Erichsen, Das Verwaltungshandeln, in: Erichsen (Hrsg.), Allgemeines Verwaltungsrecht, 12. Aufl. 2002, § 11 Rn. 31; Wahl/Schutz, in: Schoch/Schmidt-Aßmann/Pietzner, VwGO, § 42 Rn. 43 f. m.w.N.

zwecks anhand der Schutznormtheorie[594]. Unter welchen Voraussetzungen dem Bürger ein Recht zusteht und welchen Inhalt es hat, bestimmt der Gesetzgeber[595]. Zur Abgrenzung der Rechte von den bloßen Rechtsreflexen kommt es folglich auf Auslegung und Schutzzweck des jeweils in Rede stehenden Rechtssatzes an. Ein Individualrecht ist zu bejahen, wenn der Rechtssatz mindestens auch dazu bestimmt ist, den Interessen bestimmter Rechtssubjekte derart zu dienen, dass die Träger der Individualinteressen die Einhaltung des Rechtssatzes verlangen können, soweit sie dem begünstigten Personenkreis angehören. In der Folge genügt es etwa bei der Bevorzugung eines Konkurrenten nicht, wenn der benachteiligte Bewerber geltend macht, die Bevorzugung sei objektiv rechtswidrig. Er hat vielmehr aufzuzeigen, dass der Rechtssatz, gegen den verstoßen wird, konkurrenzschützend ist. Gehört das, was der Träger öffentlicher Verwaltung gewährt, zu seinen Aufgaben und liegt etwa das „Ob" und „Wie" der Gewährung sowie die Auswahl der zu Begünstigenden in seinem Ermessen, besteht nur dann ein Anspruch auf ermessensfehlerfreie Entscheidung, wenn die Ermessensentscheidung auch den Interessen der Einzelnen dienen soll. Ist dies nicht der Fall, so hat der Einzelne weder einen Anspruch auf wunschgemäße Berücksichtigung seiner faktischen Interessen noch auf eine insoweit fehlerfreie Ermessensausübung[596].

Primärer Zweck der Rettungsdienstgesetze ist die Sicherstellung einer bedarfs- und fachgerechten Versorgung der Bevölkerung mit Leistungen der Notfallrettung und des Krankentransports[597], also ein Allgemeininteresse. Ob die landesrechtlichen Normen, die eine Beteiligung Dritter am öffentlichen Rettungsdienst im Wege der Durchführungsbeauftragung vorsehen, den für die Übertragung in Betracht kommenden Leistungserbringern dennoch ein subjektiv-öffentliches Recht einräumen, wird in Rechtsprechung und Literatur nicht zuletzt bezogen auf die unterschiedliche Ausgestaltung der Beteiligung in den Landesrettungsdienstgesetzen uneinheitlich beurteilt[598]. Die Beantwortung der Frage hängt mitunter von dem landesrechtlich jeweils gewählten Mitwirkungskonzept, also davon ab, ob dem Rettungsdienstträger die Übertragung unter Benennung be-

---

[594] BVerwGE 1, 83; 66, 307 ff., 308 f..
[595] BVerfG, Beschluss v. 9.1.1991 – 1 BvR 207/87, in: NJW 1991, S. 1878.
[596] Vgl. Wolff/Bachof/Stober, Verwaltungsrecht, Bd. 1, 11. Aufl. 1999, § 43 Rn. 17 ff. m.w.N.
[597] BVerwG, Urteil v. 3.11.1994 – 3 C 17/92, in: NJW 1995, S. 3067 ff., 3069.
[598] Vgl. hierzu OVG Lüneburg, Beschluss v. 14.9.1999 – 11 M 2747/99, in: NdsVBl. 1999, S. 285 ff.; Ufer, Auswahl und Beauftragung von Leistungserbringern im Rettungsdienst, in: Biese u.a. (Hrsg.) Handbuch des Rettungswesens, Band 2, Stand: 04/2003, B. III. 0.6, S. 6. A.A. BVerwG, Urteil v. 3.11.1994 - 3 C 17/92, in: NJW 1995, 3067 ff., 3069; VG Darmstadt, Beschluss v. 12.11.1002 – 3 G 2244/02, in: NVwZ-RR 2003, S. 838 ff., 839; Mahn, Der Anspruch auf Beteiligung am öffentlichen Rettungsdienst in NRW, in: RD 1996, S. 826; Prütting, Rettungsgesetz NRW, 3. Aufl. 2001, § 13 Rn. 26; Oppermann, Rettungsdienst der Kommunen, in: Städte- und Gemeinderat 1985, S. 312 ff., 314.

stimmter Leistungserbringer als Pflicht auferlegt ist[599] oder aber eine solche im Sinne einer „Kann-"[600] bzw. „Soll-Übertragung"[601] vorgesehen ist[602]. Wenngleich einiges für die Zuerkennung einer Individualrechtsposition zumindest in den Fällen spricht, in denen landesrechtlich entweder eine Pflicht zur Durchführungsübertragung auf Dritte besteht oder aber sich die Träger zur Durchführung des Rettungsdienstes Privater bedienen „sollen"[603], kommt es hierauf jedoch bezüglich der hier untersuchten Möglichkeit der Erzwingung eines Eingriffs in laufende Verträge im Ergebnis nicht an. Denn auch hierauf gründende Rechtsbehelfe hätten stets nur ein aktuelles, d.h. zumindest im Hinblick auf die verwaltungsgerichtlichen Rechtsbehelfsfristen noch nicht abgeschlossenes Auswahlverfahren und eine damit verbundene Anfechtung einer Auswahlentscheidung zum Gegenstand. Öffentlich-rechtliche Übertragungsverträge, die zum Teil lange nach der eigentlichen Auswahlentscheidung bereits umfangreich zur Durchführung gelangt sind, vermögen sie nicht zu berühren.

(2) Nichtigkeit bestehender Übertragungsvereinbarungen

Anderes würde, unabhängig davon, ob das Landesrecht dem Submissions-. oder Konzessionsmodell folgt, für die Geltendmachung einer eventuellen Nichtigkeit der ohne Beachtung der Ausschreibungspflicht geschlossenen Verträge im Wege einer (Dritt-) Feststellungsklage gelten. Öffentlich-rechtliche Verträge sind auch im Falle ihrer Rechtswidrigkeit grundsätzlich wirksam, wenn und soweit sie nicht nichtig sind[604]. Dabei hat nicht jede Gesetzesinkongruenz die Nichtigkeit des Vertrages zur Folge, sondern nur bestimmte qualifizierte, besonders schwerwiegende Rechtsverletzungen, die in § 59 VwVfG abschließend aufgezählt sind[605]. Von den in Absatz 2 genannten besonderen Nichtigkeitsgründen kommt allein der Tatbestand der Kollusion nach Nr. 2 in Betracht. Hiernach ist ein subordinationsrechtlicher Vertrag nichtig, wenn ein Verwaltungsakt mit entsprechendem Inhalt nicht nur wegen eines Verfahrens- oder Formfehlers im Sinne von § 46 VwVfG rechtswidrig wäre und dies den Vertragsschließenden bekannt war. Voraussetzung einer nichtigkeitsbegründenden Kollision ist die beiderseitige positive Kenntnis der Rechtswidrigkeit des Vereinbarten oder der

---

[599] So von Ländern mit Konzessionsmodell Baden-Württemberg, Bayern, Rheinland-Pfalz und das Saarland.
[600] So von Ländern mit Konzessionsmodell Bremen, Hamburg, Niedersachsen und Thüringen.
[601] Mit Konzessionsmodell seinerzeit noch Hessen, vgl. § 8 Abs. 3 Satz 1 HessRDG 1993.
[602] Siehe hierzu im einzelnen Schulte, Rettungsdienst durch Private, 1999, S. 98 f. sowie grundlegend Ufer, Auswahl und Beauftragung von Leistungserbringern im Rettungsdienst, in: Biese u.a. (Hrsg.) Handbuch des Rettungswesens, Band 2, Stand: 04/2003, B. III. 0.6, S. 3 f.
[603] So bereits Schulte, Rettungsdienst durch Private, 1999, S. 103.
[604] Vgl. Begründung des Regierungsentwurfs zum Entwurf des VwVfG, BT-Drs. 7/910, S. 81.
[605] Wolff/Bachof/Stober, Verwaltungsrecht, Bd. 1, 11. Aufl. 1999,§ 54 Rn. 41.

Verletzung wesentlicher Zuständigkeits- oder Verfahrensvorschriften zum Zeitpunkt des Vertragsschlusses, der grob fahrlässige Unkenntnis nicht gleichsteht[606]. Nachdem es bisher an einer gefestigten, insbesondere obergerichtlichen Rechtsprechung bzw. Literatur fehlt, die eine Ausschreibungspflicht entweder im förmlichen oder im nichtförmlichen Verfahren verlangt und auch seitens der jeweils zuständigen obersten Aufsichtsbehörden in Rundschreiben etc. vor allem unter Hinweis auf den öffentlich-rechtlichen Charakter der Übertragungsverträge eine Ausschreibungspflicht ausdrücklich verneint wird, scheidet eine Nichtigkeit unter diesem Gesichtspunkt in der Regel aus[607].
Weiterhin möglich erscheint eine Nichtigkeit wegen Verstoßes gegen ein gesetzliches Verbot nach §§ 59 Abs. 1 VwVfG i.V.m. 134 BGB. Ein gesetzliches Verbot, welches auch nach Gemeinschaftsrecht bestehend kann[608], liegt nur dann vor, wenn und soweit der spezifische Sinn und Zweck der Vorschrift die Nichtigkeit auch einer von ihr abweichenden Regelung erfordert. Die Verbotsnorm muss entweder den Vertragsschluss als solchen, d.h. eine Regelung der fraglichen Angelegenheit durch Vertrag oder den Inhalt der vertraglichen Regelung schlechthin verbieten[609]. Voraussetzung ist zudem, dass sich das gesetzliche Verbot gerade gegen die Vornahme eines Vertrages der vorliegenden Art zwischen den konkret beteiligten Vertragsparteien richtet, das Verbot mithin sämtliche Vertragsparteien als Verbotsadressaten anspricht[610]. Verstöße gegen – allein die öffentliche Verwaltung bindende – Grundsätze der materiellen Gesetzmäßigkeit oder materielle Ermächtigungsnormen allein stellen daher als solche grundsätzlich noch keinen Verstoß gegen ein gesetzliches Verbot in diesem Sinne dar. Die Verpflichtung zur Durchführung eines förmlichen ebenso wie eines nichtförmlichen Ausschreibungsverfahrens trifft allein den öffentlichen Auftraggeber. Bewerber fallen nicht unter den Adressatenkreis der Ausschreibungsbestimmungen, so dass die nicht erfolgte Durchführung eines Ausschreibungsverfahrens keine justiziable Nichtigkeit der ohne Einhaltung der Vergaberegeln geschlossenen Verträge zur Durchführungsübertragung rettungsdienstlicher Leistungen wegen Verstoßes gegen eine Verbotsnorm zur Folge hat.

---

[606] Kopp/Ramsauer, VwVfG, 8. Aufl. 2003, § 59 Rn. 24.
[607] Anderes dürfte beispielsweise für Brandenburg gelten, vgl. Rundschreiben des Ministeriums für Arbeit, Soziales, Gesundheit und Frauen des Landes Brandenburg im Einvernehmen mit dem Ministerium des Innern vom 7.6.2001, Gz.: 44-5731.3.3.1
[608] Vgl. BVerwGE 70, 41 ff., 45.
[609] OVG Münster, Urteil v. 22.9.1982 – 4 A 989/81, in: NVwZ 1984, S. 524; BGH, Urteil v. 23.10.1980 – IV a ZR 33/80, in: NJW 1981, 387; 1992, 2552.
[610] BGHZ 115, 123 ff., 125; 118, 142 ff., 145.

I. Zusammenfassende Betrachtung

Die Untersuchung des für Auswahlverfahren zur Durchführungsübertragung rettungsdienstlicher Leistungen maßgebenden rechtlichen Rahmens hat zunächst ergeben, dass in den Ländern, deren Rettungsdienstgesetze das Submissionsmodell umsetzen, nunmehr eine umfassende Pflicht zur Durchführung eines transparenten Vergabeverfahrens mit gemeinschaftsweiter Publizität besteht. Bestehende landesrechtliche Privilegierungsbestimmungen sind über einen Verstoß gegen Art. 3 Abs. 1 GG und § 20 Abs. 1 GWB hinaus auch auf Grund ihrer Vergaberechtswidrigkeit unanwendbar. Dies gilt sowohl für die Entscheidung über die Einleitung eines Ausschreibungsverfahrens an sich als auch eine nachgelagerte Berücksichtigung als (Zuschlags-) Kriterium bei der Auswahlentscheidung innerhalb eines Vergabeverfahrens. Das Verfahren, das als Nichtoffenes Verfahren ausgestaltet sein kann, ist an den Vorgaben der Dienstleistungskoordinierungsrichtlinie in Verbindung mit dem nationalen Umsetzungsrecht auszurichten. Im Rahmen der Verfahrensausgestaltung kommt Art. 10 der Dienstleistungsrichtlinie unabhängig davon, ob ein Gesamtauftrag oder aber jeweils Aufträge über die Einzelleistungen Notfallrettung und Krankentransport vergeben werden, zur Anwendung. Für die Ermittlung der konkret zu beachtenden Verfahrensbestimmungen kann die notwendige Zuordnung zu den Richtlinienanhängen dabei im Regelfall vorgelagert anhand der Dienstleistungen Notfallrettung und Krankentransport erfolgen, sofern sich eine wertmäßige Zuordnung nachvollziehen lässt.

Soweit das (Kartell-) Vergaberecht in den das Konzessionsmodell verfolgenden Ländern keine direkte Anwendung findet, ist auf Grund der primärrechtlichen Vorgaben des Gemeinschaftsrechts sowie ergänzend angesichts des allgemeinen Gleichheitssatzes und des kartellrechtlichen Diskriminierungsverbotes ein sog. nicht-förmliches Ausschreibungsverfahren durchzuführen, das sich am jeweiligen Verwaltungsverfahrensrecht orientiert. Kraft Landesrechts bestehende Privilegierungsregeln verstoßen auch hier gegen den allgemeinen Gleichheitssatz sowie das kartellrechtliche Diskriminierungsverbot.

Bestehende Verträge, die ohne Beachtung der jeweils für die Auswahlentscheidung maßgebenden Bestimmungen geschlossen wurden, sind zwecks ordnungsgemäßer Vergabe und zur Vermeidung von Ersatzpflichten trägerseits zum nächstmöglichen Zeitpunkt zu beenden, wobei diesbezüglich Rechtschutzmöglichkeiten nicht berücksichtigter Bewerber nur teilweise bestehen.

Inwieweit die bisherigen wirtschaftlichen Anreize für eine Einbindung in den öffentlichen Rettungsdienst[611] sowohl aus Sicht der gemeinnützigen Hilfsorganisationen als auch sonstiger privater Leistungserbringer künftig noch Bestand

---

[611] Siehe hierzu Schulte, Rettungsdienst durch Private, 1999, S. 41.

haben werden, bleibt angesichts eines sich durch die anstehenden Auswahlverfahren für sämtliche Leistungserbringer intensivierenden Kosten- und Wettbewerbsdrucks im Verhältnis zur staatsunabhängigen Leistungserbringung abzuwarten. Es steht hier jedenfalls zu erwarten, dass die Kostenträger eine Anpassung der Entgeltbedarfsberechnungen verlangen werden und Einsparungen, die sich infolge von nach wettbewerblichen Grundsätzen durchgeführten Ausschreibungsverfahren ergeben, letztlich an ihre Versicherten weitergeben werden wollen.

Vergleichbares gilt für die Kontinuität des Auftretens einzelner Leistungserbringer am Markt und damit mittel- und langfristige unternehmerische Planungen. Denn zumindest bei Vorhandensein mehrerer leistungsbereiter und entsprechend geeigneter Anbieter steht eine Beteiligung bislang berücksichtigter Anbieter insgesamt bzw. im bisherigen Umfang für die Zukunft keinesfalls mehr fest. Eine vom öffentlichen Rettungsdienst unabhängige Tätigkeit auf privater, genehmigter Grundlage könnte sich daher - genau entgegengesetzt der bisherigen Situation - als die wirtschaftlich wie vom Rechtsstatus her günstigere Alternative erweisen, sich die Struktur der Leistungserbringer im Rettungswesen im Übrigen gegenüber der Situation bei Neuordnung des Rettungsdienstrechts Anfang der neunziger Jahre wesentlich ändern.

5. Teil Anforderungen an die Leistungserbringung außerhalb des öffentlichen Rettungsdienstes

Die vom öffentlichen Rettungsdienst unabhängige Durchführung rettungsdienstlicher Leistungen vollzieht sich in allen Bundesländern auf Grundlage einer nach dem jeweiligen Landesrettungsdienstgesetz erteilten Genehmigung[612].

A. Genehmigungsberechtigte und –verpflichtete

Der rettungsdienstrechtlichen Genehmigung bedarf im Grundsatz jede natürliche oder juristische Person, die außerhalb des öffentlichen Rettungsdienstes Leistungen der Notfallrettung oder des Krankentransports durchführen will[613], d.h. gewerbliche Unternehmer ebenso wie gemeinnützige Hilfsorganisationen. Insoweit dispensiert das brandenburgische Rettungsdienstgesetz[614] augenscheinlich generell gemeinnützige Leistungserbringer von der Genehmigungspflicht, indem es eine Genehmigung zur Durchführung von Notfallrettung und Krankentransport ausdrücklich nur von privaten Dritten, die nicht als gemeinnützig im Sinne des Einkommenssteuergesetzes anerkannt sind, verlangt. Der Landesgesetzgeber hatte hier offenbar nur die etablierten Hilfsorganisationen vor Augen, deren Leistungsfähigkeit, Zuverlässigkeit und fachliche Eignung zur Erbringung rettungsdienstlicher Leistungen er unterstellte, da sich anders nicht erklären lässt, dass die rein einkommenssteuerrechtliche Anerkennung der Gemeinnützigkeit einem Leistungserbringer nach dem Wortlaut sogar den Nachweis der fachlichen Eignung erspart[615]. Die Gesetzesfassung erscheint jedoch auch bei diesem Verständnis missglückt, nachdem gerade in jüngerer Zeit Fälle von Zahlungsunfähigkeit und Überschuldung zum Teil großer Orts-,

---

[612] § 15 Abs. 1 S. 1 RDG BW; Art. 3 Abs. 1 S. 1 BayRDG; § 3 Abs. 1 S. 1 RDG Bln; § 5 Abs. 3 S. 1 BbgRettG; § 4 Abs. 1 BremRettG; § 5 Abs. 1 HmbRDG; § 9 Abs. 1 HessRDG; § 14 Abs. 1 RDG M-V; § 19 S. 1 NdsRDG; § 18 RettG NW; § 14 Abs. 1 S. 1 RettDG RhPf; § 12 Abs. 1 S. 1 SaarRettG; § 14 Abs. 1 S. 1 SächsRDG; § 14 Abs. 1 RDG LSA; § 10 Abs. 1 RDG SH; § 15 Abs. 1 ThürRettDG. Vgl. zum Erfordernis der behördlichen Genehmigung als notwendige Voraussetzung der Berufsausübung im Bereich des Rettungswesens BVerwG, Urteil v. 26.10.1995 – 3 C 10/94, in: NJW 1996, S. 1608ff., 1609.
[613] Schulte, Rettungsdienst durch Private, 1999, S. 153, differenziert hier zusätzlich noch anhand der Ländergesetze hinsichtlich des Zeitpunktes eines Einsetzens der Genehmigungspflicht zwischen dem Betrieb, dem Willen zum Betrieb und dem Anbieten rettungsdienstlicher Leistungen, was sich jedoch im Ergebnis nicht praktisch auswirkt.
[614] Vgl. § 5 Abs. 3 S. 1 BbgRettG.
[615] So bereits Schulte, Rettungsdienst durch Private, S. 152, der zu Recht darauf hinweist, dass jeder neu gegründete Verein, der sich ohne Gewinnerzielungsabsicht dem Krankentransport widmet, prinzipiell als gemeinnützig anerkannt werden kann.

Kreis- und sogar Landesverbände anerkannter Hilfsorganisationen bekannt geworden sind, was die Regelung im Hinblick auf die Rechtfertigung der Differenzierung zu gewerblichen Unternehmern verfassungsrechtlich bedenklich erscheinen lässt.

Wenn darüber hinaus die Rettungsdienstgesetze Mecklenburg-Vorpommerns, Niedersachsens, Nordrhein-Westfalens und Schleswig-Holsteins in unterschiedlichem Wortlaut festlegen, dass die am öffentlichen Rettungsdienst Beteiligten nicht der Genehmigungspflicht unterfallen[616], so bevorteilen diese Regelungen zumindest in Nordrhein-Westfalen, wo im Rahmen der Einbindung in den öffentlichen Rettungsdienst wie in den meisten übrigen Bundesländern auch die Hilfsorganisationen kraft Gesetzes vorrangig zu berücksichtigen sind[617], wiederum zunächst eben diese, die eine Beteiligung am öffentlichen Rettungsdienst regelmäßig für sich reklamieren können.

Was die Reichweite einer unter Umständen weitreichenden Befreiung vom Genehmigungserfordernis angeht, so ist vorab zwischen Mecklenburg-Vorpommern und Schleswig-Holstein auf der einen und Nordrhein-Westfalen und Niedersachsen auf der anderen Seite zu unterscheiden: So geht aus der Gesetzesfassung ersterer, die jeweils ausdrücklich auf das Betreiben von Notfallrettung und Krankentransport außerhalb des öffentlichen Rettungsdienstes abstellt, hervor, dass lediglich die Leistungserbringung innerhalb des öffentlichen Rettungsdienstes nicht der Genehmigungspflicht unterfällt, während im Umkehrschluss die staatsunabhängige Leistungserbringung genehmigungspflichtig ist. Zum Kreis der Verpflichteten zählen dabei grundsätzlich auch diejenigen Leistungserbringer, die bereits rettungsdienstliche Leistungen innerhalb des öffentlichen Rettungsdienstes anbieten[618]. Der Wortlaut der maßgeblichen Vorschriften liefert hier, dies abgesehen von nachstehenden Erwägungen, auch keine entgegenstehenden Anhaltspunkte.

Die Gesetzesformulierung in Niedersachsen und Nordrhein-Westfalen stellt mehr auf die Person des möglichen Genehmigungsverpflichteten und die Frage seiner Einbindung in den öffentlichen Rettungsdienst ab. Zum Teil wird hieraus gefolgert, die Genehmigungsvorbehalte beschränkten die Genehmigungspflicht im Sinne einer Definition des Genehmigungsverpflichteten streng anhand dessen Person und Qualifikation, wobei die subjektiven Genehmigungsanforderungen infolge der Beteiligung am öffentlichen Rettungsdienst bereits feststün-

---

[616] § 14 Abs. 1 RDG M-V; § 19 S. 1 NdsRettG; § 18 RettG NW; § 10 Abs. 1 S. 1 1. HS RDG SH.
[617] Vgl. § 13 Abs. 1 Satz 2 RettG NW.
[618] A.A. wohl Schulte, Rettungsdienst durch Private, 1999, S. 153, der hier nicht weiter differenziert.

den[619]. Hiergegen spricht jedoch, da qualitative Unterschiede zwischen rettungsdienstlicher und gewerblicher Leistungserbringung angesichts der gesetzlich als zwingend normierten Qualitätsanforderungen nicht bestehen und der Rettungsdienstträger sowohl als beauftragende als auch als Genehmigungsbehörde gleichermaßen zur Sicherstellung der Einhaltung entsprechender (subjektiver) Qualitätsanforderungen berechtigt und in der Lage ist, das Vorhandensein objektiver Genehmigungsvoraussetzungen auch in Niedersachsen und Nordrhein-Westfalen[620].
Danach besteht eine Versagungsmöglichkeit bzw. -pflicht für den Fall einer zu erwartenden Beeinträchtigung der Funktionsfähigkeit des öffentlichen Interesses an einem funktionsfähigen (öffentlichen) Rettungsdienst. Regelungszweck ist dabei in erster Linie die Vermeidung von Überkapazitäten durch unbeschränkte Zulassung weiterer Rettungsmittel, dessen Verfehlung letztlich mangels Funktionsfähigkeit des notwendigen Finanzierungsausgleichs die sachgerechte Funktion des Gesundheitswesens insgesamt schädigen würde[621]. Dieses Korrektiv käme jedoch gegenüber am öffentlichen Rettungsdienst Beteiligten, die sich im Krankentransport oder der Notfallrettung auch außerhalb der Einbindung betätigen wollten, nicht zur Anwendung, so dass es dem Rettungsdienstträger weder möglich wäre, konkrete zusätzliche Vorhaltungen im Funktionsschutzinteresse zu verhindern, noch generell den Überblick über den Stand an Vorhaltungen auch und insbesondere zum Zwecke der Bedarfsplanung zu wahren[622].
Folglich unterfällt die Erbringung rettungsdienstlicher Leistungen außerhalb des öffentlichen Rettungsdienstes ausnahmslos der Genehmigungspflicht, wobei es der Genehmigungsbehörde jedoch erlaubt ist, hinsichtlich der subjektiven Genehmigungsanforderungen auf vorhandenes Wissen über einen bereits in den öffentlichen Rettungsdienst eingebundenen Antragsteller zurückzugreifen.

B. Rechtsnatur, Inhalt und Bestand der Krankentransport- / Notfallrettungsgenehmigung

Mit dem Genehmigungserfordernis postulieren die Landesrettungsdienstgesetze im Interesse der Gefahrenabwehr und zum Zwecke vorbeugender Kontrolle ein präventives Verbot mit Erlaubnisvorbehalt. Die fragliche (Wirtschafts-) Tätig-

---

[619] So Schulte, Rettungsdienst durch Private, 1999, S. 153 und wohl Prütting, Rettungsgesetz NRW, 3. Aufl., 2001, § 18 Rn. 16.
[620] § 22 Abs. 1 S. 2 NdsRettDG; § 19 Abs. 4 RettG NW. Vgl. zur Funktionsschutzklausel S. 164 f.
[621] BVerwG, Urteil v. 17.6.1999 - 3 C 20/98, NVwZ-RR 2000, 213ff., 215.
[622] Vgl. etwa § 12 Abs. 2 2. HS RettG NW.

keit soll nicht regelmäßig verhindert[623], sondern im Regelfall gestattet und lediglich die Übereinstimmung mit den rettungsdienstrechtlichen Vorgaben sichergestellt werden, wodurch die staatsunabhängige Erbringung rettungsdienstlicher Leistungen im Einklang mit der dargestellten Entwicklung des Rettungsdienstrechts zusätzlich institutionell verankert ist.
Die rettungsdienstrechtliche Genehmigung ist dementsprechend eine gebundene Erlaubnis, d.h. dass bei Erfüllen der gesetzlichen Voraussetzungen ein Anspruch auf ihre antragsgemäße Erteilung besteht[624]. Aufgrund des Antragserfordernisses handelt es sich zudem um einen sog. mitwirkungsbedürftigen Verwaltungsakt.
Die in den Landesrettungsdienstgesetzen weitgehend einheitlich normierten subjektiven Genehmigungsvoraussetzungen umfassen sowohl persönliche - Zuverlässigkeit und fachliche Eignung - als auch sachliche Merkmale in Form von Sicherheit und Leistungsfähigkeit des Betriebes, mithin Elemente einer Personal- und Sachgenehmigung, so dass es sich um eine sog. gemischte Genehmigung handelt[625]. Anders als beispielsweise im Apothekenrecht[626] stellt das Rettungsdienstrecht keine spezifischen Anforderungen an die rechtliche Qualifikation des Antragstellers als natürliche oder juristische Person. Genehmigungsinhaber kann daher in gleicher Weise eine einzelne Privatperson wie eine Personen- oder Kapitalgesellschaft oder ein eingetragener Verein sein[627], wobei es bei Personengesellschaften ohne eigene Rechtspersönlichkeit bezüglich der subjektiven Genehmigungsvoraussetzungen als personell geprägter Komponente auf die dahinter stehenden Gesellschafter, bei der KG auf die Komplementäre, ankommt, die gewerberechtlich zugleich als Gewerbetreibende anzusehen sind[628]. Dies gilt auch und gerade für den Fall, dass die Genehmigungsurkunde, was ohne weiteres möglich ist, auf die Personengesellschaft selbst lautet.

---

[623] So beim repressiven Verbot mit Befreiungsvorbehalt, vgl. dazu BVerfGE 38, 348, 368 f.; 58, 300, 346 f. sowie Gromitsaris, Die Unterscheidung zwischen präventivem Verbot mit Erlaubnisvorbehalt und repressivem Verbot mit Befreiungsvorbehalt, in: DÖV 1997, S. 401 ff., 406 f.
[624] Vgl. etwa BVerfGE 8, 76; 9, 78; 11, 176 sowie bezüglich der rettungsdienstrechtlichen Genehmigung explizit BVerwG, Urteil v. 17.6.1999 – 3 C 20/98, in: NVwZ-RR 2000, S. 213. Einen Anspruch auf Genehmigungserteilung bejahen zudem ausdrücklich LT-Drs. Baden-Württemberg 10/5817, S. 34 und LT-Drs. Sachsen 1/2339, S. 6.
[625] Vgl. zur Unterscheidung dieser Genehmigungsarten Frotscher, Wirtschaftsverfassungs- und Wirtschaftsverwaltungsrecht, 3. Aufl. 1999, Rn. 193; Stober, Allgemeines Wirtschaftsverwaltungsrecht, 13. Aufl. 2002, § 34 III. 1.
[626] Vgl. § 8 ApothekenG.
[627] Gewerbetreibende bei Personengesellschaften ohne eigene Rechtspersönlichkeit sind die Gesellschafter, vgl. BVerwGE 37, 130, bei der KG die Komplementäre, vgl. VGH Kassel, Urteil v. 14.1.1991 – 8 UE 2648/89, in: DB 1991, S. 1510, d.h. Träger von Rechten und Pflichten müssen hier grundsätzlich natürliche Personen sein.
[628] Vgl. BVerwGE 37, 130 ff.

Eine weit verbreitete Praxis der Antragstellung und Genehmigungserteilung für eine natürliche Person birgt dabei nicht unerhebliche Risiken für den Fortbestand des Unternehmens und somit Mitarbeiter und ggf. Familienangehörige bei einem Wegfall des Genehmigungsinhabers und damit verbundenem Betriebsinhaberwechsel. Diese resultieren daraus, dass eine Personalgenehmigung grundsätzlich nur für und gegen die Person, der die Genehmigung erteilt wurde, wirksam ist, ein Rechtsnachfolger, der den Betrieb übernimmt somit einer neuen Personalgenehmigung bedarf[629], was ebenfalls entsprechend bei einer auf eine Personengesellschaft lautenden Genehmigung gilt[630]. Wenngleich gemischte Genehmigungen grundsätzlich gleichermaßen bei einem Inhaberwechsel wie bei wesentlicher Betriebs- bzw. Anlagenveränderung erlöschen, ist die wiederauflebende Erlaubnispflichtigkeit gewerberechtlich im Falle des Inhaberwechsels umfassender als bei einer Änderung des Betriebs, da bei der Antragstellung neben der Erfüllung der persönlichen Voraussetzungen auch die Geeignetheit der Sachmittel etc. erneut festzustellen ist[631]. Erleichterte Bedingungen lassen sich hier, abgesehen von landesrechtlich für bestimmte Fälle vorgesehenen Eintrittsmöglichkeiten, allein durch Gründung einer Gesellschaft erreichen, bei der der Genehmigungsbehörde die subjektive Eignung mehrerer Gesellschafter vollumfänglich nachgewiesen wird. Bremen und Hessen sehen in ihren Rettungsdienstgesetzen zumindest für den Fall des Todes des Genehmigungsinhabers eine solche Möglichkeit des Erben zum Eintritt in die Rechte und Pflichten des bisherigen Genehmigungsinhabers vor.[632]

Eine Berufung des Rechtsnachfolgers auf Regelungen der Landesrettungsdienstgesetze, wonach die Wiedererteilung abgelaufener Genehmigungen ansonsten unter erleichterten Voraussetzungen, d.h. insbesondere ohne Prüfung anhand der Funktionsschutzklausel, erfolgen kann[633], erscheint demgegenüber nicht unproblematisch, weil der Gesetzgeber hier gerade den Ablauf der Gültigkeitsdauer in der Hand des ursprünglichen Genehmigungsinhabers vor Augen hatte[634]. Jedenfalls müsste sich eine entsprechende Anwendung der erleichterten Bedingungen unter Berücksichtigung der Tatsache, dass der öffentliche Rettungsdienst auf die Existenz des fortgeführten Unternehmens eingerichtet ist, auf diejenigen Fälle beschränken, in denen bereits der Anschein eines Genehmigungshandels und einer ungerechtfertigten Privilegierung sog. „grandfather

---

[629] Stober, Allgemeines Wirtschaftsverwaltungsrecht, 13. Aufl. 2002, § 34 III. 1.
[630] BVerwGE 37, 130 ff.
[631] Frotscher, Wirtschaftsverfassungs- und Wirtschaftsverwaltungsrecht, 3. Aufl. 1999, Rn. 269 f.
[632] § 21 BremRettDG; § 14 HessRDG. In einigen der übrigen Bundesländer verweist das Rettungsdienstgesetz u.a. auf § 19 PBefG, wo die die Genehmigung betreffenden Rechtsfolgen beim Tod des Genehmigungsinhabers geregelt sind.
[633] Vgl. etwa § 19 Abs. 6 RettG NW. Siehe auch die Regelung in § 13 Abs. 7 PBefG.
[634] Vgl. LT-Drs. Nordrhein-Westfalen 11/3181, S. 57.

rights" bereits von vorneherein ausgeschlossen ist[635]. Soweit die Genehmigungsbehörde zur fortdauernden Prüfung der subjektiven Genehmigungsvoraussetzungen verpflichtet ist, stehen ihr in allen Landesgesetzen erweiterte Rechtsgrundlagen zwecks Rücknahme und Widerruf erteilter Genehmigungen zur Verfügung. Da die Prüfung der Betriebssicherheit angesichts der hier existierenden besonderen Vorgaben[636] vor allem die Geeignetheit der für die Notfallrettung oder den Krankentransport erforderlichen Rettungsmittel sicherzustellen hat, ist die Genehmigungsbehörde gehalten, jedes einzelne Fahrzeug gesondert zu prüfen und die Genehmigung letztlich fahrzeug- (anzahl-) bezogen zu erteilen. Dabei erfasst, da die Fahrzeuge, die zur Notfallrettung eingesetzt werden auch den geringeren Anforderungen des Krankentransports genügen, die Notfallrettungsgenehmigung - spiegelbildlich zu der eingangs dargestellten sachlichen Abstufung zwischen Notfallrettung und Krankentransport unter notfallmedizinischen Aspekten - auch die Durchführung von Krankentransporten, während umgekehrt die Genehmigung für den Krankentransport nicht die Berechtigung zur Durchführung der höheren Anforderungen unterliegenden Notfallrettung einschließt[637].

Um eine regelmäßige Überprüfung der subjektiven Genehmigungsvoraussetzungen zu gewährleisten, erfolgt die Genehmigungserteilung nach den Landesrettungsdienstgesetzen durchweg befristet[638]. Inhaltsbestimmungen beschränkenden Charakters sind als Einschränkungen der Berufsfreiheit der Antragsteller von diesen nur unter besonderen Sachgesichtspunkten hinzunehmen, wobei die Genehmigungsbehörde unter Berücksichtigung des notwendigen Bezuges der angeordneten Beschränkung zum geschützten Gemeinschaftsgut sorgfältig zwischen dem Nutzen der Maßnahme für eben dieses und den die Berufstätigen belastenden Vorkehrungen abzuwägen und diese Abwägung mitzuteilen hat[639].

---

[635] Siehe hierzu etwa die Regelung in § 2 Abs. 2 Nr. 2 u. Abs. 3 PBefG. Vgl. auch jüngst OVG Münster, Beschluss v. 5.3.2003 – 13 B 2338/02, in: GewArch 2003, S. 291.
[636] DIN EN 1789 und zuvor DIN 75080.
[637] Vgl. Art. 4 S. 3 Bay RDG; § 17 Abs. 1 S. 2 BremRettDG; § 14 S. 4 HbgRDG; § 16 Abs. 1 S. 2 RDG M-V; § 22 Abs. 1 Satz 2 RettG NW ; § 15 Abs. 1 S. 3 RDG RhPf; § 13 Abs. 1 S. 4 SaarRettG; § 15 Abs. 1 S. 4 SächsRettDG; § 12 Abs. 1 S. 4 RDG SH; § 14 Abs. 1 S. 2 ThürRettDG.
[638] § 20 Abs. 3 RDG BW; Art. 9 Abs. 3 Bay RDG; § 14 Abs. 2 RDG Bln; § 17 Abs. 5 BremRettDG; § 13 Abs. 3 HbgRDG; § 13 Abs. 7 S. 1 HessRDG; § 16 Abs. 4 RDG M-V; § 23 Abs. 1 S. 2 NdsRDG; § 22 Abs. 5 Satz 1 RettG NW; § 19 Abs. 2 RDG RhPf; § 17 Abs. 2 SaarRettG; § 19 Abs. 2 SächsRettDG; § 17 Abs. 1 S. 1 RDG LSA; § 13 Abs. 2 RDG SH; § 15 Abs. 4 S. 1 ThürRettDG.
[639] Vgl. OVG Münster, Beschluss v. 31.3.2003 – 13 B 16/03, in: NVwZ-RR 2003, S. 838 unter Bezugnahme auf BVerfGE 85, 248 ff., 261.

C. Voraussetzungen der Genehmigungserteilung

Wie bereits angedeutet ist die Erteilung einer rettungsdienstlichen Genehmigung prinzipiell an die Erfüllung von sowohl subjektiven als auch objektiven Genehmigungsvoraussetzungen gebunden. Dabei knüpfen die subjektiven Voraussetzungen an Umstände an, die dem Antragsteller zugerechnet werden können, wobei neben rein persönlichen Faktoren in der Person des Antragstellers auch die vorgenannten sachlichen Voraussetzungen in Form von Anforderungen an Eigenarten und Ausstattung des Betriebs und seiner Mittel zum Tragen kommen. Objektive Genehmigungsvoraussetzungen dagegen beziehen sich auf außerhalb der Person des Antragstellers und seines Betriebes liegende Gesichtspunkte; sie sind stets in Wechselwirkung zur Stufenlehre des Art. 12 GG sowie zum Übermaßverbot zu sehen und nur bei entsprechender verfassungsrechtlicher Rechtfertigung zulässig[640].

I. Subjektive Genehmigungsvoraussetzungen

Voraussetzung der Genehmigungserteilung sind zunächst subjektive Anforderungen hinsichtlich Betriebssicherheit und -leistungsfähigkeit, Zuverlässigkeit und fachlicher Eignung. Mit Ausnahme Sachsen-Anhalts besteht in allen Bundesländern ein gemeinsamer Grundkanon an subjektiven Genehmigungsvoraussetzungen[641]. Danach darf die Genehmigung nur erteilt werden, wenn

1. Sicherheit und Leistungsfähigkeit des Betriebes gewährleistet sind;
2. keine Tatsachen vorliegen, die die Unzuverlässigkeit des Antragstellers als Unternehmer oder der zur Führung der Geschäfte bestellten Person dartun, und
3. der Antragsteller als Unternehmer oder die zur Führung der Geschäfte bestellte Person fachlich geeignet ist.

Soweit die Rettungsdienstgesetze nicht zwecks Ausfüllung dieser unbestimmten Rechtsbegriffe, die der rettungsdienstrechtlichen Genehmigung von der Anforderungsseite her ein gewerberechtliches Gepräge geben, Spezialregelungen insbesondere im Hinblick auf den Nachweis entsprechender Fahrzeuge und ret-

---

[640] Vgl. grundlegend BVerfGE 7, 377, 407 f.
[641] § 16 Abs. 1 RDG BW; Art. 7 Abs. 1 BayRDG; § 13 Abs. 1 RDG Bln; § 5 Abs. 3 S. 2 BbgRettG; § 15 Abs. 1 BremRettG; § 12 Abs. 1 HmbRDG; § 10 Abs. 1 HessRDG; § 15 Abs. 1 RDG M-V; § 22 Abs. 1 NdsRettDG; § 19 Abs. 1 RettG NW; § 18 Abs. 1 RettDG RhPf; § 16 Abs. 1 SaarRettG; § 17 Abs. 1 SächsRettDG; § 11 Abs. 1 S. 1 RDG SH; § 15 Abs. 2 ThürRDG.

tungsdienstspezifische Fachkenntnisse enthalten[642], kann auf die Verordnung über den Zugang zum Beruf des Straßenpersonenverkehrsunternehmers zu § 13 PBefG[643] verwiesen werden[644]. Dabei unterliegen die genannten Voraussetzungen keinen verfassungsrechtlichen Bedenken, da es sich im Lichte der Berufsfreiheit lediglich um subjektive Zulassungsvoraussetzungen zum Schutz der Rechtsgüter Gesundheit und Leben der beförderten Patienten handelt[645].

Darüber hinaus stellen die Landesgesetze zum Teil weitergehende Anforderungen dergestalt, dass der Unternehmer etwa nachzuweisen hat, dass er die ihm gegenüber den beförderten Personen obliegende Haftung für Personen- und Sachschäden nicht ausschließt[646], er eine besondere räumliche und fernemeldetechnische Ausstattung vorhält[647] oder bei Antragstellung einen Auszug aus dem Verkehrszentralregister beibringt[648].

Die formal abweichende Regelungstechnik in Sachsen-Anhalt, die dem Musterentwurf nicht folgt und die typisch gewerberechtlichen Voraussetzungen zumindest nicht ausdrücklich normiert[649], läuft im Ergebnis auf gleichlautende Genehmigungsanforderungen hinaus, was sich bereits aus dem Zusammenspiel mit dem Genehmigungsverfahren und der Auflagenermächtigung ergibt[650].

II. Objektive Genehmigungsvoraussetzungen

Sämtliche Landesrettungsdienstgesetze machen die Genehmigungserteilung zudem von einer objektiven Genehmigungsvoraussetzung abhängig, der sog. Funktionsschutzklausel[651].

---

[642] Vgl. etwa § 19 Abs. 2 u. 3 RettG NW sowie die Darstellung bei Prütting, Rettungsgesetz NRW, 3. Aufl. 2001, § 19 Rn. 3 ff. m.w.N. insbes. rettungsdienstspezifischer Rechtsprechung zu den subjektiven Genehmigungsvoraussetzungen.
[643] Berufszugangs-Verordnung PBefG vom 9.4.1991 (BGBl. I S. 896).
[644] So bereits LT-Drs. Nordrhein-Westfalen 11/3181, S. 55; LT-Drs. Baden-Württemberg 10/5817, S. 33 sowie der Bund-Länder-Ausschuss Rettungswesen in einem Hinweis zu § 19 Abs. 1 ME RDG, in: Biese u.a. (Hrsg.) Handbuch des Rettungswesens, Band 2, Stand: 04/2003, B. III. 0.2.
[645] Scholz, in: Maunz/Dürig (Hrsg.), GG, Band II, Stand: 02/2003, Art. 12 Rn. 339 f. u. 347 m.w.N.
[646] § 12 Abs. 1 Nr. 4 HbgRDG; § 10 Abs. 1 HessRDG; 15 Abs. 1 RDG M-V; § 14 Abs. 3 Nr. 3 RDG LSA; § 15 Abs. 2 Nr. 5 ThürRettG.
[647] § 10 Abs. 1 Nr. 4 HessRDG; § 15 Abs. 2 Nr. 4 ThürRettG.
[648] § 10 Abs. 1 Nr. 6 HessRDG; § 15 Abs. 2 Nr. 6 ThürRettG.
[649] Vgl. § 14 Abs. 3 RDG LSA.
[650] So bereits Schulte, Rettungsdienst durch Private, 1999, S. 154 unter Hinweis auf §§ 15 Abs. 1 u. 2, 18 RDG LSA.
[651] § 16 Abs. 2 RDG BW; Art. 7 Abs. 2 BayRDG; § 13 Abs. 3 RDG Bln; § 5 Abs. 5 BbgRettG; § 15 Abs. 3 BremRettG; § 12 Abs. 3 HbgRDG; § 10 Abs. 2 HessRDG; § 15 Abs. 2 RDG M-V; § 22 Abs. 1 S. 2 NdsRettDG; § 19 Abs. 4 RettG NW; § 18 Abs. 3 RettDG RhPf;

Die Funktionsschutzklauseln, die die sich abgesehen von den Privilegierungsregelungen als das entscheidende Hemmnis der Marktzutrittsfreiheit und damit einer wettbewerblichen Struktur darstellen, verankern lenkungsrechtliche Elemente in den rettungsdienstrechtlichen Vergabebedingungen, die den Zielsetzungen des Verkehrsgewerberechts entsprechen. Tatsächlich bestehen ausgehend von der Art der angebotenen Leistungen Parallelen zwischen Verkehrsgewerbe- und Rettungsdienstrecht. So liegt die Versorgung der Bevölkerung mit ebenso zuverlässigen wie preisgünstigen Personen- und Gütertransportmöglichkeiten ebenso im Interesse des Allgemeinwohls wie das oben dargestellte Interesse an einer ordnungsgemäßen rettungsdienstlichen Versorgung. Vor allem aber unterscheiden sich der Beförderungs- und Rettungsdienstmarkt auf der einen und der Warenmarkt auf der anderen Seite wesentlich dadurch, dass rettungsdienstliche ebenso wie Beförderungsleistungen nicht auf Vorrat produzierbar sind und die Fix- bzw. Vorhaltekosten wegen der unterschiedlichen Inanspruchnahme und Notwendigkeit der Bedienung auch unrentabler Strecken unverhältnismäßig hoch sind[652].

Nach Erörterung von Inhalt und Zielsetzung der Funktionsschutzklauseln wird im Folgenden kurz auf ihre Zulässigkeit unter verfassungs- wie gemeinschaftsrechtlichen Aspekten eingegangen. Anschließend werden die bislang gültigen und zum Teil durch die zwischenzeitlich vorliegende Rechtsprechung insbesondere des Bundesverwaltungsgerichts sowie des Europäischen Gerichtshofs modifizierten Anwendungsgrundsätze erörtert.

1.) Erscheinungsformen, Inhalt und Zielsetzung der Funktionsschutzklausel

Nach den Funktionsschutzklauseln der Länder ist die Genehmigung zu versagen, wenn auf Basis einer in bestimmter Weise anzustellenden und einen gewissen längeren Zeitraum betreffenden Untersuchung der gegebenen Verhältnisse durch ihren Gebrauch eine Beeinträchtigung des öffentlichen Interesses an einem funktionsfähigen Rettungsdienst zu erwarten ist[653]. Bei der Funktionsschutzklausel handelt es sich nicht um eine Bedürfnisprüfung im klassischen Sinne[654], so dass es für die Genehmigungserteilung nicht erforderlich ist, dass

---

§ 16 Abs. 2 SaarRettG, § 17 Abs. 3 SächsRettDG; § 14 Abs. 4 RDG LSA; § 11 Abs. 3 RDG SH; § 15 Abs. 3 ThürRDG.

[652] Vgl. hierzu näher Oppermann, Staatliches Ordnungssystem im Güterkraftverkehr contra Liberalisierung, 1990, S. 19 ff.; Büch/Koch, Wirtschaftlichkeit im Rettungsdienst, DRK-Schriftenreihe zum Rettungswesen, Bd. 18, 1998, S. 11 f.

[653] Vgl. § 10 Abs. 2 ME RDG, abgedruckt in: Biese u.a. (Hrsg.), Handbuch des Rettungswesens, Band 2, Stand: 04/2003, B.III.0.2.

[654] So jedoch begrifflich u.a. BVerwG, Urteil v. 17.6.1999 – 3 C 20/98, in: NVwZ-RR 2000, S. 213 ff. (LS 1); OVG Münster, Beschluss v. 2.8.1994 – 13 B 1085/94, in: NWVBl. 1995, S.

ein Gebiet mit rettungsdienstlichen Leistungen objektiv unterversorgt, mithin ein entsprechender Bedarf positiv nachzuweisen ist. Die von den Landesrettungsdienstgesetzen zumindest im Bereich der objektiven Versagungsgründe weitgehend einheitlich rezipierte Vorgabe des Musterentwurfs 1989 lehnt sich weitestgehend an die gemäß § 13 Abs. 4 PBefG für das Taxengewerbe geltende Funktionsschutzklausel an, dessen Beeinträchtigungsgegenstand die öffentlichen Verkehrsinteressen in Form des ordnungsgemäßen Funktionierens des Taxigewerbes als Teil des öffentlichen Verkehrsangebotes sind. Beeinträchtigungsgegenstand der rettungsdienstrechtlichen Funktionsschutzklauseln ist demgegenüber das öffentliche Interesse an der Funktionsfähigkeit des Rettungsdienstes. Unter Rettungsdienst ist dabei, wie die zum Teil innerhalb der Klauseln enthaltenen Verweisungen auf entweder den einschlägigen Gesetzesabschnitt oder eine konkrete, den öffentlichen Rettungsdienst umschreibende Norm dokumentieren, nach dem Willen der Landesgesetzgeber der eingangs als Rettungsdienst im institutionellen Sinne definierte öffentliche Rettungsdienst zu verstehen und nicht das Interesse der Bevölkerung an einer flächendeckenden rettungsdienstlichen Versorgung an sich. Sind die Funktionsschutzklauseln indes als objektive Zulassungsvoraussetzungen im Sinne von Art. 12 GG zu qualifizieren, so bedarf es der Klärung, inwieweit die Institution öffentlicher Rettungsdienst rechtswirksam als Beeinträchtigungsgegenstand und als dessen Kehrseite Eingriffslegitimation in Gestalt eines überragend wichtigen Gemeinschaftsgutes fungieren kann. Seinen Ausgangspunkt hat das durch die Funktionsschutzklauseln geschützte öffentliche Interesse jedenfalls in der Sicherstellung einer flächendeckenden rettungsdienstlichen Versorgung der Bevölkerung und nicht in einem wie auch immer gearteten wirtschaftlichen Bestandsschutzinteresse zugunsten einer öffentlich-rechtlichen Institution[655].

Die Funktionsschutzklauseln verankern hier lenkungsrechtliche Elemente im Bereich des Rettungsdienstrechts, die auf eine Bestandssicherung abzielen[656].

Trotz Anlehnung an den Musterentwurf finden sich in den Landesrettungsdienstgesetzen Abweichungen: Während die Funktionsschutzklauseln ansonsten für den Fall ihres Eingreifens durchweg die zwingende Versagung der beantragten Genehmigung anordnen, ist die Entscheidung der Genehmigungsbehörde in Bremen, Niedersachsen und Sachsen-Anhalt nicht gebunden, sondern ins Ermessen der Behörde gestellt[657]. Allein Bremen hält sich zudem insoweit an die Vorgabe des Musterentwurfs, dass verlangt wird, dass das öffentliche Interesse bereits beeinträchtigt ist, während alle übrigen Länder verlangen, dass eine solche Beeinträchtigung (künftig) zu erwarten ist.

---

26. Vgl. zu Inhalt und Zulässigkeit von Bedürfnisklauseln Jähnke, Bedürfnisprüfung und Berufsfreiheit, 1971, S. 30 ff. sowie BVerfGE 86, 28 ff., 42 f.
[655] Vgl. unten S. 182 f.
[656] Siehe oben S. 169.
[657] § 15 Abs. 3 BremRettG; § 22 Abs. 1 S. 2 NdsRettDG; § 14 Abs. 4 RDG LSA.

2.) Vereinbarkeit der Funktionsschutzklauseln mit Art. 12 GG

Die Zulässigkeit der rettungsdienstrechtlichen Funktionsschutzklauseln war in der Vergangenheit vor allem im Hinblick auf die Berufsfreiheit Gegenstand rechtlicher Diskussion[658]. Das Interesse an einer kritischen Auseinandersetzung mit der Thematik und Klärung der nach wie vor nicht befriedigend geklärten Fragen scheint seit Vorliegen einer Entscheidung des Bundesverwaltungsgerichts aus dem Jahre 1999[659] einer scheinbaren Rechtssicherheit gewichen, wenngleich verfassungsrechtliche Bedenken fortbestehen. Dreh und Angelpunkt ist die Frage nach der Legitimation der Einbeziehung des qualifizierten Krankentransports in die Funktionsschutzklauseln der Länder und zwar gleichermaßen auf Seiten der Schutzrichtung wie auf Seiten der beschränkten Tätigkeit. Die Funktionsschutzklauseln beschränken nämlich einerseits, wie bei der Notfallrettung auch, wesentlich die Freiheit des Grundrechtsträgers gerade diese Leistung zu erbringen. Sie tun dies andererseits, zunächst vorbehaltlich einer genaueren Zielbestimmung, mit dem Ziel, die Funktionsfähigkeit des öffentlichen Rettungsdienstes sicherzustellen. Rettungsdienst wird jedoch nach sämtlichen Rettungsdienstgesetzen verstanden als Einheit von Notfallrettung und Krankentransport, so dass der Krankentransport hier zugleich als Schutzgegenstand und Eingriffsgegenstand fungiert.

Legt man den institutionellen Rettungsdienstbegriff[660] zugrunde, so kann den Funktionsschutzklauseln bei erstem Hinsehen darüber hinaus eine gewisse Nähe zur Intention des Konkurrenzschutzes attestiert werden. Der Einsatz von Konkurrenzminimierung als Mittel jedenfalls ist kaum bestreitbar. Da der bloße Schutz vor Konkurrenz oder ein bestehender Wettbewerbsvorteil allein niemals rechtfertigender Gemeinwohlbelang sein kann[661], gilt es eine hinreichend präzise Zieldefinition vorzunehmen.

Instanzgerichtlich wird die Zulässigkeit der Funktionsschutzklauseln aktuell nicht mehr in Frage gestellt, dies trotz ihrer umfassenden Reichweite, die in sämtlichen Bundesländern[662] das gesamte Spektrum rettungsdienstlicher Leistungen einschließlich Notfallrettung und Krankentransport erfasst. Die rettungsdienstrechtliche Kommentarliteratur beschränkt sich, gestützt auf die höchstrichterliche Rechtsprechung, etwa auf die Feststellung, eine landesrecht-

---

[658] Vgl. die Nachweise bei Schulte, Rettungsdienst durch Private, 1999, S. 173 f.
[659] BVerwG, Urteil v. 17.6.1999 – 3 C 20/98, in: NVwZ-RR 2000, 213 ff.
[660] Siehe hierzu oben S. 39.
[661] Vgl. Tettinger, in: Sachs (Hrsg.), GG, 3. Aufl. 2003, Art. 12 Rn. 102 a m.w.N.
[662] Mit Ausnahme Berlins, wo die Notfallrettung als Verwaltungsmonopol und damit noch höhere Eingriffsstufe normiert ist, § 5 Abs. 1 Satz 1 RDGBln.

liche Regelung, die die Zulassung (auch) zum qualifizierten Krankentransport von einer *Bedarfsprüfung*[663] abhängig mache, verstoße nicht gegen das Grundrecht auf Berufsfreiheit, der Schutz des qualifizierten Krankentransports rechtfertige als Gemeinschaftsgut Regelungen der Berufszulassung[664]. Es wird ausgeführt, der (Landes-) Gesetzgeber selbst habe mit der Funktionsschutzklausel den Rettungsdienst, verstanden als funktionelle Einheit von Notfallrettung und Krankentransport, legitim als überragend wichtiges Gemeinschaftsgut eingestuft[665]. Lediglich vereinzelt erhebt sich in der verfassungsrechtlichen Literatur noch mittelbare Kritik, mittelbar deshalb, weil sie abstrakt bei einer solchen Konstituierung eingriffslegitimierender Gemeinwohlbelange kraft einfacher gesetzgeberischer Entscheidung ansetzt und hierbei nur beispielhaft auf den Krankentransport abstellt[666].
Tatsächlich lässt sich in der Rechtslandschaft mittlerweile ein geradezu inflationärer Gebrauch „wichtiger" oder gar „überragend wichtiger" Gemeinschaftsgüter feststellen[667], wobei es generell zu hinterfragen gilt, in welchem Umfang die Berufsfreiheit als zentrales Abwehrrecht für das Arbeits- und Berufsleben, die als Eckpfeiler der Verfassungsordnung in wirtschaftlicher Hinsicht bezeichnet wird[668], dieser Funktion in der Verfassungswirklichkeit noch gerecht werden kann. Mit Blick auf die rettungsdienstrechtlichen Funktionsschutzklauseln ist zu untersuchen, ob diese ihre Legitimation tatsächlich durch die Rechtsprechung des Bundesverwaltungsgerichts erbracht haben. Hierzu sei im Vorfeld nochmals daran erinnert, dass eine exakte begriffliche Abgrenzung zwischen Rettungsdienst, Notfallrettung und Krankentransport im Fortgang der Untersuchung essentiell ist.

a) Verortung der Funktionsschutzklausel im Bereich der objektiven Berufszulassungsschranken

Die an die rettungsdienstrechtlichen Funktionsschutzklauseln zu stellenden Legitimationsanforderungen hängen von der Eingriffsintensität ab, gleich ob Ingerenzen in die Berufsfreiheit anhand der klassischen (Drei-) Stufentheorie des

---

[663] Vgl. zu den Erscheinungsformen objektiver Berufszulassungsschranken sogleich unten S. 176.
[664] Vgl. Prütting, Rettungsgesetz NRW, 3. Aufl. 2001, § 19 Rn. 63 m.w.N.
[665] Vgl. Prütting, Rettungsgesetz NRW, 3. Aufl. 2001, § 19 Rn. 58. So auch OVG NRW, Beschluss v. 2.8.1994 – 13 B 1085/94, in: NWVBl. 1995, 26, 27.
[666] Vgl. Tettinger, in: Sachs (Hrsg.), GG, 3. Aufl. 2003, Art. 12 Rn. 106 unter Hinweis auf OVG NRW, Beschluss v. 2.8.1994 – 13 B 1085/94, in: NWVBl. 1995, 26, 27.
[667] Hufen, Berufsfreiheit – Erinnerung an ein Grundrecht, NJW 1994, S. 2913 ff., 2917. Vgl. auch die Aufzählung bei Tettinger, in: Sachs (Hrsg.), GG, 3. Aufl. 2003, Art. 12 Fn. 401 u. 409.
[668] Oppermann, in: VVDStRL 43 (1985), S. 82.

Bundesverfassungsgerichts oder unmittelbar anhand des Übermaßverbotes beurteilt werden[669]. Wenngleich die Stufentheorie seitens des Bundesverfassungsgerichts heute nicht mehr rigide gehandhabt wird, erhöht sie doch die Plastizität der Judikatur und verkörpert nach wie vor einprägsame Eckpfeiler für die praktische Umsetzung der verfassungsrechtsdogmatisch durchgängig gebotenen Abstufung bei Grundrechtsingerenzen. Nach der Stufentheorie hat sich die verfassungsrechtliche Rechtfertigung der gesetzlichen Regelung bei steigender Intensität der Grundrechtsbeeinträchtigung an entsprechend höherwertigen Gemeinwohlbelangen auszurichten[670]. Das Bundesverfassungsgericht unterscheidet bekanntermaßen berufsrechtliche Normierungen auf drei Stufen, und zwar

- Bestimmungen, die sich auf eine bloße Regelung der *Berufsausübung* beschränken, ohne nachhaltig auf die Berufswahlentscheidung des Einzelnen zurückzuwirken;
- *subjektive Zulassungsvoraussetzungen* für bestimmte Berufe und
- die Errichtung von *objektiven Zulassungsschranken*[671].

Da sich auch das Bundesverwaltungsgericht in der einschlägigen Rechtsprechung unter ausdrücklichem Verweis auf die Verfassungsrechtsprechung der Stufenzuordnung bedient[672], soll diese auch hier im Interesse der Plastizität nutzbar gemacht, parallel jedoch eine umfassend angelegte Verhältnismäßigkeitsprüfung durchgeführt, d.h. insbesondere ermittelt werden, inwieweit die Funktionsschutzklauseln zur Erreichung des mit ihnen verfolgten Zwecks geeignet und erforderlich sind. Das Bundesverfassungsgericht hat die Stufentheorie von Beginn an als Konkretisierung rechtsstaatlicher Postulate, insbesondere des Grundsatzes der Verhältnismäßigkeit konzipiert. Die neueren Konkretisierungen und Differenzierungen der Stufenlehre setzen diese Linie konsequent fort, wenngleich sich wie bereits angedeutet auch Entscheidungen finden, in denen ohne ausdrückliche Zwischenschaltung der Stufentheorie unmittelbar auf rechtstaatliche Anforderungen wie das Übermaßverbot zurückgegriffen wird[673].

---

[669] Zur Ableitung der Stufentheorie aus dem Grundsatz der Verhältnismäßigkeit vgl. Tettinger, in: Sachs (Hrsg.), GG, 3. Aufl. 2003, Art. 12 Rn. 110 unter Hinweis auf BVerfGE 19, 330, 337; 46, 120, 138.
[670] Tettinger, in: Sachs (Hrsg.), GG, 3. Aufl. 2003, Art. 12 Rn. 100.
[671] Grundlegend BVerfGE 7, 377 ff. (Apotheken-Urteil).
[672] Vgl. BVerwG, Urteil v. 26.10.1995 – 3 C 10/94, in: NJW 1996, S. 1608, 1609; Urteil v. 17.6.1999 – 3 C 20/98, in: NVwZ-RR 2000, S. 213, 214 unter Hinweis auf BVerfGE 7, 377, 408 (Apotheken-Urteil) sowie BVerfGE 11, 168 f.
[673] Vgl. die Nachweise bei Tettinger, in: Sachs (Hrsg.), GG, 3. Aufl. 2003, Art. 12 Rn. 109 f. u. 114 f.

(1) Eigenständiges Berufsbild – Abgrenzung zur Berufsausübungsregelung

Zunächst gilt es zu klären, ob sich ein an der Funktionseinheit von Notfallrettung und Krankentransport orientiertes, selbständigen Berufsbild[674] des „Rettungsdienstunternehmers", gleich ob in gemeinnütziger oder gewerblicher Organisationsform, ausmachen lässt. Das Berufsbild beantwortet die Frage, ob eine gesetzliche Regelung lediglich die Ausübung eines Berufes regelt oder die Berufswahl betrifft, und liefert damit die Weichenstellung für die Stufenzuordnung und damit die anzustellenden Legitimationsanforderungen[675]. Die Abgrenzung zwischen einem eigenständigen Berufsbild und einer bloßen (Ausübungs-) Modalität eines Berufs kann anhand rechtlicher wie tatsächlicher Gegebenheiten erfolgen, wobei es entscheidend darauf ankommt, inwieweit die allgemeine Verkehrsanschauung einen bestimmten Typus als eigenständigen Tätigkeitskomplex versteht. Bedeutung kommt dabei insbesondere der gesetzgeberischen Befugnis zu, bestimmte Berufsbilder gesetzlich zu fixieren, wobei nicht nur die traditionell anerkannten Berufsbilder, sondern auch neu entstandene Betätigungen ein eigenständiges Berufsbild darstellen können[676]. Entscheidend ist letztlich, ob sich eine Tätigkeit als sozial abgrenzbare Aktivität mit eigenem, von dem sonstigen Berufsinhalt geschiedenem charakteristischen Gepräge darstellt[677]. Die Reichweite der Grundrechtsgewährleistung erhält nicht zuletzt durch die Erfassbarkeit neuer Berufsbilder ihr im Sinne der ökonomischen Bedeutung der Berufsfreiheit notwendiges dynamisches Gepräge.

Da das staatsunabhängige Krankentransportwesen, mit und ohne Notfallrettungsanteil, Berührungspunkte zum allgemeinen Personenbeförderungswesen aufweist und ursprünglich im Geltungsbereich des Personenbeförderungsgesetzes lag, ist als Ausgang der Berufstypisierung danach zu fragen, ob diese Form der Betätigung ein eigenständiges Berufsbild gegenüber der allgemeinen Personenbeförderung bildet.

Noch vor Inkrafttreten des Sechsten Änderungsgesetzes zum Personenbeförderungsgesetz, also auf Basis des seinerzeit noch sämtliche Beförderungsarten einheitlich regelnden Personenbeförderungsgesetzes, wurde zum Teil die Auffassung vertreten, der (gewerbliche) Krankentransport bilde keinen eigenen Berufs- bzw. Gewerbezweig, sondern lediglich einen Unterfall der allgemeinen Personenbeförderung[678]. Zur Beurteilung wurden vier Kriterien bemüht, die das

---

[674] Vgl. zur Berufsbildlehre Tettinger, in: Sachs (Hrsg.), GG, 3. Aufl. 2003, Art. 12 Rn. 52 f. m.w.N.
[675] BVerfGE 7, 377, 397; 13, 97, 117.
[676] Tettinger, in: Sachs (Hrsg.), GG, 3. Aufl. 2003, Art. 12 Rn. 52 f. m.w.N.
[677] BVerfGE 97, 12, 33.
[678] Ossenbühl, Rettungsdienst und Berufsfreiheit, 1985, S. 46 u. 37.

Bundesverfassungsgericht zuvor zur Unterscheidung Güterfern-/Güternahverkehr herausgestellt hatte: normatives Erscheinungsbild, soziales Gewicht der Tätigkeit, Vorhandensein bestimmter Repräsentationen sowie allgemeine Anschauung und Urteil der Berufsangehörigen[679]. Sämtliche dieser Kriterien ergeben heute, mehr als ein Jahrzehnt nach Inkrafttreten des Sechsten Gesetzes zur Änderung des Personenbeförderungsgesetzes kaum bestreitbar, dass es sich bei der Tätigkeit als Rettungsdienstunternehmer um einen eigenständigen Beruf i.S.v. Art. 12 Abs. 1 GG handelt. Die Rettungsdienstgesetze der Länder beinhalten zunächst jeweils Vorschriften, die spezifisch die Erbringung rettungsdienstlicher Leistungen außerhalb der öffentlichen Dienste regeln[680]. So lautete auch die Zielsetzung des Gesetzgebers bei Herausnahme des Krankentransports (einschließlich der Notfallrettung) aus dem Personenbeförderungsgesetz wesentlich dahingehend, dass das allein auf Beförderungsgesichtspunkte abstellende Personenbeförderungsrecht die besonderen Bedürfnisse eines modernen Rettungswesens völlig unberücksichtigt ließ und nicht sachgerecht zu erfassen vermochte[681]. Das Bundesverwaltungsgericht betont hier ausdrücklich die besonderen Qualifikationsanforderungen für den Beruf des Rettungsdienstunternehmers im Vergleich zum Beruf eines Unternehmers auf dem Gebiet der schlichten Personenbeförderung[682]. Der allgemeinen Personenbeförderung einschließlich der einfachen Krankenfahrt fehlt vollständig das medizinisch-fachliche Betreuungsmoment.

Bezogen auf das soziale Gewicht der Tätigkeit ließe sich zunächst das Transportvolumen im Verhältnis zur übrigen Personenbeförderung als Indikator heranziehen[683], was indes abstrakt gesehen darauf hinausliefe, einer Tätigkeit selbst dann die Anerkennung als eigenständigem Beruf zu verweigern, wenn diese konstitutionell kein hohes Leistungsvolumen erreichen bzw. kaum entsprechend viele Fachkräfte binden kann. Dementsprechend dürfte kaum jemand ernsthaft fordern, das gerade nicht angebotsabhängige Einsatzaufkommen in den Bereichen Krankentransport und insbesondere Notfallrettung müsse sich erst vervielfachen, um das gebotene Maß grundrechtlicher Anerkennung zu er-

---
[679] BVerfGE 40, 196, 217.
[680] Vgl. oben S. 46 f.
[681] Vgl. BT-Drs. 11/2170, S. 1 f. Siehe zur Entwicklung des Rettungsdienstrechts oben S. 49 f.
[682] BVerwG, Urteil v. 26.10.1995 – 3 C 10/94, in: NJW 1996, S. 1608 ff., 1609. Vgl. etwa § 19 Abs. 3 RettG NW. Soweit die Landesrettungsdienstgesetze vor Betriebsaufnahme eine besondere Prüfung zwecks Ermittlung der fachlichen Eignung vorsehen, bestehen hierfür keine einheitlichen Vorgaben. Entsprechende Anforderungsprofile und Verfahren werden erst in jüngerer Zeit sukzessive erarbeitet. Der Fachkundenachweis muss neben den fachlichen Grundlagen der Leistungserbringung auch Fragen der Betriebsorganisation sowie die rechtlichen Rahmenbedingungen beinhalten.
[683] So noch Ossenbühl, Rettungsdienst und Berufsfreiheit, 1985, S. 44 nebst Angabe eines Volumens von 1% mit Stand: 5.6.1984, gemessen am Gesamtvolumen der Personenbeförderung.

halten. Überdies erscheint fraglich, ob die Grenzziehung unter quantitativen Aspekten nicht allein im Verhältnis zur Anzahl der einfachen Krankenfahrten zu erfolgen hätte, da im Verhältnis zu allen übrigen Beförderungsarten eine Substituierbarkeit von vorne herein ausscheidet. Auch der hier untersuchte Tätigkeitsbereich veranschaulicht somit, dass quantitative Aspekte im Rahmen der Berufsbildbestimmung nicht Entscheidungsmaßstab sein können, sondern insoweit auf inhaltliche Kriterien zurückzugreifen ist[684]. Sowohl im Hinblick auf die allgemeine Verkehrsanschauung als auch das Selbstverständnis der Berufsangehörigen selbst lässt sich zudem eine Verselbständigung gegenüber der allgemeinen Personenbeförderung ausmachen. So existieren spezielle Ausbildungsbestimmungen für das Personal im Rettungswesen, die dieses gegenüber reinem Fahrpersonal im übrigen Bereich der Personenbeförderung ebenso eindeutig abgrenzen wie gegenüber sonstigem medizinischem Personal[685]. Die Verkehrsanschauung erfasst Rettungsdienstunternehmen einschließlich der außerhalb der Staatssphäre einschlägig agierenden Hilfsorganisationen ebenfalls nicht als Bestandteil allgemeiner Personenbeförderung, was sich beispielhaft an der gesonderten Verortung in Telefonverzeichnissen etc. zeigt. Abgesehen von jeweils speziellen Abteilungen bzw. Unterorganisationen der gemeinnützigen Hilfsorganisationen zur rettungsdienstlichen Leistungserbringung lassen sich schließlich zunehmend verbandschaftliche Organisationsstrukturen erkennen, die eine vom allgemeinen Personenbeförderungsgewerbe unabhängige Interessenwahrnehmung verfolgen[686].

(2) Abgrenzung zur subjektiven Berufszulassungsregel

Bilden die Funktionsschutzklauseln damit bereits keine reinen Berufsausübungsregeln sondern -zulassungsbestimmungen, so sind sie weiter als objektive Berufszulassungsschranken zu begreifen, d.h. von der Eingriffsintensität her auf der obersten Stufe zu verorten.
Objektive Berufszulassungsschranken sind dadurch charakterisiert, dass ihre Erfüllung dem Einfluss des Einzelnen schlechthin entzogen ist. Ihre besondere

---

[684] Siehe bereits Tettinger, in: Sachs (Hrsg.), GG, 3. Aufl. 2003, Art. 12 Rn. 62 m.w.N.
[685] Vgl. etwa Gesetz über den Beruf der Rettungsassistentin und des Rettungsassistenten (RettAssG) vom 10.7.1989 (BGBl. I S. 1384); Ausbildungs- und Prüfungsverordnung für Rettungsassistentinnen und Rettungsassistenten (RettAssAPrV) vom 7.11.1989 (BGBl. I S. 1966); Ausbildungs- und Prüfungsordnung für Rettungssanitäterinnen und Rettungssanitäter NRW (RettSanAPO) vom 25.1.2000 (GV NRW S.74); Ausbildungs- und Prüfungsverordnung für Rettungshelferinnen und Rettungshelfer (RettHelfAPO) vom 9.6.2000 (GV NRW S. 520); Runderlass des Ministeriums für Arbeit, Gesundheit und Soziales, Frauen und Familie des Landes NRW zur Fortbildung des nichtärztlichen Personals in der Notfallrettung und im Krankentransport vom 21.1.1997 – V C 6 – 0717.8 – MBl. NRW S. 140.
[686] Siehe beispielhaft BKS Unternehmerverband privater Rettungsdienste e.V., Hamburg.

Eingriffsschwere beruht darauf, dass sie, anders als subjektive Zulassungsregeln, nicht in der individuellen Lebens- und Risikosphäre wurzeln, sondern aus dem gesellschaftlichen oder staatlichen Umfeld und somit aus der Sphäre der Allgemeinheit erwachsen. Sie bewirken, dass ein Bewerber, der in seiner Sphäre alle von ihm geforderten Voraussetzungen erfüllt und dadurch bereits seine Berufswahl im Einklang mit dem geltenden Recht getroffen und vollzogen hat, vom Zugang zu dem gewählten Beruf ausgeschlossen bleibt[687]. Eine gemeinnützige Hilfsorganisation oder ein gewerbliches Unternehmen kann - dies angesichts der umfangreichen Anforderungen, die das Gesetz bereits an den Genehmigungsantrag stellt, mit zum Teil erheblichem Aufwand[688] - die Erfüllung der gesetzlichen Anforderungen an Sicherheit und Leistungsfähigkeit des Betriebes sowie Zuverlässigkeit und notwendiger fachlicher Eignung sicherstellen. In der Position des reinen Antragstellers haben beide aber schlechterdings keinen Einfluss auf die objektiv und prognostisch zu beurteilenden Fragen sowohl des Bestehens eines funktionsfähigen Rettungsdienstes als auch dessen möglicher Beeinträchtigung durch die beantragte Genehmigung.

(3) Erscheinungsformen objektiver Berufszulassungsregeln

Innerhalb der objektiven Berufszulassungsschranken lässt sich anhand der Eingriffsschwere weiter differenzieren. Die schärfste Form einer Beschränkung der Berufsfreiheit ist die Verstaatlichung einer Tätigkeit mittels Schaffung eines Verwaltungsmonopols[689]. Diese absolute Berufssperre, die eine Zulassung gar nicht erst zulässt, stellt im Verhältnis zu objektiven Zulassungsregeln eigentlich eine noch schärfere Ingerenz dar[690]. Die Errichtung von Verwaltungsmonopolen wird von der Rechtsprechung auch anhand der für objektive Zulassungsschranken geltenden Legitimationsanforderungen überprüft[691].
Eine vergleichbare Eingriffsschwere weisen numerische Zugangssperren auf, deren Grundlagen in einer öffentlichen Bedarfsplanung, einem entsprechend festgelegten numerus clausus der Berufsstellen und einem administrativen Vergabeverfahren bestehen. Derartige Sperren dirigistischer Prägung bestehen etwa

---

[687] BVerfGE 7, 377, 407.
[688] In der Praxis wird hier vielfach die Erstellung eines Konzeptes zur Errichtung einer Rettungswache in sachlicher, personeller sowie finanzieller Hinsicht gefordert. Vgl. zu den Anforderungen an den Inhalt eines Genehmigungsantrages und die beizubringenden Nachweise etwa § 20 RettG NW.
[689] Vgl. im Hinblick auf die Notfallrettung in Berlin BVerwG, Urteil v. 3.11.1994 – 3 C 17/92, in: NJW 1995, S. 3067 ff.
[690] Tettinger, in: Sachs (Hrsg.), GG, 3. Aufl. 2003, Art. 12 Rn. 113.
[691] Vgl. Tettinger, in: Sachs (Hrsg.), GG, 3. Aufl. 2003, Art. 12 Rn. 113 m.w.N.

für die Zulassung zum Notariat und als Bezirksschornsteinfegermeister[692]. Entsprechendes gilt für staatlich festgesetzte Höchstzahlen bestimmter Wirtschaftskapazitäten[693].

Begrifflich oft nicht hinreichend klar von der Funktionsschutzklausel abgegrenzt wird die sog. Bedürfnisklausel. Hierbei ist positive Voraussetzung der Zulassung, dass für die beabsichtigte Tätigkeit ein Bedürfnis besteht. Das grundrechtliche Prinzip der Berufsfreiheit und der notwendigen Eingriffslegitimation wird hierdurch partiell umgekehrt, indem der Bewerber mit der geforderten Bedürfnisprüfung dem Zwang unterworfen wird, seine angestrebte Berufstätigkeit durch eine wirtschaftliche Notwendigkeit der Bedarfsdeckung zu rechtfertigen[694]. Hiervon unterscheidet sich die Funktionsschutzklausel, die lediglich mit negativer Zielrichtung ausschließen will, dass die Funktionsfähigkeit eines bestimmten Wirtschaftsmarktes bzw. hier einer bestimmten Institution durch die Aufnahme einer hinzutretenden Berufstätigkeit gestört wird. Ihr wird von der Literatur eine geringere Eingriffsintensität zugesprochen[695]. Die geringere Eingriffsschwere resultiert daraus, dass eine Zulassung auch bei fehlendem positivem Bedarf, also insbesondere für den Fall, dass ein Bedarfsanstieg nicht nachweisbar ist, bis zur Grenze einer Beeinträchtigung oder drohenden Beeinträchtigung der Funktionsfähigkeit des jeweiligen Schutzgegenstands zu erfolgen hat, womit gesteigerte Ermittlungs-, Darlegungs- und Nachweisanforderungen der Verwaltung einhergehen[696]. Ungeachtet der im Verhältnis zur Bedürfnisklausel geringeren Eingriffsintensität erweist sich die Funktionsschutzklausel als objektive Berufszulassungsregel nach der Stufenlehre nur dann als zulässig, wenn sie der Abwehr nachweisbarer oder höchstwahrscheinlich schwerwiegender Gefahren für ein überragend wichtiges Gemeinschaftsgut dient[697]. Die relativ geringere Eingriffsschwere innerhalb der dritten Stufe lässt sich im Anschlussschritt einer stufenspezifischen Verhältnismäßigkeitsprüfung erfassen[698], genauer bei der Frage ob bei einer Gesamtabwägung zwischen Eingriffsschwere und dem Gewicht der den Eingriff rechtfertigenden Gründe die Grenze der Zu-

---

[692] Vgl. Breuer, Die staatliche Berufsregelung und Wirtschaftslenkung, in: Isensee/Kirchhof (Hrsg.), HdB d. StaatsR, Bd. VI, § 148 Rn. 48 unter Hinweis auf BVerfGE 17, 371, 376 ff. u. BVerwGE 6, 72 ff.
[693] BVerfGE 40, 196 ff. – Höchstzahlen für Güterfernverkehrsgenehmigungen.
[694] Breuer, Die staatliche Berufsregelung und Wirtschaftslenkung, in: Isensee/Kirchhof (Hrsg.), HdB d. StaatsR, Bd. VI, § 148 Rn. 48 m.w.N.
[695] Vgl. Breuer, Die staatliche Berufsregelung und Wirtschaftslenkung, in: Isensee/Kirchhof (Hrsg.), HdB d. StaatsR, Bd. VI, § 148 Rn. 49.
[696] Siehe zu den Anwendungsgrundsätzen der Funktionsschutzklauseln unten S. 206 f.
[697] Grundlegend BVerfGE 7, 377 ff., 408 (Apotheken-Urteil).
[698] Vgl. zum Ansatz einer stufenspezifischen Verhältnismäßigkeitsprüfung Breuer, Die staatliche Berufsregelung und Wirtschaftslenkung, in: Isensee/Kirchhof (Hrsg.), HdB d. StaatsR, Bd. VI, § 148 Rn. 9 unter Hinweis auf Tettinger, Das Grundrecht der Berufsfreiheit, in: AöR 108 (1983), S. 92 ff., 122 f.

mutbarkeit noch gewahrt ist. Praktisch relevant wird dies indes nur, wenn und soweit es den Funktionsschutzklauseln nicht bereits an der Eignung bzw. Erforderlichkeit zur Erreichung eines stufenspezifisch legitimen Eingriffsziels mangelt.

b) Rechtsprechung des Bundesverwaltungsgerichts

Das Bundesverwaltungsgericht hatte bereits im Jahre 1995 anhand des brandenburgischen Landesrettungsdienstgesetzes ausgeführt, dass eine landesrechtliche Funktionsschutzklausel, wonach eine rettungsdienstrechtliche Genehmigung zwingend zu versagen ist, wenn die Genehmigung den Rettungsdienst in seiner Funktionsfähigkeit beeinträchtigt, mit dem Grundrecht der Berufsfreiheit vereinbar sei[699]. Die Feststellungen zur Zulässigkeit speziell der Funktionsschutzklausel erfolgten hier jedoch nur obiter, zudem pauschal bezogen auf eine Genehmigung zur Durchführung des *Rettungsdienstes*. Dies geschah wesentlich vor dem Hintergrund, dass sich das Gericht die Umsetzung des Trennungsmodells, d.h. des Nebeneinanders einer ermessensabhängigen Teilnahmemöglichkeit am öffentlichen Rettungsdienst und der staatsunabhängigen Leistungserbringung auf Grundlage einer gebundenen Anspruchsnorm auch nach brandenburgischem Rettungsdienstrecht, nicht vergegenwärtigte[700]. Eher in Annahme des Eingliederungsmodells sah das Gericht die Funktionsschutzklausel als weniger einschneidende Regelung an, dies im Verhältnis zu einer nicht anspruchsbegründenden Ermessensnorm unter dem Gesichtspunkt der Erforderlichkeit[701]. Abstrakt bezogen auf die Zulässigkeit einer objektiven Berufszulassungsvoraussetzung bzw. anhand der reinen Ermessensnorm ohne Anspruchsqualität bejaht die Entscheidung aber ausdrücklich die Erforderlichkeit einer Einschränkung der Freiheit der Berufswahl hinsichtlich der Notfallrettung, um Leben und Gesundheit als hochrangige Gemeinschaftsgüter zu schützen[702]. Bezüglich des qualifizierten Krankentransports äußert der Senat indes ausdrücklich Zweifel an der Erforderlichkeit einer derart weitgehenden Einschränkung

---

[699] BVerwG, Urteil v. 26.10.1995 – 3 C 10/94, in: NJW 1996, 1608 f., 1610. Siehe zur besonderen Schutzwürdigkeit der Notfallrettung zuvor bereits BVerwG, Urteil v. 3.11.1994 – 3 C 17/92, in: NJW 1995, 3067 ff., 3068 und BVerfG, Nichtannahmebeschluss v. 18.11.1985 – 1 BvR 1462/83, veröffentlicht bei Gerdelmann/Korbmann/Kutter, Krankentransport und Rettungswesen, Stand: 2003, Nr. 7840, S. 1.
[700] Siehe hierzu im einzelnen oben S. 53 f.
[701] BVerwG, Urteil v. 26.10.1995 – 3 C 10/94, in: NJW 1996, 1608 f., 1610.
[702] BVerwG, Urteil v. 26.10.1995 – 3 C 10/94, in: NJW 1996, 1608 f., 1610 u.a. unter Hinweis auf das Urteil des Senates vom 3.11.1994 – 3 C 17/92, in: NJW 1995, 3067 ff., wo sogar die Erklärung der Notfallrettung zur Ordnungsaufgabe durch den Landesgesetzgeber und damit die Einrichtung eines Verwaltungsmonopols durch den Landesgesetzgeber für mit Art. 12 Abs. 1 GG vereinbar erklärt wurde.

der Berufsfreiheit. Anknüpfend an die Feststellungen des Berufungsgerichts benennt er als maßgebliche, letztlich auf Grund der tatsächlichen Gegebenheiten bei Gesetzeserlass zu klärende Gesichtspunkte die mögliche Gefahr organisatorischer Schwierigkeiten in der Abstimmung der Einsätze sowie die Frage nach der Notwendigkeit einer entsprechenden Beschränkung auch des Krankentransports zur funktionsgerechten Aufrechterhaltung der Notfallrettung zu tragbaren Kosten[703].

Derselbe Senat gelangte nachfolgend mit Urteil vom 17.6.1999 anhand der Funktionsschutzklausel des hessischen Rettungsdienstgesetzes zu dem Ergebnis, dass diese nicht gegen Art. 12 Abs. 1 GG verstößt, dies nunmehr explizit im Hinblick auf die Zulassung zur Durchführung des qualifizierten Krankentransports außerhalb des öffentlichen Rettungsdienstes[704].
Grundlage war entsprechend den hiesigen Feststellungen zum eigenständigen Berufsbild des Rettungsdienstunternehmers in dieser wie bereits in der vorangegangenen Entscheidung zunächst die Erkenntnis, dass die Tätigkeit als Krankentransport- bzw. Rettungsdienstunternehmer gegenüber der allgemeinen Personenbeförderung einen eigenständigen Beruf i.S.v Art. 12 Abs. 1 GG darstellt, was vor allem aus der notwendigen besonderen Personal- und Unternehmerqualifikation im Verhältnis zur einfachen Krankenfahrt und allgemeinen Personenbeförderung abgeleitet wurde[705].
Die ausgehend von der Stufenlehre des Bundesverfassungsgerichts für einen zulässigen Eingriff damit geltende Voraussetzung in Gestalt der Notwendigkeit der Regelung zur Abwehr nachweisbarer oder höchstwahrscheinlich schwerwiegender Gefahren für ein überragend wichtiges Gemeinschaftsgut sah das Gericht als erfüllt an. Konkret bezogen auf den Krankentransport ordnete es zunächst (auch) dessen ordnungsgemäße Abwicklung als außerordentlich wichtiges Gemeinschaftsgut ein und damit letztlich der Gesundheitsversorgung zu. So könne eine unsachgemäße Durchführung des Transportauftrages leicht beträchtliche Schmerzen hervorrufen und sogar zu einer wesentlichen Verschlimmerung des Leidens beitragen. Aus Fehleinschätzungen des Gesundheitszustandes könnten sogar Lebensgefahren resultieren[706].

Hinsichtlich des Bedarfs bzw. - in Abgrenzung zur Bedürfnisklausel - genauer ausgedrückt hinsichtlich der Verträglichkeitsgrenze als Zulassungskriterium werden letztlich Aspekte der (Gesamt-) Versorgung sowie Kostengesichtspunk-

---

[703] Vgl. BVerwG, Urteil v. 26.10.1995 – 3 C 10/94, in: NJW 1996, 1608 f., 1610.
[704] BVerwG, Urteil v. 17.6.1999 – 3 C 20/98, in: NVwZ-RR 2000, 213 ff., 215.
[705] BVerwG, Urteil v. 26.10.1995 – 3 C 10/94, in: NJW 1996, 1608, 1609; Urteil v. 17.6.1999 – 3 C 20/98, in: NVwZ-RR 2000, 213 ff., 214; so auch OVG Münster, Beschluss v. 2.8.1994 – 13 B 1085/94, in: NWVBl. 1995, 26. Vgl. auch BT-Drs. 11/2170, S. 2.
[706] BVerwG, Urteil v. 17.6.1999 – 3 C 20/98, in: NVwZ-RR 2000, 213 ff., 214.

te als entscheidende Argumente bemüht: Die Verhinderung von Überkapazitäten im Bereich des Rettungsdienstes einschließlich des qualifizierten Krankentransports sei ein wichtiges öffentliches Anliegen, dessen Verfehlung die sachgerechte Funktion des Gesundheitswesens insgesamt schädigen würde. Das Bundesverwaltungsgericht zieht insoweit eine Parallele zur Rechtsprechung des Bundesverfassungsgerichts zur Bedarfsgerechtigkeit als Aufnahmekriterium für Krankenhäuser im Rahmen der Krankenhausbedarfsplanung[707]. Diese lasse sich nach Ansicht des Senates einschränkungslos auf den qualifizierten Krankentransport übertragen. Hiernach ist ein wirtschaftlich gesundes Krankenhauswesen nach dem Willen des Gesetzgebers Voraussetzung für sowohl die bedarfsgerechte Krankenversorgung der Bevölkerung als auch für sozial tragbare Krankenhauskosten[708]. Die bedarfsgerechte und leistungsfähige Krankenhauspflege sieht das Bundesverfassungsgericht als unverzichtbaren Bestandteil der Gesundheitsversorgung der Bevölkerung an, die es in ständiger Rechtsprechung als besonders wichtiges Gemeinschaftsgut qualifiziert[709]. Was den sozialen Aspekt der Kostenbelastung im Gesundheitswesen angeht, so wird auf die vorrangige Auswirkung auf die gesetzliche Krankenversicherung abgestellt, deren Stabilität ebenfalls große Bedeutung für das Gemeinwohl zukomme[710].

Die Übertragbarkeit dieser Grundsätze schließlich begründet das Bundesverwaltungsgericht sodann mit der von ihm wie dargestellt hergeleiteten Bedeutung auch des Krankentransports für die Gesundheitsversorgung der Bevölkerung, wobei durch Überkapazitäten bedingte strukturelle Probleme die fachgerechte Betreuung und Versorgung der Betroffenen gefährdeten und unnötige Kosten die ohnehin angespannten Sozialkassen strapazierten[711].

c) **Verfassungsrechtliche Eingriffsrechtfertigung**

Zur Überprüfung dieser Feststellungen des Bundesverwaltungsgerichts, die wie gesagt zu weitgehender Akzeptanz der Funktionsschutzklauseln geführt hat, und damit zur Untersuchung der Eingriffslegitimation bedarf es zunächst einer eingehenden Zieldefinition nebst Untersuchung der festgestellten Regelungsziele auf ihre Tauglichkeit als eingriffslegitimierender Gemeinwohlbelang im Sinne der Stufentheorie. Es schließt sich die Anwendung der Prüfmaßstäbe des Übermaßverbotes auf die Funktionsschutzklauseln an.

---

[707] Vgl. BVerwG, Urteil v. 17.6.1999 – 3 C 20/98, in: NVwZ-RR 2000, 213 ff., 214 unter Hinweis auf BVerfG, Beschluss v. 12.6.1990 – 1 BvR 355/86, in: NJW 1990, S, 2306 f.
[708] BVerfG, Beschluss v. 12.6.1990 – 1 BvR 355/86, in: NJW 1990, S, 2306 f., 2308.
[709] BVerfG, Beschluss v. 12.6.1990 – 1 BvR 355/86, in: NJW 1990, S, 2306 f., 2308 m.w.N.
[710] BVerfG, Beschluss v. 12.6.1990 – 1 BvR 355/86, in: NJW 1990, S, 2306 f., 2308 m.w.N.
[711] BVerwG, Urteil v. 17.6.1999 – 3 C 20/98, in: NVwZ-RR 2000, 213 ff., 215.

(1) Zieldefinition und eingriffslegitimierende Gemeinwohlbelange

Dem Wortlaut der Landesrettungsdienstgesetze lässt sich zunächst das *öffentliche Interesse an einem funktionsfähigen Rettungsdienst* als Eingriffsziel entnehmen. Berücksichtigt man die mangelnde Fassbarkeit des Begriffs des öffentlichen Interesses an sich sowie den Umstand, dass das Interesse an sich nur das dahinter stehende Institut bzw. Rechtsgut reflektiert, so verbleibt im Sinne einer negativen Zielrichtung folgendes Substrat: Der Schutz der Funktionsfähigkeit des Rettungsdienstes, verstanden als die Sicherstellung der bedarfsgerechten und flächendeckenden Versorgung der Bevölkerung mit *Leistungen der Notfallrettung und des Krankentransports*[712], vor einer Störung durch hinzutretende Genehmigungen.

Losgelöst vom Gesetzeswortlaut werden bisweilen die unterschiedlichsten Zielsetzungen benannt, die von einer bloßen Gefahr für die ordnungsgemäße Aufgabenerfüllung bis hin zum Willen zur Begünstigung der von den Rettungsdienstträgerorganisationen durchgeführten Krankenwagenverkehre bzw. gar zur unverblümten Nennung des Konkurrenzschutzes als Eingriffsziel reichen, wobei sich Einvernehmen lediglich auf der höheren Abstraktionsebene erzielen lässt, dass die Zugangsbegrenzung der Sicherung der Rechtsgüter Leben und körperliche Unversehrtheit im Sinne von Art. 2 Abs. 2 S. 1 GG dient[713]. Entscheidend muss sein, ob sich eine objektiv zum Ausdruck gelangende verfassungsgemäße Zielsetzung finden lässt, auf der die Rechtfertigung des Eingriffs in die Berufsfreiheit aufbauen kann[714]. Diese muss den Legitimationsanforderungen auf der höchsten Eingriffsstufe entsprechen, auf der der Kreis der eingriffslegitimierenden Gemeinwohlbelange am engsten gezogen ist. Soweit die Konzeption der Stufentheorie die Abwehr nachweisbarer oder höchstwahrscheinlicher schwerer Gefahren für ein überragend wichtiges Gemeinschaftsgut verlangt[715], wird dem Gesetzgeber auch auf dieser Stufe ein Prognosespielraum zur Beurteilung künftiger Tatsachenentwicklungen zugestanden, der jedoch nicht die Auswahl bzw. Konstituierung der eingriffslegitimierenden Gemeinwohlbelange betrifft[716].

Grundsätzlich imstande als gesetzliche Schutzgegenstände auch objektive Berufszulassungsregeln zu rechtfertigen sind zunächst absolute, von der Tagespolitik unabhängige Werte, die etwa in den vorstaatlichen Rechtsgütern wie Le-

---

[712] Vgl. zur gesetzlichen Prägung des Rettungsdienstbegriffs oben S. 37.
[713] Schulte, Rettungsdienst durch Private, 1999, S. 174 m.w.N.
[714] Schulte, Rettungsdienst durch Private, 1999, S. 174 unter Hinweis auf BVerfGE 75, 246, 268, wonach erst das objektive Fehlen der von Verfassungs- wegen anzuerkennenden gesetzgeberischen Zielsetzungen zur Verfassungswidrigkeit führt.
[715] Vgl. BVerfGE 7, 377 ff., 408.
[716] Tettinger, in: Sachs (Hrsg.), GG, 3. Aufl. 2003, Art. 12 Rn. 106 m.w.N.

ben, Gesundheit und körperliche Unversehrtheit bestehen können[717]. Auch sozialstaatlich fundierten Gemeinwohlbelangen kann ein ausreichendes Gewicht zur Rechtfertigung objektiver Berufszulassungsregeln zukommen, so insbesondere der Sicherung einer zuverlässigen Versorgung der Bevölkerung mit lebenswichtigen Gütern oder Leistungen[718]. Dabei vermögen ausnahmsweise auch der Bestand und die Funktionsfähigkeit bestimmter öffentlicher Einrichtungen eingriffslegitimierend zu wirken. Diese Möglichkeit besteht aber nur insoweit, als öffentliche Einrichtungen die Aufgabe haben, die Bevölkerung mit lebenswichtigen Gütern oder Leistungen zu versorgen. Beispielhaft sind hier die Einrichtungen Post und Bahn zu nennen[719]. In solchen Fällen bleiben zwar die unmittelbar geschützten Gemeinwohlbelange gesetzlich konstituiert, da der Modus der Aufgabenerfüllung, nämlich die Gründung und Führung derartiger Einrichtungen, auf einer politischen Entscheidung beruht. Mittelbar wird jedoch, und hierauf kommt es entscheidend an, durch den Bestands- und Funktionsschutz derartiger öffentlicher Einrichtungen in situationsgerechter Weise der sozialstaatlich fundierte Gemeinwohlbelang der zuverlässigen Versorgung der Bevölkerung mit lebenswichtigen Gütern oder Leistungen wahrgenommen[720].

Für sich genommen, d.h. ohne Bezug zu einer (nächst-) höheren Werteebene, bilden der öffentliche Rettungsdienst und seine Funktionsfähigkeit keine absoluten, unmittelbar in der Verfassung verankerten Werte. Eine hinreichende Nähebeziehung der Notfallrettung zu den absoluten Werten Leben und (Volks-) Gesundheit als selbstverständlich unterstellt[721], kann die damit verbleibende Funktionsfähigkeit des qualifizierten Krankentransports nicht mit der Begründung zum eingriffslegitimierenden Gemeinwohlbelang höchster Stufe erhoben werden, es stünde dem Gesetzgeber zu, aus seinen besonderen wirtschafts-, sozial- und gesellschaftspolitischen Vorstellungen und Zielen heraus Gemeinschaftsinteressen in den Rang entsprechend wichtiger Gemeinschaftsinteressen zu erheben[722]. Einem solchen Ansatz steht die stufenspezifische Eingriffsschwere entgegen, die zur Rechtfertigung von Eingriffen in die Berufswahl relative

---

[717] Vgl. bereits BVerfGE 7, 377 ff., 414 sowie Breuer, Tettinger, in: Sachs (Hrsg.), GG, 3. Aufl. 2003, Art. 12 Rn. 107, 104; Breuer, Die staatliche Berufsregelung und Wirtschaftslenkung, in: Isensee/Kirchhof (Hrsg.), HdB d. StaatsR, Bd. VI, § 148 Rn. 50, jew. m.w.N.
[718] Breuer, Die staatliche Berufsregelung und Wirtschaftslenkung, in: Isensee/Kirchhof (Hrsg.), HdB d. StaatsR, Bd. VI, § 148 Rn. 50 unter Hinweis auf BVerfGE 11, 168 ff., 184 f.; 25, 1 ff., 13 ff.
[719] Breuer, Die staatliche Berufsregelung und Wirtschaftslenkung, in: Isensee/Kirchhof (Hrsg.), HdB d. StaatsR, Bd. VI, § 148 Rn. 51 m.w.N.
[720] Breuer, Die staatliche Berufsregelung und Wirtschaftslenkung, in: Isensee/Kirchhof (Hrsg.), HdB d. StaatsR, Bd. VI, § 148 Rn. 51.
[721] Vgl. oben S. 29 f.
[722] So aber OVG Münster, Beschluss v. 2.8.1994 – 13 B 1085/94, in: NWVBl. 1995, 26, 27.

Gemeinschaftsgüter nicht genügen lässt[723]. So berücksichtigt auch die Stufenlehre des Bundesverfassungsgerichts wie der Grundsatz der Verhältnismäßigkeit die besondere Bedeutung und den besonderen verfassungsrechtlichen Schutz der Berufswahlfreiheit, die sich schon darin zeigen, dass Art. 12 Abs. 1 S. 2 GG einen Regelungsvorbehalt allein für die Freiheit der Berufsausübung normiert. Ist die Berufswahlfreiheit damit nicht schrankenlos gewährleistet, so muss das erhöhte Eingriffsmoment, das sich bei der objektiven Berufszulassungsregel bis hin zur eigentlichen Sperrung zeigt, jedoch zwingend mit erhöhten Legitimationsanforderungen und einer höheren Wertigkeit der Eingriffsziele einhergehen. Raum für eine abgestufte Erfassung unter Umständen geringerer Eingriffsintensitäten innerhalb einer, hier der dritten, Stufe, besteht grundsätzlich auf der Ebene der Angemessenheitsprüfung. Im Bereich der Zieldefinition und seiner Eignungsprüfung als rechtfertigendem Gemeinwohlbelang korrespondiert die Stufenzuordnung auf der Eingriffsebene nahezu idealiter mit der auf der Rechtfertigungsebene. Die Gemeinwohlformel leidet für sich genommen an einem Bestimmtheitsmangel, Gemeinwohl ist positiv nicht definierbar. Entsprechendes gilt für die Frage, ob Gemeinwohlbelange wichtig oder gar überragend wichtig sind[724]. Begrenzt man aber den Kreis der überragend wichtigen Gemeinschaftsgüter im Sinne der dritten Stufe auf absolute, von der Tagespolitik unabhängige Werte, so gewinnt die Abgrenzung die nötigen Konturen. Auf der Ebene der objektiven Berufswahlbeschränkung jedenfalls können die Gründe für die Beschränkung nicht allein dem Gesetzgeber und damit den auf diesen einwirkenden Interessengruppen überlassen werden. Denn abgesehen davon, dass dann stets die Gefahr nahe liegt, dass Gesichtspunkte wie Bedarfskalkül, Schutz der Etablierten und Gruppeninteresse vor dem Zugangsinteresse der Nichtetablierten rangieren[725], sind gerade diese Interessen in einem schnelllebigen, international verflochtenen Wirtschaftsgefüge kurz und mittelfristig wandelbar. Liegt aber die primäre Gewährleistungsdimension der Berufsfreiheit in ihrer Funktion als subjektives Recht zur Abwehr sämtlicher, gezielt gegen die berufliche Freiheit gerichteter Ingerenzen, dies gerade mit Ausnahme der Abwehr von Konkurrenz[726], so bedarf es gerade keiner wie auch immer gearteten Dynamik im Bereich (dirigistischer) objektiver Berufszulassungsregeln. Dies gilt auch wenn man sich vergegenwärtigt, dass gerade Art. 12 GG durch Freiheitsschutz für individuelle Berufswahl und –ausübung funktionstypische Elemente einer marktorientierten und wettbewerbsorientierten Wirtschaftsordnung

---

[723] Tettinger, in: Sachs (Hrsg.), GG, 3. Aufl. 2003, Art. 12 Rn. 107; Breuer, Die staatliche Berufsregelung und Wirtschaftslenkung, in: Isensee/Kirchhof (Hrsg.), HdB d. StaatsR, Bd. VI, § 148 Rn. 51.
[724] Hufen, Berufsfreiheit – Erinnerung an ein Grundrecht, in: NJW 1994, S. 2913 ff., 2918.
[725] Hufen, Berufsfreiheit – Erinnerung an ein Grundrecht, in: NJW 1994, S. 2913 ff., 2918.
[726] Tettinger, in: Sachs (Hrsg.), GG, 3. Aufl. 2003, Art. 12 Rn. 9.

vermittelt, Freiheit der Berufsausübung eben in der Tat notwendig zugleich Wettbewerb bedeutet[727].

Indem es auf darauf abstellt, dass eine unsachgemäße Ausführung der Transportaufträge auch im Krankentransport, also bei Personen, die einen geringeren Grad an Beeinträchtigung der körperlichen Unversehrtheit aufweisen, leicht beträchtliche Schmerzen hervorrufen und sogar zu einer wesentlichen Verschlimmerung des Leidens beitragen kann, woraus bei Fehleinschätzungen durch das Personal mitunter Lebensgefahren resultieren könnten, wählt das Bundesverwaltungsgericht bei der Qualifizierung der ordnungsgemäßen Abwicklung des qualifizierten Krankentransports als außerordentlich wichtigem Gemeinschaftsgut auch einen anderen Weg: Es stellt eine Verbindung zu den anerkannt überragend wichtigen Gemeinwohlbelangen Leben und Gesundheit der betroffenen Patienten her[728].

Der qualifizierte Krankentransport sei, wie das Bundesverwaltungsgericht weiter feststellt, dabei als wesentlicher Teil der Gesundheitsversorgung der Bevölkerung zu betrachten. Die Verhinderung von Überkapazitäten im Bereich des Rettungsdienstes einschließlich des Krankentransports sei daher ein wichtiges öffentliches Anliegen, dessen Verfehlung die sachgerechte Funktion des Gesundheitswesens insgesamt schädigen würde. So könnten Überkapazitäten strukturelle Probleme bedingen, die wiederum die fachgerechte Betreuung und Versorgung der Betroffenen gefährdeten[729].

Besteht das legitimierende Gemeinschaftsgut damit in der flächendeckenden und bedarfsgerechten Versorgung der Bevölkerung mit rettungsdienstlichen Leistungen, so bestehen bezüglich der Zulässigkeit der Funktionsschutzklauseln als objektive Berufszugangsvoraussetzungen zunächst insoweit keine Bedenken, als sich diese Versorgung ihrerseits als Bestandteil der als überragend wichtiges Gemeinschaftsgut anerkannten Volksgesundheit[730] darstellt. Diese verkörpert einen absoluten, von der Tagespolitik unabhängigen Wert[731]. Als ein solcher ließe sich die Funktionsfähigkeit des öffentlichen Rettungswesens hiernach ebenfalls begreifen. Denn durch den Funktionsschutz der Einrichtung würde mittelbar der sozialstaatlich fundierte Gemeinwohlbelang der zuverlässigen Versorgung der Bevölkerung mit lebenswichtigen Gütern oder Leistungen wahrgenommen.

Zwischen der Volksgesundheit bzw. den ebenfalls höchstwertigen Rechtsgütern menschlichen Lebens und menschlicher Gesundheit auf der einen und jeweils

---

[727] Vgl. zu dieser Dimension der Grundrechtsgewährleistung Tettinger, in: Sachs (Hrsg.), GG, 3. Aufl. 2003, Art. 12 Rn. 14 a m.w.N.
[728] Vgl. BVerwG, Urteil v. 17.6.1999 – 3 C 20/98, in: NVwZ-RR 2000, 213 ff., 214.
[729] BVerwG, Urteil v. 17.6.1999 – 3 C 20/98, in: NVwZ-RR 2000, 213 ff., 215.
[730] BVerfGE 7, 377 ff., 414; 9, 39 ff., 52; BVerwGE 65, 323 ff., 339.
[731] Tettinger, in: Sachs (Hrsg.), GG, 3. Aufl. 2003, Art. 12 Rn. Rn. 104.

Notfallrettung und qualifiziertem Krankentransport auf der anderen Seite besteht jedoch, wie bereits die Begriffsbestimmung unter medizinisch-organisatorischer Prämisse zeigt[732], eine zumindest abgestufte Nähebeziehung. Sicher ist der Schutz von Leben und Gesundheit bei unterstellt lauteren Gesetzgebern eine, wie Art. 2 Abs. 2 S. 1 GG zeigt, legitime Zielsetzung. Allerdings wird es eine unüberschaubare Anzahl an Maßnahmen geben, die diesem Ziel dienen, zumal wenn im weitesten Sinne medizinische Belange berührt sind. Erster und vornehmster Zweck des Staates war und ist nämlich die Gewährleistung von Sicherheit, die fundamental Leben und Gesundheit erfasst[733]. Letztlich ließe sich hinsichtlich nahezu jeder Tätigkeit im Gesundheitswesen, zumindest des gesamten Leistungskataloges der GKV, auf der Ebene der Zielbestimmung und -qualifikation ein weitreichender Grundrechtseingriff rechtfertigen. Hierbei muss es angesichts der Wertigkeit der Rechtsgüter Leben, körperliche Unversehrtheit und Volksgesundheit trotz der eröffneten Weite für alle Versorgungsbereiche verbleiben, die diesen hinreichend nahe stehen. Die Versorgung der Bevölkerung mit Leistungen, die zum Schutz der Volksgesundheit unumgänglich sind, ist mithin stets taugliches Eingriffsziel. Dies schließt den Krankentransport mit ein, wenngleich sich dieser hier aus Sachgründen bereits im Grenzbereich bewegen dürfte[734].
Die notwendige Einschränkung hat, was der Begriff der Unumgänglichkeit zeigt, auf anderer Ebene zu erfolgen, d.h. im Sinne der Begrifflichkeit der Stufenlehre bei der Frage, ob bei Gesetzeserlass tatsächlich eine nachweisbare oder höchstwahrscheinlich drohende Gefahr für die Versorgung bestand, die letztlich auf die Volksgesundheit durchzuschlagen drohte[735] bzw. anhand des Übermaßverbotes primär im Bereich der Erforderlichkeitsprüfung.

Auf der Ebene der Zielbestimmung und Zielqualifikation gilt es vorab noch die weitere, von der Rechtsprechung bemühte Zielsetzung zu beachten: Die Errichtung einer objektiven Zulassungsschranke zwecks Sicherung der Wirtschaftlichkeit eines überragend wichtigen Gemeinschaftsgutes in Form - abstrakt gesprochen - einer Institution[736]. Hierbei gilt es zu differenzieren. Soweit zunächst

---

[732] Vgl. oben S. 28 f.
[733] Schulte, Rettungsdienst durch Private, 1999, S. 175.
[734] Siehe zur Abgrenzung des Krankentransports gegenüber der Notfallrettung insbesondere im Hinblick auf Eilbedürftigkeit, Grad an medizinisch-fachlicher Betreuungsbedürftigkeit sowie Personal- und Sachmittelqualifikation oben S. 41 f.
[735] So bereits grundlegend BVerfGE 7, 377 ff., 414 f. (Apothekenurteil) bezüglich der geordneten Arzneimittelversorgung zum Schutz der Volksgesundheit.
[736] BVerwG, Urteil v. 17.6.1999 – 3 C 20/98, in: NVwZ-RR 2000, 213 ff., 215 sowie BVerwG, Urteil v. 26.10.1995 – 3 C 10/94, in: NJW 1996, 1608 ff., 1610; OVG Münster, Beschluss v. 2.8.1994 – 13 B 1085/94, in: NWVBl. 1995, 26, 27, jew. unter Hinweis auf BVerfGE 40, 196, 223 (Wirtschaftlichkeit der Deutschen Bundesbahn).

darauf abgestellt wird, die kostenmäßigen Auswirkungen möglicher Überkapazitäten könnten zu strukturellen Problemen führen und hierdurch letztlich auf der Sachebene die Patientenversorgung gefährden[737], gilt das soeben Ausgeführte entsprechend. Legitimes Eingriffsziel bildet wiederum die Versorgung der Bevölkerung mit rettungsdienstlichen Leistungen und damit die Volksgesundheit als überragend wichtiger Gemeinwohlbelang. Die Funktionsfähigkeit der Institution Rettungsdienst, hier in finanzieller Hinsicht, fungiert abermals als Zwischenziel, das aufgrund hinreichender Nähebeziehung mittelbar situationsgerecht der gesundheitlichen Versorgung der Bevölkerung dient und als solches legitimes Eingriffsziel ist.

Aber auch der soziale Aspekt der Kostenbelastung im Gesundheitswesen hat erhebliches Gewicht. Er wirkt sich in erster Linie auf die gesetzliche Krankenversicherung aus, deren Stabilität nach der Rechtsprechung des Bundesverfassungsgerichts große Bedeutung für das Gemeinwohl hat[738]. Mehr noch, die Finanzierbarkeit der gesetzlichen Krankenversicherung als System einer angemessenen und solidarischen Risikoverteilung lässt sich dem Kernbestand des Sozialstaatsprinzips (Art. 20, 28 GG) zurechnen und somit auf Verfassungshöhe heben[739]. Selbst wenn man den Schutz der Funktionsfähigkeit also auf eine wie auch immer geartete Finanzierbarkeit reduziert, lässt sich ein legitimer Eingriffszweck zum Schutze eines höchstwertigen Gemeinschaftsgutes ermitteln[740]. Denn der ganz überwiegende Teil der anfallenden Kosten der Leistungserbringung einschließlich Vorhaltung entfällt bereits angesichts der weit überwiegenden Zahl gesetzlich krankenversicherter Patienten auf die gesetzlichen Krankenversicherungen, was für Notfallrettung und Krankentransport gleichermaßen gilt.
Inwieweit sich bei Konstituierung der Funktionsschutzklauseln die besorgte Strapazierung der angespannten Sozialkassen[741] durch unnötige Kosten hinreichend abgezeichnet hat bzw. es diese aus der ex post Betrachtung zu besorgen gilt, ist auf nachgeordneter Stufe, d.h. auch hier im Bereich der Gefahr für die Stabilität des Systems der GKV bzw. der Erforderlichkeit des Eingriffs, zu untersuchen.

---

[737] Vgl. BVerwG, Urteil v. 17.6.1999 – 3 C 20/98, in: NVwZ-RR 2000, 213 ff., 215 sowie OVG Münster, Beschluss v. 2.8.1994 – 13 B 1085/94, in: NWVBl. 1995, 26, 27.
[738] BVerfG, Urteil v. 12.6.1990 – 1 BvR 355/86, in: NJW 1990, S. 2306 ff., 2308.
[739] Schulte, Rettungsdienst durch Private, 1999, S. 180 m.w.N.
[740] So bereits Schulte, Rettungsdienst durch Private, 1999, S. 180.
[741] BVerwG, Urteil v. 17.6.1999 – 3 C 20/98, in: NVwZ-RR 2000, 213 ff., 215.

(2) Legitimationsanforderungen des Übermaßverbotes

Die allgemeinen Prämissen der Stufentheorie, die besondere Eingriffsschwere objektiver Berufszulassungsschranken und die hierdurch vorgegebene Verengung des Kreises eingriffslegitimierender Gemeinwohlbelange bilden die Grundlagen der abschließenden verfassungsrechtlichen Beurteilung. Auch auf der Eingriffsstufe der objektiven Berufszulassungsschranken geben mithin die flexiblen Legitimationskriterien des Übermaßverbotes letztlich den Ausschlag. Demgemäss sind objektive Zulassungsschranken nur insoweit mit der Berufsfreiheit des Art. 12 Abs. 1 GG vereinbar, als sie zum Schutz der hervorgehobenen überragend wichtigen Gemeinwohlbelange geeignet, erforderlich und verhältnismäßig im engeren Sinne sind[742].

(3) Eignung der Funktionsschutzklauseln

Demnach müssten die Funktionsschutzklauseln zunächst zum Schutze der Gemeinwohlbelange der Gesundheitsversorgung bzw. Stabilität der gesetzlichen Krankenversicherung geeignet sein.
Eignung wird bereits angenommen, wenn ein gewünschter Erfolg durch die Maßnahme gefördert werden kann[743]. Dies allerdings ist mindestens zu belegen. Es ist demgegenüber verfehlt zu behaupten, eine Maßnahme sei erst dann geeignet wenn sie offensichtlich fehlsam oder schon als solche nicht mit der Werteordnung des Grundgesetzes vereinbar ist[744].
Die Eignung ist der Ort der Einschätzungsprärogative des Gesetzgebers, ohne die sich jede Wirtschaftspolitik letztlich auf das Bundesverfassungsgericht verlagern müsste[745]. Neben der kompetenziellen hat diese Einschätzungsprärogative auch eine zeitliche Komponente. Greift der Gesetzgeber also in ein Grundrecht ein, so ist nach angemessener Zeit mit umso deutlicherer Strenge nachzuweisen, dass das Ziel erreicht wurde. Ist dies nicht der Fall, kann ein ursprünglich hinnehmbares Gesetz wegen erwiesener Untauglichkeit verfassungswidrig werden. Auch das Bundesverfassungsgericht muss zu einer solchen *Wiederaufnahme der Prüfung* bereit sein, und zwar nicht erst dann, wenn sich die wirtschaftlichen und sozialen Bedingungen völlig gewandelt haben, sondern gerade weil sich die Bedingungen trotz des Eingriffs nicht in der vom Gesetzgeber in-

---

[742] Breuer, Die staatliche Berufsregelung und Wirtschaftslenkung, in: Isensee/Kirchhof (Hrsg.), HdB d. StaatsR, Bd. VI, § 148 Rn. 52.
[743] BVerfGE 25, 1, 17.
[744] Hufen, Berufsfreiheit – Erinnerung an ein Grundrecht, in: NJW 1994, S. 2913 ff., 2919 unter Hinweis auf die abweichende Ansicht in BVerfGE 81, 156, 192.
[745] Hufen, Berufsfreiheit – Erinnerung an ein Grundrecht, in: NJW 1994, S. 2913 ff., 2919.

tendierten Weise gewandelt bzw. entwickelt haben[746]. Für das Bundesverwaltungsgericht gilt dies selbstverständlich nicht minder. An die weitreichende Gewährleistungsdimension der Berufsfreiheit[747] sei gerade mit Blick auf wirtschaftspolitische Gesichtspunkte erneut erinnert.

Konnte *Schulte* bei seiner Untersuchung erst auf im Durchschnitt fünf Jahre alte Landesrettungsdienstgesetze zurückblicken und den Funktionsschutzklauseln ihre Eignung zur Erreichung eines legitimen Zwecks nicht absprechen[748], so gilt es hieran anknüpfend nach mittlerweile mehr als zehn Jahren seit Inkrafttreten auch des letzten Rettungsdienstgesetzes[749] zu ermitteln, inwieweit die schützenswerten Ziele erreicht sind.

Stellt man zunächst auf die Sicherstellung eines auch in finanzieller Hinsicht funktionsfähigen Rettungsdienstes ab, um das dahinter stehende (Fern-) Ziel der Gesundheitsversorgung der Bevölkerung zu erreichen bzw. zu gewährleisten, so kann den Funktionsschutzklauseln angesichts der im Großen und Ganzen bedarfsgerechten und flächendeckenden Versorgung die Eignung nicht abgesprochen werden, wenngleich dieser scheinbare Erfolg an Aussagekraft, verliert, wenn man sich in Erinnerung ruft, dass die Landesrettungsdienstgesetze sämtlich eine Sicherstellungspflicht des Aufgabenträgers statuieren. Trotz fehlenden, auf die Leistungsart bezogenen Datenmaterials zur wirtschaftlichen Lage sämtlicher bzw. zumindest einer hinreichenden Zahl der bundes- und landesweit an der Leistungserbringung im öffentlichen Rettungsdienst Beteiligten kann angesichts der Rechtsprechung des Bundesverfassungsgerichts hier allein deshalb eine Eignung bejaht werden, weil zumindest das letztlich maßgebende, legitime Ziel erreicht ist. Die Frage, ob es hierzu eines derart weitreichenden Eingriffs in die Berufsfreiheit bedurft hätte, betrifft nicht die Eignungsebene.

Darüber hinaus sind aber Wirtschaftlichkeitsgesichtspunkte an sich, d.h. das (Fern-) Ziel der Sicherung bzw. Nichtbeeinträchtigung der Stabilität des Systems der gesetzlichen Krankenversicherung in den Blick zu nehmen. Stabilität der Gesetzlichen Krankenversicherung bedeutet zuvörderst Beitragssatzstabilität, die nach der Konzeption des § 71 SGB V dann gefährdet ist, wenn der Kostenanstieg in einem Leistungsbereich überproportional hoch ist, d.h. insbesondere die vom Bundesgesundheitsministerium bekannt gemachte Veränderungsrate übersteigt[750]. Ein entsprechend hoher Ausgabenanstieg lässt sich im Be-

---

[746] Hufen, Berufsfreiheit – Erinnerung an ein Grundrecht, in: NJW 1994, S. 2913 ff., 2919 unter Hinweis auf BVerfGE 23, 50, 58; 77, 84, 106.
[747] Siehe hierzu Tettinger, in: Sachs (Hrsg.), GG, 3. Aufl. 2003, Art. 12 Rn. Rn. 14 f.
[748] Vgl. Schulte, Rettungsdienst durch Private, 1999, S. 190.
[749] Vgl. oben S. 39.
[750] Siehe zum Grundsatz der Beitragssatzstabilität unten S. 218 f.

reich der Fahrkosten als dem hier maßgebenden Leistungsbereich feststellen[751]. Nachdem es wie gesagt bis heute an statistischen Daten zur ökonomischen Situation aller am Rettungsdienst Beteiligten fehlt und auch aussagekräftiges bundes- bzw. landesweites Zahlenmaterial zur Wirtschaftlichkeit von öffentlichem Rettungsdienst und staatsunabhängig tätigen Leistungserbringern nicht veröffentlicht ist[752], lassen sich die angebrachten Zweifel an der Eignung der Funktionsschutzklauseln zur Sicherung der Stabilität des Systems der gesetzlichen Krankenversicherung auch nicht ohne weiteres widerlegen. Der Eignungsnachweis, an den angesichts der statuierten objektiven Berufszulassungsregel entsprechend hohe Anforderungen zu stellen sind, ist insoweit nicht erbracht. Der Mangel an Daten insbesondere hinsichtlich der wirtschaftlichen Lage sämtlicher bzw. zumindest einer hinreichenden Zahl der bundes- und landesweit an der Leistungserbringung im öffentlichen Rettungsdienst Beteiligten muss sich hier bereits auf dieser Ebene zugunsten der grundrechtlich verbürgten Freiheit auswirken. Immerhin trifft die Beweislast, dem Grundrechtsinhaber sei wegen wichtiger Gemeinschaftsziele ein Freiheitsopfer zumutbar, den Gesetzgeber[753].

Dieses Ergebnis lässt sich mit der grundlegenden These stützen, dass Markt und Wettbewerb prinzipiell leistungsfähiger sind als Monopolstrukturen und staatliche Daseinsvorsorge. So ist derjenige, der ein Monopol inne hat regelmäßig weniger erfolgreich bei der Suche nach Kosteneinsparungsmöglichkeiten[754]. Den Leistungserbringern innerhalb der vor Konkurrenz geschützten öffentlichen Rettungsdienste muss daher klar sein, dass je weiter dieser Konkurrenzschutz reicht, je schlechter sie wirtschaften, je schlechter sich auch ihre eigene Kosten- und Ertragslage darstellt[755]. In Konsequenz dessen bietet eine objektive Zulassungsschranke, deren Höhe bzw. Marke an die wirtschaftliche Situation der zu Schützenden gekoppelt ist, Anreize zum Kostenschaffen statt zum Sparen[756]. Dieser Effekt wird durch ein Institut wie das Selbstkostendeckungsprinzip[757] nur verstärkt.

---

[751] Unter Fahrkosten werden nach § 60 SGB V allerdings neben Notfallrettung und Krankentransport auch Fahrtkosten auf Grund von Transporten mittels Taxen / Mietwagen erfasst. Insgesamt lässt sich im Gesamtbereich der Fahrkosten im Verhältnis zum durchschnittlichen Ausgabenanstieg für alle Leistungsbereiche im Gesamtzeitraum 1991 bis 2001 von 45,1 % mit 135,5 % im gleichen Zeitraum ein weit überdurchschnittlicher Ausgabenanstieg feststellen, vgl. BMGS, GKV-Kennzahlen, Stand: März 2003, Tabelle KF03.
[752] Dies beklagt seinerzeit bereits Schulte, Rettungsdienst durch Private, 1999, S. 190.
[753] Hufen, Berufsfreiheit – Erinnerung an ein Grundrecht, in: NJW 1994, S. 2913 ff., 2919.
[754] Schulte, Rettungsdienst durch Private, 1999, S. 187 m.w.N.
[755] Dalhoff/Rau, Finanzierungsregelungen im Rettungsdienst, in: NZS 1995, S. 152 ff., 155.
[756] Schulte, Rettungsdienst durch Private, 1999, S. 187.
[757] Siehe hierzu unten S. 222.

(4) Erforderlichkeit einer objektiven Berufszulassungsregel

Vor allem die Frage nach der zulässigen Einbeziehung auch des qualifizierten Krankentransports in die Funktionsschutzklauseln der Länder beantwortet sich anhand der Erforderlichkeit, die den Gesetzgeber auf den geringstmöglichen Eingriff beschränkt, um sein Ziel zu erreichen. Die gerichtlich in vollem Umfang überprüfbare[758] Erforderlichkeit bedeutet, dass kein anderes, zur Zielerreichung gleich geeignetes aber weniger einschneidendes Mittel zur Verfügung stehen darf[759].

Schulte[760] weist darauf hin, dass generell gegen die Erforderlichkeit der objektiven Zulassungsschranken spreche, dass sich immer mehr private Unternehmer um Genehmigungen für Notfallrettung und Krankentransport bemühten. Diese würden als gewerblich Tätige jedenfalls in ihrer Gesamtheit begründete Gewinnerwartungen hegen, was wiederum indiziere, dass das Rettungswesen an sich kein defizitärer Sektor sein müsse, der besonderen Schutzes bedarf.
Der Gesetzgeber kann sich jedoch angesichts der berührten höchstrangigen Rechtsgüter Leben und Gesundheit ebenso wenig Experimente erlauben, wie der sicherstellungsverpflichtete Rettungsdienstträger, der zugleich Genehmigungsbehörde ist. Dies gilt insbesondere vor dem Hintergrund, dass es bis heute an validen, insbesondere länderübergreifenden Datenerhebungen und -auswertungen zu Art und Umfang von Genehmigungsanträgen wie zur Kostenstruktur mangelt. Zudem ist die Struktur der rettungsdienstlichen Versorgung oft schon von Kreis zu Kreis grundverschieden, und es zeigt sich bislang bundesweit keine flächendeckende und bedarfsgerechte Versorgung mit den Leistungen Krankentransport und Notfallrettung durch Leistungserbringer außerhalb der öffentlichen Rettungsdienste. Mögen in einzelnen Versorgungsgebieten ausreichend Kapazitäten außerhalb der öffentlichen Dienste tätiger Leistungserbringer vorhanden bzw. zumindest angeboten sein, so gewährleistet in benachbarten Gebieten vielfach allein der öffentliche Rettungsdienst die Versorgung, zumal das Schwergewicht der staatsunabhängigen Leistungserbringung immer noch im Bereich des Krankentransports liegt.
Richtigerweise muss für den öffentlichen Rettungsdienst allerdings der Nachweis zu erbringen sein, dass er insgesamt des besonderen Schutzes bedarf.

---

[758] Vgl. zur Kontrolldichte bei Eingriffen in die Berufsfreiheit Friauf, Die Freiheit des Berufes, in: JA 1984, S. 536 ff., 544.
[759] Hufen, Berufsfreiheit – Erinnerung an ein Grundrecht, in: NJW 1994, S. 2913 ff., 2919 m.w.N.
[760] Schulte, Rettungsdienst durch Private, 1999, S. 191.

Rein auf die Notfallrettung bezogen erscheinen die landesrechtlichen Funktionsschutzklauseln erforderlich. Die Funktionsschutzklausel ist dabei eng zu verstehen als Bestimmung, die ausschließen soll, dass die Funktionsfähigkeit (allein) der Notfallrettung durch hinzutretende Kapazitäten (allein) im Bereich der Notfallrettung beeinträchtigt wird.

Notfallrettung ist, anders als Krankentransport, in einer Weise mit den Rechtsgütern Leben und Gesundheit verknüpft, wie nahezu keine andere Leistung. Auf der Ebene der eingriffslegitimierenden Gemeinwohlbelange hat sich gezeigt, dass die Errichtung einer objektiven Berufszulassungsregel zum Schutze der Funktionsfähigkeit der Notfallrettung angesichts der unmittelbar berührten höchstrangigen Rechtsgüter legitim ist.

An zur Zielerreichung gleich geeigneten, die Berufsfreiheit weniger fühlbar beeinträchtigenden Mitteln fehlt es.

Dies gilt zunächst für solche unterhalb der Eingriffsstufe der objektiven Berufszulassungsschranke. Eine Überantwortung der Notfallrettung auf eine staatsunabhängige Leistungserbringung durch gemeinnützige Hilfsorganisationen oder gewerbliche Unternehmen mit ggf. noch erhöhten Qualitätsanforderungen scheitert bereits daran, dass es tatsächlich bis heute am flächendeckenden Vorhandensein hinreichend geeigneter und leistungsbereiter Leistungserbringer fehlt. Die flächendeckende Gewährleistung der Gesundheitsversorgung im Bereich der Notfallrettung ist also zwingend auf den öffentlich organisierten Rettungsdienst angewiesen. Nicht allein auf Grund der in den Landesrettungsdienstgesetzen statuierten Sicherstellungspflicht für den öffentlichen Rettungsdienst, sondern letztlich in Erfüllung ihrer grundrechtlichen Schutzpflichten gegenüber den Bürgern, wären die zuständigen Rettungsdienstträger im übrigen ohnehin verpflichtet, durch entsprechende Vorhaltung und mit den damit verbundenen Kosten[761] eine Ausfallsicherheit zu gewährleisten.

Das Bestehen einer staatlichen Sicherstellungspflicht selbst taugt indes nicht als Argument gegen die Erforderlichkeit der Funktionsschutzklausel[762]. Vielmehr geht es gerade darum, es dem Staat bzw. den Trägerkörperschaften zu ermöglichen, dieser Sicherstellungspflicht in sachlicher wie finanzieller Hinsicht ausreichend nachzukommen, damit die Gesundheitsversorgung der Bevölkerung nicht gefährdet wird. Dabei lässt sich die Sicherstellungspflicht gerade nicht vollständig von Wirtschaftlichkeitserwägungen abkoppeln, da die Finanzierung zwingend entweder aus Staatsmitteln oder aus dem Budget der GKV zu erfolgen hätte. Das Bundesverfassungsgericht hat hierzu in seinem Beschluss zum Güterkraftverkehrsgesetz aus dem Jahre 1975 zutreffend festgestellt, dass zur

---

[761] Siehe zur besonderen Bedeutung der (Vorhalte-) Kosten in der Notfallrettung unten S. 283 f.

[762] So aber Schulte, Rettungsdienst durch Private, 1999, S. 192 mit dem Einwand, die Träger seien gesetzlich ohnehin zur Gewährleistung der rettungsdienstlichen Versorgung verpflichtet, so dass es zu einer Mangel- bzw. Nichtversorgung gar nicht erst kommen könne.

Erhaltung von Bestand und Funktionsfähigkeit der Deutschen Bundesbahn unter Umständen staatliche Subventionen in einer Höhe erforderlich werden könnten, die nur unter Vernachlässigung anderer wichtiger Staatsaufgaben aufrechtzuerhalten wären[763]. Für den Leistungskatalog der Gesetzlichen Krankenversicherung erlangt dieser Gesichtspunkt besondere Bedeutung, denn die Konsequenz wäre die Abwägung jeweils höchstrangiger Rechtsgüter gegeneinander.

Bezogen auf die unterschiedlichen Erscheinungsformen objektiver Berufszulassungsschranken lässt sich die Erforderlichkeit der Funktionsschutzklauseln bezüglich der Notfallrettung ohne weiteres bejahen. Sie ermöglichen dem Grundrechtsträger im Verhältnis zu einer Bedürfnisklausel oder gar einer numerischen Zugangssperre weitergehende Möglichkeiten der Tätigkeitsaufnahme. Immerhin lassen sich für die Notfallrettung durchaus gewichtige Argumente für die Errichtung gar eines Verwaltungsmonopols zugunsten des öffentlichen Rettungsdienstes bzw. der von diesem Indienstgenommenen finden[764].

Zu untersuchen ist, ob es einer Einbeziehung auch des Krankentransports in die Funktionsschutzklauseln der Landesrettungsdienstgesetze bedarf. An dieser Stelle sei nochmals auf die Besonderheit gegenüber der vom Bundesverwaltungsgericht bemühten Krankenhausbedarfsplanung hingewiesen: Vorliegend geht es um die Zusammenfassung zweier Betätigungen, denen ohne die gebotene Differenzierung gleiche Bedeutung für die Gesundheitsversorgung und die Finanzierung des Systems zugesprochen wird.

Erforderlich kann eine Funktionsschutzklausel dabei zunächst zum Schutz der Versorgung der Bevölkerung mit der speziellen Leistung Krankentransport sein. Auch die Aufrechterhaltung der Notfallrettung aber kann in sachlicher wie finanzieller Hinsicht potenziell eine Einbeziehung der artverwandten, aber minderqualifizierten Dienstleistung erfordern. Insoweit gilt es auch die von den Landesrettungsdienstgesetzen als unauflöslich postulierte Einheit von Notfallrettung und Krankentransport[765] zu hinterfragen. Die Tatsache, dass einige Landesrettungsdienstgesetze die Einheit von Notfallrettung und Krankentransport durch nähere Qualifizierung als Einheit unter medizinisch-organisatorischen oder wirtschaftlichen Gesichtspunkten für erläuterungsbedürftig halten, bildet ein Indiz dafür, dass dieses Verständnis nicht zwingend ist[766].

---

[763] BVerfGE 40, 196 ff., 218 f.
[764] Vgl. BVerwG, Urteil v. 3.11.1994 – 3 C 17/92, in: NJW 1995, S. 3067 ff.
[765] Vgl. §§ 1 Abs. 1 RDG BW; Art. 18 Abs. 1 S. 1 Bay RDG; § 2 Abs. 1 S. 1 RDG Bln; § 1 Abs. 2 BbgRettG; § 3 Abs. 1 S. 3 BremRettG; § 6 Abs. 2 S. 1 HbgRDG; § 2 Abs. 1 RDG M-V; § 2 Abs. 1 S. 1 NdsRettDG; § 6 Abs. 1 S. 2 RettG NW; § 2 Abs. 1 S. 2 RettDG RhPf; § 2 Abs. 1 SaarRettG; § 2 Abs. 1 S. 1 RDG LSA; § 2 Abs. 1 SächsRettDG; § 6 Abs. 1 S. 1 RDG SH; § 2 Abs. 2 ThürRDG.
[766] Schulte, Rettungsdienst durch Private, 1999, S. 196.

Was die Sicherstellung der Versorgung der Bevölkerung mit der spezifischen Leistung Krankentransport, also den Krankentransport selbst als Schutzgegenstand der Funktionsschutzklauseln, angeht, lässt sich eine Erforderlichkeit nicht mit der zur Rechtfertigung einer objektiven Berufszulassungsregel zu fordernden Gewissheit feststellen[767]. Auf Grund weitaus geringerer Eilbedürftigkeit und des geringeren Maßes an medizinischer Betreuungsbedürftigkeit ist die Nähe zu den Rechtsgütern Leben und Gesundheit weit weniger gegeben als bei der Notfallrettung. Krankentransport ließ sich demnach als disponible, nicht zeitkritische, qualifizierte Beförderungsleistung, bei der der Beförderungsaspekt im Vordergrund steht, begreifen.

Das Ziel einer flächendeckenden und bedarfsgerechten Versorgung der Bevölkerung mit dieser Leistungsart könnte allein durch eine weitreichende Marktüberantwortung in Verbindung mit einer staatlichen Sicherstellungspflicht für den Fall des Marktversagens erreicht werden. Die zur Rechtfertigung objektiver Berufszulassungsregeln zu fordernde eingehende und konkrete Darlegung der mit Sicherheit oder hoher Wahrscheinlichkeit eintretenden nachteiligen Auswirkungen für den Fall ihrer Lockerung[768] lässt sich nicht leisten.

Tatsächlich wird zwischenzeitlich sogar in einigen Großstädten im Bereich des Krankentransports Genehmigungsanträgen stillschweigend ohne Anwendung der Funktionsschutzklausel und damit Verträglichkeitsprüfung stattgegeben. Andere Rettungsdienstträger haben sich (allein) im Krankentransport sogar vollständig aus der trägereigenen Aufgabendurchführung zurückgezogen, Krankentransportleistungen werden dort in zwischenzeitlich bewährter Weise allein durch außerhalb der öffentlichen Dienste tätige Leistungserbringer auf Grundlage rettungsdienstrechtlicher Genehmigungen erbracht.

Gerade der Krankentransport, bei dem die Vorhaltekosten weit weniger Bedeutung haben und wo sich auf Grund der Disponibilität eine geringere Auslastung weitgehend durch geschickte Planung des Einsatzaufkommens und eine abgestimmte Vorhaltung kompensieren lässt[769], ist unbestreitbar ohne Kostenunterdeckung zu betreiben. Die Leistung ist, wofür auch die Zuordnung zu den vergaberechtlichen Dienstleistungskategorien spricht[770], auch im europäischen Vergleich schlicht marktfähig. Dementsprechend besteht auch flächendeckend ein reges und wachsendes Interesse sowohl der gemeinnützigen Hilfsorganisationen als auch gewerblicher Unternehmer an einer entsprechenden Leistungs-

---

[767] Vgl. zur stufenspezifischen Verhältnismäßigkeitsprüfung Breuer, Die staatliche Berufsregelung und Wirtschaftslenkung, in: Isensee/Kirchhof (Hrsg.), HdB d. StaatsR, Bd. VI, § 148 Rn. 52 f.
[768] Vgl. BVerfGE 11, 168 ff., 185. Siehe auch BVerwG, Urteil v. 26.10.1995 – 3 C 10/94, in: NJW 1996, 1608 ff., 1610.
[769] Vgl. hierzu unten S. 280 f.
[770] Vgl. oben S. 135 f.

erbringung auch außerhalb der öffentlichen Rettungsdienste. Die größere Planungssicherheit angesichts der im öffentlichen Rettungsdienst je nach landesrechtlichem Einbindungskonzept[771] bestehenden turnusmäßigen Ausschreibungspflicht bietet hier für die Leistungserbringer einen weiteren Anreiz, sich um bestandskraftfähige Krankentransportgenehmigungen zu bemühen[772]. Korrespondierend vermag der Rettungsdienstträger seiner Sicherstellungspflicht hier ebenfalls kostendeckend zu genügen. Anders als bei der Notfallrettung erfordert eine (Reserve-) Sicherstellungsfunktion keine in minutenschnelle einsatzfähige Reservevorhaltung, um einer akut bestehende Lebensgefahr oder ansonsten unmittelbar drohenden schweren gesundheitlichen Schäden zu begegnen[773]. Die öffentliche Vorhaltung kann sich vielmehr entweder als reine Auffangreserve an der in Ausübung grundrechtlicher Freiheit errichteten Vorhaltung orientieren oder sich originär und kostendeckend an der Leistungserbringung beteiligen, ohne dass es des Schutzes durch eine objektive Berufszulassungsschranke bedurfte. Die besorgten, durch Überkapazitäten veranlassten *strukturellen Probleme*, die das Bundesverwaltungsgericht für den Krankentransport nicht näher erläutert, und die die Patientenversorgung gefährden könnten[774], drohen bei einer rein auf die Leistung Krankentransport bezogenen Betrachtung nicht.

Befürchtungen der Art, wie sie im Hinblick auf die Notwendigkeit einer sachgemäßen Ausführung des Transportauftrages geäußert werden[775], lässt sich hinreichend mit den ohnehin in sämtlichen Landesrettungsdienstgesetzen normierten Bestimmungen zu Sachmittel- und Personalqualifikation sowie Inhalts- und Nebenbestimmungen zur Genehmigung begegnen[776].

Indem es zur Rechtfertigung der Erstreckung der Funktionsschutzklausel auf den Krankentransport grob auf *die Verhinderung von Überkapazitäten im Bereich des Rettungsdienstes einschließlich des qualifizierten Krankentransports* abstellt[777], deutet das Bundesverwaltungsgericht die demnach einzig verbliebene Rechtfertigungsalternative zumindest an: Schutz der Funktionsfähigkeit der Notfallrettung durch Verhinderung hinzutretender Kapazitäten im Krankentransport. Damit untrennbar verbunden ist die Frage der Notwendigkeit der in den Landesrettungsdienstgesetzen einfachgesetzlich verankerten Einheit von Notfallrettung und Krankentransport. Bemerkenswert ist hier die mangelnde Differenzierung, nachdem der gleiche Senat keine vier Jahre zuvor zutreffend

---

[771] Vgl. hierzu oben S. 129 f.
[772] Vgl. oben S. 160.
[773] Vgl. die Definition des Notfallpatienten oben S. 40.
[774] BVerwG, Urteil v. 17.6.1999 – 3 C 20/98, in: NVwZ-RR 2000, 213 ff., 215.
[775] Vgl. BVerwG, Urteil v. 17.6.1999 – 3 C 20/98, in: NVwZ-RR 2000, S. 213 f., 214.
[776] Siehe bereits BT-Drs. 11/2170, S. 6.
[777] BVerwG, Urteil v. 17.6.1999 – 3 C 20/98, in: NVwZ-RR 2000, S. 213 f., 215.

festgestellt hat, dass die objektive Berufszulassungsregel sich nur durch eine Gefährdung der funktionsgerechten Aufrechterhaltung der Notfallrettung und nicht des Krankentransports rechtfertigen lässt[778]. Dass Notfallrettung und Krankentransport nicht per se einheitlich zu betrachten sind, hatten vor dem vermeintlich klärenden Urteil des Bundesverwaltungsgerichts aus dem Jahre 1999 auch einige Obergerichte festgestellt[779]. Zunächst aus medizinisch-organisatorischer Sicht hatte sich unmittelbar im Vorfeld dieser Entscheidung *Schulte* eingehend mit der Fragestellung befasst und war sämtlichen bis dato zur Rechtfertigung der zwingenden Einheit von Notfallrettung und Krankentransport vorgebrachten Argumenten mit durchweg überzeugender Begründung entgegengetreten[780]. Von Seiten der Befürworter der untrennbaren Einheit fehlt es bislang an neuen Argumenten. Der pauschale Hinweis auf die vermeintlich Rechtssicherheit bringende Entscheidung des Bundesverwaltungsgerichts vom 17.6.1999 vermag die verfassungsrechtlich zur Rechtfertigung objektiver Berufszulassungsregeln zu fordernde eingehende und konkrete Darlegung der mit Sicherheit oder hoher Wahrscheinlichkeit eintretenden nachteiligen Auswirkungen für den Fall ihrer Lockerung[781] nicht zu ersetzen, nachdem auch das Bundesverwaltungsgericht diese, wie gesehen, letztlich vermissen lässt.

Verbleibt noch der finanzielle Aspekt, mithin die These, dass sich die funktionsgerechte Aufrechterhaltung der Notfallrettung zu tragbaren Kosten nur dann organisieren lässt, wenn sich das vorgehaltene Personal und die Sachausstattung auch anderweitig einsetzen lässt[782], oder dass die in besonderem Maße durch hohe (Vorhalte-) Kosten geprägte Notfallrettung einer wie auch immer gearteten Quersubventionierung durch Erlöse aus dem Krankentransport bedarf.

Was den leistungsartübergreifenden Personal- und Sachmitteleinsatz angeht, so muss in erster Linie die zeitkritische Notfallrettung flächendeckend und bedarfsgerecht ausgestaltet sein, um in der jeweils vorgegebenen Hilfsfrist reagie-

---

[778] BVerwG, Urteil v. 26.10.1995 – 3 C 10/94, in: NJW 1996, S. 1608 f., 1610.
[779] Vgl. OVG Münster, Beschluss v. 2.8.1994 – 13 B 1085/94, in: NWVBl. 1995, 26, 27; OVG Koblenz, Urteil v. 21.2.1995 – 7 A 12781/94 (unveröffentlicht), S. 15 der Beschlussausfertigung.
[780] Vgl. Schulte, Rettungsdienst durch Private, 1999, S. 197 f. Siehe zuvor bereits Kirchner/Ehricke, Kartellrechtliche und EG-rechtliche Schranken einer Reregulierung durch Landesgesetze, in: WuW 1993, 573 ff., 577; Klingshirn, Staatliche Verantwortung für die präklinische Versorgung der Bevölkerung, in: Leben retten 1994, S. 146 ff., 149.
[781] Vgl. BVerfGE 11, 168 ff., 185. Siehe auch BVerwG, Urteil v. 26.10.1995 – 3 C 10/94, in: NJW 1996, 1608 ff., 1610.
[782] BVerwG, Urteil v. 26.10.1995 – 3 C 10/94, in: NJW 1996, 1608 ff., 1610. Siehe zum sog. *Verbundsystem* Büch/Koch, Wirtschaftlichkeit im Rettungsdienst, DRK-Schriftenreihe zum Rettungswesen, Bd. 18, 1998, S. 43 f.

ren zu können. Wird aber ein RTW als Rettungsmittel der Notfallrettung nebst Personal für einen Krankentransport eingesetzt, so steht er durchschnittlich eine Stunde, in 5 % der Einsätze sogar bis zu zwei Stunden, der (vorrangigen) Notfallrettung nicht zur Verfügung[783]. In dieser Zeit kann der Rettungsdienst auf eingehende Notfälle nicht reagieren und der Träger seiner Sicherstellungs- und Schutzpflicht gegenüber dem auch gesetzlich vorgehenden[784] Notfallpatienten nicht genügen. Kann er es doch, etwa auf Grund weiterer Rettungsmittel, sind diese nicht mehr bedarfsgerecht im Sinne der Notfallrettung, sondern gehen darüber hinaus. Bei einer auch unter finanziellen Gesichtspunkten bedarfsgerechten Vorhaltung in der Notfallrettung, sind Einsätze im Rahmen des Krankentransports zur Aufbesserung somit nicht möglich, so dass das Argument der Doppelnutzung nicht überzeugt[785].

Der Gesichtspunkt der Quersubventionierung kommt von seiner Wirkrichtung her dem grundsätzlich unzulässigen Eingriffsziel des Konkurrenzschutzes[786] sehr nah. Zumindest für den Fall, dass man die Intention unterstellt, die bisherigen Strukturen zu erhalten und den etablierten Durchführenden, d.h. den in die öffentlichen Rettungsdienste eingebundenen Hilfsorganisationen oder gewerblichen Unternehmen, als Ausgleich für die Notfallrettung Überschüsse aus dem Krankentransport zuzuwenden, liegt es nah, der Funktionsschutzklausel die Legitimation bereits vorgelagert auf der Ebene des legitimen Eingriffsziels zu versagen.
Auch wenn man die unabhängig vom Schutz bestimmter Anbieter intendierte funktionsgerechte Aufrechterhaltung der Notfallrettung an sich als legitimes Eingriffsziel betrachtet, gilt es die wirtschaftliche Erforderlichkeit der Einbeziehung des Krankentransports in die Funktionsschutzklausel genau zu hinterfragen. Allzu selbstverständlich hält sich bis heute die hergebrachte Überzeugung, die Notfallrettung sei auf Grund hoher Vorhaltekosten und der Pflicht zur 24-stündigen Vorhaltung für Träger bzw. Durchführende zwingend defizitär. Dieser Nachweis müsste indes zur Rechtfertigung einer Berufsbeschränkung auf der dritten Stufe ebenso erbracht werden, wie der, dass die Kosten der Notfallrettung dadurch sinken, zumindest aber nicht signifikant ansteigen, dass dem öffentlichen Rettungsdienst auch das Fahrtenaufkommen im Krankentransport verbleibt.
Hieran fehlt es bislang. Betrachtet man zunächst wiederum die Gesamtbelastung des Systems der Gesetzlichen Krankenversicherung für den Fall der Nichterrichtung der objektiven Zulassungsschranken für den Krankentransport, er-

---

[783] Schulte, Rettungsdienst durch Private, 1999, S. 201 m.w.N.
[784] Vgl. nur § 2 Abs. 3 RettG NRW.
[785] Schulte, Rettungsdienst durch Private, 1999, S. 201.
[786] Vgl. Tettinger, in: Sachs (Hrsg.), GG, 3. Aufl. 2003, Art. 12 Rn. 102 a m.w.N.

scheint es kaum möglich, eine Belastung mit der Sicherheit nachzuweisen, die das Bundesverfassungsgericht für objektive Berufszulassungsregeln fordert[787]. In der Rechtsprechung wird ausdrücklich das Fehlen tatsächlicher Feststellungen dazu beklagt, ob und in welchem Ausmaß und mit welcher Wahrscheinlichkeit die Erteilung weiterer Genehmigungen die Funktionsfähigkeit des Rettungsdienstes (hier die Notfallrettung) beeinträchtigen wird[788]. Was das Hinzutreten von Kapazitäten im Krankentransport angeht, so lässt sich der notwendige Zusammenhang kaum valide untermauern. Darauf deutet zunächst die Tatsache hin, dass die Entgeltansätze der öffentlichen Rettungsdienste im Bereich der Notfallrettung die im Krankentransport statistisch bundesweit um ein Vielfaches übersteigen[789], was rein tatsächlich für eine vollständige Kostenabdeckung der Notfallrettung allein auf Grund der Gebühren bzw. Entgelte für Notfalleinsätze spricht. Die Differenz der Vergütungshöhen bildet konsequent den Umstand ab, dass die teuren Wartezeiten in denen das Rettungsmittel nicht im Einsatz ist, unmittelbar ganz überwiegend nur den zeitkritischen Einsätzen - und damit der Notfallrettung - zugerechnet werden können[790]. Nach dem Grundsatz der möglichst unmittelbaren Zuordnung der Kosten zu den sie verursachenden Leistungen hat die Aufteilung der Kosten zwischen Notfallrettung und Krankentransport kalkulatorisch möglichst eindeutig zu erfolgen[791]. Es spricht von daher eine tatsächliche Vermutung dafür, dass die Vergütung für die Leistung Notfallrettung die hierfür notwendigen Vorhaltekosten abdeckt.

Gebührenrechtlich schließt sich hier an, dass die für die einzelnen Rettungsmittel ermittelten Einsatzkosten auch dem jeweiligen Benutzer als Gebührenschuldner anzulasten sind. Die genannten Grundsätze spiegeln das Prinzip der Leistungsproportionalität bzw. der sog. speziellen Entgeltlichkeit wieder, das als landesrechtliche Ausprägung des allgemeinen Gleichheitssatzes gilt und die Regel aufstellt, dass Gebührenpflichtige nur mit den Kosten belastet werden dürfen, die durch die Erbringung der in Anspruch genommenen Leistung entstehen[792]. Der Gleichheitssatz ist dann verletzt, wenn eine Gebührenregelung nicht mehr durch sachliche Gründe zu rechtfertigen ist. Gebühren dürfen nicht

---

[787] Schulte, Rettungsdienst durch Private 1999, S. 202 unter Hinweis auf BVerfGE 11, 168 ff., 185.
[788] Vgl. BVerwG, Urteil v. 26.10.1995 – 3 C 10/94, in: NJW 1996, 1608 f., 1610.
[789] Vgl. die Darstellung bei Dennerlein/Schneider, Wirtschaftlichkeitsreserven im Rettungsdienst der BRD, Augsburg 1995, S. 100 u. 105 sowie die Beispielkalkulation bei Büch/Koch, Wirtschaftlichkeit im Rettungsdienst, DRK-Schriftenreihe zum Rettungswesen, Bd. 18, 1998, S. 63.
[790] Vgl. zu dieser Zurechnung Büch/Koch, Wirtschaftlichkeit im Rettungsdienst, DRK-Schriftenreihe zum Rettungswesen, Bd. 18, 1998, S. 62 f.
[791] Siehe allgemein zur Kostenstellenzuordnung zu einzelnen Funktions- bzw. Leistungsbereichen Wöhe/Döring, Einführung in die allgemeine Betriebswirtschaftslehre, 21. Aufl. 2002, S. 1100 ff.
[792] Driehaus, Kommunalabgabenrecht, Stand: September 2003, § 6 Rn. 52 f. m.w.N.

gänzlich unabhängig von den Kosten der gebührenpflichtigen Staatsleistung festgesetzt werden[793]. Die Verknüpfung von Kosten und Gebühren muss sich im Hinblick auf den Zweck der Kostendeckung als sachgerecht erweisen. Insoweit kann einer teilweisen Kostenverlagerung auf die Krankentransportvergütung ein gewisses Maß an Sachgerechtigkeit dann nicht abgesprochen werden, wenn der öffentliche Rettungsdienst tatsächlich als Verbundsystem organisiert ist, also Personal- und Sachausstattung wechselseitig leistungsübergreifend zum Einsatz kommen. Dies allerdings entspricht nicht der überwiegenden Realität, zumal die notwendige, bedarfsgerechte Vorhaltung in der Notfallrettung wie soeben gesehen nicht zuletzt im Sinne einer ordnungsgemäßen Erfüllung der Sicherstellungspflicht des Trägers gerade keinen wechselseitigen Mitteleinsatz erlaubt.

d) Zwischenergebnis

Die Untersuchung hat gezeigt, dass die Funktionsschutzklauseln der Landesrettungsdienstgesetze vor dem Grundrecht der Berufsfreiheit nur eingeschränkt bestehen können. Wenngleich der herkömmlich stets (mit-)angeführte Gemeinwohlbelang der Beitragssatzstabilität bzw. der Stabilität des Systems der gesetzlichen Krankenversicherung auf der Eignungsebene auszusondern war, ließ sich die Eignung der Funktionsschutzklauseln zur Erreichung legitimer Eingriffsziele noch bejahen. Ein wie auch immer geartetes Recht des Gesetzgebers zur Konstituierung höchstrangiger Gemeinwohlbelange war jedoch abzulehnen und auf den absoluten Gemeinschaftswert der Gesundheitsversorgung der Bevölkerung abzustellen. Mangels Erforderlichkeit zur Sicherstellung der Versorgung der Bevölkerung mit sowohl Leistungen der Notfallrettung als auch des Krankentransports selbst scheitert aber die Einbeziehung des qualifizierten Krankentransports in die Funktionsschutzklauseln am Übermaßverbot. Rettungsdienst im Sinne der Funktionsschutzklauseln kann daher in verfassungsgemäß enger Auslegung nur die öffentlich durchgeführte Notfallrettung sein[794]. Die Frage nach der Notwendigkeit der zwingenden Einheit von Notfallrettung und Krankentransport lässt sich damit verneinen. Eine objektive Berufszulassungsregel jedenfalls lässt sich durch die einfachgesetzlich postulierte Einheit nicht rechtfertigen.

---

[793] BVerfG, Beschluss v. 6.2.1979 – BvL 5/76, in: NJW 1979, S. 1345.
[794] So i.E. bereits Schulte, Rettungsdienst durch Private, 1999, S. 203.

3.) Vereinbarkeit der Funktionsschutzklauseln mit Art. 81 ff. EGV

Auch im Hinblick auf die Vereinbarkeit der Funktionsschutzklauseln mit den Wettbewerbsregeln des EG-Vertrages scheint seit einer Entscheidung des Europäischen Gerichtshofs aus dem Jahre 2001[795] vermeintlich Rechtssicherheit zu bestehen. Die Kernfrage lautet auch hier, inwieweit eine Einbeziehung der Leistung Krankentransport in die Funktionsschutzklausel gemeinschaftsrechtlich zulässig, d.h. letztlich konkret nach Art. 86 Abs. 2 EGV zu rechtfertigen ist. Dem Gerichtshof wurde mittels Vorlagebeschluss des rheinland-pfälzischen Oberverwaltungsgerichts vom 8.12.1999[796] die Frage zur Entscheidung vorgelegt, ob die Einräumung eines Monopols für Krankentransportdienstleistungen zugunsten etablierter Hilfsorganisationen in einem abgegrenzten geographischen Bereich mit den Wettbewerbsregeln des EG-Vertrages vereinbar sei. Gegenstand der Prüfung war die Funktionsschutzklausel des rheinland-pfälzischen Rettungsdienstgesetzes[797], eines Bundeslandes mithin, das wie die überwiegende Zahl der Rettungsdienstgesetze das Trennungsmodell verwirklicht. Die Frage der Vereinbarkeit der Funktionsschutzklausel mit den Art. 81 ff. EGV war in einem Berufungsverfahren entscheidungserheblich, in dem ein gewerbliches Krankentransportunternehmen rettungsdienstrechtliche Genehmigungen zu erstreiten suchte, wobei das Gericht die Vereinbarkeit mit Art. 12 Abs. 1 GG abermals unter bloßem Hinweis auf die Rechtsprechung des Bundesverwaltungsgerichts für gegeben erachtete[798].

a) Die Entscheidung des EuGH in Sachen Ambulanz Glöckner ./. Landkreis Südwestpfalz

Der Gerichtshof bejahte mit Urteil vom 25.10.2001 zunächst die Unternehmenseigenschaft der gemäß § 5 Abs. 1 RSG RhPf privilegiert in den öffentlichen Rettungsdienst eingebundenen Sanitätsorganisationen und stellte fest, dass diesen dadurch, dass ihnen bei Eingreifen der Funktionsschutzklausel des § 18 Abs. 3 RDG RhPf die Erbringung rettungsdienstlicher Leistungen vorbehalten bleibt, ein besonderes bzw. ausschließliches Recht i.S.v. Art. 86 Abs. 1 EGV[799]

---

[795] EuGH, Urteil v. 25.10.2001, Rs. C-475/99, Ambulanz Glöckner / Landkreis Südwestpfalz, Slg. I- 2001, S. 8089 ff.
[796] OVG Koblenz, Beschluss v. 8.12.1999 - 7 A 11769/98; nachfolgend OVG Koblenz, Urteil v. 7.5.2002 – 7 A 11626/01, zwischenzeitlich rechtskräftig durch Beschluss des BVerwG vom 9.8.2002 – 3 B 122/02.
[797] § 18 Abs. 3 RDG RhPf.
[798] Vgl. OVG Koblenz, Urteil v. 7.5.2002 – 7 A 11626/01, S. 15 der Urteilsausfertigung.
[799] Zitat im Folgenden stets anhand der geltenden Fassung gemäß Vertrag von Amsterdam vom 2.10.1997 (BGBl. II 1998, S. 465). Der EuGH bediente sich in seiner Entscheidung vom 25.10.2001 teilweise noch der alten Vertragsnummerierung.

gewährt werde[800]. Während er sodann eine wettbewerbswidrige, abgestimmte Verhaltensweise zwischen den am öffentlichen Rettungsdienst Teilnehmenden und den Genehmigungsbehörden i.S.v. Art. 81 Abs. 1 EGV angesichts des autonomen (Letzt-) Entscheidungsrechts der Behörde verneinte, stellte er dennoch fest, dass ein Verstoß der Funktionsschutzklausel gegen Art. 86 Abs. 1 i.V.m. 82 EGV unter bestimmten Voraussetzungen zu bejahen sei. Voraussetzung sei zunächst eine beherrschende Stellung der Sanitätsorganisationen bzw. gemeinnützigen Hilfsorganisationen auf einem wesentlichen Teil des gemeinsamen Marktes[801] sowie die nach Ansicht des Gerichtshofs vom vorlegenden Gericht zu prüfende Frage, ob es ausreichend wahrscheinlich ist, dass die Funktionsschutzklausel Unternehmer mit Sitz in einem anderen Mitgliedstaat tatsächlich an der Leistungserbringung bzw. Niederlassung hindert (Beeinträchtigung des zwischenstaatlichen Handelns gem. Art. 82 Abs. 1 EGV)[802].

Den Missbrauchstatbestand sah der Gerichtshof darin, dass die Anwendung der Funktionsschutzklausel eine Beschränkung wirtschaftlicher Aktivität zum Nachteil der Verbraucher zur Folge habe, indem sich die auf dem Markt für Notfalltransporte marktbeherrschenden Sanitätsorganisationen - durch die Funktionsschutzklausel staatlich veranlasst - eine Hilfstätigkeit (den qualifizierten Krankentransport) vorbehalten könnten, die von einem unabhängigen, d.h. dritten Unternehmen ausgeübt werden könne. In dem Umstand, dass die Funktionsschutzklausel es den Sanitätsorganisationen ermögliche, über die Notfallrettung hinaus auch Leistungen des Krankentransports ausschließlich zu erbringen, liege eine nach Art. 86, 82 EGV unzulässige Erweiterung einer beherrschenden Stellung[803].

Der Gerichtshof untersuchte sodann die Möglichkeit einer Rechtfertigung nach Maßgabe von Art. 86 Abs. 2 EGV. Diese Bestimmung erlaubt es den Mitgliedstaaten, Unternehmen, die mit Dienstleistungen von allgemeinem wirtschaftli-

---

[800] EuGH, Urteil v. 25.10.2001, Rs. C-475/99, Ambulanz Glöckner / Landkreis Südwestpfalz, Slg. I- 2001, S. 8089 ff., Rn. 24. Siehe zur Unternehmenseigenschaft von Einrichtungen der freien Wohlfahrtspflege Kaufmann, Urteilsbesprechung zu EuGH, 25.10.2001, Rs. C-475/99, in: ZFSH/SGB 2002, S. 137 ff., 138 f. sowie Kunkel, Gelten die EU-Wettbewerbsregeln auch für freie Träger ?, in: ZFSH/SGB 2002, S. 397 f.
[801] Das Gebiet des Landes Rheinland-Pfalz erachtete der EuGH dabei angesichts dessen geographischer Größe und Einwohnerzahl als wesentlichen Teil des Gemeinsamen Marktes, vgl. EuGH, Urteil v. 25.10.2001, Rs. C-475/99, Ambulanz Glöckner / Landkreis Südwestpfalz, Slg. I- 2001, S. 8089 ff., Rn. 38.
[802] EuGH, Urteil v. 25.10.2001, Rs. C-475/99, Ambulanz Glöckner / Landkreis Südwestpfalz, Slg. I- 2001, S. 8089 ff., Rn. 50. Siehe allgemein zur Zwischenstaatlichkeitsklausel Jung, in: Grabitz/Hilf (Hrsg.), Das Recht der Europäischen Union, Bd. 2, Stand: August 2003, Art. 82 Rn. 258 f.
[803] EuGH, Urteil v. 25.10.2001, Rs. C-475/99, Ambulanz Glöckner / Landkreis Südwestpfalz, Slg. I- 2001, S. 8089 ff., Rn. 39 f. m.w.N. aus der Rechtsprechung des EuGH.

chem Interesse betraut sind, ausschließliche Rechte zu verleihen, die den Wettbewerbsregeln des EG-Vertrages entgegenstehen können, soweit die Wettbewerbsbeschränkungen oder sogar der Ausschluss jeglichen Wettbewerbs von Seiten anderer Wirtschaftsteilnehmer erforderlich sind, um die Erfüllung der den Unternehmen, die über ausschließliche Rechte verfügen, übertragenen besonderen Aufgaben sicherzustellen.

Unter Heranziehung der in der *Rechtssache Corbeau*[804] aufgestellten Grundsätze stellte der Gerichtshof fest, dass es den Sanitätsorganisationen als Inhabern eines ausschließlichen Rechts grundsätzlich sogar möglich sein müsse, ihre im Allgemeininteresse liegenden Aufgaben unter wirtschaftlich tragbaren Bedingungen zu erfüllen, was die Möglichkeit eines Ausgleichs zwischen rentablen und weniger rentablen Tätigkeitsbereichen voraussetzt und daher eine Wettbewerbseinschränkung in wirtschaftlich rentablen Bereichen, hier des Krankentransports, rechtfertigt[805].

Es würde allerdings dem Zweck des Art. 86 Abs. 2 EGV, der in der Sicherstellung einer effizienten Durchführung von Dienstleistungen von allgemeinem wirtschaftlichem Interesse besteht, widersprechen, wenn derartige wirtschaftliche Gründe dann als Rechtfertigung für eine restriktive Genehmigungspolitik auf Grundlage der Funktionsschutzklausel herangezogen würden, wenn die mit der Durchführung des öffentlichen Rettungsdienstes betrauten Organisationen offensichtlich nicht in der Lage sind, die Nachfrage (auch zu Spitzenzeiten) auch im Bereich des Krankentransports zu decken[806]. Dieser sicher zutreffenden Auffassung in den Schlussanträgen des Generalanwalts folgend hat der Gerichtshof im Ergebnis festgestellt, dass eine Rechtfertigung des Wettbewerbsverstoßes nach Art. 86 Abs. 2 EGV lediglich dann in Betracht kommt, wenn Dritten die Möglichkeit der Genehmigungserteilung jedenfalls für den Fall eröffnet ist, dass die Durchführenden des öffentlichen Rettungsdienstes offensichtlich nicht in der Lage sind, die Nachfrage im Bereich sowohl der Notfallrettung als auch des Krankentransports jederzeit, d.h. auch etwa zu Spitzenzeiten zu decken[807]. Die gemeinschaftsrechtskonforme Anwendung der landesrechtlichen Funktionsschutzklauseln verlangt damit eine ordnungsgemäße Aufgabenerfüllung der öffentlichen Dienste. Diese ist mit der Funktionsfähigkeit deckungsgleich.

---

[804] EuGH, Urteil v. 19.5.1993, Rs. C-320/91, Corbeau, Slg. I-1993, S. 2533, Rn. 17.
[805] EuGH, Urteil v. 25.10.2001, Rs. C-475/99, Ambulanz Glöckner / Landkreis Südwestpfalz, Slg. I- 2001, S. 8089 ff., Rn. 57 f.
[806] Generalanwalt Jacobs, Schlussanträge v. 17.5.2001, Rs. C-475/99, Ambulanz Glöckner / Landkreis Südwestpfalz, Slg. I- 2001, S. 8089 ff., Rn. 188 i.V.m. 151.
[807] EuGH, Urteil v. 25.10.2001, Rs. C-475/99, Ambulanz Glöckner / Landkreis Südwestpfalz, Slg. I- 2001, S. 8089 ff., Rn. 62, 64 u. 66.

b) Bewertung – Rechtfertigung der Einbeziehung des qualifizierten Krankentransports gemäß Art. 86 Abs. 2 EGV

Schon angesichts des Ergebnisses der vorangegangenen Grundrechtsprüfung bestehen Zweifel, ob sich eine Wettbewerbsbeschränkung auch im Bereich des Krankentransports tatsächlich nach Art. 86 Abs. 2 EGV rechtfertigen lässt. Immerhin spiegelt die verfassungsrechtliche Rechtfertigung eines Eingriffs in die Berufsfreiheit einen Interessenwiderstreit wider, der sich in ähnlicher Form in Art. 86 Abs. 2 EGV findet: grundrechtlich geschützte Freiheit vs. Gemeinwohlbelang einerseits und Gemeinschaftsinteresse an der Einhaltung der Wettbewerbsregeln vs. Interesse der Mitgliedstaaten am Einsatz von Unternehmen zur Erfüllung von besonderen Aufgaben andererseits.

Zentraler Kontrollmaßstab für die mitgliedstaatliche Inanspruchnahme der von Art. 86 Abs. 2 EGV gewährten Ausnahme vom Vertrag ist deren Erforderlichkeit für die Erfüllung des öffentlichen Versorgungsauftrages[808]. Dieser Versorgungsauftrag manifestiert sich allein in der Aufgabe der Wahrnehmung einer als solche anzuerkennenden Dienstleistung von allgemeinem wirtschaftlichem Interesse, die somit die Reichweite der Ausnahmeregel bestimmt. Der Akt der Betrauung mit einer derartigen Dienstleistung ist nach der Rechtsprechung des Gerichtshofs einem zunehmend weiten Verständnis, einschließlich einer Betrauung durch Vertrag, zugänglich[809] und bedarf daher hier keines näheren Eingehens[810].

Den mit dem Begriff der Dienste in Art. 16 EGV deckungsgleichen Begriff der Dienstleistungen von allgemeinem wirtschaftlichem Interesse definiert die Europäische Kommission als marktbezogene Tätigkeiten, die im Interesse der Allgemeinheit erbracht und daher von den Mitgliedstaaten mit besonderen Gemeinwohlverpflichtungen verbunden werden können[811]. Die einzelfallorientierte Rechtsprechung des Gerichtshofs findet dagegen ihren Ausgangspunkt im abstrakten öffentlichen Interesse der Mitgliedstaaten am Einsatz von Unternehmen vor allem des öffentlichen Sektors[812], berücksichtigt also die mitgliedstaat-

---

[808] v. Danwitz, Dienste von allgemeinem wirtschaftlichem Interesse in der europäischen Wettbewerbsordnung, in: NWVBl. 2002, S. 132 ff., 137 m.w.N. aus der Rechtsprechung des EuGH.
[809] Vgl. hierzu v. Danwitz, Dienste von allgemeinem wirtschaftlichem Interesse in der europäischen Wettbewerbsordnung, in: NWVBl. 2002, S. 132 ff., 137.
[810] Vgl. zur Rechtsnatur der Durchführungsübertragungsverträge oben S. 201 f.
[811] Mitteilung der Kommission über Leistungen der Daseinsvorsorge in Europa vom 20.9.2000, KOM 2000, 580 endg., Anhang II.
[812] Vgl. Pernice/Wernicke, in: Grabitz/Hilf (Hrsg.), Das Recht der Europäischen Union, Bd. 2, Stand: August 2003, Art. 86 Rn. 34 unter Hinweis auf EuGH, Urteil v. 23.10.1997, Rs. C-157/94, Slg. I-1997, S. 5699 ff.

liche Definitionskompetenz. Eine weitgehend allgemeine Definition der Dienstleistungen von allgemeinem wirtschaftlichem Interesse mit materiellem Gehalt lässt sich gerade der hier untersuchten Entscheidung des Gerichtshofs vom 25.10.2001 entnehmen. Dort wird der Notfalltransport von kranken oder verletzten Personen, also die Notfallrettung im Sinne der Definition, durch Sanitätsorganisationen mit der Begründung als Dienstleistung im allgemeinen wirtschaftlichen Interesse qualifiziert, dass *diese Leistung ohne Rücksicht auf besondere Situationen oder die Wirtschaftlichkeit des konkreten Einsatzes zu jeder Zeit, zu einheitlichen Benutzungsentgelten und bei gleicher Qualität sicherzustellen* sei[813]. In diesem Ansatz, mit dem der Gerichtshof inhaltlich an die spezifischen Aussagen zu Versorgungsunternehmen anknüpft[814], drückt sich der Bezug auf den Schutz der Verbraucherinteressen aus, wonach immer dann, wenn es sich um Leistungen handelt, für die es keine Substitute gibt und bei denen, wie insbesondere bei Versorgungsunternehmen, ein Konsumverzicht unzumutbar ist, eine Dienstleistung von allgemeinem wirtschaftlichem Interesse vorliegt[815].

Wenngleich insbesondere der Gesichtspunkt der Abrufbarkeit zu jeder (Tages- und Nacht-) Zeit ebenso wie die Unzumutbarkeit eines Konsumverzichts für die vom Gerichtshof mehr oder minder ausdrücklich vorgenommene[816] Beschränkung der Dienstleistung von allgemeinem wirtschaftlichem Interesse auf die Notfallrettung spricht, soll - entsprechend der umfassenden Anerkennung eingriffslegitimierender Gemeinwohlbelange bei Art. 12 Abs. 1 GG[817] - auch denjenigen Stimmen Rechnung getragen werden, die der Entscheidung eine Subsumtion auch des Krankentransports unter den Begriff der geschützten Dienstleistungen entnehmen wollen[818].

So erfolgt die angesichts des weiten Gestaltungsermessens der Mitgliedstaaten und divergierender Ausgestaltung in den Mitgliedstaaten notwendige Kontrolle anhand der Verhältnismäßigkeit der Einschränkungen des Wettbewerbs im Hinblick auf die wirksame Aufgabenerfüllung[819]. Wie eingangs gesagt bildet hier die Erforderlichkeit den entscheidenden Prüfmaßstab. Die Abweichung von den

---

[813] EuGH, Urteil v. 25.10.2001, Rs. C-475/99, Ambulanz Glöckner / Landkreis Südwestpfalz, Slg. I- 2001, S. 8089 ff., Rn. 55.
[814] Vgl. EuGH, Urteil v. 27.4.1994, Rs. C-393/92, Slg. I-1994 S. 1477 ff., Rn. 48.
[815] Pernice/Wernicke, in: Grabitz/Hilf (Hrsg.), Das Recht der Europäischen Union, Bd. 2, Stand: August 2003, Art. 86 Rn. 34.
[816] Vgl. EuGH, Urteil v. 25.10.2001, Rs. C-475/99, Ambulanz Glöckner / Landkreis Südwestpfalz, Slg. I- 2001, S. 8089 ff., Rn. 55 f.
[817] Vgl. oben S. 184.
[818] Vgl. Pernice/Wernicke, in: Grabitz/Hilf (Hrsg.), Das Recht der Europäischen Union, Bd. 2, Stand: August 2003, Art. 86 Rn. 40.
[819] Mitteilung der Kommission über Leistungen der Daseinsvorsorge in Europa vom 20.9.2000, KOM 2000, 580 endg., Rn. 23.

Wettbewerbsregeln darf also nicht weiter gehen, als für die Aufgabenerfüllung erforderlich[820]. Dies entspricht, da auf das Ziel der funktionsgerechten Aufrechterhaltung der rettungsdienstlichen Leistungen in sachlicher wie wirtschaftlicher Hinsicht abzustellen ist, zunächst der bei Art. 12 Abs. 1 GG durchgeführten Erforderlichkeitsprüfung. Auch im Rahmen von Art. 86 Abs. 2 EGV erfordert diese nämlich die Ermittlung, ob die besondere Aufgabe nicht mit Hilfe von Maßnahmen erreicht werden kann, die den Wettbewerb weniger einschränken, so dass die den Wettbewerb am geringsten beeinträchtigende Lösung zu wählen ist[821].

Unter dieser Prämisse lassen sich zunächst zwei hier bereits geklärte Punkte herausstellen: Zunächst ist die Erforderlichkeit einer Funktionsschutzklausel, die ausschließen soll, dass die Aufgabenerfüllung allein im Bereich der Notfallrettung durch hinzutretende Kapazitäten gerade in dieser Leistungsart beeinträchtigt wird, in diesem Sinne erforderlich, da sich angesichts der herausragenden Anforderungen an die Leistungserbringung und -vorhaltung den Wettbewerb weniger einschränkende Maßnahmen nicht ausmachen ließen[822]. Ebenso ließ sich umgekehrt feststellen, dass eine Einbeziehung des Krankentransports in die Funktionsschutzklauseln zwecks Sicherstellung der Versorgung der Bevölkerung mit eben dieser Leistung nicht erforderlich erscheint. Das Ziel einer flächendeckenden und bedarfsgerechten Versorgung der Bevölkerung mit dieser Leistungsart kann durch eine weitreichende Markt- und damit Wettbewerbsüberantwortung in Verbindung mit einer staatlichen Sicherstellungspflicht für den Fall des Marktversagens erreicht werden[823]. Hiergegen lässt sich nicht damit argumentieren, dass den konkret Durchführenden im Krankentransport, d.h. insbesondere den am öffentlichen Rettungsdienst teilnehmenden Hilfsorganisationen oder gewerblichen Unternehmern, durch hinzutretende Kapazitäten von Wettbewerbern im Einzelfall wirtschaftliche Nachteile infolge verminderten Einsatzaufkommens entstehen könnten. Denn um nach Art. 86 Abs. 2 EGV legitim zu sein, muss das Ziel der Maßnahme in der Erfüllung der Funktionsgarantie bestehen, d.h. der Sicherstellung der Erbringung der im öffentlichen Interesse liegenden Aufgabe an sich dienen. Dies ergibt sich bereits aus dem gesetzlichen Auftrag des Art. 16 EGV.

---

[820] Pernice/Wernicke, in: Grabitz/Hilf (Hrsg.), Das Recht der Europäischen Union, Bd. 2, Stand: August 2003, Art. 86 Rn. 63 m.w.N.
[821] Generalanwalt Léger, Schlussanträge v. 10.7.2001, Rs. C-309/99, Slg. I-2002, S. 1577 ff., Rn. 165.
[822] Siehe i.e. oben S. 189 f.
[823] Siehe i.e. oben S. 191 f.

Eine lediglich unternehmensbezogene Bewertung kommt nicht in Betracht, die Verhältnismäßigkeitsprüfung muss markt- und aufgabenbezogen angelegt sein[824].

Es verbleibt wiederum der Gesichtspunkt der Quersubventionierung, also des wirtschaftlichen Ausgleichs zwischen rentablen und unrentablen Tätigkeitsbereichen[825]. Der Gerichtshof führt hier unter Bezugnahme auf die in der Rechtssache *Corbeau*[826] aufgestellten Grundsätze aus, dass es den Sanitätsorganisationen als Inhabern eines ausschließlichen Rechts grundsätzlich sogar möglich sein müsse, ihre im Allgemeininteresse liegenden Aufgaben unter wirtschaftlich tragbaren Bedingungen zu erfüllen, was die Möglichkeit eines Ausgleichs zwischen rentablen und weniger rentablen Tätigkeitsbereichen voraussetze und daher eine Wettbewerbseinschränkung in wirtschaftlich rentablen Bereichen, hier des Krankentransports, rechtfertige[827]. Wenngleich es im Interesse grenzüberschreitenden Wettbewerbs und der Fortentwicklung des Gemeinsamen Marktes gilt, allzu weitgehende Quersubventionierungen zu vermeiden, kann dem zunächst im Grundsatz auf der abstrakten Ebene gefolgt werden. Es gilt indes noch die konkrete Erforderlichkeit festzustellen.

Hier bemüht der Gerichtshof, der zuvor noch ausdrücklich getrennte Dienstleistungsmärkte für Notfallrettung und Krankentransport bejaht[828], im Fortgang genau diejenigen Argumente, die bereits vor der Berufsfreiheit im Ergebnis nicht bestehen konnten[829]: die weitreichende Verbindung von Notfallrettung und Krankentransport auf der Sachebene, die eine Trennung kaum zulasse, sowie das Bedürfnis einer Ersteckung der Sonderrechte auf den Krankentransport, um eine - als für die Leistungserbringer defizitär unterstellte - Leistung Notfallrettung überhaupt unter wirtschaftlich ausgewogenen Bedingungen erbringen zu können[830].

---

[824] Pernice/Wernicke, in: Grabitz/Hilf (Hrsg.), Das Recht der Europäischen Union, Bd. 2, Stand: August 2003, Art. 86 Rn. 65 u.a. unter Hinweis auf die Mitteilung der Kommission über Leistungen der Daseinsvorsorge in Europa vom 20.9.2000, KOM 2000, 580 endg. Siehe zur Bedeutung von Art. 16 EGV für Art. 86 Abs. 2 EGV v. Danwitz, Dienste von allgemeinem wirtschaftlichem Interesse in der europäischen Wettbewerbsordnung, in: NWVBl. 2002, S. 132 ff., 136.
[825] Siehe zur Frage der Quersubventionierung im Postsektor v. Danwitz, Alternative Zustelldienste und Liberalisierung des Postwesens, 1998, S. 22 f. u. 30 ff.
[826] EuGH, Urteil v. 19.5.1993, Rs. C-320/91, Corbeau, Slg. I-1993, S. 2533, Rn. 17.
[827] EuGH, Urteil v. 25.10.2001, Rs. C-475/99, Ambulanz Glöckner / Landkreis Südwestpfalz, Slg. I- 2001, S. 8089 ff., Rn. 57 f.
[828] EuGH, Urteil v. 25.10.2001, Rs. C-475/99, Ambulanz Glöckner / Landkreis Südwestpfalz, Slg. I- 2001, S. 8089 ff., Rn. 33.
[829] Vgl. oben S. 191 f.
[830] EuGH, Urteil v. 25.10.2001, Rs. C-475/99, Ambulanz Glöckner / Landkreis Südwestpfalz, Slg. I- 2001, S. 8089 ff., Rn. 60, 61.

Die funktionale und/oder wirtschaftliche Einheit von Notfallrettung und Krankentransport, die also nun auch der Europäische Gerichtshof beschreibt, ist wie gesehen gerade nicht zwingend. Es fehlt objektiv an der hinreichend engen Verbindung der relevanten Dienstleistungsmärkte. Dieser bedarf es allerdings für eine Erstreckung der Legalausnahme des Art. 86 Abs. 2 EGV über die Notfallrettung hinaus und zwar auch vor dem Hintergrund der insoweit mittlerweile abgeschwächten Rechtsprechung des Gerichtshofs, wonach es für ein Eingreifen von Art. 86 Abs. 2 EGV ausreicht, wenn ansonsten die Erfüllung der Sonderaufgabe zu wirtschaftlich tragbaren Bedingungen (nur) gefährdet wäre[831].

4.) Anwendbarkeit der Funktionsschutzklausel

Der Beeinträchtigungsprüfung vorauszugehen hat stets die Prüfung der Anwendbarkeit der Funktionsschutzklausel am konkreten Fall.
Die Rechtsprechung[832] geht – wie gesehen zwischenzeitlich gestützt durch den Europäischen Gerichtshof - prinzipiell davon aus, dass sich die Genehmigungsbehörde, sofern die je nach Landesrecht maßgebliche Eintreffzeit in der Notfallrettung nicht erreicht ist, nicht auf die Funktionsschutzklausel berufen kann, mit anderen Worten also die Funktionsschutzklausel erst dann eingreift, wenn die Funktionsfähigkeit des öffentlichen Rettungsdienstes durch Einhaltung der Eintreffzeiten gewährleistet ist und die Genehmigungsbehörde als gleichzeitiger Rettungsdienstträger somit ihrer gesetzlichen Pflicht zur Vorhaltung eines flächendeckenden und bedarfsgerechten Rettungsdienstes genügt. Zur Bestimmung des für die jeweils maßgebliche Hilfsfrist maßgeblichen Verdichtungsgrades können u.a. die Bedarfsplanungsrichtlinien-Ärzte der Kassenärztlichen Bundesvereinigung[833] herangezogen werden, die etwa zwischen ländlichen und verdichteten Kreisen hinreichend differenzieren. Die damit im Rahmen der Genehmigungsvoraussetzungen voranzustellende Prüfung, ob die Versagungsnorm überhaupt zur Anwendung gelangt, findet ihre Grundlage folglich in dem Be-

---

[831] EuGH, Urteil v. 19.5.1993, Rs. C-320/91, Corbeau, Slg. I-1993, S. 2533, Rn. 14 f.
[832] OVG Münster, Beschluss v. 22.10.1999 – 13 A 5617/98, in: DVBl. 2000, S. 143; OVG Münster, Beschluss v. 5.7.2001 – 13 B 452/01, in: NWVBl. 2002, S. 66 f., 67, wo auch zutreffend hervorgehoben wird, dass auch innerhalb eines vornehmlich ländlich geprägten Betriebsbereichs in Stadtgebieten auf eine Eintreffzeit von fünf bis acht Minuten abzustellen ist, zumal dies schon eine Spanne beinhaltet und rechnerisch zugunsten der Städte auf die Einhaltung von acht Minuten abgestellt wird; OVG Koblenz, Urteil v. 7.5.2002 – 7 A 11626/01, S. 14 der Urteilsausfertigung; a.A. Prütting, Rettungsgesetz NRW, 3. Aufl. 2001, § 19 Rn. 61 unter Hinweis darauf, dass es sich bei den Eintreffzeiten nur um Planungsgrößen handele.
[833] Richtlinien des Bundesausschusses der Ärzte und Krankenkassen über die Bedarfsplanung sowie die Maßstäbe zur Feststellung von Überversorgung und Unterversorgung in der vertragsärztlichen Versorgung vom 9. März 1993, abgedruckt in: v. Maydell, GK-SGB V, Bd. 4, Stand: 10/2002, § 92 Anhang 16.

einträchtigungsgegenstand und damit Schutzgut der Funktionsschutzklausel selbst, wodurch die Rechtspraxis entsprechend den staatlichen Schutzpflichten aus Art. 2 Abs. 1 GG dem Patientenwohl Vorrang vor dem Gesichtspunkt einer möglichen Kostenunterdeckung des öffentlichen Rettungsdienstes einräumt. Sie gewährleistet überdies die im Hinblick auf eine Rechtfertigung nach Art. 86 Abs. 2 EGV gebotene gemeinschaftsrechtskonforme Auslegung der Funktionsschutzklauseln. Insoweit erweitert der Europäische Gerichtshof den Schlussanträgen des Generalanwalts folgend wie gesagt die Hürde der gemeinschaftsrechtskonformen Anwendbarkeit der Funktionsschutzklausel ausdrücklich dahingehend, dass der öffentliche Rettungsdienst auch im Bereich des Krankentransports grundsätzlich zur Bedarfsdeckung in einem angemessenem Zeitrahmen in der Lage sein muss. Voraussetzung eines Eingreifens der Funktionsschutzklausel ist zudem stets die Funktionsfähigkeit des öffentlichen Rettungsdienstes in qualitativ-sachlicher Hinsicht.

Qualitätsmängel bei der Aufgabendurchführung können also den öffentlichen Rettungsdienst bereits mangels Funktionsfähigkeit ebenfalls nicht schutzwürdig erscheinen lassen.

5.) Anwendungsgrundsätze der Funktionsschutzklausel

Die Prüfung der Voraussetzungen, ob eine Funktionsbeeinträchtigung vorliegt oder nicht, hat behördenseits unter Beachtung des Begriffsinhalts der Begriffe der Funktionsfähigkeit und ihrer Beeinträchtigung unter Beachtung der dargestellten verfassungs- und gemeinschaftsrechtlichen Wirksamkeitsbedingungen zu erfolgen. Bei beiden handelt es sich um unbestimmte Rechtsbegriffe. Erst hinreichend konkretisierte Kriterien ermöglichen hier im Einzelfall eine wirksame Güterabwägung zwischen dem Grundrecht der Berufsfreiheit und der Funktionsfähigkeit des Rettungsdienstes, soweit diese einen Bestandteil des Interesses der Bevölkerung an der flächendeckenden rettungsdienstlichen Versorgung bildet. Es gilt zudem den Umfang gerichtlicher Überprüfbarkeit nebst entsprechenden Kontrollmaßstäben zu bestimmen.

a) Begriff der Funktionsfähigkeit und Prüfkriterien der Landesgesetze

Der Begriff der Funktionsfähigkeit war bereits in § 13 Abs. 4 PBefG im Sinne einer Vorverlagerung an die Stelle des ursprünglichen Begriffs der Existenzbedrohung getreten und schließt diese mit ein[834]. Mit Blick auf Art. 12 Abs. 1 GG muss der Begriff der Funktionsfähigkeit hier eng verstanden werden im Sinne

---

[834] BVerwG, Urteil v. 15.4.1988 – 7 C 94/86, in: NJW 1988, S. 3121 f.; Bidinger, Personenbeförderungsrecht, 2. Aufl., Stand: 12/2003, § 13 Anm. 86 b) m.w.N.

einer ordnungsgemäßen Bedienung des dahinter stehenden Interesses der Allgemeinheit an der Versorgung mit qualitativ hochwertigen und preisgünstigen rettungsdienstlichen Leistungen. Ein funktionsfähiger Rettungsdienst umfasst daher in erster Linie die den notfallmedizinischen Anforderungen entsprechende Bereithaltung von Rettungsmitteln und Personal.
Die Landesgesetzgeber verstehen, wie die unten aufgeführten Kriterien der Auslastung sowie Berücksichtigung der Entwicklung der Kosten- und Ertragslage veranschaulichen, unter einem funktionsfähigen Rettungsdienst nicht allein ein in technischer Hinsicht funktionsfähiges System. Die Funktionsfähigkeit umfasst vielmehr auch die wirtschaftliche Funktionsfähigkeit, da der öffentliche Rettungsdienst als Institution seine gesetzliche Funktion auf Dauer nur erfüllen kann, wenn er wirtschaftlich arbeitet[835]. Zu untersuchen sein wird insoweit, inwieweit allein auf die wirtschaftliche Funktionsfähigkeit beschränkte Auswirkungen angesichts der Qualifizierung der Funktionsschutzklauseln als objektive Berufszulassungsregeln eingriffslegitimierend wirken können.

Zwar reicht mit der Beeinträchtigung generell bereits ein recht geringer Eingriff aus, um die Genehmigung zu versagen. Eine Beeinträchtigung ist indes nicht bereits dann gegeben ist, wenn rettungsdienstliche Belange lediglich berührt sind[836]. Der öffentlich-rechtlich organisierte Rettungsdienst muss nämlich auch dann, wenn er selbst eine bedarfsgerechte Versorgung sicherstellt, Einschränkungen jedenfalls insoweit hinnehmen, als diese noch verträglich sind, also seine Funktionsfähigkeit nicht erheblich beeinträchtigen, da das von Seiten der Landesgesetzgeber nicht zuletzt aus verfassungsrechtlichen Gründen[837] gewollte duale System der Erbringung rettungsdienstlicher Leistungen auch praktisch realisierbar sein muss[838]. Dies ist dann nicht gewährleistet, wenn die Grenzziehung in der behördlichen Praxis in einer Weise erfolgt, die es erlaubt, bei einem auf Bereichsebene bedarfsgerecht organisierten Rettungsdienst letztlich jeden Genehmigungsantrag abzulehnen[839].
Konkretisierend benennen die Funktionsschutzklauseln der Länder ganz überwiegend[840] ausdrücklich Parameter, anhand derer für den jeweiligen Genehmigungsbezirk zu ermitteln ist, ob eine Beeinträchtigung der Funktionsfähigkeit

---

[835] OVG Koblenz, Urteil v. 7.5.2002 – 7 A 11626/01, S. 11 f. der Urteilsausfertigung; LT-Drs. Rheinland-Pfalz 11/4287, S. 19.
[836] VG Düsseldorf, Beschluss v. 17.5.1994 – 23 L 2157/94.
[837] Vgl. BT-Drs. 11/2170, Anl. 2, S. 9.
[838] VGH Baden-Württemberg, Beschluss v. 21.2.1997 – 10 S 3346/96, in: DÖV 1997, S. 694 f., 695.
[839] Bay VGH, Beschluss v. 8.3.1995 – 4 CE 94.3940, in: BayVBl. 1995, S. 470.
[840] Mit Ausnahme von Bremen und Sachsen-Anhalt.

durch die Erteilung neuer, weiterer Genehmigungen droht. Diese lauten weitgehend übereinstimmend wie folgt:
- flächendeckende Vorhaltung
- Auslastung des öffentlichen Rettungsdienstes
- Einsatzzahlen und Eintreffzeit
- Entwicklung der Kosten- und Ertragslage

Zu den gesetzlich normierten Kriterien können, wie sich aus der Gesetzesformulierung *insbesondere* ergibt, sowohl weitere hinzukommen als auch einzelne im Ergebnis unberücksichtigt bleiben, sofern sie im Einzelfall unbeachtlich sind[841].

b) Gerichtlicher Prüfungsumfang und Kontrollmaßstäbe

Die Versagungstatbestände der Funktionsschutzklauseln sind von den Verwaltungsgerichten in vollem Umfang überprüfbar, wobei der Genehmigungsbehörde allerdings ein Prognosespielraum hinsichtlich der Beurteilung, ob die Erteilung einer weiteren Genehmigung eine Funktionsbeeinträchtigung zur Folge hat, eingeräumt wird[842].

Im Gegensatz zum klassischen Beurteilungsspielraum, bei dem die Behörde einen in der Vergangenheit oder Gegenwart liegenden Sachverhalt bewerten muss, betrifft der Prognosespielraum die vorausschauende Beurteilung von Entscheidungen, die keine eindeutigen Lösungen zulassen[843]. Planerische Elemente und eine Abschätzung der künftigen Entwicklung spielen dabei im Bereich von Taxengenehmigungen bei weitgehend wortgleicher Formulierung ebenso eine wesentliche Rolle wie im Rettungsdienstrecht, bei dem die staatliche Verantwortung für ein störungsfreies Funktionieren des Leistungssektors jedoch bereits angesichts der bestehenden grundrechtlichen Schutzpflichten ungleich höher ist. Folgerichtig hat das Bundesverwaltungsgericht das Bestehen eines Prognosespielraums hinsichtlich der Beurteilung der Verträglichkeitsgrenze im Bereich rettungsdienstlicher Genehmigungen für zulässig erachtet[844].

---

[841] Bidinger, Personenbeförderungsrecht, 2. Aufl., Stand: 12/2003, § 13 Anm. 86 d).
[842] Vgl. OVG Koblenz, Urteil v. 7.5.2002 – 7 A 11626/01, S. 13 der Urteilsausfertigung. Siehe zu § 13 Abs. 4 PBefG BVerwGE 79, 208 ff., 209 (LS 2).
[843] Vgl. hierzu im einzelnen Tettinger, Rechtsanwendung und gerichtliche Kontrolle im Wirtschaftsverwaltungsrecht, § 26 Anm. 3. b).
[844] Vgl. BVerwG, Urteil v. 17.6.1999 – 3 C 20/98, in: NVwZ-RR 2000, S. 213 ff., 215 u.a. unter Hinweis auf die Rechtsprechung des BVerfG zur Bedarfsgerechtigkeit der Aufnahme von Krankenhäusern in die Bedarfsplanung, die sich sachgerecht auch nur im Rahmen eines planerischen Gestaltungsfreiraums verwirklichen lässt, vgl. hierzu BVerfG, Beschluss v. 12.6.1990 – 1 BvR 335/86, in: NJW 1990, S. 2306.

Gerade weil sich für den Fall, dass eine wie auch immer geartete Einschätzungsprärogative der Verwaltung zu bejahen ist, insoweit korrespondierend die gerichtliche Kontrolldichte vermindert, hat die Erarbeitung derartiger Prognosen unter Berücksichtigung aller verfügbaren Daten in einer der Materie angemessenen und methodisch einwandfreien Weise zu erfolgen, was eine Einschränkung der behördlichen Freiheit der Methodenauswahl einschließt[845].

Die gerichtliche Kontrolldichte ist dennoch fassbar, wobei eine Überprüfbarkeit in Anlehnung an den Umfang der Prüfbefugnis bei Beurteilungsentscheidungen im Wesentlichen anhand folgender Kontrollmaßstäbe erfolgen kann und zu erfolgen hat:

- zur Prognosebasis
  - Ermittlung und Verwertung der verfügbaren Daten,
  - Berücksichtigung aller allgemein anerkannten Erfahrungssätze und rationalen Erkenntnismöglichkeiten;
- zum Prognostischen Schlussverfahren
  - Auswahl geeigneter und wissenschaftlich vertretbarer Methoden,
  - konsistente Einhaltung der Methode,
  - Prognosestimmigkeit,
  - Auslegung der Prognosenorm und Festlegung des Raumes verwaltungsautonomer Begriffsausfüllung;
- zum Prognoseergebnis
  - Verfahrensfehler[846].

c) Notwendigkeit und Ausgestaltung eines abgestuftes Prüfschemas

Ob durch die Erteilung einer weiteren Genehmigung eine Beeinträchtigung der Funktionsfähigkeit des Rettungsdienstes zu erwarten ist, ist von der Genehmigungsbehörde daher im Wege einer sorgfältigen Prognose und im Hinblick auf die vorgenannten Maßstäbe gerichtlich nachprüfbar zu ermitteln. Bereits aus dem Begründungserfordernis nach § 39 VwVfG folgt, dass dem Antragsteller bei Versagen der Genehmigungserteilung mitzuteilen ist, welche Art der Beeinträchtigung des öffentlichen Rettungsdienstes mit Sicherheit oder an Sicherheit grenzender Wahrscheinlichkeit zu erwarten ist. Ohne entsprechende Darlegungen der von ihr im Rahmen der Prognoseentscheidung ermittelten Ent-

---

[845] Tettinger, Rechtsanwendung und gerichtliche Kontrolle im Wirtschaftsverwaltungsrecht, § 26 Anm. 3. d) u.a. unter Hinweis auf BVerwG, Urteil v. 7.7.1978 – 4 C 79.76, in: DVBl. 1978, S. 845 (LS 3). Siehe zur Kostentragungspflicht für ggf. erforderliche Gutachten Bidinger, Personenbeförderungsrecht, 2. Aufl. Stand: 12/2003, § 13 Rn. 89.
[846] Vgl. Tettinger, Rechtsanwendung und gerichtliche Kontrolle im Wirtschaftsverwaltungsrecht, § 26 Anm. 3. d) m.w.N.

scheidungsgrundlagen ist die Behörde grundsätzlich nicht berechtigt, einen Genehmigungsantrag (allein) unter Hinweis auf die Funktionsschutzklausel abzulehnen. Die Genehmigungsbehörde trägt diesbezüglich die Darlegungs- und Beweislast[847].

Die Rechtsprechung stellt angesichts der Grundrechtsberührung hohe Anforderungen an sowohl die von der Genehmigungsbehörde zu treffenden und zu dokumentierenden Feststellungen als auch an deren Darlegung gegenüber einem abschlägig beschiedenen Antragsteller. Zu ermitteln ist, bis zu welcher Grenze neue Unternehmen zugelassen werden können, ohne dass die Funktionsfähigkeit des Rettungsdienstes durch Überschreiten dieser sog. Verträglichkeitsgrenze beeinträchtigt ist. Entsprechende Daten liefern insbesondere die Bedarfspläne der Rettungsdienstträger, in denen unter anderem Zahl und Standorte der Rettungswachen sowie insbesondere die nach dem Bedarf erforderliche Anzahl an vorzuhaltenden Rettungsmitteln festzulegen sind[848]. Ergänzend sind die Entgeltbedarfsberechnungen der öffentlichen Rettungsdienstträger heranzuziehen. Seitens der Genehmigungsbehörde hat dabei eine stufenweise Ermittlung und Darlegung der Sachgrundlagen zu erfolgen:

Die Genehmigungsbehörde hat zunächst nachprüfbar prognostisch zu beurteilen, ob der Bedarf an Rettungstransporten in den kommenden Jahren zunehmen wird und der hinzutretende Bewerber damit gewissermaßen vom Zuwachs an Rettungstransporten leben könnte. Denn durch die Vergabe weiterer Genehmigungen wird die Funktionsfähigkeit des Rettungsdienstes regelmäßig dann nicht bedroht, wenn die Zahl der Beförderungsaufträge gestiegen und somit ein Bedarfsanstieg nachweisbar ist[849]. Dies gilt zumindest dann, wenn es zu keiner Minderauslastung des öffentlichen Rettungsdienstes kommt.
Selbst wenn kein Bedarfsanstieg feststellbar ist und es im Falle der Erteilung einer weiteren Genehmigung zu einer Minderauslastung und damit verbundenen - entsprechend nachvollziehbar darzulegenden - Einnahmeverlusten beim öffentlichen Rettungsdienst kommt, reicht dies für sich genommen nicht aus, um eine Beeinträchtigung der Funktionsfähigkeit des öffentlichen Rettungsdienstes zu bejahen. Die Behörde hat dann weiter zu prüfen, ob ggf. mit dem Marktzutritt verbundene Einnahmeverluste, die behördenseits substantiiert darzulegen sind, nicht durch Einsparungen auf der Kostenseite, dies sogar durch einen maßvollen Abbau der vorgehaltenen öffentlichen Kapazität an Rettungsmitteln,

---

[847] Vgl. BVerwGE 79, 208 f., 215.
[848] Siehe zu deren notwendigem Inhalt Prütting, Rettungsgesetz NRW, 3. Aufl. 2001, § 12 Rn. 15 ff.
[849] VGH Baden-Württemberg, Beschluss v. 21.2.1997 – 10 S 3346/96, in: DÖV 1997, S. 694 f., 695; VG Münster, Urteil v. 7.3.1989 – 7 K 1868/87, in: VRS 77, S. 158.

aufgefangen werden könnten[850]. Der öffentliche Rettungsdienstträger ist verpflichtet, seinen Bedarfsplan der aktuellen Situation des vom Gesetzgeber gewollten Nebeneinanders von öffentlichem Rettungsdienst und staatsunabhängiger Leistungserbringung bis zum Erreichen der Verträglichkeitsgrenze anzupassen[851]. Lassen sich auch dadurch finanzielle Einbußen nicht vermeiden, ist schließlich maßgebend, ob diese Einbußen überhaupt in irgendeiner Weise auf den Kernbereich der Rettungstätigkeit, d.h. auf die Vorhaltung einer bedarfsgerechten flächendeckenden (Notfall-) Versorgung rund um die Uhr, durchschlagen, wobei die Erheblichkeitsgrenze etwa dann überschritten wäre, wenn die Einhaltung der zugrunde zu legenden Hilfsfristen gefährdet wäre[852]. Diese Auswirkung auf den Kernbereich, die wiederum nachvollziehbar darzulegen und erforderlichenfalls nachzuweisen sind, markiert letztlich die Verträglichkeitsgrenze.

D. Ergebnis

Wesentliche Hürde für rettungsdienstrechtliche Genehmigungen, die sämtliche gewerblichen Unternehmer wie gemeinnützigen Hilfsorganisationen für eine Durchführung von Notfallrettung und Krankentransport außerhalb der öffentlichen Rettungsdienste benötigen, bilden nach wie vor die Funktionsschutzklauseln der Landesrettungsdienstgesetze. Diese sind - beschränkt auf die Notfallrettung - ebenso als objektive Berufswahlregeln grundsätzlich zulässig wie gemäß der Art. 81 ff. EGV. Bei der gerade auf Grund ihrer freiheitseinschränkenden Wirkung gebotenen sorgfältigen Anwendung im Einzelfall, die trotz eines bestehenden Prognosespielraums weitreichender gerichtlicher Prüfbefugnis unterliegt, bilden sie indes keine unüberwindbaren Zulassungssperren.

---

[850] VGH Baden-Württemberg, Beschluss v. 21.2.1997 – 10 S 3346/96, in: DÖV 1997, S. 694 f., 695. Vgl. auch Schulte, Rettungsdienst durch Private, 1999, S. 195, der zu Recht darauf hinweist, dass die Verwendung des Wortes „sicherstellen" in den Aufgabenzuweisungsnormen der Rettungsdienstgesetze (vgl. etwa § 6 Abs. 1 RettG NW) es ohne weiteres zulässt, bei entsprechender Eignung und Dauerhaftigkeit diese Aufgabe auch über genehmigte Leistungserbringer zu erfüllen. Denn „Sicherstellen" bedeutet nicht, die Aufgabe selbst oder durch Beauftragte durchzuführen; andernfalls hätte der Gesetzgeber formuliert: „der Träger führt den Rettungsdienst selbst oder durch Dritte durch".
[851] OVG Lüneburg, Urteil v. 24.6.1999 – 11 L 719/98, in: NdsVBl. 1995, 41, 42.
[852] VGH Baden-Württemberg, Beschluss v. 21.2.1997 – 10 S 3346/96, in: DÖV 1997, S. 694 f., 695.

6. Teil Finanzierung des öffentlichen Rettungsdienstes

Die Rechtsbeziehungen des öffentlichen Rettungsdienstes im Bereich der Kostentragung im weiteren Sinne dokumentieren in besonderer Weise dessen bis heute privilegierte Stellung gegenüber der staatsunabhängigen Leistungserbringung auf behördlich genehmigter Grundlage[853]. Sie bieten auch für gewerbliche Unternehmer vielfach einen entscheidenden Anreiz, sich um eine Einbindung in die öffentlichen Rettungsdienste zu bemühen[854].

A. Begriffsklärung: Kostenträger und Kosten(letzt-)verpflichtete

Zunächst ist zwischen Kostenverpflichtung und Kostenträgerschaft zu differenzieren:
In einigen Bundesländern ist den Rettungsdienstträgern neben der Aufgabenzuständigkeit zugleich die Kostenträgerschaft ausdrücklich vollständig oder zum Teil gesetzlich zugewiesen[855]. Nachdem die Begriffe Kostenträgerschaft und Kostenträger jedoch neben einigen Landesrettungsdienstgesetzen insbesondere im sozialversicherungsrechtlichen Sprachgebrauch durchweg synonym für die letztverpflichteten Finanzierungsträger[856] verwandt werden[857], sollen die Rettungsdienstträger hier als *Kostenverpflichtete* bezeichnet werden. Unter die Bezeichnung *Kostenträger* fallen damit neben den gesetzlichen Krankenkassen[858], deren Verbänden[859] und privaten Krankenversicherungen als Hauptkostenträger öffentliche Haushalte und Private (private Träger, nicht (freiwillig) versicherte Personen) als Letztverpflichtete.

---

[853] Siehe zu der hier nicht weiter vertieften Frage der insbesondere beihilferechtlichen Zulässigkeit einer öffentlichen Ausgleichsfinanzierung für gemeinwirtschaftliche Verpflichtungen etwa EuGH, Urteil v. 24.7.2003, Rs. C-280/00, Altmark, Slg. I-2003, S. 7747 ff.
[854] Bereits in höchstrichterlicher Rechtsprechung wurde darauf hingewiesen, dass sich ein mit der Durchführung des öffentlichen Rettungsdienstes Beauftragter hierdurch weitgehend seines unternehmerischen Risikos entledige, vgl. BFHE 177, 154, 159.
[855] Vgl. § 26 Abs. 1 RDG BW; § 10 Abs.1 Bbg RettG; § 7 HessRDG; § 10 Abs. 2 S. 1 RDG M-V; § 15 Abs. 1 RettG NW; § 1 Abs. 2 u. 3 RettDG RhPf; § 8 Abs. 1 RDG SH; § 12 Abs. 1 ThürRettG.
[856] Hierunter sind Personen und Institutionen zu verstehen, die die unmittelbar oder mittelbar die Investitions- und Betriebskosten der Leistungsträger für deren unmittelbare oder mittelbare Leistungserstellung finanzieren, vgl. Prütting, Rettungsgesetz NRW, 3. Aufl. 2001, § 15 Rn. 3 m.w.N., die aber die Aufgabenträger als Kostenträger und die letztverpflichteten als Finanzierungsträger bezeichnet.
[857] Vgl. etwa Dalhoff/Rau, Finanzierungsregelungen im Rettungsdienst: Gegenwart und Zukunftsperspektiven, in: NZS 1995, S. 153 f.; Hencke, in: Peters, Handbuch der Krankenversicherung, Teil II, SGB V, Stand: 15.04.2002, § 133.
[858] § 4 Abs. 1 SGB V.
[859] §§ 207, 212, 213 SGB V.

B. Finanzierung durch Landesfördermittel

Obwohl entsprechend der Finanzierung anderer öffentlicher Aufgaben wie beispielsweise der Sozialhilfe und Polizei an sich auch beim öffentlichen Rettungsdienst eine Finanzierung aus Steuermitteln zu erwarten gewesen wäre, ist der Durchschnittswert der Länderbeteiligung an den Gesamtkosten des bodengebundenen Rettungsdienstes insgesamt gering[860]. Eine Förderung aus Landesmitteln sehen namentlich noch die Rettungsdienstgesetze Baden-Württembergs, Bayerns, Hessens, Mecklenburg-Vorpommerns, des Landes Rheinland Pfalz, des Saarlandes, Sachsens, Sachsen-Anhalts, Schleswig-Holsteins und Thüringens in unterschiedlicher Ausprägung vor[861]. Auffallend ist dabei, dass die entsprechenden Regelungen in erster Linie lang- und mittelfristige Investitionen[862] sowie teilweise explizit die Einrichtung von Rettungsleitstellen und -wachen[863] und die Fahrzeugbeschaffung[864] fördern, selten dagegen die Erstattung von Personalkosten als wesentlichem Kostenfaktor ermöglichen[865]. Die öffentliche Förderung aus Landesmitteln diente somit in erster Linie der Verwirklichung der Aufbauphase eines leistungsfähigen Rettungswesens. Vor diesem Hintergrund erscheint es nachvollziehbar, dass die Rettungsdienstgesetze sämtlicher neuer Bundesländer mit Ausnahme Brandenburgs entsprechende Förderungsvorschriften nach wie vor enthalten. In Nordrhein-Westfalen, wo als einzigem Flächenland bis zur Gesetzesänderung 1999[866] in § 15 Abs. 3 RettG NW a.F. eine Übernahme von Investitionskosten des öffentlichen Rettungsdienstes in voller Höhe vorgesehen war, wurde diese Förderung nach Abschluss der Aufbauphase des Rettungsdienstes durch die Neufassung des RettG NW ersatzlos gestrichen, das System der dualen Finanzierung des Rettungsdienstes zwischen Kostenträgern im klassischen Sinne (d.h. gesetzlichen Krankenkassen und privaten Krankenversicherungen, ggf. Sozialämtern und nicht versicherten Privaten) und Landesmitteln also aufgehoben. Durch den Wegfall der Vollfinanzierung investiver Maßnahmen durch das Land stiegen hier vor allem durch die Notwendigkeit kostenintensiver Beschaffung von Einsatzmitteln die kalkulatorischen Kosten erheblich. Neben Nordrhein-Westfalen erfolgt nach geltender Rechtsla-

---

[860] Vgl. die Finanzierungsübersicht bei Dennerlein/Schneider, Wirtschaftlichkeitsreserven im Rettungsdienst der BRD, Augsburg 1995, S. 110.
[861] Vgl. § 26 RDG BW; Art. 23 Bay RDG; § 7 HessRDG; § 10 Abs. 1 RDG M-V; § 11 Abs. 1 RettG RhPf; § 9 Abs. 1 u. 3 SaarRettG; § 27 SächsRettDG; § 21 RettDG LSA; § 8 Abs. 4 RDG SH; § 12 Abs. 5 ThürRDG.
[862] § 26 RDG BW; Art. 23 Bay RDG; § 7 HessRDG; § 10 Abs. 1 RDG M-V; § 27 SächsRettDG; § 8 Abs. 4 RDG SH; § 12 Abs. 5 ThürRDG.
[863] § 7 HessRDG; § 11 Abs. 1 RettG RhPf; § 9 Abs. 1 u. 3 SaarRettG; § 27 SächsRettDG.
[864] Art. 23 Bay RDG; § 9 Abs. 1 u. 3 SaarRettG; § 27 SächsRettDG; § 21 RettDG LSA.
[865] § 7 HessRDG (nur Leitstellenpersonal); § 21 RettDG LSA (nur Personalqualifikation).
[866] Gesetz vom 15. Juni 1999 (GV. NRW S. 386).

ge keine Kostenerstattung durch den Landeshaushalt in Berlin, Brandenburg, den Stadtstaaten Bremen und Hamburg und in Niedersachsen.

C. Finanzierung durch Benutzungsentgelte

Der öffentliche Rettungsdienst wird damit in diesen Ländern vollständig und in den Ländern mit partieller staatlicher Förderung durch Landesmittel weit überwiegend durch Benutzungsentgelte finanziert. Parallel zum Begriff der Benutzungsgebühr handelt es sich deshalb um ein Benutzungsentgelt, weil das Entgelt im Rettungsdienst aus Anlass der Inanspruchnahme rettungsdienstlicher Leistungen entsteht. Die besondere Rechtsstellung des öffentlichen Rettungsdienstes hängt insoweit im Wesentlichen von zwei Faktoren ab: der Zusammensetzung der ansatzfähigen Kosten sowie Art und Umfang der Beteiligung der Kostenträger an der Bemessung der Entgelthöhe.

Da sich das Rettungsdienstrecht der Länder auch bezüglich der Benutzungsentgelte bisweilen schon auf rein begrifflicher Ebene unterscheidet[867], bedarf es für die weitere Erörterung einer terminologischen Vorklärung.

Der Begriff des (Benutzungs-) Entgelts soll hier als Oberbegriff, der Gebühr und privatrechtliches Entgelt im Sinne eines rechtlich wie auch immer gegründeten Leistungsaustauschs gleichermaßen erfasst, dienen. Unter Gebühren versteht man dabei Geldleistungen, die als Gegenleistung für eine besondere Leistung – Amtshandlung oder sonstige Tätigkeit – der öffentlichen Verwaltung (Verwaltungsgebühren) oder für die Inanspruchnahme öffentlicher Einrichtungen und Anlagen (Benutzungsgebühren) auf Grundlage öffentlich-rechtlicher Festsetzung erhoben werden[868]. Sie unterscheiden sich von Steuern dadurch, dass einer Gebühr jeweils eine direkte Gegenleistung, hier also die Erbringung rettungsdienstlicher Leistungen, zugeordnet werden kann. Soweit die Entgelte für die Inanspruchnahme rettungsdienstlicher Leistungen zwischen Kostenträgern und Leistungserbringern[869] vereinbart werden, werden diese in Anlehnung an den Sprachgebrauch in § 133 SGB V im Folgenden als vereinbarte Vergütung bzw. vereinbartes Entgelt bezeichnet. Der normative Geltungsumfang des

---

[867] Vgl. etwa § 10 Abs. 2 BbgRettG; § 11 RDG M-V, die den Begriff des (Benutzungs-) Entgeltes mit einer hoheitlich festgelegten Satzungsgebühr sowie § 28 RDG BW; Art. 24 Abs. 2 BayRDG; § 21 RDG Bln, die ihn mit einem ausgehandelten Entgelt gleichsetzen. § 14 RettG NW, § 8 Abs. 1 RDG SH und § 26 Abs. 1 SächsRettDG ordnen dem öffentlichen Rettungsdienst allein und ausdrücklich Benutzungsgebühren zu.

[868] Vgl. §§ 4 Abs. 2 i.V.m. 2 Abs. 1 S. 1 KAG NW.

[869] Der Oberbegriff *Leistungserbringer* wird in § 69 Satz 1 SGB V mittels Aufzählung der wesentlichen Gruppen wie Ärzte, Zahnärzte, Psychotherapeuten, Krankenhäuser und Apotheken beispielhaft erläutert. Er meint denjenigen, der dem Versicherten gegenüber die Sach- oder Dienstleistungen erbringt. Krankentransportunternehmen gehören ebenso wie der öffentliche Rettungsdienst zu den *Sonstigen Leistungserbringern*, vgl. § 302 SGB V.

sozialversicherungsrechtlichen Grundsatzes der Beitragssatzstabilität lässt sich ohne diese Differenzierung nicht bestimmen.

I. Rettungsdienstrechtliche Grundlagen der Entgeltbemessung

Hinsichtlich der Beteiligung der Kostenträger an der Bemessung der Benutzungsentgelte lassen sich zwei Typen von Rettungsdienstgesetzen unterscheiden: Festsetzungs- und Vereinbarungstypen[870]. Der Festsetzungstyp ist dadurch gekennzeichnet, dass die Kostenträger zumindest im Ergebnis nicht die Möglichkeit haben, eine einseitige Festsetzung der Entgelthöhe durch landes- bzw. kommunalrechtliche Regelung, d.h. von Seiten des Rettungsdienstträgers, zu verhindern.

Zum Festsetzungstyp in diesem Sinne zählen die Rettungsdienstgesetze Berlins, Brandenburgs, Bremens, Niedersachsens, Nordrhein-Westfalens, Sachsens und Sachsen-Anhalts[871]. Zwar trifft das hamburgische Rettungsdienstgesetz keine ausdrückliche Regelung zur Entgeltbemessung, es findet jedoch auch hier eine einseitige hoheitliche Festsetzung auf kommunalabgabenrechtlicher Rechtsgrundlage statt.

Festgesetzt wird hier eine Benutzungsgebühr, die abgesehen von der nach § 133 Abs. 2 SGB V für bestimmte Fälle vorgesehenen Möglichkeit der Beschränkung der Kostenübernahme auf sog. Festbeträge von den Kostenträgern hinzunehmen ist. Mitwirkungsmöglichkeiten der Kostenträger, die sich nach den Rettungsdienstgesetzen regelmäßig in Anhörungsrechten erschöpfen, wirken in keinem Fall als ein die anstehende einseitige Gebührenfestsetzung aufhaltendes Veto. Darüber hinaus sollen Rechte der Kostenträger zur Abgabe von Stellungnahmen zum Entwurf einer Gebührensatzung nicht zu einer Verfahrensverzögerung berechtigen, wobei unter Hinweis darauf, dass den Kostenträgern bereits im Rahmen der Bedarfsplanung die zu finanzierenden Sachstandards mitgeteilt werden, teilweise[872] Stellungnahmefristen von lediglich einigen Wochen für zulässig erachtet werden. Berücksichtigt man jedoch, dass die Kalkulations- und Gebührenbemessungsgrundlagen gerade nicht Bestandteil der Bedarfsplanung und damit des den Kostenträgern zuzuleitenden Planungsentwurfs sind[873], so müssen derartige Fristen einerseits justiziabel und andererseits so bemessen sein, dass den Kostenträgern ausreichend Zeit zu eigenen Ermitt-

---

[870] Vgl. BVerfG, Beschluss nach § 81a BVerfGG v. 27.1.1999 – 2 BVL 8/98 sowie Dalhoff/Rau, Finanzierungsregelungen im Rettungsdienst: Gegenwart und Zukunftsperspektiven, in: NZS 1995, S. 153 f., 155.
[871] § 20 RDG Bln (Notfallrettung); § 10 Abs. 2 BbgRettG; § 13 Abs. 1 BremRettDG; § 16 NdsRettDG (die Schiedsstelle hat hier nicht das Recht der bindenden Entgeltfestsetzung); § 14 Abs. 1 u. 2 RettG NW; § 26 Abs. 1 u. 3 SächsRettDG; § 20 Abs. 2 u. 3 RettDG LSA.
[872] Prütting, Rettungsgesetz NRW, 3. Aufl. 2001, § 14 Rn. 10.
[873] Vgl. etwa § 12 Abs. 2 u. 3 RettG NW.

lungen und Berechnungen bleibt. Dies gilt insbesondere für den Fall, dass die Gebührenbedarfsberechnungen des Rettungsdienstträgers oftmals intransparente Pauschalerstattungen bzw. -vergütungen an vornehmlich gemeinnützige Hilfsorganisationen als Drittleistungserbringer enthalten, die, sofern im einzelnen überhaupt, nur unter Heranziehung der entsprechenden Einbindungsverträge nachprüfbar sind. Die Kostenträger werden im Bereich des öffentlichen Rettungsdienstes jedenfalls beim Festsetzungsmodell allein auf ihre Finanzierungsfunktion reduziert, ohne effektiv Einfluss auf kostenrelevante Entscheidungen nehmen zu können.

Den Vereinbarungstyp realisieren demgegenüber Baden-Württemberg, Bayern, Hessen, Mecklenburg-Vorpommern, Rheinland-Pfalz, das Saarland, Schleswig-Holstein und Thüringen[874]. Danach werden die Benutzungsentgelte zwischen Rettungsdienstträgern als Durchführenden und den Kostenträgern im Verhandlungswege vereinbart. Kommt hier die zunächst anzustrebende Vereinbarung nicht zustande, so sind in Baden-Württemberg, Hessen, Mecklenburg-Vorpommern, Rheinland-Pfalz und Schleswig-Holstein Schiedsstellen anzurufen, die im Ergebnis auch zur alleinigen Entscheidung über die Entgelthöhe ermächtigt sind, und deren Schiedsspruch verwaltungsgerichtlicher Kontrolle unterliegt[875]. In den übrigen Bundesländern, die dem Vereinbarungsmodell folgen, erfolgt in diesem Falle stattdessen wiederum eine einseitige Festsetzung zu lasten der Kostenträger durch Landes- bzw. Ortsrecht. Obwohl auch das Landesrettungsgesetz Niedersachsens u.a. für Streitigkeiten zwischen Rettungsdienst- und Kostenträgern eine Schiedsstelle vorsieht, ist dieses dennoch dem Festsetzungstyp zuzuordnen, da es parallel die Möglichkeit einseitiger Festsetzung nach kommunalabgabenrechtlichen Grundsätzen gestattet. Letztlich bleibt allein für Baden-Württemberg, Hessen, Mecklenburg-Vorpommern und Schleswig-Holstein eine unparteiische Schiedsstellenlösung festzustellen, da in Rheinland-Pfalz die Schiedsstellenentscheidung der Genehmigung des Landesinnenministers bedarf, der wiederum dem Sicherstellungsauftrag und damit den Interessen der Rettungsdienstträger verpflichtet ist[876].

---

[874] § 28 Abs. 3 RDG BW; Art. 24 Abs. 2 BayRDG; § 8 Abs. 3 u. 4 HessRDG; § 11 Abs. 1 RDG M-V; § 12 Abs. 2 RettDG RhPf; § 10 Abs. 1 SaarRettG; § 8 a Abs. 1 RDG SH; § 12 Abs. 2 ThürRettG.
[875] § 28 Abs. 5 RDG BW; § 8 Abs. 6 HessRDG; § 11 Abs. 2 RDG M-V; § 12 Abs. 3 S. 1 RettDG RhPf; § 8 b RDG SH.
[876] Vgl. §§ 12 Abs. 3, 2 Abs. 1, 4 RettDG RhPf.

II. Sozialversicherungsrechtliche Grundlagen der Entgeltbemessung

Das auf der Ebene des Rettungsdienstrechts gefundene Ergebnis, dass die Kostenträger eine einseitigen Festsetzung der Gebührenhöhe durch den Rettungsdienstträger oftmals nahezu einschränkungslos hinzunehmen haben, gilt es nun anhand der sozialversicherungsrechtlichen Vorgaben zu überprüfen. Regularien der Gebührenbemessung jedenfalls, die nicht vom Krankenversicherungsrecht des SGB V durch einen Vorbehalt zugunsten abweichender landesrechtlicher Regelung erfasst wären, wären nur für die Minderheit an Kostenträgern und Patienten maßgebend, die nicht der gesetzlichen Krankenversicherung zuzurechnen sind. So stellen die für die Gebührenerhebung und -bemessung im öffentlichen Rettungsdienst im einzelnen maßgebenden Kommunalabgabengesetze der Länder[877] auch spiegelbildlich einen Vorbehalt abweichender bundesgesetzlicher Bestimmung auf[878].

1.) § 133 SGB V als zentrale Vergütungsnorm und subsidiäre Abschlusskompetenz

Während zuvor im Leistungserbringungsrecht weder ein Anspruch des Versicherten gegen seine Krankenkasse auf Übernahme von Fahrtkosten noch eine Verpflichtung zum Abschluss von Vergütungsverträgen normiert war[879], wurde durch das Gesundheitsreformgesetz[880] mit Wirkung zum 1.1.1989 mit § 133 SGB V erstmals eine Vorschrift über die Versorgung der Versicherten mit Krankentransportleistungen im weiteren Sinne, d.h. einschließlich der einfachen Krankenfahrt, geschaffen. Der Versorgung mit rettungsdienstlichen Leistungen liegt danach ein eigenständiges Versorgungssystem zugrunde, das nicht Bestandteil der vertragsärztlichen Versorgung ist. Deren umfassende Regelung insbesondere in Bezug auf den ärztlichen Behandlungsanspruch schließt die Befugnis von Gemeinden aus, für die im Rahmen des Rettungsdienstes erbrachte

---

[877] Vgl. Driehaus, Kommunalabgabenrecht, Stand: September 2003, § 4 Rn. 6 m.w.N., Prütting, Rettungsgesetz NRW, 3. Aufl. 2001, § 15 Rn. 7; noch zu klären wäre hier in NRW angesichts der Aufgabenüberantwortung als Pflichtaufgabe zur Erfüllung nach Weisung in § 6 Abs. 3 RettG NW das Verhältnis zwischen dem LandesgebührenG NRW und dem Kommunalabgabenrecht, vgl. §§ 1 Abs. 1 KAG NW und 1 Abs. 2 GebG NRW.
[878] Vgl. für Nordrhein-Westfalen § 1 Abs. 1 KAG NW.
[879] Vgl. §§ 194 u. 406 RVO a.F. Siehe zur Entwicklung der Rechtsbeziehungen im Zusammenhang mit der Durchführung von Krankentransporten i.e. Schmitt, Leistungserbringung durch Dritte im Sozialrecht, Schriftenreihe zum Arzt-, Krankenhaus- und Gesundheitsrecht, Bd. 9, § 5 VII. m.w.N.
[880] Gesetz vom 20.12.1988 (BGBl. I S. 2477).

ärztliche Behandlung von Mitgliedern gesetzlicher Krankenkassen auf Grund kommunaler Satzung Gebühren zu erheben[881].

§ 133 Abs. 1 SGB V lautet in seiner geltenden Fassung auszugsweise wie folgt:

„(1) Soweit die Entgelte für die Inanspruchnahme von Leistungen des Rettungsdienstes und anderer Krankentransporte nicht durch landesrechtliche oder kommunalrechtliche Bestimmungen festgelegt werden, schließen die Krankenkassen oder ihre Verbände Verträge über die Vergütung dieser Leistungen unter Beachtung des § 71 Abs. 1 bis 3 mit dafür geeigneten Einrichtungen und Unternehmen. Kommt eine Vereinbarung nach Satz 1 nicht zu Stande und sieht das Landesrecht für diesen Fall eine Festlegung der Vergütungen vor, ist auch bei dieser Festlegung § 71 Abs. 1 bis 3 zu beachten."

Die Bindung an den Grundsatz der Beitragssatzstabilität i.S.v. § 71 SGB V zunächst zurückgestellt, spiegelt die Entgeltregelung sowohl das Festsetzungs- als auch das Vereinbarungsmodell wieder. Nach § 133 Abs. 1 Satz 1 SGB V sind die Krankenkassen oder ihre Verbände also gesetzlich verpflichtet, die Vergütungen der Leistungen des Rettungsdienstes bzw. das Entgelt für andere Krankentransporte vertraglich zu regeln. Die Gesetzesformulierung lässt erkennen, dass einer vertraglichen Regelung vom sozialversicherungsrechtlichen Standpunkt aus Vorrang eingeräumt werden sollte, was sich jedoch angesichts des zugunsten der Regelungen in den Landesrettungsdienstgesetzen wirkenden Vorbehaltes für den öffentlichen Rettungsdienst im Ergebnis nicht realisiert hat. Durch den Landesvorbehalt respektiert das Gesundheitsreformgesetz als Bundesgesetz einer Anregung des Bundesrates folgend[882] die Gesetzgebungskompetenz der Länder auf dem Gebiet der Festsetzung von Gebühren für den öffentlichen Rettungsdienst[883], weshalb es hier zunächst auch sozialversicherungsrechtlich bei den äußerst beschränkten Mitwirkungsmöglichkeiten der Kostenträger bleibt. Den Vertragspartnern kommt im Verhältnis zu den Festsetzungsregelungen der Länder damit nur eine subsidiäre Kompetenz für Vergütungsverhandlungen und -vereinbarungen zu. Anders als in Teilbereichen der ambulanten[884]

---

[881] BVerwG, Urteil v. 23.6.1995 – 8 C 14/93, in: DVBl. 1995, S. 1134.
[882] Vgl. BT-Drs. 11/2493.
[883] Vgl. hierzu BSG, Urteil v. 29.11.1995 – 3 RK 32/94, in: RD 1997, S. 78 ff., 80 sowie Fuhrmann, Rettungsdienstgesetze der Länder im Spannungsverhältnis zum Sozialgesetzbuch des Bundes, in: Der Städtetag 1997, S. 719f.; Studenroth, Bundesrechtlich vorgegebene Entgeltbegrenzung im Rettungsdienst ?, in: NdsVBl. 1995, S. 171 ff.
[884] Vgl. §§ 115 b Abs. 1 u. 3; 120 Abs. 4 SGB V.

sowie vor- und nachstationären[885] Krankenhausversorgung sowie im Rahmen der pflegerischen Versorgung nach SGB XI[886] existiert auf sozialversicherungsrechtlicher Ebene keine Schiedsstellenregelung, weshalb kommunalabgabenrechtliche Vorbehalte der Länder zugunsten bundesrechtlicher Regelungen insoweit leer laufen.

2.) Der Grundsatz der Beitragssatzstabilität als Verhandlungsgrundlage

Bereits durch das GKV-Gesundheitsreformgesetz 2000[887] erhielt § 133 Abs. 1 SGB V mit Wirkung zum 1.1.2000 die zitierte Form, wonach die Vertragspartner der Vergütungsvereinbarung förmlich verpflichtet wurden, die Grundsätze über die Gewährleistung der Beitragssatzstabilität nach § 71 Abs. 1 bis 3 SGB V[888] zu beachten. Danach haben die Vertragspartner auf Seiten der Krankenkassen und der Leistungserbringer die Vergütungsvereinbarungen so zu gestalten, dass Beitragssatzerhöhungen ausgeschlossen werden, es sei denn, die notwendige medizinische Versorgung ist auch nach Ausschöpfung von Wirtschaftlichkeitsreserven ohne Beitragssatzerhöhungen nicht zu gewährleisten[889]. Die Vertragspartner müssen also bei der Gestaltung der Vergütungsverträge eine prospektive und nachvollziehbare Risikoeinschätzung und -abwägung vornehmen, aus der sich ergibt, dass das Risiko von Beitragssatzerhöhungen für den Vertragszeitraum erkennbar ausgeschlossen wird. Dieser Zielvorgabe kommt nach der Neufassung des § 71 SGB V strikte rechtliche Verbindlichkeit zu[890].
Konkretisiert wird die Verpflichtung der Vertragsparteien auf den Grundsatz der Beitragsstabilität durch die Bindung an die sog. Veränderungsrate, die sich für 1999 gegenüber dem Stand am 31.10.1998 noch ausdrücklich in § 133 Abs. 1 Satz 4 SGB V findet[891] und für die nachfolgenden und künftigen Zeiträume über die Verweisung auf § 71 Absatz 2 und 3 SGB V gilt. Das Risiko einer

---

[885] Vgl. § 115a Abs. 3 S. 3 SGB V.
[886] Vgl. § 75 Abs. 4 SGB XI.
[887] Gesetz zur Reform der gesetzlichen Krankenversicherung vom 22.12.1999 (BGBl. I S. 2626).
[888] Vergleichbare Vorgängervorschriften über die Beachtung der Grundlohnsummenentwicklung waren z.B. §§ 368 Abs. 3 u. 6, 405 a RVO a.F.
[889] So § 71 Abs. 1 S. 1 SGB V. Die Vorschrift stellt nach dem Scheitern des Konzepts der Globalbudgets auf Kassenebene, wie es in § 142 E-SGB V GKV-Reform 2000 (BT-Drs. 14/1245) noch enthalten war, die Grundsatznorm der finanziellen Steuerung sämtlicher Vergütungsvereinbarungen in der GKV dar.
[890] Orlowski, in: Degener-Hencke/Heberlein, SGB V, Stand: 03/2000, § 71 Rn. 10; Limpinsel, in: Jahn, SGB V, Stand: 01/2004, § 71 Rn. 1; a.A. zu § 71 a.F. Sodan/Gast, Die Relativität des Grundsatzes der Beitragssatzstabilität, in: NZS 1998, S. 497 ff., 502.
[891] Im Jahre 1999 galt die Grundlohnsummenanbindung der Vergütungsverträge noch als Ausfluss der gesetzlichen Budgetierung auf Grundlage des GKV-Solidaritätsstärkungsgesetzes (BGBl. I 1998, S. 3853).

durch die Vergütungsverträge in einem Leistungsbereich, hier dem Rettungswesen, verursachten Beitragssatzerhöhung ist grundsätzlich dann ausgeschlossen, wenn die vereinbarte Veränderung der jeweiligen Vergütungen die gesetzlich vorgegebene Veränderungsrate nicht überschreitet, die vom Bundesgesundheitsministerium zum 15. September eines jeden Jahres für die Vergütungsvereinbarungen des folgenden Kalenderjahres auf Basis der nach § 267 Abs. 1 Nr. 2 SGB V erhobenen Daten festgesetzt wird[892].
Bei der Preisgestaltung sind neben der Sicherstellung einer flächendeckenden rettungsdienstlichen Versorgung, die die Rettungsdienstträger als ihnen landesgesetzlich auferlegte Pflichtaufgabe in den Vergütungsverhandlungen vielfach zwecks Rechtfertigung ihrer Gebührenermittlung anführen und im Gegensatz zu gewerblichen Leistungserbringern auch nahezu ausschließlich anführen können, überdies die Empfehlungen der Konzertierten Aktion im Gesundheitswesen nach § 141 Abs. 2 SGB V zu beachten[893]. Die sich in Satz 3 der zitierten Vergütungsnorm anschließende Bindung an die Empfehlungen enthält jedoch ausgehend vom gesetzlichen Auftrag der Konzertierten Aktion keine eigenständige Sachaussage, sondern bekräftigt lediglich die Bindung an den Grundsatz der Beitragssatzstabilität. Dennoch hat die Konzertierte Aktion den außergewöhnlich hohen Kostenzuwachs im Bereich des Rettungswesens auch in der Vergangenheit wiederholt zum Anlass genommen, Kostenträger und Leistungserbringer nachhaltig zu einer maßvollen Preisgestaltung aufzufordern und u.a. auf mangelnde Transparenz und Vergleichbarkeit der Vergütungen hingewiesen. Ein Kernelement der Empfehlungen bildet dabei die Forderung nach einer Vermeidung von Überkapazitäten, die jedoch zwingend bei den unwirtschaftlichen Leistungserbringern zu erfolgen habe, weshalb die Vermeidung von Überkapazitäten keinesfalls dazu führen dürfe, dass kostengünstigen Anbietern der Marktzugang verwehrt wird[894].

---

[892] Dabei werden bei diesem neuen System jeweils die Veränderungsrate der 2. Hälfte des Vorjahres und der 1. Hälfte des laufenden Jahres gegenüber dem entsprechenden Vorjahreszeitraum als maßgebender Wert für die Verhandlungen der Folgeperiode zugrunde gelegt. Für die Vergütungsverhandlungen in 2000 bedeutet dies beispielsweise, dass die mögliche Veränderungsrate sich aus der Veränderungsrate des 2. Halbjahres 1998 und des 1. Halbjahres 1999 gegenüber dem entsprechenden Vorjahreszeitraum, d.h. gegenüber dem 2. Halbjahr 1997 und dem 1. Halbjahr 1998 ergibt. Eine Anknüpfung an die Rate des den Verhandlungen unmittelbar vorhergehenden Zeitraums hätte auch keine hinreichend feststehenden Ist-Werte zur Grundlage.
[893] Vgl. zum Umfang der Bindungswirkung der Empfehlungen der Konzertierten Aktion im Gesundheitswesen i.S. einer angemessenen Berücksichtigung BSG, Urteil v. 24.1.1990 – 3 RK 11/88, in: SozR 3-2200, § 376 d Nr. 1.
[894] Vgl. Sachverständigenrat für die Konzertierte Aktion im Gesundheitswesen, Jahresgutachten 1991, Ziff. 7.5 u. 7.6; Hencke, in: Peters, Handbuch der Krankenversicherung Teil II, SGB V, Stand: 15.4.2002, § 133 Rn. 10 unter Hinweis auf u.a. auf die Herbstsitzung der KA vom 14.12.1993.

3.) Umfang der Bindung an die Beitragssatzstabilität

Angesichts des Empfehlungscharakters der Stellungnahmen der Konzertierten Aktion und der sozialversicherungsrechtlichen Anerkennung einer mit dem Sicherstellungsauftrag bestehenden Einschätzungsprärogative der Rettungsdienstträger, vermag auf der Ebene des Sozialversicherungsrechts allein eine uneingeschränkte Bindung an die Wahrung der Beitragssatzstabilität die weitgehenden landesrechtlichen Festsetzungsbefugnisse wirksam zu beschränken und bestehende Wirtschaftlichkeitsreserven innerhalb des öffentlichen Rettungsdienstes wesentlich zu aktivieren.

Gegen eine Bindung der Rettungsdienstträger an sowohl den in § 71 SGB V normierten Grundsatz der Beitragssatzstabilität als auch die in § 133 Abs. 1 Satz 4 SGB V[895] im Vorgriff auf das GKV-Gesundheitsreformgesetz 2000 festgelegte Bindung an die Veränderungsrate für die vorangegangene Verhandlungsperiode bei landes- bzw. ortsrechtlicher Gebührenfestsetzung spricht jedoch, abgesehen von der genannten gesetzgeberischen Intention einer Achtung historisch gewachsener Festsetzungsrechte nach Landesrecht, bereits die Wortlautinterpretation. § 133 Abs. 1 Satz 1 SGB V spricht entsprechend der dargestellten Subsidiarität nur für den Fall die Verpflichtung der Beteiligten zum Abschluss von Vergütungsverträgen aus, dass die Entgelte nicht durch landes- oder kommunalrechtliche Bestimmungen festgelegt werden und verlangt für diese Vereinbarungen dann die Beachtung der Grundsätze der Beitragssatzstabilität. § 133 Abs. 1 Satz 1 SGB V hat insoweit nur deklaratorischen Charakter, da die Bindung an den Grundsatz der Beitragssatzstabilität sich für sämtliche Vergütungsvereinbarungen mit Leistungserbringern nach dem SGB V bereits aus § 71 SGB V ergibt. Umgekehrt folgt bereits aus dem ausdrücklich auf *Vereinbarungen* abstellenden Wortlaut der Vorschrift die Nichtgeltung für hoheitliche Entgeltfestlegungen.

Nun bestimmt § 133 Abs. 1 SGB V aber nachfolgend, dass sofern eine solche Vergütungsvereinbarung nicht zustande kommt und das Landesrecht für diesen Fall eine Festlegung der Vergütungen vorsieht, auch bei dieser Festlegung die Bindung an den Grundsatz der Beitragssatzstabilität besteht[896]. Hieraus ließe sich zunächst der Schluss ziehen, die Bindung erstrecke sich generell auf hoheitliche Bestimmungen, was dem Wirtschaftlichkeitsgebot und der Interessenlage der Kostenträger entspräche. Jedoch geben die genannten Sätze bei näherer Betrachtung bereits vom Wortlaut her verschiedene mögliche Varianten eines Entgeltbemessungsmechanismus bzw. eine bestimmte Abfolge desselben wieder. Danach führt (erst) das Nichteingreifen des Landesvorbehaltes zu Verhandlungen über einen Vergütungsvertrag, an deren mögliches Scheitern sich dann,

---

[895] Vgl. auch § 125 S. 2 SGB V.
[896] Vgl. § 133 Abs. 1 S. 2 SGB V.

sofern landesrechtlich vorgesehen, eine Festlegung der Vergütungen nach den Vorgaben des Landesrettungsdienstgesetzes anschließt. Das ausdrückliche Anknüpfen an das Nichtzustandekommen einer nach Landesrecht vorgesehenen Vergütungsvereinbarung durch die Formulierung „für diesen Fall" lässt sich hier allein so verstehen, dass das reine Festsetzungsmodell von der Bindungswirkung nicht erfasst wird.
Andernfalls wäre, abgesehen davon, dass § 133 Abs. 1 Satz 2 SGB V dann gar nicht zur Anwendung kommt, über den Wortlaut hinaus die Regelung des § 133 Abs. 2 SGB V, wonach die Krankenkassen unter bestimmten Voraussetzungen ihre Kostenübernahmepflicht auf Festbeträge in Höhe vergleichbarer wirtschaftlich erbrachter Leistungen beschränken können, obsolet, zumal die vom Bundesgesetzgeber intendierte Achtung landesrechtlicher Gebührenfestsetzungsrechte leerliefe. Stellt § 133 Abs. 1 SGB V folglich auf das landesrechtliche Vereinbarungsmodell ab, so schließt sich die Frage an, welcher Rechtsnatur die für den Fall des Scheiterns der Vergütungsverhandlungen landesrechtlich vorgesehene Festlegung der Vergütungen zu sein hat, damit die Bindung an den Grundsatz der Beitragssatzstabilität gilt. Die vorangegangene Untersuchung der rettungsdienstrechtlichen Vorgaben der Entgeltbemessung hat hier zwei Regelungsalternativen ergeben: Die Schiedsstellenlösung in Baden-Württemberg, Hessen, Mecklenburg-Vorpommern, Rheinland-Pfalz und Schleswig-Holstein und die zumindest in letzter Konsequenz einseitige landes- bzw. ortsrechtliche Festlegung in den übrigen dem Vereinbarungsmodell folgenden Ländern.
Während sich hierzu bislang weder in der Rechtsprechung noch der ganz überwiegenden Literatur Aussagen finden, stattdessen vielmehr pauschal darauf verwiesen wird, dass die Kostenträger einseitig festgesetzte Entgelthöhen hinzunehmen haben[897], wird der Begriff *Festlegung* in § 133 Abs. 1 Satz 2 SGB V vereinzelt ohne nähere Differenzierung als *behördliche Festlegung* verstanden und dann konsequent die Regelung über die Gewährleistung der Beitragssatzstabilität auch auf hoheitliche Gebührenfestlegungen erstreckt[898].

Ergänzend zu den bereits genannten Gründen, insbesondere der vom Bundesgesetzgeber geachteten landesgesetzlichen Gebührenhoheit, lässt sich hiergegen jedoch von kommunalabgaben- sowie haushaltsrechtlicher Seite her argumentieren: Bestandteil des in den Kommunalabgabengesetzen der Länder verankerten Kostendeckungsprinzips ist neben dem Kostenüberschreitungsverbot auch das Kostendeckungsgebot, wonach das veranschlagte Gebührenaufkommen die voraussichtlichen Kosten der Einrichtung in der Regel decken soll. Zwar han-

---

[897] Dalichau/Grüner, SGB V, Bd. II, Stand: 12/2003, § 133 Anm. III.
[898] Hencke, in: Peters, Handbuch der Krankenversicherung, Teil II, SGB V, Bd. 3, Stand: 15.4.2002, § 133 Rn. 4. Dass Hencke davon ausgeht, dass die Grundsätze des § 71 SGB V daneben im Falle einer Schiedsstellenlösung Anwendung finden, wird unterstellt.

delt es sich bei der Benutzungsgebühr für die Inanspruchnahme des Rettungsdienstes nicht um eine Pflichtgebühr im kommunalabgabenrechtlichen Sinne[899], für die das Kostendeckungsgebot unmittelbar gilt. Den Gemeinden und Gemeindeverbänden kann es jedoch bis zur Grenze zweckgebundener Kostendeckung nicht zugemutet werden, angesichts ebenfalls beschränkter Haushaltsmittel die Gebühren unterhalb der Kostendeckungsgrenze festzusetzen. Dementsprechend hat auch das Bundesverwaltungsgericht mit Beschluss vom 21.5.1996[900] festgestellt, dass es § 133 Abs. 1 Satz 3 SGB V einem kommunalen Rettungsdienstträger nicht verbietet, die dort vorgesehene Preisobergrenze bei der Festlegung von Benutzungsgebühren zu überschreiten, sofern landesrechtliche Rechtsvorschriften die Höhe der Entgelte für Leistungen des Rettungsdienstes festlegen und keinen Raum für die Berücksichtigung der Preisobergrenze lassen. Die Entscheidung, die die Geltung des gesundheitspolitisch umstrittenen[901] Selbstkostendeckungsprinzips im öffentlichen Rettungsdienst nochmals unterstreicht, wird auf die Bindung an die gleichlautenden Grundsätze des § 71 SGB V zu erstrecken sein. In die gleiche Richtung weisen landeshaushaltsrechtliche Vorschriften, die Kreise und Gemeinden anhalten, die zur Aufgabenerfüllung erforderlichen Einnahmen primär aus Entgelten für die von ihnen erbrachten Leistungen zu beschaffen[902], zumal nicht nachzuvollziehen ist, weshalb die Bindung an den Grundsatz der Beitragssatzstabilität bei unmittelbarer hoheitlicher Festsetzung nicht, wohl aber für den Fall der Festsetzung nach zuvor gescheiterten Verhandlungen gelten soll, da sich das Ausmaß eines Eingriffs in die landesrechtliche Ausgestaltungskompetenz im Ergebnis nicht unterscheidet[903].

4.) Selbstkostendeckungsprinzip und Festbetragsregelung

Festzuhalten bleibt somit, dass mit Ausnahme der Länder mit (letzt-) entscheidungsbefugter Schiedsstelle in sämtlichen Bundesländern die Gebühren des öffentlichen Rettungsdienstes letztlich trägerseits nach dem Selbstkostendeckungsprinzip autonom festgesetzt werden können. Dieses Prinzip, das entweder kraft ausdrücklicher rettungsdienstrechtlicher Bestimmung[904] oder nach

---

[899] Vgl. hierzu § 6 Abs. 1 KAG NW sowie Driehaus, Kommunalabgabenrecht, Stand: September 2003, § 6 Rn. 5 m.w.N.
[900] 3 N 1/94, in: NVwZ-RR 1997, S. 436 ff.
[901] Vgl. Dennerlein/Schneider, Wirtschaftlichkeitsreserven im Rettungsdienst, 1995, S. 157; DRK-Präsidium, Strukturreform im Rettungsdienst, in: Ständige Konferenz für den Rettungsdienst (Hrsg.), Der Rettungsdienst auf dem Prüfstand II, Nottuln 1997, S. 27 ff., Rn. 31.
[902] Vgl. §§ 53 Abs. 1 KrO NW, 76 Abs. 2 Nr. 1 GO NW.
[903] Vgl. auch BVerfG, Beschluss nach § 81a BVerfGG v. 27.1.1999 – 2 BVL 8/98.
[904] Vgl. § 28 Abs. 1 RDG BW; Art. 24 Abs. 1 BayRDG; § 10 Abs. 2 BbgRettG; § 15 Abs. 1 NdsRettG; § 12 Abs. 1 RDG RhPf; § 10 Abs. 1 SaarRettG; § 26 Abs. 2 SächsRettDG.

kommunalabgabenrechtlichen Grundsätzen gilt und das bis zum Inkrafttreten des Gesundheitsstrukturgesetzes[905] am 1. Januar 1993 auch für die Krankenhäuser galt[906], besagt, dass die von den Leistungserbringern ausgewiesenen Kosten von den Kostenträgern zu decken sind[907].
Die rettungsdienstlichen Gebühren decken dabei, je nach Landesrecht ergänzend zu Landesfördermitteln, in vollem Umfang den Eigenanteil der Rettungsdienstträger an sowohl den Investitions- als auch den Betriebskosten ab. Kosten sind der nach betriebswirtschaftlichen Grundsätzen in bestimmten Zeitperioden für die Erbringung von Dienstleistungen sowie die Aufrechterhaltung von Kapazitäten erfasste Aufwand insbesondere in personeller, sachlicher und kalkulatorischer Hinsicht[908]. Charakteristische Kostenkomponenten im Rettungsdienst sind dabei: Kosten des Einsatzpersonals, Kfz-Kosten, rettungsdienstspezifische Kosten, Gebäudekosten, Verwaltungskosten, Abrechnungskosten, Aus- und Fortbildungs- sowie Leitstellenkosten.
Zwar sind nach betriebswirtschaftlichen Grundsätzen nur all jene Kosten, die durch die Errichtung und den Betrieb bzw. durch den Leistungsbereich der öffentlichen Einrichtung entstehen, ansatzfähig[909], wobei noch nicht abschließend geklärt ist, ob und in welchem Umfang Fehleinsätze in die Gebührenkalkulation aufgenommen werden können[910]. Lediglich solche Kostenbestandteile aber, die bezogen auf die Leistungserbringung gänzlich sachfremd sind, dürfen keinen Eingang in die Gebührenbemessung finden.
Das Selbstkostendeckungsprinzip entzieht mithin die Komponenten der Mengen- und Preisbildung weitgehend der Überprüfbarkeit hinsichtlich Wirtschaftlichkeit und Produktivität und verschafft dem öffentlichen Rettungsdienst re-

---

[905] GSG vom 21.12.1992 (BGBl. I S. 2266).
[906] Vgl. zum Pflegesatzverfahren nach dem KrankenhausfinanzierungsG etwa BGH, Urteil v. 14.7.1988 – IX ZR 254/87, in: NJW 1988, 2951, 2952; OVG Lüneburg, Urteil v. 22.9.1977 – VIII OVG – A 59/76, in: NJW 1978, S. 1211.
[907] Dalhoff/Rau, Finanzierungsregelungen im Rettungsdienst, in: NZS 1995, S. 153 ff., 155.
[908] Siehe allgemein zum Kostenbegriff und seinen Ausprägungen Gabler, Wirtschaftslexikon, Bd. 3, 14. Aufl. 1998, S. 3000.
[909] OVG Münster, Urteil vom 26.10.1990 – 9 A 26/90; vgl. auch § 6 Abs. 1 u. 2 KAG NW.
[910] Das nordrhein-westfälische RettG erlaubt nach § 15 Abs. 1 S. 2 n.F. nun ausdrücklich die Aufnahme von Fehleinsätzen in den Gebührenansatz, wovon die Träger in ihren Satzungen auch Gebrauch machen. Die Zulässigkeit einer solchen Regelung sowie der Aufnahme von Fehleinsätzen überhaupt ist gleichwohl nicht zuletzt aus kommunalabgabenrechtlicher Sicht zweifelhaft, da so u.U. gebührenpflichtige Benutzer bzw. die letztverpflichteten Kostenträger für fremdverursachte Kosten aufzukommen haben, seien diese nun durch andere, ggf. nicht gebührenpflichtige Nutzer oder das Rettungsdienstpersonal verursacht. Vgl. hierzu OVG Schleswig-Holstein, Urteil v. 23.2.2000 – 2 K 20/97, in: NordÖR 2000, S. 304 f.; Beschluss v. 4.11.1998 – 2 L 41/98; OVG Münster, Urteil v. 11.8.1993 – 9 A 2239/91 sowie Prütting, Rettungsgesetz NRW, 3. Aufl. 2001, § 15 Rn. 18.

gelmäßig im Widerspruch zu einer wettbewerblich organisierten Marktordnung mitunter entscheidende Wettbewerbsvorteile. Soweit § 133 Abs. 2 i.V.m. § 12 Abs. 2 SGB V den Krankenkassen in den Fällen hoheitlicher Festsetzung der Gebührenhöhe die Möglichkeit einräumt, die Kostenübernahme unter bestimmten Voraussetzungen auf Festbeträge[911] in Höhe vergleichbarer wirtschaftlich erbrachter Leistungen zu beschränken und die Differenz zwischen Satzungsgebühr und Festbetrag zusätzlich zum Eigenanteil[912] den Versicherten aufzuerlegen, erscheint dies aus Kostenträgersicht allein deshalb wenig wünschenswert, weil sich eine Krankenkasse hierdurch zusätzlich zu dem sich bereits jetzt abzeichnenden Wettbewerb auf der Beitragssatzebene selbst nicht unerhebliche weitere Wettbewerbsnachteile schaffen würde. Aufgrund dessen kommt der Festbetragsregelung abgesehen davon, dass die unter wirtschaftlichen Gesichtspunkten überhöht festgesetzten (Satzungs-) Gebühren letztlich ohnehin wenn auch unter Zuhilfenahme eines erhöhten Eigenanteils entstünden und ausgeglichen würden, bislang kaum praktische Bedeutung zu.

D. Schlussfolgerungen für die Aktivierung von Wirtschaftlichkeitsreserven

Die in § 133 Abs. 1 Satz 6 SGB V normierte Verpflichtung auf eine Orientierung an möglichst preisgünstigen Versorgungsmöglichkeiten im Interesse einer möglichst weitgehenden Begrenzung von Ausgabensteigerungen im Gesundheitswesen läuft im öffentlichen Rettungsdienst damit im Ergebnis sowohl verfahrenstechnisch als auch materiell weitgehend leer. Entsprechendes gilt für das in den §§ 12 Abs. 1, 70 SGB V niedergelegte Wirtschaftlichkeitsgebot und die Regelung in § 2 Abs. 3 Satz 1 SGB V, wonach die Krankenkassen bei der Aus-

---

[911] Das Gesetz sieht sog. Festbetragsregelungen lediglich für Arznei- und Hilfsmittel sowie rettungsdienstliche Leistungen vor, vgl. §§ 35, 36 u. 133 Abs. 2 SGB V. § 133 Abs. 2 SGB V unterscheidet sich dabei von den §§ 35, 36 SGB V hinsichtlich sowohl der Ausgangssituation als auch des Festsetzungsverfahrens wesentlich. Festbeträge werden gemäß § 133 Abs. 2 SGB V lediglich gegenüber den in öffentlicher stehenden Diensten festgesetzt, sie wirken angesichts der landesrechtlichen Gebührenfestsetzungsrechte im Ergebnis eher wettbewerbsfördernd. Die Zulässigkeit der Festbetragsfestsetzung im Arznei- und Hilfsmittelbereich ist verfassungs- und kartellrechtlich sowie im Hinblick auf die Art- 81 ff. EGV umstritten und war bereits Gegenstand von Vorlagebeschlüssen sowohl zum BVerfG als auch zum EuGH. Vgl. hierzu i.e. Axer, Europäisches Kartellrecht und nationales Krankenversicherungsrecht, NZS 2002, S. 57 m.w.N. Das BVerfG hat die Festbetragsregelungen der §§ 35, 36 SGB V mit Urteil vom 17.12.2002 (Az.: 1 BvL 28/95) für mit dem GG vereinbar erklärt. Die mittlerweile vorliegenden Schlussanträge des Generalanwaltes Jacobs vom 22.5.2003 (verb. Rs. C-264/01, C-306/01, C-354/01 u. C-355/01) verneinen einen Verstoß der Festbetragsregelungen gegen die Art. 81 ff. EGV.
[912] § 60 Abs. 2 Satz 3 SGB V.

wahl ihrer (Vertrags-) Leistungserbringer zur Beachtung von deren Vielfalt verpflichtet sind. Die Kostenträger beklagen dabei zunächst zu Recht, dass sich die Ausschöpfung von Wirtschaftlichkeitsreserven im Bereich der öffentlichrechtlichen Anbieter nicht realisieren lässt, da diese (nebst den vielfach von ihnen einseitig vorgegebenen Entgelten) ohnehin zu akzeptieren seien. Fehl geht dabei allerdings ihre Argumentation, dass sich ein höherer Grad an Wirtschaftlichkeit der Leistungserbringung deshalb mittels einer restriktiven Auswahl der parallel am Markt tätigen Privatunternehmer auf behördlich genehmigter Grundlage erreichen können lassen müsse[913]. Vielmehr sind die Krankenkassen zur Kostendämpfung im Bereich der öffentlich Rettungsdienste auf die Möglichkeit der Beschränkung ihrer Leistungspflicht auf Festbeträge und die Geltendmachung von Einwänden gegen die satzungsmäßigen Gebührenfestsetzungen, dies vornehmlich auf kommunalabgabenrechtlicher Grundlage, zu verweisen, die mangels Vorliegens einer sozialversicherungsrechtlichen Angelegenheit entsprechend der Kontrolle der einschlägigen Schiedssprüche vor der Verwaltungsgerichtsbarkeit zu verfolgen wären. Eine künftige Ausschreibung der Leistungen der öffentlichen Rettungsdienste dürfte ebenfalls im Interesse der Kostenträger liegen.

---

[913] So die Argumentation der klagenden Krankenkasse in BSG, Urteil v. 29.11.1995 – 3 RK 32/94, in: RD 1997, S. 76 f., 81, der das Bundessozialgericht unter Bezugnahme auf die oben dargestellt gesetzgeberischen Intention bei Novellierung des Rettungsdienstrechts entgegengetreten ist, vgl. BSG, aaO, S. 81 sowie BT-Drs. 11/2170, S.9 u. 11/4424, S. 6.

7. Teil Vergütung der staatsunabhängigen Leistungserbringung

Nachdem die Untersuchung der rechtlichen Grundlagen der Finanzierung des öffentlichen Rettungsdienstes ergeben hat, dass sich vor dem Hintergrund des einseitigen Gebührenfestsetzungsrechts der Trägerkörperschaften Wirtschaftlichkeitsreserven in diesem Bereich nur schwer aktivieren lassen, gilt es den rechtlich noch weitgehend ungeklärten Bereich der Finanzierung der staatsunabhängigen Leistungserbringung auf genehmigter Grundlage darzustellen und die noch offenen Rechtsfragen weitestmöglich zu klären.

A. Beschränkung auf vertraglich vereinbarte Benutzungsentgelte

Inhaber rettungsdienstrechtlicher Genehmigungen, die nicht in den öffentlichen Rettungsdienst eingebunden sind, können weder eine anteilige Finanzierung durch Landesfördermittel noch die Geltung hoheitlich festgelegter Satzungsgebührensätze für sich beanspruchen. Sie sind hinsichtlich gesetzlich krankenversicherter Patienten und damit der weit überwiegenden Zahl der Beförderungsaufträge auf die mit den Kostenträgern zuvor vertraglich vereinbarten Vergütungssätze beschränkt. Dementsprechend enthalten die Landesrettungsdienstgesetze auch keine Bestimmungen über die Finanzierung dieser Leistungen. Maßgebend sind ausschließlich sozialversicherungsrechtliche Grundsätze, wobei das als gesetzlicher Regelfall normierte Vereinbarungsprinzip im Gegensatz zum öffentlichen Rettungsdienst uneingeschränkt gilt. Parallel kann zwischen Leistungserbringer und befördertem Patienten ein Beförderungsvertrag auf privatrechtlicher Grundlage entstehen[914].

B. Vergütungsvereinbarungen nach § 133 SGB V

Die Leistungserbringer haben demnach die Vergütungen für ihre Leistungen mit den Kostenträgern ausnahms- und alternativlos vertraglich zu regeln.

I. Rechtsnatur und Gegenstand der Vergütungsvereinbarungen

Die Vergütungsverträge, die als Rahmenverträge mit gesonderter Vereinbarung zur Vergütungshöhe ausgestaltet sein können, beschränken sich inhaltlich auf die Regelung der Vergütung und ihrer Abrechnung, müssen aber zu ihrer Wirksamkeit entsprechende Vereinbarungen auch zwingend enthalten[915]. Die Ver-

---

[914] Vgl. BSG, Urteil v. 9.10.2001 – B 1 KR 6/01 R, in: NJW 2002, S. 1365 f., 1366; LG Köln, Urteil v. 8.12.1987 – 11 S 50/87, in: NJW-RR 1988, S. 1016 ff., 1018 m.w.N.
[915] Dalichau/Grüner, SGB V, Band II, Stand: 12/2003, § 133 Anm. 2; Hencke, in: Peters, Handbuch der Krankenversicherung, Band II, SGB V, Stand April 2002, § 133 Rn. 5. Demge-

einbarungen sind, abweichend von der bislang überwiegenden Auffassung[916] gemäß § 69 SGB V n.F. als Leistungsbeschaffungsverträge der gesetzlichen Krankenkassen sozialversicherungsrechtlicher und damit öffentlich-rechtlicher Natur[917]. Demzufolge sind die Vorschriften des SGB X über (subordinationsrechtliche) öffentlich-rechtliche Verträge einschließlich des Schriftformerfordernisses anwendbar. Bereits aus den entsprechenden Bestimmungen der Landesgesetze folgt, dass Regelungen über Einzelheiten der Versorgung auf Grundlage des § 133 Abs. 1 SGB V nicht getroffen werden können[918]. Dies ergibt bereits der allein auf die Kompetenz zur Regelung von Vergütungsfragen beschränkte Wortlaut sowie ein Vergleich mit denjenigen Bestimmungen der §§ 69 ff. SGB V, die den Umfang der vertraglichen Regelungskompetenz in anderen Leistungsbereichen bei gleichzeitigem Fehlen entsprechender zwingender Vorgaben (landes-) verwaltungsrechtlichen Ursprungs ausdrücklich auf die Regelung der sachlichen Leistungsebene erstrecken[919]. Das Bundessozialgericht ist demgemäss bereits in der Vergangenheit wiederholt Versuchen der Krankenkassen entgegengetreten, Leistungserbringern unangemessene Verpflichtungen hinsichtlich der Leistungserbringung aufzuerlegen[920]. Bestehende Rahmenvereinbarungen gilt es vor diesem Hintergrund hinsichtlich der Zulässigkeit ihres Inhalts und mögliche Auswirkungen auf die entsprechende Abrede zur Entgelthöhe kritisch zu würdigen.

II. Vertragspartner der Vergütungsvereinbarungen

Vergütungsvereinbarungen bestehen in der Regel auf Landesebene. Vertragspartner der Vergütungsverträge sind einerseits die Krankenkassen oder ihre Verbände sowie auf Seiten der Leistungserbringer entweder einzelne Einrichtungen bzw. Unternehmen oder aber Zusammenschlüsse derselben. Auf Seiten der Krankenkassen binden die von den Verbänden abgeschlossenen Verträge die Mitgliedskassen nicht kraft Gesetzes[921], sondern nur im Umfang einer ent-

---

genüber können Rahmenverträge in anderen Leistungsbereichen auch Vereinbarungen über die Leistungen an sich enthalten, vgl. z.B. §§ 125, 127 Abs.1, 132 Abs. 1 SGB V.
[916] Vgl. BGHZ 36, 91; BSG SozR 3-2500, § 125 Nr. 5.
[917] BSG SozR 3 - 2500 § 69 Nr. 1; Schmitt, Leistungserbringung durch Dritte im Sozialrecht, 1990, § 5 VII. 3 b); Ebsen, in: Igl (Hrsg.) Das Gesundheitswesen in der Wettbewerbsordnung, 2000, S. 307.
[918] BSGE 77, 119, 123; Kranig, in: Hauck/Haines, SGB V, Stand: Juli 2003, K § 133 Rn. 15 u. 22.
[919] Vgl. etwa §§ 109, 111, 125, 127 Abs. 1, 131 SGB V.
[920] Vgl. BSG SozR 3-2500, § 126 Nr. 1 u. 2; SozR 3-2500, § 124 Nr. 1.
[921] Anders gem. §§ 125 Abs. 2, 127 Abs. 1 SGB V im Bereich der Leistungserbringung von Heil- und Hilfsmitteln. Vgl. auch § 75 Abs. 1 Satz 4 SGB XI.

sprechenden Bevollmächtigung[922] und insoweit, als in den Satzungen eine Bindungswirkung festgelegt ist. Das in der Praxis regelmäßig anzutreffende sowohl kassenartinterne als auch kassenartübergreifende Zusammenwirken verschiedener Krankenkassen und ihrer Verbände im Rahmen von Vergütungsverhandlungen, das durch die in § 4 Abs. 3 SGB V sanktionslos festgeschriebene Rechtspflicht der Krankenkassen zur Zusammenarbeit nur in den Grenzen der übrigen Rechtsordnung und dabei insbesondere der Grundrechtsbindung der gesetzlichen Krankenkassen als Körperschaften des öffentlichen Rechts legitimiert ist, lässt die Zunahme wettbewerbswidrigen Verhaltens bei Vergütungsverhandlungen insoweit als zunehmend möglich und wahrscheinlich besorgen.
Auf der Leistungserbringerseite stehen den Krankenkassen nach wie vor überwiegend einzelne private Krankentransportunternehmen bzw. nicht in den öffentlichen Rettungsdienst eingebundene Hilfsorganisationen gegenüber, wenngleich dies einer Stärkung ihrer ohnehin nicht ebenbürtigen Verhandlungsposition nicht unbedingt zuträglich ist. So können einzelne Leistungserbringer, deren Anteil am Gesamtfahrtenaufkommen im Bereich eines sicherstellungsverpflichteten Trägers oftmals eher gering ist, regelmäßig nicht die Pflicht der Krankenkassen, beim Abschluss der Verträge die Sicherstellung der flächendeckenden rettungsdienstlichen Versorgung zu berücksichtigen, für sich ins Feld führen. Nach diesem Sicherstellungsauftrag, der von der Sicherstellungspflicht der öffentlichen Rettungsdienstträger zu unterscheiden ist, sind die Krankenkassen verpflichtet, mit einer ausreichenden Anzahl an Leistungserbringern Vergütungsverträge abzuschließen, um den Versicherten jederzeit die Inanspruchnahme von Leistungen der Notfallrettung oder des Krankentransports zu ermöglichen[923].
Die Verhandlungsposition der Leistungserbringer ist ungleich stärker, wenn der Rahmenvertrag von einem Verband der Leistungserbringer abgeschlossen wird. Für die Bindungswirkung kommt es dabei mangels gesetzlicher Anordnung einer normativen Wirkung grundsätzlich darauf an, ob der Leistungserbringerverband satzungsgemäß zum Abschluss von Rahmenvereinbarungen mit unmittelbarer Wirkung für seine Verbandsmitglieder berechtigt ist. Ist diese Voraussetzung nicht erfüllt, bedarf es der rechtsgeschäftlichen Vollmacht jedes einzelnen Leistungserbringers.
Die nach § 133 Abs. 1 Satz 1 SGB V erforderliche Eignung der Leistungserbringer als Vertragspartner ist bereits durch Erteilung der rettungsdienstrechtli-

---

[922] Vgl. §§ 211 Abs. 2 Nr. 3 u. 217 Abs. 2 Nr. 3 SGB V.
[923] Vgl. § 133 Abs. 1 Satz 3 SGB V sowie allgemein zur Bedeutung des Sicherstellungsauftrages im Bereich von Vergütungsverhandlungen Kranig, in: Hauck/Haines, SGB V, Stand: Juli 2003, K § 133 Rn. 22. Den einzelnen Leistungserbringern kann dagegen, was aus der Beschränkung der Verträge auf Vergütungsregelungen folgt, von Kassenseite nicht ein bestimmter Leistungsumfang abverlangt werden, vgl. v. Maydell, in: v. Maydell, GK-SGB V, Stand: 10/2002, § 133 Rn. 20.

chen Genehmigung gegeben. Die Kostenträger sind hieran gebunden; die nach den Zulassungsregeln der Landesgesetze genehmigten Leistungserbringer sind auch auf sozialversicherungsrechtlicher Ebene als geeignet anzusehen[924]. Den Kostenträgern steht keine am Bedarf orientierte nachgeschaltete, bedarfslenkende Zulassungskompetenz zu[925].

III. Anspruch auf Abschluss einer Vergütungsvereinbarung und Kostenübernahmeanspruch der Leistungserbringer

1.) Kontrahierungszwang der Kostenträger

Dem Wortlaut des § 133 Abs. 1 Satz 1 SGB V folgend gehen die überwiegende Literatur und obergerichtliche Rechtsprechung von einer Verpflichtung der Krankenkassen zum Abschluss von Vergütungsvereinbarungen mit geeigneten Leistungserbringern aus[926]. Entsprechend hat auch das Bundessozialgericht in seiner Grundsatzentscheidung vom 29.11.1995 geurteilt, dass die Krankenkassen verpflichtet sind, zumindest mit solchen geeigneten und abschlussbereiten (privaten) Krankentransportunternehmen und Einrichtungen Entgeltvereinbarungen zu treffen, deren Preisangebote nicht über den Sätzen in bestehenden Vereinbarungen liegen[927]. Nach Auffassung des Gerichts war der Verpflichtungs- und damit korrelierende Anspruchscharakter der Vorschrift bereits der insoweit eindeutigen Gesetzesfassung zu entnehmen[928]. Ergänzend hat der Senat positiv auf die Entstehungsgeschichte der Norm abgestellt, die Entscheidung im Übrigen damit begründet, dass weder der Vorbehalt zugunsten abweichender landesrechtlicher Regelungen und die Verpflichtung zur Beachtung der Sicherstellungspflicht hinsichtlich der flächendeckenden rettungs-

---

[924] Dalichau/Grüner, SGB V, Band II, Stand: 12/2003, § 133 Anm. 3; Hencke, in: Peters, Handbuch der Krankenversicherung, Band II, SGB V, Stand April 2002, § 133 Rn. 7; v. Maydell, in: v. Maydell, GK-SGB V, Stand: 10/2002, § 133 Rn. 19; vgl. auch BT-Drs. 11/2170, S. 2 u. 6.

[925] BSG, Urteil v. 29.11.1995 – 3 RK 32/94, in: RD 1997, S. 78 ff., 79 u. 81; BGH, Urteil v. 10.10.1989 – KZR 22/88, in: NJW 1990, S. 1531, 1532.

[926] Vgl. nur LSG Thüringen, Beschluss v. 19.12.2002 – L 6 KR 992/02 ER, S. 8 der Beschlussausfertigung (unveröffentlicht); Hencke, in: Peters, Handbuch der Krankenversicherung, Band II, SGB V, Stand April 2002, § 133 Rn. 4; v. Maydell, in: v. Maydell, GK-SGB V, Stand: 10/2002, § 133 Rn. 19. A.A. Schmitt, Leistungserbringung durch Dritte im Sozialrecht, 1990, § 5 VII. 3 b) (S. 260).

[927] BSG, Urteil v. 29.11.1995 – 3 RK 32/94, RD 1997, S. 78 ff. (LS 1): Zugrunde lag eine u.a. auf die Feststellung des Nichtbestehens einer Verpflichtung zum Abschluss einer Vergütungsvereinbarung erhobene negative Feststellungsklage einer Krankenkasse. A.A. vor Inkrafttreten des GKV-Gesundheitsreformgesetzes vom 22.12.1999 (BGBl. I 2626, 2637) noch LSG NRW, Urteil v. 9.8.1994 – L 5 (6) Kr 98/93 (LS 2).

[928] BSG, Urteil v. 29.11.1995 – 3 RK 32/94, RD 1997, S. 78 ff., 79.

dienstlichen Versorgung einer gesetzlichen Pflicht zum Vertragsabschluss entgegenstehen, noch sich die Krankenkassen als Ausfluss des Wirtschaftlichkeitsgebotes im Wege einer Gesamtbetrachtung auf mangelnden Bedarf für weitere (Vertrags-) Leistungserbringer berufen könnten[929].

Für die Annahme eines Kontrahierungszwangs und eines damit korrespondierenden, gebundenen Anspruchs des für geeignet befundenen Leistungserbringers auf den Abschluss einer Vergütungsvereinbarung spricht darüber hinaus wesentlich der Umstand, dass die dem Leistungserbringer erteilte Genehmigung ohne Abrechnungsmöglichkeit auf rechtssicherer Grundlage faktisch wertlos wäre[930], was vor dem Hintergrund des in der Berufsfreiheit verankerten Anspruchs auf Genehmigungserteilung nicht bestehen kann. So hat das Bundesverfassungsgericht bereits im Jahre 1993 festgestellt, dass die Freiheit einen Beruf auszuüben untrennbar mit der Freiheit verbunden ist, eine angemessene Vergütung zu fordern, weshalb gesetzliche Regelungen, die die Vergütung beträfen, am Maßstab des Art. 12 Abs. 1 GG zu messen seien[931]. Das Gebot der Widerspruchsfreiheit der Rechtsordnung[932], wonach alle rechtsetzenden Organe des Bundes und der Länder verpflichtet sind, ihre Regelungen jeweils so aufeinander abzustimmen, dass den Normadressaten nicht gegenläufige Regelungen, die die Rechtsordnung widersprüchlich machen, erreichen, unterstreicht dies. Die Bestimmung einer angemessenen Vergütung auf Grundlage der Berufsfreiheit vorzunehmen erscheint allerdings deshalb problematisch, weil Art. 12 Abs. 1 GG keinen besonderen wirtschaftlichen Erfolg im Wettbewerb, sondern stets nur den Versuch dazu zu garantieren kann[933]. Dies gilt auch in einem nur ansatzweise von Wettbewerb geprägten Markt und gerade bei einer Vergütungsfindung durch vertragliche Vereinbarung. Die letztlich entscheidenden Rechtsfragen der Ermittlung der Vergütungshöhe gilt es nachstehend gesondert zu untersuchen.

---

[929] BSG, Urteil v. 29.11.1995 – 3 RK 32/94, RD 1997, S. 78 ff.
[930] So im Ergebnis auch BSG, Urteil v. 3.11.1999 – B 3 KR 4/99 R, in: SozR 3-2500, § 60 Nr. 4.
[931] BVerfG, Beschluss v. 30.3.1993 – 1 BvR 1045/89, in: NJW 1993, S. 2861.
[932] Siehe hierzu BVerfG, Urteil v. 5.7.1998 – 2 BvR 1991/95 u. 2004/95, in: NJW 1998, S. 2341.
[933] Vgl. Sodan, Das Beitragssatzsicherungsgesetz auf dem Prüfstand des Grundgesetzes, in: NJW 2003, S. 1761 ff., 1763.

2.) Vergütungsanspruch ohne Vergütungsvereinbarung

Ohne eine wirksame Vergütungsvereinbarung hat der Leistungserbringer grundsätzlich keinen Entgeltanspruch gegen die Krankenkassen, was für den öffentlichen Rettungsdienst und Private in gleicher Weise gilt[934].

a) Relevanz des Sachleistungsprinzips

Dieser Grundsatz gilt unabhängig von der früher umstrittenen Frage, ob für rettungsdienstliche Leistungen das Sachleistungs- oder das Kostenerstattungsprinzip gilt[935], welche das Bundessozialgericht als höchste Instanz der seit Inkrafttreten des GKV-Gesundheitsreformgesetz 2000 abschließend zuständigen Sozialgerichtsbarkeit[936] zugunsten des Sachleistungsprinzips entschieden hat[937]; eine Beurteilung, der zwischenzeitlich auch der Bundesgerichtshof unter Aufgabe seiner früheren Rechtsprechung folgt[938], und die gemäß § 13 Abs. 1 SGB V[939] auch im Rahmen dieser Untersuchung zugrundegelegt wird.

---

[934] Die Privilegierung des öffentlichen Rettungsdienstes besteht rechtlich allein in der Art und Weise des Zustandekommens der Vergütungshöhe im Wege regelmäßig (möglicher) autonomer Festsetzung. Gebührenschuldner bleibt gleichwohl der Versicherte als derjenige, der den Rettungsdienst in Anspruch nimmt, vgl. BSG, Urteil v. 3.11.1999 – B 3 KR 4/99 R, in: SozR 3-2500, § 60 Nr. 4; OVG Münster, Urteil v. 1.2.1988 – 2 A 2355/86. Die Krankenkassen treffen zwecks Verwirklichung des Sachleistungsprinzips auch bei bestehender Gebührensatzung gleichwohl vielfach Vereinbarungen mit dem öffentlichen Rettungsdienstträger, die abrechnungstechnisch eine Direktabrechnung mit den Kostenträgern erlauben, so dass der Gebührenbescheid nicht an den Versicherten als Kostenschuldner gerichtet wird. Wegen des umfassenden Vorbehalts zugunsten landesrechtlicher Festsetzung in dessen Absatz 1 Satz 1 handelt es sich hierbei jedoch um keine Rahmenvereinbarung i.S.v. § 133 SGB V sondern um eine gesonderte Sachleistungsrahmenvereinbarung.
[935] Die Streitfrage um die Geltung des Sachleistungs- (§ 2 Abs. 2 SGB V) oder Kostenerstattungsprinzips (§ 13 SGB V) hat i.R. von § 60 SGB V Bedeutung für die Frage, ob die Krankenkassen zur Direktabrechnung mit privaten Unternehmen verpflichtet sind, die mittelbar ebenfalls wettbewerbsrelevant ist, vgl. hierzu Schellhorn, in: v. Maydell, GK-SGB V, Stand: 10/2002, § 60 Rn. 9.
[936] Vgl. unten S. 268 f.
[937] BSG, Urteil v. 3.11.1999 – B 3 KR 4/99 R, in: SozR 3-2500 § 60 Nr. 4; Urteil v. 29.11.1995 – B 3 KR 32/94 R, in: RD 1997, 78 ff., 82; Urteil v. 30.1.2001 – B 3 KR 2/00 R, in: NZS 2002, S. 31 f., 33.
[938] BGHZ 140, 102, 106; a.A. noch BGH, Urteil v. 10.10.1989 – KZR 22/88, in: NJW 1990, S. 1531 f., 1532. Vgl. hierzu auch v. Maydell, in: v. Maydell, GK-SGB V, Stand: 10/2002, § 133 Rn. 38; Schmitt, Leistungserbringung durch Dritte im Sozialrecht, 1990, § 5 VII. 3 b) (S. 254 f.).
[939] Die Vorschrift beschränkt die Zulässigkeit des Kostenerstattungsverfahrens als Ausnahme auf die gesetzlich vorgesehenen Fälle, vgl. etwa §§ 29, 30, 37 Abs. 4, 38 Abs. 4 SGB V.

Das Sachleistungsprinzip, das lediglich die Art und Weise, wie eine Leistung von dem Versicherten gegenüber seinem Kostenträger beansprucht werden kann, beschreibt, hat, ebenso wie das Kostenerstattungsprinzip, ausschließlich Bedeutung im Verhältnis zwischen der Krankenkasse und den Versicherten. Der an diesem sozialversicherungsrechtlichen Rechtsverhältnis nicht beteiligte Leistungserbringer kann aus dem Sachleistungsprinzip erst über die zur Ausführung des Prinzips, also über die zur Sicherstellung des Versorgungsauftrags der Krankenkassen abzuschließenden Versorgungsverträge, eigene Rechte und Pflichten gegenüber den Krankenkassen ableiten[940], wenngleich die Krankenkasse gegenüber ihren Versicherten zur unmittelbaren Kostenübernahme verpflichtet ist. Dem Sachleistungsprinzip lässt sich kein subjektiv-öffentliches Recht zugunsten eines Leistungserbringers entlehnen.

b) Vergütungsanspruch aus öffentlich-rechtlicher Geschäftsführung ohne Auftrag und öffentlich-rechtlicher Bereicherung

Der Vergütungsanspruch kann auch nicht als Aufwendungsersatz aus öffentlich-rechtlicher Geschäftsführung ohne Auftrag mit der Begründung geltend gemacht werden, der Einsatz für einen Versicherten habe im Interesse des Kostenträgers gelegen, da § 133 SGB V insoweit eine abschließende Regelung enthält[941]. Zwar greift ein Abstellen auf die Festbetragsregelung des § 133 Abs. 2 SGB V als Bestimmung für den Fall, dass kein Vertrag besteht gegenüber Leistungserbringern außerhalb des öffentlichen Rettungsdienstes nicht durch, da die Vorschrift an die landesrechtliche Gebührenfestsetzung anknüpft. Jedoch würde das dem Vereinbarungsmodell immanente Prinzip der Verhandlungsparität der Vertragspartner nachhaltig beeinträchtigt, wenn dem Leistungserbringer im vertragslosen Zustand auf Dauer ein Aufwendungsersatzanspruch in Höhe seiner autonomen Preisvorstellungen zugebilligt würde, da aus Leistungserbringersicht dann wenig wirtschaftliches Interesse an einer Vergütungsvereinbarung bestünde. Diese Argumentation wiederum zielt, zumindest was das Verfahren des Zustandekommens der Vergütungshöhe, die im öffentlichen Rettungsdienst regelmäßig einseitig hoheitlich vorgegeben wird, angeht, in erster Linie auf die staatsunabhängigen Leistungserbringer ab. § 69 Satz 3 SGB V n.F. trägt diesem Ergebnis dadurch Rechnung, dass hiernach die entsprechende Anwendbarkeit bürgerlich-rechtlicher Vorschriften von der Vereinbarkeit mit den Grundsätzen des vierten Kapitels des SGB V abhängt und der öffentlich-rechtliche Rechtsrahmen unmittelbar auf die Regelungen der §§ 69 ff. SGB V beschränkt ist. Von daher gilt Entsprechendes für einen etwaigen Kostenerstattungsanspruch

---

[940] BSG, Urteil v. 3.11.1999 – B 3 KR 4/99 R, in: SozR 3-2500 § 60 Nr. 4.
[941] BSG, Urteil v. 3.11.1999 – B 3 KR 4/99 R, in: SozR 3-2500 § 60 Nr. 4 insbesondere unter Hinweis auf § 133 Abs. 2 SGB V.

unter dem Gesichtspunkt gleichermaßen der ungerechtfertigten Bereicherung gem. §§ 812 ff. BGB analog bzw. eines allgemeinen öffentlich-rechtlichem Erstattungsanspruchs[942]. Soweit das Bundessozialgericht dennoch in einer Entscheidung vom 25.9.2001[943] die Ansicht vertritt, es könne bei vertragslosem Zustand im Leistungserbringerrecht nach bereicherungsrechtlichen Grundsätzen vorgegangen werden, ergeben sich ungeachtet des Vorstehenden zwei Probleme: Zum einen soll der Ersatzanspruch nach der Entscheidung entsprechend § 818 BGB der Krankenkasse gegenüber in Höhe des objektiven Verkehrswertes bestehen, so dass sich die mitunter sachlich wie rechtlich ausgesprochen komplizierte Frage erhebt, wie dieser leistungsbezogen konkret ermittelt werden soll. Überdies dürfte hier ggf. vorrangig innerhalb der Leistungsbeziehung zum Patienten auf Grundlage eines unter Umständen parallel bestehenden privatrechtlichen Beförderungsvertrages mit dem Versicherten zu kondizieren sein[944].

IV. Faktische Kostenübernahme im vertragslosen Zustand

Auch im vertragslosen Zustand sind Kostenübernahmen jedoch nicht schlechthin ausgeschlossen, wobei zwischen sog. Fortgeltungsklauseln im Rahmenvertrag nach gekündigter Entgeltvereinbarung und einem gänzlich vertragslosen Zustand etwa nach Genehmigungsneuerteilung oder Auslaufen der Fortgeltungsvereinbarung zu unterscheiden ist. Die zwischen Kostenträgern und Leistungserbringern nach § 133 Abs. 1 Satz 1 SGB V geschlossenen Rahmenverträge beinhalten vielfach Klauseln, wonach im Falle gekündigter Entgeltvereinbarung die bis dahin rechtswirksam vereinbarten Vergütungssätze solange fortgelten, bis neue Vergütungshöhen für die Einzelleistungen vereinbart sind. Selbst bei Fehlen derartiger Übergangsbestimmungen kann aber eine Kostenübernahme durch die Krankenkassen erfolgen, die dann jedoch rechtlich ebenso zu qualifizieren ist, wie bei anfänglich vertragslosem Zustand: als Leistung eines Drit-

---

[942] Das BSG, Urteil v. 30.1.2001 – B 3 KR 2/00 R, hat die Frage eines Anspruchs aus ungerechtfertigter Bereicherung ausdrücklich offengelassen, § 69 SGB V n.F. dabei jedoch nicht berücksichtigt.
[943] B 3 KR 15/00 R, in: SozR 3-2500, § 132a Nr. 1. Siehe auch LSG NRW, Urteil v. 13.2.2003 – L 5 KR 88/01 (unveröffentlicht und noch nicht rechtskräftig; Revision anhängig beim BSG – B 3 KR 2/03 R).
[944] Voraussetzung des Zustandekommens eines privatrechtlichen Beförderungsvertrages zwischen Leistungserbringer und Versichertem ist auf Grund des geltenden Sachleistungsprinzips stets der vor Inanspruchnahme der Leistung an den Patienten gerichtete Hinweis des Leistungserbringers, dass dieser im Falle der Zahlungsverweigerung durch die Krankenkasse selbst für die Kosten aufkommen muss, vgl. BSG, Urteil v. 9.10.2001 – B 1 KR 6/01 R, in: NJW 2002, S. 1365 f., 1366. Vgl. allgemein zum Grundsatz des Vorrangs der Leistungskondiktion Palandt-Sprau, BGB, 63. Aufl., § 812 Rn. 43 m.w.N.

ten gem. § 267 Abs. 1 S. 1 BGB oder Schuldbeitritt[945]. Die Krankenkassen dürften sich in der Praxis der faktischen Kostenübernahme in einer Höhe, die sich im Grenzbereich der wirtschaftlichen Verträglichkeit bewegt bzw. sich an gekündigten Entgeltvereinbarungen ohne Fortgeltungsklausel orientiert, regelmäßig bereits deshalb bedienen, um einstweiligen Rechtsschutzanträgen der Leistungserbringer möglichst von vorneherein einen Anordnungsgrund unter dem Gesichtspunkt existenzieller Gefährdung zu entziehen, zudem um Beschwerden von Patientenseite zu vermeiden. Fortgeltungsklauseln ermöglichen es den Krankenkassen durch die fortbestehende Bindung an die Rahmenvereinbarung eine Direktabrechnung der Leistungserbringer gegenüber den Versicherten und daraus ggf. resultierende erhöhte Erstattungsansprüche ebenso wie einen Kassenwechsel ihrer Versicherten zu verhindern.

V. Vergütungsanspruch aus abgetretenem Recht der Versicherten

Hiervon zu unterscheiden ist die Frage eines möglichen Vergütungsanspruchs aus abgetretenem Recht.

1.) Umwandlung des Sachleistungsanspruchs der Versicherten in einen Kostenerstattungsanspruch als Voraussetzung

§ 13 Abs. 3 SGB V bestimmt, dass die Krankenkasse einem Versicherten die Kosten für eine selbstbeschaffte Leistung zu erstatten hat, wenn sie eine unaufschiebbare Leistung nicht rechtzeitig erbracht oder die Leistung zu Unrecht abgelehnt hat. Die Vorschrift regelt über die für einzelne Leistungsarten nach §§ 2 Abs. 2 Satz 1, 13 Abs. 1 SGB V selbst vorgenommenen Ausnahmen vom Sach- und Dienstleistungsprinzip[946] eine Durchbrechung des Naturalleistungsprinzips in Fällen des Systemversagens[947], also für den Fall, dass das gesetzlich ausgestaltete Leistungserbringungssystem den betroffenen Versicherten die geschuldete medizinische Versorgung nicht zu erbringen imstande ist. Der Naturalleistungsanspruch wandelt sich um in einen verschuldensunabhängigen Schadensersatzanspruch aus Garantiehaftung des Krankenversicherungsträgers[948], der im

---

[945] Vgl. hierzu Schmitt, Leistungserbringung durch Dritte im Sozialrecht, 1990, § 5 VII. 3. b) (S. 258 f.). Die Auslegungsregel des § 329 BGB gelangt hier deshalb nicht entsprechend zur Anwendung, weil die Krankenkassen als Dritte hier nicht mit dem Schuldner sondern mit dem Gläubiger kontrahieren.
[946] Vgl. etwa §§ 27a Abs. 3, 29, 30 SGB V.
[947] So auch §§ 17, 18, 37 Abs. 4, 38 Abs. 4 SGB V.
[948] BSGE 73, 271 ff., 274.

wesentlichen in Geld[949], unter Umständen aber auch im Wege der Freistellung von einer Verbindlichkeit[950] zu leisten ist.

2.) Höhe eines möglichen Erstattungsanspruchs

Der damit als Ausnahme unter Umständen bestehende Kostenerstattungsanspruch unterfällt, anders als der Sach- bzw. Dienstleistungsanspruch, nicht dem Abtretungsverbot des § 53 Abs. 1 SGB I. Während sich die Höhe der Kostenerstattung in den i.S.v. § 13 Abs. 1 SGB V zugelassenen Fällen nach den jeweiligen gesetzlichen Vorschriften richtet, sind dem Versicherten in den Fällen des Absatzes 3 die für die notwendigen Leistungen aufgewandten Kosten einschließlich Mehraufwendungen, die dadurch entstehen, dass er die Kassenleistungen nicht unmittelbar in Anspruch nehmen konnte, zu erstatten. Dies ergibt bereits der Wortlaut der Vorschrift, der ausdrücklich eine Kostenerstattung in der entstandenen Höhe vorsieht[951]. Rechtsgrundlage für den Kostenübernahmeanspruch der Versicherten gegenüber ihrer Krankenkasse bildet indes § 60 SGB V, wonach der Kostenträger notwendige Fahrtkosten mit Ausnahme des Eigenanteils des Versicherten zu übernehmen hat. Dessen Absatz 3 Nr. 3, wonach eine Übernahme der Kosten durch die Krankenkassen der Höhe nach ausdrücklich an § 133 SGB V gekoppelt ist, bewirkt abweichend von der nach Vorgesagtem grundsätzlich im Rahmen von § 13 Abs. 3 SGB V nicht bestehenden betragsmäßigen Begrenzung der Erstattungsfähigkeit, dass bei fehlender Vergütungsvereinbarung lediglich derjenige Betrag erstattungsfähig sein kann, der anderweitig für ein vergleichbares Transportmittel zwischen den Krankenkassen bzw. deren Verbänden und Leistungserbringern vereinbart worden ist[952]. Der vom Versicherten zu tragende Eigenanteil ist als Zuzahlungsbetrag und damit Wert, um den das Vermögen des Versicherten auch bei ordnungsgemäßer (sach-) Leistungserbringung vermindert worden wäre, nach dem normativen Schadensbegriff vom dem so ermittelten Erstattungsbetrag in Abzug zu bringen[953]. Auch ein u.U. bestehender Vergütungsanspruch des Leistungserbringers aus fremdem Recht würde folglich im Ergebnis die vom Bundessozialgericht in seiner Entscheidung vom 29.11.1995[954] gezogenen Grenzen der Höhe nach nicht überschreiten.

---

[949] § 251 Abs. 1 BGB.
[950] § 257 BGB, vgl. auch BSG SozR 3-2500 § 13 Nr. 14 u. 17.
[951] Die in § 13 Abs. 2 SGB V vorgesehene Begrenzung gilt daher nicht. A.A. wohl Noftz, in: Noftz (Hrsg.), SGB V, Band 1, Stand: Juli 2003, § 13 Rn. 52.
[952] Hencke, in: Peters (Hrsg.), Handbuch der Krankenversicherung Teil II, Band 3, 19. Aufl., Stand: 15.4.2002, § 133 Rn. 7.
[953] Vgl. BSGE 70, 24 zur Rezeptblattgebühr.
[954] BSG, Urteil v. 29.11.1995 – 3 RK 32/94, in: RD 1997, S. 78 ff. (LS 1).

3.) Bestehen eines abtretbaren Kostenerstattungsanspruchs

Zu untersuchen ist, unter welchen Voraussetzungen ein abtretbarer Kostenerstattungsanspruch des Versicherten nach den genannten Vorschriften überhaupt bestehen kann, wann also die Krankenkasse ihrer Leistungsverschaffungspflicht nicht hinreichend genügt.
Grundvoraussetzung für einen Schadensersatzanspruch nach § 13 Abs. 3 SGB V ist zunächst ein sich aus dem materiellen Leistungs- und Leistungserbringungsrecht des SGB V ergebender Primäranspruch auf die Sach- oder Dienstleistung[955]. Gemäß § 60 V besteht ein Anspruch auf Übernahme der Fahrtkosten als Regelsachleistung dann, wenn, was für den Regelfall unterstellt werden kann, die gesetzlichen Voraussetzungen erfüllt sind und unter dem Gesichtspunkt der medizinisch indizierten Notwendigkeit im Einzelfall auch für die Hauptleistung ein Rechtsanspruch gegeben ist[956]. Legt man den gesetzlichen Regelfall des § 2 Abs. 2 Satz 2 SGB V zugrunde, wonach die Kostenträger dem Sachleistungsprinzip durch Rahmenvereinbarungen mit den Leistungserbringern bzw. deren Verbänden genügen, so gilt es zu ermitteln, inwieweit die gesetzlichen Krankenkassen im vertragslosen Zustand, d.h. regelmäßig in der Übergangsphase bis zum Abschluss einer (neuen) Rahmenvereinbarung, verschuldensunabhängig auf Schadensersatz haften.

a) Fortgeltungsklauseln und Notfallrettung als Sonderfall

Festzustellen bleibt diesbezüglich vorab, dass ein Erstattungsanspruch bei Bestehen einer Fortgeltungsklausel im Rahmenvertrag generell ausgeschlossen ist, weil die Krankenkasse ihrer „Naturalleistungspflicht" dann fortwirkend auf vertraglicher Grundlage genügt und ein Erstattungsanspruch des Versicherten nicht zur Entstehung gelangen kann.
Unproblematisch wird im Übrigen ein Erstattungsanspruch nach § 13 Abs. 3 1. Alt. SGB V bei Inanspruchnahme eines vertragslosen Leistungserbringers im Bereich der Notfallrettung sein, nachdem die Notfallrettung eingangs als der Fall einer unter (notfall-) medizinischen Gesichtspunkten unaufschiebbaren Leistung schlechthin zu definieren war. Dies gilt auch dann, wenn andere Leistungserbringer vorhanden sind, mit denen die Krankenkasse direkt abrechnet und auf diesem Wege die Sach- bzw. Dienstleistung anbietet, da hier - von vereinzelten Konstellationen bei Sekundärtransporten abgesehen - Auswahlmöglichkeiten nicht bestehen. Insoweit greift weder die vom Bundessozialgericht -

---

[955] BSGE 70, 24; 73, 146.
[956] Siehe hierzu die Richtlinien des Gemeinsamen Bundesausschusses über die Verordnung von Krankenfahrten, Krankentransportleistungen und Rettungsfahrten (Krankentransport-Richtlinien) in der Fassung vom 22.1.2004, BAnz Nr. 18 v. 28.1.2004.

auf der vorgelagerten Ebene, ob sich nicht ein Systemversagen noch vermeiden lässt - dem Versicherten auferlegte Pflicht, das nach den Umständen Erforderliche zu tun, um sich die notwendige Leistung innerhalb des (Sachleistungs-) Systems zu verschaffen[957] noch die dem sozialversicherungsrechtlichen Gebot zu wirtschaftlichem Verhalten entstammenden Nebenpflicht zur Schadensminderung[958] ein, nachdem es dem Versicherten regelmäßig nicht zuzumuten sein dürfte, diesen Pflichten zu genügen.

b) Sachleistungsgewährung durch faktische Kostenübernahme

Inwieweit die kostenträgerseits erklärte bzw. praktizierte faktische Kostenübernahme als ausreichende Leistungserbringung i.S.d. Sachleistungsprinzips zu qualifizieren ist, gilt es nun für Notfallrettung und Krankentransport einheitlich zu klären.

Im Bereich des Krankentransports kann sich - wiederum unter Zugrundelegung der eingangs erarbeiteten Begriffsinhalte - angesichts der Disponibilität der Leistung ein Erstattungsanspruch allein auf Grund rechtswidriger Leistungsablehnung ergeben, sofern die Fahrkostenerstattung nicht im Zusammenhang mit einer ihrerseits unaufschiebbaren medizinischen Leistung für den Versicherten steht.

Fraglich ist, ob nicht die Krankenkasse dadurch, dass sie sich entweder ohne vertragliche Grundlage rein tatsächlich zur Kostenübernahme bereit zeigt oder anderen Leistungserbringern, an die sich der Versicherte wenden kann, eine Direktvergütung gewährt, ihrer Leistungsverschaffungspflicht gegenüber den Versicherten hinreichend genügt. Zumindest dem auf Grund des landesrechtlichen Sicherstellungsauftrages stets vorhandenen öffentlichen Rettungsdienst werden die entsprechenden Einsätze regelmäßig selbst bei bestehender Gebührensatzung im Wege einer Sachleistungsrahmenvereinbarung direkt vergütet. Dessen Leistungen können die Versicherten stets in Anspruch nehmen.

(1) Erfüllung des Sachleistungsprinzips

Wesentlicher Inhalt des Naturalleistungsprinzips ist die Verpflichtung der Kostenträger, den Versicherten die Sach- oder Dienstleistungen vollkostenfrei oder, bei gesetzlich vorgegebener Kostenbeteiligung[959], teilkostenfrei zu verschaffen[960]. Begreift man vor dem Hintergrund des Bestehens von Versorgungsverträgen als Regelfall gemäß §§ 2 Abs. 2 Satz 2 SGB V den vertragslosen Zustand

---

[957] BSG, Urteil v. 10.2.1993 – 1 RK 31/92, in: NZS 1993, 312, 313.
[958] Vgl. BSGE 73, 271 ff., 289.
[959] Diese besteht hier im sog. Eigenanteil gem. § 60 Abs. 2 SGB V.
[960] BSGE 69, 170.

für sich genommen als einen Fall des Systemversagens, so sind die Krankenversicherungsträger nicht gehindert, diesen Zustand in einer Weise auszugleichen, die sicherstellt, dass der Versicherte die notwendige Leistung dennoch kostenfrei erhält. Dies kann beispielsweise durch Vereinbarungen mit den Versicherten und einzelnen Leistungserbringern geschehen, die, obwohl es sich nicht um Rahmenverträge im eigentlichen Sinne handelt, auf eine voll- oder teilkostenfreie Leistungsverschaffung abzielen[961], ohne dass es nach der ratio des Sachleistungsprinzips darauf ankäme, wer Primärschuldner des Vergütungsanspruchs des Leistungserbringers wird. Die (rahmen-) vertragslose Kostenübernahme, wird dieser Zielsetzung in vollem Umfang gerecht, gleich ob diese im Einzelfall als Drittleistung nach § 267 BGB analog oder gewillkürter Schuldbeitritt qualifiziert wird[962].
Festzuhalten bleibt damit, dass es bei praktizierter Kostenübernahme seitens der Kostenträger im Einzelfall an der mangelnden Verschaffung der Naturalleistung im Sinne eines Systemversagens fehlt und ein (abtretbarer) Kostenerstattungsanspruch nicht entsteht.
Lehnt der Leistungserbringer die Kostenübernahme für eine Leistung dem Kostenträger gegenüber ab[963], so kann er seinen Vergütungsanspruch lediglich auf zivilrechtlicher Grundlage gegen den Versicherten selbst geltend machen, was in der Praxis mit einem erhöhten Verwaltungskostenaufwand und dem Verlust eines solventen Schuldners einhergehen dürfte.

(2) Das Recht auf freie Leistungserbringerauswahl

Sofern der jeweilige Kostenträger identische Sachleistungen anderer zugelassener Leistungserbringer, derer sich die Versicherten bedienen können, vergütet, kollidiert das auch im Bereich rettungsdienstlicher Leistungen bestehende Recht der Versicherten auf freie Wahl des Leistungserbringers[964] mit ihrer Verpflichtung, grundsätzlich das ihrerseits nach den Umständen erforderliche zu tun, um sich die notwendige Leistung innerhalb des (Sachleistungs-) Systems zu verschaffen[965]. Die Schwelle, ab der das grundsätzliche Recht auf freie Leistungserbringerwahl in zulässiger Weise eingeschränkt wird, ist allerdings bei Krankentransportleistungen ebenso wie bei Lieferanten von Heil- und Hilfsmitteln im Verhältnis zur vertragsärztlichen Versorgung angesichts des geringeren

---

[961] In diese Richtung bereits BSGE 73, 271 ff., 286, wo beispielhaft eine Schuldübernahme und ein Vertrag zugunsten Dritter genannt werden.
[962] Der Unterschied liegt hier im Ergebnis darin, dass der Schuldbeitritt einen Anspruch gegen den Kostenträger begründet.
[963] Dies ist bei fehlendem Schuldbeitritt wegen § 267 Abs. 2 BGB grundsätzlich nur eingeschränkt möglich.
[964] Vgl. den Hinweis in BSGE 77, 119 ff., 124 sowie § 76 SGB V.
[965] Vgl. hierzu Noftz, in: Noftz (Hrsg.), SGB V, Band 1, Stand: Juli 2003, § 13 Rn. 54 m.w.N.

Moments an persönlicher Leistungserbringung[966] geringer anzusetzen, zumal selbst dort die Wahl eines nicht an der vertragsärztlichen Versorgung teilnehmenden Arztes durch den Versicherten der Rechtfertigung durch einen zwingenden Grund bedarf[967]. Infolgedessen wird das Recht auf freie Auswahl des Leistungserbringers durch die kostenträgerseits eröffnete Möglichkeit (teil-) kostenfreier Inanspruchnahme eines anderen, erreichbaren Leistungserbringers grundsätzlich zulässig beschränkt. Ein abtretbarer Kostenerstattungsanspruch wird nicht begründet[968].

VI. Zwischenergebnis

Als Zwischenergebnis bleibt festzustellen, dass private Leistungserbringer im Rahmen ihrer rettungsdienstrechtlich vorgesehenen Befugnis zu staatsunabhängiger Erbringung rettungsdienstlicher Leistungen auf genehmigter Grundlage prinzipiell auf den Abschluss einer Vergütungsvereinbarung mit den Kostenträgern angewiesen sind. Anders als die öffentlichen Rettungsdienste, deren Vergütungshöhe landes- bzw. ortsrechtlich einseitig festgesetzt wird, sind sie nur auf diesem Wege in der Lage, einen Vergütungsanspruch in angemessener Höhe zu begründen.

C. Zentraler Vertragsbestandteil Entgelthöhe und Bindung an den Grundsatz der Beitragssatzstabilität

Es gilt somit zu ermitteln, wie sich die zu vereinbarande Entgelthöhe als der entscheidende Vertragsbestandteil bestimmen lässt, was sowohl für den Fall der konsensualen Bestimmung im Verhandlungswege als auch und insbesondere bei Meinungsverschiedenheiten zwischen Leistungserbringern und Kostenträgern gilt. Der Gesetzgeber ging bereits hinsichtlich der Vorgängernorm des § 376 d RVO von der Vertragsbereitschaft der Parteien aus und verzichtete daher auf eine (Schiedsstellen-) Regelung für den Fall der Nichteinigung[969]. Trifft das Gesetz daher für den Fall einer Systemstörung durch Fehlen einer Vergütungsvereinbarung keine Regelung, so besteht eine planwidrige Regelungslücke, die es zu schließen gilt[970].

---

[966] Vgl. §§ 15 Abs. 1 Satz 1, 28 Abs. 1 SGB V.
[967] Vgl. § 76 Abs. 2 SGB V.
[968] Etwas anderes gilt gemäß § 13 Abs. 3 2. Alt. SGB V für den Fall der zu Unrecht verweigerten Genehmigungserteilung bei Fahrten zu ambulanten Behandlungen nach § 60 Abs. 1 Satz 3 SGB V n.F. i.V.m. §§ 9 i.V.m. 6 Abs. 3 oder 8 der Krankentransport-Richtlinien i.d. Fassung v. 22.1.2004.
[969] Vgl. BT-Drs. 9/845, S. 16.
[970] So bereits BSGE 73, 271 ff., 292 für einen Rahmenvertrag nach § 125 SGB V.

Was zunächst die Struktur der zu vereinbarenden Vergütung betrifft, so bilden regelmäßig die im Wege der Umlage der Gesamtkosten auf die Gesamtzahl der Einsätze ermittelten Kosten je Einsatz als Maßstabseinheit die Grundlage der Preisgestaltung rettungsdienstlicher Leistungen[971], die sich je nach Einsatzart (Notfallrettung mit oder ohne Notarzt, Krankentransport) und -dauer (regelmäßig gemessen an der durchschnittlichen Einsatzentfernung in Kilometern) strukturell verschiedenartig niederschlagen. Dabei wird regelmäßig, dem Aufbau der kommunalen Gebührensatzungen entsprechend, eine je nach der regionalen (Markt-) Beschaffenheit entweder vergleichsweise niedrig oder höher angesetzte (Grund-) Pauschale vereinbart, die dann vielfach durch zusätzliche Entgeltbestandteile, die etwa bei Überschreiten der für den Betriebsbereich ermittelten durchschnittlichen Einsatzdauer um bestimmte Zeitintervalle[972], regelmäßig aber ab Überschreiten einer bestimmten, noch von der Pauschale erfassten km-Entfernung je km[973] gewährt werden, ergänzt wird. Die Gestaltungen sind hier so vielfältig wie die regionalen Bevölkerungs- und Einsatzstrukturen in verschiedenen Betriebsbereichen[974]. So kann beispielsweise bei entsprechend hoher durchschnittlicher Einsatzentfernung und damit Dauer die Vereinbarung einer relativ niedrigen Grundpauschale mit einer korrespondierend hohen Vergütung für zusätzliche Wegstrecken pro km bzw. entsprechend bemessenen Zeitintervallen aus Leistungserbringersicht günstiger sein als eine höhere Grundpauschale und umgekehrt. Die Kosten je Einsatz werden vom Leistungserbringer kalkuliert und sind dann mit den Kostenträgern bezüglich ihrer Anerkennungsfähigkeit und letztendlichen Ausgestaltungsform im Einzelnen zu verhandeln, wobei sich die Kosten je Einsatz bzw. die einzelnen Entgeltkomponenten zumindest zur Wahrung des sich aus § 133 SGB V ergebenden Kontrahierungsanspruchs innerhalb der Grenzen bereits bestehender Vereinbarungen bzw. Gebührensätze bewegen müssen.

I. Bindung an den Grundsatz der Beitragssatzstabilität

Im Rahmen der staatsunabhängigen Leistungserbringung ist die Vergütungshöhe, anders als bei einseitig hoheitlicher Gebührenfestsetzung im öffentlichen Rettungsdienst, prinzipiell allein bei Neuverhandlung von Entgelten für eine bestimmte Leistungsart innerhalb dieser Grenze weitgehend frei verhandelbar, also wenn für die jeweilige Leistungsart, d.h. entweder Notfallrettung und/oder Krankentransport, mit dem Vertragspartner auf Kostenträgerseite noch keine

---

[971] Büch/Koch, Wirtschaftlichkeit im Rettungsdienst, 1998, S. 12 f.
[972] Vgl. OVG Münster, Urteil v. 26.10.1990 – 9 A 369/89, in: NWVBl. 1991, 202.
[973] Vgl. VG Arnsberg, Urteil v. 18.3.1983 – 3 K 1021/82.
[974] Eine interregionale Vergleichsbetrachtung findet sich bei Büch/Koch, Wirtschaftlichkeit im Rettungsdienst, 1998, S. 12 f.

Vergütungsvereinbarung besteht. Dies deshalb, weil außerhalb hoheitlicher Entgeltfestsetzung auf landes- bzw. ortsrechtlicher Grundlage der in § 133 Abs. 1 SGB V niedergelegte Landesvorbehalt nicht eingreift und die Vertragspartner insoweit vollumfänglich an sowohl den Grundsatz der Beitragssatzstabilität an sich als auch die diesen konkretisierende Veränderungsrate gebunden sind. Hinsichtlich der Rangfolge der Bemessungskriterien bei Vergütungsvereinbarungen hat das Bundessozialgericht bereits mit Urteil vom 10.5.2000[975] festgestellt, dass dem Grundsatz der Beitragssatzstabilität als verbindlicher gesetzlicher Vorgabe Vorrang vor anderen Kriterien der Festsetzung der Vergütung zukommt. Dies entspricht den obigen Ausführungen zur praktischen Relevanz sowohl des Sicherstellungsauftrages als auch der Empfehlungen der Konzertierten Aktion im Gesundheitswesen, wobei die Gebührenfestsetzungsrechte auf landes- bzw. ortsrechtlicher Ebene unberührt bleiben.

Die Anbindung an den Grundsatz der Beitragssatzstabilität führt praktisch dazu, dass sich bei bestehender Vergütungsvereinbarung mit den Kostenträgern nach sozialversicherungsrechtlichen Grundsätzen eine künftige Erhöhung lediglich im Umfang der festgesetzten Grundlohnsummensteigerungsrate[976] erzielen lässt. Auf die Frage, ob und inwieweit das zumindest im vertragsärztlichen Bereich geltende Recht auf angemessene Vergütung[977] innerhalb des Beitragssatzstabilitätsgrundsatzes zu berücksichtigen ist[978], kommt es daher in diesem Fall praktisch nicht an, zumal andere Leistungsbereiche den Grundsatz der Vergütungsangemessenheit ausdrücklich nicht normieren. Die Auswirkungen der Bindung werden noch dadurch verstärkt, dass es sich bei der periodisch festgesetzten Veränderungsrate um eine gesetzliche Obergrenze handelt, die zwar im Verhandlungswege unterschritten, grundsätzlich jedoch bis auf wenige Ausnahmen nicht überschritten werden darf, so dass grundsätzlich keine Verhandlungsspielräume bestehen, eine die Beitragssatzstabilität gefährdende Vergütungshöhe zu vereinbaren[979]. Ein Rechtsanspruch auf diese Obergrenze besteht darüber hinaus

---

[975] B 6 KA 20/99 R, in: SGb 2001, S. 679 ff., 685 f. allerdings zunächst allein bezogen auf die Gesamtvergütung in der vertrags(zahn)ärztlichen Versorgung nach § 85 SGB V. Kritisch hierzu unter Hinweis auf einen aus Art. 12 Abs. 1 GG ableitbaren subjektiven Rechtsanspruch auf angemessene Vergütung Wimmer, Beitragssatzstabilität in der gesetzlichen Krankenversicherung - und keine angemessene vertragsärztliche Vergütung ?, in: MedR 2001, S. 361 f. m.w.N. u.a. zur abweichenden Ansicht des Kassenarztsenates des BSG, vgl. etwa BSGE 75, 187, 189; SozR 3-5555, § 10 Nr. 1, S. 5 f.
[976] Vgl. hierzu § 267 Abs. 1 Nr. 2 SGB V.
[977] § 72 Abs. 2 SGB V. Vgl. aber auch BSG, Urteil v. 12.10.1994 – 6 RKa 5/94, in: NJW 1995, S. 3075.
[978] Vgl. hierzu Sodan, Die Relativität des Grundsatzes der Beitragssatzstabilität, in: NZS 1998, S. 497 ff., 503 m.w.N.; Spoerr, Haben Ärzte ein Recht auf angemessenes Honorar ?, in: MedR 1997, S. 342 ff.
[979] Limpinsel, in: Jahn, SGB V, Stand: 01/2004, § 71 Rn. 2 u.3.

nicht ipso facto, sondern lediglich bei entsprechendem Nachweis eines Kostenanstieges durch den Leistungserbringer.

II. Durchbrechung der Bindung an die Beitragssatzstabilität

1.) Die Ausnahmetatbestände des § 71 SGB V

Eine Durchbrechung der Regelbegrenzung durch den Grundsatz der Beitragssatzstabilität und die Bindung an die Veränderungsrate sieht das Gesetz ausdrücklich nur in zwei Ausnahmefällen vor:
Zunächst nach § 71 Abs. 1 Satz 1 2. HS SGB V für den Fall, dass die notwendige Versorgung innerhalb der gesetzlichen Krankenversicherung, der Verfassungsrang zukommt, auch unter Ausschöpfung aller bekannten Wirtschaftlichkeitsreserven nicht mehr mit den bisherigen Beitragssätzen finanzierbar ist, Beitragssatzerhöhungen also von daher geboten sind[980]. Auch der Grundsatz der Beitragssatzstabilität geht daher vom Vorrang der Sicherung der angemessenen Versorgung der Versicherten aus[981]. Zumindest für einzelne Leistungserbringer wird dabei eine Gefährdung der Sicherstellung flächendeckender rettungsdienstlicher Versorgung kaum nachweisbar sein. Hinzu kommt der für den Rettungsdienstträger ohnehin parallel bestehende (landes-) gesetzliche Sicherstellungsauftrag, dem angesichts der betroffenen Rechtsgüter Leben und Gesundheit als grundrechtlich determiniertem Leistungsrecht gleichfalls besondere Bedutung beizumessen ist. Des Weiteren ist auf nachgelagerter Ebene eine Überschreitung der Veränderungsrate bei Vergütungsvereinbarungen dann zulässig, wenn die entstehenden Mehrausgaben durch Einsparungen in anderen Leistungsbereichen ausgeglichen werden, § 71 Abs. 2 Satz 2 SGB V. Dies gilt jedoch nur, wenn die Einsparungen entweder bereits erreicht sind oder diese vertraglich abgesichert werden, was für rettungsdienstliche Leistungen vorerst nicht automatisch von der Aufsichtsbehörde im Wege des Prüfvorlageverfahrens überprüft wird[982]. Denkbar wäre hier eine Geltendmachung von Einsparungen analog der Verschiebung von Vergütungsanteilen zwischen dem ambulanten und stationären Bereich innerhalb der Krankenhausfinanzierung beispielsweise dann, wenn sich der Anteil des Krankentransportaufkommens innerhalb des öffentlichen Rettungsdienstes zugunsten von mehr staatsunabhängiger Leistungserbringung verringert und sich infolgedessen die Zahlungen der Krankenkassen auf Grundlage der in der Regel vergleichsweise höheren Satzungsgebühren zugunsten günstigerer Anbieter verringern.

---

[980] Siehe auch § 133 Abs. 1 S. 3 SGB V.
[981] Orlowski, in: HenckeHeberlein, SGB V, Stand: 03/2000, § 71 Rn. 16.
[982] Arg e § 71 Abs. 4 SGB V.

2.) Fehlen einer wirksamen Ausgangsvereinbarung

Eine Begrenzung der Vergütungsanhebung findet mangels wirksamer Ausgangsvereinbarung überdies dann nicht statt, wenn die vorangegangene Entgeltvereinbarung nichtig und damit unwirksam ist, die Situation folglich der einer Neuverhandlung der Entgelte entspricht. Die Nichtigkeit der Entgeltvereinbarung kann sich dabei insbesondere aus einem Verstoß gegen ein gesetzliches Diskriminierungsverbot bzw. den Gleichbehandlungsgrundsatz[983] i.V.m. § 134 BGB analog ergeben. Diese bürgerlich-rechtliche Vorschrift, die die Nichtigkeit eines Rechtsgeschäfts wegen Verstoßes gegen ein gesetzliches Verbot anordnet, ist, da es sich im Rahmen von § 133 SGB V um rechtsgeschäftliche, d.h. vertragliche Regelungen, handelt und insoweit entgegenstehende Bestimmungen des SGB V nicht ersichtlich sind, unter Berücksichtigung der Gesetzesbegründung zur Neuregelung von § 69 SGB V nach dessen Satz 3 ebenso entsprechend anwendbar wie nach § 58 Abs. 1 SGB X[984]. Ergibt die Untersuchung einer Gleichbehandlungspflicht der Krankenkassen gegenüber unterschiedlichen Leistungserbringern damit das Eingreifen eines Diskriminierungsverbotes und seine Verletzung, so wäre die unter Verstoß hiergegen getroffene Vergütungsvereinbarung wegen Verstoßes gegen das im konkreten Fall anwendbare Diskriminierungsverbot als Verbotsnorm nichtig. Eine tatsächlich praktizierte Vergütungsregelung ist dann unbeachtlich, wenn die Höhe des Entgelts unangemessen ist und auf der Ausnutzung einer Machtstellung eines Vertragspartners beruht[985]. Die nach Neufassung des § 69 SGB V maßgebende einheitlich öffentlich-rechtliche Betrachtung steht dem nicht entgegen, nachdem hierdurch allenfalls das kartellrechtliche Diskriminierungsverbot materiell unanwendbar wäre, nicht jedoch ein etwaiges Diskriminierungsverbot nach spezifisch sozialversicherungsrechtlichen Grundsätzen, vor allem aber das Gleichbehandlungsgebot nach Art 3 Abs. 1 GG. Grundrechtsverstöße öffentlich-rechtlicher Vertragspartner führen dabei grundsätzlich zur Nichtigkeit eines Rechtsgeschäfts nach § 134 BGB[986]. Entsprechendes gilt für einen Verstoß gegen das gemeinschaftsrechtlich Diskriminierungsverbot des Art. 82 EGV[987].

---

[983] Vgl. hierzu unten S. 215 f. u. 234 f.
[984] Vgl. BT-Drs. 14/1245, S. 68, wonach abweichend von der bisher überwiegenden Auffassung alle Leistungsbeschaffungsverträge der Krankenkassen mit Leistungserbringern als öffentlich-rechtliche Verträge zu qualifizieren sind.
[985] Kleinmann, Die Rechtsnatur der Beziehungen der gesetzlichen Krankenkassen zu den Leistungserbringern, in: NJW 1985, S. 1367 ff., 1371.
[986] MüKo-Mayer-Maly/Armbrüster, BGB, Band 1, 4. Aufl. 2001, § 134 Rn. 33.
[987] So die h.M. in der Literatur, vgl. Möschel, in: Immenga/Mestmäcker, EG-Wettbewerbsrecht, Bd. I, Art. 86 Rn. 27; Emmerich, in: Dauses, Handbuch des EU-Wirtschaftsrechts, Stand: April 2003, H.I Rn. 252 a, 253 a; Jung, in: Grabitz/Hilf (Hrsg.), Das Recht der Europäischen Union, Bd. 2, Stand: August 2003, Art. 82 Rn. 280; a.A. Dirksen, in:

Vergleichbar wird der Fall zu behandeln sein, dass die Parteien entgegen ihrer beschränkten Abschlusskompetenz in einem bereits bestehenden Rahmenvertrag unzulässige, weil über reine Vergütungs- und Abrechnungsabreden hinausgehende Vereinbarungen getroffen haben. Diese wären ebenfalls verbotswidrig und somit nichtig, was gemäß § 58 Abs. 3 SGB X im Zweifel die Gesamtnichtigkeit der Vereinbarung einschließlich der Entgeltabrede zur Folge hätte. Nachdem die Rahmenvereinbarungen den Leistungserbringern trotz fehlenden einseitigen Bestimmungsrechts bislang regelmäßig von den Kostenträgern vorgegeben wurden, dürfte den Krankenkassen der ihnen obliegende Nachweis[988], dass das Rechtsgeschäft, d.h. im wesentlichen die Vergütungsabrede, auch ohne den nichtigen Teil vorgenommen worden wäre, nur schwer gelingen.

D. Orientierung an üblicher Vergütungshöhe (Durchschnittspreis)

I. Entsprechende Anwendung von § 632 Abs. 2 BGB

1.) Zivilgerichtliche Rechtsprechung

Die konkrete Bemessung der Entgelthöhe erfolgte seitens der Zivilgerichte mangels ausdrücklicher Regelung im Recht der gesetzlichen Krankenversicherung zunächst vereinzelt anhand der Richtschnur der taxmäßigen bzw. üblichen Vergütung, § 632 Abs. 2 BGB[989]. Zugrunde lag dem neben dem seinerzeit herrschenden zivilrechtlichen Verständnis des Rechtsverhältnisses zwischen gesetzlichen Kostenträgern und nichtärztlichen Leistungserbringern[990] die gegenständlich zutreffende Qualifizierung von Transportverträgen im rettungsdienstlichen Bereich als Werkvertrag[991]. Mangels Fortgeltung des ursprünglichen Rahmenvertrages und damit konkreter Bestimmung, und da die angemessene Vergütung auch anderweitig als kaum bestimmbar angesehen wurde, sollte nach bürgerlichem Recht die *übliche Vergütung*[992] als vereinbart gelten, deren Feststellung anhand der Kriterien erfolgen sollte, ob eine Vergütung in einer bestimmten Höhe in einer Vielzahl von Fällen bezahlt werden muss bzw. tatsächlich bezahlt

---

Langen/Bunte (Hrsg.), Kommentar zum deutschen und europäischen Kartellrecht, 9. Aufl. 2001, Art. 86 Rn.208.
[988] Vgl. BGHZ 45, 376 ff., 380.
[989] LG Köln, Urteil v. 8.12.1987 – 11 S 50/87, in: NJW-RR 1988, S. 1016 ff., 1018 f.
[990] Vgl. GmS-OGB, Beschluss v. 10.4.1986 – GemS – OGB 1/85, in: JZ 1986, 1007; BGH, Urteil v. 26.10.1961 – KZR 1/61, in: NJW 1962, 196.
[991] LG Köln, Urteil v. 8.12.1987 – 11 S 50/87, in: NJW-RR 1988, S. 1016 ff., 1018.
[992] Auf die öffentlichen Gebührensätze als *taxmäßige* Vergütung konnte deshalb nicht abgestellt werden, weil diese ja gerade die staatsunabhängige Leistungserbringung nicht erfassten.

wird, oder die übereinstimmende Meinung der beteiligten Verkehrskreise besteht, dass eine Vergütung in der betreffenden Höhe zu zahlen ist[993].
Als Vergleichsmaßstab wurde zwar zunächst die die Leistungen des öffentlichen Rettungsdienstes vergütende Satzungsgebühr in Betracht gezogen, deren Geltung jedoch mit dem kurzen Hinweis darauf, dass die im öffentlichen Rettungsdienst tätigen freiwilligen Hilfsorganisationen auch Leistungen der Notfallrettung erbrächten und infolgedessen ungünstigeren betriebswirtschaftlichen Kalkulationsmaßstäben unterlägen, verneint[994].
Das Argument mangelnder kalkulatorischer Vergleichbarkeit der Entgeltbemessung innerhalb des öffentlichen Rettungsdienstes auf der einen und bei Privatunternehmen auf der anderen Seite gilt es hier von der teilweise im Rahmen des Diskriminierungsverbotes vorzufindenden und hiermit vermengten Begründung, dass die einseitig festgelegten Gebührensätze kostenträgerseits auf Grundlage des landesrechtlichen Regelungsvorbehaltes ohnehin fest vorgegeben seien[995], zu unterscheiden.
Stellt die landesrechtliche Gebührenhoheit, vorerst abgesehen von der Frage, ob sie im Ergebnis auch für sich eine Ungleichbehandlung der Leistungserbringer rechtfertigen kann, tatsächlich ein zumindest als solches anerkennungswürdiges Differenzierungskriterium dar, so wirkt sie sich nach den dargestellten Grundsätzen jedoch bezüglich der Gebührenhöhe in der Regel nicht in der vom Landgericht Köln festgestellten Weise ungünstig sondern vorteilhaft für die in den öffentlichen Rettungsdienst eingebundenen Leistungserbringer aus.

Ob der öffentliche Rettungsdienst im Verhältnis zu Privatunternehmern rein kalkulatorisch tatsächlich ungünstigeren Voraussetzungen unterliegt, erscheint im Übrigen nicht frei von Zweifeln:
Die für die Entgeltbemessung wesentlichen Parameter der Personal- und Sachkosten[996] stehen angesichts tariflicher Vergaben bzw. (orts-) üblicher Gehaltsstrukturen sowie einheitlicher gesetzlicher Anforderungen an die Beschaffenheit der Rettungs- und sonstigen Sachmittel für sämtliche Leistungserbringer weitgehend fest. Privatunternehmen haben sich nach den zwingenden (landes-)gesetzlichen Vorgaben für die Erbringung der gleichen Leistung der gleichen

---

[993] LG Köln, Urteil v. 8.12.1987 – 11 S 50/87, in: NJW-RR 1988, S. 1016 ff., 1019.
[994] LG Köln, Urteil v. 8.12.1987 – 11 S 50/87, in: NJW-RR 1988, S. 1016 ff., 1019.
[995] Vgl. hierzu SG Düsseldorf, Urteil v. 14.3.2003 - S 34 KR 218/00, S. 9 der Urteilsausfertigung; BGHZ 114, 218 ff., 233.
[996] Die Gesamtkosten je Vorhaltestunde lassen sich durchschnittlich wie folgt aufteilen: Kosten des Einsatzpersonals 63 %; Kfz-Kosten 11 %; rettungsdienstspezifischen Kosten 10 %; Verwaltungs- und Abrechnungskosten 7 %; Leitstellenkosten (vornehmlich Personal) 6 %; Gebäudekosten Rettungswache 4 %; Kosten für Aus-, Fort- und Weiterbildung 1 %, vgl. die Darstellung bei Büch/Koch, Wirtschaftlichkeit im Rettungsdienst, 1998, 2.5.2, Tabelle 4.

personellen wie sachlichen Mittel zu bedienen[997], was bezüglich der Personalvergütung jedenfalls dann gilt, wenn sich das Einsatzpersonal des öffentlichen Rettungsdienstes nicht im wesentlichen aus Beamten der Berufsfeuerwehren sondern aus hauptamtlichen Kräften eingebundener gemeinnütziger Hilfsorganisationen, bei denen es sich ebenfalls um Privatrechtssubjekte handelt, rekrutiert. Weiterhin als feststehende Größe zu behandeln ist der sog. Stellenschlüssel. Dabei handelt es sich um die rechnerisch ermittelte (Personal-) Stellenzahl, die für die Vorhaltung bzw. einsatzbezogene Besetzung eines Rettungsmittels für einen bestimmten, durch die Bedarfsplanung bzw. die in der Genehmigungsurkunde ausgewiesene Betriebszeit vorgegebenen, Zeitraum erforderlich ist[998]. Weitere für alle Leistungserbringer feststehende Faktoren sind das allein durch die Nachfrage bestimmte Fahrtenaufkommen und die damit einhergehende Auslastung der Rettungsmittel. Die durchschnittliche Auslastung, d.h. die Anzahl der in einem bestimmten Zeitraum durchgeführten Einsätze, ist auch im disponiblen Krankentransport durch rationale Disposition allenfalls geringfügig beeinflussbar, da oberhalb eines gewissen Auslastungsgrades längere Wartezeiten für die Patienten drohen[999].

Bestehen von daher keine nennenswerten Unterschiede bezüglich der in die Kostenkalkulation einzustellenden Einzelpositionen bzw. Grundlagen, so kommen dem öffentlichen Rettungsdienst darüber hinaus die eingangs erörterten Vorteile des Selbstkostendeckungsprinzips zugute, wonach sämtliche Kostenkomponenten von den Kostenträgern abzudecken sind, sofern diese nicht gänzlich sachfremd sind. Dies gilt natürlich auch für die Notfallrettung, deren kostenintensive Vorhaltung durch einen entsprechend angesetzten Gebührensatz vollständig von den Kostenträgern finanziert wird. Allein dem öffentlichen Rettungsdienst wird bislang zudem das Recht zugestanden die durch den Grundsatz der Beitragssatzstabilität gezogene Preisobergrenze bei landes- bzw. ortsrechtlicher Festlegung der Benutzungsgebühren zu überschreiten[1000]; wie gesehen wiederum eine Folge der in § 133 Abs. 1 SGB V normierten Bereichsausnahme. Schließlich gilt es zu berücksichtigen, dass zumindest bis in jüngere Zeit mittel- und langfristige Investitionsgüter des öffentlichen Rettungsdienstes nicht unerheblich durch Landesfördermittel (mit-)finanziert wurden, sich Rettungswachen vielfach in vorhandenem (kommunalem) Gebäudebestand der Berufsfeuerwehren befinden und die regelmäßig am öffentlichen Rettungsdienst beteiligten Hilfsorganisationen sich neben eines personellen Rückgriffs auf ehrenamtliche

---

[997] Vgl. nur §§ 3, 4 u. 9 RettG NW.
[998] So wird beispielsweise ein 24-stündig vorzuhaltender RTW bedarfsplanmäßig i.d.R. mit einem Stellenschlüssel von zwischen 8,2 und 9,4 (Personal-) Stellen erfasst und damit vergütet.
[999] Forplan, Organisationsuntersuchung des städtischen Rettungsdienstes, Gutachten 2001, S. 49.
[1000] Vgl. BVerwG, Beschluss v. 21.5.1996 – 3 N 1/94, in: NVwZ-RR 1997, S. 436 ff.

Kräfte[1001] oftmals umfangreicher Finanzierung durch Spenden und Mitgliedsbeiträge sowie sonstige wirtschaftliche Aktivitäten[1002] bedienen können. Eine Ausrichtung an den Gebührensätzen des öffentlichen Rettungsdienstes erscheint damit im Ergebnis keinesfalls verfehlt sondern vorbehaltlich der Auswirkungen der Sicherstellungspflicht in der Notfallrettung zunächst durchaus sachgerecht.

Das Gericht stellte indes letztlich tragend auf die zuvor, d.h. in dem zwischenzeitlich gekündigten Rahmenvertrag zwischen den Vertragsparteien, vereinbarte Vergütungshöhe ab, die mangels anderslautender Anhaltspunkte die Vermutung der Üblichkeit begründen sollte[1003]. Diese Einschätzung berücksichtigt indes die Marktmacht der Kostenträger ebenso wenig, wie die sich hieraus üblicherweise ergebenden Umstände des Zustandekommens von Vergütungsvereinbarungen. Der der fraglichen Entscheidung zugrunde liegende Sachverhalt war zudem von der Besonderheit gekennzeichnet, dass die Rahmenvereinbarung nicht leistungserbringerseits mit dem Ziel einer Entgeltanhebung sondern von Seiten der beklagten Krankenkasse mit dem Ziel einer Absenkung des Transportentgelts gekündigt worden war. Schließlich stellt das Gericht selbst unmittelbar zuvor ausdrücklich fest, dass eine tatsächlich praktizierte Vergütungsregelung dann als Maßstab unbeachtlich ist, wenn die Entgelthöhe unangemessen ist und auf der Ausnutzung einer wirtschaftlichen Machtstellung beruht[1004]. Gerade an der Angemessenheit der Vergütungshöhe hatte sich jedoch der Streit zwischen den Parteien entzündet, so dass eine Orientierung an der Altvereinbarung schon von daher im Gegensatz zu den kommunalen Gebührensätzen verfehlt erscheint.

Als in gleicher Weise verfehlt und überdies rechtswidrig stellt sich eine Verhandlungspraxis der Krankenkassen und ihrer Verbände dar, die darauf abzielt, Leistungserbringer der Höhe nach an bestehende oder bereits gekündigte Vergütungsverträge mit anderen Leistungserbringern anzubinden. Verträge wirken sowohl nach sozialversicherungsrechtlichen als auch bürgerlich-rechtlichen Maßstäben im Grundsatz nur inter partes, d.h. sie binden nur die daran beteiligten Vertragsparteien[1005]. Das Gesetz sieht eine Bindung auf sozialversicherungsrechtlicher Ebene[1006], deren Umfang im Hinblick auf Rahmenverträge

---

[1001] Die Ausbildung ehrenamtlicher Kräfte wird z.T. auch durch Landesfördermittel bezuschusst, vgl. Prütting, Rettungsgesetz NRW, 3. Aufl. 2001, § 13 Rn. 35.
[1002] Vgl. etwa den der Entscheidung des BGH vom 11.12.2001 – KZR 5/00, in: WRP 2002, S. 457 ff., zugrundeliegenden Sachverhalt des Betriebes ambulanter Pflegedienste durch freie Wohlfahrtsverbände, die ebenfalls von den gesetzlichen Krankenkassen finanziert werden.
[1003] LG Köln, Urteil v. 8.12.1987 – 11 S 50/87, in: NJW-RR 1988, S. 1016 ff., 1019.
[1004] LG Köln, Urteil v. 8.12.1987 – 11 S 50/87, in: NJW-RR 1988, S. 1016 ff., 1019
[1005] Vgl. §§ 69 Satz 3 SGB V, 145 ff. BGB.
[1006] Vgl. hierzu etwa § 126 Abs. 1 Satz 2 SGB V.

mangels Wahrung des Bestimmtheitsgebotes ohnehin zweifelhaft ist, nicht vor. Der aus § 133 SGB V abgeleitete Anspruch des Leistungserbringers auf Abschluss einer Vergütungsrahmenvereinbarung besteht überdies innerhalb der genannten Grenzen originär, d.h. unabhängig von einem wo auch immer entlehnten Vergleichsmaßstab. Dies lässt sich über die zitierte Rechtsprechung des Bundessozialgerichts hinaus ergänzend durch Verfassungsrechtsprechung stützen, wonach Art. 12 Abs. 1 GG dem einzelnen die Freiheit der Berufsausübung als Grundlage seiner persönlichen und wirtschaftlichen Lebensführung gewährleistet und dabei zumindest grundsätzlich die Freiheit einschließt, das Entgelt für berufliche Leistungen selbst festzusetzen oder mit Interessenten auszuhandeln[1007].

2.) Sozialgerichtliche Rechtsprechung

Nach der jüngsten Rechtsprechung der sozialgerichtlichen Instanzgerichte[1008] soll ein Anknüpfen an die Fiktion einer Vereinbarung in Höhe der üblichen Vergütung nach § 632 Abs. 2 BGB in entsprechender Anwendung der zivilrechtlichen Norm angesichts der Neufassung des § 69 SGB V[1009] in dieser Form nicht (mehr) erfolgen können. Zumindest hinsichtlich einer Orientierung an den bislang regelmäßig ungleich höheren kommunalen Gebührensätzen soll dies wegen des in § 70 Abs. 1 Satz 2 SGB V normierten Wirtschaftlichkeitsgebotes und dem damit verbundenen Grundsatz der Ausrichtung der Vergütung an möglichst preisgünstigen Versorgungsmöglichkeiten gelten. Die Voraussetzungen einer entsprechenden Anwendung der bürgerlich-rechtlichen Bestimmung gemäß § 69 Satz 3 SGB V seien deshalb nicht gegeben.

3.) Bewertung

Wenngleich sich die Annahme eines generell eng bemessenen Anwendungsbereichs bürgerlich-rechtlicher Normen innerhalb der Rechtsbeziehungen der §§ 69 ff. SGB V verbietet, da der Gesetzgeber mit § 69 Satz 3 SGB V die Vorschriften des BGB für den Fall, dass das SGB V für bestimmte Rechtsfragen keine Regelung trifft, entsprechend angewandt wissen wollte[1010], gilt es dieser Argumentation im Hinblick auf § 133 Abs. 1 Satz 5 SGB V als Ausfluss des

---

[1007] BVerfGE 101, 331 ff., 346 f.
[1008] LSG NRW, Urteil v. 12.8.2004 – L 16 KR 81/03 (nicht rechtskräftig), S. 10 der Urteilsausfertigung; SG Düsseldorf, Urteil v. 14.3.2003 – S 34 KR 218/00, Seite 7 der Urteilsausfertigung; SG Düsseldorf, Urteil v. 25.7.2003 – S 34 KR 11/01, Seite 7 der Urteilsausfertigung.
[1009] Vgl. hierzu unten S. 246 f.
[1010] Lindemann, in: Wannagat/Eichenhofer (Hrsg.), SGB, Ordner 2, Stand: August 2002, § 69 Rn. 15.

Wirtschaftlichkeitsgebotes zu folgen, da den Kostenträgern andernfalls der ihnen durch diese Vorschrift nach dem Willen des Gesetzgebers eröffnete Verhandlungsspielraum durch eine Höchstpreisbindung wieder genommen würde.

Das Wirtschaftlichkeitsgebot steht einem Abstellen auf die übliche Vergütung indes dann nicht entgegen, wenn diese im Sinne einer angemessenen Durchschnittsvergütung verstanden wird, die bezogen auf den jeweiligen Betriebsbereich für die Leistung in der jüngeren Vergangenheit ermittelt wurde. Ob ein Anspruch in Höhe einer Durchschnittsvergütung wirksam § 632 Abs. 2 BGB analog entnommen werden kann, ist indes aus zwei Gründen zweifelhaft. Zum einen angesichts der tatbestandlichen Voraussetzungen der Vorschrift selbst, die zumindest die Annahme eines Vertragsschlusses an sich, sei es auch ohne Vergütungsabrede, voraussetzt. Des Weiteren deshalb, weil sich die Regelungslücke des SGB V, d.h. eine Systemstörung durch fehlende Rahmenvereinbarung, unter Umständen sozialversicherungsrechtlich und damit öffentlich-rechtlich hinreichend ausfüllen lässt.

Die nach § 632 Abs. 2 BGB zu ermittelnde übliche Vergütung kommt dann nicht in Betracht, wenn beide Parteien zu einem bestimmten Preis den Vertrag abschließen wollen, sich hierüber aber nicht verständigen können; in einem solchen Fall kommt der Vertrag mangels Einigung nicht zustande[1011]. Dies dürfte sich in Fällen der zugrundeliegenden Art bereits mangels Einigung über die Vergütungshöhe als Essential einer Vereinbarung nach § 133 Abs. 1 SGB V ergeben, ohne dass es der Annahme eines offenen Einigungsmangels analog § 154 BGB bedürfte. Behindert die mangelnde Einigung damit die Wirksamkeit des Vertrages, so kann die ungeklärte Vergütungsfrage nicht nach § 632 Abs. 2 BGB analog beurteilt werden. Der Ausschluss greift mithin auf einer anderen Ebene als die dargestellte Argumentation der bislang vorliegenden sozialgerichtlichen Judikatur, die spätestens bei einem Abstellen auf den Maßstab einer durchschnittlichen Vergütung versagt.

II. Durchschnittspreisniveau nach öffentlich-rechtlichen Grundsätzen

§ 69 Satz 3 SGB V ordnet die entsprechende Heranziehung bürgerlichen Rechts ausdrücklich nur *im Übrigen* an. Eines Rückgriffs auf das bürgerliche Recht bedarf es wie gesagt dann nicht, wenn das Sozialversicherungsrecht die Rechtsfrage hinreichend löst. Das Bundessozialgericht hat bereits mit Urteil vom 16.12.1993[1012] in Anlehnung an die Regelung in § 32 Abs. 2 SGB V im Heilmittelbereich ausdrücklich festgestellt, dass im Falle des Fehlens einer Vergü-

---

[1011] MüKo-Soergel, § 632 Rn. 12; Staudinger-Peters, § 632 Rn. 35 jew. m.w.N.
[1012] BSGE 73, 271 ff., 292.

tungsvereinbarung[1013] auf bestehende Preisvereinbarungen bzw., sofern unterschiedliche Preisvereinbarungen in einem örtlichen Bereich bestehen, auf ein Durchschnittspreisniveau abzustellen ist. Soweit die Feststellungen des Gerichts in erster Linie der Ermittlung einer Bemessungsgrundlage für die Zuzahlungshöhe dienen, besteht kein sachlicher Grund, den aufgestellten Grundsatz nicht auf die Bestimmung der angemessenen Vergütungshöhe an sich anzuwenden und hieraus einen allgemeingültigen Grundsatz zu entwickeln. Deren Ermittlung bildet nämlich zwingend die Grundlage der Zuzahlung als hiervon rein rechnerisch abhängiger Größe[1014]. Soweit die Vergütungshöhe danach unter Berücksichtigung der in der Vergangenheit durchschnittlich geleisteten Beträge auch im Hinblick auf den Maßstab der vergleichbar wirtschaftlich erbrachten Leistungen nach § 133 Abs. 2 SGB V vorgelagert bestimmt ist, ist nicht ersichtlich, weshalb für die Zuzahlungshöhe auf der einen und die hierfür ausschlaggebende Vergütungshöhe an sich auf der anderen Seite unterschiedliche Bemessungsgrundlagen für ein und dieselbe Größe heranzuziehen sein sollen. Auch sind die jeweils Vergütungsvereinbarungen regelnden §§ 125 auf der einen und 133 SGB V auf der anderen Seite in jeder Hinsicht miteinander vergleichbar, zumal sie sich beide in dem die Beziehungen der Krankenkassen zu den Leistungserbringern regelnden Titel des SGB V befinden und, wie eingangs festgestellt, in beiden Fällen eine planwidrige Regelungslücke besteht.
Rechtstechnisch lässt sich der notwendige Vergleich derart durchführen, dass entweder Vergütungen verschiedener Einrichtungen für vergleichbare Leistungen verglichen werden (sog. *„externer Vergleich"*) oder dass einzelne, interne Positionen der Kalkulation eines Einrichtungsträgers bzw. Leistungserbringers gesondert daraufhin überprüft werden, ob sie einer wirtschaftlichen Betriebsführung entsprechen (sog. *„interner Vergleich"*). Dabei sind grundsätzlich nicht die konkreten Kosten des fraglichen Leistungserbringers maßgeblich, sondern es ist ein genereller, nicht auf den jeweiligen individuellen Leistungserbringer abstellender Maßstab zugrunde zu legen. Die damit in der Regel vorrangige Methode des externen Vergleichs, also des Vergleichs mit Entgelten, wie sie auch andere Einrichtungen für vergleichbare Leistungen erheben, berücksichtigt dabei gerade die Verpflichtung zur Vereinbarung wirtschaftlicher Vergütungen, d.h. letztlich des Wirtschaftlichkeitsgebotes[1015]. Sie berücksichtigt nämlich einerseits, dass ein Anbieter seinen Preis nicht, jedenfalls nicht dauerhaft, unterhalb seiner Gestehungskosten kalkulieren kann, der Nachfrager andererseits im Rahmen seiner finanziellen Möglichkeiten bleiben muss.

[1013] Vertragsgrundlage bildet hier § 125 SGB V.
[1014] Vgl. § 32 Abs. 2 Satz 1 SGB V.
[1015] Vgl. zur Methode des sog. *externen Vergleichs* BSGE 87, 199 ff.; BVerwG, Urteil v. 1.12.1998 – 5 C 17/97, in: NVwZ-RR 1999, S. 446 ff., 448 jew. m.w.N.

Die auf diesem Wege ermittelte Schwelle einer angemessenen Leistungsvergütung ist ungeachtet der aufgezeigten Schwierigkeit, anhand von Art. 12 Abs. 1 GG originär eine angemessene Vergütungshöhe zu bestimmen, durch die Berufsfreiheit verfassungsrechtlich abgesichert.

III. Ergebnis

Festzuhalten bleibt, dass eine vorangegangene Vergütungsvereinbarung inter partes grundsätzlich nicht als Maßstab künftiger Entgeltbemessung taugt. Sie kann allenfalls als grober Anhalt dienen und im Rahmen von Fortgeltungsklauseln für eine vertragslose Übergangszeit Geltung beanspruchen. Nach sozialversicherungsrechtlichen Grundsätzen kann jedoch auf die Preise abgestellt werden, die die Kostenträger in der Vergangenheit durchschnittlich zu zahlen hatten bzw. durchschnittlich entrichten, wobei sich der Anspruch hier einfachgesetzlich auf § 133 SGB V zurückführen lässt. Für die Ermittlung der Vergütungshöhe ist die Methode des externen Vergleichs zu bemühen.§ 632 Abs. 2 BGB ist nicht entsprechend anwendbar.

Soweit möglicherweise eine Orientierung an den höheren Entgelten des öffentlichen Rettungsdienstes sachgerecht erscheint, hat diese auf anderer normativer Grundlage zu erfolgen. Dabei muss es sich, wie die Untersuchung im Weiteren ergeben wird, um Vorschriften handeln, die, wie die grundrechtlichen Gewährleistungen des allgemeinen Gleichheitssatzes, die Kostenträger als Körperschaften des öffentlichen Rechts im Wege eines ungleich schärferen Rechtsanwendungsbefehls binden.

E. Gleichbehandlungsgrundsatz

Da die Qualitätsanforderungen an Krankentransport und Notfallrettung in den Landesrettungsdiensten unabhängig davon, ob die Leistungen durch den öffentlichen Rettungsdienst oder auf genehmigter Grundlage durch private Leistungserbringer erbracht werden, identisch ausgestaltet sind, und den Vertragsparteien die Befugnis zu abweichenden Vereinbarungen fehlt, stellt sich die Frage, inwieweit hinsichtlich der Vergütungshöhe anknüpfend an die unterschiedlichen Leistungserbringer eine diskriminierungsfreie Gleichbehandlung zu erfolgen hat. Ein Schutz gegen unbillige Ungleichbehandlung kann sich dabei grundsätzlich auf einfachgesetzlicher, verfassungsrechtlicher und schließlich gemeinschaftsrechtlicher Grundlage ergeben. Die festgestellte kalkulatorisch-sachliche Vergleichbarkeit der Gebührenansätze des öffentlichen Rettungsdienstes mit Entgelten privater Leistungserbringer deutet vom Ergebnis her bereits in diese Richtung.

I. Kartellrechtliches Diskriminierungsverbot

Der kartellrechtliche Ansatz zur Gleichbehandlung findet sich auf nationaler Ebene im Diskriminierungsverbot des § 20 Abs. 1 und 2 GWB[1016]. Danach dürfen marktbeherrschende Unternehmen und deren Vereinigungen andere Unternehmen in einem Geschäftsverkehr, der gleichartigen Unternehmen üblicherweise zugänglich ist, nicht gegenüber gleichartigen Unternehmen ohne sachlich gerechtfertigten Grund unmittelbar oder mittelbar unterschiedlich behandeln. Dies gilt nach Absatz 2 der Vorschrift auch für Unternehmen und Vereinigungen von Unternehmen, soweit von ihnen kleine oder mittlere Unternehmen als Anbieter oder Nachfrager einer bestimmten Waren- oder Dienstleistungsart in einer Weise abhängig sind, dass ausreichende und zumutbare Möglichkeiten, auf andere Unternehmen auszuweichen, nicht bestehen.

1.) Rechtslage vor Inkrafttreten des GKV-Gesundheitsreformgesetzes 2000

a) Doppelte Rechtsnatur des Handelns der gesetzlichen Krankenkassen

Bezogen auf die bis zum Ende des Jahres 1999, d.h. vor Inkrafttreten des GKV-Gesundheitsreformgesetzes 2000[1017] maßgebliche Rechtslage ging der Bundesgerichtshof in ständiger Rechtsprechung von der Anwendbarkeit des GWB und

---

[1016] Vormals § 26 Abs. 2 GWB.
[1017] BGBl. 1999 I S. 2626.

dabei insbesondere des Diskriminierungsverbotes zwischen den gesetzlichen Krankenkassen und Leistungserbringern aus[1018]. Grundlage war hier die bis dato als privatrechtlich eingestufte Beschaffungstätigkeit der Krankenkassen bzw. ihrer Verbände durch Vertragsschlüsse mit Leistungserbringern unterschiedlicher Bereiche, die der Bundesgerichtshof mittels einer Doppelqualifikation des Agierens der Krankenkassen in Gestalt der öffentlich-rechtlichen Aufgabenwahrnehmung gegenüber den Versicherten auf der einen und der privatrechtlichen Beschaffungstätigkeit im Verhältnis zu den Leistungserbringern auf der anderen Seite abgrenzte[1019].

b) Rechtswegzuständigkeit

Auf dieser Grundlage nahm die ordentliche Gerichtsbarkeit auch die Rechtswegzuständigkeit für sich in Anspruch. Soweit der Gesetzgeber bereits mit dem Gesundheits-Reformgesetz (GRG)[1020] durch Neufassung des § 51 Abs. 2 SGG[1021] den Rechtsweg hatte regeln und alle Streitigkeiten aus dem Leistungserbringerrecht den Sozialgerichten zuweisen wollen[1022], vertraten die Zivilgerichte die Auffassung, § 87 GWB gehe hier weiterhin als Spezialregelung vor, so dass für auf kartellrechtliche Anspruchsgrundlagen gestützte Klagen weiterhin ihre Zuständigkeit gegeben sein sollte[1023]. Richtungweisende Ausgangsentscheidung für die Instanzgerichte war dabei die noch genauer zu erörternde Entscheidung des Bundesgerichtshofs vom 12.3.1991, ein Urteil also, das gerade eine Ungleichbehandlung außerhalb der Staatssphäre tätiger privater Krankentransportunternehmen im Verhältnis zu den Trägern des öffentlichen Rettungsdienstes zum Gegenstand hatte[1024].

[1018] Siehe grundlegend BGHZ 36, 91 ff. und nachfolgend BGH, Urteil v. 1.7.1976 – III ZR 187/73, in: NJW 1976, S. 2303 f.; BGHZ 82, S. 375 ff.; 97, 312 ff.; 101, 72 ff.; 102, 280 ff.; 114, 218 ff.
[1019] Boecken, Rechtliche Schranken für die Beschaffungstätigkeit der Krankenkassen im Hilfsmittelbereich, in: NZS 2000, S. 269 ff., 270.
[1020] Gesetz vom 20.12.1988 (BGBl. I S. 2477). Die zuvor bereits bestehenden unterschiedlichen Auffassungen des BGH und BSG hinsichtlich des zulässigen Rechtsweges führten im Leistungserbringerrecht zu einer Beschlusslinie des Gemeinsamen Senates der obersten Gerichtshöfe des Bundes, wonach auf Grund Vorliegens bürgerlich-rechtlicher Streitigkeiten eine Zuständigkeit der Zivilgerichte gegeben sein sollte, vgl. GemSOGB, Beschluss v. 10.4.1986, BGHZ 97, 312 ff.; Beschluss v. 29.10.1987, BGHZ 102, 280 ff.
[1021] In der Fassung des Art. 32 Nr. 3 GRG.
[1022] Vgl. BT-Drs. 11/3320, S. 243 sowie BT-Drs. 11/3480, S. 77 zu Art. 29.
[1023] Vgl. etwa BGHZ 114, 218 ff., 221; OLG Frankfurt a.M., Beschluss v. 1.7.1993 – 6 W 60/93, in: NJW-RR 1994, S. 431; Schlesw.-Holst. OLG, Urteil v. 27.2.1996 – 6 U Kart 56/95, in: WRP 1996, S. 622.
[1024] BGHZ 114, 218 ff.

Parallel hatten die Sozialgerichte ihre Zuständigkeit auch für auf kartellrechtliche Ansprüche gestützte Klagen bejaht, sofern vorrangig andere, nichtkartellrechtliche Anspruchsgrundlagen bemüht würden und betont, die kartellgerichtliche Zuständigkeit beschränke sich auf ausschließlich auf kartellrechtliche Ansprüche gestützte Klagen[1025]. Zu einer hinreichend abgrenzbaren wechselseitigen Anerkennung der jeweils anderen Zuständigkeit war es jedoch, anders als im Hinblick auf Streitigkeiten nach dem UWG, wo der Bundesgerichtshof die Zuständigkeit der Sozialgerichtsbarkeit später für den Fall anerkannte, dass das Schwergewicht des Rechtsstreits einen Aufgabenbereich betraf, der den Krankenkassen als Trägern öffentlicher Verwaltung auf Grund sozialrechtlicher Normen zugewiesen war[1026], nicht gekommen. Die Frage der Rechtswegzuweisung war damit vor Inkrafttreten des GKV-Gesundheitsreformgesetzes 2000 streitig, wobei sich das Bundessozialgericht, soweit es das kartellrechtliche Diskriminierungsverbot herangezogen hat, an die vom Bundesgerichtshof aufgestellten Grundsätze angelehnt und diese ausdrücklich bestätigt hat[1027].

c) Anwendung des Diskriminierungsverbotes durch den BGH

Trotz zwischenzeitlich infolge geänderter Rechtslage geltender einheitlich öffentlich-rechtlicher Betrachtungsweise des Handelns der gesetzlichen Kostenträger[1028] vermögen die im wesentlichen vom Bundesgerichtshof aber auch den ordentlichen Instanzgerichten in jahrzehntelanger Rechtsprechung aufgestellten Anwendungsgrundsätze zumindest im Rahmen der Anwendung in anderen Rechtsbereichen wurzelnder Diskriminierungsverbote als konkretisierende Auslegungsmaßstäbe noch mittelbar Geltung zu beanspruchen[1029]. Sie sollen daher, soweit für die Untersuchung von Bedeutung, im Folgenden skizziert werden:

(1) Krankenkassen als Unternehmen und marktbeherrschende Stellung

Der Bundesgerichtshof ging zunächst davon aus, dass sich Krankenkassen und Leistungserbringer wenn nicht als Anbieter und Nachfrager der jeweiligen medizinischen Dienstleistungen selbst, so doch aber auf einem Markt für den Abschluss von (Vergütungs-) Vereinbarungen gegenüberstehen[1030]. Bei der im Kartellrecht maßgeblichen wirtschaftlichen Betrachtungsweise böten die Kran-

---

[1025] Vgl. BSG SozR 3-2500, § 125 Nr. 1.
[1026] Vgl. grundlegend BGH, Beschlüsse v. 5.6.1997 – I ZB 26/96 u. I ZB 42/96, in: NJW 1998, S. 825 u. 826.
[1027] So ausdrücklich BSG, Urteil v. 29.11.1995 – 3 RK 32/94, in: RD 1997, S. 78 ff., S. 83. sowie vorgehend LSG NW, Urteil v. 9.8.1994 – L 5 (6) Kr 98/93.
[1028] Vgl. hierzu sogleich S. 226 f.
[1029] Vgl. dazu unten S. 236.
[1030] Hierzu grundlegend BGHZ 36, 91 ff., 103 ff. – Gummistrümpfe.

kenkassen auf dem Markt Rahmenverträge für Krankentransporte an, die von den Krankentransportunternehmen nachgefragt würden[1031]. Die Krankenkassen betrachtete die Rechtsprechung dabei als marktbeherrschende Unternehmen und damit Normadressaten des kartellrechtlichen Diskriminierungsverbotes. Nachdem die Frage der Anwendung des GWB auf die Beschaffungstätigkeit der öffentlichen Hand zuvor generell umstritten war[1032], hatte der BGH bereits im Jahre 1961 in der Gummistrumpfentscheidung[1033] explizit bezogen auf eine Allgemeine Ortskrankenkasse als Sozialversicherungsträger deren Unternehmenseigenschaft im Sinne des GWB mittels eines weitgefassten, funktionalen Unternehmensbegriffs bejaht; dies unbeschadet deren öffentlicher Aufgabe und Struktur[1034]. Im Sinne dieses funktionalen Unternehmensbegriffs wurden in der Folgezeit von der Rechtsprechung sämtliche Sozialversicherungsträger einschließlich der Ersatzkassen und der Kassenärztlichen Vereinigungen bei der Nachfrage nach Heil- und Hilfsmitteln als unter das GWB fallende Rechtssubjekte angesehen[1035]. Der bereits bei der Darstellung der Vertragspartner von Vergütungsvereinbarungen angedeuteten Besorgnis zunehmend abgestimmter Verhaltensweisen der Krankenkassen und ihrer Verbände trägt § 19 Abs. 2 Satz 2 GWB bzw. die Vorgängernorm dadurch Rechnung, dass Oligopol-Marktbeherrscher auch dann an das Diskriminierungsverbot gebunden sind, wenn zwar nicht sämtliche Mitglieder handeln, sich das Vorgehen des einzelnen Mitglieds aber vergleichbar einem entsprechenden Vorgehen sämtlicher Oligopol-Mitglieder auswirkt[1036].

Der Nachweis einer Marktbeherrschung der Krankenkassen auf dem jeweils maßgebenden Regionalmarkt bereitet angesichts fehlender Substitutionsmöglichkeiten aus Leistungserbringersicht und des hohen Anteils gesetzlich krankenversicherter Patienten[1037] in aller Regel keine Schwierigkeiten, zumal aufgrund dessen die Marktbeherrschungsvermutungen des § 19 Abs. 3 GWB fast

---

[1031] BGHZ 114, 218 ff., 229.
[1032] Siehe hierzu Schmidt, Die öffentliche Hand als Unternehmen im Sinne des Gesetzes gegen Wettbewerbsbeschränkungen, in: BB 1963, S. 1404 ff.
[1033] BGHZ 36, 91 ff., 103 ff. – Gummistrümpfe.
[1034] Vgl. §§ 4, 12 ff. SGB V.
[1035] Vgl. BGH, Urteil v. 11.12.2001 – KZR 5/00, in: WRP 2002, S. 457 ff., 458 sowie Schmidt, Wettbewerbspolitik und Kartellrecht, 7. Aufl. 2001, S. 269 jew. m.w.N.
[1036] BGH WuW/E 2399 ff., 2403. Vgl. zur Marktstärke bzw. –Beherrschung durch die gesetzlichen Krankenkassen als Nachfrager Beuthien, Krankenkassen zwischen Wirtschaftlichkeitsgebot und Wettbewerbsrecht, MedR 1994, S. 253 ff., 261.
[1037] In der GKV waren im Jahre 2001 71,3 Mio. Bundesbürger versichert, für weitere 3,4 Mio. Bundesbürger galten die vertragsärztlichen Bestimmungen auf Grund besonderer Kostenträger entsprechend. Lediglich 7,7 Mio. Bürger sind in der Privaten Krankenversicherung (voll-)versichert. Vgl. Kassenärztliche Bundesvereinigung (Hrsg.), Grunddaten zur vertragsärztlichen Versorgung in der BRD 2002, VI.1.

ausnahmslos eingreifen. Das Bestehen einer marktbeherrschenden Stellung wurde von daher seitens des Bundesgerichtshofs zumindest im Hinblick auf Vergütungsvereinbarungen nach § 133 SGB V nicht im Einzelnen problematisiert[1038].

(2) Ungleichbehandlung

Weiter hat der Bundesgerichtshof angenommen, dass die Krankenkassen dadurch, dass sie rettungsdienstliche Leistungen mit den Dienstleistungsunternehmen des öffentlichen Rettungsdienstes unmittelbar abrechneten, die rein privatrechtlich tätigen Leistungserbringer auf genehmigter Grundlage dagegen darauf verwiesen, die Kosten gegenüber den Versicherten geltend zu machen, gleichartige Leistungserbringer in einem diesen üblicherweise zugänglichen Geschäftsverkehr in sachlich nicht gerechtfertigter Weise ungleich behandeln[1039]. Dem vorausgegangen war die Erkenntnis, dass die am öffentlichen Rettungsdienst Beteiligten eine mit der Tätigkeit eines privaten Rettungsdienstunternehmens übereinstimmende unternehmerische Tätigkeit und wirtschaftliche Funktion entfalten. Dieser Sichtweise galt es bereits deshalb zu folgen, weil einerseits hinsichtlich der Gleichartigkeit allein auf den jeweils relevanten Dienstleistungsmarkt abzustellen ist, der allein durch die hinreichend abgrenzbare Einzeldienstleistung Krankentransport bestimmt wird, ohne dass in diesem Zusammenhang zusätzliche Dienstleistungen, die ein Unternehmen etwa im Bereich der Notfallrettung zusätzlich anbietet, von Bedeutung wären, andererseits die Dienstleistung durch die Landesrettungsdienstgesetze institutionsunabhängig homogen definiert ist.

(3) Gesamtwirtschaftliche Betrachtungsweise als Rechtfertigung

In Bezug auf die Frage, ob die Ungleichbehandlung von öffentlichem Rettungsdienst und Privatunternehmen bzw. außerhalb der öffentlichen Dienste tätiger Hilfsorganisationen sachlich gerechtfertigt werden kann, versagte der BGH den Krankenkassen zunächst die Berufung auf die sog. gesamtwirtschaftliche Betrachtungsweise. Von Seiten der Krankenkassen[1040] war - gleichlautend mit ihrer Argumentation vor der Sozialgerichtsbarkeit[1041] - stets vorgebracht worden, dass es bei einer Gesamtkostenbetrachtung insgesamt billiger sei, wenn rettungsdienstliche Leistungen nicht mehr von privaten Anbietern sondern ausschließlich durch den öffentlichen Rettungsdienst erbracht würden. Die Wirt-

---

[1038] Vgl. BGHZ 114, 218 ff., 230.
[1039] BGHZ 114, 218 ff., 231 f.
[1040] Vgl. BGHZ 114, 218 ff., 232.
[1041] Vgl. BSG, Urteil v. 29.11.1995 – 3 RK 32/94, in: RD 1997, S. 78 ff., 81.

schaftlichkeit der Leistungserbringung sei nicht auf die Frage zu reduzieren, wie eine einzelne Leistung möglichst preiswert zu erlangen sei, wobei die Einzelleistung unter Umständen privat günstiger erbracht werde. Vorrang müsse vielmehr die Frage haben, wie die Gesamtheit der Leistungen möglichst preiswert erbracht werden könne. So seien die öffentlichen Rettungsdienste und deren einseitig festgesetzte Vergütungshöhen aus Kassensicht ohnehin als vorhandene Größe zu akzeptieren, weshalb eine Auswahl nur noch bei privaten Anbietern stattfinden könne. Privat durchgeführte Fahrten würden jedoch, abgesehen davon, dass die Kosten hierfür zu denen der Ohnehin-Vorhaltung des öffentlichen Rettungsdienstes hinzukämen, dem öffentlichen Rettungsdienst entgehen und dessen Auslastung verringern, so dass dieser das (Satzungs-) Entgelt für die einzelnen Transportleistungen zwangsläufig erhöhen müsse. Die Gesamtheit an Leistungen könne deshalb wirtschaftlicher erbracht werden, wenn private Anbieter vom Markt ausgeschlossen würden und hierdurch der öffentliche Rettungsdienst besser ausgelastet würde[1042].

Der Bundesgerichtshof, der bereits Zweifel an der hinreichend substantiierten Darlegung eigener Einsparungen der Krankenkassen äußerte, ist dem mit der Begründung entgegengetreten, dass im Rahmen der nach § 26 Abs. 2 GWB a.F. anzustellenden Interessenabwägung auf die Individualinteressen und nicht auf eine gesamtwirtschaftliche Betrachtungsweise abzustellen sei, die letztlich auf wirtschaftspolitische Überlegungen hinausliefe[1043]. Die Interessenabwägung sei unter Berücksichtigung der auf die Freiheit des Wettbewerbs gerichteten Zielsetzung des GWB vorzunehmen[1044]. In diese Abwägung dürften wirtschaftliche Individualinteressen wiederum nur dann einbezogen werden, wenn sie von der Rechtsordnung anerkannt sind und nicht gegen die Wertungen des GWB verstoßen, das gerade die Voraussetzungen für Leistungswettbewerb und insbesondere die Offenheit der Marktzugänge gewährleisten soll[1045]. Eine Interessenabwägung, die im konkreten Fall zu einer unangemessenen Einschränkung der Handlungsfreiheit des diskriminierten Unternehmens führe und die darauf abziele, den Leistungswettbewerb außer Kraft zu setzen sei jedenfalls nicht als sachlich berechtigt anerkennungsfähig[1046].

[1042] Vgl. BGHZ 114, 218 ff., 231. Die Krankenkassen bedienen sich hier im Wesentlichen der gleichen Argumentation wie die Genehmigungsbehörden im Rahmen der Anwendung der landesrechtlichen Funktionsschutzklauseln.
[1043] BGHZ 114, 218 ff., 233 unter Verweis auf BGH GRUR 1980, 125, 128.
[1044] Siehe hierzu die Regierungsbegründung zum GWB, BT-Drs. 2/1158, Anlage 1, S. 21 f.
[1045] BGHZ 114, 218 ff., 233 u.a. unter Verweis auf die ständige Rspr. zur Bindung an die Zielsetzungen des GWB im Rahmen der nach § 20 GWB vorzunehmenden Interessenabwägung, vgl. BGHZ 38, 90, 102; 52, 65, 71.
[1046] BGHZ 114, 218 ff., 234.

(4) Zwischenergebnis: Verbot der Ungleichbehandlung im Abrechnungsverfahren

Diese Voraussetzungen hat der Bundesgerichtshof in der vorzitierten Entscheidung dann für erfüllt erachtet, wenn die Weigerung des Abschlusses einer Vergütungsvereinbarung von Seiten der Krankenkassen zur Folge hat, dass die Nachfrageentscheidung der Versicherungsnehmer deshalb zugunsten des öffentlichen Rettungsdienstes kanalisiert wird, weil sich die Versicherten bei Inanspruchnahme eines privaten Leistungserbringers eines lästiges Kostenerstattungsverfahren bedienen müssen. In diesem Fall stellt sich die ggf. drohende Verdrängung eines Privaten vom Markt nicht als Folge wirtschaftlichen Wettbewerbs, der darauf angelegt ist, den Mitbewerber durch die Güte und Preiswürdigkeit der eigenen Leistung zu überflügeln und ihm Kunden abzunehmen[1047], dar, sondern sie ist die wettbewerbswidrige Folge der Ausschaltung des Privatunternehmens vom Leistungsvergleich.

Substrat der diese Feststellungen tragenden Grundsatzentscheidung im Bereich rettungsdienstlicher Leistungen war dabei zunächst unabhängig von der Vergütungshöhe ein aus dem kartellrechtlichen Diskriminierungsverbot abgeleitetes Gleichbehandlungsgebot derart, dass es den Krankenkassen als Kehrseite eines Anspruchs der Leistungserbringer untersagt sein sollte, Privaten den Abschluss einer Vergütungsvereinbarung vorzuenthalten[1048], ein Zwischenstand also, der sich wie gesehen so bereits der Gesetzesfassung des § 133 SGB V und der sich auf der Vergütungsebene fortsetzenden grundrechtlichen Gewährleistung aus des Art. 12 Abs. 1 GG entnehmen ließ. Sofern sich jedoch, was vielfach dem Abschluss einer Vergütungsvereinbarung entgegensteht, keine Einigung der Vertragsparteien über die Entgelthöhe herbeiführen ließ, waren der Rechtsprechung bis dato keine weiteren Anhaltspunkte zu entnehmen. Dem tragenden Argument der Beeinflussung der kundenseitigen Nachfrageentscheidung durch Ungleichbehandlung im Abrechnungsverfahren[1049] konnten die Krankenkassen zudem dadurch begegnen, dass sie privaten Leistungserbringern ohne zugrundeliegende Rahmenvereinbarung rein tatsächlich die Möglichkeit der Direktabrechnung gewährten.

[1047] BGHZ 19, 392 ff., 396.
[1048] BGHZ 114, 218 ff., 231: Die Beklagte Krankenkasse hatte den Verfahrensgegenstand seinerzeit durch Erhebung einer negativen Feststellungswiderklage über den reinen Ausgleich offenstehender Forderungen hinaus erweitert.
[1049] BGHZ 114, 218 ff. (LS 2).

d) Fortentwicklung der Rechtsprechung durch die Instanzgerichte

Eine Verpflichtung der Krankenkassen, private Rettungsdienstunternehmen und gemeinnützige Hilfsorganisationen hinsichtlich der Entgeltbemessung gleich zu behandeln, haben in der Folgezeit die ordentlichen Instanzgerichte auf Basis des Diskriminierungsverbotes konkretisiert. So stellte zunächst das Landgericht Mannheim mit Urteil vom 3.4.1992[1050] und ihm folgend das Oberlandesgericht Karlsruhe mit Urteil vom 10.2.1993[1051] fest, dass private Rettungsdienstunternehmen grundsätzlich einen Anspruch auf Abschluss eines Rahmenvertrages zu den ortsüblichen Bedingungen haben, wobei zu diesen Bedingungen ausdrücklich die Vergütung gezählt wurde. Im Bereich von Pflegedienstleistungen, auf den es hinsichtlich seiner Vergleichbarkeit mit dem dualen System rettungsdienstlicher Leistungserbringung sogleich noch genauer einzugehen gilt, urteilte das Landgericht Potsdam im Jahre 1998[1052], dass private und gemeinnützige Leistungserbringer hinsichtlich des Entgeltes gleich zu behandeln seien[1053]. Bemerkenswert ist eine Entscheidung des Landgerichts Köln ebenfalls aus dem Jahre 1998[1054], in der festgestellt wurde, dass den dortigen Klägern, sämtlich privaten Krankentransportunternehmen, auf Grund des kartellrechtlichen Diskriminierungsverbotes der Höhe nach die gleiche Vergütung zustehe, wie dem nach Satzungsgebühr vergüteten öffentlichen Rettungsdienst, der identische Dienstleistungen erbrachte.
Vor dem Hintergrund der weitreichenden Konsequenzen dieser Entscheidung insbesondere im Falle ihrer Bestätigung und der mit Wirkung zum 1.1.1999 anstehenden Ausgabenanbindung für rettungsdienstliche Leistungen für das Jahr 1999 im Verhältnis zu den am 31. Oktober 1998 geltenden Vergütungen[1055], wurde der Rechtsstreit noch im Dezember 1999 in der Berufungsinstanz auf Basis eines außergerichtlichen Vergleichs durch Klagerücknahme beendet. Auf Antrag der beklagten Krankenkasse wurde seinerzeit die Wirkungslosigkeit des erstinstanzlichen Urteils deklaratorisch festgestellt[1056].

[1050] 7 O 140/91 Kart.
[1051] 6 U 79/92 Kart, WuW/E OLG 5066.
[1052] Urteil v. 18.2.1998 – 11 O 2/97, bestätigt durch OLG Brandenburg, Urteil v. 13.4.1999 – 6 U 2/98.
[1053] Siehe zum Begriff des Privaten Hengstschläger, Privatisierung von Verwaltungsaufgaben, S. 174. Die Gegenüberstellung Privater und gemeinnütziger Hilfsorganisationen erscheint angesichts der Organisation letzterer als eingetragene Vereine und damit Privatrechtssubjekte begrifflich verfehlt.
[1054] LG Köln, Urteil v. 25.9.1998 – 81 O 104/97 Kart (unveröffentlicht).
[1055] Vgl. Art. 26 Abs. 2 GKV-Solidaritätsstärkungsgesetz vom 19.12.1998 (BGBl. I S. 3863).
[1056] OLG Köln, Beschluss v. 1.4.1999 – U (Kart) 39/98 (unveröffentlicht).

e) **Urteil des BGH vom 11. Dezember 2001: Gleichbehandlung im Bereich der Pflegevergütung**

Konkreter wurde der Bundesgerichtshof im Hinblick auf die Preisgestaltung in Vereinbarungen mit Sozialversicherungsträgern mit Urteil vom 11. Dezember 2001[1057], das wiederum Vergütungsvereinbarungen zwischen Krankenkassen und Erbringern von Pflegedienstleistungen zum Gegenstand hatte. Der Bundesgerichtshof urteilte zunächst, dass die Zahlung unterschiedlicher Preise für die gleiche Leistung durch ein marktbeherrschendes Unternehmen den Diskriminierungstatbestand des § 20 Abs.1 GWB erfüllen kann, und weiter, dass es im Hinblick auf die Zielsetzung des Diskriminierungsverbotes grundsätzlich dem marktbeherrschenden Unternehmen obliegt, die Gründe darzulegen, die die unterschiedliche Preisgestaltung rechtfertigen[1058].

(1) Fortdauernde Rechtswegzuständigkeit (perpetuatio fori)

Auffallend ist dabei zunächst, dass die Entscheidung dem Inkrafttreten des GKV-Gesundheitsreformgesetzes 2000[1059] Anfang 2000 und damit der gemäß dessen Art. 1 Nr. 26 erfolgten Neufassung des § 69 SGB V nachfolgt, wonach die Rechtsbeziehungen der Krankenkassen und ihrer Verbände unter anderem zu den Leistungserbringern und deren Verbänden abschließend dem Sozialversicherungsrecht überantwortet wurden[1060]. Die beklagte Krankenkasse hatte demgemäss, abgesehen von Einwänden gegen die materielle Anwendbarkeit des kartellrechtlichen Diskriminierungsverbotes, bereits die Zulässigkeit des Rechtsweges zu den Kartellgerichten unter Hinweis auf die angesichts des bis dahin schwelenden Streits um die Rechtswegzuständigkeit parallel erfolgte Anpassung von § 87 Abs. 1 GWB durch das GKV-Gesundheitsreformgesetz 2000 bestritten. Dennoch hat der BGH seine Rechtswegzuständigkeit unter Hinweis auf den in § 17 Abs. 1 GVG normierten Grundsatz der Fortdauer der einmal begründeten Zuständigkeit („perpetuatio fori"), der sowohl nach ständiger Rechtsprechung als auch einhelliger Auffassung in der Literatur auch in Fällen einer nachträglichen Veränderung der gesetzlichen Grundlage gilt[1061], ausdrücklich bejaht sowie festgestellt, dass bereits auf kartellrechtlichen Anspruchsgrundlagen basierende Rechtsstreitigkeiten auch in Ansehung des bereits zum Zeit-

---

[1057] BGH, Urteil v. 11.12.2001 – KZR 5/00, in: WRP 2002, S. 457 ff.
[1058] BGH, Urteil v. 11.12.2001 – KZR 5/00, in: WRP 2002, S. 457 ff. (LS 1 u. 2).
[1059] Gesetz vom 22.12.1999 (BGBl. I S. 2626).
[1060] Vgl. hierzu sogleich S. 261 f.
[1061] Vgl. BGH, Urteil v. 12.3.1991 – KZR 26/89, in: NJW 1991, 2964; Urteil v. 1.2.1978 – IV ZR 142/77, in: NJW 1978, 949; BGHZ 114, 218 ff., 221 f.; Zöller-Gummer, ZPO, 24. Aufl.., § 17 GVG Rn. 1; Baumbach/Lauterbach-Albers, ZPO, 61. Aufl., § 17 GVG Rn. 3.

punkt der Verfahrenseinleitung geltenden § 52 Abs. 2 SGG vorerst weiterhin den Kartellgerichten zugewiesen waren[1062]. Zwar taugen die Feststellungen des BGH in dieser Entscheidung nicht als Argumentationsgrundlage für eine unmittelbare Fortgeltung des kartellrechtlichen Diskriminierungsverbotes innerhalb eines nun allein sozialversicherungsrechtlich zu beurteilenden Rechtsverhältnisses, sie liefern indes weitere Anwendungsmaßstäbe für ein letztlich öffentlichrechtlichen bzw. übergeordneten Rechtsquellen zu entlehnendes Diskriminierungsverbot[1063].

(2) Darlegungs- und Beweislast der Kostenträger bei der sachlichen Rechtfertigung

Über die bezüglich Marktteilnahme und Marktbeherrschung weitgehend entsprechend seiner Entscheidung aus 1991[1064] mitgeteilten Gründe hinaus stellte der BGH unter Verweis auf den Zweck des § 20 GWB zunächst fest, dass die Vorschrift keine allgemeine Pflicht dergestalt begründet, dass ein marktbeherrschendes Unternehmen im Rahmen seiner Bedarfsdeckung stets den höchsten am Markt verlangten Preis zu zahlen hat[1065]. Die Ausnutzung eines vorhandenen Preisgefälles ist den Krankenkassen als marktbeherrschenden Unternehmen damit in Übereinstimmung mit dem sozialversicherungsrechtlichen Wirtschaftlichkeitsgebot und der dargestellten Regelung in § 133 Abs. 1 Satz 6 SGB V auch kartellrechtlich in den Grenzen des Diskriminierungsverbotes prinzipiell gestattet.

Sofern das marktbeherrschende Unternehmen jedoch für sich oder andere Vertragspartner gleiche Leistungen zu unterschiedlichen Preisen bezieht, obliegt es nach dem BGH allein ihm, die Gründe darzulegen, die die unterschiedliche Preisgestaltung rechtfertigen. Sind die unterschiedlichen Preise dabei - wie im Rahmen der hier in Rede stehenden Vergütungsverträge nach § 133 SGB V - das Ergebnis von Verhandlungen der Beteiligten, so muss das marktbeherrschende Unternehmen in besonderem Maße dafür Sorge tragen, dass die unterschiedliche Preisbemessung für gleiche Leistungen durch sachliche Unterschiede gerechtfertigt ist und sich nicht allein als Folge der unterschiedlichen Abhängigkeit und eigenen Marktstellung der jeweiligen Vertragspartner im Verhältnis zu ihm ergibt. An die Darlegung der Gründe sind dabei hohe Anforderungen zu stellen[1066].

[1062] BGH, Urteil v. 11.12.2001 – KZR 5/00, in: WRP 2002, S. 457 ff., 458.
[1063] Vgl. unten S. 277 f.
[1064] BGHZ 114, 218 ff.
[1065] BGH, Urteil v. 11.12.2001 – KZR 5/00, in: WRP 2002, S. 457 ff., 459.
[1066] BGH, Urteil v. 11.12.2001 – KZR 5/00, in: WRP 2002, S. 457 ff., 459.

f) Schlussfolgerungen für den Bereich des Rettungsdienstes

Konkret bezogen auf rettungsdienstliche Leistungen stellen sich an dieser Stelle zwei miteinander verbundene Fragen: Erstens, inwieweit der Bereich der (Behandlungs-) Pflegevergütung auf die spezifisch rettungsdienstrechtliche Struktur übertragbar ist und zweitens, ob bereits der Hinweis darauf, dass die Kostenträger ohne Vetorecht an die einseitig festgesetzte Satzungsgebühr gebunden sind, eine Ungleichbehandlung sachlich rechtfertigen kann.

Dabei könnte bereits die Übertragbarkeit auf den rettungsdienstlichen Bereich an dessen verwaltungsrechtlich dualer Struktur - öffentlicher Rettungsdienst mit Satzungsgebühr und staatsunabhängiger Leistungserbringer mit ausgehandelter Vergütung - scheitern, da Pflegedienste trägerunabhängig auf Vergütungsvereinbarungen angewiesen sind[1067]. Diese These vermag indes bereits dann nicht zu überzeugen, wenn die dem öffentlichen Rettungsdienst tatsächlich gezahlte Vergütung dem Marktniveau entspricht, sich der Unterschied mithin allein in der Art des Zustandekommens der Entgelthöhe erschöpft, für ihre Zusammensetzung jedoch nicht bestimmend ist. Darlegungs- und beweisbelastet sind hier nach den genannten Grundsätzen die Krankenkassen.

(1) Bindung der Kostenträger an die öffentliche Satzungsgebühr

Das von Kassenseite regelmäßig vorgebrachte Argument, der öffentliche Rettungsdienst könne deshalb eine höhere und dabei unter Umständen aus Kostenträgersicht unwirtschaftliche Vergütung für sich beanspruchen, weil infolge der landesgesetzlichen Sicherstellungsverpflichtung hohe Investitions- und Vorhaltekosten anfielen, derer sich der Rettungsdienstträger im Unterschied zu Privaten nicht entziehen könne, erscheint abgesehen von der bereits dargestellten Vergleichbarkeit der Kostenstruktur nur vordergründig plausibel. Immerhin sieht die oben skizzierte sog. Festbetragsregelung gerade für diese Fälle die Möglichkeit der Kassen vor, ihre Leistungspflicht auf Festbeträge zu beschränken, die sich an der Höhe vergleichbarer wirtschaftlich erbrachter Leistungen orientieren, und so auf eine wirtschaftliche und preisgünstige Organisation des öffentlichen Rettungsdienstes zu drängen. Hierzu sind die Krankenkassen gemäß § 133 Abs. 2 SGB V nämlich gerade dann ausdrücklich berechtigt, wenn

- bei der Entgeltbemessung Investitionskosten und Kosten der Reservevorhaltung berücksichtigt worden sind, die durch eine über die Sicherstellung der Leistungen des Rettungsdienstes hinausgehende öffentliche Aufgabe der Einrichtungen bedingt sind, oder

---

[1067] Vgl. §§ 89 SGB XI, 37 i.V.m. 132 Abs. 1 Satz 2 u. 132 a Abs. 2 SGB V.

- die Leistungserbringung gemessen an rechtlich vorgegebenen Sicherstellungsverpflichtungen unwirtschaftlich ist.

Die Kostenträger sind somit nicht allein gehalten, substantiiert darzulegen und erforderlichenfalls nachzuweisen, dass die Gebührenansätze tatsächlich überhöht und damit unwirtschaftlich sind, ihnen ist darüber hinaus zuzumuten, von der Festbetragsregelung zumindest dann Gebrauch zu machen, wenn die Gebührensätze kraft Landesrechts auch der Höhe nach festgesetzt werden, das seinerseits keinen Raum für eine Anbindung an die Preissteigerungsgrenze vorsieht. Denn in diesem Fall greift nicht die Anbindung nach § 133 Abs. 1 Satz 3 sondern § 133 Abs. 2 SGB V ein[1068]. Erst im Nachgang hierzu vermögen sie zu reklamieren, dass die ihnen einseitig vorgegebenen Gebührensätze des öffentlichen Rettungsdienstes unwirtschaftlich hoch sind und damit nicht als Maßstab einer vergleichenden Analyse taugen.

(2) Auskömmlichkeit der angebotenen Vergütung

Schließlich stellt sich die Frage, ob sich private Leistungserbringer einschließlich gemeinnütziger Hilfsorganisationen darauf verweisen lassen müssen, dass die ihnen angebotene Vergütung jedenfalls kostendeckend ist und ihnen daher grundsätzlich ein wirtschaftliches Arbeiten ermöglicht. So wird in Vergütungsverhandlungen von Kostenträgerseite vielfach vorgebracht, es würden privaten Anbietern geringere Personalkosten als dem öffentlichen Rettungsdienst und insbesondere kein angemessener Unternehmergewinn vergütet, da es diesen im Rahmen ihres unternehmerischen Geschicks möglich sei, entsprechende Gewinne durch die Zahlung niedrigerer Gehälter und eine Erhöhung der Auslastung der Rettungsmittel zu erwirtschaften, d.h. parallel hierzu die Vorhaltekosten weitgehend weg zu rationalisieren[1069]. Abgesehen davon, dass die Parameter hier, wie gesehen, weitgehend fix und allenfalls geringfügig beeinflussbar sind, hat der Bundesgerichtshof festgestellt, dass der Umstand, dass der bewilligte Preis für einen Anbieter kostendeckend ist, für sich genommen nicht geeignet ist, eine unterschiedliche Behandlung gegenüber anderen Anbietern, die identische Leistungen erbringen, im Hinblick auf § 20 Abs. 1 GWB zu rechtfertigen. Es sei nicht Sache des marktbeherrschenden Unternehmens, die Gewinnmargen seines Vertragspartners festzulegen, da ein solcher Eingriff in die Stellung des anderen Teils mit den Grundsätzen eines funktionierenden Wettbewerbs nicht zu vereinbaren sei[1070].

[1068] BVerwG, Beschluss v. 21.5.1996 – 3 N 1/94, in: NVwZ-RR 1997, S. 436 ff., 438.
[1069] Vgl. hierzu Büch/Koch, Wirtschaftlichkeit im Rettungsdienst, 1998, S. 39.
[1070] BGH, Urteil v. 11.12.2001 – KZR 5/00, in: WRP 2002, S. 457 ff., 460.

g) Zwischenergebnis

Festzuhalten bleibt, dass die von den Kartellgerichten in Bezug auf das Verhältnis zwischen Leistungserbringern und Krankenkassen anhand des Diskriminierungsverbotes entwickelten Grundsätze effektive Rechtsschutzmöglichkeiten für sämtliche Leistungserbringer im Hinblick auf Ungleichbehandlungen durch marktbeherrschende gesetzliche Krankenkassen bzw. deren Verbände hervorgebracht haben. Diese ermöglichten es Privaten einschließlich der gemeinnützigen Sanitätsorganisationen, sich im Rahmen von Vergütungsvereinbarungen zumindest dann an der für identische Leistungen dem öffentlichen Rettungsdienst gewährten Vergütungshöhe zu orientieren und diese letztlich gerichtlich zu erzwingen, wenn die Krankenkassen, was aus den dargestellten Gründen kaum der Fall sein dürfte, keine hinreichende Sachlegitimation für die Zahlung unterschiedlicher Vergütungen darzulegen und nachzuweisen vermögen.

2.) Rechtslage nach Inkrafttreten des GKV-Gesundheitsreformgesetzes 2000

Das GKV-Gesundheitsreformgesetz 2000 hat beginnend mit dem 1.1.2000 die Rechtslage wesentlich modifiziert. Zunächst ist § 69 SGB V neu gefasst worden, dessen Satz 1 nunmehr bestimmt, dass die Rechtsbeziehungen der Krankenkassen und ihrer Verbände zu den Leistungserbringern abschließend durch die Bestimmungen des vierten Kapitels des Fünften Sozialgesetzbuches sowie die §§ 63, 64 SGB V[1071] geregelt werden. Satz 3 ordnet ergänzend die entsprechende Heranziehung der Vorschriften des BGB an, soweit diese mit den Vorgaben des SGB V vereinbar sind. Darüber hinaus sind § 51 Abs. 2 SGG sowie den §§ 87 Abs. 1 und 96 GWB jeweils Bestimmungen angefügt worden, durch die die kartellrechtliche Zuständigkeit der Zivilgerichte für den von § 69 SGB V erfassten Bereich ausdrücklich ausgeschlossen wird[1072]. Während im Gesetzentwurf zunächst nur die materiellrechtliche Neufassung des § 69 SGB V vorgesehen war[1073], sind im Zuge der Ausschussberatungen zusätzlich die prozessrechtlichen Änderungen beschlossen worden[1074].
Ob und inwieweit die Neuregelung letztlich zur Beseitigung der bis dahin unklaren Rechtslage in gleichermaßen prozessualer wie materieller Hinsicht geführt hat, die durch die Neufassung des § 51 Abs. 2 SGG durch das Gesund-

---

[1071] Diese Vorschriften erlauben die Vereinbarung und Durchführung sog. Modellvorhaben zur Weiterentwicklung der Versorgung.
[1072] Art. 8 Nr. 1 b, 9 Nr. 1 u. 2 GKV-RefG 2000.
[1073] BT-Drs. 14/1245, S. 8 (Art. 1 Nr. 29).
[1074] BT-Drs. 14/1977, S. 131 (Art. 10 a Nr. 1 u. 2).

heits-Reformgesetz vom 20.12.1988 nicht gelungen war, gilt es mit Blick auf die Rechtschutzmöglichkeiten privater Leistungserbringer zu klären.

a) Rechtswegzuständigkeit

Unumstritten sind zwischenzeitlich die Folgen der Rechtswegzuweisung durch das GKV-Gesundheitsreformgesetz 2000. Nunmehr sind für alle Streitigkeiten aus dem Leistungserbringerrecht[1075] ausschließlich die Sozialgerichte zuständig. Dies folgt unabhängig von dem materiell-rechtlichen Gehalt der Neufassung des § 69 SGB V schon aus den Klarstellungen in §§ 51 Abs. 2 Satz 2 SGG bzw. 87 Abs. 1 Satz 3, 96 Satz 2 GWB, wonach sich die kartellrechtliche Zuweisung ausdrücklich nicht auf die in § 69 SGB V geregelten Rechtsbereiche erstreckt. Dies gilt für Kartellrechtsstreitigkeiten unabhängig davon, ob sie auf das deutsche oder das europäische Kartellrecht gestützt werden[1076]. Ansprüche auf den Abschluss von Vergütungsvereinbarungen nach § 133 SGB V und solche, die damit in Zusammenhang stehen, sind somit einheitlich bei den Sozialgerichten anhängig zu machen. Eine Differenzierung anhand der (Haupt-) Anspruchsgrundlage, wie sie das Bundessozialgericht noch unter dem GRG praktiziert hatte, ist obsolet.

b) Fortgeltung des GWB im öffentlichen Recht

Demgegenüber ist der Regelungsgehalt des neugefassten § 69 SGB V auf materiell-rechtlicher Ebene umstritten. Die Streitfrage lautet dabei konkret, ob die nunmehr allein zuständigen Sozialgerichte zur Anwendung von Vorschriften des UWG und GWB berufen sind, wobei sich die Untersuchung hier in Einzelheiten auf das Diskriminierungsverbot und die Anwendbarkeit des GWB im Leistungsbeschaffungsverhältnis beschränken soll, da Drittbeziehungen, vor allem in Form von Ansprüchen privater Krankenversicherer nach dem UWG etwa im Bereich der Mitgliederwerbung nicht Untersuchungsgegenstand sind[1077].
Die Gesetzesformulierung trifft für sich genommen keine ausdrückliche Aussage zu einer generellen Unanwendbarkeit des Wettbewerbs- und Kartellrechts

---

[1075] Mit Ausnahme bestimmter Fragen aus dem Bereich der Krankenhausfinanzierung, die der Zuständigkeit der Verwaltungsgerichte unterfallen.
[1076] So bereits Knispel, Auswirkungen der Neuregelung der Rechtsbeziehungen der Krankenkassen und ihrer Verbände zu den Leistungserbringern durch das GKV-Gesundheitsreformgesetz 2000, in: NZS 2001, S. 466 ff., 468 und ihm folgend BSG, Urteil v. 25.9.2001 – B 3 KR 3/01 R, in: SozR 3-2500, § 69 Nr. 1.
[1077] Siehe hierzu Koenig/Engelmann, Die wettbewerbsrechtliche Beurteilung von Werbemaßnahmen gesetzlicher Krankenkassen, in: WRP 2003, S. 831 ff.

auf das Handeln der Sozialversicherungsträger[1078], wenngleich die Anordnung der ausschließlichen Geltung von Normen des SGB V und die ausdrückliche Beschränkung der, zumal entsprechenden Geltung zivilrechtlicher Vorschriften auf solche des BGB zunächst entgegen einer Anwendbarkeit des Kartellrechts deuten. Zuletzt hat die mit Spannung erwartete Entscheidung des Kartellsenates des Bundesgerichtshofs vom 24.6.2003 die Frage ausdrücklich offen gelassen[1079].

In Teilen von Rechtsprechung[1080] und Literatur[1081] wird eine Anwendung des Wettbewerbs- und Kartellrechts auch in sozialgerichtlichen Verfahren nach wie vor befürwortet, dies entweder auf Grundlage des bestehenden Rechts oder aber im Wege einer neuerlichen Gesetzesänderung.

(1) Drohende Marktvermachtung bei rein öffentlich-rechtlicher Betrachtung

Letztere befürwortet vor allem *Neumann*[1082] zunächst unter Hinweis auf eine angebliche Divergenz zwischen Gesetzeswortlaut und -begründung und eine daraus resultierende Missverständlichkeit der Neuregelung. Eine Fortgeltung des Kartellrechts innerhalb der Rechtsverhältnisse zwischen Krankenkassen und Leistungserbringern sei unter rechtspolitischen Aspekten deshalb geboten, weil andernfalls eine Marktvermachtung drohe, der Unternehmen, die mit den gesetzlichen Krankenkassen kontrahierten, schutzlos gegenüberstünden. Sie nimmt dabei die Formulierung der Gesetzesbegründung, in der es expressis verbis heißt, *dass die Krankenkassen und ihre Verbände nicht als Unternehmen im Sinne des Privatrechts, einschließlich des Wettbewerbs- und Kartellrechts handelten*[1083], zur Kenntnis, will diese Begründung, die zweifelsohne dafür spricht, dass der Gesetzgeber die fraglichen Gesetze nicht mehr angewandt wissen wollte, jedoch im Gesetzeswortlaut nicht wiederfinden, weshalb der wirkliche Ge-

---

[1078] So bereits Koenig/Engelmann, Internetplattformen im Gesundheitswesen auf dem Prüfstand des Kartellrechts, in: WRP 2002, S. 1244 ff., 1245.
[1079] BGH, Urteil v. 24.6.2003 – KZR 18/01, in: WRP 2003, S. 1125 ff.
[1080] Vgl. OLG Dresden, Urteil v. 23.8.2001 – U 2403/00 Kart, NZS 2002, S. 33 ff. Soweit in einer Entscheidung des BSG aus dem Jahre 2000 obiter bemerkt wird, die Sozialgerichte hätten nach der Neuregelung des § 69 SGB V die materielle Kartellrechtskonformität des Handels der gesetzlichen Krankenkassen gegenüber Leistungserbringern zu prüfen, war diese Feststellung für die Entscheidung nicht tragend, vgl. BSGE 86, 223 f.
[1081] Vgl. die anschließenden Nachweise.
[1082] Neumann, Verbannung des Kartell- und Wettbewerbsrechts aus der gesetzlichen Krankenversicherung, in: WuW 1999, S. 961 ff., 965 f.
[1083] BT-Drs. 14,1245, S. 68.

halt der Regelung nicht zu ermitteln und die Neuregelung daher rechtsstaatlich bedenklich sei[1084].
Spricht hiergegen bereits die Verbindung des insoweit eindeutigen Wortlauts der Gesetzesbegründung mit der vorzitierten ausdrücklichen Anordnung der ausschließlichen Geltung der §§ 69 ff. SGB V, so soll die Frage, ob sich nicht bei, vorerst unterstellter, Nichtgeltung des GWB der Befürchtung rechts- und wettbewerbspolitisch unerwünschter Entwicklungen mittels Heranziehung nach wie vor geltender Rechtsnormen nicht (national-) kartellrechtlichen Ursprungs hinreichend begegnen lässt, zunächst zurückgestellt werden. Schon angesichts des Begründungswortlauts erscheint eine unmittelbare Anwendung wettbewerbs- und kartellrechtlicher Vorschriften allerdings unter teleologischen Gesichtspunkten nahezu ausgeschlossen, zumal dem Gesetzgeber die jahrzehntelange kartellrechtliche Judikatur nicht verborgen geblieben ist[1085].

(2) Privatrechtliche Betrachtungsweise

Die durch das GKV-Gesundheitsreformgesetz 2000 geänderte Fassung des § 69 SGB V als Bestand zugrundelegend werden vereinzelt bereits Zweifel geäußert, ob die Leistungsbeziehungen zwischen Krankenkassen und Leistungserbringern fortan tatsächlich allein sozialversicherungsrechtlicher und damit öffentlich-rechtlicher Natur sind bzw. wirksam sein können. So ist *Wigge*[1086] der Ansicht, der Gesetzgeber sei zwar befugt, den Rechtsweg, nicht dagegen die Natur des Rechtsverhältnisses aus dem der Klageanspruch hergeleitet wird, festzulegen. Indes ist die Zuordnung von Rechtsbeziehungen zu entweder öffentlichem oder privatem Recht kraft gesetzgeberischer Entscheidung anerkannt und von der Ebene des Satzungsrechts, das etwa Benutzungsverhältnisse ausdrücklich als öffentlich-rechtlicher Natur qualifiziert, bis hin zum Verfassungsrecht[1087] Bestandteil unserer Rechtsordnung. Dem Gesetzgeber ist es zudem unbenommen, die Rechtsnatur von Vertragsverhältnissen vorzugeben[1088]. Darüber hinaus setzt eine Sichtweise, der zu Folge der Gesetzgeber ein Rechtsverhältnis nicht seiner wahren Natur zuwider festlegen dürfe im Einzelfall voraus, dass dieses Rechtsverhältnis in seinem wahren Gehalt tatsächlich anderer bzw. entgegengesetzter Natur ist. Zwar wurde in der Vergangenheit wie gesehen überwiegend die zivilrechtliche Natur von Verträgen mit Leistungserbringern im Wege der Doppel-

---

[1084] Neumann, Verbannung des Kartell- und Wettbewerbsrechts aus der gesetzlichen Krankenversicherung, in: WuW 1999, S. 961 ff., 965 f.
[1085] Vgl. BT-Drs. 14/1245, S. 67.
[1086] Wigge, Kartellrechtliche Streitigkeiten von Leistungserbringern vor den Sozialgerichten, in: NZS 2000, S. 533 ff., 534.
[1087] Vgl. etwa Art. 87 f Abs. 2 Satz 1 GG.
[1088] Neumann, Verbannung des Kartell- und Wettbewerbsrechts aus der gesetzlichen Krankenversicherung ?, in: WuW 1999, S. 961 ff., 966.

qualifizierung des Handelns der Krankenkassen bejaht. Die Zuordnung war gleichwohl umstritten[1089], zumal die herkömmlichen Grundsätze zur Bestimmung der Rechtsnatur von Verträgen als bürgerlichrechtlicher oder öffentlichrechtlicher Natur ausgehend von Vertragsgegenstand und -zweck jedenfalls dann in Richtung eines sozialversicherungsrechtlichen Rechtsverhältnisses deuten, wenn man darauf abstellt, dass diese der Verwirklichung des Sachleistungsprinzips nach § 2 Abs. 2 SGB V dienen. Die Zuständigkeit und Befugnis hier materiell eine Klarstellung zu bewirken kommt dem Gesetzgeber zu, der gerade dieses Ansinnen auch in der Gesetzesbegründung ausdrücklich betont hat[1090].
Soweit es in der Gesetzesbegründung im Übrigen ausdrücklich heißt, dass die Rechtsbeziehungen der Krankenkassen zu den Leistungserbringern notwendiger Bestandteil des Gesamtsystems der gesetzlichen Krankenversicherung seien, da die Krankenkassen über diese Rechtsbeziehungen ihren öffentlich-rechtlichen Versorgungsauftrag der Leistungsverschaffung gegenüber den Versicherten erfüllten und wegen dieser Einbindung der Rechtsbeziehungen der Krankenkassen und ihrer Verbände zu den Leistungserbringern in den öffentlichen Versorgungsauftrag diese Rechtsbeziehungen allein sozialversicherungsrechtlicher und nicht privatrechtlicher Natur seien[1091], folgern das Bundessozialgericht[1092] als für das Krankenkassenrecht nunmehr unstreitig zuständiges oberstes Fachgericht und ein Teil der Lehre[1093] bereits allein hieraus, dass die Leistungsbeziehungen zwischen Krankenkassen und Leistungserbringern fortan insgesamt sozialversicherungsrechtlicher und damit öffentlich-rechtlicher Natur sind. Dies entspricht der hier vertretenen Auffassung.

[1089] Vgl. hierzu BSG, Urteil v. 25.9.2001 – B 3 KR 3/01 R, in: SozR 3-2500, § 69 Nr. 1 m.w.N.
[1090] BT-Drs. 14,1245, S. 68, vgl. insbes. Begründung zu § 69 Satz 4 SGB V n.F.
[1091] BT-Drs. 14,1245, S. 67.
[1092] BSG, Urteil v. 25.9.2001 – B 3 KR 3/01 R, in: SozR 3-2500, § 69 Nr. 1; BSGE 87, 95.
[1093] Hess, in: Kasseler Kommentar zum Sozialversicherungsrecht, Stand: 12/2003, § 69 SGB V, Rn. 3; Koenig/Engelmann, Internetplattformen im Gesundheitswesen auf dem Prüfstand des Kartellrechts, in: 2002, S. 1244 ff., 1245; dies., Die wettbewerbsrechtliche Beurteilung von Werbemaßnahmen gesetzlicher Krankenkassen, in: 2003, S. 831 ff., 832; Boecken, Rechtliche Schranken für die Beschaffungstätigkeit der Krankenkassen im Hilfsmittelbereich, in: NZS 2000, S. 269 ff., 271; Knispel, Auswirkungen der Neuregelung der Rechtsbeziehungen der Krankenkassen und ihrer Verbände zu den Leistungserbringern durch das GKV-Gesundheitsreformgesetz 2000, in: NZS 2001, S. 466 ff., 469; Engelmann, Sozialrechtsweg in Streitigkeiten zwischen Institutionen der gesetzlichen Krankenversicherung, in: NZS 2000, S. 213 ff., 219.

(3) § 69 SGB V als reine Rechtswegbestimmung

Insbesondere *Engelmann*[1094] und nachfolgend das OLG Dresden[1095] sind jedoch der Ansicht, § 69 SGB V stehe in seiner neuen Fassung einer Anwendung des Wettbewerbs- und Kartellrechts deshalb nicht entgegen, weil die Vorschrift nur als Rechtswegfestlegung zu verstehen sei. Gestützt werde dies einerseits durch die Formulierung der Gesetzesbegründung, in der es ausdrücklich heißt, dass die Krankenkassen und ihre Verbände nicht als Unternehmen im Sinne des Privatrechts, einschließlich des Wettbewerbs- und Kartellrechts handelten sowie durch die Neufassung der §§ 51 Abs. 2 Satz 2 SGG und 87 Abs. 1 Satz 3 GWB, die eine Anwendung des GWB ebenfalls nicht ausschlössen. Dem tritt bereits *Knispel*[1096] zutreffend mit dem Hinweis entgegen, dass *Engelmann* selbst einräume, dass die Vorschrift materiell-rechtlich sämtliche Rechtsbeziehungen zwischen Krankenkassen und Leistungserbringern dem öffentlichen Recht zuordne. Sein Schluss, dass es dieser Qualifizierung des Rechtsverhältnisses innerhalb der materiellen Norm des § 69 SGB V als öffentlich-rechtlich (allein) deshalb bedurft hätte, um die ausschließliche Zuständigkeit der Sozialgerichte nunmehr endgültig klarzustellen, überzeuge sodann deshalb nicht, weil der Gesetzgeber, was die Begründung zur Neufassung des § 51 Abs. 2 SGB V durch das GRG[1097] zeige, sehr wohl auch zivilrechtliche Streitigkeiten den Sozialgerichten zuweisen könne. Eine Klarstellung des Rechtsweges sei daher allein im Hinblick auf die §§ 51 Abs. 2 SGG sowie 87, 96 GWB angesichts deren streitigen Verhältnisses erforderlich gewesen, zumal dem Gesetzgeber angesichts deren klarer Fassung ansonsten mit § 69 SGB V eine sinnlose und überflüssige Regelung unterstellt würde[1098]. Der Einwand, dass sich die materiell-rechtliche

---

[1094] Sozialrechtsweg in Streitigkeiten zwischen Institutionen der gesetzlichen Krankenversicherung, in: NZS 2000, S. 213 unter Hinweis auf BT-Drs. 14,1245, S. 68 und ihm folgend Mühlhausen, Beitragsökonomische Steuerung der Leistungserbringung, in: SGb 2000, S. 528; Stelzer, Die personalen Anwendungsbereiche des deutschen und des europäischen primären Wettbewerbsrechts für die Krankenkassen, in: ZfS 2000, S. 289 ff., 294 und Koenig/Engelmann, Internetplattformen im Gesundheitswesen auf dem Prüfstand des Kartellrechts, in: NZS 2002, S. 1244 ff., 1245.

[1095] Urteil v. 23.8.2001 – U 2403/00 Kart, in: NZS 2002, S. 33 ff. Die Entscheidung ging dem BSG-Urteil v. 25.9.2001 voraus; hinsichtlich der Rechtswegzuständigkeit gilt das oben zum Urteil des BGH v. 11.12.2001 (KZR 5/00) Ausgeführte entsprechend (§ 17 Abs. 1 Satz 1 GVG).

[1096] Auswirkungen der Neuregelung der Rechtsbeziehungen der Krankenkassen und ihrer Verbände zu den Leistungserbringern durch das GKV-Gesundheitsreformgesetz 2000, in: NZS 2001, S. 466 ff., 469.

[1097] BT-Drs. 11/3480, S. 77.

[1098] Knispel, Auswirkungen der Neuregelung der Rechtsbeziehungen der Krankenkassen und ihrer Verbände zu den Leistungserbringern durch das GKV-Gesundheitsreformgesetz 2000, in: NZS 2001, S. 466 ff., 469.

Funktion des § 69 SGB V n.F. darin erschöpfe, in dessen Satz 3 klarzustellen, dass zwischen den §§ 69 ff. SGB V und Vorschriften des BGB keine gleichrangige Gesetzeskonkurrenz bestehe[1099], vermag bereits in Anbetracht des der Gesetzesbegründung zu entnehmenden vorrangigen Regelungswillens des Gesetzgebers im Hinblick auf § 69 Satz 1 SGB V als Grundnorm des Leistungserbringerrechts[1100] und deren Wortlaut nicht zu überzeugen.

Die vorliegenden Argumente gegen eine Verkürzung von § 69 SGB V auf eine reine Rechtswegregelung überzeugen aber vor allem deshalb, weil sich gerade der BGH, dessen Rechtsprechung die Auseinandersetzung um den Rechtsweg bis zum Inkrafttreten des GKV-Gesundheitsreformgesetzes 2000 maßgeblich bestimmt und der sich, worauf auch *Engelmann* hinweist[1101], über die Intention des GRG hinweggesetzt hatte, stets allein auf die Spezialität der Rechtswegzuweisung in § 87 Abs. 1 GWB gegenüber § 51 Abs. 2 SGG a.F. berufen hatte[1102]. Selbst in seiner der Neuregelung nachfolgenden Entscheidung vom 11.12.2001[1103] stellt der BGH den neugefassten § 69 SGB V ausdrücklich allein als Bestimmungsnorm derjenigen Streitgegenstände - einschließlich der darin enthaltenen Beschaffungsverträge der Krankenkassen - heraus, die rechtstechnisch durch den in § 87 Abs. 1 GWB angefügten Satz 3 der kartellgerichtlichen Zuständigkeit entzogen und stattdessen den Sozialgerichten zugewiesen sein sollen. Soweit sich *Engelmann* zur Stützung seiner These auf den eingangs genannten Wortlaut der Gesetzesbegründung stützt, weist überdies *Knispel* wiederum zu Recht darauf hin, dass es sich bei dem bezogenen Satz allein um die Quintessenz der vorangehenden Ausführungen der Begründung handelt, in denen ausführlich der öffentlich-rechtliche Charakter aller Handlungen und Entscheidungen der Krankenkassen im Zusammenhang mit den Beziehungen zu den Leistungserbringern dargestellt wird[1104].

Auch das Bundessozialgericht ist in seiner Grundsatzentscheidung vom 25.9.2001[1105] der ihm bei seiner Entscheidung vorliegenden Argumentation *Knispels* zur materiell-rechtlichen Bedeutung des § 69 SGB V n.F. wortgetreu

---

[1099] So Koenig/Engelmann, Internetplattformen im Gesundheitswesen auf dem Prüfstand des Kartellrechts, in: WRP 2002, S. 1244 ff., 1245.
[1100] BT-Drs. 14/1245, S. 67.
[1101] Engelmann, Sozialrechtsweg in Streitigkeiten zwischen Institutionen der gesetzlichen Krankenversicherung, in: NZS 2000, S. 213 ff., 218.
[1102] Vgl. BGHZ 114, 218 ff., 221.
[1103] BGH, Urteil v. 11.12.2001 – KZR 5/00, in: WRP 2002, S. 457 ff., 458.
[1104] Knispel, Auswirkungen der Neuregelung der Rechtsbeziehungen der Krankenkassen und ihrer Verbände zu den Leistungserbringern durch das GKV-Gesundheitsreformgesetz 2000, in: NZS 2001, S. 466 ff., 469.
[1105] B3 KR 3/01 R, in: SozR 3-2500, § 69 Nr. 1.

gefolgt und hat über die Qualifizierung der Rechtsbeziehungen im Leistungserbringerrecht als ausschließlich öffentlich-rechtlicher Natur hinaus ausdrücklich betont, dass das nationale Wettbewerbsrecht, d.h. sowohl die Vorschriften des UWG als auch des GWB, seit Inkrafttreten des GKV-Gesundheitsreformgesetzes 2000 auf diese Rechtsverhältnisse nicht mehr anwendbar sind.

(4) Keine wirksame Bereichsausnahme kraft öffentlichen Rechts

Dennoch wird dieses Ergebnis vereinzelt unter Hinweis darauf, dass kartellrechtliche Verbote nicht an Rechtsverhältnisse sondern an Verhaltensweisen, die den Zustand des Marktes verändern, anknüpfen, bestritten[1106].
Zur Begründung wird vor allem eine Entscheidung des BGH aus dem Jahre 1999[1107] herangezogen, wonach die Teilnahme am allgemeinen Geschäftsverkehr durch einen Träger hoheitlicher Gewalt den Charakter einer geschäftlichen, den Bindungen des Kartellrechts unterliegenden Tätigkeit nicht schon deshalb verliere, weil mit ihr auch öffentliche Aufgaben erfüllt werden sollen. Weiter wird darauf verwiesen, dass durch die bloße Wahl öffentlich-rechtlicher Formen der Leistungserbringung die Anwendung des GWB nicht umgangen werden könne[1108].
Hiergegen wird zunächst eingewandt, dass der Gesetzgeber - über die Qualifizierung des Rechtsverhältnisses hinaus - befugt sei, den Anwendungsbereich des Kartellrechts festzulegen und, wie durch § 69 SGB V geschehen, diesem das Leistungserbringerrecht zu entziehen[1109]. Dieser Einwand findet eine Stütze gerade in den sog. Bereichsausnahmen des GWB, also solchen Wirtschaftsbereichen, die ganz oder teilweise von der Anwendung des GWB freigestellt sind. Dass diese nicht zwingend im GWB niedergelegt sein müssen, zeigt etwa die im öffentlichen Verkehrsinteresse geschaffene Bereichsausnahme für den öffentlichen Personennahverkehr[1110].
Soweit das Fehlen eines Ausnahmebereichs im Leistungserbringerrecht für rechtstechnisch verfehlt erachtet, dem Gesetzgeber gleichzeitig jedoch die In-

---

[1106] Neumann, Verbannung des Kartell- und Wettbewerbsrechts aus der gesetzlichen Krankenversicherung, in: WuW 1999, S. 961 ff., 963; ebenso Koenig/Engelmann, Internetplattformen im Gesundheitswesen auf dem Prüfstand des Kartellrechts, in: WRP 2002, S. 1244 ff., 1246.
[1107] BGH, Urteil v. 9.3.1999 – KVR 20/97, in: WRP 1999, S. 665.
[1108] Koenig/Engelmann, Internetplattformen im Gesundheitswesen auf dem Prüfstand des Kartellrechts, in: WRP 2002, S. 1244 ff., 1246.
[1109] Knispel, Auswirkungen der Neuregelung der Rechtsbeziehungen der Krankenkassen und ihrer Verbände zu den Leistungserbringern durch das GKV-Gesundheitsreformgesetz 2000, in: NZS 2001, S. 466 ff., 469.
[1110] Vgl. § 8 PBefG.

tention eines weitreichenden Ausnahmebereichs attestiert wird[1111], bleibt festzustellen, dass durch die Neuregelung die wesentlichen Elemente eines solchen Ausnahmebereichs kartellrechtlicher Art gegeben sind[1112]. So unterliegen die Krankenkassen zunächst der Kontrolle des Bundesversicherungsamtes bzw. der Versicherungsaufsichtsbehörden der Länder gem. §§ 89, 90 SGB IV, die sich jedoch auf eine Rechtsaufsicht beschränkt[1113]. Zumindest im Hinblick auf Rahmenverträge nach § 133 SGB V besteht zudem die Marktzutrittsregulierung nach den landesrechtlichen Genehmigungsvorschriften in Verbindung mit dem Verbot einer nachgeschalteten Bedürfnisprüfung[1114], deren Fehlen hinsichtlich der §§ 140a ff. SGB V bemängelt wird[1115]. Inwieweit unabhängig von den Vorschriften des GWB eine wirksame Missbrauchsaufsicht aufsichtsbehördlich wie gerichtlich insbesondere auf grundrechtlicher Ebene erfolgen kann, wird im Folgenden noch untersucht. Die Sozialversicherungsträger sind jedenfalls als Träger der vollziehenden Gewalt kraft Art. 20 Abs. 3 GG unmittelbar an Recht und Gesetz gebunden.

(5) Einwand des funktionalen Unternehmensbegriffs

Die im Hinblick auf die Maßgeblichkeit des Verhaltens am Markt als Anwendungsmaßstab des Kartellrechts und die Unbeachtlichkeit der Rechtsformenwahl vorgebrachte Kritik am Ausschluss des GWB beschränkt sich indes nicht auf die a priori Herausnahme des Vierten Kapitels des SGB V aus dem Anwendungsbereich des nationalen Kartellrechts im Sinne einer Bereichsausnahme. Sie setzt darüber hinaus ausdrücklich bei der Unternehmenseigenschaft des Normadressaten als entscheidender Voraussetzung für die Anwendung des GWB und damit des Diskriminierungsverbotes im Einzelfall und damit bei der Gesetzesbegründung zu § 69 SGB V n.F. an[1116]. Diese macht gerade nicht bei der Feststellung halt, die Krankenkassen und ihre Verbände handelten nicht als

---

[1111] Neumann, Verbannung des Kartell- und Wettbewerbsrechts aus der gesetzlichen Krankenversicherung, in: WuW 1999, S. 961 ff., 964.
[1112] Siehe hierzu allgemein Schmidt, Wettbewerbspolitik und Kartellrecht, 7. Aufl. 2001, S. 175 f.
[1113] § 87 Abs. 1 SGB IV.
[1114] Vgl. BSG, Urteil v. 29.11.1995 – 3 RK 32/94, in: RD 1997, S. 78 ff., 79.
[1115] Neumann, Verbannung des Kartell- und Wettbewerbsrechts aus der gesetzlichen Krankenversicherung, in: WuW 1999, S. 961 ff., 965.
[1116] So ausdrücklich Neumann, Verbannung des Kartell- und Wettbewerbsrechts aus der gesetzlichen Krankenversicherung ?, in: WuW 1999, S. 961 ff., 963 und Koenig/Engelmann, Internetplattformen im Gesundheitswesen auf dem Prüfstand des Kartellrechts, in: WRP 2002, S. 1244 ff., 1246.

Unternehmen im Sinne des Privatrechts sondern erstreckt dies ausdrücklich auf das Handeln als *Unternehmen im Sinne des Wettbewerbs- und Kartellrechts*[1117]. So wird unter Hinweis auf den funktionalen, d.h. tätigkeitsbezogenen Unternehmensbegriff vorgebracht, die gesetzliche Neuregelung könne den Krankenkassen eine Qualifizierung in diesem Sinne nicht absprechen[1118]. Tatsächlich genügt für die Annahme der Unternehmenseigenschaft schon nach der Regierungsbegründung zum GWB[1119] jedwede Tätigkeit im geschäftlichen Verkehr, ohne dass bestimmte Formen der rechtlichen oder wirtschaftlichen Organisation zu fordern wären. Ob die Tätigkeit von Privatpersonen oder der öffentlichen Hand ausgeübt wird, ist dabei gleichfalls ohne Bedeutung. In diesem Sinne hatte auch der BGH, wie oben dargelegt, bereits früh die funktionale Unternehmenseigenschaft der Krankenkassen im kartellrechtlichen Sinne festgestellt[1120].

Nachdem die Rechtsbeziehungen zwischen gesetzlichen Kostenträgern und Leistungserbringern aber als ausschließlich sozialversicherungsrechtlicher und damit öffentlich-rechtlicher Natur herausgearbeitet und damit das Leistungserbringerrecht als kartellrechtlicher Ausnahmebereich qualifiziert wurde, kommt es auf die Tatbestandsmäßigkeit der Beschaffungstätigkeit im Sinne des einfachgesetzlichen Diskriminierungsverbotes nicht mehr an. Einer Auseinandersetzung mit dem auf den funktionalen Unternehmensbegriff gestützten Einwand von Teilen der Literatur bedarf es vielmehr erst hinsichtlich der (Fort-) Geltung des gemeinschaftsrechtlichen Wettbewerbstitels, der unumstritten ebenfalls einen funktionalen Unternehmensbegriff zugrundelegt, der beim Verhalten auf dem Gemeinsamen Markt ansetzt.

c) Zwischenergebnis

Die Untersuchung der materiell-rechtlichen Folgen der Neufassung des § 69 SGB V durch das GKV-Gesundheitsreformgesetz 2000 hat unter Berücksichtigung grammatikalischer, systematischer und vor allem teleologisch-historischer Auslegungsmethodik zunächst ergeben, dass einer zivilrechtlichen Qualifizierung der Boden entzogen ist und die Rechtsbeziehungen im Leistungserbringerrecht ausschließlich sozialversicherungsrechtlicher und damit öffentlich-rechtlicher Natur sind.

[1117] BT-Drs. 14,1245, S. 68.
[1118] Neumann, Verbannung des Kartell- und Wettbewerbsrechts aus der gesetzlichen Krankenversicherung ?, in: WuW 1999, S. 961 ff., 963 und Koenig/Engelmann, Internetplattformen im Gesundheitswesen auf dem Prüfstand des Kartellrechts, in: WRP 2002, S. 1244 ff., 1246.
[1119] BT-Drs. 2/1158, S. 31.
[1120] BGHZ 36, 91 ff., 103 ff. – Gummistrümpfe.

3.) Ergebnis

Der insoweit h.M.[1121], wonach die Anwendbarkeit wettbewerbs- und kartellrechtlicher Normen das Vorliegen bürgerlich-rechtlicher Streitigkeiten voraussetzt, folgend, steht damit fest, dass die Vorschriften des GWB auf die hier bestehenden öffentlich-rechtlichen Rechtsbeziehungen nicht mehr anwendbar sind. Auf den Rechtsgedanken der Gleichbehandlung gestützte Vergütungsansprüche vermögen sich fortan nicht mehr mit Erfolgsaussicht auf das kartellrechtliche Diskriminierungsverbot des § 20 Abs. 1 GWB zu gründen. Sofern diese Konsequenz als deshalb rechtspolitisch verfehlt eingestuft wird, weil durch die Neuregelung eine Marktvermachtung drohe, der Unternehmen, die mit den gesetzlichen Krankenkassen kontrahierten, schutzlos gegenüberstünden[1122] und sogar ein Verlust an Rechtsstaatlichkeit und eine damit einhergehende Verfassungs- und Gemeinschaftsrechtswidrigkeit von § 69 SGB V in seiner geltenden Fassung beklagt wird[1123], gilt es erst noch zu ermitteln, inwieweit nicht Leistungserbringern auf anderen rechtlichen Grundlagen ebenbürtige Rechtsschutzmöglichkeiten eröffnet sind.

II. Der allgemeine Gleichheitssatz, Art. 3 Abs. 1 GG

Anknüpfungspunkt für einen verfassungsrechtlichen Schutz der Leistungserbringer gegen Ungleichbehandlungen durch die Kostenträger ist der allgemeine Gleichheitssatz, Art. 3 Abs. 1 GG[1124]. Im Bereich rettungsdienstlicher Leistungen liegt dabei die Besonderheit gerade in der dualen Struktur, also dem nebeneinander staatlicher und staatsunabhängiger Leistungserbringung, die zumindest im Verhältnis zum übrigen Leistungserbringerrecht einen Unterschied markiert.

1.) Grundrechtsbindung der Kostenträger und Anwendungsgrundsätze

Die gesetzlichen Krankenkassen und ihre Verbände unterliegen als rechtsfähige Körperschaften des öffentlichen Rechts und damit Teil der vollziehenden Gewalt im Sinne von Art. 1 Abs. 3 und 20 Abs. 3 GG der unmittelbaren Grund-

---

[1121] Vgl. BGHZ 119, 93, 98; 36, 91, 101; BGH, Urteil v. 12.11.1991 – KZR 22/90, in: NJW 1992, 1237 ff., 1238; BSG SozR 3-4300, § 36 Nr. 1; GmSOGB, BGHZ 97, 312; Bechthold, GWB, 2. Aufl. § 1 Rn. 4 u. 9; Rehbinder, in: Immenga/Mestmäcker, GWB, 3. Aufl. 2001, § 130 Rn. 9.
[1122] Neumann, Verbannung des Kartell- und Wettbewerbsrechts aus der gesetzlichen Krankenversicherung, in: WuW 1999, S. 961 ff., 965, 967.
[1123] Schwerdtfeger, Die Neufassung des § 69 SGB V, in: Pharm.Ind. 2000, S. 105 ff., 109; Neumann, Verbannung des Kartell- und Wettbewerbsrechts aus der gesetzlichen Krankenversicherung, in: WuW 1999, S. 961 ff., 965.
[1124] Vgl. auch Art. 20 EU-Grundrechtscharta.

rechtsbindung[1125]; dies unabhängig davon, in welcher Form sie tätig werden, und somit auch beim Abschluss öffentlich-rechtlicher (Beschaffungs-) Verträge[1126]. Dieser Bindung kann auch nicht mit der Rechtsfigur eines Grundrechtsverzichts der Leistungserbringer durch die Bereitschaft zum Vertragschluss begegnet werden, da die Grundrechtsbindung der öffentlichen Gewalt nicht zur Disposition der Leistungserbringer steht[1127].

Das Gebot der Gleichbehandlung postuliert sowohl im Bereich der Rechtssetzung als auch der Rechtsanwendung die Formel, dass wesentliches Gleiches gleich und wesentlich Ungleiches seiner Eigenart entsprechend ungleich zu behandeln ist[1128]. So verstanden enthält der Gleichheitsgrundsatz ein allgemeines Verbot, bei irgendwelchen Entscheidungen, mögen sie Eingriffe, Gewährungen oder Verfahrensregelungen zum Gegenstand haben, Unterscheidungen zu treffen, die nicht durch Unterschiede der betroffenen Personen oder Sachverhalte gerechtfertigt werden können[1129]. Ungleichbehandlung und rechtfertigender Grund müssen in einem angemessenen Verhältnis zueinander stehen[1130], so dass bestehende Unterschiede eine Ungleichbehandlung nur rechtfertigen können, wenn sie von solcher Art und solchem Gewicht sind, dass sie dem über ein bloßes Willkürverbot hinausgehenden Verhältnismäßigkeitsgrundsatz entsprechen[1131]. Im Hinblick auf Vergütungsvereinbarungen nach § 133 SGB V gilt es ergänzend zu berücksichtigen, dass diese vorstehend als ebenfalls in der Berufsfreiheit grundrechtlich verankerte unmittelbare Fortsetzung des rettungsdienstrechtlichen Genehmigungsanspruchs herausgearbeitet wurden. Im Rahmen der nach dem Gleichheitssatz maßgebenden Verhältnismäßigkeitsbetrachtung zwischen Ungleichbehandlung und rechtfertigendem Grund fällt eine Auswirkung von Ungleichbehandlungen auf grundrechtlich gesicherte Freiheiten besonders ins Gewicht[1132]. Die Bindung an den Gleichheitssatz ist hier enger. Dem steht nicht entgegen, dass die Ungleichbehandlung hier bei einer zumindest teilweisen Verweigerung von öffentlichen Leistungen, die anderen zuerkannt werden, ansetzt. Zwar wird im Bereich der gewährenden Staatstätigkeit, etwa bei der Subventionsgewährung, eine weniger strenge Rechtfertigungsprüfung befür-

---

[1125] BVerfGE 39, S. 302 ff., 312 f.
[1126] Vgl. hierzu allgemein Erichsen, Allgemeines Verwaltungsrecht, 12. Aufl. 2002, § 26 III Rn. 9 f. Die Beschaffungstätigkeit der gesetzlichen Krankenkassen nach dem vierten Kapitel des SGB V gilt es insoweit streng von der fiskalischen Tätigkeit der öffentlichen Hand zur Bedarfsdeckung, die nur mittelbar der Erfüllung öffentlicher Zwecke dient, zu unterscheiden.
[1127] Boecken, Rechtliche Schranken für die Beschaffungstätigkeit der Krankenkassen im Hilfsmittelbereich, in: NZS 2000, S. 269 ff., 276.
[1128] BVerfGE 1, 14 ff., 16.
[1129] BVerfGE 71, 58 f.
[1130] BVerfGE 82, 126 ff., 146.
[1131] Pieroth/Schlink, Staatsrecht II, Grundrechte, 17. Aufl. 2001, Rn. 444.
[1132] BVerfGE 62, 256 ff., 274.

wortet[1133], vorliegend handelt es sich jedoch um die Vergütung für erbrachte Leistungen, mithin um eine wohlerworbene Anspruchsposition auf einfachgesetzlicher wie verfassungsrechtlicher Grundlage.

2.) Entsprechende Geltung der zu § 20 Abs. 1 GWB entwickelten Grundsätze

Vorauszuschicken ist, dass hier auf die zu § 20 Abs. 1 GWB entwickelten Grundsätze[1134] sowohl bei der Ermittlung einer Ungleichbehandlung als auch der sich anschließenden Frage deren sachlicher Rechtfertigung zurückgegriffen werden kann[1135]. Das kartellrechtliche Diskriminierungsverbot stellt eine konkrete Ausgestaltung des allgemeinen Gleichheitssatzes für die von ihm erfassten (wettbewerblich determinierten) Sachverhalte dar[1136]. Bei der Abwägung der widerstreitenden Interessen müssen zugunsten der Krankenkasse jedoch auch die Grundsätze der Wirtschaftlichkeit sowie der Beitragssatzstabilität Berücksichtigung finden, denen eine rein wettbewerblich orientierte Betrachtung nicht gerecht werden kann[1137]. Da der allgemeine Gleichheitssatz umfassender wirkt und nicht der Bindung an die rein wettbewerblichen Zielsetzungen des GWB unterliegt, ist dabei auch die sog. gesamtwirtschaftliche Betrachtungsweise[1138] erneut in den Blick zu nehmen.

3.) Ungleichbehandlung vergleichbarer Sachverhalte

Die Beantwortung der Frage, ob in der unterschiedlichen Vergütung der Leistungen des öffentlichen Rettungsdienstes und nicht in den öffentlichen Sicherstellungs- bzw. Versorgungsauftrag eingebundener Leistungserbringer eine gleichheitssatzwidrige Ungleichbehandlung zu sehen ist, hängt zunächst davon ab, ob diese Verwaltungspraxis wesentlich gleiche Sachverhalte ungleich behandelt. Mit dem öffentlichen Rettungsdienst auf der einen und den auf eine Rahmenvereinbarung angewiesenen staatsunabhängigen Leistungserbringern

---

[1133] Jarass, Wirtschaftsverwaltungsrecht, 3. Aufl. 1997, § 3 Rn. 66 m.w.N.

[1134] Vgl. hierzu oben S. 257 f.

[1135] So bereits Knispel, Auswirkungen der Neuregelung der Rechtsbeziehungen der Krankenkassen und ihrer Verbände zu den Leistungserbringern durch das GKV-Gesundheitsreformgesetz 2000, in: NZS 2001, S. 466 ff., 470. Das BSG hat dies in seiner Grundsatzentscheidung zu § 69 SGB V n.F. vom 25.9.2001 (Az.: B 3 KR 3/01 R, in: SozR 3-2500, § 69 Nr. 1) ausdrücklich offen gelassen.

[1136] BGHZ 33, 259 ff., 266.

[1137] Knispel, Auswirkungen der Neuregelung der Rechtsbeziehungen der Krankenkassen und ihrer Verbände zu den Leistungserbringern durch das GKV-Gesundheitsreformgesetz 2000, in: NZS 2001, S. 466 ff., 470.

[1138] Vgl. hierzu bereits oben S. 254.

auf der anderen Seite stehen die Vergleichspaare fest. Diese gilt es im Hinblick auf die Kostenübernahme durch die gesetzlichen Kostenträger auf ihre Vergleichbarkeit hin zu untersuchen.

Angesichts der durch die Landesrettungsdienstgesetze zwingend vorgegebenen Homogenität der Leistungen Notfallrettung und Krankentransport lässt sich zunächst eine uneingeschränkte Übereinstimmung hinsichtlich der erbrachten Leistungen feststellen. Unterschiede in der Leistungsqualität sind nach den rettungsdienstrechtlichen Vorgaben weder zulässig noch ersichtlich, so dass sich öffentlicher Rettungsdienst und Genehmigungsinhaber unter den Oberbegriff der Erbringer (identischer) rettungsdienstlicher Leistungen fassen lassen. Öffentlicher Rettungsdienst und die von diesem institutionell unabhängige staatsunabhängige Betätigung unterscheiden sich jedoch wie gesehen hinsichtlich Trägerschaft und dem damit verbundenen Sicherstellungsauftrag des Rettungsdienstträgers sowie hinsichtlich der Vergütungsstruktur in dem Sinne, dass die maßgebende Vergütung einerseits durch hoheitliche Festlegung einseitig vorgegeben ist bzw. sein kann, andererseits alternativlos im Vereinbarungswege ermittelt wird.

a) Öffentliche Trägerschaft als wesentlicher Unterschied

Abgesehen davon, dass die öffentliche Trägerschaft und die damit verbundene verwaltungsmäßige Leistungserbringung notwendigerweise die Grundlage hoheitlicher Gebührenfestsetzung durch die in § 133 SGB V genannten landes- oder ortsrechtlichen Bestimmungen ist, ist zunächst nicht zu erkennen, dass die Trägerkörperschaft an sich geeignet wäre, den Vergleichspaaren ihre Vergleichbarkeit zu nehmen. Dies gilt entsprechend für die vielfach damit verbundene rettungsdienstrechtliche Normierung beider Institutionen in jeweils voneinander getrennten Abschnitten der Landesrettungsdienstgesetze. Dass nämlich der Gesetzgeber auf dieser Ebene von einer Vergleichbarkeit ausging, zeigt der Umstand, dass § 133 Abs. 1 SGB V - wenn auch bei (erfolgter) hoheitlicher Festlegung, die für die öffentlichen Träger nicht verpflichtend ist[1139], subsidiär[1140] - sowohl beim öffentlichen Rettungsdienst als auch bei staatsunabhängig tätigen Leistungserbringern die Möglichkeit vertraglicher Vergütungsregelungen unterstellt.

[1139] Bei den rettungsdienstlichen Benutzungsgebühren handelt es sich nicht um Pflichtgebühren im Sinne des Kommunalabgabenrechts, vgl. etwa § 6 Abs. 1 KAG NW.
[1140] Vgl. Hencke, in Peters (Hrsg.), Handbuch der Sozialversicherung, Teil II SGB V, Stand: April 2002, § 133 Rn. 4.

b) Hoheitliche Gebührenfestsetzung – Vereinbarungsprinzip

Ein Ansatzpunkt für eine mangelnde Vergleichbarkeit der Sachverhalte könnte jedoch darin bestehen, dass sich die Krankenkassen in einem örtlich homogenen Bereich tatsächlich einer hoheitlichen Festlegung der Vergütungen des öffentlichen Rettungsdienstes gegenüber sehen können, während lediglich mit den übrigen Leistungserbringern Vergütungsvereinbarungen auszuhandeln sind. Die hierzu bislang vorliegende Judikatur der sozialgerichtlichen Instanzgerichte[1141], die, was an dem bis in jüngere Zeit zu bejahenden Eingreifen des kartellrechtlichen Diskriminierungsverbotes liegen mag, einem auf Art. 3 Abs. 1 GG gestützten Gleichbehandlungsanspruch bislang lediglich geringfügige Aufmerksamkeit zuteil werden lässt, geht von einer fehlenden Vergleichbarkeit unter dieser Bedingung aus. Sie begründet dies, ohne auf den Grad der Einflussnahmemöglichkeiten der Kostenträger auf die Entgelthöhe einzugehen, allein damit, dass die Gebührenpflicht bei Inanspruchnahme des öffentlichen Rettungsdienstes nur den jeweils transportierten Versicherten treffe und eine eigene gebührenrechtliche Haftung der Krankenkassen gerade nicht vorgesehen ist. Dies sei mit dem Sachverhalt, dass von den Kostenträgern individuell mit staatsunabhängig tätigen Leistungserbringern ausgehandelte Vergütungen zu zahlen sind, nicht vergleichbar[1142].

Ob diese Argumentation, die allein den Aspekt der Kostenschuldnerschaft beschreibt, im Ergebnis eine mangelnde Vergleichbarkeit der Sachverhalte im Hinblick auf die Vergütungshöhe begründen kann, erscheint schon deshalb zweifelhaft, weil sie jeden Bezug hierzu vermissen lässt. Weshalb sich nämlich eine Krankenkasse allein deshalb, weil sie auf der einen Seite einen Versicherten von seiner öffentlich-rechtlichen Gebührenschuld freistellt, während sie auf der anderen Seite unter Umständen denselben Versicherten von einer Verpflichtung aus einem mit dem Leistungserbringer bestehenden Beförderungsvertrag befreit, indem sie unmittelbar mit dem Leistungserbringer abrechnet, wesentlich verschiedenartigen Sachverhalten bezüglich der Vergütungshöhe gegenüber sehen soll, erschließt sich nicht. Insoweit verkennt die zitierte Rechtsprechung sowohl die Bedeutung des Sachleistungsprinzips als auch die oben dargestellten Rechtsbeziehungen gerade was die Kostenschuldnerschaft angeht. Richtig ist, dass Gebührenschuldner einer rettungsdienstlichen Benutzungsgebühr allein der Versicherte als derjenige ist, der die Leistung des öffentlichen Rettungsdienstes

---

[1141] Vgl. SG Düsseldorf, Urteil v. 14.3.2003 – S 34 KR 218/00 (unveröffentlicht; noch nicht rechtskräftig), Seite 9 der Urteilsausfertigung; SG Düsseldorf, Urteil v. 25.7.2003 – S 34 KR 11/01 (unveröffentlicht; noch nicht rechtskräftig), Seite 9 der Urteilsausfertigung.

[1142] Vgl. SG Düsseldorf, Urteil v. 14.3.2003 – S 34 KR 218/00 (unveröffentlicht; noch nicht rechtskräftig), Seite 9 der Urteilsausfertigung; SG Düsseldorf, Urteil v. 25.7.2003 – S 34 KR 11/01 (unveröffentlicht; noch nicht rechtskräftig), Seite 9 der Urteilsausfertigung.

in Anspruch genommen hat. Nichts anderes gilt aber zunächst für den Versicherten, der dieselbe Leistung von einem nicht in die öffentliche Leistungserbringung eingebundenen Leistungserbringer auf Grundlage eines privatrechtlichen Beförderungsvertrages entgegennimmt. In beiden Fällen genügt die Krankenkasse dem Sachleistungsprinzip dadurch, dass sie mit dem Leistungserbringer eine Direktabrechnungsvereinbarung trifft, die es dem Versicherten ermöglicht, die Leistung als Sachleistung in Anspruch zu nehmen, ohne dem Leistungserbringer gegenüber tatsächlich in Vorleistung treten zu müssen, obwohl der Versicherte zur Kostentragung als Primärschuldner prinzipiell verpflichtet ist. In beiden Fällen ist die Vereinbarung zudem der Abrede einer befreienden Schuldübernahme gemäß § 414 BGB analog sowie einem Schuldbeitritt mit ggf. vorrangiger Direktabrechnungsverpflichtung der Leistungserbringer grundsätzlich zugänglich.

Der tragende Unterschied besteht vielmehr in der Art und Weise des Zustandekommens der Höhe der Vergütung bei erfolgter hoheitlicher Festlegung auf der einen und einer ausgehandelten Vereinbarung auf der anderen Seite, im Ergebnis also im Umfang der Einflussnahmemöglichkeit des Kostenträgers auf die Entgelthöhe auf Grund der zentralen Vergütungsnorm des § 133 SGB V. Dass dieser im Bereich einseitiger Bestimmung der Gebührenhöhe auf landes- bzw. ortsrechtlicher Grundlage zunächst einmal weitaus geringer ist als bei vertraglicher Vereinbarung, wurde bereits festgestellt. Dennoch bestehen aus Sicht der Krankenkassen und ihrer Verbände Möglichkeiten, an der Bestimmung der Entgelthöhe auch des öffentlichen Rettungsdienstes mitzuwirken. Dies gilt zunächst bezüglich des Gebührenansatzes selbst, wobei Anhörungs- und Stellungnahmerechte und Mitwirkungsrechte der Kostenträger im Rahmen der dem Gebührenansatz zugrundeliegenden Bedarfsplanung - also auf der auch insoweit vorgeschalteten verwaltungsrechtlichen Ebene - ausgeübt werden können[1143]. Im Zuge dessen können Gebührenansätze unter Umständen erfolgreich zu (verwaltungs-) gerichtlicher Überprüfung an rettungsdienstrechtlichen wie kommunalabgabenrechtlichen Maßstäben gestellt werden. Insbesondere aber sieht § 133 SGB V, abgesehen davon, dass die Vorschrift die verwaltungsrechtlich streng voneinander zu unterscheidenden Institutionen öffentlicher Rettungsdienst und Privater einschließlich der gemeinnützigen Sanitätsorganisationen sozialversicherungsrechtlich gemeinsam erfasst, selbst das Korrektiv der Festbetragsbeschränkung bei bereits feststehender Gebührenhöhe vor. Die Verhandlungsposition der Krankenkassen gegenüber den Rettungsdienstträgern wird hierdurch dem Willen des Gesetzgebers entsprechend gestärkt.

[1143] Vgl. etwa § 14 Abs. 1 u. 2 RettG NW.

c) **Zwischenergebnis**

Entsprechend der Rechtsprechung des Bundesgerichtshofs zum kartellrechtlichen Diskriminierungsverbot[1144] bleibt daher festzustellen, dass die öffentlichen Rettungsdienste eine mit der Tätigkeit staatsunabhängiger Leistungserbringer übereinstimmende Tätigkeit entfalten und es sich bei den Vergleichsgruppen um gleichartige Leistungserbringer auf demselben Markt handelt. Die Verwaltungspraxis unterschiedlicher Vergütung erfüllt damit den Tatbestand der Ungleichbehandlung im Sinne des allgemeinen Gleichheitssatzes.

4.) Verfassungsrechtliche Rechtfertigung der Ungleichbehandlung

Differenzierungen zwischen den sich in einer vergleichbaren Wettbewerbssituation befindenden Leistungserbringern bedürfen danach einer hinreichenden Rechtfertigung.

a) **Ausgabenbegrenzung als Differenzierungsziel**

Die von den gesetzlichen Krankenkassen praktizierte Ungleichbehandlung soll der möglichst preiswerten Erlangung der Gesamtheit rettungsdienstlicher Leistungen und damit der Ausgabenbegrenzung dienen[1145]. Eine entsprechende Zielsetzung findet sich in § 133 SGB V durch die Bindung an den Grundsatz der Beitragssatzstabilität über § 71 SGB V und das Wirtschaftlichkeitsgebot in Form der Ausrichtung an möglichst preisgünstigen Versorgungsmöglichkeiten wieder. Bei dem Grundsatz der Beitragssatzstabilität handelt es sich um eine Zielvorgabe im Rahmen eines globalen Steuerungskonzepts der sozialen Krankenversicherung. Er basiert unter anderem auf der Verpflichtung des Gesetzgebers, die finanzielle Stabilität des Systems der gesetzlichen Krankenversicherung als hochrangiges Gut des Gemeinwohls zu sichern[1146]. Das Gebot der Wirtschaftlichkeit ist ebenfalls ein das Leistungs- und Verwaltungshandeln der Sozialversicherungsträger wesentlich bestimmender Grundsatz, den § 2 Abs. 1 Satz 1 SGB V ausdrücklich im Bereich der Krankenversicherung verankert. Ausgehend von diesen, den Regelungs- und Lebensbereich des Leistungserbringerrechts maßgeblich (mit-) beherrschenden Gerechtigkeits- und Verfassungsprinzipien ist die Ausgabenbegrenzung als legitimer Differenzierungszweck zu begreifen.

[1144] BGHZ 81, 322 ff., 330; 114, 218 ff, 231 f.
[1145] Vgl. BGHZ 114, 218 ff., 232; BSG, Urteil v. 29.11.1995 – 3 RK 32/94, in: RD 1997, S. 78 ff., 81.
[1146] Vgl. BVerfG, Beschluss v. 20.3.2001 – 1 BvR 491/96, in: NJW 2001, 1779.

b) Sachliche Rechtfertigung der Ungleichbehandlung i.e.S.

Nahezu unbestreitbar ist eine Differenzierung anhand des Kriteriums, ob ein Leistungserbringer in den öffentlichen Rettungsdienst integriert ist und im Zuge dessen auf Basis einer einseitig hoheitlich vorgegebenen Entgelthöhe abrechnet, zur Ausgabenbegrenzung geeignet. Dies gilt zumindest dann, wenn die Vergütungsdifferenz so hoch ist, dass sie Kostensteigerungen im öffentlichen Rettungsdienst bzw. aus Kostenträgersicht überhöhte öffentliche Gebührensätze letztlich über eine auf alle Leistungserbringer bezogene, abgesenkte Durchschnittsvergütung kompensiert, was in der Praxis regelmäßig der Fall ist[1147].

(1) Gesamtwirtschaftliche Betrachtungsweise

Verhältnismäßig im Übrigen könnte diese Differenzierung unter dem Gesichtspunkt der gesamtwirtschaftlichen Betrachtungsweise sein, wenn sich eine Ausgabenbegrenzung mit dem Ziel der Wahrung der Beitragssatzstabilität und des Wirtschaftlichkeitsgebotes anders nicht erreichen ließe und dies auch im Übrigen angemessen wäre. Die gesamtwirtschaftliche Betrachtung soll hier gewissermaßen als Minus zu ihrem oben dargestellten Inhalt in der Weise verstanden werden, dass die Gesamtheit rettungsdienstlicher Leistungen unter Umständen nur dann wirtschaftlich erbracht werden kann, wenn staatsunabhängige Leistungserbringer geringer vergütet werden als die öffentlichen Rettungsdienste.

Fraglich ist zunächst, inwieweit dies den Sachgesetzlichkeiten des Rettungswesens entspricht. Oben wurde als Zwischenergebnis festgehalten, dass die Intention des Bundesgesetzgebers, im Rahmen der Neugestaltung des Rettungsdienstrechts durch den Erhalt bzw. die Förderung eines gesunden Leistungswettbewerbs zwischen den verschiedenen Leistungserbringern eine Kostenbegrenzung zu erreichen[1148], sich bislang nicht realisiert hat. Als Grund hierfür wurde im Wesentlichen der Vorbehalt zugunsten landesrechtlicher Festsetzung der Vergütungshöhe für die öffentlichen Rettungsdienste die damit verbundene geringere Einflussnahmemöglichkeit der Kostenträger und die fehlende Anbindung der öffentlichen Leistungserbringer an den Grundsatz der Beitragssatzstabilität herausgearbeitet. Das Zusammenspiel zwischen dem jeweils geltenden Rettungsdienstrecht, dem Kommunalabgabenrecht und der zentralen Vergütungsnorm des § 133 SGB V scheint daher zunächst für die Notwendigkeit von Kostenbegrenzungen allein auf Seiten der staatsunabhängig genehmigten Leistungserbringer zu sprechen. Allerdings wurde ebenso festgestellt, dass den

---

[1147] Vgl. die Übersicht bei Dennerlein/Schneider, Wirtschaftlichkeitsreserven im Rettungsdienst der BRD, Augsburg 1995, S. 103 f.
[1148] BT-Drs. 11/2170, S.9; 11/4224.

Krankenkassen gerade im Interesse der Ausgabenbegrenzung mit § 133 Abs. 2 SGB V die Möglichkeit eingeräumt wurde, ihre Leistungspflicht gegenüber den öffentlichen Diensten auf Festbeträge in Höhe vergleichbarer wirtschaftlich erbrachter Leistungen zu beschränken. Als einziger Nachteil wäre dabei ein Wechsel der Krankenkasse durch einzelne Versicherte bzw. Beschwerden von Versicherten hinzunehmen, was sich wegen des Verbleibs im Gesamtsystem weder nachteilig auf die Beitragssatzentwicklung noch auf die Sicherstellung der rettungsdienstlichen Versorgung auswirken kann[1149]. Diesen Nachteil gilt es für die Kostenträger angesichts der auf dem Spiel stehenden Gemeinwohlbelange und grundrechtlich begründeten Anspruchsposition der freien Leistungserbringer hinzunehmen, zumal die Entgeltbegrenzung im öffentlichen Bereich im Ergebnis weit mehr zur Ausgabenbegrenzung und damit der Wahrung des Wirtschaftlichkeitsgebotes und der Stabilität der Beitragssätze beiträgt[1150]. Zwar erscheint, insbesondere soweit komplexe Ziele wie die finanzielle Stabilität der gesetzlichen Krankenversicherung mit vielfältigen Mitteln verfolgt werden, eine Maßnahme nicht bereits deshalb ungeeignet, weil andernorts unter Umständen größere Einsparpotentiale bestehen, wie ebenso Maßnahmen nicht deshalb als nicht erforderlich anzusehen sind, weil es andere Mittel innerhalb des Systems gibt, die andere weniger belasten würden[1151]. Hier handelt es sich indes bei der Festbetragsregelung gerade um das vom Gesetzgeber zum Zwecke der Ausgabenbegrenzung vorgesehene Primärinstrument.

Abweichendes in Form von nachteiligeren Auswirkungen der Festbetragsregelungen wäre im Zweifel unter den im Rahmen des kartellrechtlichen Diskriminierungsverbotes genannten verschärften Anforderungen von Seiten der Krankenkassen und deren Verbänden darzulegen und nötigenfalls zu beweisen[1152]. Fälle, in denen Kostenträger kommunale Gebührenansätze zu aufsichtsbehördlicher bzw. verwaltungsgerichtlicher Überprüfung nach kommunalabgabenrechtlichen Grundsätzen gestellt hätten, sind indes ebenso wenig bekannt, wie solche eines effektiven, d.h. dauerhaften Gebrauchmachens von der Festbetragsregelung.

Eine Rechtfertigung der Ungleichbehandlung unter dem Aspekt der gesamtwirtschaftlichen Betrachtung scheitert also an der fehlenden Erforderlichkeit.

[1149] Vgl. zu dem durch das GSG vom 21.12.1992 (BGBl. I S. 2266) mit Wirkung zum 1.1.1996 neu eingeführten allgemeinen Kassenwahlrecht der gesetzlich Versicherten §§ 173 ff. SGB V.
[1150] Vgl. Dennerlein/Schneider, Wirtschaftlichkeitsreserven im Rettungsdienst der BRD, Augsburg 1995, S. 157 u. 158, die dies zuvor u.a. aufgrund des höheren Gesamttransportanteils empirisch belegen.
[1151] Jaeger, Die Reformen in der gesetzlichen Sozialversicherung im Spiegel der Rechtsprechung des Bundesverfassungsgerichts, in: NZS 2003, S. 225 ff., 233.
[1152] Vgl. BGH, Urteil v. 11.12.2001 – KZR 5/00, in: WRP 2002, S. 457ff., 459.

Der Grundsatz der Beitragssatzstabilität bildet trotz seiner verbindlichen Vorgabefunktion[1153] zudem keinen zu Lasten der Angemessenheit der Vergütung von Leistungserbringern verabsolutierten Wert. Seine Relativität bezogen auf bestimmte Institute und Werte zeigt sich bereits darin, dass das Ziel Beitragssatzsteigerungen zu vermeiden dann zurücktreten muss, wenn bei Beitragssatzstabilität die notwendige medizinische Versorgung nicht gewährleistet werden kann[1154]. Es lässt sich hier ein Vorrang zugunsten der Rechtsgüter Leben und körperlicher Unversehrtheit der Versicherten konstatieren. Eine Überschreitung der Veränderungsrate als Bestandteil des Grundsatzes der Beitragssatzstabilität und des Wirtschaftlichkeitsgebotes ist dann zulässig, wenn die entstehenden Mehrausgaben durch Einsparungen in anderen Leistungsbereichen ausgeglichen werden, § 71 Abs. 2 Satz 2 SGB V. Die Ansprüche staatsunabhängiger Leistungserbringer auf Abschluss einer Vergütungsvereinbarung einschließlich einer angemessenen Regelung zur Entgelthöhe ließen sich als logische Fortsetzung des rettungsdienstrechtlichen Anspruchs auf Genehmigungserteilung letztlich auf Art. 12 Abs. 1 GG gründen. Eine weitere Abwägung der Angemessenheit der Ungleichbehandlung im Verhältnis zum Differenzierungszweck ergibt daher folgendes Bild: Durch das strengere Rechtfertigungserfordernis[1155] setzt sich das Recht der Leistungserbringer, eine angemessene Vergütung zu fordern gegenüber dem Differenzierungsziel der Ausgabenbegrenzung durch. Dies gilt allerdings nur, soweit dieses Ziel nicht durch insbesondere den Grundsatz der Beitragssatzstabilität qualifiziert ist. Denn nicht die Ausgabenbegrenzung an sich, sondern lediglich die Sicherung der finanziellen Stabilität und damit der Funktionsfähigkeit der gesetzlichen Krankenversicherung stellt einen Gemeinwohlbelang von hinreichendem Gewicht dar[1156]. Eine Erhöhung des Beitragssatzes und damit eine Durchbrechung des Grundsatzes der Beitragssatzstabilität kann indes nur dann in Betracht kommen, wenn Mehrausgaben nicht durch Einsparungen an anderer Stelle kompensiert werden können[1157]. Zu einem derartigen Ausgleich sind die Krankenkassen und ihre Verbände wie gesehen im Rahmen ihrer rechtlichen Möglichkeiten als weniger beeinträchtigendem und gleichzeitig sogar effektiverem Mittel verpflichtet. Ihnen obliegt hier insbesondere der Nachweis, dass ein Vorgehen nach § 133 Abs. 2 SGB V und damit eine Orientierung an wirtschaftlichen Vergütungssätzen nicht zum Erhalt stabiler Beiträge taugt.

Wenngleich eine Berufung der Krankenkassen und ihrer Verbände auf die gesamtwirtschaftliche Betrachtung beim gegenwärtigen Stand an der mangelnden

---

[1153] Vgl. BSG, Urteil v. 10.5.2000 - B 6 KA 20/99 R, in: SGb 2001, S. 679 ff., 685 f.
[1154] Vgl. § 71 Abs. 1 Satz 1 SGB V.
[1155] Vgl. Jarass, Wirtschaftsverwaltungsrecht, 3. Aufl. 1997, § 3 Rn. 66 m.w.N.
[1156] BVerfG, Beschluss v. 20.3.2001 – 1 BvR 491/96, in: NJW 2001, S. 1779.
[1157] Orlowski, in: Degener-Hencke/Heberlein, SGB V, Ordner 2, Stand: 03/2000, § 71 Rn. 17.

Erforderlichkeit scheitern dürfte, liefert zumindest das Erfordernis ihrer Berücksichtigung im Rahmen des allgemeinen Gleichheitssatzes einen zusätzlichen Hinweis auf den tieferen Sinn der Neufassung des § 69 SGB V. Soweit nämlich der allein wettbewerbsorientierte Beurteilungsmaßstab des GWB keine Berücksichtigung wirtschafts- und sozialpolitischer Überlegungen und Maßstäbe gestattet[1158], eröffnet allein die spezifisch öffentlich-rechtliche Betrachtung den Weg zu deren Einbeziehung; dies auch und insbesondere mit Blick auf sich unter Umständen künftig radikal wandelnde sozialpolitische Rahmenbedingungen und eine mögliche Neugestaltung der sozialen Sicherungssysteme.

(2) Sicherstellungspflicht der öffentlichen Rettungsdienstträger

Die Sozialgerichte halten die Ungleichbehandlung hinsichtlich der Vergütungshöhe teilweise unter Hinweis auf den gesetzlichen Sicherstellungsauftrag der öffentlichen Rettungsdienstträger gemäß den Vorgaben der Landesrettungsdienstgesetze für gerechtfertigt[1159]. Offenbar mit Rücksicht auf die weitgehende Planbarkeit der Einsatzabwicklung im Bereich des Krankentransports und der dort ungleich geringeren Bedeutung der reinen (Personal-)Vorhaltestunden als Kostenfaktor[1160] stellen sie darauf ab, dass der Sicherstellungsauftrag den öffentlichen Rettungsdienst insbesondere verpflichtet, im Bedarfsfall die Bediensicherheit[1161] im Bereich der Notfallrettung zu gewährleisten. Infolgedessen müssten Vorhaltekosten in weit größerem Umfang als bei einem rein nach betriebswirtschaftlichen Grundsätzen tätigen Leistungserbringer außerhalb des öffentlichen Rettungsdienstes getragen werden[1162]. Ähnlich der Argumentation der Zivilgerichte im Rahmen der Ermittlung einer tragfähigen Vergleichsvergütung[1163] wird hier also eine fehlende kalkulatorische Vergleichbarkeit des öffentlichen Rettungsdienstes insbesondere mit gewerblichen Leistungserbringern unterstellt. Das Argument der Sicherstellungsverpflichtung im Bereich der Notfallrettung zieht die Rechtsprechung dabei nicht nur zur Rechtfertigung einer

---

[1158] Vgl. BGHZ 114, 218 ff., 233 m.w.N.
[1159] SG Düsseldorf, Urteil v. 14.3.2003 – S 34 KR 218/00, Seite 9 der Urteilsausfertigung; SG Düsseldorf, Urteil v. 25.7.2003 – S 34 KR 11/01, Seite 9 der Urteilsausfertigung.
[1160] Siehe hierzu im einzelnen Büch/Koch, Wirtschaftlichkeit im Rettungsdienst, DRK-Schriftenreihe zum Rettungswesen, Bd. 18, 1998, S. 31 f.
[1161] Hierunter ist die in Prozentwerten ausgedrückte Sicherheit zu verstehen, dass bei einem Notfall ein Rettungsmittel auch tatsächlich zur Verfügung steht. Vgl. hierzu Lenhart/Puhan/Siegener, Ermittlung abgestufter Richtwerte für die Bereitstellung von Fahrzeugen im Rettungsdienst, Bergisch-Gladbach 1987, S. 61.
[1162] SG Düsseldorf, Urteil v. 14.3.2003 – S 34 KR 218/00 (unveröffentlicht; noch nicht rechtskräftig), Seite 9 der Urteilsausfertigung; SG Düsseldorf, Urteil v. 25.7.2003 – S 34 KR 11/01 (unveröffentlicht; noch nicht rechtskräftig), Seite 9 der Urteilsausfertigung.
[1163] Vgl. LG Köln, Urteil v. 8.12.1987 – 11 S 50/87, in: NJW-RR 1988, S. 1016 ff., 1019.

ungleichen Vergütungshöhe für die Notfallrettung selbst heran, sie erstreckt es vielmehr auch auf die Entgelthöhe im Krankentransport[1164].

Tatsächlich erscheint das Erfordernis flächendeckender Vorhaltung zu jeder Tages und Nachtzeit generell geeignet, über die damit einhergehenden, erhöhten Vorhaltekosten die Gesamtkosten je Einsatz mitunter stark ansteigen zu lassen. Immerhin resultieren ca. 84 % der Kosten je Einsatz aus den Vorhaltestunden[1165]. Im Rettungsdienst ist zwischen kostenauslösenden Faktoren und dem die Vergütung auslösenden Moment, d.h. der Inanspruchnahme der Leistung in Form eines Einsatzes, zu unterscheiden. Die Vorhaltung bildet ein für die nachgefragte Leistung als Endprodukt notwendiges Zwischenprodukt, das über das Einsatzentgelt (mit-) vergütet wird. Vorhaltekosten, deren Entstehung angesichts der notwendigen Gewährleistung der Bediensicherheit auch ohne Einsatz gerechtfertigt sind, entstehen auch dann, wenn kein Einsatz stattfindet. Diesem Produktionsprozess muss eine Kostenrechnung für rettungsdienstliche Dienstleistungen Rechnung tragen.

Wesentlicher Indikator für die Produktivität und damit auch die Wirtschaftlichkeit der Dienstleistungserbringung im Rettungsdienst ist die auf die Gesamtkosten bezogene Anzahl an durchgeführten und damit vergüteten Einsätzen[1166], die zugleich den Grad an Kostendeckung angibt. Um den Anteil der reinen Vorhaltekosten an den Gesamtkosten konkret zu ermitteln bedarf es der Ermittlung der Maßzahl der Vorhaltekosten je Einsatz. Hierfür sind zwei Faktoren maßgebend: die Kosten je Vorhaltestunde und die Anzahl der durchschnittlich auf einen Einsatz entfallenden Vorhaltestunden[1167]. Da die Kosten je Vorhaltestunde angesichts weitgehend fixer Parameter wenig variabel sind[1168] und sich schlicht aus dem auf eine bestimmte Zeitperiode bezogenen Quotienten der Gesamtkosten und der Gesamtzahl der Vorhaltestunden ermitteln, kommt dem Faktor An-

---

[1164] SG Düsseldorf, Urteil v. 14.3.2003 – S 34 KR 218/00 (unveröffentlicht; noch nicht rechtskräftig), Seite 9 der Urteilsausfertigung; SG Düsseldorf, Urteil v. 25.7.2003 – S 34 KR 11/01 (unveröffentlicht; noch nicht rechtskräftig), Seite 9 der Urteilsausfertigung.
[1165] Büch/Koch, Wirtschaftlichkeit im Rettungsdienst, DRK-Schriftenreihe zum Rettungswesen, Bd. 18, 1998, S. 27. Der Fachausschuss Rettungsdienst im DRK geht von 75-80 % der Gesamtkosten aus, vgl. Fachausschuss Rettungsdienst des DRK, in: Leben retten 1994, S. 1.
[1166] Dennerlein/Schneider, Wirtschaftlichkeitsreserven im Rettungsdienst der BRD, Augsburg 1995, S. 91 f.
[1167] Büch/Koch, Wirtschaftlichkeit im Rettungsdienst, DRK-Schriftenreihe zum Rettungswesen, Bd. 18, 1998, S. 19.
[1168] Hauptkostenfaktor sind die weitgehend homogenen Kosten des Einsatzpersonals. Die Höhe der Kosten je Vorhaltestunde hängt auch von der Art der Organisation, d.h. beispielsweise von Art und Umfang des Bereitschaftsdienstes, der Art der Rettungsmittel sowie dem Anteil ehrenamtlicher Kräfte am Einsatz- und/oder Einsatzpersonal ab. Die Höhe dieser Kosten ist im Zeitverlauf recht stabil und nur längerfristig beeinflussbar, vgl. Büch/Koch, Wirtschaftlichkeit im Rettungsdienst, DRK-Schriftenreihe zum Rettungswesen, Bd. 18, 1998, S. 22, 23.

zahl der Vorhaltestunden je Einsatz, der entscheidenden Einfluss auf die Einsatzkosten hat[1169], entscheidende Bedeutung zu. Diese Maßzahl drückt aus, wie lange ein Rettungsmittel durchschnittlich bereitsteht, um einen (vergütungsauslösenden) Einsatz durchzuführen[1170]. Wird also bezüglich eines rund um die Uhr vorgehaltenen Rettungsmittels im Schnitt ein Einsatz pro Tag nachgefragt, beträgt die Anzahl der Vorhaltestunden je Einsatz 24, bei sechs Einsätzen vier. Die auf einen Einsatz entfallende Anzahl an Vorhaltestunden hängt von der jeweiligen regionalen Bevölkerungsdichte und dem dadurch bestimmten Einsatzaufkommen ab. Dabei halbiert sich die Anzahl der Vorhaltestunden je Einsatz beim Vergleich von Regionen mit ländlicher und großstädtischer Einwohnerdichte nahezu[1171]. Wegen des engen Zusammenhangs zwischen Einsatzaufkommen und dem vornehmlich im Bereich der Notfallrettung entscheidenden Kostenfaktor der Vorhaltekosten lässt sich also feststellen, dass das vergütungsauslösende Moment Einsatz im Verhältnis zu den Vorhaltestunden mit zunehmender Bevölkerungsdichte häufiger anfällt und damit verhältnismäßig geringere (Vorhalte-) Kosten abzudecken hat. Zumindest in städtischen Bereichen ist es daher denkbar, dass dem letztlich auf die Vorhaltekosten reduzierten Argument der Sicherstellungsverpflichtung der öffentlichen Träger, die regelmäßig durch den öffentlichen Rettungsdienst erfüllt wird, geringere Bedeutung beizumessen ist. Mindestens aber kann der pauschale Verweis auf eine kostenintensive Sicherstellungspflicht ohne Erhebung der diese Feststellung tragenden Rahmenbedingungen im Einzelfall nicht bestehen. Hinsichtlich der hier untersuchten sachlichen Rechtfertigung einer Ungleichbehandlung im Vergleich zu staatsunabhängigen Leistungserbringern erhöhen sich die Rechtfertigungsanforderungen zudem dann weiter, wenn sich der zugleich als Aufsichts- und Genehmigungsbehörde fungierende Rettungsdienstträger zwecks Erfüllung seines Sicherstellungsauftrages mitunter staatsunabhängiger Leistungserbringer auch in der Notfallrettung bedient, diese insbesondere nebst einer umfassenden Betriebspflicht in der rettungsdienstrechtlichen Genehmigungsurkunde in den Bedarfsplan einstellt. Hierzu kann er wegen des in Art. 12 Abs. 1 GG verankerten Anspruchs auf Erteilung einer rettungsdienstrechtlichen Genehmigung unter Umständen sogar verpflichtet sein[1172].
Zu berücksichtigen ist jedoch weiter, dass es die Bediensicherheit gebietet, dass ab Erreichen einer bestimmten Zahl von Einsätzen zu deren Erhalt ein zusätzli-

---

[1169] Büch/Koch, Wirtschaftlichkeit im Rettungsdienst, DRK-Schriftenreihe zum Rettungswesen, Bd. 18, 1998, S. 27.
[1170] Büch/Koch, Wirtschaftlichkeit im Rettungsdienst, DRK-Schriftenreihe zum Rettungswesen, Bd. 18, 1998, S. 26.
[1171] Büch/Koch, Wirtschaftlichkeit im Rettungsdienst, DRK-Schriftenreihe zum Rettungswesen, Bd. 18, 1998, S. 28 f.
[1172] Vgl. VGH Bad.-Württ., Beschluss v. 21.2.1997 – 10 S 3346/96, in: DÖV 1997, S. 694 ff., 695; OVG Lüneburg, Urteil v. 24.6.1999 – 11 L 719/98.

ches Rettungsmittel bereitzuhalten ist[1173]. Insoweit tauchen nicht nur theoretisch sondern auch in der Praxis zwei Extremfälle auf: Im ersten Fall steht wegen knappen Überschreitens der Einsatzzahlgrenze für ein weiteres Rettungsmittel ein solches Fahrzeug bereit, welches jedoch gering ausgelastet ist und damit sehr hohe Vorhaltekosten je Einsatz produziert, die sich wiederum belastend auf das Gesamtsystem auswirken. Dem lässt sich in der Notfallrettung nicht mit dem Argument entgegentreten, dass, insbesondere bei hoher Gesamtzahl an Rettungsmitteln, sich eine solche Auswirkung immer nur auf ein Fahrzeug beschränken, d.h. im Gesamtsystem von dem Fahrzeug hervorgerufen (und durch die übrigen kompensiert) werden kann, das gerade diese Grenze überschreitet. So ist angesichts der bei der zeitkritischen Notfallrettung einzuhaltenden Hilfsfristen eine solche Überkapazität für jeden einzelnen Wachstandort denkbar, da die Einsatzradien und damit der Wirkungsbereich der Bediensicherheit jeweils räumlich beschränkt sind[1174]. Der gegensätzliche Fall ist dadurch gekennzeichnet, dass die ermittelte Grenze, ab der bei gleichbleibender Bediensicherheit ein weiteres Rettungsmittel vorzuhalten ist, knapp unterschritten wird, wodurch die Vorhaltezeit je Einsatz und damit die durch die Einsatzvergütung abzudeckenden Kosten zwangsläufig geringer ausfallen. Die beiden Fälle veranschaulichen, dass die optimale Vorhaltungsgröße unter dem Aspekt der Bediensicherheit nicht mit der unter Kostengesichtspunkten anzustrebenden Minimalvorhaltung übereinstimmen kann. Es handelt sich daher stets um eine Kompromisslösung zu Gunsten wie zu Lasten der optimalen rettungsdienstlichen Versorgung der Bevölkerung in Gestalt der Bediensicherheit auf der einen und der Finanzierbarkeit der Vorhaltung und damit des Systems auf der anderen Seite. Grundlage ist hier letztlich ein politischer wie rechtlicher Abwägungsprozess der kollidierenden Verfassungsrechtsgüter.

Dennoch lassen sich auf Basis des jeweils geltenden Kompromisses Umstände und kostenmäßige Auswirkungen der Sicherstellungsverpflichtung im Einzelfall wie gesehen ermitteln. Die wenn nicht zwingende so doch mögliche sachliche Rechtfertigung einer Ungleichbehandlung unter dem Gesichtspunkt der Sicherstellungsverpflichtung muss dies unter dem allgemeinen Gleichheitssatz leisten.

[1173] Büch/Koch, Wirtschaftlichkeit im Rettungsdienst, DRK-Schriftenreihe zum Rettungswesen, Bd. 18, 1998, S. 34. Vgl. zu der der Bedarfsberechnung zugrundeliegenden sog. *Poisson-Analyse* etwa Neubauer, Statistische Methoden, München 1994, S. 368.

[1174] Vgl. zum räumlich beschränkten Einsatzradius in der Notfallrettung jüngst OVG Münster, Beschluss v. 31.3.2003 – 13 B 16/03 sowie bereits RdErl. d. Ministeriums für Arbeit, Gesundheit und Soziales NRW vom 22.4.1975 – VI A 4 – 03.57.00 -, MBl. NRW 1975, S. 720.

(3) Notwendigkeit eines Kostenausgleichs zwischen Notfallrettung und Krankentransport

Weiter ist zu untersuchen, ob eine Differenzierung anhand des Kriteriums des sicherstellungsverpflichteten öffentlichen Rettungsdienstes auch im Hinblick auf die Dienstleistung Krankentransport richtig gewählt ist. Alle Landesrettungsdienstgesetze betonen wie gesehen in zum Teil unterschiedlicher Ausprägung, jedoch im Grundsatz übereinstimmend die (funktionale) Einheit von Notfallrettung und Krankentransport[1175]. Die Fragestellung zielt hier auf die Notwendigkeit der unauflöslichen Einheit von Notfallrettung und Krankentransport in wirtschaftlicher Hinsicht, genauer unter dem Teilgesichtspunkt der Notwendigkeit eines Kostenausgleichs. Der weitere Aspekt der wirtschaftlich funktionalen Einheit in dem Sinne, dass die funktionsgerechte Aufrechterhaltung der Notfallrettung zu tragbaren Kosten nur dann organisiert werden kann, wenn sich das vorgehaltene Personal und die Sachausstattung auch anderweitig einsetzen lassen[1176], ist diesbezüglich anders als im Rahmen der landesrechtlichen Funktionsschutzklauseln nicht relevant, da er rein kalkulatorisch betrachtet im Krankentransportbereich eine Senkung der Personal(vorhalte-)kosten indiziert und damit sogar entgegen einer möglichen Rechtfertigung wirkt[1177].

Der Europäische Gerichtshof hat in seiner Entscheidung vom 25. Oktober 2001[1178] zur Wirksamkeit der rettungsdienstrechtlichen Funktionsschutzklausel ausgeführt, dass es dem öffentlichen Rettungsdienst bzw. den hieran beteiligten Sanitätsorganisationen[1179] mit Blick auf die Erbringung der im Allgemeininteresse liegenden Dienstleistung Notfallrettung unter wirtschaftliche tragbaren Bedingungen möglich sein müsse, einen Ausgleich zwischen rentablen und weniger rentablen Tätigkeitsbereichen durchzuführen. Grundlage war neben einem denkbaren Kostenausgleich für Verluste in dünnbesiedelten durch Einnahmen

---

[1175] Vgl. §§ 1 Abs. 1 RDG BW; Art. 18 Abs. 1 S. 1 Bay RDG; § 2 Abs. 1 S. 1 RDG Bln; § 1 Abs. 2 BbgRettG; § 3 Abs. 1 S. 3 BremRettG; § 6 Abs. 2 S. 1 HbgRDG; § 3 Abs. 1 HessRDG; § 2 Abs. 1 RDG M-V; § 2 Abs. 1 S. 1 NdsRettDG; § 6 Abs. 1 S. 2 RettG NW; § 2 Abs. 1 S. 2 RettDG RhPf; § 2 Abs. 1 SaarRettG; § 2 Abs. 1 S. 1 RDG LSA; § 2 Abs. 1 SächsRettDG; § 6 Abs. 1 S. 1 RDG SH; § 2 Abs. 2 ThürRDG.
[1176] Vgl. BVerwG, Urteil v. 16.10.1995 – 3 C 10/94, in: NJW 1996, S. 1608 ff., 1610.
[1177] Voraussetzung hierfür ist die Organisation des Rettungsdienstes i.S. eines Verbundsystems, d.h. einer sachlichen Verzahnung von Notfallrettung und Krankentransport, vgl. hierzu Kühner/Puhan, Der Krankentransport als Aufgabe des Rettungsdienstes aus notfallmedizinischer Sicht, in: Biese u.a. (Hrsg.), Handbuch des Rettungswesens, Band 1, Stand: 04/2003, A 1.7.0 m.w.N.; Büch/Koch, Wirtschaftlichkeit im Rettungsdienst, DRK-Schriftenreihe zum Rettungswesen, Bd. 18, 1998, S. 42 ff.
[1178] EuGH, Urteil v. 25.10.2001, Rs. C-475/99, Ambulanz Glöckner/Landkreis Südwestpfalz, Slg. I-2001, S. 8089ff., Rn. 57 u. 60.
[1179] Bei erfolgter Einbindung gilt entsprechendes auch für gewerbliche Leistungserbringer.

aus dichtbesiedelten Gebieten eine „Quersubventionierung" derart, dass Einnahmen aus dem Bereich des Krankentransports einen Beitrag zu den Kosten der Notfallrettung leisten[1180]. Bei dieser Form des Kostenausgleichs, die das Bundesverwaltungsgericht lediglich im Hinblick auf die Vermeidung von Überkapazitäten herausgestellt bzw. anerkannt hatte[1181], gilt es im Hinblick auf die kalkulatorische Vergleichbarkeit als Untersuchungsgegenstand weiter zu differenzieren: Sie taucht zunächst dergestalt auf, dass dem öffentlichen Rettungsdienst durch den Ausschluss bzw. eine Verringerung staatsunabhängiger Konkurrenz ein bestimmtes Fahrtenaufkommen im lukrativen Bereich des Krankentransports gesichert werden soll, da die öffentlichen Träger ansonsten gezwungen wären, die Benutzungsentgelte zu erhöhen bzw. zur Leistungserbringung nicht mehr in der Lage wären. Dies kann und darf das Leistungserbringerrecht des SGB V wie dargestellt nicht leisten. Eine einer Vergütungsvereinbarung vorgeschaltete eigene Bedürfnisprüfung ist den Kostenträgern nicht gestattet[1182]. Sie ist vielmehr Aufgabe der Genehmigungsbehörde bei Anwendung der landesrechtlichen Funktionsschutzklausel.

Es verbleibt mithin zur Rechtfertigung einer unterschiedlichen Entgeltbemessung im Krankentransportbereich unter dem Aspekt der Sicherstellungspflicht in der Notfallrettung nur eine „Quersubventionierung" derart, dass die Gebühr bzw. das Entgelt für die Leistung Krankentransport zwecks Kostenausgleichs in der Notfallrettung angehoben wird. Vorhaltekosten aus dem Bereich der Notfallrettung würden also in die Kalkulation des Krankentransportentgelts integriert und so die Vergütung für die Dienstleistung Krankentransport erhöht. Nichts anderes kann aus den genannten Gründen auch die zitierte Rechtsprechung der Sozialgerichte vor Augen gehabt haben, die pauschal auf die Sicherstellungsverpflichtung der öffentlichen Träger im Bereich von Notfalleinsätzen abstellt und diese unter dem Gesichtspunkt der Vorhaltekosten in kalkulatorischer Hinsicht auch auf die Krankentransportentgelte erstreckt[1183].

In entsprechender Anwendung der vom Bundesgerichtshof anhand des kartellrechtlichen Diskriminierungsverbotes aufgestellten Grundsätze obliegt es den bezüglich der Bedarfsberechnungen kraft Bundes-[1184] wie Landesrecht[1185] omniszienten Krankenkassen, die Gründe darzulegen, die die unterschiedliche

---

[1180] Vgl. Generalanwalt Jacobs, Schlussanträge v. 17.5.2001, Rs. C-475/99, Ambulanz Glöckner/Landkreis Südwestpfalz, Slg. I 2001, S. 8089ff., Rn. 187.
[1181] Vgl. BVerwG, Urteil v. 16.10.1995 – 3 C 10/94, in: NJW 1996, S. 1608 ff., 1610; Urteil v. 17.6.1999 – 3 C 20/98, NVwZ-RR 2000, S. 213 ff., 215.
[1182] BSG, Urteil v. 29.11.1995 – 3 RK 32/94, in: RD 1997, S. 78 ff. (LS 1).
[1183] Vgl. SG Düsseldorf, Urteil v. 14.3.2003 – S 34 KR 218/00 (unveröffentlicht; noch nicht rechtskräftig), Seite 9 der Urteilsausfertigung; SG Düsseldorf, Urteil v. 25.7.2003 – S 34 KR 11/01 (unveröffentlicht; noch nicht rechtskräftig), Seite 9 der Urteilsausfertigung.
[1184] § 133 Abs. 2 Nr. 1 SGB V.
[1185] Siehe nur § 14 Abs. 2 RettG NW.

Preisgestaltung rechtfertigen. Diese haben substantiiert vorzutragen, dass das Einsatzaufkommen in der Notfallrettung derart stark vom kostenmäßigen Ideal der für die Erhaltung der Bediensicherheit erforderlichen Minimalvorhaltung abweicht, dass die Maßzahl der kostenintensiven Vorhaltestunden je Einsatz verhältnismäßig hoch ist und sich diese Kosten kalkulatorisch nicht vollständig in der hierfür anfallenden Notfalleinsatzgebühr darstellen, also die Vergütung im Krankentransport tatsächlich solche Kosten in einem gebührenrechtlich zulässigen Umfang (mit-)enthält. An die Darlegung sind dabei die oben dargestellten hohen Anforderungen zu stellen. Bei vorgegebener Unwirtschaftlichkeit der öffentlichen Notfallrettung gilt es auch hier unter Umständen danach zu fragen, ob die Krankenkassen bzw. ihre Verbände von der Möglichkeit der Beschränkung ihrer Leistungspflicht auf Festbeträge Gebrauch gemacht haben.

Statistisch gesehen übersteigen die Entgeltansätze der öffentlichen Rettungsdienste im Bereich der Notfallrettung die im Krankentransport bundesweit um ein Vielfaches[1186], so dass auf rein tatsächlicher Ebene einiges für eine vollständige Kostenabdeckung allein mittels der jeweiligen Gebühren für Notfalleinsätze spricht. Dies ist an sich logische Folge der Tatsache, dass die Wartezeiten, in denen das Rettungsmittel nicht im Einsatz ist, (zumindest) unmittelbar ganz überwiegend nur den zeitkritischen Einsätzen zugerechnet werden können[1187]. Es entspricht auch einem zunehmenden Streben nach einer möglichst eindeutigen Aufteilung der Kosten zwischen Notfallrettung und Krankentransport nach dem Grundsatz der möglichst unmittelbaren Zuordnung der Kosten zu den sie verursachenden Leistungen[1188]. Gebührenrechtlich schließt sich hier an, dass die für die einzelnen Rettungsmittel ermittelten Einsatzkosten auch dem jeweiligen Benutzer als Gebührenschuldner anzulasten sind. Beide Grundsätze spiegeln das Prinzip der Leistungsproportionalität bzw. der sog. speziellen Entgeltlichkeit wieder, das als landesrechtliche Ausprägung des allgemeinen Gleichheitssatzes gilt und die Regel aufstellt, dass Gebührenpflichtige nur mit den Kosten belastet werden dürfen, die durch die Erbringung der in Anspruch genommenen Leistung entstehen[1189]. Der allgemeine Gleichheitssatz ist dann verletzt, wenn eine Gebührenregelung nicht mehr durch sachliche Gründe zu rechtfertigen ist,

---

[1186] Vgl. die Darstellung bei Dennerlein/Schneider, Wirtschaftlichkeitsreserven im Rettungsdienst der BRD, Augsburg 1995, S. 100, 105 sowie die Beispielkalkulation bei Büch/Koch, Wirtschaftlichkeit im Rettungsdienst, DRK-Schriftenreihe zum Rettungswesen, Bd. 18, 1998, S. 63.
[1187] Büch/Koch, Wirtschaftlichkeit im Rettungsdienst, DRK-Schriftenreihe zum Rettungswesen, Bd. 18, 1998, S. 62 f.
[1188] Vgl. allgemein zur Kostenstellenzuordnung zu einzelnen Funktions- bzw. Leistungsbereichen Wöhe/Döring, Einführung in die allgemeine Betriebswirtschaftslehre, 21. Aufl. 2002, S. 1100 ff.
[1189] Driehaus, Kommunalabgabenrecht, Stand: September 2003, § 6 Rn. 52 f. m.w.N.

wobei Gebühren im Hinblick auf Art. 3 Abs. 1 GG auch nach der Rechtsprechung des Bundesverfassungsgerichts nicht gänzlich unabhängig von den Kosten der gebührenpflichtigen Staatsleistung festgesetzt werden dürfen[1190]. Hier gilt es allerdings zu berücksichtigen, dass eine den Gleichheitssatz verletzende Ungleichbehandlung nur dann vorliegt, wenn sich die Verknüpfung von Kosten und Gebühren hinsichtlich des Zwecks der Kostendeckung unter keinem rechtlichen Gesichtspunkt als sachgerecht erweist. Ein gewisses Maß an Sachgerechtigkeit kann einer teilweisen Kostenverlagerung auf die Krankentransportvergütung zumindest dann nicht abgesprochen werden, wenn der öffentliche Rettungsdienst tatsächlich als Verbundsystem organisiert ist[1191], sich mithin im Sinne der vorzitierten Feststellung des Bundesverwaltungsgerichts das vorgehaltene Personal und die Sachausstattung auch anderweitig, d.h. wechselseitig, einsetzen lassen. Parallel hierzu darf allerdings wie gesagt die kostennähere Gebühr für die Leistung Notfallrettung keine vollständige Abdeckung der Vorhaltekosten bewirken. Sind diese Voraussetzungen bereits nicht gegeben, so erscheinen eine Rechtfertigung zunächst auf dieser Ebene und nachfolgend ein rechtfertigendes Durchschlagen des Arguments der Sicherstellungspflicht in der Notfallrettung auf den Krankentransport eher zweifelhaft.

In die Betrachtung einzubeziehen ist ferner das im Verhältnismäßigkeitsgrundsatz verfassungsrechtlich verankerte gebührenrechtliche Äquivalenzprinzip. Dieses besagt, bezogen auf das Leistungsverhältnis zwischen Gebührengläubiger und -schuldner, dass die Gebühr nicht in einem Missverhältnis zu der vom Träger der öffentlichen Verwaltung erbrachten Leistung stehen darf, wobei eine Verletzung des Äquivalenzprinzips erst im Falle einer gröblichen Störung des Ausgleichsverhältnisses zwischen Gebühr und Leistungswert anzunehmen ist[1192]. Wenngleich die Belastungsschwelle, ab der die Weitergabe von Vorhaltekosten aus dem Bereich der Notfallrettung über die Krankentransportgebühr als das Äquivalenzprinzip verletzende Störung anzusehen ist, hier nicht bestimmt werden soll, deutet schließlich auch dieses Prinzip dahin, dass der Gebührenschuldner möglichst nur durch leistungsimmanente Kosten belastet werden soll. Dies entspricht der festgestellten Gebührenbemessung in der Praxis.

5.) Ergebnis

Was den Gesichtspunkt der Gleichbehandlung bei der Vergütung sachlich identischer Leistungen angeht, so bildet der allgemeine Gleichheitssatz des Art. 3 Abs. 1 GG den entscheidenden rechtlichen Maßstab. Die gesetzlichen Kranken-

---

[1190] BVerfG, Beschluss v. 6.2.1979 – 2 BvL 5/76, in: NJW 1979, S. 1345.
[1191] Siehe hierzu Büch/Koch, Wirtschaftlichkeit im Rettungsdienst, DRK-Schriftenreihe zum Rettungswesen, Bd. 18, 1998, S. 43 f.
[1192] Driehaus, Kommunalabgabenrecht, Stand: September 2003, § 6 Rn. 49 b.

kassen und ihre Verbände unterliegen der unmittelbaren Grundrechtsbindung und damit der Bindung an den Gleichheitssatz. Eine hinreichende Vergleichbarkeit von öffentlichem Rettungsdienst und staatsunabhängiger Leistungserbringung ist gegeben, die Vergleichsgruppen erbringen sachlich übereinstimmende Leistungen auf jeweils demselben Markt. Allerdings besteht generell die Möglichkeit der sachlichen Rechtfertigung von Ungleichbehandlungen im Bereich der Vergütungshöhe. Soweit die unterschiedliche Entgeltbemessung dabei die Ausgabenbegrenzung im System der gesetzlichen Krankenversicherung bezweckt, ist dies ohne weiteres als verfassungsrechtlich legitimes Differenzierungsziel zu begreifen. Den wesentlichen Gesichtspunkt, unter dem die unterschiedliche Entgeltbemessung im Einzelfall sachlich gerechtfertigt werden kann, bildet die landesrechtlich vorgegebene Sicherstellungsverpflichtung der öffentlichen Rettungsdienstträger. Allerdings sind die insoweit an die Kostenträger zu stellenden Darlegungs- und Nachweisanforderungen alles andere als gering. Der bisherige, vielfach lediglich allgemein gehaltene Hinweis auf den gesetzlichen Sicherstellungsauftrag greift angesichts der Grundrechtsberührung nicht durch, hinreichende tatsächliche Feststellungen der zuständigen Sozialgerichte fehlen bislang. Für das Argument der Notwendigkeit eines Kostenausgleichs zwischen Notfallrettung und Krankentransport im Sinne einer Quersubventionierung gilt Entsprechendes. Bereits angesichts des Eingreifens von Art. 3 Abs. 1 GG ist die in der Neufassung von § 69 SGB V zum Teil erblickte Schutzlosigkeit der Leistungserbringer in diesem Ausmaß nicht gegeben.

III. Sozialversicherungsrechtliches Gleichbehandlungsgebot

Das im fünften Sozialgesetzbuch normierte Leistungserbringerrecht ist durch die bereits angesprochenen, wesentlichen Elemente des Wirtschaftlichkeitsgebotes[1193], der freien Wahl des Leistungserbringers durch den Versicherten[1194], und das Vertragsprinzip[1195] gekennzeichnet. Diese Elemente bringen in ihrem Zusammenspiel als gesetzliche Strukturvorgaben zum Ausdruck, dass im Leistungserbringerrecht eine Vielzahl von Leistungserbringern und damit ein Wettbewerb unter den Leistungserbringern gesetzlich vorausgesetzt und gefordert wird[1196]. Vor dem Hintergrund der eingangs dargestellten Rechtsentwicklung

---

[1193] §§ 2 Abs. 4, 12 Abs. 1, 133 Abs. 1 Satz 7 SGB V.
[1194] Siehe hierzu außerhalb der vertragsärztlichen Versorgung (§ 76 SGB V) § 33 Satz 2 SGB I sowie Rosenthal, Leistungserbringer von Heil- und Hilfsmitteln und Krankenkassen, 5. Aufl. 2000, S. 296.
[1195] Kritisch zum Vertragsprinzip als taugliches Mittel des Interessenausgleichs in der Hilfsmittelversorgung jüngst Schütze, Versorgung der gesetzlich Krankenversicherten mit Hilfsmitteln, in: NZS 2003, S. 467 ff.
[1196] So bereits Beuthien, Krankenkassen zwischen Wirtschaftlichkeitsgebot und Wettbewerbsrecht, in: MedR 1994, S. 253 ff., 256 u. 261.

gilt dies für die Erbringer rettungsdienstlicher Leistungen überdies nicht allein auf sozialversicherungsrechtlicher Rechtsgrundlage sondern auf spezifisch rettungsdienstrechtlicher Basis. Auch auf rein krankenversicherungsrechtlicher Grundlage kann jedoch ein wettbewerbliches Konzept ausgemacht werden[1197].

Boecken[1198] leitet daraus eine Verpflichtung der Krankenkassen und ihrer Verbände zur Gleichbehandlung der Leistungserbringer in ihrer Eigenschaft als Wettbewerber ab, die er unter anderem auf die Preisebene überträgt. Zur Begründung vertritt er die Ansicht, dass dem Wettbewerb als Ordnungsprinzip der Gedanke der Gleichbehandlung der Wettbewerber immanent sei, was im Wettbewerbsrecht und vor allem im Diskriminierungsverbot des § 20 Abs. 1 und 2 GWB am deutlichsten zum Ausdruck gelange[1199].

Dem ist zunächst entgegenzuhalten, dass ein Unternehmen gleich welcher Art außerhalb der Erfordernisse des Marktes selbst sowie des Wettbewerbs- und Kartellrechts einfachgesetzlich gerade nicht gehalten ist, auf eine Gleichbehandlung seiner Vertragspartner sowie ein angemessenes Verhältnis von Preis und Leistung zu achten. Nicht ohne Grund wurde daher vorstehend sowohl unter dem Gesichtspunkt der Angemessenheit als auch und insbesondere des Gleichbehandlungsgrundsatzes nach Rechtssätzen geforscht, die die Krankenkassen als Träger der öffentlichen Verwaltung kraft verfassungsrechtlichen Rechtsanwendungsbefehls ungleich stärker und vorbehaltsärmer binden: Grundrechten.

Wettbewerb wird mittlerweile nicht im Sinne eines statischen Gleichgewichtsmodells der sog. vollständigen Konkurrenz, sondern als dynamischer Prozess verstanden, der durch eine Folge von Vorstoß- und Verfolgungsphasen gekennzeichnet ist, wobei Marktunvollkommenheiten Ergebnis initiativer Wettbewerbshandlungen und zugleich wieder Voraussetzung für imitatorische Wettbewerbshandlungen sind[1200]. Wesentliche Wettbewerbsparameter sind Preis und Qualität. Der Preiswettbewerb gewährleistet im Gegensatz zu anderen Formen des Wettbewerbs in weitem Maße die Ausrichtung aller wirtschaftlichen Tätigkeit nach dem ökonomischen Prinzip[1201]. Auf der Ebene des Qualitätswettbewerbs, der generell geeignet ist, eine preispolitische Interdependenz von Markt-

---

[1197] Beuthien, Krankenkassen zwischen Wirtschaftlichkeitsgebot und Wettbewerbsrecht, in: MedR 1994, S. 253 ff., 256.
[1198] Boecken, Rechtliche Schranken für die Beschaffungstätigkeit der Krankenkassen im Hilfsmittelbereich, in: NZS 2000, S. 269 ff., 274.
[1199] Boecken, Rechtliche Schranken für die Beschaffungstätigkeit der Krankenkassen im Hilfsmittelbereich, in: NZS 2000, S. 269 ff., 274.
[1200] Vgl. Schmidt, Wettbewerbspolitik und Kartellrecht, 7. Aufl. 2001, S. 11, 60 m.w.N. sowie die Regierungsbegründung zum GWB, BT-Drs. 2/1158, S. 31.
[1201] Schmidt, Wettbewerbspolitik und Kartellrecht, 7. Aufl. 2001, S. 62.

teilnehmern zu verringern, besteht hier die Besonderheit, dass dieser angesichts der landesrechtlichen Leistungsdefinitionen einschließlich verbindlicher Vorgaben hinsichtlich des Personal- und Sachmitteleinsatzes im Rettungswesen weitgehend ausgeschaltet ist.

Wettbewerbstheoretisch betrachtet und somit zunächst rein auf das von *Boecken* bemühte (sozialversicherungsrechtlich fundierte) Ordnungsprinzip Wettbewerb bezogen, wird der ökonomische Begriff der Preisdifferenzierung neutral verwandt, d.h. eine Preisdifferenzierung kann grundsätzlich positive, neutrale oder negative Auswirkungen auf den Wettbewerb haben[1202]. Die Aufgabe (des Rechts) besteht vielmehr darin, zwischen jenen Preisdifferenzierungen zu unterscheiden, die den Wettbewerb beeinträchtigen können, und denjenigen, die Ausdruck wirksamen Wettbewerbs und eine notwendige Begleiterscheinung einer Wettbewerbswirtschaft sind. So können Preisdifferenzierungen prinzipiell zu Zielkonflikten führen, die sich im Verhältnis zwischen Leistungserbringern und Krankenkassen in einer Beeinträchtigung der Wettbewerbsfreiheit der einzelnen Leistungserbringer durch die Differenzierung einerseits und der Gefahr einer Erstarrung des Preiswettbewerbs auf Seiten der Krankenkassen als differenzierenden Unternehmen andererseits manifestieren, wobei die Gefahr, dass eine Preisdifferenzierung auf der ersten Ebene zur Behinderungsstrategie i.S. einer manipulierten Differenzierung wird, mit zunehmender Marktmacht wächst[1203]. An der Marktmacht der Krankenkassen und ihrer Verbände besteht im Bereich der Leistungsbeschaffung insoweit kein Zweifel.

Das einfachgesetzliche Instrument zur Feststellung und Korrektur manipulierter Differenzierungen, d.h. im Interesse eines funktionsfähigen Wettbewerbs unerwünschter Preisdiskriminierungen, durch marktbeherrschende und marktstarke Unternehmen bildet allein das kartellrechtliche Diskriminierungsverbot des § 20 Abs. 1 und 2 GWB, welches den doppelten Schutzzweck der Sicherung des Wettbewerbs als Individualschutz vergleichbarer Unternehmen gegenüber den Normadressaten dieser Vorschrift und des Institutionsschutzes im Sinne der Aufrechterhaltung des Wettbewerbs als marktwirtschaftlichem Kontroll- und Steuerungsmechanismus in sich vereint[1204]. Dieses bemüht *Boecken* daher auch zwecks Herleitung eines umfassend wirkenden sozialversicherungsrechtlichen Gleichbehandlungsgebotes, nachdem er zuvor die Anwendbarkeit des GWB im Leistungserbringerrecht ausdrücklich unter anderem unter Berufung auf die Begründung zur Neufassung des § 69 SGB V im Einklang mit der hier vertretenen Auffassung verneint[1205]. Die Gesetzesbegründung wiederum betont neben dem öffentlich-rechtlichen Charakter des Leistungserbringerrechts den Umstand,

---

[1202] Schmidt, Wettbewerbspolitik und Kartellrecht, 7. Aufl. 2001, S. 130.
[1203] Vgl. Schmidt, Wettbewerbspolitik und Kartellrecht, 7. Aufl. 2001, S. 130.
[1204] Schmidt, Wettbewerbspolitik und Kartellrecht, 7. Aufl. 2001, S. 172.
[1205] Vgl. Boecken, Rechtliche Schranken für die Beschaffungstätigkeit der Krankenkassen im Hilfsmittelbereich, in: NZS 2000, S. 269 ff., 271 u. 274.

dass die Krankenkassen und ihre Verbände nicht als Unternehmen im Sinne des Wettbewerbs- und Kartellrechts handeln[1206], will also auch und insbesondere das kartellrechtliche Diskriminierungsverbot nicht mehr herangezogen wissen. Soll hieraus zunächst noch nichts bezüglich des (funktionalen) Unternehmensbegriffs als Tatbestandsmerkmal abgeleitet werden, so verbleibt unter Berücksichtigung der denkbaren Wirkungen einer (Preis-) Differenzierung gleichwohl die Erkenntnis, dass das Leistungserbringerrecht für sich kein dem Diskriminierungsverbot vergleichbares Gleichbehandlungsgebot normiert. Ein ausdrücklicher Hinweis auf die als angemessen zu erachtenden (Vergütungs-) Interessen der Leistungserbringer fehlt in § 133 SGB V zudem ebenso wie Hinweise auf ein sachliches Rechtfertigungserfordernis.

Stattdessen tritt neben das wettbewerbsimmanente rein ökonomische Prinzip auf der Ebene des Leistungserbringerrechts gerade das Wirtschaftlichkeitsgebot, das in § 133 Abs. 1 SGB V durch das Postulat der Orientierung an möglichst preisgünstigen Versorgungsmöglichkeiten sowie durch die Festbetragsregelung im zweiten Absatz ergänzt wird. Zwar richtet sich die Pflicht zur Orientierung an möglichst preisgünstigen Versorgungsmöglichkeiten formal an Krankenkassen und Leistungserbringer gleichermaßen, tatsächlich aber berücksichtigt sie allein das Ausgabenbegrenzungsinteresse der gesetzlichen Krankenkassen. Sie scheint zudem mögliche positive Effekte einer unterschiedlichen Entgeltbemessung für den Wettbewerb anzuerkennen, die wie gesehen nicht prinzipiell ausgeschlossen sind. Allerdings erhöht sie innerhalb der oben festgestellten Anspruchsgrenzen den Preisdruck allein auf die staatsunabhängig tätigen Leistungserbringer als denjenigen, die ihre Preisvorstellungen nicht mittels einseitig hoheitlicher Festlegung durchzusetzen vermögen. Die Vergütungsnorm rezipiert insoweit den aus der landesrechtlichen Gebührenhoheit resultierenden Vorbehalt zugunsten landesrechtlicher Entgeltfestsetzung im öffentlichen Bereich und akzeptiert hierdurch ausdrücklich ein Zurücktreten des Vertragsprinzips bzw. Vereinbarungsmodells bezüglich der öffentlichen Dienste und damit der überwiegenden Zahl an Leistungserbringern.

Ist somit zwar eine diskriminierungsfreie Gleichbehandlung der Leistungserbringer auch auf Grundlage des Leistungserbringerrechts selbst wünschenswert, so lässt sich diesem gleichwohl weder ein verbindliches Gleichbehandlungsgebot noch ein entsprechendes rechtliches Instrumentarium zu seiner Durchsetzung entnehmen.

Das ansatzweise auch im Vierten Kapitel des SGB V zu erkennende wettbewerbliche Konzept ergibt dies nicht, das kartellrechtliche Diskriminierungsverbot findet keine Anwendung. Eine notwendige und effektive Rechtskontrolle

---

[1206] BT-Drs. 14/1245, S. 67.

von Preisdifferenzierungen durch die Krankenkassen hat daher auf der nationalen Rechtsebene über den allgemeinen Gleichheitssatz zu erfolgen.

F. Das gemeinschaftsrechtliche Diskriminierungsverbot nach Art. 82 EGV

Eine Verpflichtung der Krankenkassen und ihrer Verbände zu diskriminierungsfreier Gleichbehandlung von Leistungserbringern im Rahmen ihrer Beschaffungstätigkeit kommt schließlich auf Grundlage der Art. 81 ff. EGV in Betracht.

I. Bestimmung des Prüfungsmaßstabes

Relevant sind hier das in Art. 82 EGV enthaltene Verbot der missbräuchlichen Ausnutzung einer marktbeherrschenden Stellung sowie das Verbot wettbewerbsbeschränkender Verhaltensweisen und Vereinbarungen gemäß Art. 81 EGV. Gegen diese Verbotstatbestände, die als Schutzgesetze im Sinne des § 823 Abs. 2 BGB einzuordnen sind[1207], verstoßende Handlungen sind geeignet, über §§ 823 Abs. 2, 1004 BGB analog Schadensersatz- und Unterlassungsansprüche auszulösen. Gegen eine entsprechende Geltung dieser bürgerlich-rechtlichen Vorschriften über § 69 Satz 3 SGB V n.F. bestehen angesichts deren Bedeutung als Grundnormen zum Schutze des Einzelnen gegen widerrechtliche Eingriffe in den eigenen Rechtskreis grundsätzlich keine Bedenken[1208].

Sowohl das Verbot wettbewerbsbeschränkender Vereinbarungen und Verhaltensweisen in Art. 81 als auch das Missbrauchsverbot des Art. 82 EGV enthalten, wie die Regelbeispiele zu lit. d) bzw. c) der Vorschriften deutlich machen, jeweils Diskriminierungsverbote. Dabei soll Art. 81 EGV vor einvernehmlichen Beschränkungen durch Marktteilnehmer schützen, während Art. 82 EGV der Übermacht einzelner Marktteilnehmer gegenüber anderen entgegenwirken soll[1209]. Da sich beide Bestimmungen wechselseitig ergänzen[1210] und der Schutz nach Art. 81 EGV das Vorliegen von Verträgen und abgestimmten Verhaltensweisen zwischen Unternehmen voraussetzt[1211], beschränkt sich die Untersu-

---

[1207] BGH, Urteil v. 10.11.1987 – KZR 15/86, in: NJW 1988, S. 2175 ff., 2177.
[1208] Siehe zum Rückgriff auf die Vorschriften des BGB i.R. des § 69 SGB V n.F. allgemein: Lindemann, in: Wannagat/Eichenhofer (Hrsg.), SGB, Ordner 2, Stand: August 2002, § 69 Rn. 16.
[1209] EuGH, Urteil v. 21.2.1973 – Rs. 6/72, Europemballage und Continental Can/Kommission, Slg. 1973, S. 215 ff., Rn. 25. Ein marktbeherrschendes Unternehmen hat zudem nicht die Möglichkeit, sich auf Gruppenfreistellungsverordnungen zu berufen, EuG, Urteil v. 10.7.1990, Rs. T-51/89, in: EuZW 1990, 447 – Tetra Pak.
[1210] Jung, in: Grabitz/Hilf, Das Recht der Europäischen Union, Stand: August 2003, Art. 82 Rn. 15 ff.
[1211] Das Verbot wettbewerbswidriger Vereinbarungen und abgestimmter Verhaltensweisen kann jedoch insbesondere im Rahmen von Vergütungsverhandlungen vor allem dann besondere Bedeutung erlangen, wenn eine einzelnen Krankenkasse angesichts relativ geringer Mitgliederzahl nicht i.S.d. Art. 82 EGV marktbeherrschend ist. Generell gilt es im Übrigen nach

chung im Folgenden in erster Linie auf die Anwendbarkeit und Anwendungsgrundsätze des Art. 82 EGV. Auf diese Weise lassen sich unabhängig vom Vorliegen einer abgestimmten Verhaltensweise zwischen Krankenkassen und ihren Verbänden auch Ungleichbehandlungen von Leistungserbringern durch einzelne marktstarke Krankenkassen unter dem Diskriminierungsverbot erfassen, zumal beide Artikel einheitlich auszulegen sind, den gleichen Unternehmensbegriff als wesentliches Tatbestandsmerkmal zugrundelegen[1212] und lediglich auf unterschiedlichen Ebenen das gleiche Ziel der Aufrechterhaltung eines wirksamen Wettbewerbs im gemeinsamen Markt anstreben[1213].

II. Anwendbarkeit der Art. 81 ff. EGV im System der sozialen Sicherheit

Zunächst gilt es zu klären, ob das EU-Kartellrecht innerhalb der Rechtsbeziehungen des Leistungserbringerrechts Geltung beansprucht. Diese bislang unter dem Gesichtspunkt des Anwendungsvorrangs, einer möglichen Bereichsausnahme für den Bereich der sozialen Sicherungssysteme und dem in den §§ 81 ff. EGV zugrundegelegten Unternehmensbegriff diskutierte Frage stellt sich nach Inkrafttreten des GKV-Gesundheitsreformgesetzes 2000 in erweiterter Form. Nach § 69 SGB V n.F. werden die Rechtsbeziehungen der Krankenkassen und ihrer Verbände - abgesehen von der subsidiär-analogen Geltung bürgerlich-rechtlicher Normen - abschließend durch das Vierte Kapitel des SGB V geregelt. Diese ausdrückliche gesetzliche Anordnung ist hinsichtlich ihrer Auswirkungen sowohl anhand des Anwendungsvorrangs des Gemeinschaftsrechts als auch im Hinblick auf einen möglichen Ausschluss der Unternehmenseigenschaft der Krankenkassen und ihrer Verbände zu untersuchen. Erneut sei hier auf die Gesetzesbegründung zur Neufassung des § 69 SGB V[1214], wonach die Krankenkassen und ihre Verbände nicht als Unternehmen im Sinne des Privatrechts, einschließlich des Wettbewerbs- und Kartellrechts handeln und die Rechtsbeziehungen zu den Leistungserbringern allein öffentlich-rechtlicher Natur sind, verwiesen.

Inkrafttreten des GKV-Gesundheitsreformgesetzes 2000 die gemäß § 4 Abs. 3 SGB V gesetzlich vorgeschriebene Zusammenarbeit der Krankenkassen anhand Art. 81 EGV im Einzelfall kritisch zu würdigen.
[1212] Mestmäcker, in: Immenga/Mestmäcker, EG-Wettbewerbsrecht, Bd. II, Band 2, Art. 37, 90, Rn. 1.
[1213] Vgl. grundlegend EuGH, Urteil v. 21.2.1973 – Rs. 6/72, Europemballage und Continental Can/Kommission, Slg. 1973, S. 215 ff., Rn. 25.
[1214] BT-Drs. 14/1245, S. 67.

1.) Genereller Anwendungsvorrang des Gemeinschaftsrechts

Das europäische Gemeinschaftsrecht genießt grundsätzlich Vorrang gegenüber dem nationalen Recht, d.h. seine Bestimmungen gehen den deutschen Rechtsvorschriften in ihrer Anwendung vor[1215]. Der Europäische Gerichtshof hat bereits früh festgestellt, dass den Mitgliedstaaten das Recht verwehrt ist, sich ihren vertraglichen Verpflichtungen durch den bloßen Erlass von Gesetzen zu entziehen[1216]. Die Wettbewerbsregeln des EG-Vertrages sind in diesem Sinne unmittelbar anwendbares Recht[1217]. Folglich ist die Anwendbarkeit des europäischen Kartellrechts und damit insbesondere des Art. 82 EGV auf die Rechtsbeziehungen zwischen den Krankenkassen und ihrer Verbände und Leistungserbringern im Bereich der Beschaffungsverträge nicht dadurch ausgeschlossen, dass § 69 Satz 1 SGB V eine abschließende Regelung dieser Rechtsbeziehungen durch das Vierte Kapitel des Fünften Sozialgesetzbuches bestimmt[1218]. Dieser Anwendungsausschluss beschränkt sich vielmehr wie oben festgestellt allein auf das nationale Wettbewerbs- und Kartellrecht. Mit Recht werfen *Neumann*[1219] und *Knispel*[1220] die Frage nach der Sinnhaftigkeit dieses Anwendungsausschlusses auf. Dies gilt zumindest für den Fall, dass das gemeinschaftsrechtliche Kartellrecht hier tatsächlich Geltung beansprucht sowie im Ergebnis tatbestandlich eingreift. Schließlich hat der Grundsatz vom Anwendungsvorrang zur Folge, dass eine nach dem Wettbewerbstitel des EG-Vertrages verbotene Verhaltensweise umgekehrt nicht vom nationalen Gesetzgeber etwa durch eine Bereichsausnahme zugelassen werden kann[1221], sog. Ein-Schranken-Theorie. Bei - noch zu ermittelnder - Gemeinschaftsrechtswidrigkeit des Handelns der

---

[1215] Siehe nur EuGH, Urteil v. 15.7.1964, Rs. 6/64 – Costa/ENEL, Slg. 1964, S. 1251 ff., 1269 f.; BVerfGE 31, 145 ff., 174; 73, 339 ff., 375.

[1216] EuGH, Urteil v. 15.7.1964, Rs. 6/64 – Costa/ENEL, Slg. 1964, S. 1251 ff., 1269. Vgl. auch Art. 10 Abs. 2 EGV.

[1217] EuGH, Urteil v. 21.2.1973 – Rs. 6/72, Europemballage und Continental Can/Kommission, Slg. 1973, S. 215 ff., Rn. 23; Schröter, in: von der Groeben/Thiesing/Ehlermann, Kommentar zum EU-/EG Vertrag, Vorbem. Art. 85-89, Rn. 110.

[1218] Vgl. bereits BSG, Urteil v. 25.9.2001 – B 3 KR 3/01, in: SozR 3-2500, § 69 Nr. 1, S. 12; Boecken, Rechtliche Schranken für die Beschaffungstätigkeit der Krankenkassen im Hilfsmittelbereich, in: NZS 2000, S. 269 ff., 271 sowie Knispel, Auswirkungen der Neuregelung der Rechtsbeziehungen der Krankenkassen und ihrer Verbände zu den Leistungserbringern durch das GKV-Gesundheitsreformgesetz 2000, in: NZS 2001, S. 466 ff., 470.

[1219] Neumann, Verbannung des Kartell- und Wettbewerbsrechts aus der gesetlichen Krankenversicherung ?, in: WuW 1999, S. 961 ff., 965.

[1220] Knispel, Auswirkungen der Neuregelung der Rechtsbeziehungen der Krankenkassen und ihrer Verbände zu den Leistungserbringern durch das GKV-Gesundheitsreformgesetz 2000, in: NZS 2001, S. 466 ff., 470.

[1221] EuGH, Urteil v. 13.2.1969, Rs. 14/68, Wilhelm u.a./Bundeskartellamt, Slg. 1969 S. 1 ff., Rn. 6 u. 7 (vgl. auch LS 1).

Kostenträger muss der allgemeine Gleichheitssatz daher auch unter dieser Prämisse ohnehin als Korrektiv wirken.

2.) Bereichsausnahme für den Bereich der Sozialpolitik und der sozialen Sicherungssysteme

Von Seiten der Sozialversicherungsträger wird bisweilen die Auffassung vertreten, aus der ausdrücklichen Erwähnung der Sozialpolitik in den Bestimmungen über Aufgaben und Ziele der Gemeinschaft folge, dass der Sozialsektor a priori nicht unter die Wettbewerbsregeln des Vertrages falle. Gestützt wird dies auf Art. 2 sowie Art. 3 lit. j)[1222] EGV. Art. 2 EGV bestimmt zu Aufgaben der Gemeinschaft unter anderem die Förderung einer harmonischen und ausgewogenen Entwicklung des Wirtschaftslebens, eines hohen Beschäftigungsniveaus sowie eines hohen Maßes an sozialem Schutz. Art. 3 lit. j) bestimmt, dass die Tätigkeit der Gemeinschaft dabei auch eine Sozialpolitik erfasst. Aus diesen Bestimmungen folge, dass die Wettbewerbsregeln auf Grund der besonderen Merkmale des Sozialbereichs nicht eingreifen dürften[1223].

a) Regelung des Sozialsektors im EG-Vertrag

Insoweit bleibt zunächst festzustellen, dass es sich bei den genannten Festlegungen um Zielvorgaben handelt, die mit dem Bestand und der Funktionsfähigkeit der Gemeinschaft verknüpft sind und deren Verwirklichung bereits nach dem Wortlaut des Art. 2 EGV das Ergebnis der Errichtung des Gemeinsamen Marktes und der fortschreitenden Annäherung der Wirtschaftspolitik der Mitgliedstaaten sein muss. Die Errichtung des Gemeinsamen Marktes und die Entwicklung einer gemeinsamen Wirtschaftspolitik bilden hier sogar die wesentlichen Ziele des Vertrages[1224]. Kernstück der wirtschaftlichen Integration der Gemeinschaft ist der Gemeinsame Markt, der als echter Binnenmarkt vor allem den Wettbewerb innerhalb der Gemeinschaft forcieren soll[1225]. Aufgrund ihrer Allgemeinheit und ihres systematischen Zusammenhangs mit der Errichtung des Gemeinsamen Marktes und der fortschreitenden Annäherung im Bereich der Wirtschaftspolitik vermögen die Zielvorgaben darüber hinaus für sich genommen weder rechtliche Pflichten der Mitgliedstaaten noch Rechte einzelner zu

---

[1222] Vormals Art. 3 Lit. i) EGV.
[1223] Vgl. die Darstellung in den Schlussanträgen des Generalanwalts Jacobs vom 28.1.1999, verb. Rs. C-67/96, Albany International BV/Stichting Bedrijfspensioenfonds Textilindustrie, Slg. I S. 57051 ff., Rn. 121 u. 122.
[1224] EuGH, Urteil v. 29.9.1987, Rs. 126/86, Gimenéz Zaera/Instituto Nacional, Slg. 1987, S. 3697 ff., Rn. 10.
[1225] Knieps, Wettbewerbspolitik, in: v. Hagen/Welfens/Börsch-Supan, Handbuch der Volkswirtschaftslehre, Bd. 2, S. 39 ff., 70.

begründen[1226]. Dies gilt auch für Zielvorgaben im Bereich des Sozialsektors, zumal diese neben der in Art. 3 lit. g) EGV beschriebenen Aufgabe der Gemeinschaft stehen, ein System bereitzustellen, das den Wettbewerb innerhalb der Gemeinschaft vor Verfälschungen schützt. Die weitaus konkreter ausgeformten zentralen Sozialvorschriften finden sich in dem entsprechend überschriebenen Titel XI des Vertrages[1227]. Deren Verhältnis zu sowohl den mitgliedstaatlichen Normsetzungsbefugnissen im Sozialsektor als auch den Art. 81 ff. EGV, die ihrerseits Hauptbestandteil des nach Art. 3 lit. g) EGV vorgesehenen Schutzsystems sind, entscheidet über die Frage der Anwendbarkeit des Wettbewerbstitels auf das nationale Sozialrecht. Nach der Systematik des EGV kommt den Vorschriften über die Politiken der Gemeinschaft die Funktion zu, die Ziele des EGV zu konkretisieren und zu verwirklichen[1228]. Art. 136 Abs. 2 EGV verpflichtet die Gemeinschaft und die Mitgliedstaaten hinsichtlich der Zielsetzungen des Vertrages im Sozialsektor zu Maßnahmen, die der Vielfalt der einzelstaatlichen Gepflogenheiten, insbesondere in den vertraglichen Beziehungen, sowie der Notwendigkeit, die Wettbewerbsfähigkeit der Wirtschaft der Gemeinschaft zu erhalten, gleichermaßen Rechnung tragen. Hiermit ist sowohl eine Anerkennung mitgliedstaatlicher Ausgestaltung der Sozialsysteme als auch der wettbewerblichen Zielsetzung des Vertrages verbunden, wenngleich der Wettbewerbsaspekt dem Wortlaut nach eher einer Wettbewerbsfähigkeit nach außen im Sinne der Zielvorgabe des Art. 3 lit. m) EGV zu entsprechen scheint. Ein wettbewerbsrechtlicher Ausnahmebereich für den Sozialbereich lässt sich dem Vertragswortlaut nach weder den Art. 136 ff. noch dem Wettbewerbstitel oder sonstigen Bestimmungen ausdrücklich entnehmen. Derartige Ausnahmebereiche bestehen im Bereich der Landwirtschaft (Art. 36 Abs. 1 EGV), des militärischen Beschaffungswesens (Art. 296 Abs. 1 lit. b) EGV) sowie - letztlich auf der Rechtfertigungsebene eines zuvor festgestellten Verstoßes gegen die Wettbewerbsregeln - insbesondere nach Art. 86 Abs. 2 EGV für Unternehmen, die mit Dienstleistungen von allgemeinem wirtschaftlichen Interesse betraut sind.

b) Die Rechtsprechung des EuGH

Anzusetzen ist daher im Weiteren bei der Rechtsprechung des Europäischen Gerichtshofs, dem der EG-Vertrag in Art. 234[1229] ein auch vom Bundesverfas-

---

[1226] EuGH, Urteil v. 29.9.1987, Rs. 126/86, Gimenéz Zaera/Instituto Nacional, Slg. 1987, S. 3697 ff., Rn. 11.
[1227] Art. 136 ff. EGV, vormals Art. 117 ff. EGV.
[1228] Mestmäcker, Europäisches Wettbewerbsrecht, 1974, § 26 I.
[1229] Vormals Art. 177 EGV.

sungsgericht grundsätzlich anerkanntes[1230] Rechtsprechungsmonopol zuerkennt. Danach kommt dem Gerichtshof im Verhältnis zu den Gerichten der Mitgliedstaaten die abschließende und bindende Entscheidungsbefugnis über die Auslegung des Vertrages sowie über die Gültigkeit und Auslegung der dort genannten abgeleiteten gemeinschaftsrechtlichen Akte zu, die auch den Sozialbereich erfasst. Mittlerweile entfällt ein ganz erheblicher Teil der Rechtsprechung des Gerichtshofs auf das EU-Sozialrecht, das gemessen an der Zahl der Vorabentscheidungsersuchen in 2002 nach dem Steuerrecht, der Rechtsangleichung, der Landwirtschaft und dem freien Dienstleistungsverkehr an fünfter Stelle steht[1231].
Der Gerichtshof hatte bereits im Jahre 1987 in zwei kurz aufeinanderfolgenden Entscheidungen festgestellt, dass Art. 140 EGV[1232] die Zuständigkeit der Mitgliedstaaten in sozialen Fragen lediglich insoweit anerkennt, als dass diese Fragen nicht zu Bereichen gehören, die durch andere Vorschriften des Vertrages geregelt werden. Beispielhaft führte er dabei die Regelungen betreffend die Arbeitnehmerfreizügigkeit und die Vorschriften über die gemeinsame Agrar- und Verkehrspolitik auf[1233]. Obgleich hier noch keine ausdrückliche Klärung der Frage der Anwendbarkeit der Wettbewerbsregeln des Vertrages im Bereich mitgliedstaatlich ausgestalteter Sozialsysteme herbeigeführt wurde, lassen bereits diese Entscheidungen erkennen, dass trotz der auch seitens des Gerichtshofs grundsätzlich anerkannten Gestaltungskompetenz der Mitgliedstaaten im Sozialbereich Vorschriften aus anderen Bereichen des Vertrages Anwendung finden können.
Mittlerweile lässt sich jedoch auf eine weitaus konkretere gemeinschaftsgerichtliche Auffassung zu der Frage einer allgemeinen Bereichsausnahme im Sozialbereich zurückgreifen: In der Rechtssache *Albany* hatte der Generalanwalt in seinen Schlussanträgen vom 28.1.1999 erstmals explizit die Frage gestellt, ob für den Sozialsektor eine allgemeine Bereichsausnahme gilt und dies im Ergebnis verneint[1234]. Zur Begründung griff er zunächst den Umstand auf, dass der EG-Vertrag anders als in anderen Bereichen für den Sozialsektor keine ausdrückliche Bereichsausnahme normiert. Außerdem habe der Gerichtshof, was

---

[1230] Vgl. BVerfGE 52, 187 ff., 200.
[1231] Vgl. Rechtsprechungsstatistik des Gerichtshofs 2002, veröffentlicht unter: http://curia.eu.int/de/instit /presentationfr/rapport/stat/st02cr.pdf, sowie die dort ebenfalls veröffentlichten Statistiken der vorangegangenen Jahre.
[1232] Die Entscheidungen ergingen noch zur Vorgängernorm des Art. 118 EGV a.F.
[1233] EuGH, Urteil v. 9.7.1987, verb. Rs. 281, 283 – 285 und 287/85, Bundesrepublik Deutschland u.a./Kommission, Slg. 1987, S. 3203 ff., Rn. 14; Urteil v. 29.9.1987, Rs. 126/86, Giménéz Zaera/Instituto Nacional, Slg. 1987, S. 3697 ff., Rn. 16.
[1234] Generalanwalt Jacobs, Schlussanträge v. 28.1.1999, Rs. C-67/96, Albany International BV/Stichting Bedrijfspensioenfonds Textielindustrie, Slg. I-1999, S. 5751 ff., Rn. 120 f. insbes. 130.

auf die Argumentation der Sozialhilfeträger mit besonderen Merkmalen des Sozialbereichs abzielt, eindeutig die Geltung der Wettbewerbsregeln in einer Reihe anderer besonderer Bereiche bekräftigt, in denen deren Geltung mit Argumenten bestritten wurde, die auf den besonderen Merkmalen der betreffenden Bereiche und widerstreitender politischer Ziele gemäß Art. 3 EGV beruhten. Der Generalanwalt betonte, dass der Gerichtshof solche Argumente regelmäßig zurückgewiesen und die Wettbewerbsregeln etwa auf Branchen wie Transport, Energie sowie das Banken- und Versicherungswesen in der Regel deshalb angewandt hat, weil der Vertrag andere Mechanismen vorsieht, mit deren Hilfe das Wettbewerbsrecht des EG-Vertrages die Berücksichtigung besonderer Merkmale einzelner Branchen ermöglicht[1235]. Exemplarisch wären hier die Art. 81 Abs. 3 und 86 Abs. 2 EGV zu nennen.

Insbesondere aber hat er darauf hingewiesen, dass der Gerichtshof sich in Ermangelung einer ausdrücklichen vertraglichen Ausnahmebestimmung im Sozialsektor in einer Reihe von Entscheidungen aus dem Bereich der Sozialpolitik veranlasst gesehen hat, im Einzelnen zu prüfen, ob die Voraussetzungen der Art. 81 und 82 EGV erfüllt waren, wodurch er implizit die Existenz einer Bereichsausnahme verneint und gleichzeitig als Grundsatz anerkannt habe, dass die Wettbewerbsregeln für den Sozialbereich gelten[1236], eine Einschätzung, der auch die bisherigen Stimmen der Literatur folgen[1237].

In diesem Sinne erscheint der Umstand, dass der Gerichtshof die tatbestandlichen Voraussetzungen der Artikel 81 und 82 EGV jeweils geprüft hat, tatsächlich nicht anders erklärbar als damit, dass er die Wettbewerbsregeln in den jeweiligen (Sozial-) Bereichen ratione materiae für anwendbar hält.

Dies gilt auch für die EuGH-Entscheidung *Poucet und Pistre* vom 17.2.1993[1238], die teilweise zumindest als ein möglicher Ansatzpunkt in der Rechtsprechung des Gerichtshofs für eine Bereichsausnahme im Sozialsektor

---

[1235] Generalanwalt Jacobs, Schlussanträge v. 28.1.1999, Rs. C-67/96, Albany International BV/Stichting Bedrijfspensioenfonds Textielindustrie, Slg. I-1999, S. 5751 ff., Rn. 125 f. m.w.N. aus der Rechtsprechung des Gerichtshofs.

[1236] Generalanwalt Jacobs, Schlussanträge v. 28.1.1999, Rs. C-67/96, Albany International BV/Stichting Bedrijfspensioenfonds Textielindustrie, Slg. I-1999, S. 5751 ff., Rn. 127 unter Hinweis auf EuGH, Urteil v. 23.4.1991, Rs. C-41/90, Höfner und Elser/Macrotron GmbH, Slg. I-1991, S. 1979 ff.; Urteil v. 11.12.1997, Rs. C-55/96, Job Centre, Slg. I-1997, S. 7119 ff.; Urteil v. 17.2.1993, verb. Rs. C-159 und 160/91, Poucet und Pistre, Slg. I-1993, S. 637 ff.; Urteil v. 16.11.1995, Rs. C-244/94, FFSA, Slg. I-1995, S. 4013 ff.; Urteil v. 17.6.1997, Rs. C-70/95, Sodemare SA u.a./Regione Lombardia, Slg. I-1997, S. 3395 ff.

[1237] Vgl. Hänlein/Kruse, Einflüsse des Europäischen Wettbewerbsrechts auf die Leistungserbringung in der gesetzlichen Krankenversicherung, in: NZS 2000, S. 165 ff., 167 sowie Kunze/Kreikebohm, Sozialrecht versus Wettbewerbsrecht, in: NZS 2003, S. 62 ff., 63.

[1238] Vgl. EuGH, Urteil v. 17.2.1993, verb. Rs. C-159 und 160/91, Poucet und Pistre, Slg. I-1993, S. 637 ff.

angesehen wird¹²³⁹. Die Entscheidung hatte zudem allein die Beziehungen eines Sozialversicherungsträgers zu seinen Mitgliedern zum Gegenstand, nicht dagegen sein Verhalten am Markt.

Das zwischenzeitlich vorliegende Urteil in der Rechtssache *Albany*¹²⁴⁰ führt diese Rechtsprechung fort. Soweit der Gerichtshof zunächst unter Hinweis unter anderem auf Art. 1 sowie 4 Abs. 1 und 2 des Abkommens über die Sozialpolitik¹²⁴¹ Tarifverträge zwischen den Sozialpartnern im Arbeitsrecht auf Grund ihrer Art und ihres Gegenstandes dem Anwendungsbereich des Art. 81 EGV entzogen hat¹²⁴², ist hiermit lediglich für einen sachlich eng begrenzten Teilbereich eine Bereichsausnahme anerkannt. Der Gerichtshof hat auch in dieser Entscheidung nachfolgend wiederum das Tatbestandsmerkmal der Unternehmenseigenschaft im Sinne der Wettbewerbsregeln des Vertrages geprüft und hinsichtlich des in Rede stehenden Betriebsrentenfonds letztlich bejaht¹²⁴³.
Können im Rahmen des Leistungserbringerrechts bereits die kollektiven Akteure im Vertragsarzt- bzw. Krankenhausbereich nicht als Sozialpartner in diesem Sinne angesehen werden¹²⁴⁴, so gilt dies in besonderem Maße für die Parteien von Rahmenverträgen im Sinne von § 133 SGB V. Diese unterliegen wie gesehen gerade keinem ausschließlichen Kollektivverhandlungsmandat mit besonderer, weitergehender sozialpolitischer Bedeutung und Befugnis, wie es bei Tarifverhandlungen im Arbeitsrecht der Fall ist¹²⁴⁵. Die Versorgung der Bevölkerung mit rettungsdienstlichen Leistungen an sich ist nicht von der Regelungsbefugnis der Parteien erfasst sondern landesrechtlich geregelt. Es erschließt sich zudem nicht, welche mit den Rahmenverträgen im Beschaffungsbereich angestrebten sozialpolitischen Ziele bei Geltung der Art. 81 ff. EGV ernsthaft gefährdet wären, ohne dass dies nach Art. 86 Abs. 2 EGV angemessen berücksichtigt werden könnte, zumal sich die Intention einer von Wettbewerb geprägten Struktur der Leistungserbringung wie gesehen sowohl im Vierten Kapitel des SGB V als auch im Rettungsdienstrecht wiederfindet. Art und Gegenstand der

---

[1239] Vgl. Kunze/Kreikebohm, Sozialrecht versus Wettbewerbsrecht, NZS 2003, S. 62 ff., 64.
[1240] Vgl. EuGH, Urteil v. 21.9.1999, Rs. C-67/96, Albany International BV/Stichting Bedrijfspensioenfonds Textielindustrie, Slg. I 1999 S. 5751 ff.
[1241] ABl. 1992, C-191, S. 91 ff.
[1242] EuGH, Urteil v. 21.9.1999, Rs. C-67/96, Albany International BV/Stichting Bedrijfspensioenfonds Textielindustrie, Slg. I 1999 S. 5751 ff., Rn. 59.
[1243] EuGH, Urteil v. 21.9.1999, Rs. C-67/96, Albany International BV/Stichting Bedrijfspensioenfonds Textielindustrie, Slg. I 1999 S. 5751 ff., Rn. 87.
[1244] Hänlein/Kruse, Einflüsse des Europäischen Wettbewerbsrechts auf die Leistungserbringung in der gesetzlichen Krankenversicherung, in: NZS 2000, S. 165 ff., 167.
[1245] Anders wäre dies u.U. hinsichtlich der §§ 72 Abs. 2, 73 SGB V für die vertragsärztliche Versorgung zu beurteilen.

rettungsdienstlichen Beschaffungsverträge rechtfertigen es somit nicht, diese dem Anwendungsbereich der Wettbewerbsregeln des Vertrages zu entziehen. In die gleiche Richtung weisen sowohl die Schlussanträge des Generalanwalts in der Rechtssache *AOK Bundesverband u.a. / Ichthyol-Gesellschaft Cordes u.a.* als auch die hier mittlerweile vorliegende Entscheidung des Europäischen Gerichtshofs[1246]. Verfahrensgegenstand ist hier die Vereinbarkeit der Festbetragsregelungen im Arzneimittelbereich mit sowohl dem Verbot wettbewerbsbeschränkender Vereinbarungen und Verhaltensweisen nach Art. 81 EGV als auch dem Missbrauchsverbot nach Art. 82 EGV. Trotz nicht unerheblichen Unterschieden hinsichtlich der konkreten Tätigkeit bestehen Parallelen zum Untersuchungsgegenstand hier insoweit, als dass im weiteren Sinne ein (Teil-) Bereich der Beschaffungstätigkeit der gesetzlichen Krankenkassen im Rahmen der Umsetzung des Sachleistungsprinzips und dabei konkret der Umfang der Kostenübernahme- bzw. Vergütungspflicht der gesetzlichen Krankenkassen im Streit stand. Sowohl der Gerichtshof als auch der Generalanwalt haben ihren Ausführungen nicht abermals die Frage nach einer allgemeinen Bereichsausnahme für den Sozialbereich vorangestellt, sondern sich - unter der zuvor aufgeworfenen, generellen Frage, ob das Wettbewerbsrecht der Gemeinschaft überhaupt auf die Festbetragsfestsetzung anwendbar ist - stattdessen unmittelbar mit der Unternehmenseigenschaft der Krankenkassen im Sinne der Art. 81 ff. EGV befasst[1247]. Zeigt dies, zumal nochmals ausdrücklich auf die umfangreiche Rechtsprechung des Gerichtshofs zur Qualifizierung u.a. von Sozialversicherungssystemen rekurriert wird[1248], bereits, dass die Frage einer generellen Bereichsausnahme im Sozialsektor für (im negativen Sinne) durch die Gemeinschaftsgerichtsbarkeit geklärt erachtet wird, so lassen sich zumindest aus den Schlussanträgen, wenngleich anhand der Ausführungen zur Unternehmenseigenschaft der Krankenkassen, dennoch weitere Erkenntnisse gewinnen. Immerhin betont der Generalanwalt, dass die rechtlichen oder finanziellen Regelungen, die ein Mitgliedstaat auf einen bestimmten Tätigkeitsbereich anwendet, für die Frage der Anwendbarkeit der Wettbewerbsvorschriften der Gemeinschaft

---

[1246] EuGH, Urteil v. 16.3.2004, verb. Rs. C-264/01, 306/01, 354 u. 355/01, AOK Bundesverband u.a./Ichthyol-Gesellschaft Cordes u.a., Rn. 45 f.; Generalanwalt Jacobs, Schlussanträge v. 22.5.2003, verb. Rs. C-264/01, 306/01, 354 u. 355/01, AOK Bundesverband u.a./Ichthyol-Gesellschaft Cordes u.a., Rn. 23 f.
[1247] EuGH, Urteil v. 16.3.2004, verb. Rs. C-264/01, 306/01, 354 u. 355/01, AOK Bundesverband u.a./Ichthyol-Gesellschaft Cordes u.a., Rn. 45 f.; Generalanwalt Jacobs, Schlussanträge v. 22.5.2003, verb. Rs. C-264/01, 306/01, 354 u. 355/01, AOK Bundesverband u.a./Ichthyol-Gesellschaft Cordes u.a., Rn. 23 f.
[1248] EuGH, Urteil v. 16.3.2004, verb. Rs. C-264/01, 306/01, 354 u. 355/01, AOK Bundesverband u.a./Ichthyol-Gesellschaft Cordes u.a., Rn. 47 f.; Generalanwalt Jacobs, Schlussanträge v. 22.5.2003, verb. Rs. C-264/01, 306/01, 354 u. 355/01, AOK Bundesverband u.a./Ichthyol-Gesellschaft Cordes u.a., Rn. 29 f.

grundsätzlich ebenso ohne Belang sind, wie das Verfolgen bestimmter sozialer oder im Allgemeininteresse liegender Zwecke. Derartige Zwecke könnten jedoch, wie er weiter ausführt, nach Art. 86 Abs. 2 EGV Regelungen und Verhaltensweisen rechtfertigen, die andernfalls gegen das Wettbewerbsrecht der Gemeinschaft verstießen, wobei er anschließend ausdrücklich eine Verbindung zwischen der Freiheit der Mitgliedstaaten bei der Organisation ihrer Sozialversicherungssysteme und Art. 86 Abs. 2 EGV knüpft[1249].

Insgesamt ist somit unter Berücksichtigung der insoweit maßgeblichen Rechtsprechung des Europäischen Gerichtshofs keine allgemeine Bereichsausnahme für den Sozialsektor anzuerkennen[1250]. Ebenso wenig können sich die Krankenkassen und ihre Verbände als Sozialversicherungsträger bei der Beschaffung rettungsdienstlicher Leistungen als Sonder- bzw. Teilbereich des Sozialrechts auf eine a priori Nichtgeltung der Wettbewerbsregeln des Vertrages berufen. Eine Ausnahme ist insoweit, anders als bei einzelnen kollektivvertraglich geregelten Beziehungen im Arbeitsrecht, angesichts Art und Gegenstand der Rahmenverträge nicht geboten. Vielmehr hat die notwendige Berücksichtigung sozialpolitischer sowie sonstiger im allgemeinen Interesse liegender Zielsetzungen im Rahmen der zum Wettbewerbstitel gehörenden Ausnahmevorschrift des Art. 86 Abs. 2 EGV zu erfolgen. Deren Funktion ist es gerade, den Mitgliedstaaten dort Freiräume zu sichern, wo die Gemeinschaft keine oder nur eine begrenzte Kompetenz zur Sachregelung hat, also gerade im Bereich der sozialen Sicherheit.

III. Krankenkassen als Unternehmen im Sinne der Art. 81 ff. EGV

Eine Aktivierung der EG-Wettbewerbsregeln gegen Ungleichbehandlungen durch Krankenkassen und deren Verbände gegenüber Leistungserbringern setzt wesentlich voraus, dass es sich bei den Krankenkassen und ihren Verbänden um ein Unternehmen im Sinne des europäischen Wettbewerbsrechts handelt. Der Unternehmensbegriff ist als allgemeiner Begriff des europäischen Wettbewerbsrechts für sämtliche Normen des Wettbewerbstitels einheitlich zu bestimmen[1251].

[1249] Vgl. Generalanwalt Jacobs, Schlussanträge v. 22.5.2003, verb. Rs. C-264/01, 306/01, 354 u. 355/01, AOK Bundesverband u.a./Ichthyol-Gesellschaft Cordes u.a., Rn. 26 u. 95.
[1250] So bereits Koenig/Sander, Festbetragssystem für Arzneimittel, in: WuW 2000, S. 975 ff., 987.
[1251] Mestmäcker, in: Immenga/Mestmäcker, EG-Wettbewerbsrecht, Band 2, Art. 37, 90, Rn. 1.

1.) Auswirkungen der Neufassung des § 69 SGB V

Nach der Gesetzesbegründung zur Neuregelung des § 69 SGB V handeln die Krankenkassen und ihre Verbände wegen ihres öffentlich-rechtlichen Versorgungsauftrages nicht als Unternehmen im Sinne des Privatrechts, einschließlich des Wettbewerbs- und Kartellrechts. Sofern bei Erörterung einer möglichen Fortgeltung des nationalen Kartellrechts nach Inkrafttreten des GKV-Gesundheitsreformgesetzes 2000 die Frage, ob der Gesetzgeber den Krankenkassen und ihren Verbänden auf der tatbestandlichen Ebene die Unternehmenseigenschaft wirksam absprechen konnte, mangels praktischer Relevanz offengelassen wurde[1252], erlangt sie hier entscheidende Bedeutung. Bereits der Grundsatz vom Anwendungsvorrang des Gemeinschaftsrechts, den der Gerichtshof früh in Bezug auf das gemeinschaftliche Kartellrecht präzisiert hat[1253], spricht im Hinblick auf die Art. 81 ff. EGV dagegen. Sowohl der Europäische Gerichtshof als auch das Bundesverfassungsgericht gehen in ständiger Rechtsprechung davon aus, dass das Gemeinschaftsrecht weder Bestandteil der nationalen Rechtsordnung noch Völkerrecht ist, sondern eine eigenständige Rechtsordnung bildet, die einer autonomen Rechtsquelle entspringt[1254]. Durch die Gründung der Gemeinschaft, die insbesondere mit echten, aus der Beschränkung der Zuständigkeit der Mitgliedstaaten oder der Übertragung von Hoheitsrechten der Mitgliedstaaten auf die Gemeinschaft herrührenden Hoheitsrechten ausgestattet ist, haben die Mitgliedstaaten, wenn auch auf einem begrenzten Gebiet, ihre Souveränitätsrechte beschränkt und so einen Rechtskörper geschaffen, der für sie selbst und ihre Angehörigen verbindlich ist[1255]. Nationales und Gemeinschaftsrecht gelten dabei als eigenständige Rechtskreise grundsätzlich neben- und unabhängig voneinander, wobei die zuständigen Gemeinschaftsorgane einschließlich des Europäischen Gerichtshofs über die Verbindlichkeit, Auslegung und Beachtung des Gemeinschaftsrechts und die zuständigen nationalen Organe über die Verbindlichkeit, Auslegung und Beachtung des nationalen Rechts zu befinden haben[1256]. Hieraus ergibt sich, dass die Bestimmung des Unternehmensbegriffs im Sinne des Wettbewerbsrechts der Gemeinschaft allein nach Sinn und Zweck des Gemeinschaftsrechts und nicht unter Zugrundelegung nati-

---

[1252] Vgl. oben S. 258.
[1253] EuGH, Urteil v. 13.2.1969, Rs. 14/68, Wilhelm u.a./Bundeskartellamt, Slg. 1969 S. 1 ff., Rn. 6.
[1254] Vgl. nur EuGH, Urteil v. 15.7.1964, Rs. 6/64, Costa/ENEL, Slg. 1964, S. 1253 ff.; BVerfGE 37, 271.
[1255] EuGH, Urteil v. 15.7.1964, Rs. 6/64, Costa/ENEL, Slg. 1964, S. 1253 ff., Rn. 3 u. LS 3.
[1256] BVerfGE 37, 271.

onalen Rechts einschließlich nationaler Begriffsbestimmungen vorzunehmen ist[1257].

2.) Funktionaler Unternehmensbegriff

Der Europäische Gerichtshof definiert den Begriff des Unternehmens im Rahmen des EU-Wettbewerbsrechts als jede eine wirtschaftliche Tätigkeit ausübende Einheit, unabhängig von ihrer Rechtsform und der Art ihrer Finanzierung[1258]. Mit diesem sog. funktionalen Unternehmensbegriff, der auch für das nationale Kartellrecht Geltung beansprucht[1259], soll unter Ausgrenzung lediglich der Sphäre des privaten Verbrauchs sowie des hoheitlich handelnden Staates jede wirtschaftliche Tätigkeit im weiteren Sinne erfasst werden[1260]. Ein von der Tätigkeit des Normadressaten und nicht von institutionell-organisatorischen Kriterien ausgehender Begriffsinhalt trägt dem Umstand Rechnung, dass es um die Kontrolle wettbewerblich relevanter Verhaltensweisen geht[1261]. Wirtschaftliche Tätigkeit ist jede selbständige Tätigkeit der Erzeugung oder Verteilung wirtschaftlicher Güter oder gewerblicher Leistungen, die auf den Austausch von Leistungen oder Gütern am Markt gerichtet ist[1262].

3.) Bestimmung der Unternehmenseigenschaft der gesetzlichen Krankenkassen

Hiervon ausgehend ist die Unternehmenseigenschaft von Krankenkassen bzw. ihrer Verbände bezogen auf den Abschluss von Beschaffungsverträgen im Leistungserbringerrecht, d.h. im Bereich der §§ 69 ff. SGB V, zu ermitteln.
Der Subsumtion unter den Unternehmensbegriff steht zunächst die Rechtsform der Krankenkassen und ihrer Verbände als Körperschaften des öffentlichen Rechts[1263] nicht entgegen. Denn wie sich bereits aus Art. 86 EGV und der Beg-

---

[1257] So auch Neumann, Kartellrechtliche Sanktionierung von Wettbewerbsbeschränkungen im Gesundheitswesen, 1999, S. 97.
[1258] Vgl. nur EuGH, Urteil v. 23.4.1991, Rs. C-41/90, Höfner u. Elser/Macroton GmbH, Slg. I-1991, S. 1979 ff., Rn. 21 sowie Haverkate/Huster, Europäisches Sozialrecht, 1999, S. 465 f.
[1259] Vgl. bereits die Regierungsbegründung zum GWB, BT-Drs. 2/1158, S. 31 sowie BGHZ 36, 91 ff., 103 ff. – Gummistrümpfe. Die Erkenntnisse zur Unternehmenseigenschaft der Krankenkassen wirken sich also zumindest auf der Tatbestandsebene auch auf das nationale Kartellrecht aus.
[1260] Bunte, in: Langen/Bunte (Hrsg.), Kommentar zum deutschen und europäischen Kartellrecht, 9. Aufl. 2001, § 1 Rn. 17 u. 22.
[1261] Gleiss/Hirsch, Kommentar zum EG-Kartellrecht, Bd. 1, 4. Aufl. 1993, Art. 85 Rn. 9.
[1262] Mestmäcker, in: Immenga/Mestmäcker, EG-Wettbewerbsrecht, Band II, Art. 37, 90, Rn. 3.
[1263] Vgl. §§ 4 Abs. 1, 207 Abs. 1 Satz 2, 212 Abs. 4 SGB V.

riffsbestimmung des Gerichtshofs ergibt, ist die Unternehmenseigenschaft rechtsformunabhängig zu beurteilen, zumal ein Eingreifen der Wettbewerbsregeln andernfalls vor allem im Hinblick auf öffentliche Unternehmen[1264] durch einzelstaatliche Rechtsetzung steuerbar wäre, was dem Anwendungsvorrang zuwiderliefe.

In der Rechtssache *Höfner und Elser*[1265] hatte der Europäische Gerichtshof die Tätigkeit eines Sozialversicherungsträgers erstmals als unternehmerische Tätigkeit eingestuft. Es handelte sich dabei um die beitragsfinanzierte Vermittlungstätigkeit der Bundesanstalt für Arbeit. In der bereits angesprochenen Entscheidung in der Rechtssache *Poucet und Pistre* aus dem Jahre 1993 verneinte der Gerichtshof allerdings in der Folgezeit die Unternehmenseigenschaft einer Krankenkasse im Hinblick darauf, dass diese bei der Verwaltung der öffentlichen Aufgabe der sozialen Sicherheit dergestalt mitwirkt, dass sie ein gesetzlich vorgegebenes Pflichtversicherungssystem verbunden mit einem sozialen Ausgleich sowie Beitragszwang durchführt[1266]. *Boecken* weist hier zutreffend darauf hin, dass der Gerichtshof ausdrücklich diese konkrete Tätigkeit hervorgehoben und nicht als eine die wettbewerbsrechtliche Unternehmenseigenschaft begründende wirtschaftliche Tätigkeit angesehen hat. Hieraus folgt, dass andere Tätigkeiten von Krankenkassen und sonstigen Trägern im Bereich der sozialen Sicherheit durchaus den Charakter der Unternehmenseigenschaft begründen können[1267], was allein der funktionalen, d.h. tätigkeitsbezogenen Vorgehensweise des Gerichtshofs bei der Prüfung, ob eine bestimmte Einheit wettbewerbsrechtlich als Unternehmen zu qualifizieren ist, entspricht. Bestätigung findet dies zunächst in der Entscheidung *FFSA* vom 16.11.1995, in der der Gerichtshof ein französisches Zusatzrentensystem, das nach dem Kapitaldeckungsprinzip arbeitet, als ein eine wirtschaftliche Tätigkeit ausübendes Unternehmen im wettbewerbsrechtlichen Sinne angesehen hat[1268].

[1264] Siehe zum Begriff des öffentlichen Unternehmens RL 80/723 der Kommission vom 25.6.1980, ABl. Nr. L 195 v. 29.7.1980, S. 35.
[1265] Vgl. EuGH, Urteil v. 23.4.1991, Rs. C-41/90, Höfner und Elser/Macrotron GmbH, Slg. I-1991, S. 1979 ff.
[1266] Vgl. EuGH, Urteil v. 17.2.1993, verb. Rs. C-159 und 160/91, Poucet und Pistre, Slg. I-1993, S. 637 ff.
[1267] Boecken, Rechtliche Schranken für die Beschaffungstätigkeit der Krankenkassen im Hilfsmittelbereich, in: NZS 2000, S. 269 ff., 273; Kilian, Europäisches Wirtschaftsrecht, München 1996, Rn. 390. So jüngst auch ausdrücklich EuGH, Urteil v. 16.3.2004, verb. Rs. C-264/01, C-306/01, C-354 u. 355/01, AOK Bundesverband u.a./Ichthyol-Gesellschaft Cordes u.a., Rn. 58.
[1268] Vgl. EuGH, Urteil v. 16.11.1995, Rs. C-244/94, FFSA, Slg. I-1995, S. 4013 ff., Rn. 22.

Der Status der Krankenkassen als Unternehmen im Sinne der Wettbewerbsvorschriften der Gemeinschaft ist hinsichtlich ihrer Beschaffungstätigkeit - allerdings bezogen auf Festbeträge im Arzneimittelbereich und damit außerhalb des Leistungserbringerrechts - Gegenstand des Vorabentscheidungsverfahrens in den verbundenen Rechtssachen *AOK Bundesverband u.a. / Ichthyol-Gesellschaft Cordes u.a.* Nach zunächst der Auffassung des Generalanwalts in seinen Schlussanträgen vom 22.5.2003 ist bei der Beurteilung, ob eine Tätigkeit in dem o.g. Sinne wirtschaftlicher Natur ist, auf einer ersten Ebene danach zu fragen, ob sie zumindest grundsätzlich von einem privaten Unternehmen mit der Absicht der Gewinnerzielung ausgeübt werden könnte. Lediglich wenn diese Möglichkeit auszuschließen ist, bestehe kein Bedürfnis für eine Anwendung der Wettbewerbsvorschriften der Gemeinschaft[1269]. Mitunter entscheidend sei dabei in Bezug auf Sozialversicherungsträger die graduelle Frage, wie weit im Rahmen der Tätigkeit des jeweiligen Trägers das auf dem Prinzip sozialer Solidarität beruhende Umverteilungselement des (Renten- oder Versicherungs-) Systems ausgeprägt sei, das ggf. geeignet sein könne, die anderen (privatwirtschaftlicher Betätigung vergleichbaren) Tätigkeitsbereiche zu verdrängen bzw. diese entscheidend zu bestimmen. Die übrigen Tätigkeitsarten müssten hierfür hinter der Umverteilung zurücktreten, um eine wirtschaftliche Tätigkeit verneinen zu können, der Umverteilungsaspekt dürfte umgekehrt kein bloßer Begleitumstand einer anderen Tätigkeit, die unabhängig von ihr existieren könnte, sein[1270]. Was das deutsche System der gesetzlichen Krankenversicherung angeht, so stellt der Generalanwalt darauf ab, dass ein gewisses Maß an Wettbewerb sowohl zwischen den Krankenkassen untereinander als auch zwischen ihnen und privaten Krankenversicherern bestehe, weshalb das Umverteilungselement des Systems nicht derart ausgeprägt sei, dass es eine wirtschaftliche Tätigkeit ausschließe. Zwischen den Krankenkassen bestehe untereinander infolge des Kassenwahlrechts der Versicherten und differierender Beitragssatzhöhen der einzelnen Kassen ein gewisses Maß an Preiswettbewerb und darüber hinaus, wenn auch angesichts eines gesetzlich festgesetzten Elementarleistungsspektrums nur in beschränktem Umfang, sogar an Leistungs- also Qualitätswettbewerb. Der Umverteilungsaspekt als Solidarelement sei, ohne dass der Wettbewerb zwischen den gesetzlichen Kassen hierdurch vereitelt bzw. umgekehrt der Umverteilungsaspekt durch den Wettbewerb unterlaufen würde, durch den Mechanismus des Risikostrukturausgleichs garantiert. Weiterhin konkurrierten die gesetzlichen

---

[1269] Generalanwalt Jacobs, Schlussanträge v. 22.5.2003, verb. Rs. C-264/01, 306/01, 354 u. 355/01, AOK Bundesverband u.a./Ichthyol-Gesellschaft Cordes u.a., Rn. 27.
[1270] Generalanwalt Jacobs, Schlussanträge v. 22.5.2003, verb. Rs. C-264/01, 306/01, 354 u. 355/01, AOK Bundesverband u.a./Ichthyol-Gesellschaft Cordes u.a., Rn. 32 f.

Krankenkassen jedenfalls im Geschäftsbereich der Nichtpflichtversicherten mit privaten Krankenversichern[1271].
Auf Grund dieser Umstände bejaht der Generalanwalt in seinen Schlussanträgen die Unternehmenseigenschaft der Krankenkassen bezogen auf ihre Haupttätigkeit, die Erbringung von Krankenversicherungsleistungen. Die Frage, ob die Tätigkeit der Krankenkassen auf der reinen Beschaffungsebene im engeren Sinne, d.h. beim Arzneimittel- bzw. Leistungseinkauf im Verhältnis zu Herstellern bzw. Leistungserbringern, isoliert betrachtet als wirtschaftliche Betätigung qualifiziert werden kann, ließ er mit dem Hinweis dahinstehen, dass sich die Beschaffungstätigkeit letztlich von ihrer Haupttätigkeit nicht trennen lasse. Sei nämlich die Haupttätigkeit der Erbringung von Krankenversicherungsleistungen eine wirtschaftliche Tätigkeit, so müsse dies ohne weiteres auch für Entscheidungen des Leistungserbringers - hier der Krankenkassen bezogen auf Leistungen der Krankenversicherung gegenüber den Versicherten - hinsichtlich der Parameter der anzubietenden Leistungen gelten[1272].
Der europäische Gerichtshof hat sich dieser Einschätzung in seiner Entscheidung vom 16.3.2004[1273] nicht angeschlossen und die Unternehmenseigenschaft der gesetzlichen Krankenkassen bezogen zunächst auf deren Haupttätigkeit, die Erbringung von Krankenversicherungsleistungen für ihre Versicherten, verneint. Er hat unter Hinweis auf die Entscheidung in der Rechtssache *Poucet und Pistre* festgestellt, dass die gesetzlichen Krankenkassen in Deutschland an der Verwaltung des Systems der sozialen Sicherheit mitwirkten und insoweit eine rein soziale Aufgabe wahrnähmen, die auf dem Grundsatz der Solidarität beruhe und ohne Gewinnerzielungsabsicht ausgeübt werde. Sie seien gesetzlich verpflichtet, ihren Mitgliedern im Wesentlichen gleiche Pflichtleistungen anzubieten, auf die sie keinen Einfluss nehmen könnten. Auch konkurrierten sie hinsichtlich der Erbringung von Leistungen, die ihre Hauptaufgabe darstellt, weder untereinander noch mit privaten Krankenversicherungen. Der den Krankenkassen eröffnete Spielraum hinsichtlich der Höhe der Beitragssätze, der einen gewissen Wettbewerb um Mitglieder ermöglicht, diene dem Interesse des ord-

---

[1271] Generalanwalt Jacobs, Schlussanträge v. 22.5.2003, verb. Rs. C-264/01, 306/01, 354 u. 355/01, AOK Bundesverband u.a./Ichthyol-Gesellschaft Cordes u.a., Rn. 38 f. Zwischen den Krankenkassen wird nach § 266 SGB V jährlich ein Risikostrukturausgleich durchgeführt, durch den die finanziellen Auswirkungen von Unterschieden in der Höhe der beitragspflichtigen Einnahmen der Mitglieder, der Zahl der nach § 10 SGB V Versicherten und der Verteilung der Versicherten auf nach Alter und Geschlecht getrennte Versichertengruppen zwischen den Krankenkassen ausgeglichen werden.
[1272] Generalanwalt Jacobs, Schlussanträge v. 22.5.2003, verb. Rs. C-264/01, 306/01, 354 u. 355/01, AOK Bundesverband u.a./Ichthyol-Gesellschaft Cordes u.a., Rn. 45.
[1273] EuGH, Urteil v. 16.3.2004, verb. Rs. C-264/01, 306/01, 354 u. 355/01, AOK Bundesverband u.a./Ichthyol-Gesellschaft Cordes u.a., Rn. 65.

nungsgemäßen Funktionierens des deutschen Systems der sozialen Sicherheit[1274].
Wenngleich der Gerichtshof hier bezüglich der Haupttätigkeit der gesetzlichen Krankenkassen, d.h. der Erbringung von (Krankenversicherungs-) Leistungen gegenüber den Versicherten im Sinne einer (Leistungs-) Verschaffungstätigkeit (im Unterschied zur Beschaffung der hierzu notwendigen Sach- und Dienstleistungen), nunmehr mit auf dieser Ebene zunächst tragfähiger Begründung festgestellt hat, dass diese insoweit nicht als Unternehmen im Sinne der Art. 81 ff. EGV handeln, stellt er dennoch fest, dass sie außerhalb dieses Bereichs durchaus Tätigkeiten ausüben können, die wirtschaftlicher Natur sind und die Unternehmenseigenschaft begründen können[1275]. Dies sei indes bei der Festsetzung von Arzneimittelfestbeträgen nicht der Fall, da ihnen diese nach § 35 SGB V gesetzlich als Pflicht auferlegt sei und im Ergebnis unter Umständen eine Festsetzung durch den zuständigen Minister, mithin in jedem Fall erfolge. Die gesetzliche Pflicht zur Festsetzung von Festbeträgen diene dem Fortbestand des Systems der sozialen Sicherheit[1276].

Entgegen der Auffassung unter anderem der Krankenkassen, der Europäischen Kommission sowie der deutschen Bundesregierung in der Rechtssache *AOK Bundesverband u.a. / Ichthyol-Gesellschaft Cordes u.a.*[1277] bzw. über die Feststellungen sowohl des Gerichtshofs als auch des Generalanwalts hinausgehend lässt sich jedoch die reine Beschaffungstätigkeit der Krankenkassen als wirtschaftliche Tätigkeit qualifizieren. Hierbei handelt es sich ausgehend von einem funktionalen, d.h. tätigkeitsbezogenen Unternehmensbegriff um den sachnäheren Ansatz[1278].
In der Literatur wird das Fehlen von Rechtsprechung des Gerichtshofs über Sozialversicherungsträger in der Rolle als Nachfrager von Leistungen beim Abschluss von Rahmenverträgen ausdrücklich beklagt[1279]. Allerdings hat das Eu-

---

[1274] EuGH, Urteil v. 16.3.2004, verb. Rs. C-264/01, 306/01, 354 u. 355/01, AOK Bundesverband u.a./Ichthyol-Gesellschaft Cordes u.a., Rn. 52 f.
[1275] EuGH, Urteil v. 16.3.2004, verb. Rs. C-264/01, 306/01, 354 u. 355/01, AOK Bundesverband u.a./Ichthyol-Gesellschaft Cordes u.a., Rn. 58.
[1276] EuGH, Urteil v. 16.3.2004, verb. Rs. C-264/01, 306/01, 354 u. 355/01, AOK Bundesverband u.a./Ichthyol-Gesellschaft Cordes u.a., Rn. 61 u. 62. A.A. Koenig/Sander, Festbetragssystem für Arzneimittel, in: WuW 2000, S. 975 ff., 980 u. 982, die die Festsetzung von Festbeträgen im Arzneimittelbereich als wirtschaftliche Tätigkeit einstufen.
[1277] Vgl. zum entsprechenden Vorbringen Generalanwalt Jacobs, Schlussanträge v. 22.5.2003, verb. Rs. C-264/01, 306/01, 354 u. 355/01, AOK Bundesverband u.a./Ichthyol-Gesellschaft Cordes u.a., Rn. 46.
[1278] Vgl. Koenig/Sander, Festbetragssystem für Arzneimittel, in: WuW 2000, S. 975 ff., 980 unter Hinweis auf EuGH, Rs. C-244/94, CCMSA, Slg. I-1995, S. 4013 ff., Rn. 21.
[1279] Vgl. Kunze/Kreikebohm, Sozialrecht versus Wettbewerbsrecht, in: NZS 2003, S. 62 ff., 65 m.w.N.

ropäische Gericht Erster Instanz mit Urteil vom 4.3.2003[1280] in der Rechtssache *FENIN ./. Kommission* entschieden, dass die das (ebenfalls) nach dem Solidaritätsgrundsatz funktionierende spanische Gesundheitssystem verwaltenden Institutionen nicht als Unternehmen im Sinne des Wettbewerbsrechts der Gemeinschaft handeln. Dies gelte auch für den Einkauf medizinischen Bedarfs, um medizinische Leistungen für die dem Gesundheitssystem Angeschlossenen zu erbringen. Zur Begründung beschränkt das Gericht unter Verweis auf vorangegangene Rechtsprechung der Gemeinschaftsgerichte[1281] den Begriff der wirtschaftlichen Tätigkeit rein auf das Anbieten von Gütern und Dienstleistungen als maßgebendem Kriterium. Die Einkaufstätigkeit als solche lasse sich dabei nicht von der späteren Verwendung trennen, die den Charakter der Einkaufstätigkeit bestimme[1282].

Indes lässt sich der in der Entscheidung zitierten Rechtsprechung des Gerichtshofs und des Gerichts Erster Instanz eine derartige Beschränkung nicht entnehmen. Beide Entscheidungen hatten jeweils eine Erbringung, nicht hingegen eine Entgegennahme von Leistungen zum Gegenstand, weshalb sich die Feststellungen auch auf ein Anbieten von Leistungen beschränken konnten und beschränkt haben, ohne dass damit eine Ausgrenzung der Leistungsbeschaffung von der Reichweite der wirtschaftlichen Tätigkeit verbunden wäre[1283]. Weitere Feststellungen wären für die jeweilige Entscheidung auch schlicht nicht tragend gewesen.

Es erscheint bei einer rein auf die Beschaffungstätigkeit bezogenen, sachnahen Betrachtung vielmehr zweifelsfrei, dass die Krankenkassen bei der Leistungsbeschaffung für ihre Versicherten eine Tätigkeit ausüben, die auf den Austausch bzw. die entgeltliche Entgegennahme von Dienstleistungen am Markt bezogen ist[1284]. Diese Beschaffungstätigkeit ist von der Festsetzung von Arzneimittelfestbeträgen nach § 35 Abs. 3 SGB V zu unterscheiden, die im Verhältnis zur Mittelbeschaffung insoweit eher ein normsetzendes Gepräge kraft den gesetzlichen Krankenkassen insoweit vom Gesetzgeber übertragener Befugnis hat. Sie findet sich demgemäß auch nicht in dem das Leistungserbringerrecht regelnden

---

[1280] EuG, Urteil v. 4.3.2003, Rs. T-319/99, FENIN/Kommission, in: EuZW 2003, S. 283 ff. (nicht rechtskräftig), mit krit. Anm. Helios, aaO S. 288.
[1281] Vgl. EuGH, Urteil v. 18.6.1998, Rs. C-35/96, Kommission/Italien, Slg. I-1998, S. 3851 ff., Rn. 36 und EuG, Urteil v. 30.3.2000, Rs. T-513/93, Consiglio Nazionale degli Spedizioneri Doganali/Kommission, Slg. II-2000, S. 1807 ff., Rn. 36.
[1282] EuG, Urteil v. 4.3.2003, Rs. T-319/99, FENIN/Kommission, in: EuZW 2003, S. 283 ff., Rn. 36 f. (nicht rechtskräftig).
[1283] Vgl. EuGH, Urteil v. 18.6.1998, Rs. C-35/96, Kommission/Italien, Slg. I-1998, S. 3851 ff., insbes. Rn. 36 und EuG, Urteil v. 30.3.2000, Rs. T-513/93, Consiglio Nazionale degli Spedizioneri Doganali/Kommission, Slg. II-2000, S. 1807 ff., insbes. Rn. 36.
[1284] So bereits Boecken, Rechtliche Schranken für die Beschaffungstätigkeit der Krankenkassen im Hilfsmittelbereich, in: NZS 2000, S. 269 ff., 272.

Vierten Kapitel sondern im Dritten Kapitel des SGB V über die Leistungen der Krankenversicherung, d.h. im Bereich der Verschaffungstätigkeit[1285]. Stellt man im weiteren auf die Grundvoraussetzung der Möglichkeit der Tätigkeitsentfaltung durch ein Privatunternehmen mit Gewinnerzielungsabsicht ab, so ergibt sich ungeachtet des Umstandes, dass eigene rahmenvertragliche Vereinbarungen mit privaten Krankenversicherungen zumindest im Bereich rettungsdienstlicher Leistungen bislang kaum bestehen[1286], dass ein Leistungseinkauf durch diese gleichwohl entweder mittelbar bereits stattfindet, zumindest aber Direktvergütungsvereinbarungen ohne weiteres denkbar sind. Die Möglichkeit einer einheitlich verbindlichen Festlegung von Festbeträgen ist privaten Krankenversicherungen nicht überantwortet. Die Stellung im geschäftlichen Verkehr, die die Krankenkassen und ihre Verbände durch den Abschluss von Beschaffungsverträgen erlangen, ist in rechtlicher und wirtschaftlicher Beziehung vielmehr derjenigen gleichartig, die für private Versicherungsunternehmen mit einem vergleichbaren Kreis von Versicherten durch derartige Vertragsabschlüsse entsprechenden Inhalts begründet werden würde. Dies entspricht der Rechtsprechung des Bundesgerichtshofs zur Unternehmenseigenschaft der Krankenkassen im Sinne des GWB[1287].

Weitere Gesichtspunkte, die insbesondere der Entscheidung des Gerichts Erster Instanz in der Rechtssache *FENIN ./. Kommission* entgegenstehen, ergeben sich aber vor allem, wenn man den Wettbewerb als Schutzgut und Gradmesser nicht lediglich auf der Stufe der potentiell Diskriminierenden sondern auch der Diskriminierten, also der Leistungserbringer, in die Untersuchung einbezieht. Das Missbrauchsverbot des Art. 82 EGV stellt eine Ausprägung des von Art. 3 Abs. 1 lit. g) EGV vorgegebenen, umfassenden Ziels, den Wettbewerb innerhalb der Gemeinschaft vor Verfälschungen zu schützen dar. Das Schutzgut der Vorschrift wird in zwei Aspekten gesehen: einerseits soll eine unmittelbare Schädigung von Handelspartnern und Verbrauchern durch den Einsatz leistungsfremder und damit vertragswidriger Geschäftspraktiken verhindert werden. Zum anderen dient Art. 82 EGV dem Schutz des Wettbewerbs als Institution, was in besonderem Maße der genannten Zielvorgabe Rechnung trägt[1288]. Die Regelbeispiele in Satz 2 der Vorschrift zeigen, dass gerade Auswirkungen auf Marktteilnehmer vor- und nachgelagerter Wirtschaftsstufen erfasst werden sollen. Dass Marktteilnehmer auch insofern Unternehmen sein können, als sie an einem

---

[1285] Vgl. zur Beschaffungstätigkeit im Verhältnis zu Arzneimittellieferanten §§ 129 f. SGB V.
[1286] Dies liegt in dem im Rahmen des privaten Krankenversicherungssystems geltenden Erstattungsprinzip begründet, wonach eine Direktabrechnung zwischen Versicherer und Leistungserbringer regelmäßig nicht stattfindet.
[1287] Vgl. grundlegend BGHZ 36, 91 ff., 103 ff. – Gummistrümpfe.
[1288] Jung, in: Grabitz/Hilf (Hrsg.), Das Recht der Europäischen Union, Bd. 2, Stand: August 2003, Art. 82 Rn. 6.

Markt als Nachfrager tätig sind, verdeutlicht bereits das Verdikt des Art 81 Abs. 1 lit. a) EGV gegenüber der koordinierten Festsetzung von Ankaufspreisen. Entsprechend bekämpft Art. 82 lit. a) EGV die missbräuchliche Erzwingung auch unangemessener Einkaufspreise[1289]. Es gilt somit nicht lediglich auf das Vorhandensein von Wettbewerb und mögliche nachteilige Wirkungen auf diesen auf der ersten Ebene, d.h. auf dem Markt des differenzierenden Unternehmens – hier der Krankenkassen auf dem Markt der Erbringung von Versicherungsleistungen – abzustellen. Hier erkennt das Gericht Erster Instanz zwar, dass die Wirtschaftsmacht des Nachfragers ggf. zu einem Nachfragemonopol führen kann[1290]. Es bleibt jedoch ohne nähere Begründung und ohne Würdigung der insoweit drohenden umfangreichen Wettbewerbsverfälschungen bei seiner strikt akzessorischen Anbindung an die (Haupt-) Tätigkeit der Leistungsverschaffung. Dass gerade durch die Verbindung eines sozialen Charakters mit ökonomischem Druck mitunter erhebliche Auswirkungen am Markt gezielt herbeigeführt werden können[1291], wird verkannt. Das Gericht engt hier damit letztlich den Geltungsbereich des gemeinschaftsrechtlichen Kartellrechts dessen Zielsetzungen und primärrechtlicher Ausprägung zuwider ein. Die Beschaffungstätigkeit an sich, die sich gerade in Form von (Preis-) Differenzierungen folgenreich auf die Chancengleichheit und die Wirksamkeit des Wettbewerbs auf dem Folgemarkt der privilegierten bzw. benachteiligten Unternehmen auswirken kann, ist stattdessen unter dem Schutzgut des Missbrauchsverbotes als wettbewerblich relevante Verhaltensweise und damit wirtschaftliche Tätigkeit der Krankenkassen einzuordnen.

Die Krankenkassen bzw. deren Verbände lassen sich folglich bei ihrer Beschaffungstätigkeit ausgehend von den Begriffsmerkmalen des wirtschaftlichen Leistungsaustauschs sowie auch unter Berücksichtigung der Rechtsprechung des Europäischen Gerichtshofs und der wettbewerblichen Zielsetzungen des Vertrages als Unternehmen im funktionalen Sinne der Art. 81 ff. EGV qualifizieren. Dies ergibt, sofern man die Qualifizierung ihrer Haupttätigkeit, der Erbringung von Krankenversicherungsleistungen, als wirtschaftliche Tätigkeit zugrundelegt, bereits der Umstand, dass die beschafften Waren und Dienstleistungen hier als Einsatzgut für diese Kerntätigkeit fungieren. Selbst wenn man jedoch die Tätigkeit der Leistungsverschaffung als Haupttätigkeit im Sinne der jüngsten Entscheidung des Europäischen Gerichtshofs nicht der wirtschaftlichen Betäti-

---

[1289] So bereits Hänlein/Kruse, Einflüsse des Europäischen Wettbewerbsrechts auf die Leistungserbringung in der gesetzlichen Krankenversicherung, in: NZS 2000, S. 165 ff., 168. Vgl. zur marktbeherrschenden Stellung auf Nachfragerseite ausführlich Arndt, Marktmacht auf der Nachfragerseite, in: WuW 1972, S. 84 ff.

[1290] EuG, Urteil v. 4.3.2003, Rs. T-319/99, FENIN/Kommission, in: EuZW 2003, S. 283 ff., Rn. 37 (nicht rechtskräftig).

[1291] So bereits Anmerkung Helios, in: EuZW 2003, S. 288.

gung zuordnet, gilt dies aber für die Leistungsbeschaffung. Diese Tätigkeit ist, da auf den Austausch von Dienstleistungen am Markt bezogen, eine Wirtschaftliche nach gemeinschaftsrechtlichem Verständnis. Der Auffassung des Gerichts Erster Instanz, wonach für das Vorliegen einer wirtschaftlichen Tätigkeit allein auf die Leistungsweitergabe abzustellen ist und sich diese mit der Beschaffung als eine Art unauflösliche Einheit präsentiert, ist aus den genannten Gründen nicht zu folgen.

Auch wenn die rettungsdienstlichen Leistungserbringer, was wie dargestellt für die öffentlichen Dienste und staatsunabhängige Leistungserbringer gleichermaßen gilt, im Einzelfall einen vertraglichen Vergütungsanspruch zunächst gegen denjenigen Patienten erwerben, der die betreffende Transportleistung abruft, so stehen die Krankenkassen ihnen dennoch auf dem Markt für den Abschluss von Verträgen nach § 133 SGB V sowie insoweit gegenüber, als auch die Direktabrechnung der Vergütung eine wirtschaftliche Tätigkeit ist, die von der einen Seite nachgesucht und von der anderen gewährt wird. Entsprechendes hatte bereits der Bundesgerichtshof im Rahmen des Diskriminierungsverbotes des GWB sowohl im Hinblick auf die sog. Drittmarktproblematik[1292] als auch bezüglich des Einwandes, die Sozialversicherungsträger seien deshalb, weil sie (Sach-) Leistungen nicht gegen Gewinn weiterveräußerten sondern lediglich für ihre Rechnung den Versicherten zukommen lassen, Endverbrauchern gleichzustellen, festgestellt[1293].

IV. Zurechnungszusammenhang zur wettbewerbswidrigen Verhaltensweise

Über die Unternehmenseigenschaft hinaus kann ein Wettbewerbsverstoß nur bejaht werden, wenn sich das Unternehmen bei der betreffenden Tätigkeit, hier der Ermittlung der Vergütungshöhe gegenüber unterschiedlichen Leistungserbringern, selbständig wirtschaftlich verhalten kann. Die zu prüfende Wettbewerbsbeschränkung muss ihre Ursache in einem selbständigen unternehmerischen Verhalten haben, also der eigenen Initiative des Unternehmens entspringen. Wird dem betreffenden Unternehmen wettbewerbswidriges Verhalten durch nationale Normen vorgeschrieben, oder bilden diese einen so engen rechtlichen Rahmen, dass jede autonome Aktionsmöglichkeit im Wettbewerb ausscheidet, sind die Art. 81 und 82 EGV nicht anwendbar[1294]. Sofern nationale

---

[1292] D.h. den Einwand, das Diskriminierungsverbot gelte nur für den Markt, auf dem die marktbeherrschende Stellung bestehe und erstrecke sich nicht auf Drittmärkte, vgl. BGHZ 114, 218 ff., 229.
[1293] Vgl. BGHZ 36, 91 ff., 103 ff. – Gummistrümpfe
[1294] Ständige Rechtsprechung der Gemeinschaftsgerichte, vgl. EuG, Urteil v. 7.10.1999, Rs. T-228/97, Irish Sugar/Kommission, Slg. II-1999, S. 2969 ff., Rn. 130 m.w.N.

Rechtsvorschriften das wirtschaftliche Handeln determinieren, setzt ein Eingreifen der Art. 81 ff. EGV voraus, dass diese Normen einen gewissen Freiraum für wirksamen Wettbewerb lassen, der durch selbständige Verhaltensweisen des Unternehmens verhindert, eingeschränkt oder verfälscht werden kann[1295]. Wettbewerbsbeschränkungen, die sich im Rahmen eines nicht zwingenden gesetzlichen Gestaltungsspielraums halten, sind ohne weiteres in diesem Sinne unternehmerisch veranlasst[1296].

An dieser Stelle gilt es erneut zu berücksichtigen, dass mit der in den Landesrettungsdienstgesetzen ganz überwiegend vorgesehenen dualen Verwaltungsstruktur des Rettungswesens die aufgezeigten Sonderregeln bzw. Besonderheiten im Bereich der Vergütungsstruktur einhergehen: der Vorbehalt zugunsten landesrechtlicher Bestimmung der Gebührenhöhe in § 133 Abs. 1 Satz 1 SGB V und die im Ergebnis fehlende strikte Anbindung der Gebührensätze an den Grundsatz der Beitragssatzstabilität und die Grundlohnsummensteigerungsrate. Vorab bleibt insoweit festzustellen, dass die mögliche staatliche Vorgabe keine Restriktionen hinsichtlich der Vereinbarung einer der Höhe nach angepassten Vergütung staatsunabhängig tätiger Hilfsorganisationen oder gewerblicher Unternehmer enthält; dies unter der Voraussetzung eines entsprechenden Kostennachweises. Der sog. Einwand staatlichen Handelns, d.h. die Berufung darauf, dass ein wettbewerbsbeschränkendes Verhalten derart gesetzlich vorgegeben ist, dass sich das Unternehmen gar nicht anders verhalten kann, ist indes nach der Entscheidungspraxis der Gemeinschaftsgerichte restriktiv zu handhaben. Das Unternehmen hat hierzu entsprechende Nachweise zu führen[1297]. Um erfolgreich geltend machen zu können, dass sich eine bestimmte Verhaltensweise nicht als Ausfluss selbständigen unternehmerischen Verhaltens sondern als durch nationale Rechtsvorschriften zwingend vorgeschrieben darstellt, bedarf es daher der Darlegung und des Nachweises, dass die fraglichen Bestimmungen, denen die Krankenkassen unterliegen, keine Möglichkeit eines Wettbewerbs bestehen lassen, der durch selbständige Verhaltensweisen ihrerseits eingeschränkt werden kann. Insoweit scheint zunächst das Gebot der Orientierung an möglichst preisgünstigen Versorgungsmöglichkeiten gemäß § 133 Abs. 1 Satz 5 SGB V, durch das die Verhandlungsposition der Krankenkassen gestärkt werden sollte, für die Möglichkeit wettbewerbsorientierten Agierens der Krankenkassen zu sprechen. Die Regelung verdeutlicht, dass der Gesetzgeber grundsätz-

---

[1295] Vgl. EuG, Urteil v. 7.10.1999, Rs. T-228/97, Irish Sugar/Kommission, Slg. II-1999, S. 2969 ff., Rn. 130 m.w.N.
[1296] Jung, in: Grabitz/Hilf (Hrsg.), Das Recht der Europäischen Union, Bd. 2, Stand: August 2003, Art. 82 Rn. 3 m.w.N.
[1297] Vgl. EuG, Urteil v. 7.10.1999, Rs. T-228/97, Irish Sugar/Kommission, Slg. II-1999, S. 2969 ff., Rn. 130; EuGH, Urteil v. 11.11.1997, verb. Rs. C-359 u. 379/95 P, Kommission u. Frankreich/Ladbroke Racing, Slg. I-1997, S. 6265 ff., Rn. 32 f.

lich eine wirtschaftliche Angebotsstruktur durch Wettbewerb anstrebt[1298]. Ihr Durchgreifen gegenüber einer Festsetzung der Gebührenhöhe auf landes- bzw. kommunalrechtlicher Grundlage erscheint indes deshalb zweifelhaft, weil das an sich geltende Vereinbarungsprinzip infolge des Vorbehaltes zugunsten landesrechtlicher Regelung zu nur subsidiärer Geltung verdammt ist. Zumindest wenn, was in aller Regel der Fall ist, trägerseits tatsächlich von der einseitigen Festsetzungsbefugnis Gebrauch gemacht wird, stellt sich das Postulat der Orientierung an möglichst preisgünstigen Versorgungsmöglichkeiten, sofern es nicht ohnehin bereits keine Anwendung mehr findet, gegenüber den öffentlichen Rettungsdiensten als bloßer Programmsatz für die den Kostenträgern hier allein verbleibenden Anhörungs- und Stellungnahmerechte im Verfahren der Gebührenbedarfsermittlung dar.

Soweit den Krankenkassen grundsätzlich die Möglichkeit offen steht, die Gebührenansätze unter Umständen einer Rechtmäßigkeitsprüfung nach kommunalabgabenrechtlichen Maßstäben zuzuführen, kann dies zwar als legitimes Mittel, nicht aber als durch das nationale Recht intendierte Möglichkeit ein gewisses Maß an beeinflussbarem Wettbewerb zu eröffnen im Sinne der Rechtsprechung des Gerichtshofs angesehen werden.

Anders ist diesbezüglich die bereits erörterte Festbetragsregelung nach § 133 Abs. 2 SGB V zu beurteilen, die es den Krankenkassen ermöglicht, unmittelbar auf eine wirtschaftliche und preisgünstige Organisation der öffentlichen Rettungsdienste zu drängen[1299]. Das Mittel der Beschränkung der Leistungspflicht auf Festbeträge wurde den Krankenkassen gerade deshalb an die Hand gegeben, um eine Umsetzung des Wirtschaftlichkeitsgebots zu fördern und nachteiligen Auswirkungen der einseitigen Festsetzungskompetenz der Länder bzw. Kommunen auf den Wettbewerb entgegenzuwirken[1300]. Hinzu kommt, ungeachtet des Umstandes, dass es den Krankenkassen gesetzlich ohne weiteres möglich ist, staatsunabhängigen Leistungserbringern bei entsprechendem Kostennachweis die gleichen Vergütungssätze zu gewähren, der Maßstab der Festbetragshöhe. Diese hat sich an einer vergleichbaren, wirtschaftlichen Leistungserbringung zu orientieren, wirkt also einer gesetzlich zwingend vorgegebenen Ungleichbehandlung gerade entgegen. Demnach schließt das nationale Recht nicht jedwede Form von Wettbewerb per se aus, eine Wettbewerbsbeschränkung aufgrund nicht gerechtfertigter Ungleichbehandlung ist angesichts des nicht zwingenden gesetzlichen Gestaltungsspielraums unternehmerisch veranlasst und anhand des Missbrauchsverbotes zu prüfen.

[1298] Saekel, Rettungs- und Krankentransportwesen – leistungsfähig aber teuer, in: BKK 1993, S. 303 ff., 317.
[1299] Vgl. Dalichau/Grüner, SGB V, Bd. II, Stand: 12/2003, § 133 Anm. III.
[1300] Vgl. BSG, Urteil v. 29.11.1995 – 3 RK 32/94, RD 1997, S. 78 ff., 82.

V. Ungleichbehandlung der Leistungserbringer als Missbrauch einer marktbeherrschenden Stellung

Art. 82 EGV verbietet die missbräuchliche Ausnutzung einer beherrschenden Stellung auf dem Gemeinsamen Markt oder einem wesentlichen Teil desselben durch ein oder mehrere Unternehmen, soweit dies dazu führen kann, den Handel zwischen den Mitgliedstaaten zu beeinträchtigen.

1.) Vorliegen einer marktbeherrschenden Stellung

Über die Bejahung der Unternehmenseigenschaft und des selbständigen unternehmerischen Handelns hinaus ist daher zunächst zu ermitteln, ob die Krankenkassen und ihre Verbände eine marktbeherrschende Stellung innehaben.

a) Marktbeherrschungsbegriff

Anders als das deutsche Recht[1301] erläutert der EGV selbst den Marktbeherrschungsbegriff nicht näher. Seine Konkretisierung ist daher der Spruchpraxis der Gemeinschaftsgerichte und der Europäischen Kommission zu entnehmen. Beide Gemeinschaftsorgane verstehen mittlerweile[1302] unter einer marktbeherrschenden Stellung die wirtschaftliche Machtstellung eines Unternehmens, die dieses in die Lage versetzt, die Aufrechterhaltung eines wirksamen Wettbewerbs auf dem relevanten Markt zu verhindern, indem sie ihm die Möglichkeit verschafft, sich seinen Wettbewerbern, seinen Lieferanten oder Abnehmern und letztlich den Verbrauchern gegenüber in einem nennenswerten Umfang unabhängig zu verhalten[1303]. Besonders hohe Marktanteile genügen nach ständiger Rechtsprechung der Gemeinschaftsgerichte ohne weiteres allein auf Grund ihrer absoluten Bedeutung für den Nachweis einer beherrschenden Stellung, insbesondere wenn sie über einen längeren Zeitraum hinweg bestanden haben[1304]. Als

---

[1301] Vgl. § 19 Abs. 2 u. 3 GWB.
[1302] Siehe zur Entwicklung des Beherrschungsbegriffs in der Entscheidungspraxis von Gerichtshof und Kommission Dirksen, in: Langen/Bunte (Hrsg.), Kommentar zum deutschen und europäischen Kartellrecht, 9. Aufl. 2001, Art. 86 Rn. 10 f.
[1303] Vgl. nur EuGH, Urteil v. 14.2.1978, Rs. 27/76, United Brands/Kommission, Slg. 1978, S. 207 ff., Rn. 63/66; Urteil v. 5.10.1995, Rs. C-96/94, Centro Servizi Spediporto/Spedizioni Marittima, Slg. I-1995, S. 2883 ff., Rn. 31; EuG, Urteil v. 7.10.1999, Rs. T-228/97, Irish Sugar/Kommission, Slg. II-1999, S. 2969 ff., Rn. 70 sowie KOME 85/609/EWG, ECS/AKZO II, ABl. L 1985 374/1, Rn. 67; KOME 97/624/EG, Irish Sugar, ABl. L 1997 258/1, Rn. 100.
[1304] EuGH, Urteil v. 13.2.1979, Rs. 85/76, Hoffmann-La Roche/Kommission, Slg. 1979, S. 461 ff., Rn. 41; Urteil v. 3.7.1991, Rs. C-62/86, AKZO/Kommission, Slg. I-1991, S. 3359 ff., Rn. 60; EuG, Urteil v. 8.10.1996, Rs. T-24/93, Compagnie maritime belge trans-

besonders hohe Marktanteile betrachtet der Gerichtshof in jedem Falle solche über 75 %, während das Gericht Erster Instanz die Schwelle etwa bei 70 % ansetzt[1305].

b) Einzel- und Kollektivmarktbeherrschung

Der Tatbestand des Art. 82 EGV kann sowohl auf der Anbieter- als auch der Nachfragerseite von einem oder mehreren Unternehmen verwirklicht werden, was angesichts des eingangs geschilderten Umstandes von Bedeutung ist, dass die Krankenkassen und ihre Verbände regelmäßig, wenn auch vereinzelt sukzessive, gemeinsam in Vergütungsverhandlungen mit Leistungserbringern eintreten[1306]. Art. 82 Satz 1 EGV spricht ausdrücklich von einem missbräuchlichen Ausnutzen durch mehrere Unternehmen, was eine gemeinsame Marktbeherrschung voraussetzt. Auch im Falle gemeinsamer Marktbeherrschung, die, anders als ggf. bei der AOK vornehmlich bei einigen Ersatz- und Betriebskrankenkassen, der See-Krankenkasse und der Bundesknappschaft heranzuziehen sein wird, braucht das Missbrauchsverhalten jedoch nicht von allen Beteiligten auszugehen; tatbestandsmäßiges Verhalten Einzelner genügt, sofern es im Zusammenhang mit der gemeinsamen Beherrschungsposition steht[1307]. Zur Bejahung dieser kollektiv beherrschenden Stellung wiederum verlangen die Gemeinschaftsorgane, dass die einzelnen Unternehmen durch wirtschaftliche Bande so eng miteinander verflochten sind, dass sie auf dem Markt in gleicher Weise vorgehen können. Verbandsintern ist dies bereits auf Grund des kollektiven Verhandlungsmandats der Fall. Allgemein als entscheidendes Merkmal anerkannt ist was die Verflechtung angeht das Fehlen wirksamen Innenwettbewerbs zwischen den Beteiligten der Unternehmensgruppe[1308]. Im Zuge der Untersuchung der Unternehmenseigenschaft der Krankenkassen wurde unter Bezugnahme unter anderem auf die Schlussanträge des Generalanwalts in der Rechtssache *AOK Bundesverband u.a. / Ichthyol-Gesellschaft Cordes u.a.* ein gewisses Maß an Innenwettbewerb zwischen den Krankenkassen untereinander hinsichtlich des Kassenwahlrechts der Versicherten angenommen. Hier kommt es

---

ports/Kommission, Slg. II-1996, S. 1201 ff., Rn. 76, 77; Urteil v. 7.10.1999, Rs. T-228/97, Irish Sugar/Kommission, Slg. II-1999, S. 2969 ff., Rn. 70.
[1305] EuGH, Urteil v. 13.2.1979, Rs. 85/76, Hoffmann-La Roche/Kommission, Slg. 1979, S. 461 ff., Rn. 52 f.; EuG, Urteil v. 8.10.1996, Rs. T-24/93, Compagnie maritime belge transports/Kommission, Slg. II-1996, S. 1201 ff., Rn. 76.
[1306] Vgl. zum Zusammenwirken der Krankenkassen und ihrer Verbände allgemein § 4 Abs. 3 SGB V.
[1307] EuG, Urteil v. 7.10.1999, Rs. T-228/97, Irish Sugar/Kommission, Slg. II-1999, S. 2969 ff., Rn. 66.
[1308] Jung, in: Grabitz/Hilf (Hrsg.), Das Recht der Europäischen Union, Bd. 2, Stand: August 2003, Art. 82 Rn. 64 m.w.N.

jedoch allein auf die Marktgegenseite im Rahmen der Beschaffungstätigkeit, mithin auf das Vorhandensein von Innenwettbewerb im Verhältnis zu den Leistungserbringern, an. Voraussetzung hierfür wäre eine (Verhandlungs-) Situation, in der der bzw. die Leistungserbringer im Falle einer Verschlechterung der angebotenen Konditionen einer einzelnen Krankenkasse bzw. eines einzelnen Verbandes ernsthaft auf ein anderes Unternehmen aus der Unternehmensgruppe, also eine andere Krankenkasse, ausweichen könnten. Ein entsprechender Nachweis dürfte aus Sicht der Krankenkassen hier nicht lediglich auf Grund der tatsächlich weitestgehend vereinheitlichten Verhandlungspositionen kaum zu führen sein. Denn der Umstand, dass sich der Versichertenbestand der einzelnen Kassen – zumindest aus Leistungserbringersicht und für diese nicht beeinflussbar – weitgehend als Fixum präsentiert, führt dazu, dass ein bestimmter, möglicherweise wesentlicher Teil des Marktes mittels Ausweichen nicht erschlossen werden kann. So kann beispielsweise eine ggf. bestehende Ausweichmöglichkeit auf eine einzelne, kleinere Betriebskrankenkasse eine Abschlussverweigerung durch die AOK, die den weitaus größten Teil der gesetzlich Krankenversicherten repräsentiert, oder etwa eine große Ersatzkasse nicht ernsthaft kompensieren.

c) **Sachlich und räumlich relevanter Markt**

Schon der Begriff der marktbeherrschenden Stellung impliziert das sog. Marktmachtkonzept[1309], wonach wirtschaftliche Macht nur in Relation zu einem bestimmten Markt festgestellt werden kann. Zur Beurteilung der Frage, ob einem Unternehmen eine beherrschende Stellung im Sinne von Art. 82 EGV zukommt, müssen nach traditioneller juristischer Betrachtungsweise zunächst die relevanten Märkte in zumindest sachlicher und räumlicher Hinsicht bestimmt werden[1310]. Ziel ist dabei die Definition der in der gegebenen Situation auf ein (potentiell beherrschendes) Unternehmen einwirkenden Wettbewerbskräfte und der damit verbundenen Freiräume unternehmerischen Verhaltens im Wettbewerbsgeschehen[1311].
Der sachlich relevante Markt umfasst ausgehend vom sog. Bedarfsmarktkonzept, wonach die Substituierbarkeit aus Sicht der Marktgegenseite für die Individualisierung eines Produkt- oder Dienstleistungssektors maßgebend ist[1312],

---

[1309] Vgl. hierzu Emmerich, in: Dauses, Handbuch des EU-Wirtschaftsrechts, Stand: April 2003, H.I Rn. 186.
[1310] Jung, in: Grabitz/Hilf (Hrsg.), Das Recht der Europäischen Union, Bd. 2, Stand: August 2003, Art. 82 Rn. 27.
[1311] Vgl. Bekanntmachung der Kommission über die Definition des relevanten Marktes im Sinne des Wettbewerbsrechts der Gemeinschaft, ABl. C 1997 372/5, Rn. 2.
[1312] Siehe hierzu i.e. Schmidt, Wettbewerbspolitik und Kartellrecht, 7. Aufl. 2001, S. 50 f.; Emmerich, in: Dauses, Handbuch des EU-Wirtschaftsrechts, Stand: April 2003, H.I Rn. 189.

den Markt für Vergütungsverträge bezüglich der rettungsdienstlichen Leistungen Notfallrettung und Krankentransport. Bei der anzustellenden wirtschaftlichen Betrachtungsweise bieten die Krankenkassen auf dem Markt (Vergütungs-) Rahmenverträge für Krankentransport- und Notfallrettungsleistungen an, die von den außerhalb der öffentlichen Rettungsdienste tätigen gemeinnützigen Hilfsorganisationen wie gewerblichen Krankentransportunternehmen nachgefragt werden. Da die Krankenkassen aber unmittelbar im Rahmen ihrer Beschaffungstätigkeit am Markt, hier für die rettungsdienstlichen Leistungen Notfallrettung und Krankentransport, insofern als Nachfrager auftreten, als dass sie über den Abschluss derartiger Verträge mit den Leistungserbringern die Preis- (und im Zusammenhang damit auch die Versorgungs-) Konditionen festlegen wollen, zu denen die Leistungen den Versicherten gegenüber zu Lasten der gesetzlichen Krankenversicherung erbracht werden, ist korrespondierend auch der Nachfragermarkt für rettungsdienstliche Leistungen zumindest sachlich relevant.

Die Abgrenzung des relevanten Marktes nach räumlichen Gesichtspunkten hat zwei Zielrichtungen: Zum einen geht es um die Bestimmung der Wirtschaftsmacht des zu prüfenden Unternehmens in ihrer territorialen Ausdehnung[1313]. Diese hängt davon ab, innerhalb welchen Gebietes es mit anderen Unternehmen tatsächlich in Wettbewerb steht[1314]. Darüber hinaus bedarf es der Festlegung eines räumlich relevanten Marktes um zu klären, ob die beherrschende Stellung eines Unternehmens zumindest einen wesentlichen Teil des gemeinsamen Marktes erfasst[1315]. Der Europäische Gerichtshof und die Kommission definieren den räumlich relevanten Markt übereinstimmend als das Gebiet, in dem die jeweils einschlägigen Produkte oder Dienstleistungen angeboten werden, in dem die Wettbewerbsbedingungen hinreichend homogen sind und das sich von benachbarten Gebieten durch spürbar unterschiedliche Wettbewerbsbedingungen unterscheidet[1316]. Zentrales Element ist folglich die Einheitlichkeit der Wettbewerbsbedingungen und zwar bezogen auf den Absatz aller Produkte und Dienstleistungen, die den sachlich relevanten Markt ausmachen. Unerheblich ist dagegen wo die Marktgüter, hier die zu schließenden (Vergütungs-) Rahmenverträge, letztlich verwandt werden[1317].

[1313] EuGH, Urteil v. 14.2.1978, Rs. 27/76, United Brands u.a./Kommission, Slg. 1978, S. 207 ff., Rn. 10/11.
[1314] Bekanntmachung der Kommission über die Definition des relevanten Marktes im Sinne des Wettbewerbsrechts der Gemeinschaft, ABl. C 1997 372/5, Rn. 13.
[1315] EuGH, Urteil v. 14.2.1978, Rs. 27/76, United Brands u.a./Kommission, Slg. 1978, S. 207 ff., Rn. 44.
[1316] EuGH, Urteil v. 14.2.1978, Rs. 27/76, United Brands u.a./Kommission, Slg. 1978, S. 207 ff., Rn. 10/11; Bekanntmachung der Kommission über die Definition des relevanten Marktes im Sinne des Wettbewerbsrechts der Gemeinschaft, ABl. C 1997 372/5, Rn. 8.
[1317] Jung, in: Grabitz/Hilf (Hrsg.), Das Recht der Europäischen Union, Bd. 2, Stand: August 2003, Art. 82 Rn. 42.

Bezogen auf Vergütungsverträge für rettungsdienstliche Leistungen kommt als kleinste geographisch relevante Einheit ein Rettungsdienstbereich, d.h. der örtliche Zuständigkeitsbereich eines öffentlichen Rettungsdienstträgers, der zugleich als Genehmigungsbehörde fungiert, in Betracht.
Den nächst größeren Markt definiert das Gebiet eines Bundeslandes, in dem die rechtlichen Grundlagen der Leistungserbringung, und damit das hier entscheidende parallele Bestehen von öffentlichem Rettungsdienst und staatsunabhängiger Leistungserbringung, auf Grundlage des jeweils geltenden Landesrettungsdienstgesetzes einheitlich normiert sind. Dies gilt einschließlich der Frage, ob die Leistungen im Verhältnis zu den Kostenträgern über private Entgelte oder Satzungsgebühren finanziert werden.
Schließlich könnte das gesamte Bundesgebiet geographisch relevant sein, da sich insbesondere in der Umsetzung des Trennungsmodells weitgehende Übereinstimmungen in den Landesgesetzen finden, zumal die sozialversicherungsrechtlichen Rechtsgrundlagen ohnehin bundesweit gelten.
Der einzelne Rettungsdienstbereich als geographisch kleinste Einheit erfasst die im Beschaffungsbereich bestehende Wirtschaftsmacht der Krankenkassen in ihrer territorialen Ausdehnung nicht hinreichend. Die Krankenkassen bzw. ihre Verbände üben ihr Verhandlungsmandat überregional, d.h. regelmäßig auf der Ebene ihrer Landesverbände aus. Alternativangebote, auf die die Leistungserbringer ausweichen könnten stellen sich also in größerem geographischen Umfang nicht. So sind die rechtlichen Rahmenbedingungen landesweit einheitlich, und die Leistungserbringer, die prinzipiell in Rettungsdienstbereichen eines Bundeslandes unter identischen rechtlichen Bedingungen Genehmigungen beantragen können, sind stets gehalten, ohne Substitutionsmöglichkeit bei den Kassen um entsprechende Vergütungsvereinbarungen nach § 133 SGB V nachzusuchen. Zumindest das Gebiet eines Bundeslandes dürfte folglich angesichts der homogenen Wettbewerbsbedingungen als geographisch relevanter Markt zu betrachten sein. Die Marktanteile der gesetzlichen Krankenkassen sind dabei angesichts der Zahl ihrer Versicherten im Verhältnis zur relativ geringen Anzahl privatversicherter Patienten unabhängig von der geographischen Grenzziehung nahezu gleich bleibend hoch, was sich als Besonderheit darstellt. Für einzelne, große Krankenkassen als landes- und zum Teil bundesweite Nachfrager gilt dies ggf. sogar ohne dass es des Instituts der gemeinsamen Marktbeherrschung bedarf. Legt man also die existenten Marktanteile als Ausgangspunkt der räumlichen Marktbestimmung zugrunde[1318], so erscheint sogar das Bundesgebiet insgesamt als national abgegrenzter räumlicher Markt denkbar, ohne dass sich die Marktanteile nennenswert verschieben würden.

[1318] So die Europäische Kommission, vgl. Bekanntmachung der Kommission über die Definition des relevanten Marktes im Sinne des Wettbewerbsrechts der Gemeinschaft, ABl. C 1997 372/5, Rn. 28.

Der von der Europäischen Kommission verwendete Test der sog. Kreuzpreiselastizität[1319] lässt sich hier entsprechend heranziehen. Dabei ist nach Feststellung der Marktanteile die hypothetische Frage zu stellen, inwieweit bei einer geringfügigen, aber dauerhaften Erhöhung der relativen Preise (Anm.: dieser Parameter wäre hier angesichts der untersuchten Marktmacht auf der Nachfrageseite durch eine Verringerung der von den Kassen angebotenen Entgelte oder anderweitig vorgegebene, ungünstige Vertragsbedingungen zu ersetzen) eine kurzfristige Umorientierung auf Anbieter mit anderem Standort erfolgen kann[1320]. Eine derartige Substitution wäre nicht denkbar, der räumlich relevante Markt kann somit entsprechend weiter gefasst werden.

Der demnach entweder als landes- oder bundesweiter Markt für Vergütungsvereinbarungen bestimmbare Markt kann zugleich einen wesentlichen Teil des Gemeinsamen Marktes bilden, also die von Art. 82 EGV vorausgesetzte Binnenmarktdimension erfüllen[1321]. Seitens der Gemeinschaftsorgane werden Märkte, die einen Mitgliedstaat insgesamt umfassen, als wesentlicher Teil des Gemeinsamen Marktes angesehen[1322]. Entsprechendes gilt, eine hinreichende wirtschaftliche Bedeutung vorausgesetzt, auch für einzelne Teile oder Regionen von Mitgliedstaaten[1323], was der Europäische Gerichtshof erst im Jahre 2001 für das Bundesland Rheinland-Pfalz angesichts dessen Bevölkerungszahl und Größe festgestellt hat[1324].

d) Zwischenergebnis

Bereits ein Abstellen auf die Marktanteile der gesetzlichen Krankenkassen und ihrer Verbände ergibt zumindest bei anzunehmender Kollektivbeherrschung die ernsthafte Möglichkeit einer beherrschenden Stellung auf dem relevanten Markt. Insoweit bedarf es jedoch stets einer sorgfältigen, einzelfallbezogenen Beurteilung, insbesondere soweit nur einzelne Kassen betroffen sind.

[1319] Bekanntmachung der Kommission über die Definition des relevanten Marktes im Sinne des Wettbewerbsrechts der Gemeinschaft, ABl. C 1997 372/5, Rn. 15.
[1320] Bekanntmachung der Kommission über die Definition des relevanten Marktes im Sinne des Wettbewerbsrechts der Gemeinschaft, ABl. C 1997 372/5, Rn. 17, 29.
[1321] Vgl. hierzu Emmerich, in: Dauses, Handbuch des EU-Wirtschaftsrechts, Stand: April 2003, H.I Rn. 193.
[1322] Vgl. die Nachweise bei Dirksen, in: Langen/Bunte (Hrsg.), Kommentar zum deutschen und europäischen Kartellrecht, 9. Aufl. 2001, Art. 86 Rn. 70.
[1323] Jung, in: Grabitz/Hilf (Hrsg.), Das Recht der Europäischen Union, Bd. 2, Stand: August 2003, Art. 82 Rn. 52 m.w.N.
[1324] EuGH, Urteil v. 25.10.2001, Rs. C-475/99, Ambulanz Glöckner/Landkreis Südwestpfaslz, Slg. I-2001, S. 8089 ff., Rn. 38. Siehe auch Generalanwalt Jacobs, Schlussanträge v. 17.5.2001, Rs. C-475/99, Ambulanz Glöckner/Landkreis Südwestpfalz, Slg. I 2001, S. 8089ff., Rn. 124 f.

Dieses Ergebnis wird im Sinne der oben genannten Definition dadurch unterstützt, dass die gesetzlichen Krankenkassen, wie bereits die Untersuchung des nationalen Rechts gezeigt hat, im Rahmen der Vergütungsverhandlungen tatsächlich in der Lage sind, ihr Verhalten einseitig festzulegen, ohne dabei nennenswertem Einfluss der Marktgegenseite unterworfen zu sein. Sie können sich der steuernden Wirkung des Wettbewerbsdrucks ohne Rücksicht auf die Leistungserbringer als Vertragspartner nicht zuletzt deshalb entziehen und ohne Rücksicht auf deren Interessen ausschließlich eigene Ziele verfolgen, weil sie angesichts der kraft Landesrechts bestehenden Sicherstellungspflicht der öffentlichen Rettungsdienstträger nicht fürchten müssen, ihren Verpflichtungen aus dem Sachleistungsgebot gem. § 13 SGB V den Versicherten gegenüber nicht nachkommen zu können.

2.) Missbrauchsverhalten und Beeinträchtigung des zwischenstaatlichen Handels

Art. 82 EGV richtet sich nicht gegen die Marktbeherrschung als solche, sondern verbietet nur deren missbräuchliche Ausnutzung. Der Begriff des Missbrauchs ist im EGV ebenso wenig definiert, wie der Begriff der marktbeherrschenden Stellung. Das Begriffsverständnis der Gemeinschaftsgerichte zielt entscheidend auf die objektive Beeinträchtigung des Wettbewerbs in seiner Marktsteuerungsfunktion durch den Einsatz leistungsfremder Mittel ab; Art. 82 EGV verbietet es also einem beherrschenden Unternehmen, seine Stellung durch andere Mittel als solche des Leistungswettbewerbs zu stärken[1325].
Im Rahmen von Vergütungsverhandlungen nach § 133 SGB V kann die missbräuchliche Ausnutzung der marktbeherrschenden Stellung der gesetzlichen Kostenträger zunächst unter dem Gesichtspunkt des Ausbeutungsmissbrauchs[1326] in der Durchsetzung nachteiliger Bedingungen gegenüber der Marktgegenseite liegen, was sich mit dem Regelbeispiel des Art. 82 Satz 2 lit. a) EGV deckt. Neben der Erzwingung unangemessen niedriger Einkaufspreise kommen hier weitere aus Leistungserbringersicht nachteilige Vereinbarungen etwa in Form von Zahlungsbedingungen oder sonstiger unangemessener Bedingungen von Rahmenverträgen in Betracht[1327]. Eine generelle Weigerung zum Abschluss einer Vergütungsvereinbarung ohne sachliche Rechtfertigung ist an-

---

[1325] Jung, in: Grabitz/Hilf (Hrsg.), Das Recht der Europäischen Union, Bd. 2, Stand: August 2003, Art. 82 Rn. 104 m.w.N.
[1326] Siehe zu den verschiedenen Missbrauchskategorien Möschel, in: Immenga/Mestmäcker, EG-Wettbewerbsrecht, Bd. I, Art. 86 Rn. 131 ff.
[1327] Emmerich, in: Dauses, Handbuch des EU-Wirtschaftsrechts, Stand: April 2003, H.I Rn. 245 a; Dirksen, in: Langen/Bunte (Hrsg.), Kommentar zum deutschen und europäischen Kartellrecht, 9. Aufl. 2001, Art. 86 Rn.98; Kunze/Kreikebohm, Sozialrecht versus Wettbewerbsrecht, in: NZS 2003, S. 62 ff., 66.

gesichts des aus § 133 SGB V folgenden Kontrahierungszwangs ebenfalls missbräuchlich.

Missbräuchlich ist aber insbesondere jede sachlich nicht gerechtfertigte Differenzierung in den Bedingungen für gleichartige Leistungen durch ein marktbeherrschendes Unternehmen, mithin die diskriminierende Ungleichbehandlung von Vertragsparteien im Hinblick auf Preise und sonstige Vertragsbedingungen. Der vornehmliche Schutzzweck dieses Missbrauchstatbestandes, der teilweise vom Regelbeispiel des Art. 82 Satz 2 lit. c) EGV erfasst wird, liegt in Wettbewerbsverfälschungen auf vor- und nachgelagerten Wirtschaftsstufen[1328]. Ebenso wie im Rahmen von Art. 3 Abs. 1 GG bezieht sich das Diskriminierungsverbot auf vergleichbare Sachverhalte und ermöglicht unter bestimmten Voraussetzungen eine tatbestandsausschließende sachliche Rechtfertigung der Ungleichbehandlung[1329], so dass die entsprechenden Ausführungen entsprechend gelten.

Der Missbrauch der beherrschenden Stellung muss darüber hinaus geeignet sein, den Handel zwischen den Mitgliedstaaten zu beeinträchtigen, sog. Zwischenstaatlichkeitsklausel. Deren Auslegung durch den Europäischen Gerichtshof orientiert sich am Zweck der Art. 81 und 82 EGV, der darin besteht, auf dem Gebiet des Wettbewerbsrechts den Geltungsbereich des Gemeinschaftsrechts von dem des Rechts der Mitgliedstaaten abzugrenzen[1330]. Eine Verhaltensweise beeinträchtigt den Handel zwischen den Mitgliedstaaten, wenn sich anhand einer Gesamtheit objektiver rechtlicher und tatsächlicher Umstände mit hinreichender Wahrscheinlichkeit voraussehen lässt, dass sie unmittelbar oder mittelbar, tatsächlich oder potenziell den Handel zwischen Mitgliedstaaten in einer Weise beeinflussen kann, die der Verwirklichung der Ziele eines einheitlichen zwischenstaatlichen Marktes nachteilig sein kann[1331]. Bereits potenzielle Einflüsse auf den zwischenstaatlichen Wirtschaftsverkehr reichen also aus, um ein Eingreifen der Art. 81 ff. EGV zu rechtfertigen. Unter dem Begriff *Handel*

[1328] EuGH, Urteil v. 14.2.1978, Rs. 27/76, United Brands/Kommission, Slg. 1978, S. 207 ff., Rn. 227/230; Dirksen, in: Langen/Bunte (Hrsg.), Kommentar zum deutschen und europäischen Kartellrecht, 9. Aufl. 2001, Art. 86 Rn. 138.

[1329] Vgl. hierzu Jung, in: Grabitz/Hilf (Hrsg.), Das Recht der Europäischen Union, Bd. 2, Stand: August 2003, Art. 82 Rn. 130 f. und 164 f. m.w.N. Nationales Recht ist grundsätzlich nie geeignet, einen Missbrauch i.S.v. Art 82 EGV zu rechtfertigen. Ein Unternehmen kann sich nicht darauf berufen, dass ihm ein von Art. 82 EGV erfasstes Verhalten durch nationales Recht vorgeschrieben oder gestattet sei, vgl. Emmerich, in: Dauses, Handbuch des EU-Wirtschaftsrechts, Stand: April 2003, H.I. Rn. 222.

[1330] EuGH, Urteil v. 25.10.2001, Rs. C-475/99, Ambulanz Glöckner/Landkreis Südwestpfalz, Slg. I-2001, S. 8089 ff., Rn. 47.

[1331] EuGH, Urteil v. 25.10.2001, Rs. C-475/99, Ambulanz Glöckner/Landkreis Südwestpfalz, Slg. I-2001, S. 8089 ff., Rn. 48; EuG, Urteil v. 8.10.1996, Rs. T-24/93, Compagnie maritime belge transports/Kommission, Slg. II-1996, S. 1201 ff., Rn. 201.

ist dabei der gesamte Wirtschaftsverkehr einschließlich des Dienstleistungs- und Kapitalverkehrs zu verstehen[1332]. Es haben sich bereits in anderen Mitgliedstaaten ansässige Unternehmen in der Vergangenheit sowie aktuell um rettungsdienstrechtliche Genehmigungen in einzelnen deutschen Bundesländern bemüht[1333]. Um hiervon wirtschaftlich Gebrauch machen zu können sind sie, da sie nicht in den öffentlichen Rettungsdienst eingebunden sind, auf entsprechende Vergütungsvereinbarungen gemäß § 133 SGB V angewiesen, so dass sie sich unweigerlich der gleichen Ungleichbehandlung im Verhältnis zu den Rettungsdiensten in öffentlicher Trägerschaft ausgesetzt sehen, wie nationale gewerbliche Unternehmer oder gemeinnützige Hilfsorganisationen, die auf genehmigter Grundlage außerhalb der öffentlichen Rettungsdienste tätig sind. Auch wenn sich der Abschluss der Vergütungsvereinbarungen bislang auf das Gebiet der Bundesrepublik Deutschland beschränkt, beeinträchtigt die Verfahrensweise der gesetzlichen Krankenkassen jedoch zumindest potenziell eine grenzüberschreitende Leistungserbringung[1334], da eine ausreichende, kostendeckende Vergütungsaussicht mit entsprechenden Gewinnanreizen unabdingbare Voraussetzung wirksamen Wettbewerbs ist. Dabei dürfte es gerade nicht ortsansässigen Wettbewerbern kaum möglich sein, die den in unmittelbarem Wettbewerb stehenden öffentlichen Rettungsdiensten auf der finanziellen Ebene gewährten umfangreichen Vorteile etwa durch bessere Kundenkontakte etc. zu kompensieren.

VI. Anwendungsausschluss durch Art. 86 Abs. 2 EGV

Art. 86 Abs. 2 EGV bestimmt eine Ausnahme von der Anwendbarkeit des Wettbewerbstitels für Unternehmen, die mit Dienstleistungen von allgemeinem wirtschaftlichen Interesse betraut sind, soweit die Wettbewerbsregeln des Vertrages die Erfüllung der diesen Unternehmen übertragenen Aufgaben rechtlich oder tatsächlich verhindern. Systematisch handelt es sich dabei nicht um einen Fall der Rechtfertigung eines Missbrauchsverhaltens, sondern um eine Bereichsausnahme im Sinne einer generellen Beschränkung der Anwendbarkeit unter anderem des Art. 82 EGV für Unternehmen in qualifizierter Pflichtenstel-

---

[1332] EuGH, Urteil v. 23.4.1991, Rs. C-41/90 – Höfner und Elser/Macrotron GmbH, Slg. I-1991, S. 1979 ff., Rn. 32.
[1333] Vgl. Generalanwalt Jacobs, Schlussanträge v. 17.5.2001, Rs. C-475/99 – Ambulanz Glöckner, Slg. I 2001, S. 8089 ff., Rn. 172. Auskünfte einzelner Genehmigungsbehörden etwa in Nordrhein-Westfalen bestätigen dies.
[1334] Vgl. zur Anwendbarkeit der Wettbewerbsregeln im Unterschied zur Dienstleistungsfreiheit bei in jeder Hinsicht auf einen Mitgliedstaat beschränkter Tätigkeit EuGH, Urteil v. 23.4.1991, Rs. C-41/90, Höfner und Elser/Macrotron GmbH, Slg. I-1991, S. 1979 ff., Rn. 34 u. 40.

lung[1335]. Vor diesem Hintergrund ist die Vorschrift wegen der damit verbundenen Durchbrechung der Wettbewerbsregeln restriktiv auszulegen[1336]. Die Beweislast dafür, dass eine Hinderung an der Erfüllung der jeweils gesetzlich übertragenen Aufgaben infolge eines Eingreifens des Wettbewerbstitels stattfindet, obläge den gesetzlichen Kostenträgern als denjenigen, die ein Eingreifen der Ausnahmeregelung reklamieren würden[1337].
Zu untersuchen ist, ob Art. 86 Abs. 2 EGV im Bereich des Leistungserbringerrechts des SGB V Anwendung findet. Funktion der Bereichsausnahme ist es, den Mitgliedstaaten dort die notwendigen Freiräume zu sichern, wo die Gemeinschaft keine oder nur eine begrenzte Kompetenz zur Sachregelung hat, also wie festgestellt insbesondere im Bereich von sozialen Sicherungssystemen. Sozialversicherungsträger sind, sofern ihnen die notwendige Unternehmenseigenschaft zuzusprechen ist, grundsätzlich Unternehmen, die mit Dienstleistungen von allgemeinem wirtschaftlichem Interesse betraut sind. Dies hat der Europäische Gerichtshof zunächst in der Rechtssache *Höfner und Elser* ausdrücklich mit Blick auf die Bundesanstalt für Arbeit entschieden und dabei auf die dieser kraft Gesetzes obliegenden Aufgaben abgestellt[1338]. Entsprechendes muss angesichts der diesen nach dem SGB V übertragenen Aufgaben im Gesundheitswesen für die gesetzlichen Krankenkassen gelten. Die enge Auslegung des Art. 86 Abs. 2 EGV, bei der der Gerichtshof und die Literatur in der Vergangenheit verlangt haben, dass das Eingreifen der Wettbewerbsregeln zur Folge hat, dass dem betreffenden Unternehmen die Durchführung der im Allgemeininteresse liegenden Aufgaben nicht mehr möglich, d.h. ansonsten der Bestand des Unternehmens gefährdet ist[1339], hat angesichts der Interpretationsmaxime des neuen Art. 16 EGV, der die besondere Bedeutung der Dienste von allgemeinem wirtschaftlichen Interesse herausstreicht, an Bedeutung verloren. Nach der jüngeren Auffassung des Gerichtshofs sind die Wettbewerbsregeln bereits dann nicht anwendbar, wenn andernfalls die Erfüllung der diesem Unternehmen übertragenen Aufgaben gefährdet wäre oder diese Erfüllung nicht mehr zu wirtschaftlich

---

[1335] Jung, in: Grabitz/Hilf (Hrsg.), Das Recht der Europäischen Union, Bd. 2, Stand: August 2003, Art. 82 Rn. 135 m.w.N.
[1336] Jung, in: Calliess/Ruffert, Kommentar zum EUV/EGV, 2. Aufl. 2002, Art. 86 Rn. 35 m.w.N.
[1337] Jung, in: Grabitz/Hilf (Hrsg.), Das Recht der Europäischen Union, Bd. 2, Stand: August 2003, Art. 86 Rn. 91 unter Hinweis auf EuGH, Urteil v. 17.5.2001, Rs. C-340/99, TNT Traco/Poste Italiane SpA u.a., Slg. I-2001, S. 4109 ff., Rn. 59.
[1338] EuGH, Urteil v. 23.4.1991, Rs. C-41/90, Höfner und Elser/Macrotron GmbH, Slg. I-1991, S. 1979 ff., Rn. 24.
[1339] Vgl. Jung, in: Calliess/Ruffert, Kommentar zum EUV/EGV, 2. Aufl. 2002, Art. 86 Rn. 35 u. 44 m.w.N.; Koenig/Kühling, Bedeutung und Auslegung der Ausnahmeklausel des Art. 86 Abs. 2 EG, in: ZHR 2002, S. 656 ff., 683.

tragbaren Bedingungen erfolgen könnte[1340]. Rein wirtschaftliche Gründe sollen indes nicht ausreichen, um das Wettbewerbsrecht zu beschränken, hierzu bedarf es vielmehr einer erheblichen Gefährdung des finanziellen Gleichgewichts des Systems der sozialen Sicherung als zwingendem Grund des Allgemeininteresses[1341]. Ein entsprechender Nachweis obläge hier den insoweit beweisbelasteten Kostenträgern.

VII. Ergebnis

Die Untersuchung der Wettbewerbsregeln des Gemeinschaftsrechts hat ergeben, dass sich eine Ungleichbehandlung durch die gesetzlichen Krankenkassen und ihre Verbände in vollem Umfang an den Art. 81 ff. EGV messen lassen muss. Die Neufassung der für das Leistungserbringerrecht zentralen Norm des § 69 SGB V durch das GKV-Gesundheitsreformgesetz 2000 und die damit verbundene einheitlich öffentlich-rechtliche Betrachtung konnte auf Grund des Anwendungsvorrangs des Gemeinschaftsrechts keinen Anwendungsausschluss des EU-Wettbewerbsrechts bewirken. Bei ihrer Beschaffungstätigkeit handeln die gesetzlichen Kostenträger zudem als Unternehmen im Sinne des funktionalen Unternehmensbegriffs des Gemeinschaftsrechts. Vorbehaltlich der stets erforderlichen einzelfallbezogenen Prüfung erscheint überdies das Vorliegen einer marktbeherrschenden Stellung auf dem jeweils sachlich wie räumlich relevanten Markt naheliegend. In sachlicher Hinsicht ist auch hier der Markt für Vergütungsvereinbarungen der entsprechenden Leistungen maßgebend. Räumlich dürfte selbst bei einem Abstellen auf landesweite Märkte oder andere größere Regionalmärkte die nötige Binnenmarktrelevanz nach der Rechtsprechung des Europäischen Gerichtshofs zu bejahen sein. Ein Missbrauchstatbestand lässt sich grundsätzlich neben dem Aspekt des Ausbeutungsmissbrauchs in Form der Durchsetzung nachteiliger Bedingungen gegenüber den Leistungserbringern als Marktgegenseite insbesondere auf den Tatbestand der sachlich nicht gerechtfertigten Differenzierung stützen. Die Rechtfertigungsanforderungen nach Art. 86 Abs. 2 EGV sind auch hier, wie schon im Rahmen des allgemeinen Gleichheitssatzes, hoch anzusetzen. Grundrechtsberührung und Fortentwicklung eines auf dem Prinzip grenzüberschreitenden Wettbewerbs fußenden Gemeinsamen Marktes verlangen hier gleichermaßen nach mehr Transparenz. Der durch das GKV-Gesundheitsreformgesetz 2000 besorgte Verlust an Rechtsstaatlichkeit jedenfalls kann zumindest bei hinreichender Binnenmarktrelevanz im Ergebnis

---

[1340] EuGH, Urteil v. 21.9.1999, verb. Rs. C-115/97 bis C-117/97, Brentjens/Stichting Bedrijfspensioenenfonds, in: EuZW 2000, S. 174 ff., 179, Rn. 107.
[1341] EuGH, Urteil v. 28.4.1998, Rs. C-120/95, Decker/Caisse des maladie des employés privés, Slg. I-1998, S. 1831 ff., Rn. 39.

nicht nachvollzogen werden, dies trotz damit verbundenen Zweifeln an der Sinnhaftigkeit der Bereichsausnahme vom nationalen Kartellrecht.

G. Umfang (sozial-)gerichtlicher Entscheidungs- und Festsetzungsbefugnis

Die sozialgerichtlichen Instanzgerichte, die auch das europäische Wettbewerbsrecht anzuwenden haben und dabei an die Vorgaben des Europäischen Gerichtshofs gebunden sind[1342], sind zum Teil der Ansicht, eine Festlegung angemessener Vergütungen sei ihnen im Rahmen von § 133 SGB V verwehrt[1343]. Sie berufen sich zur Begründung auf eine Entscheidung des Bundessozialgerichts aus dem Jahre 1990[1344], in der dieses ausdrücklich festgestellt hat, dass den Sozialgerichten in den Fällen, in denen, wie bei Vergütungsverhandlungen nach § 133 SGB V, das Gesetz kein Schiedsstellenverfahren vorsieht, keine Befugnis zur Festlegung der angemessenen Vergütung zukommt[1345]. Bereits der Wortlaut der in Bezug genommenen Entscheidung lässt erkennen, dass hiervon lediglich die autonome Ermittlung und Festsetzung einer Vergütungshöhe im Wege eines Abwägungsverfahrens gemeint ist. Insoweit folgerichtig erörtern die zitierten Entscheidungen dann auch zumindest das Bestehen eines Anspruchs auf Gleichbehandlung[1346], dessen Zuerkennung ein solches Verfahren nicht erfordern würde, verneinen diesen jedoch wie bereits erörtert mit unzutreffender Begründung[1347].

Zu untersuchen ist damit, ob eine fehlende Festsetzungsbefugnis der Sozialgerichte, selbst wenn sich dies allein auf eine wirkliche, autonome Festsetzung auf Grundlage von § 133 SGB V beschränkt, also Ansprüche auf Gleichbehandlung

---

[1342] Knispel, Auswirkungen der Neuregelung der Rechtsbeziehungen der Krankenkassen und ihrer Verbände zu den Leistungserbringern durch das GKV-Gesundheitsreformgesetz 2000, in: NZS 2001, S. 466 ff., 473.
[1343] Vgl. LSG NRW, Urteil v. 12.8.2004 – L 16 KR 81/03 (nicht rechtskräftig), S. 7 der Urteilsausfertigung; SG Düsseldorf, Urteil v. 25.7.2003 – S 34 KR 11/01, S. 7 der Urteilsausfertigung (nicht rechtskräftig); SG Düsseldorf, Urteil v. 29.6.1998 – S 4 KR 34/95, in: RsDE Nr. 42 (1999), S. 110 ff. (LS 2).
[1344] BSG, Urteil v. 24.1.1990 – 3 RK 11/88, in: SozR 3-2200, § 376 d Nr. 1, S. 5.
[1345] SG Düsseldorf, Urteil v. 25.7.2003 – S 34 KR 11/01, S. 7 der Urteilsausfertigung (nicht rechtskräftig) ; Urteil v. 14.3.2003 - S 34 KR 218/00 (nicht rechtskräftig), S. 7 der Urteilsausfertigung.
[1346] SG Düsseldorf, Urteil v. 25.7.2003 – S 34 KR 11/01, S. 8 der Urteilsausfertigung (nicht rechtskräftig); Urteil v. 14.3.2003 - S 34 KR 218/00 (nicht rechtskräftig), S. 9 der Urteilsausfertigung.
[1347] Im Ergebnis einen Anspruch auf Gleichbehandlung auf Grundlage von § 133 Abs. 1 SGB V gewährt, allerdings insoweit ohne nähere Begründung, in einem einstweiligen Rechtsschutzverfahren das LSG Thüringen, vgl. Beschluss v. 19.12.2002 – L 6 KR 992/02, S. 7 f. der Beschlussausfertigung.

von den Gerichten zumindest geprüft werden, nicht eine aus Leistungserbringersicht nicht hinnehmbare Rechtsverkürzung bedeutet. Es stellt sich hier die Frage, auf welchem Weg bei Meinungsverschiedenheiten über die Vergütungshöhe - und diese stehen vielfach dem Abschluss einer Vergütungsvereinbarung entgegen - die notwendige Festlegung bzw. Rechtsklarheit erreicht werden soll, wenn nicht in letzter Konsequenz durch verbindliche gerichtliche Festlegung. Immerhin normiert § 133 SGB V für die Kostenträger einen Kontrahierungszwang.

Bei Vergütungsverhandlungen nach § 133 SGB V ist die Möglichkeit der Anrufung einer mit verbindlichen Entscheidungsbefugnissen ausgestatteten Schiedsstelle gesetzlich nicht vorgesehen[1348]. Soweit das Bundessozialgericht in der bezogenen Entscheidung ausführt, dass es sich bei einer Schiedsstellenentscheidung um eine Verwaltungsentscheidung handelt, die der gerichtlichen Nachprüfung ihrer Rechtmäßigkeit unterliegt[1349], ist dem in vollem Umfang zuzustimmen. Hieraus lässt sich gleichwohl nicht der Schluss ziehen, dass anderweitige Vereinbarungen und Verhandlungen, insbesondere bei Bestehen eines Kontrahierungszwangs, keiner gerichtlichen Überprüfbarkeit unterliegen sollen. Dies entspricht aber der Auffassung der Instanzgerichte im Hinblick auf Vergütungsverhandlungen im Bereich rettungsdienstlicher Transporte, wenn diese ausdrücklich feststellen, dass es sich *lediglich* bei einer Schiedsstellenentscheidung um eine Verwaltungsentscheidung handelt, die der gerichtlichen Nachprüfung unterliegt[1350].

Zunächst entspricht die (sozial-) gerichtliche Prüfbefugnis bezüglich öffentlich-rechtlicher Verträge im Sinne der §§ 53 ff. SGB X auch was die Art und Weise ihres Zustandekommens angeht geltendem Recht, § 55 Abs. 1 Satz 2 SGB X. Verträge nach § 133 SGB V stellen öffentlich-rechtliche Verträge in diesem Sinne dar[1351].

Insbesondere aber lässt sich nicht behaupten, dass wenn der Gesetzgeber kein Schiedsstellenverfahren vorsieht, er eine „hoheitliche" Festlegung des Vertragsinhaltes nicht gewollt habe und den Sozialgerichten daher unter Berücksichtigung des Grundsatzes der Gewaltenteilung eine Festsetzung verwehrt sei[1352].

[1348] Vgl. demgegenüber §§ 89, 129 Abs. 8 SGB V, 89 Abs. 3 SGB X.
[1349] BSG, Urteil v. 24.1.1990 – 3 RK 11/88, in: SozR 3-2200, § 376 d Nr. 1, S. 5 unter Hinweis auf BSGE 20, 73.
[1350] SG Düsseldorf, Urteil v. 25.7.2003 – S 34 KR 11/01, S. 7 der Urteilsausfertigung (nicht rechtskräftig) ; Urteil v. 14.3.2003 - S 34 KR 218/00 (nicht rechtskräftig), S. 7 der Urteilsausfertigung.
[1351] v. Wullfen, SGB X, 4. Aufl. § 53 Rn. 7a und 11a. Siehe auch oben S. 192.
[1352] So aber BSG, Urteil v. 24.1.1990 – 3 RK 11/88, in: SozR 3-2200, § 376 d Nr. 1, S. 5 und ihm folgend SG Düsseldorf, Urteil v. 25.7.2003 – S 34 KR 11/01, S. 7 der Urteilsausfertigung (nicht rechtskräftig) ; Urteil v. 14.3.2003 - S 34 KR 218/00 (nicht rechtskräftig), S. 7 der Urteilsausfertigung.

Die Entscheidung des Bundessozialgerichts zeichnet sich hier durch wesentliche Begründungsmängel aus. So hat das Gericht in einer nachfolgenden Entscheidung zutreffend festgestellt, dass Schiedsstellen gerade keine hoheitliche Tätigkeit entfalten, da sie nicht Ausdruck hoheitlicher Staatstätigkeit und nicht in den hoheitlichen Verwaltungsapparat einbezogen sind, es sich vielmehr um ein von den an der Krankenversorgung beteiligten Organisationen eingerichtetes und finanziell getragenes Selbstverwaltungsorgan handelt, dessen Mitglieder ehrenamtlich tätig und nicht weisungsgebunden sind[1353]. Dies entspricht der geltenden Rechtsprechung der Verwaltungsgerichte zu Pflegesatzverhandlungen im Krankenhausbereich. Der sich anschließende Hinweis auf den Grundsatz der Gewaltenteilung, der den Gerichten eine Preisfestsetzung ebenfalls untersagen soll[1354], verkennt, dass nach der Verfassung grundsätzlich alle Staatsorgane gerichtlicher Kontrolle unterliegen[1355]. Die Krankenkassen sind als öffentlich-rechtliche Körperschaften zudem sämtlich an die Grundrechte gebunden, so dass jedweder Raum, der einer (sozial-) gerichtlichen Kontrolle diesen gegenüber verborgen bliebe automatisch einen grundrechtsfreien Raum bedeutet.

Die Ablehnung einer Prüf- und Festsetzungsbefugnis durch die Sozialgerichte verstößt darüber hinaus gegen das Gebot der Effektivität des Rechtsschutzes nach Art. 19 Abs. 4 GG. Diese Verfassungsbestimmung garantiert nach ihrem Sinn und Zweck nicht lediglich, dass überhaupt ein Gericht angerufen werden kann, sondern zielt auf eine tatsächlich wirksame gerichtliche Kontrolle[1356]. Um effektiven Rechtsschutz zu gewährleisten müssen die Gerichte auch über zureichende Entscheidungsmacht verfügen, wobei die Gerichte mitunter verpflichtet sind, von den gesetzlichen Möglichkeiten im Sinne wirkungsvollen Rechtsschutzes gegen die öffentliche Gewalt in vollem Umfang Gebrauch zu machen[1357].

Abgesehen davon, dass sich die pauschale Ablehnung einer Befugnis zur Festsetzung von Vergütungen damit als verfassungswidrig erweist, fällt auf, dass das Bundessozialgericht selbst ausdrücklich auf eine Entscheidung des Bundesgerichtshofs abstellt[1358], in der im Fortgang der Entscheidungsgründe ausdrücklich die gerichtliche Befugnis zur Festsetzung einer Vergütungsanpassung her-

---

[1353] BSGE 86, 126 ff., 132.
[1354] BSG, Urteil v. 24.1.1990 – 3 RK 11/88, in: SozR 3-2200, § 376 d Nr. 1, S. 5.
[1355] Vgl. Stern, Staatsrecht II, S. 535 f., 542 und 544 f.
[1356] Ständige Rechtsprechung des BVerfG seit BVerfGE 35, 263 ff., 274. Vgl. auch Krüger/Sachs in: Sachs (Hrsg.), GG, 3. Aufl. 2002, Art. 19 Rn. 143 mw.N.
[1357] BVerfGE 61, 82 ff., 111; 101, 106 ff., 123; BVerfG, Beschluss v. 9.8.1999 – 1 BvR 2245/98, in: NVwZ 1999, S. 1330, 1331.
[1358] BSG, Urteil v. 24.1.1990 – 3 RK 11/88, in: SozR 3-2200, § 376 d Nr. 1, S. 4 unter Bezugnahme auf BGHZ 94, 98 ff., 102.

ausgestellt wird[1359]. Der hat zudem in einer weiteren, zeitlich nachfolgenden Entscheidung eine Festsetzungsbefugnis ausdrücklich angenommen[1360]. Gegenstand war hier wie im Urteil vom 24.1.1990 ein Fall des § 125 SGB V, zudem ebenfalls ein vergleichbarer vertragsloser Zustand. Die Vergleichbarkeit mit den hier untersuchten Vergütungsverhandlungen bzw. -vereinbarungen im Sinne von § 133 SGB V ist deshalb gegeben, weil in beiden Fällen keine Schiedsstellenlösung vorgesehen ist und es sich bei beiden um Vorschriften im Rahmen der §§ 69 ff. SGB V handelt, die auf den Abschluss einer Vergütungsvereinbarung abzielen. Soweit die Entscheidung aus dem Jahre 1993 im Kern die Frage der Ermittlung der Zuzahlungshöhe betraf, wobei die (Haupt-) Vergütung lediglich als Berechnungsgrundlage und damit notwendiger Zwischenschritt fungierte, ist nichts ersichtlich, weshalb für die Ermittlung der Höhe der (Haupt-) Vergütung an sich andere Maßstäbe gelten sollten, zumal die Entscheidung selbst dahingehend keinerlei Anhaltspunkte liefert. Stattdessen wird das Nichtvorhandensein einer Vergütungsvereinbarung ausdrücklich als Fall einer planwidrigen Regelungslücke bezeichnet, die es nötigenfalls - letztlich anhand der erarbeiteten Grundsätze - auszufüllen gilt. Dass die Konstellation im Rahmen von § 133 SGB V auch diesbezüglich vergleichbar ist, erschließt sich bereits aus der Gesetzesbegründung zur Vorgängernorm des § 376 d) RVO, bei der der Gesetzgeber ausdrücklich von der Vertragsbereitschaft der Parteien ausgegangen ist und (allein) aus diesem Grunde auf eine (Schiedsstellen-) Regelung für den Fall der Nichteinigung verzichtet hat[1361]. Es bleibt daher festzustellen, dass die Sozialgerichte zur Entscheidung über eine angemessene Vergütung berufen sind, sei es im Wege deren originärer Ermittlung oder aber unter Berücksichtigung des Gleichbehandlungsgrundsatzes. Hierbei sind sie nicht zuletzt auf Grund der Offizialmaxime nach § 103 SGG verpflichtet, unter Mitwirkung aller Beteiligten die im Einzelfall erforderlichen Ermittlungen anzustellen.

[1359] BGHZ 94, 98 ff., 104.
[1360] BSGE 73, 271 ff., 292.
[1361] BT-Drs. 9/845, S. 16.

Literaturverzeichnis

Ahnefeld, Friedrich-Wilhelm	Weiterentwicklung der Rettungsdienste und der notfallmedizinischen Versorgung in der BRD, in: Notfallmedizin 1998, S. 358 f.
Albrecht, Norbert	Auswirkung der Hilfsfrist auf die Kosten, in: Rupprecht, Holger (Hrsg.), Forum Rettungsdienst 2001, Beiträge zu aktuellen Fragen in Rettungsdienst und Notfallmedizin, Edewecht – Wien 2001, S. 187 ff.
Arndt, Helmut	Marktmacht auf der Nachfrageseite, in: WuW 1972, S. 84 ff.
Axer, Peter	Europäisches Kartellrecht und nationales Krankenversicherungsrecht, in: NZS 2002, S. 57 ff.
Bachof, Otto	Die Dogmatik des Verwaltungsrechts vor den Gegenwartsaufgaben der Verwaltung, in: VVDStRL Bd. 30 (1972), S. 193 ff.
Baumbach, Adolf / Lauterbach, Wolfgang	Zivilprozessordnung, 61. Auflage, München 2003
Bechtold, Rainer	GWB, 2. Auflage, München 1999
Beuthien, Volker	Krankenkassen zwischen Wirtschaftlichkeitsgebot und Wettbewerbsrecht, in: MedR 1994, S. 253 ff.
Bidinger, Rita	Personenbeförderungsrecht, Loseblattsammlung, 2. Auflage, Berlin 1971, Stand: Dezember 2003
Biese, Arno / Jocks, Heinrich / Runde, Heinz	Rettungsdienst in Nordrhein-Westfalen, Köln 1979
Boecken, Winfried	Rechtliche Schranken für die Beschaffungstätigkeit der Krankenkassen im Hilfsmittelbereich nach der Publizierung des Vertragsrechts – insbesondere zum Schutze der Leistungserbringer vor Ungleichbehandlungen, in: NZS 2000, S. 269 ff.
Boesen, Arnold	Das neue Vergaberecht, Köln 1999

ders.	Vergaberecht, Kommentar zum 4. Teil des GWB, Köln 2000
Büch, E. / Koch, Bernhard	Wirtschaftlichkeit im Rettungsdienst, Effekte unterschiedlicher Organisationsmodelle; Kennzahlen für Leistungs- und Kostenvergleich, DRK-Schriftenreihe zum Rettungswesen, Band 18, Nottuln 1998
Bundesanstalt für Straßenwesen (BASt)	Abschlussbericht einer Untersuchung der Bundesanstalt für Straßenwesen (BASt) aus dem Jahre 1990, veröffentlicht in: Puhan, Thomas, Durchführung von Krankentransporten im Rettungsdienst, Anschlussbericht zu FP 7.8751 der BASt, Karlsruhe 1990
Bundesausschuss der Ärzte und Krankenkassen	Richtlinien des Bundesausschuss der Ärzte und Krankenkassen über die Bedarfsplanung sowie die Maßstäbe zur Feststellung von Überversorgung und Unterversorgung in der vertragsärztlichen Versorgung vom 9. März 1993, abgedruckt in: v. Maydell (Hrsg.), GK-SGB V, Band 4, § 92 Anhang 16
Bundesministerium für Gesundheit und soziale Sicherung	Gesetzliche Krankenversicherung, Kennzahlen (KV 45), Stand: Juli 2003
Bundesregierung	Unfallverhütungsbericht Straßenverkehr 2000/2001, abgedruckt in: BT-Drs.14/9730
Bundesvereinigung der Arbeitsgemeinschaft Notärzte Deutschland (BAND)	Stellungnahme der Bundesvereinigung der Arbeitsgemeinschaft Notärzte Deutschland (BAND) zum gesetzlichen Erfordernis einer Neustrukturierung des Rettungsdienstes, in: Biese Arno u.a. (Hrsg.), Handbuch des Rettungswesens, Loseblatt, Hagen 1974, Stand: 04/2003, A.7.0
Bund-Länder-Ausschuss Rettungswesen	Musterentwurf eines Landesgesetzes über den Rettungsdienst, Notfallrettung und den Krankentransport von Dezember 1989, abgedruckt in: Biese, Arno u.a. (Hrsg.), Handbuch des Rettungswesens, Loseblatt, Hagen 1974, Stand: 04/2003, B III.0.2

Burgi, Martin	Funktionale Privatisierung und Verwaltungshilfe, Tübingen 1999
Byok, Jan	Die Entwicklung des Vergaberechts seit 1999, in: NJW 2001, S. 2295 ff.
Calliess, Christian / Ruffert, Mathias (Hrsg.)	Kommentar des Vertrages über die Europäische Union und des Vertrages zur Gründung der Europäischen Gemeinschaft, 2. Auflage, Neuwied-Kriftel 2002
Dalhoff, Michael / Rau, Ferdinand	Finanzierungsregelungen im Rettungsdienst: Gegenwart und Zukunftsperspektiven, in: NZS 1995, S. 153 ff.
Dalichau, Gerhard /Grüner, Hans (Hrsg.)	SGB V, Krankenversicherung, Kommentar und Rechtssammlung, Loseblattsammlung, Starnberg, Stand: 1.12.2003
Danwitz, Thomas v.	Alternative Zustelldienste und Liberalisierung des Postwesens, Schriftenreihe Recht-Technik-Wirtschaft, Bd. 78, Köln-Berlin-Bonn-München 1998
ders.	Dienste von allgemeinem wirtschaftlichem Interesse in der europäischen Wettbewerbsordnung, in: NWVBl. 2002, S. 132 ff.
Daub, Walter / Eberstein, Hans-Hermann	Kommentar zur VOL/A, 5. Auflage, Düsseldorf 2000
Dauses, Manfred A. (Hrsg.)	Handbuch des EU-Wirtschaftsrechts, Loseblattsammlung, München, Stand: April 2003
Degener-Hencke, Udo / Heberlein, Ingo (Hrsg.)	Sozialgesetzbuch V, Gesetzliche Krankenversicherung, Loseblattsammlung, Heidelberg-München-Berlin 1989, Stand: März 2000
Degenhart, Christoph	Staatsrecht I, Staatsorganisationsrecht, 18. Auflage, Heidelberg 2002
Dennerlein, Rudolf K.-H./ Schneider, Markus	Wirtschaftlichkeitsreserven im Rettungsdienst, Gutachten der Beratungsgesellschaft für angewandte Systemforschung mbH (BASYS), für den Bundesminister der Gesundheit, Augsburg 1995

Denninger, Erhard	Rettungsdienst und Grundgesetz, in: DÖV 1987, S. 981 ff.
Döhler, Günter	Standpunkt des DRK zum Ärztlichen Leiter Rettungsdienst, in: alert-supplement 3/95, S.56 ff.
Dreher, Meinrad	Der Anwendungsbereich des Kartellvergaberechts, in: DB 1998, S. 2579 ff.
Drews, Bill / Wacke, Gerhard / Vogel, Klaus / Martens, Wolfgang	Gefahrenabwehr, 9. Auflage, Köln, Berlin, Bonn, München 1986
Driehaus, Hans-Joachim	Kommunalabgabenrecht, Loseblattsammlung, Herne – Berlin 1989, Stand: September 2003
DRK-Prasidium	Gesamtkonzeption zur Strukturreform im Rettungsdienst, Beschluss des DRK-Präsidiums vom 16.10.1995, in: Biese, Arno u.a. (Hrsg.), Handbuch des Rettungswesens, Loseblatt, Hagen 1974, Stand: 04/2003, A.6.0
dies.	Strukturreform im Rettungsdienst, Gesamtkonzeption, Vorschläge und Forderungen des Deutschen Roten Kreuzes in: Ständige Konferenz für den Rettungsdienst (Hrsg.), Der Rettungsdienst auf dem Prüfstand II, Kernthesen, Nottuln 1997, S. 27 ff.
Ebsen, Ingwer	Öffentlich-rechtliches Handeln des Krankenhauses als Gegenstand des Wettbewerbsrechts, in: Igl, Gerhard (Hrsg.), Das Gesundheitswesen in der Wettbewerbsordnung, Wiesbaden 2000, S. 298 ff.
Ehlers, Dirk	Verwaltung in Privatrechtsform, Berlin 1984
Ehlers, Dirk / Achelpöhler, Wilhelm	Die Finanzierung der Wirtschaftsaufsicht des Bundes durch Wirtschaftsunternehmen, in: NVwZ 1993, S. 1025 ff.
Engelmann, Klaus	Sozialrechtsweg in Streitigkeiten zwischen Institutionen der gesetzlichen Krankenversicherung, in: NZS 2000, S. 213 ff.

Ennuschat, Jörg	Zur verfassungs- und europarechtlichen Zulässigkeit landesrechtlicher Restriktionen für private Glücksspielveranstalter, in: NVwZ 2001, S. 771 f.
Enzian, Sabine	Zur Frage, ob das Vergaberecht auf Dienstleistungskonzessionen anwendbar ist, in: DVBl. 2002, S. 235 ff.
Erichsen, Hans-Uwe/ Ehlers, Dirk (Hrsg.)	Allgemeines Verwaltungsrecht, 12. Auflage, Berlin 2002
Europäische Kommission	Grünbuch zu Dienstleistungen von allgemeinen Interesse, KOM (2003) 270 endg.
Fachausschuss Rettungsdienst des Deutschen Roten Kreuzes	Gesundheitsstrukturgesetz; Auswirkungen auf den Rettungsdienst, in: Leben retten 1994, S.1
Forplan Dr. Schmiedel GmbH, Forschungs und Planungsgesellschaft für das Rettungswesen	Durchführung einer Organisationsuntersuchung des städtischen Rettungsdienstes im Amt 37 der Landeshauptstadt Düsseldorf, Gutachten, Bonn 2001
Fromm, Günter	Das sechste Gesetz zur Änderung des Personenbeförderungsgesetzes – Ende einer Odyssee, in: NJW 1989, S. 2378 ff.
Frotscher, Werner	Wirtschaftsverfassungs- und Wirtschaftsverwaltungsrecht, 3. Auflage, München 1999
Fuhrmann, Ursus	Rettungsdienstgesetze der Länder im Spannungsverhältnis zum Sozialgesetzbuch des Bundes, in: Der Städtetag 1997, S. 719 f.
Fürstenwerth, Frank v.	Im Überblick: Das Rettungsgesetz NW, in: RD 1993, S. 118 ff.
Gerdelmann, Werner / Korbmann, Heinz / Kutter, Stefan Erich	Krankentransport und Rettungswesen, Berlin, Loseblattsammlung, Stand: 2003
Gern, Alfons	Deutsches Kommunalrecht, 2. Auflage, Baden-Baden 1997

Gleiss, Alfred / Hirsch, Martin	Kommentar zum EG-Kartellrecht, 4. Auflage, Heidelberg 1993
Gorgaß, B. / Ahnefeld, F. W. / Lippert, H.-D.	Der Rettungsdienst in der Bundesrepublik, in: Notfallmedizin 4 (1978), S. 40 ff.
Götz, Volkmar	Allgemeines Polizei- und Ordnungsrecht, 12. Auflage, Göttingen 1995
Grabitz, Eberhard/ Hilf, Meinhard (Hrsg.)	Das Recht der Europäischen Union, Kommentar, Loseblattsammlung, München, Stand: August 2003
Groeben, Hans von der / Thiesing, Jochen / Ehlermann, Claus-Dieter (Hrsg.)	Kommentar zum EU-/ EG-Vertrag, 6. Auflage, Baden-Baden 2003
Gromitsaris, Athanasios	Die Unterscheidung zwischen präventivem Verbot mit Erlaubnisvorbehalt und repressivem Verbot mit Befreiungsvorbehalt, in: DÖV 1997, S. 401 ff.
Gröschner, Rolf	Das Überwachungsrechtsverhältnis, Tübingen 1992
Hänlein, Andreas / Kruse, Jürgen	Einflüsse des Europäischen Wettbewerbsrechts auf die Leistungserbringung in der gesetzlichen Krankenversicherung, in: NZS 2000, S. 165 ff.
Hauck, Karl / Haines, Hartmut (Hrsg.)	Sozialgesetzbuch SGB V, Kommentar, Loseblattsammlung, Berlin, Stand: Juli 2003
Hauptverband der gewerblichen Berufsgenossenschaften	Muster eines Gesetzes zur Ordnung des Rettungswesen vom November 1970, in: Biese, Arno u.a. (Hrsg.), Handbuch des Rettungswesens, Loseblatt, Hagen 1974, Stand: 04/2003, B. III.0.2
Hausner, Helmut	Mitwirkung Privater am Rettungsdienst, Dissertation, Regensburg 1993
Haverkate, Görg / Huster, Stefan	Europäisches Sozialrecht, Baden-Baden 1999

Hengstschläger, Johannes	Privatisierung von Verwaltungsaufgaben, Berlin-New York 1995
Hennes, Peter	Rettungsdienst und europäisches Wettbewerbsrecht, in: Biese, Arno u.a. (Hrsg.), Handbuch des Rettungswesens, Loseblatt, Hagen 1974, Stand: 04/2003, A 3.0.6
Hermann, Frank-Alexander	Rechtsprechung des Europäischen Gerichtshofs zum Rettungsdienst, in: Biese, Arno u.a. (Hrsg.), Handbuch des Rettungswesens, Loseblatt, Hagen 1974, Stand: 04/2003, A.3.0.5
Hermes, Georg	Das Grundrecht auf Schutz von Leben und Gesundheit, Heidelberg 1987
Hertwig, Stefan	Ist der Zuschlag ohne Vergabeverfahren nichtig ?, in: NZBau 2001, S.241 ff.
ders.	Praxis der öffentlichen Auftragsvergabe, 2. Auflage, München 2001
Huber, Ernst-Rudolf	Deutsche Verfassungsgeschichte, 2. Auflage, Stuttgart 1967
ders.	Wirtschaftsverwaltungsrecht, Band I, 2. Auflage, Tübingen 1953
Immenga, Ulrich / Mestmäcker, Ernst-Joachim (Hrsg.)	EG-Wettbewerbsrecht, Kommentar, München 1997
dies.	Gesetz gegen Wettbewerbsbeschränkungen, Kommentar, 3. Auflage, München 2001
Ingenstau, Heinz / Korbion, Hermann	VOB, Verdingungsordnung für Bauleistungen, 14. Auflage, Düsseldorf 2001
Isensee, Josef	Gemeinwohl und Staatsaufgaben im Verfassungsstaat, in: Isensee, Josef / Kirchhof, Paul (Hrsg.), Handbuch des Staatsrechts, Band III, 2. Auflage, Heidelberg 1990, § 57

Iwers, Steffen Johann	Die Ausschreibung rettungsdienstlicher Leistungen, in: LKV 2002, S. 164 ff.
Jaeger, Renate	Die Reformen in der gesetzlichen Sozialversicherung im Spiegel der Rechtsprechung des Bundesverfassungsgerichts, NZS 2003, S. 225 ff.
Jaeger, Wolfgang	Die Rechtsprechung der OLG-Vergabesenate im Jahre 2000, in: NZBau 2001, S. 289 ff.
Jahn, Kurt (Hrsg.)	Sozialgesetzbuch für die Praxis, Fünftes Buch (V), Kommentar, Loseblattsammlung, Freiburg-Berlin-München-Zürich 2003, Stand: Januar 2004
Jähnke, Burkhard	Bedürfnisprüfung und Berufsfreiheit - Versuch einer Systematisierung, Bonn 1971
Jarass, Hans D.	Regelungsspielräume des Landesgesetzgebers im Bereich der konkurrierenden Gesetzgebung und in anderen Bereichen, NVwZ 1996, S. 1041 ff.
ders.	Wirtschaftsverwaltungsrecht, 3. Auflage, Neuwied-Kriftel-Berlin 1997
Jarass, Hans D. / Pieroth, Bodo	Grundgesetz für die Bundesrepublik Deutschland, 6. Auflage, München 2002
Kassenärztliche Bundesvereinigung	Grunddaten zur vertragsärztlichen Versorgung in der Bundesrepublik Deutschland 2002
Kaufmann, Mario	Urteilsbesprechung zu EuGH, 25.10.2001, Rs. C-475/99 (Ambulanz Glöckner), in: ZFSH/SGB 2002, S. 137 ff.
Kilian, Wolfgang	Europäisches Wirtschaftsrecht, München 1996
Kirchner, Christian / Ehricke, Ulrich	Kartellrechtliche und EG-rechtliche Schranken einer Reregulierung durch Landesgesetze, in: WuW 1993, S. 573 ff.
Kirmer, Petra	Der Begriff der öffentlichen Aufgabe in der Rechtsprechung des Bundesverfassungsgerichts, München 1995

Klein, Hans Hugo	Zum Begriff der öffentlichen Aufgabe, in: DÖV 1965, S. 755 ff.
Kleinmann, Werner	Die Rechtsnatur der Beziehungen der gesetzlichen Krankenkassen zu den Leistungserbringern im Gesundheitswesen, in: NJW 1985, S. 1367 ff.
Klingshirn, Heinrich	Staatliche Verantwortung für die präklinische Versorgung der Bevölkerung, in: Leben retten 1994, S. 146 ff.
Knauff, Matthias	Das Grünbuch der Kommission über Dienstleistungen von allgemeinem Interesse, in: EuZW 2003, S. 453 ff.
ders.	Die Europäisierung des deutschen Vergaberechts, in: VR 2000, S. 397 ff.
Knieps, Günter	Wettbewerbspolitik, in: Hagen, Jürgen v. / Welfens, Paul J. J. / Börsch-Supan, Axel (Hrsg.), Handbuch der Volkswirtschaftslehre, Band 2, Berlin-Heidelberg 1997
Knispel, Ulrich	Auswirkungen der Neuregelung der Rechtsbeziehungen der Krankenkassen und ihrer Verbände zu den Leistungserbringern durch das GKV-Gesundheitsreformgesetz 2000, in: NZS 2001, S. 466 ff.
Koch, Bernhard / Kuschinsky, Beate	Strukturmodell der medizinischen und organisatorischen Rahmenbedingungen für den Rettungsdienst, in: Ständige Konferenz für den Rettungsdienst (Hrsg.), Der Rettungsdienst auf dem Prüfstand I, Nottuln 1995, S.164 f.
Koenig, Christian / Engelmann, Christina	Internetplattformen im Gesundheitswesen auf dem Prüfstand des Kartellrechts – am Beispiel der Versorgung mit medizinischen Hilfsmitteln, in: WRP 2002, S. 1244 ff.
Koenig, Christian / Engelmann, Christina / Hentschel, Kristin	Die wettbewerbsrechtliche Beurteilung von Werbemaßnahmen gesetzlicher Krankenkassen, in: WRP 2003, S. 831 ff.
Koenig, Christian / Haratsch, Andreas	Grundzüge des deutschen und des europäischen Vergaberechts, in: NJW 2003, S. 2637 ff.

Koenig, Christian / Kühling, Jürgen	„Totgesagte Vorschriften leben länger": Bedeutung und Auslegung der Ausnahmeklausel des Art.86 Abs. 2 EG, in: ZHR 2002 (166), S. 656 ff.
Koenig, Christian / Sander, Claude	Zur Vereinbarkeit des Festbetragssystems für Arzneimittel mit dem EG-Wettbewerbsrecht, in: WuW 2000, S. 975 ff.
Kopp, Ferdinand O./ Ramsauer, Ulrich	Verwaltungsverfahrensgesetz ‚Kommentar, 8. Auflage, München 2003
Kopp, Ferdinand O./ Schenke, Wolf-Rüdiger	Verwaltungsgerichtsordnung, 13. Auflage, München 2003
Krautzberger, Michael	Die Erfüllung öffentlicher Aufgaben durch Private, Berlin 1971
Kühner, Robert	Planung, Durchführung und Finanzierung einer öffentlichen Aufgabe am Beispiel des Rettungsdienstes, in: Forschungsberichte der Bundesanstalt für Straßenwesen, Band 25
Kühner, Robert / Puhan, Thomas	Der Krankentransport als Aufgabe des Rettungsdienstes aus notfallmedizinischer Sicht, in: Biese, Arno u.a. (Hrsg.), Handbuch des Rettungswesens, Loseblatt, Hagen 1974, Stand: 04/2003, A.1.7.0
Kunkel, Peter-Christian	Gelten die EU-Wettbewerbsregeln auch für freie Träger?, ZFSH/SGB 2002, S. 397 ff.
Kunze, Thomas / Kreikebohm, Ralf	Sozialrecht versus Wettbewerbsrecht - dargestellt am Beispiel von Rehabilitationseinrichtungen, in: NZS 2003, S. 5 ff. und 62 ff.
Landmann, Robert v. / Rohmer, Gustav (Hrsg.)	Gewerbeordnung und ergänzende Vorschriften, München, Stand: Mai 2003
Langen, Eugen / Bunte, Hermann-Josef (Hrsg.)	Kommentar zum deutschen und europäischen Kartellrecht, 9. Auflage, Neuwied-Kriftel 2001
Lechleuthner, Alexander / Fehn, Karsten /Neumann, K. H.	Rettungsdienst und niedergelassene Ärzte, in: Medizin im Dialog 03/02, S.4 ff.

Lechleuthner, Alexander / Maurer, K.	Die „Rettungsdienst-Evolution": ein historischer Exkurs, in: RD 1997, S. 16 ff.
Leibholz, Gerhard / Rinck, Hans-Justus / Hesselberger, Dieter	Grundgesetz für die Bundesrepublik Deutschland, 7. Auflage, Köln 1993, Stand : September 2003
Leisner, Walter	Die Gesetzmäßigkeit der Verfassung, in: JZ 1964, S. 201 ff.
ders.	Von der Verfassungsmäßigkeit der Gesetze zur Gesetzmäßigkeit der Verfassung, Tübingen 1964
Lenhart, W. / Puhan, T. / Siegener, W.	Ermittlung abgestufter Richtwerte für die Bereitstellung von Fahrzeugen im Rettungsdienst, Forschungsbericht 155 der Bundesanstalt für Straßenwesen (BASt), Bergisch-Gladbach 1987
Lichte, Jörg / Lüssem, Jörg	Europäischer Einfluss auf das deutsche Vergaberecht, in: Bundesvorstand der Johanniter-Unfall-Hilfe e.V. (Hrsg.), Johanniter-Forum Berlin, Schriftenreihe 11, Berlin 2000, S. 44 ff.
Lippert, Hans-Dieter	Rechtsprobleme bei der Durchführung von Notarzt und Rettungsdienst, in: NJW 1982, S. 2089 ff.
Lippert, Hans-Dieter / Breitling, Klaus	Der Private im Rettungsdienst und Krankentransport, in: NJW 1988, S. 749 ff
Lippert, Hans-Dieter / Weissauer, Walter	Das Rettungswesen, Berlin-Heidelberg-New-York-Tokyo 1984
Mader, Oliver	Entwicklungslinien in der neueren EuGH-Rechtsprechung zum materiellen Recht im öffentlichen Auftragswesen, in: EuZW 1999, S. 331 ff.
Mahn, D.	Der Anspruch auf Beteiligung am öffentlichen Rettungsdienst in NRW, in: RD 1996, S. 826 ff.
Mangoldt, Hermann v. / Klein, Friedrich / Starck, Christian (Hrsg.)	Das Bonner Grundgesetz, Kommentar, Band 2 (Artikel 20 bis 78), 4. Auflage, München 2000

Maunz, Theodor / Dürig, Günter (Hrsg.)	Grundgesetz, Kommentar, München 1958, Stand: Februar 2003
Maydell, Bernd v. (Hrsg.)	Gemeinschaftskommentar zum Sozialgesetzbuch, Gesetzliche Krankenversicherung (GK-SGB V), Neuwied-Kriftel-Berlin 1992, Loseblattsammlung, Stand: Oktober 2002
Meinhardt, Judith	Beteiligung Privater am Rettungswesen, in: LKV 1999, S. 255 ff.
Mestmäcker, Ernst Joachim	Europäisches Wettbewerbsrecht, München 1974
Mühlhausen, Karl-Heinz	Beitragsökonomische Steuerung der Leistungserbringung durch die Krankenkassen im Lichte des nationalen Kartellrechts, in: SGb, 2000, S. 528 ff.
Müller, R.	Das Rettungsdienstgesetz des Landes Brandenburg, in: Kontokollias, J.S. /Ruppert, Holger (Hrsg.), Qualität sichern - Strukturen optimieren, Referateband des 13. Bundeskongresses Rettungsdienst, Edewecht 1993, S. 67 ff.
Nellessen, Karl-Wilhelm	Notfalldienst, Bereitschaftsdienst, Rettungsdienst, in: NJW 1979, S. 1919 f.
Neubauer, Werner	Statistische Methoden, München 1994
Neumann, Daniela	Kartellrechtliche Sanktionierung von Wettbewerbsbeschränkungen im Gesundheitswesen, Freiburg 1999
dies.	Verbannung des Kartell- und Wettbewerbsrechts aus der gesetzlichen Krankenversicherung?, in: WuW 1999, S. 961 ff.
Niebuhr, Frank / Kulartz, Hans-Peter / Kus, Alexander / Portz, Norbert	Kommentar zum Vergaberecht, Neuwied-Kriftel 2000
Niesel, Klaus (Hrsg.)	Kasseler Kommentar zum Sozialversicherungsrecht, Loseblattsammlung, München, Stand: Dezember 2003

Noftz, Wolfgang (Hrsg.)	SGB V, Gesetzliche Krankenversicherung, Band 1, Berlin, Stand: Juli 2003
Oehler, Hellmut	Abhandlung zu Grundsatzfragen des Rettungsdienstes, in: Leben retten 1995, S. 55 ff.
ders.	Die Befugnisse des Gesetzgebers im Rahmen der Gefahrenabwehr, in: RD 1996, S. 619 ff.
ders.	Die Rettungsdienstgesetze der Länder auf dem Prüfstand, in: in: Biese, Arno u.a. (Hrsg.), Handbuch des Rettungswesens, Loseblatt, Hagen 1974, Stand: 04/2003, B. III.0.3
ders.	Wer rettet den Rettungsdienst?, Grundsätzliches zur Strukturreform im Rettungsdienst, in: RD 1997, S. 556 ff.
Oppermann, Stefan	Staatliches Ordnungssystem im Güterverkehr contra Liberalisierung, Heidelberg 1990
Oppermann, Utz	Rettungsdienst der Kommunen, in: Städte- und Gemeinderat, 1985, S. 312 ff.
Ossenbühl, Fritz	Rettungsdienst und Berufsfreiheit, Rechtsgutachten für das Deutsche Rote Kreuz zu § 49a EPBefG, Nottuln 1985
ders.	Zur Kompetenz der Länder für ergänzende abfallrechtliche Regelungen, in: DVBl. 1996, S. 19 ff.
Palandt, Otto	Bürgerliches Gesetzbuch, 63. Auflage, München 2004
Papier, Hans-Jürgen	Verfassungsrechtliche Zulässigkeit und Grenzen der Strukturreform im Bayrischen Rettungsdienstwesen, Rechtsgutachten im Auftrag des Bundesverbandes eigenständiger Rettungsdienste (BKS) e.V., München 1998
Peters, Hans	Öffentliche und staatliche Aufgaben, in: Dietz, Rolf / Hübner, Heinz (Hrsg.), Festschrift für Hans Carl Nipperdey, Band II, München-Berlin 1965, S. 877 ff.

Peters, Horst (Hrsg.)	Handbuch der Krankenversicherung, Teil II, SGB V, 19. Auflage, Loseblattsammlung, Stuttgart-Berlin-Köln, Stand: April 2002
Pieper, Ulrich	Keine Flucht ins öffentliche Recht, Die Vergabe öffentlicher Aufträge durch öffentlich-rechtlichen Vertrag, in: DVBl. 2000, S. 160 ff.
Pieroth, Bodo / Schlink, Bernhard	Staatsrecht II, Grundrechte, 17. Auflage, Heidelberg 2001
Pohl-Meuthen, U. / Koch, B. / Kuschinsky, B.	Rettungsdienst in Staaten der EU, in: DRK Schriftenreihe zum Rettungswesen, Bd.21, Nottuln 1999
Prieß, Hans Joachim	Das öffentliche Auftragswesen in der Europäischen Union, Köln-Berlin-Bonn-München 1994
ders.	Handbuch des Europäischen Vergaberechts, 2. Auflage, Köln-Berlin-Bonn-München 2001
Prütting, Dorothea	Rettungsgesetz Nordrhein-Westfalen, 3. Auflage, Köln 2001
Quaas, Michael	Aktuelle Fragen des Krankenhausrechts, in: MedR 2002, S. 273 ff.
Raabe, Marius	Verbindlichkeit „faktisch" vergebener öffentlicher Aufträge ?, in: NJW 2004, S. 1284 ff.
Rebmann, Kurt / Säcker, Franz Jürgen	Münchner Kommentar zum Bürgerlichen Gesetzbuch, Band 1, Allgemeiner Teil, §§ 1-240, AGB-Gesetz, 4. Auflage, München 2001
dies.	Münchner Kommentar zum Bürgerlichen Gesetzbuch, Band 4, Schuldrecht BT II, §§ 607 - 704, 3. Auflage, München 1997
Reidt, Olaf / Stickler, Thomas / Glahs, Heike	Vergaberecht, Kommentar, 2. Auflage, Köln 2003
Rengeling, Hans-Werner	Gesetzgebungszuständigkeit in: Isensee, Josef / Kirchhof, Paul (Hrsg.), Handbuch des Staatsrechts, Band IV, Heidelberg 1990, § 100

Rinck, Gerd / Schwark, Eberhard	Wirtschaftsrecht, 6. Auflage, Köln-Berlin-Bonn-München 1986
Rosenthal, Frank	Leistungserbringer von Heil- und Hilfsmittel und Krankenkassen, 5. Auflage, Sankt Augustin 2000
Sachs, Michael (Hrsg.)	Grundgesetz, Kommentar, 3. Auflage, München 2003
Sachverständigenrat für die konzertierte Aktion im Gesundheitswesen	Das Gesundheitswesen im vereinten Deutschland, Jahresgutachten, Baden-Baden 1991
ders.	Gesundheitsversorgung und Krankenversicherung 2000 – mehr Ergebnisorientierung, mehr Qualität und mehr Wirtschaftlichkeit, Sondergutachten, Baden-Baden 1995
Saekel, Rüdiger	Rettungs- und Krankentransportwesen – leistungsfähig aber teuer, in: BKK 1993, S. 303 ff.
Schlechtriemen, Th. /Reeb, R. / Altemeyer, K.-H.	Rettungsdienst in Deutschland - Bestandsaufnahme und Perspektiven, Bericht über das DGAI-Symposium vom 2.-4.10.2002, Reisensburg
Schmidt, Ingo	Die öffentliche Hand als Unternehmen im Sinne des Gesetzes gegen Wettbewerbsbeschränkungen, in: BB 1963, S. 1404 ff.
ders.	Wettbewerbspolitik und Kartellrecht, 7. Auflage, Stuttgart 2001
Schmidt, Reiner	Öffentliches Wirtschaftsrecht, Allgemeiner Teil, Berlin-Heidelberg-New York 1990
Schmidt-Aßmann, Eberhard (Hrsg.)	Besonderes Verwaltungsrecht, 11. Auflage, Berlin 1999
Schmidt-Preuß, Matthias	Verwaltung und Verwaltungsrecht zwischen gesellschaftlicher Selbstregulierung und staatlicher Steuerung, VVDStRL Bd. 56 (1997), S. 160 ff.

Schmitt, Jochem	Leistungserbringung durch Dritte im Sozialrecht, Schriftenreihe zum Arzt- Krankenhaus- und Gesundheitsrecht, Band 9, Köln-Berlin-Bonn-München 1990
Schoch, Friedrich / Schmidt-Aßmann, Eberhard / Pietzner, Rainer (Hrsg.)	Verwaltungsgerichtsordnung, Kommentar, Band I, Loseblatt, München, Stand: Januar 2002
dies.	Verwaltungsgerichtsordnung, Kommentar, Band II, Loseblatt, München, Stand: September 2003
Schulte, Martin	Der öffentliche Rettungsdienst auf dem Prüfstand des Vergaberechts, in: RD 2000, S. 799 f. u. 894 f.
ders.	Rettungsdienst durch Private, Münsterische Beiträge zur Rechtswissenschaft, Band 124, Berlin 1999
Schütze, Rainer	Versorgung der gesetzlich Krankenversicherten mit Hilfsmitteln, in: NZS 2003, S. 467 ff.
Schulin, Bertram / Igl, Gerhard	Sozialrecht, 7. Auflage, Düsseldorf 2002
Schwerdtfeger, Gunther	Die Neufassung des § 69 SGB V im Gesetzesentwurf „GKV-Gesundheitsreform 2000" – ein rechtsstaatlicher Rückschritt ohne sachliche Rechtfertigung, in: Pharm.Ind. 2000, S. 106 ff.
Sefrin, Peter	Geschichte der Notfallmedizin in Deutschland, in: Biese, Arno u.a. (Hrsg.), Handbuch des Rettungswesens, Loseblatt, Hagen 1974, Stand: 04/2003, A. 1.6
ders.	Schnittstelle Hausarzt und Rettungsdienst, in: Leben retten 1998, S. 61
Seidel, Achim	Privater Sachverstand und staatliche Garantstellung im Verwaltungsrecht, München 2000
Sellien, Reinhold / Sellien, Helmut	Gabler Wirtschaftslexikon, 14. Auflage, Wiesbaden 1998

Siebert, Horst	Einführung in die Volkswirtschaftslehre, 13. Auflage, Stuttgart 2000
Sodan, Helge	Das Beitragssatzsicherungsgesetz auf dem Prüfstand des Grundgesetzes, in: NJW 2003, S. 1761 ff.
Sodan, Helge / Gast, Olaf	Die Relativität des Grundsatzes der Beitragsstabilität nach SGB V, in: NZS 1998, S. 497 ff.
Spoerr, Wolfgang	Haben Ärzte ein Recht auf angemessenes Honorar?, in: MedR 1997, S. 342 ff.
Stadt Köln, Amt für Feuerschutz, Rettungsdienst und Bevölkerungsschutz	Bedarfsplan für den Rettungsdienst 2000
Stadtmüller, Ernst	Rettungsdienst in Hessen auf neuen Füßen, in: Leben retten 1992, S. 150 ff.
Staudinger, J. v. / Peters, Frank	J. v. Staudingers Kommentar zum Bürgerlichen Gesetzbuch, Band 2, §§ 631 – 651, 14. Neubearbeitung, Berlin 2003
Stelzer, D.	Die „personalen" Anwendungsbereiche des deutschen und des europäischen primären Wettbewerbsrecht für die Krankenkassen in der GKV in „ institutioneller" und „funktioneller" Hinsicht, in: ZfS 2000, S. 289 ff.
Stern, Klaus	Das Staatsrecht der Bundesrepublik Deutschland, Band 2, München 1980
Stober, Rolf	Allgemeines Wirtschaftsverwaltungsrecht, 13. Auflage, Stuttgart 2002
ders.	Besonderes Wirtschaftsverwaltungsrecht, 12. Auflage, Stuttgart 2001
Studenroth, Stefan	Bundesrechtlich vorgegebene Entgeltbegrenzung im Rettungsdienst?, in: NdsVBl. 1995, S. 171 ff.
Tettinger, Peter J.	Anmerkung zu BayVerfGH, Entscheidung v. 27.3.1990 - Vf.123-IX-89, in: BayVBl. 1990, S. 401 f.

ders.	Besonderes Verwaltungsrecht/1, 7. Auflage, Heidelberg 2004
ders.	Das Grundrecht der Berufsfreiheit in der Rechtsprechung des Bundesverfassungsgerichts, in: AöR 108 (1983), S. 92 ff.
ders.	Rechtsanwendung und gerichtliche Kontrolle im Wirtschaftsverwaltungsrecht, München 1980
ders.	Lotterien im Schnittfeld von Wirtschaftsrecht und Ordnungsrecht, in: DVBl. 2000, S. 868 ff.
ders. / Ennuschat, Jörg	Grundstrukturen des deutschen Lotterierechts, München 1999
ders. / Wank, Rolf	Gewerbeordnung, 6. Auflage, München 1999
Thiele, Günter	Praxishandbuch Einführung der DRGs in Deutschland, 2. Auflage, Stuttgart 2003
Ufer, Michael Rainer	Auswahl und Beauftragung von Leistungserbringern im Rettungsdienst, in: Biese, Arno u.a. (Hrsg.), Handbuch des Rettungswesens, Loseblatt, Hagen 1974, Stand: 04/2003, B.III.0.6
ders.	Leitlinien in den neuen Rettungsdienstgesetzen, in: RD 1993, S. 878 ff.
Ufer, Michael Rainer / Fürstenwerth, Frank v.	Zulassung zur Mitwirkung im Rettungsdienst, in: Leben retten 1990, S. 509 ff.
Wassermann, Rudolf (Hrsg.)	Reihe Alternativkommentare, Kommentar zum Grundgesetz für die Bundesrepublik Deutschland, 2. Auflage, Neuwied 1989
Wannagat Georg / Eichenhofer, Eberhard (Hrsg.)	Sozialgesetzbuch, Kommentar zum Recht des Sozialgesetzbuchs, SGB V, Gesetzliche Krankenversicherung, Ordner 2, Berlin-Bonn-München 1997, Stand: August 2002

Weiß, Wolfgang	Beteiligung Privater an der Wahrnehmung öffentlicher Aufgaben und staatliche Verantwortung, in: DVBl. 2002, S. 1167 ff.
Wigge, Peter	Kartellrechtliche Streitigkeiten von Leistungserbringern vor den Sozialgerichten, in: NZS 2000, S. 533 ff.
Willenbruch, Klaus	Vorbeugender und vorläufiger Rechtsschutz nach dem Vergaberechtsänderungsgesetz (§§ 97-129 GWB), in: NVwZ 1999, S. 1062 ff.
Wimmer, Raimund	Beitragssatzstabilität in der gesetzlichen Krankenversicherung - und keine angemessene vertragsärztliche Vergütung ?, in: MedR 2001, S. 361 f.
Winkler, Markus	Funktionsfähigkeit des Rettungsdienstes contra Berufsfreiheit der Rettungsdienstunternehmer, in: DÖV 1995, S. 899 ff.
Wöhe, Günter / Döring, Ulrich	Einführung in die allgemeine Betriebswirtschaftslehre, 21. Auflage, München 2002
Wolff, Hans Julius / Bachof, Otto / Stober, Rolf	Verwaltungsrecht, Band 1, 11. Auflage, München 1999
dies.	Verwaltungsrecht, Band 2, 6. Auflage, München 2000
Wulffen, Matthias v.	Sozialgesetzbuch X, 4. Auflage, München 2001
Zöller, Richard	Zivilprozessordnung, 24. Auflage, Köln 2004

Gerhard Nadler

Berufspädagogische und juristische Aspekte zur beruflichen Bildung und Tätigkeit von Rettungsassistent und Rettungssanitäter

Eine Untersuchung anlässlich der Diskussion um die Notwendigkeit einer Novellierung des RettAssG von 1989

Frankfurt am Main, Berlin, Bern, Bruxelles, New York, Oxford, Wien, 2004.
CI, 272 S., zahlr. Abb. und Tab.
Europäische Hochschulschriften: Reihe 2, Rechtswissenschaft. Bd. 3987
ISBN 3-631-52262-2 · br. € 56.50*

Diese Dissertation ist eine Forschungsarbeit zum Berufsbildungsrecht mit interdisziplinärem Ansatz. Nach einer Einführung in das Problemfeld wird untersucht, welche Staatspflichten bezüglich der Gewährleistung der medizinischen Versorgung der Bevölkerung sich aus dem Staatsrecht ergeben. Zum Ist-Stand der beruflichen Bildung und Tätigkeit des Rettungsfachpersonals wurde eine Analyse durchgeführt, um Schwächen und Defizite aufzudecken. Die *de lege lata* wird bezüglich der Möglichkeiten und Grenzen einer selbstständigen Erstversorgung von Notfall- und Akutpatienten durch das Rettungsfachpersonal untersucht. Auf der Basis einer empirischen Untersuchung zum Anforderungs- und Qualifikationsprofil werden Überlegungen zum Soll-Stand angestellt und Vorschläge zur *de lege ferenda* gemacht.

Aus dem Inhalt: Einführung in das Problemfeld · Untersuchungen zum Ist-Stand · Untersuchungen zur *de lege lata* · Untersuchungen zum Soll-Stand · Folgerungen zur *de lege ferenda*

Frankfurt am Main · Berlin · Bern · Bruxelles · New York · Oxford · Wien
Auslieferung: Verlag Peter Lang AG
Moosstr. 1, CH-2542 Pieterlen
Telefax 00 41 (0) 32 / 376 17 27

*inklusive der in Deutschland gültigen Mehrwertsteuer
Preisänderungen vorbehalten

Homepage http://www.peterlang.de